Die rechtsformspezifische Anwendung der ertragsteuerlichen Vorschriften zur Steuerfreiheit von Sanierungserträgen

Internationale Steuerlehre, Steuerrecht und Wirtschaftsprüfung

Herausgegeben von Rainer Heurung/Gerd Morgenthaler/Andreas Dutzi

Band 14

Zur Qualitätssicherung und Peer Review der vorliegenden Publikation

Die Qualität der in dieser Reihe erscheinenden Arbeiten wird vor der Publikation durch einen Herausgeber der Reihe geprüft.

Notes on the quality assurance and peer review of this publication

Prior to publication, the quality of the work published in this series is reviewed by one of the editors of the series.

Franziska Ferdinand

Die rechtsformspezifische Anwendung der ertragsteuerlichen Vorschriften zur Steuerfreiheit von Sanierungserträgen

PETER LANG

Bibliografische Information der Deutschen Nationalbibliothek
Die Deutsche Nationalbibliothek verzeichnet diese Publikation in der Deutschen Nationalbibliografie; detaillierte bibliografische Daten sind im Internet über http://dnb.d-nb.de abrufbar.

Zugl.: Siegen, Univ., Diss., 2022

D 467
ISSN 2191-1223
ISBN 978-3-631-87415-8 (Print)
E-ISBN 978-3-631-88244-3 (E-PDF)
E-ISBN 978-3-631-88249-8 (EPUB)
DOI 10.3726/b20009

Peter Lang – Berlin · Bern · Bruxelles · New York · Oxford · Warszawa · Wien

Diese Publikation wurde begutachtet.

www.peterlang.com

Vorwort

Die vorliegende Arbeit wurde am 22. September 2021 bei der wirtschaftswissenschaftlichen Fakultät der Universität Siegen als Dissertation eingereicht. Das Promotionsverfahren wurde mit der Disputation am 25. April 2022 erfolgreich abgeschlossen. Die Arbeit berücksichtigt den Stand von Literatur, Rechtsprechung und Gesetzgebung bis einschließlich September 2021.

Zunächst möchte ich mich bei allen herzlich bedanken, die mir im Laufe der Zeit mit Rat und Tat zur Seite standen und Anregungen und Hilfestellung auf fachlicher und persönlicher Ebene gegeben haben. Aus diesem Kreis sind folgende Personen besonders hervorzuheben:

Meinem Doktorvater, Prof. Dr. Heurung, möchte ich ganz herzlich für die Annahme als externe Doktorandin und die wissenschaftliche Betreuung der Arbeit in den vergangenen Jahren danken.

Herrn Prof. Dr. Morgenthaler gilt mein Dank für die Übernahme des Zweitgutachtens. Für die Übernahme des Vorsitzes der Promotionskommission danke ich Herrn Prof. Dr. Dutzi.

Ein besonderer Dank gilt meiner Familie und insbesondere meiner Mutter Hildegard Ferdinand, die meinen Weg uneingeschränkt unterstützt und gefördert hat. Sie hat mich in besonders schweren Phasen motiviert und stets an das Gelingen dieser Arbeit geglaubt.

Von sehr großem Wert für das Entstehen und Gelingen dieser Arbeit war die fachliche und persönliche Unterstützung durch Frau Dr. Corinna Tigges-Knümann und Frau Dr. Tanja Krapat, denen ich hiermit ganz herzlich danken möchte. Das gilt ebenfalls für Frau Nadine Richter, Frau Hacer Aydin und Herrn Christoph Krämer, die sich die Zeit für fachliche Diskussionen genommen haben.

Ebenso gilt mein Dank Herrn Gert Gilson, dessen Beharrlichkeit auf den regelmäßigen wissenschaftlichen Gedankenaustausch sehr wertvoll war, ebenso wie seine teilweise unkonventionellen aber jederzeit hilfreichen Hinweise und Ratschläge.

Der größte Dank und eine besondere Anerkennung gelten meinen Freund, Jan Genau, dessen Unterstützung mich in den letzten Monaten außerordentlich beeindruckt hat. Nicht nur der Verzicht auf gemeinsame Zeit, sondern auch die Zurverfügungstellung der Zeit für unzählige fachliche Diskussionen und Korrekturlesen, hat einen ganz wesentlichen Beitrag zur Vollendung dieser Arbeit geleistet. Ich danke Dir von Herzen und widme Dir diese Arbeit!

Frankfurt am Main, im April 2022 *Franziska Ferdinand*

Inhaltsverzeichnis

Abbildungsverzeichnis

Tabellenverzeichnis

Abkürzungsverzeichnis

a.A.	andere Ansicht
a.F.	alte Fassung
ABl.	Amtsblatt der Europäischen Union
Abs.	Absatz
AEAO	Anwendungserlass zur Abgabenordnung
AEUV	Vertrag über die Arbeitsweise der Europäischen Union
AktG	Aktiengesetz
AO	Abgabenordnung
Art.	Artikel
AStG	Gesetz über die Besteuerung bei Auslandsbeziehungen
Aufl.	Auflage
Az.	Aktenzeichen
BayLfSt	Bayerisches Landesamt für Steuern
BB	Betriebsberater (Z)
BeckRS	Beck-online.Rechtsprechung
BeckVerw	Beck-online.Verwaltungsanweisungen
Begr.	Begründer
ber.	berichtigt
Beschl.	Beschluss
BetrVG	Betriebsverfassungsgesetz
BFH	Bundesfinanzhof
BFH/NV	Sammlung amtlich nicht veröffentlichter Entscheidungen des Bundesfinanzhofs
BFHE	Entscheidungen des Bundesfinanzhofs
BgA	Betrieb(e) gewerblicher Art
BGB	Bürgerliches Gesetzbuch
BGBl.	Bundesgesetzblatt
BGH	Bundesgerichtshof

BGH-Report	Schnelldienst zur Zivilrechtsprechung des Bundesgerichtshofs (Z)
BGHZ	Entscheidungen des Bundesgerichtshofes in Zivilsachen
BMF	Bundesministerium der Finanzen
BR-Drs.	Bundesratsdrucksache
BStBl.	Bundessteuerblatt
BT-Drs.	Bundestagsdrucksache
Buchst.	Buchstabe
BVerfG	Bundesverfassungsgericht
BVerfGE	Entscheidungen des Bundesverfassungsgerichts
bzgl.	bezüglich
bzw.	beziehungsweise
DB	Der Betrieb (Z)
DBA	Doppelbesteuerungsabkommen
DStR	Deutsches Steuerrecht (Z)
DStRE	Deutsches Steuerrecht – Entscheidungsdienst (Z)
DStV e.V.	Deutscher Steuerberaterverband e.V.
DStZ	Deutsche Steuer-Zeitung (Z)
e.V.	eingetragener Verein
EBITDA	Earnings before Interests, Taxes, Depreciation and Amortisation
EFG	Entscheidungen der Finanzgerichte
ErbStG	Erbschaftsteuer- und Schenkungsteuergesetz
EStB	Der Ertrag-Steuerberater (Z)
EStG	Einkommensteuergesetz
EStR	Einkommensteuer-Richtlinien
EU	Europäische Union
EuGH	Europäischer Gerichtshof
f.	folgende
ff.	fortfolgende
FG	Finanzgericht
FM	Finanzministerium
FR	Finanzrundschau (Z)

GdE	Gesamtbetrag der Einkünfte
gem.	gemäß
GewStG	Gewerbesteuergesetz
GewStR	Gewerbesteuer-Richtlinien
GG	Grundgesetz
ggf.	gegebenenfalls
GmbH	Gesellschaft mit beschränkter Haftung
GmbHG	Gesetz betreffend die Gesellschaften mit beschränkter Haftung
GmbHR	GmbHRundschau (Z)
GmbH-StB	GmbH-Steuerberater (Z)
GrS	Großer Senat
HGB	Handelsgesetzbuch
Hrsg.	Herausgeber
Hs.	Halbsatz
i. Erg.	im Ergebnis
i.d.F.	in der Fassung
i.d.R.	in der Regel
i.R.d.	im Rahmen des/der
i.S.d.	im Sinne des
i.S.v.	im Sinne von
IDW	Institut der Wirtschaftsprüfer e.V.
IDW life	Mitgliedermagazin des Instituts der Wirtschaftsprüfer
InsO	Insolvenzordnung
IStR	Internationales Steuerrecht (Z)
JbFSt	Jahrbuch der Fachanwälte für Steuerrecht
JStG	Jahressteuergesetz
JuS	Juristische Schulung (Z)
KapG	Kapitalgesellschaft
KStG	Körperschaftsteuergesetz
KStR	Körperschaftsteuer-Richtlinien
LIFO	Last in – First Out

LSK	Leitsatzkartei des deutschen Rechts (Z)
m.w.N.	mit weiteren Nachweisen
MAH	Münchener Anwaltshandbuch
MU	Mitunternehmerschaft
MüKo	Münchener Kommentar
NJW	Neue Juristische Wochenschrift (Z)
Nr.	Nummer
NRW	Nordrhein-Westfalen
NWB	Neue Wirtschaft-Briefe (Z)
NZG	Neue Zeitschrift für Gesellschaftsrecht (Z)
NZI	Neue Zeitschrift für Insolvenz- und Sanierungsrecht (Z)
OFD	Oberfinanzdirektion
OG	Organgesellschaft
OT	Organträger
PersG	Personengesellschaft
PS	Prüfungsstandard
RAO	Reichsabgabenordnung
RFH	Reichsfinanzhof
RFHE	Entscheidungen des Reichsfinanzhof
RFM	Reichsfinanzministerium
RGBl.	Reichsgesetzblatt
rkr.	rechtskräftig
Rn.	Randnummer
Rspr.	Rechtsprechung
RStBl.	Reichssteuerblatt
RübStG	Gesetz gegen schädliche Steuerpraktiken im Zusammenhang mit Rechteüberlassungen
Rz.	Randziffer
S.	Seite/Satz
SH	Schleswig Holstein
sog.	sogenannte/-n

SolZG	Solidaritätszuschlaggesetz
Stbg	Die Steuerberatung (Z)
StB-Hdb.	Steuerberater Handbuch
StuB	Unternehmensteuern und Bilanzen (Z)
StuW	Steuer und Wirtschaft (Z)
Ubg	Die Unternehmensbesteuerung (Z)
UmwStG	Umwandlungssteuergesetz
Urt.	Urteil
v.	von/vom
vgl.	vergleiche
VO	Verordnung
VV	Verlustvorträge
VZ	Veranlagungszeitraum
WiGBl.	Gesetzblatt der Verwaltung des Vereinigten Wirtschaftsgebietes
WM	Zeitschrift für Wirtschafts- und Bankrecht (Z)
WPg	Die Wirtschaftsprüfung (Z)
Z	Zeitschrift
z.T.	zum Teil
ZIP	Zeitschrift für Wirtschaftsrecht (Z)
zit.	zitiert
ZPO	Zivilprozessordnung
zvE	zu versteuerndes Einkommen

A. Einführung

I. Problemstellung und Forschungsrelevanz

Die Sanierung von Unternehmen in der Krise geht oftmals mit der Entstehung von Sanierungserträgen einher, die beispielweise aus dem Erlass von Schulden resultieren können, die die Gläubiger unter anderem mit der Absicht zur Wiederherstellung oder Erhaltung der Zahlungsfähigkeit des zu sanierenden Unternehmens gewähren. Sanierungserträge unterliegen als Betriebsvermögensmehrungen – in Form einer Reduzierung der Verbindlichkeiten – grundsätzlich der Ertragsbesteuerung, ohne dass dem Unternehmen daraus Liquidität zufließt.[1] Die entsprechende steuerliche Belastung wird oftmals als unbillig empfunden, zumal die Ertragsteuerbelastung das Unternehmen zur Unzeit trifft.[2] Mithin kann dies den Erfolg von Sanierungsbemühungen erheblich erschweren oder sogar verhindern. Der Erfolg von Sanierungen stellt jedoch grundsätzlich ein politisches Ziel der Wirtschafts- und Arbeitsmarktpolitik dar.[3] In Ermangelung eines eigenständigen deutschen Sanierungssteuerrechts[4]

---

1 Vgl. *Krumm*, in: Blümich, EStG-Kommentar, 2021, § 3a, Rn. 1; *Seer*, in: Kirchhof/Seer, EStG-Kommentar, 2021, § 3a, Rn. 1 f. mit Verweis auf einen bloßen Buchgewinncharakter von Sanierungserträgen; *Sommer*, in: Frotscher/Geurts, EStG-Kommentar, 2021, § 3a, Rn. 2; a.A. BFH, Beschl. v. 28.11.2016, GrS 1/15, BStBl. II 2017, 393, Rn. 116 f. der eine Steigerung der wirtschaftlichen Leistungsfähigkeit durch einen Schuldenerlass sieht, da das Unternehmen durch den Schuldenerlass keine Aufwendungen mehr für die Bedienung dieser Schuld tätigen muss.

2 Vgl. *Krumm*, in: Blümich, EStG-Kommentar, 2021, § 3a, Rn. 1; *Blumenberg/Neumann*, Ubg 2016, 256 (261).

3 Vgl. hierzu BFH, Beschl. v. 28.11.2016, GrS 1/15, BStBl. II 2017, 393, Rn. 136; *Sommer*, in: Frotscher/Geurts, EStG-Kommentar, 2021, § 3a, Rn. 4 mit dem Hinweis auf die Bestrebungen der Europäischen Kommission, die rechtlichen Rahmenbedingungen für die Restrukturierung von Unternehmen zu verbessern, um unnötige Unternehmensliquidationen zu verhindern; ebenso *Schnitter*, in: Frotscher/Drüen, GewStG-Kommentar, 2021, § 7b, Rn. 11.

4 Vgl. *Kanzler*, NWB 2021, 1235 [1237], der ein Sanierungssteuerrecht definiert als ein Gesetz mit aufeinander abgestimmten Vorschriften für alle Steuerarten in Abgrenzung zu vereinzelten Steuervorschriften mit Sanierungsbezug; *Seer*, FR 2014, 721 [723], der im Jahr 2014 von einem rudimentären Korsett eines gesetzlichen Insolvenz- oder Sanierungssteuerrechts spricht, mit allenfalls punktuellen Regelungen und im Jahr 2021 in Bezug auf die Einführung der §§ 3a, 3c Abs. 4 EStG, § 7b GewStG von der Ausfüllung einer normativen Regelungslücke im Sinne

hat sich der Gesetzgeber vielmehr dafür entschieden, einzelne ertragsteuerliche Regelungen zu implementieren, die die Sanierungserträge steuerfrei stellen, um so den Erfolg von Sanierungsmaßnahmen nicht zu erschweren.

Die konkrete rechtliche Ausgestaltung unterlag viele Jahrzehnte stetiger, auch systematischer Veränderungen und ist folglich Gegenstand der Rechtsprechung seit über 80 Jahren.[5] Sie ist damit auch gleichzeitig ein „Dauerbrenner“ in der steuerlichen Literatur. Ein Grund hierfür liegt insbesondere in der bewegten Geschichte der Regelungen, die vom Gesetzgeber, den Gerichten und der Finanzverwaltung maßgeblich geprägt wurde und regelmäßige Änderungen und gesetzliche Anpassungen zur Folge hatte. Mit Abschaffung der Steuerfreiheit von Sanierungserträgen im Rahmen von § 3 Nr. 66 Einkommensteuergesetz (EStG) a.F.[6] durch den Gesetzgeber im Jahr 1997 und mit letztmaliger Anwendungsmöglichkeit für Erhöhungen des Betriebsvermögens in Wirtschaftsjahren, die vor dem 01.01.1998 endeten[7], hat es fast zwei Jahrzehnte keine gesetzliche Grundlage mehr für die Steuerfreistellung von Sanierungserträgen gegeben. Dem zwischenzeitlichen Versuch der Finanzverwaltung i.R.d. sog. Sanierungserlasses[8] bei Erfüllung diverser Tatbestandsvoraussetzungen Sanierungserträge im Wege der Billigkeit steuerfrei zu stellen, ist der Bundesfinanzhof (BFH) mit Beschluss vom 28.11.2016[9] entgegengetreten. Seit dem Jahr 2017 gibt es nunmehr eine umfassende Neuregelung in Form der §§ 3a, 3c Abs. 4 EStG und § 7b Gewerbesteuergesetz (GewStG), die Sanierungserträge unter diversen Tatbestandsvoraussetzungen für ertragsteuerliche Zwecke steuerfrei stellen, aber gleichzeitig auch für den Steuerpflichtigen zu ungünstigen

---

eines Sanierungssteuerrechts an der Schnittstelle zwischen Steuer- und Insolvenzrecht spricht, vgl. *Seer*, in: Kirchhof/Seer, EStG-Kommentar, 2021, § 3a, Rn. 2; *Kobor*, in: Kirchhof u.a., EStG-Kommentar, 2021, § 3a, Rn. A 75, vertritt die Auffassung, dass bereits § 3a EStG ein Insolvenz- bzw. Sanierungssteuerrecht schafft, das zur Auflösung des Zielkonflikts zwischen Ertragsteuer- und Insolvenzrecht beiträgt.

5 Vgl. *Seer*, in: Kirchhof/Seer, EStG-Kommentar, 2021, § 3a, Rn. 1; *Krumm*, in: Blümich, EStG-Kommentar, 2021, § 3a, Rn. 2; die ausführliche Rechtshistorie in *Seer*, FR 2014, 721 [724 ff.]; BT-Drs. 18/12128 v. 26.4.2017, 30; *Hechtner*, NWB 2018, 2536 [2536 f.]; *Kanzler*, NWB 2019, 626.

6 Vgl. § 3 Nr. 66 EStG zuletzt i. d. F. der Bekanntmachung vom 16. April 1997, BGBl. I 1997, 821, abgeschafft durch Gesetz zur Fortsetzung der Unternehmenssteuerreform v. 29.10.1997, BGBl. I 1997, 2590.

7 Vgl. Art. 2 d. Gesetzes zur Finanzierung eines zusätzlichen Bundeszuschusses zur gesetzlichen Rentenversicherung v. 19.12.1997, BGBl. I 1997, 3121.

8 Vgl. BMF v. 27.3.2003, BStBl. I 2003, 240.

9 Vgl. BFH, Beschl. v. 28.11.2016, GrS 1/15, BStBl. II 2017, 393.

Rechtsfolgen führen können. Gleichwohl ist die Absicht des Gesetzgebers, ausweislich der Gesetzesbegründung, die Rechtssicherheit für Unternehmen im Sanierungsprozess zu erhöhen und eine Steuerfreiheit zu gewähren, die nicht von einem Ermessensspielraum der Finanzverwaltung abhängig ist.[10] Dabei greifen die aktuellen steuerlichen Sanierungsvorschriften zum Teil auf vergangene Regelungen zurück, zum Teil sind sie jedoch auch um neue Inhalte ergänzt worden.

Mit den vielen Änderungen im Laufe der Zeit ging auch ein stetes Bedürfnis nach Informationen für Rechtsanwender einher, um eine möglichst rechtssicher gestaltete Sanierung von Unternehmen zu erreichen, damit diese nicht aufgrund von nachteiligen steuerlichen Folgen erschwert werden. Diesem Bedürfnis wurde in der Vergangenheit durch Literaturbeiträge nachgekommen. Auch in Hinblick auf die Neuregelungen hat sich die Literatur zwar in diversen Beiträgen geäußert, gleichwohl wurde sich bisher – soweit ersichtlich – noch nicht mit der rechtsformspezifischen Anwendung der Vorschriften beschäftigt. Ferner wurde nach derzeitigem Kenntnisstand bisher keine Arbeit veröffentlicht, die die neuen Rechtsnormen in der Detailtiefe auf Fallbeispiele strukturiert übertragen und anhand dessen Rechtsfolgen herausarbeitet sowie darstellbar gemacht hat. Einen Beitrag zur wissenschaftlichen Aufarbeitung der Neuregelungen zu leisten, ist der Ausgangspunkt und die zugrundeliegende Motivation für die Erstellung dieser Dissertation. Das Hauptaugenmerk dieser Arbeit liegt darin, die rechtsformspezifische Anwendung in Abhängigkeit von der Gesellschaftsform der zu sanierenden Gesellschaft zu beleuchten und daraus Handlungsempfehlungen abzuleiten. *Uhländer* äußerte sich bereits in einem Beitrag aus dem Jahr 2018 – und mithin kurz nach Einführung der neuen Regelungen zur Steuerfreiheit von Sanierungserträgen – dahingehend, dass die Feinabstimmung der Neuregelungen u.a. für die unterschiedlichen Rechtsträger die Rechtsanwender für viele Jahre beschäftigen wird.[11] Diese Arbeit soll hierzu einen Beitrag leisten.

II. Zielsetzung und Gang der Untersuchung

Das übergeordnete Ziel dieser Arbeit ist es, einen Beitrag zum steuerlichen Verständnis zur Anwendung der Regelungen zur Steuerfreiheit von Sanierungserträgen nach §§ 3a, 3c Abs. 4 EStG und § 7b GewStG zu leisten. Dabei soll

---

10 Vgl. BT-Drs. 18/12128 v. 26.4.2017, 30.

11 Vgl. *Uhländer*, DB 2018, 2788 [2789].

insbesondere die rechtsformspezifische Anwendung der Vorschriften beleuchtet werden und auf Grundlage von Fallstudien rechtsformspezifische Handlungsempfehlungen abgeleitet werden. Zur Erreichung dieser Ziele nähert sich diese Arbeit zunächst in Kapitel B dem Begriff der Sanierung aus betriebswirtschaftlicher Sicht. Hierbei werden die betriebswirtschaftlichen Prozesse, insbesondere im vorinsolvenzlichen Zeitraum, erläutert. Die Ausführungen zu den Grundlagen der Unternehmenssanierung, insbesondere des Krisenbegriffs in all seinen Ausprägungen, werden dennoch im Hinblick auf die Ziele dieser Arbeit auf das erforderliche Maß begrenzt dargestellt.[12] Im anschließenden Kapitel C wird auf die historische Rechtsentwicklung der Regelungen zur Steuerfreiheit von Sanierungserträgen eingegangen, die dem Leser zum einen das Verständnis über die grundlegende Problematik vermittelt, ihm aber auch die Herausforderungen darlegt, die mit einer gesetzlichen Neuregelung einhergingen. Kapitel D befasst sich anschließend mit den einzelnen steuerlichen Begünstigungsnormen. Dabei wird zunächst auf die Hauptregelungsnorm des § 3a EStG und dessen Stellung in der Steuersystematik eingegangen, aber insbesondere auch auf die normierten Tatbestandsvoraussetzungen und Rechtsfolgen unter Einbeziehung der Ausführungen im Schrifttum zu Verständnis, Auslegungsfragen und Problemen der Neuregelung. Im Hinblick auf die Herausarbeitung der rechtsformspezifischen Anwendung der Regelungen in dieser Arbeit werden die Verlustverrechnungspositionen nach § 3a Abs. 3 S. 2 EStG, die als Rechtsfolge der Steuerfreiheit von Sanierungserträgen zu mindern sind, im Hinblick auf ihre Anwendung bei Kapitalgesellschaften und Mitunternehmerschaften getrennt untersucht und dargestellt. Zusätzlich wird in Kapitel D auf die in § 3a Abs. 4 EStG normierten verfahrensrechtlichen Bestimmungen bei gesonderter Feststellung bzw. einheitlich und gesonderter Feststellung eingegangen sowie auch auf die in § 3a Abs. 5 EStG geregelte unternehmerbezogene Sanierung. Anschließend wird § 7b GewStG als Sonderregelung bei der Ermittlung des Gewerbeertrags bei unternehmensbezogener Sanierung erörtert. Mit Einführungen der Regelungen zur Steuerfreiheit von Sanierungserträgen

12 Es gibt eine Reihe von Literatur, die sich eingehend mit dem Begriff der Krise, ihrer Symptome, ihrer Entdeckung durch Erkenntnisquellen bzw. Mechanismen einer Krisenfrüherkennung, Analyseverfahren und Handlungsstrategien widmen. Obwohl auf eine Darstellung in derartiger Detailtiefe an dieser Stelle verzichtet wird, ist die nähere Identifikation einer vorliegenden Unternehmenskrise jedoch in der Praxis unerlässlich, um geeignete Sanierungsmaßnahmen zu ergreifen, die nicht nur den kurzfristigen, sondern auch den mittel- bis langfristigen Unternehmenserfolg herbeiführen.

nach § 3a EStG und § 7b GewStG sind weitere Normen, wie beispielsweise § 8 Körperschaftsteuergesetz (KStG) in Bezug auf Betriebe gewerblicher Art, der Verlustuntergang bei Körperschaften nach § 8c KStG bzw. der fortführungsgebundene Verlustvortrag nach § 8d KStG und § 15 KStG, der die Ermittlung des Einkommens bei Organschaften regelt, geändert bzw. vielmehr ergänzt worden. Darauf wird im III. Teil des Kapitels D eingegangen.

In Kapitel E werden anschließend die theoretischen Ausführungen in Fallbeispielen angewendet. Bereits im theoretischen Teil der Arbeit wird gezeigt, dass sich insbesondere bei den Rechtsfolgen der Sanierungsvorschriften – mit Ausnahme der Steuerfreiheit des Sanierungsertrags selbst – Unterschiede in der Behandlung zwischen zu sanierenden Kapitalgesellschaften und zu sanierenden Mitunternehmerschaften feststellen lassen. Diese Unterschiede werden anhand der Fallstudien noch einmal untersucht und verdeutlicht. Zu diesem Zwecke wird die Anwendung der ertragsteuerlichen Regelungen von Sanierungserträgen anhand einer fiktiven Sanierungs-Kapitalgesellschaft und einer Sanierungs-Mitunternehmerschaft analysiert. Da die Steuerfreiheit von Sanierungserträgen bei Anwendung der Regelungen nach §§ 3a, 3c Abs. 4 EStG und § 7b GewStG insbesondere Auswirkungen auf Verlustvorträge haben, wird im Rahmen der Analyse unterschieden, ob die Sanierungs-Kapitalgesellschaft und die Sanierungs-Mitunternehmerschaft bzw. ihre Mitunternehmer Verlustvorträge aufweisen oder ob keine Verluste zur Verrechnung zur Verfügung stehen. Zur Verdeutlichung der steuerlichen Auswirkungen der Sanierungsvorschriften werden die Sachverhalte einmal unter Anwendung der Regelbesteuerung – hiermit ist die Nichtanwendung der Sanierungsvorschriften gemeint – berechnet und im Vergleich dazu bei Inanspruchnahme der §§ 3a, 3c Abs. 4 EStG, § 7b GewStG. Auf Grundlage dieser Berechnungen wird herausgearbeitet, ob die Anwendung der Sanierungsvorschriften stets vorteilhafter ist als die ertragsteuerliche Regelbesteuerung und ggf. unter welchen Voraussetzungen dies nicht der Fall ist. Anhand dessen werden schlussendlich Handlungsempfehlungen abgeleitet.

B. Betriebswirtschaftliche und rechtliche Grundlagen der Unternehmenssanierung

I. Unternehmenskrise als Ursprung der Unternehmenssanierung

Der Prozess einer Unternehmenssanierung setzt zunächst einmal grundsätzlich voraus, dass sich ein Unternehmen in einer Krise befindet, einem ungewollten Prozess, in dem sich der Erfolg, das Vermögen und/oder die Liquidität derart negativ entwickelt hat, dass die Existenz des Unternehmens gefährdet ist.[13] Lediglich verfehlte Unternehmensziele stellen hierbei, sofern das Kriterium der Existenzbedrohung nicht erfüllt ist, noch keine Krise dar.[14] Der Unternehmensbegriff, der im Rahmen einer betriebswirtschaftlichen Krisenanalyse verwendet wird, definiert sich als eine organisatorisch-rechtliche Einheit, die Erwerbszwecke verfolgt und ist gleichsam rechtsformneutral zu verstehen.[15] Es wird keine Unterscheidung vorgenommen, ob es sich bei dem zu untersuchenden Unternehmen um eine Einzelunternehmung, Personen- oder

---

13 Vgl. *Hess/Groß*, in: Hess, Sanierungshandbuch, 2013, Kapitel 1, Rn. 25; *Zabel*, in: Kübler, HRI, 2019, § 3 Rn. 4; *Reinhardt*, in: Rattunde – Fachberater, 2017, Rn. 13, dem zufolge eine Unternehmenskrise nur dann gegeben ist, wenn neben dem existenzbedrohenden Aspekt auch die Möglichkeit einer positiven Wende vorhanden ist; *Evertz/Krystek*, in: Evertz/Krystek, Unternehmen erfolgreich restrukturieren und sanieren, 2014, S. 6, die eine begrenzte Dauer und Beeinflussbarkeit sowie einen ambivalenten Ausgang als zusätzliche Aspekte in der Definition einer Unternehmenskrise sehen. Noch weitgehender definiert das IDW den Begriff: „Unternehmenskrisen sind ungeplante und ungewollte Prozesse von begrenzter Dauer und Beeinflussbarkeit sowie mit ambivalentem Ausgang. Sie sind in der Lage, den Fortbestand des gesamten Unternehmens substanziell und nachhaltig zu gefährden oder sogar unmöglich zu machen. Dies geschieht durch die Beeinträchtigung dominanter Ziele, deren Gefährdung oder gar Nichterreichung gleichbedeutend ist mit einer nachhaltigen Existenzgefährdung oder Existenzvernichtung des Unternehmens als selbstständig und aktiv am Wirtschaftsprozess teilnehmende Einheit mit ihren bis dahin gültigen Zweck- und Zielsetzungen“, *Wieland-Blöse/Oberle*, in: IDW, Sanierung u. Insolvenz, 2017, Kapitel A, 1.1, Rn. 3; *Niering/Hillebrand*, Wege durch die Unternehmenskrise, 2020, S. 1.

14 Vgl. *Hess/Groß*, in: Hess, Sanierungshandbuch, 2013, Kapitel 1, Rn. 31, Kapitel 2, Rn. 117; *Reinhardt*, in: Rattunde – Fachberater, 2017, Rn. 13.

15 Vgl. *Hess/Groß*, in: Hess, Sanierungshandbuch, 2013, Kapitel 1, Rn. 18.

Kapitalgesellschaft handelt. Die rechtliche Struktur spielt bei der betriebswirtschaftlichen Betrachtungsweise keine entscheidende Rolle, wenngleich nicht ausgeschlossen werden kann, dass sich Besonderheiten der jeweiligen Rechtsformen auf die betriebswirtschaftliche Analyse durchschlagen können.

In der Literatur werden Krisen in einem Unternehmen überwiegend durch drei Merkmale gekennzeichnet.[16] Das erste Merkmal Krisenherd wird dahingehend grob unterteilt, ob die Krise aus unternehmensinternen (endogene) oder unternehmensexternen (exogene) Gründen entstanden ist.[17] Zu den endogenen Krisenherden gehören beispielsweise Fehlkalkulationen oder Qualitätsmängel.[18] Es handelt sich entsprechend um Krisenursachen, die im Handlungsbereich des Unternehmens liegen.[19] Beispiele für exogene Krisenherde sind u.a. hohe Zinsen oder auch der Arbeitskräftemangel, also Ereignisse, die in der Regel vom Unternehmen nicht beeinflusst werden können.[20] Das zweite Kriterium Krisenstadium beschäftigt sich mit der Frage, ob die vorliegende Unternehmenskrise existenzbedrohend oder gar existenzvernichtend ist.[21] Von einer existenzbedrohenden Krise ist auszugehen, wenn das Unternehmen zwar in

---

16 Vgl. *Hess/Groß*, in: Hess, Sanierungshandbuch, 2013, Kapitel 2, Rn. 39; *Gras*, in: Nerlich/Kreplin, MAH Insolvenz und Sanierung, 2019, § 2, Rn. 3 f.; *Fechner/Kober*, Praxis der Unternehmenssanierung, 2004, S. 21.

17 Vgl. *Hess/Groß*, in: Hess, Sanierungshandbuch, 2013, Kapitel 2, Rn. 45; *Gras*, in: Nerlich/Kreplin, MAH Insolvenz und Sanierung, 2019, § 2, Rn. 3 f., wo von Krisenursprung die Rede ist; *Fechner/Kober*, Praxis der Unternehmenssanierung, 2004, S. 22; *Wilden*, in: Buth/Hermanns, Restrukturierung, Sanierung, Insolvenz, 2014, § 2, Rn. 4, wo allgemeiner von Krisenursachen die Rede ist; *Wieland-Blöse/Oberle*, in: IDW, Sanierung u. Insolvenz, 2017, Kapitel A, 1.2, Rn. 5; *Reinhardt*, in: Rattunde – Fachberater, 2017, Rn. 29; *Zabel*, in: Kübler, HRI, 2019, § 3 Rn. 36; wobei in der Literatur mehrheitlich der Begriff der Krisenursachen verwendet wird.

18 Vgl. *Hess/Groß*, in: Hess, Sanierungshandbuch, 2013, Kapitel 2, Rn. 46; *Kihm*, in: Blöse/Kihm, Unternehmenskrisen, 2006, sehr ausführlich und systematisch dargestellt in Rn. 29; *Zabel*, in: Kübler, HRI, 2019, § 3 Rn. 40, ebenfalls systematisch aufbereitet und mit Verweis auf *Kihm*, in: Blöse/Kihm, Unternehmenskrisen, 2006 Rn. 26; *Reinhardt*, in: Rattunde – Fachberater, 2017, Rn. 28 f.

19 Vgl. *Hess/Groß*, in: Hess, Sanierungshandbuch, 2013, Kapitel 2, Rn. 42; *Zabel*, in: Kübler, HRI, 2019, § 3 Rn. 39; *Reinhardt*, in: Rattunde – Fachberater, 2017, Rn. 29.

20 Vgl. *Hess/Groß*, in: Hess, Sanierungshandbuch, 2013, Kapitel 2, Rn. 42, 47; *Zabel*, in: Kübler, HRI, 2019, § 3 Rn. 38, beide mit Verweis auf *Kihm*, in: Blöse/Kihm, Unternehmenskrisen, 2006, ausführlich und systematisiert dargestellt in Rn. 47; *Reinhardt*, in: Rattunde – Fachberater, 2017, Rn. 30.

21 Vgl. *Hess/Groß*, in: Hess, Sanierungshandbuch, 2013, Kapitel 2, Rn. 68; *Fechner/Kober*, Praxis der Unternehmenssanierung, 2004, S. 22.

seiner Existenz bedroht ist, jedoch durch zügiges und der Krise angemessenes Handeln gegengesteuert werden kann.[22] Die existenzvernichtende Krise kennzeichnet, dass die Unternehmensfortführung in seiner jetzigen Form unmöglich geworden ist.[23]

Das dritte, und soweit ersichtlich am unterschiedlichsten beschriebenen Kriterium, sind die Krisenarten. Teilweise wird dieses Kriterium auch als Krisenstadien bezeichnet und meint damit nicht die zuvor dargestellte existenzbedrohende oder existenzvernichtende Eigenschaft einer Krise.[24] Der Abgrenzung und Einheitlichkeit halber wird daher nachfolgend nur von Krisenarten gesprochen. In der Literatur herrscht zwar Einigkeit darüber, dass ein Unternehmen im Rahmen einer Krise verschiedene Krisenarten durchläuft.[25] Allerdings besteht keine Einigkeit darüber, wie viele Krisenarten es gibt und wie diese abzugrenzen sind. So wird das Merkmal Krisenart von einem Teil der Literatur – wie in Abbildung 1 dargestellt – in drei Phasen, der Strategie-, Erfolgs- und Liquiditätskrise, unterteilt.[26]

Eine strategische Krise liegt vor, wenn die Grundlagen für zukünftigen Vermögenszuwachs, also (langfristige) Erfolgsfaktoren des Unternehmens gestört oder zerstört wurden bzw. keine neuen Erfolgspotenziale entwickelt wurden.[27] Generiert ein Unternehmen Verluste, die letztendlich auch das Eigenkapital aufbrauchen und damit eine Überschuldung des Unternehmens einhergeht, wird

---

22 Vgl. *Hess/Groß*, in: Hess, Sanierungshandbuch, 2013, Kapitel 2, Rn. 68.

23 Vgl. *Hess/Groß*, in: Hess, Sanierungshandbuch, 2013, Kapitel 2, Rn. 68; a.A. *Reinhardt*, in: Rattunde – Fachberater, 2017, Rn. 13, der eine Krise nur als gegeben ansieht, wenn die Möglichkeit einer positiven Wende vorhanden ist.

24 Vgl. *Hess/Groß*, in: Hess, Sanierungshandbuch, 2013, Kapitel 2, Rn. 43; *Gras*, in: Nerlich/Kreplin, MAH Insolvenz und Sanierung, 2019, § 2, Rn. 3, 5, die beide zwischen Krisenart und Krisenstadium unterscheiden; *Reinhardt*, in: Rattunde – Fachberater, 2017, Rn. 26 spricht mit Verweis auf IDW S 6 v. 16.5.2018 von Krisenstadien; ebenso *Niering/Hillebrand*, Wege durch die Unternehmenskrise, 2020, S. 4.

25 Vgl. *Reinhardt*, in: Rattunde – Fachberater, 2017, Rn. 26.

26 Vgl. *Hess/Groß*, in: Hess, Sanierungshandbuch, 2013, Kapitel 2, Rn. 43; *Zabel*, in: Kübler, HRI, 2019, § 3 Rn. 9; *Gras*, in: Nerlich/Kreplin, MAH Insolvenz und Sanierung, 2019, § 2, Rn. 5, der zusätzlich noch eine vorgelagerte Stakeholderkrise berücksichtigt.

27 Vgl. *Hess/Groß*, in: Hess, Sanierungshandbuch, 2013, Kapitel 2, Rn. 55; *Zabel*, in: Kübler, HRI, 2019, § 3 Rn. 18 f.; *Reinhardt*, in: Rattunde – Fachberater, 2017, Rn. 26; *Gras*, in: Nerlich/Kreplin, MAH Insolvenz und Sanierung, 2019, § 2, Rn. 5.

von einer Erfolgskrise gesprochen.[28] Die Liquiditätskrise ist gekennzeichnet von einer Entwicklung, die die Zahlungsfähigkeit des Unternehmens bedroht oder bereits zur Zahlungsunfähigkeit geführt hat.[29]

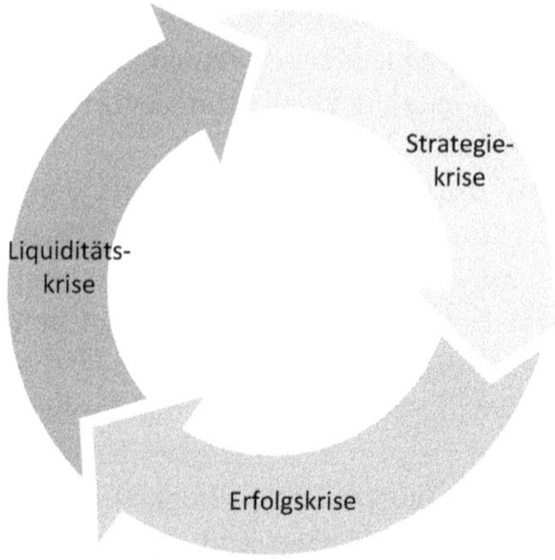

Abbildung 1: Krisenarten nach dem Drei-Phasen-Modell, Eigendarstellung

Das Institut der Wirtschaftsprüfer (IDW) unterscheidet bei den Krisenarten hingegen insgesamt sechs Phasen. Demnach umfasst ein typischer Krisenverlauf – wie aus Abbildung 2 ersichtlich – eine Stakeholder-, Strategie-, Produkt- und Absatzkrise, gefolgt von einer Erfolgs- und Liquiditätskrise, die dann in der Insolvenzreife mündet.[30] Dem Verständnis des IDW zufolge kann eine Unternehmenskrise durch Konflikte zwischen den Stakeholdern beginnen.[31] Als Stakeholder werden die Unternehmensleitung, Überwachungsorgane, Gesellschafter, Arbeitnehmer und Arbeitnehmervertreter sowie auch Fremdkapitalgeber genannt.[32] Konflikte, die regelmäßig aufgrund unterschiedlicher Interessen und Ziele der Stakeholder entstehen, können zu einem Vertrauensverlust in die handelnden Personen führen und den Anpassungs- und Fortentwicklungs-

28 Vgl. *Hess/Groß*, in: Hess, Sanierungshandbuch, 2013, Kapitel 2, Rn. 54; *Zabel*, in: Kübler, HRI, 2019, § 3 Rn. 24 f.; *Reinhardt*, in: Rattunde – Fachberater, 2017, Rn. 26; *Gras*, in: Nerlich/Kreplin, MAH Insolvenz und Sanierung, 2019, § 2, Rn. 5.

29 Vgl. *Hess/Groß*, in: Hess, Sanierungshandbuch, 2013, Kapitel 2, Rn. 53; *Zabel*, in: Kübler, HRI, 2019, § 3 Rn. 30; *Reinhardt*, in: Rattunde – Fachberater, 2017, Rn. 26; *Gras*, in: Nerlich/Kreplin, MAH Insolvenz und Sanierung, 2019, § 2, Rn. 5.

30 Vgl. *Wieland-Blöse/Oberle*, in: IDW, Sanierung u. Insolvenz, 2017, Kapitel A, 1.3.1 ff.; IDW S 6 v. 16.5.2018, Rn. 31.

31 Vgl. *Wieland-Blöse/Oberle*, in: IDW, Sanierung u. Insolvenz, 2017, Kapitel A, 1.3.1, Rn. 14; so auch *Reinhardt*, in: Rattunde – Fachberater, 2017, Rn. 26.

32 Vgl. *Wieland-Blöse/Oberle*, in: IDW, Sanierung u. Insolvenz, 2017, Kapitel A, 1.3.1, Rn. 13.

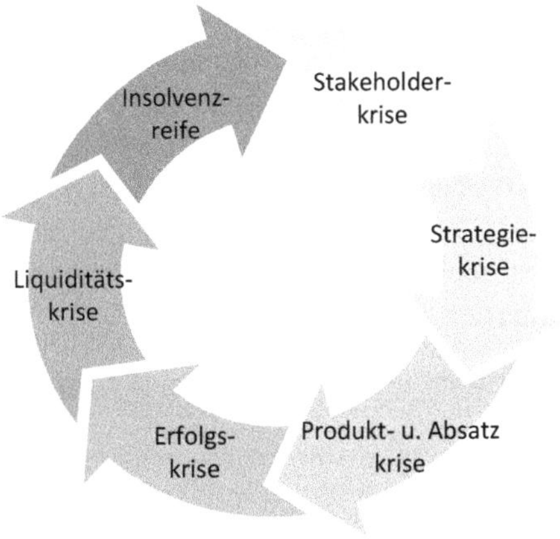

Abbildung 2: Krisenarten nach dem Sechs-Phasen-Modell des IDW, Eigendarstellung

bedarf des Unternehmens blockieren.[33] Die Strategiekrise entwickelt sich – wie bereits zuvor im „Drei-Phasen-Modell" beschrieben – wenn die langfristigen Erfolgsfaktoren eines Unternehmens, beispielsweise (ausreichend) qualifizierte Mitarbeiter und erfolgreiche Produktionstechnologien, nicht (mehr) vorhanden sind.[34] Die Produkt- und Absatzkrise kennzeichnet, dass die Nachfrage nach Hauptumsatz- und Haupterfolgsträgern dauerhaft und in großem Umfang einbricht. Regelmäßig zieht eine Produktkrise eine Absatzkrise nach sich. Bei unzureichender Marketing- oder Vertriebsstrategie kann aber auch eine Absatzkrise ohne eine vorherige Produktkrise entstehen.[35] Von einer Erfolgskrise wird ausgegangen, wenn das Unternehmen zunehmend Verluste erwirtschaftet, die den Verbrauch des Eigenkapitals zur Folge haben. Damit einher geht eine sinkende Attraktivität des Unternehmens für Eigenkapitalgeber und eine gesteigerte Kreditunwürdigkeit, so dass die Gefahr einer anschließenden Liquiditätskrise steigt.[36] In der Liquiditätskrise entstehen

---

33 Vgl. *Wieland-Blöse/Oberle*, in: IDW, Sanierung u. Insolvenz, 2017, Kapitel A, 1.3.1, Rn. 14 f.

34 Vgl. *Wieland-Blöse/Oberle*, in: IDW, Sanierung u. Insolvenz, 2017, Kapitel A, 1.3.2, Rn. 18; ebenso *Hess/Groß*, in: Hess, Sanierungshandbuch, 2013, Kapitel 2, Rn. 55; *Zabel*, in: Kübler, HRI, 2019, § 3 Rn. 19; so auch *Reinhardt*, in: Rattunde – Fachberater, 2017, Rn. 26; *Gras*, in: Nerlich/Kreplin, MAH Insolvenz und Sanierung, 2019, § 2, Rn. 5.

35 Vgl. *Wieland-Blöse/Oberle*, in: IDW, Sanierung u. Insolvenz, 2017, Kapitel A, 1.3.3, Rn. 20; so auch *Reinhardt*, in: Rattunde – Fachberater, 2017, Rn. 26.

36 Vgl. *Wieland-Blöse/Oberle*, in: IDW, Sanierung u. Insolvenz, 2017, Kapitel A, 1.3.4, Rn. 21.

Liquiditätsengpässe des Unternehmens, so dass Verbindlichkeiten nicht mehr im Zeitpunkt ihrer Fälligkeit, sondern ggf. erst im nachfolgenden Zeitraum beglichen werden können.[37] Eine zugespitzte Liquiditätskrise kann zur letzten Phase einer Unternehmenskrise, der Insolvenzreife, führen. Von Insolvenzreife wird gesprochen, wenn einer der Insolvenzeröffnungsgründe nach §§ 17–19 Insolvenzordnung (InsO) vorliegt.[38]

Zusammenfassend wird also eine Unternehmenskrise anhand der in Abbildung 3 aufgeführten Kategorien analysiert:

Merkmale einer Krise		
Krisenherd	Krisenstadium	Krisenart
Unternehmensexterne (exogene) Krisengründe	Existenzbedrohende Unternehmenskrise	Stakeholderkrise
Unternehmensinterne (endogene) Krisengründe	Existenzvernichtende Unternehmenskrise	Strategiekrise
		Produkt- und Absatzkrise
		Erfolgskrise
		Liquiditätskrise
		Insolvenzreife

Abbildung 3: Zusammenfassende Darstellung der drei Merkmale einer Krise, Eigendarstellung

Die Aufteilung einer Unternehmenskrise in sechs verschiedene Phasen erscheint plausibel, da eine höhere Genauigkeit im Gegensatz zum „Drei-Phasen-Modell" unterstellt werden kann. Allerdings hat es den großen Nachteil, dass Abgrenzungsschwierigkeiten zwischen den verschiedenen Krisenarten bestehen. *Reinhardt* verweist darauf, dass eine trennscharfe Abgrenzung zwischen Stakeholder- und Strategiekrise kaum auszumachen ist, da in der Praxis nur bedingt zwischen Entscheidungsprozessen von Stakeholdern und Dritten unterschieden werden kann.[39] Ebenso wird oftmals die Produkt- und

37 Vgl. *Wieland-Blöse/Oberle*, in: IDW, Sanierung u. Insolvenz, 2017, Kapitel A, 1.3.5, Rn. 22; ebenso *Hess/Groß*, in: Hess, Sanierungshandbuch, 2013, Kapitel 2, Rn. 53; *Zabel*, in: Kübler, HRI, 2019, § 3 Rn. 30; *Reinhardt*, in: Rattunde – Fachberater, 2017, Rn. 26.

38 Vgl. *Wieland-Blöse/Oberle*, in: IDW, Sanierung u. Insolvenz, 2017, Kapitel A, 1.3.6, Rn. 24 f.

39 Vgl. *Reinhardt*, in: Rattunde – Fachberater, 2017, Rn. 26.

Absatzkrise der Erfolgskrise zugeordnet, da auch hier eine klare Abgrenzung praktisch kaum durchführbar ist.[40]

Abgesehen davon in wie viele verschiedene Phasen die Krisenarten aufgeteilt werden, besteht gemeinhin Konsens darüber, dass ein Unternehmen nicht zwangsläufig alle Krisenarten durchläuft, die Krisenarten parallel verlaufen oder sich teilweise überlappen können.[41] In der Regel entstehen die Krisenarten jedoch auch nicht unabhängig voneinander, sondern entwickeln sich aufeinander aufbauend.[42] Einigkeit herrscht auch darüber, dass auf der einen Seite der Handlungsspielraum für die Umsetzung von Sanierungsmaßnahmen und damit zur Existenzerhaltung des Unternehmens kleiner, und auf der anderen Seite der Bedrohungsgrad, Handlungsdruck und die Aufgabenkomplexität mit Fortschreiten der Unternehmenskrise größer wird.[43] Paradoxerweise werden gemeinhin Unternehmenskrisen als solche erst spät erkannt. Je weiter fortgeschritten eine Krise ist, umso eher erkennt ein Unternehmen seine Situation als Krise an bzw. je früher ein Unternehmen in einer Krisenphase steckt, umso schwieriger ist es für das Unternehmen, den Zustand als Krise zu erkennen.[44]

II. Von der Krise zur Insolvenzreife

1. Insolvenzantragsgründe zwischen Antragsrecht und Antragspflicht

Die Unternehmenskrise bzw. die Existenzbedrohung eines Unternehmens kann sich in den gesetzlich normierten Insolvenzantragsgründen nach §§ 17–19 InsO

---

40 Vgl. *Reinhardt*, in: Rattunde – Fachberater, 2017, Rn. 26.

41 Vgl. *Wieland-Blöse/Oberle*, in: IDW, Sanierung u. Insolvenz, 2017, Kapitel A, 1.3, Rn. 9; *Hess/Groß*, in: Hess, Sanierungshandbuch, 2013, Kapitel 2, Rn. 64; *Zabel*, in: Kübler, HRI, 2019, § 3 Rn. 10.

42 Vgl. *Wieland-Blöse/Oberle*, in: IDW, Sanierung u. Insolvenz, 2017, Kapitel A, 1.3, Rn. 9; IDW S 6 v. 16.5.2018, Rn. 32; *Hess/Groß*, in: Hess, Sanierungshandbuch, 2013, Kapitel 2, Rn. 59 f. ff.; *Zabel*, in: Kübler, HRI, 2019, § 3 Rn. 10; *Niering/Hillebrand*, Wege durch die Unternehmenskrise, 2020, S. 7.

43 Vgl. *Zabel*, in: Kübler, HRI, 2019, § 3, Rn. 12; *Reinhardt*, in: Rattunde – Fachberater, 2017, Rn. 26, 28; siehe dazu auch die Grafik in IDW S 6 v. 16.5.2018, Rn. 32.

44 Vgl. *Hess/Groß*, in: Hess, Sanierungshandbuch, 2013, Kapitel 2, Rn. 61; *Zabel*, in: Kübler, HRI, 2019, § 3 Rn. 14; siehe dazu auch die Grafik in IDW S 6 v. 16.5.2018, Rn. 32; ebenso *Evertz/Krystek*, in: Evertz/Krystek, Unternehmen erfolgreich restrukturieren und sanieren, 2014, S. 12, die als Ursache auch ein „Wollens- und Könnens-Defizit der Führung" ausmachen.

konkretisieren.[45] Befindet sich ein Unternehmen in einem Zustand, in dem einer der Insolvenzantragsgründe vorliegt, kann von einer objektiven Krisenfeststellung gesprochen werden.[46] Die InsO normiert drei Eröffnungsgründe für ein Insolvenzverfahren. Dabei handelt es sich um die Zahlungsunfähigkeit nach § 17 InsO, die drohende Zahlungsunfähigkeit gem. § 18 InsO sowie den Tatbestand der Überschuldung gem. § 19 InsO.[47] Hierbei wird die Rechtsform des ggf. zur Insolvenzantragstellung Verpflichteten insofern relevant, als dass die verschiedenen Insolvenzantragsgründe nach §§ 17–19 InsO – wie nachfolgend dargestellt wird – teilweise nicht allen Rechtsformen zugänglich sind. Grundregelungen für die Frage, ob ein Insolvenzantrags*recht* oder eine Insolvenzantrags*pflicht* besteht und wer den Insolvenzantrag zu stellen hat, sind die §§ 15, 15a InsO. Hier wird grundsätzlich unterschieden zwischen juristischen Personen (z.B. Aktiengesellschaft (AG) und die Gesellschaft mit beschränkter Haftung (GmbH)) und Gesellschaften ohne Rechtspersönlichkeit (z.B. Gesellschaft bürgerlichen Rechts (GbR) oder die Offene Handelsgesellschaft (OHG)). Bei juristischen Personen liegt das Insolvenzantragsrecht und die Insolvenzantragspflicht bei den Mitgliedern des Vertretungsorgans der Gesellschaft, also bei der Geschäftsführung einer GmbH i.S.v. § 35 Gesetz betreffend die Gesellschaften mit beschränkter Haftung (GmbHG) bzw. den Vorstandsmitgliedern der AG gem. § 78 Aktiengesetz (AktG) (§ 15 Abs. 1 InsO, § 15a Abs. 1 S. 1 InsO). Bei Gesellschaften ohne Rechtspersönlichkeit liegt das Insolvenzantrags*recht* grundsätzlich bei den persönlich haftenden Gesellschaftern (§ 15 Abs. 1 InsO). Eine Insolvenzantrags*pflicht* für Gesellschaften ohne Rechtspersönlichkeit wurde im Normalfall aufgrund der persönlichen Haftung des Gesellschafters bzw. der Gesellschafter gesetzlich nicht geregelt.[48] Allerdings wurde in § 15a Abs. 1 S. 3 InsO eine Regelung geschaffen für Fälle, in denen an einer Gesellschaft ohne Rechtspersönlichkeit keine natürliche Person als persönlich

45 Vgl. *Hess/Groß*, in: Hess, Sanierungshandbuch, 2013, Kapitel 1, Rn. 27.

46 Vgl. *Reinhardt*, in: Rattunde – Fachberater, 2017, Rn. 14, nach dessen Auffassung eine Unternehmenskrise mit der Insolvenzreife endet, da sämtliche Handlungen ab diesem Zeitpunkt nicht mehr dem Krisenmanagement, sondern dem Insolvenz- oder Sanierungsmanagement zuzuordnen sind. A.A. *Hess/Groß*, in: Hess, Sanierungshandbuch, 2013, Kapitel 1, Rn. 28, wonach sich eine Krise bis zum Abschluss der Insolvenzabwicklung hinzieht.

47 Die wesentlichen Grundzüge werden nachfolgend dargestellt. Für weitere Einzelheiten vgl. z.B. *Braun*, InsO-Kommentar, 2020; *Blersch/Goetsch/Haas*, InsO-Kommentar, 2021.

48 Vgl. *Hirte*, in: Uhlenbruck, InsO-Kommentar, 2019, § 15a, Rn. 9.

haftender Gesellschafter beteiligt ist. Demnach sind in einem solchen Fall die organschaftlichen Vertreter der Gesellschaft ohne Rechtspersönlichkeit bei Zahlungsunfähigkeit oder Überschuldung verpflichtet, einen Insolvenzantrag zu stellen, es sei denn, zu den persönlich haftenden Gesellschaftern gehört eine Gesellschaft, die selbst eine natürliche Person als persönlich haftender Gesellschafter hat (§ 15a Abs. 1 S. 3 InsO). Während die (drohende) Zahlungsunfähigkeit nach §§ 17, 18 InsO für sämtliche Rechtsformen und auch für natürliche Personen Anwendung finden, kommt für juristische Personen der Insolvenzantragsgrund der Überschuldung nach § 19 InsO hinzu.[49]

Liegt bei einer juristischen Person eine Zahlungsunfähigkeit oder Überschuldung vor, sind die Mitglieder des Vertretungsorgans verpflichtet, ohne schuldhaftes Zögern einen Antrag auf Eröffnung des Insolvenzverfahrens zu stellen (§ 15a Abs. 1 S. 1 InsO). Im Rahmen des Sanierungs- und Insolvenzrechtsfortentwicklungsgesetzes[50] wurde der Zeitraum konkretisiert, in dem der Antrag nunmehr bis spätestens drei Wochen nach Eintritt der Zahlungsunfähigkeit und sechs Wochen nach Eintritt der Überschuldung zu stellen ist (§ 15a Abs. 1 S. 2 InsO). Wird dieser Pflicht nicht nachgekommen, können sich die mit der Antragstellung verpflichteten Organe strafbar machen mit erheblichen rechtlichen Konsequenzen gem. § 15a Abs. 4 und 5 InsO.[51]

Die nachfolgende Abbildung 4, in Anlehnung an die Darstellung des IDW, dient einem ersten Überblick über die gesetzlich normierten Insolvenzeröffnungsgründe nach §§ 17ff. InsO und wann eine Antragspflicht oder lediglich ein Antragsrecht besteht:

49 Vgl. *Schmidt*, in: Rattunde – Fachberater, 2017, Rn. 312; *Bußhardt*, in: Braun, InsO-Kommentar, 2020, § 16, Rn. 6 f.; *Humberg*, in: Blersch/Goetsch/Haas, InsO-Kommentar, 2021, § 19 Rn. 2; *Hess*, in: Hess, Sanierungshandbuch, 2013, Kapitel 19, Rn. 229.

50 Vgl. Gesetz zur Fortentwicklung des Sanierungs- und Insolvenzrechts v. 22.12.2020, BGBl. I 2020, 3256.

51 Vgl. *Schmidt*, in: Rattunde – Fachberater, 2017, Rn. 313; *Roth*, Insolvenzsteuerrecht, 2021, Rn. 2.16.; näheres dazu auch z.B. in *Haas*, in: Blersch/Goetsch/Haas, InsO-Kommentar, 2021, § 15a, Rn. 49 ff.

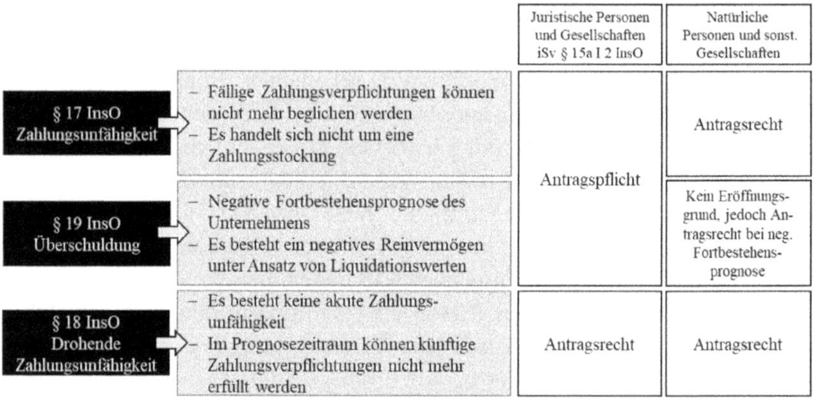

Abbildung 4: Überblick über die Insolvenzeröffnungsgründe sowie Insolvenzantragsrechte bzw. Insolvenzantragspflichten, Eigendarstellung nach IDW S 11 v. 22.8.2016, Rn. 1

2. Zahlungsunfähigkeit, § 17 InsO

Gem. § 17 Abs. 2 InsO liegt eine Zahlungsunfähigkeit eines Schuldners vor, wenn dieser nicht mehr in der Lage ist, fällige Zahlungsverpflichtungen zu erfüllen. Hat der Schuldner seine Zahlung eingestellt, wird nach § 17 Abs. 2 S. 2 InsO davon ausgegangen, dass der Schuldner zahlungsunfähig ist. Das Verhalten des Schuldners, hier die Einstellung der Zahlung, ist ein Verhalten, das dahingehend interpretiert wird, dass der Schuldner schlicht nicht in der Lage ist, die Schuld zu begleichen.[52] Dabei handelt es sich um eine widerlegbare Vermutung.[53] Die tatsächliche Nichtzahlung reicht als Erfüllung des Tatbestandes der Zahlungseinstellung aus.[54] Das gilt auch dann, wenn zwar eine große Summe an Verbindlichkeiten bedient werden, diese aber in Relation zu

52 Vgl. *Schmidt*, in: Rattunde – Fachberater, 2017, Rn. 317; IDW S 11 v. 22.8.2016, Rn. 20 für ausführliche Aufzählung von Beweisanzeichen mit Verweis auf ergangene Rechtsprechung.

53 Vgl. *Humberg*, in: Blersch/Goetsch/Haas, InsO-Kommentar, 2021, § 17 Rn. 38; *Bußhardt*, in: Braun, InsO-Kommentar, 2020, § 17, Rn. 14; *Schmidt*, in: Rattunde – Fachberater, 2017, Rn. 317.

54 Vgl. BGH, Urt. v. 21.6.2007, IX ZR 231/04, BGHReport 2007, 996, Rn. 29 m.w.N.; *Schmidt*, in: Rattunde – Fachberater, 2017, Rn. 318.

der Gesamtschuld nicht wesentlich ist.[55] Die Zahlungseinstellung darf jedoch nicht vorübergehender Natur sein, sondern muss vom Schuldner länger als drei Wochen betrieben werden.[56] Nimmt der Schuldner die Zahlung an sämtliche Gläubiger wieder auf und umfasst diese alle (zwischenzeitlich) fälligen Verbindlichkeiten, wird die Zahlungseinstellung beseitigt.[57] Die Zahlungseinstellung ist vom Unwillen des Schuldners zur Zahlung abzugrenzen. Eine Zahlungseinstellung i.S.d. § 17 Abs. 2 S. 2 InsO ist dementsprechend nicht gegeben, wenn der Schuldner objektiv dazu in der Lage wäre, aber deshalb nicht zahlt, weil er begründete Einwendungen gegen die Forderungsberechtigung hat.[58]

Von der Zahlungsunfähigkeit i.S.d. § 17 InsO ist die vorübergehende Zahlungsstockung abzugrenzen. Den insolvenzrechtlichen Tatbestand der Zahlungsunfähigkeit erfüllt der Schuldner demnach nicht, wenn ihm zwar in einem bestimmten Zeitpunkt liquide Mittel fehlen, er diese aber kurzfristig beschaffen kann.[59] Der Gesetzgeber wollte damit vermeiden, dass beispielsweise der Umstand, dass eine erwartete Zahlung nicht eingegangen ist, eine Insolvenzantragspflicht auslöst. Allerdings hat der Gesetzgeber das Merkmal der „andauernden" Zahlungsunfähigkeit nicht in den Gesetzestext aufgenommen, um zu verhindern, dass eine Illiquidität über mehrere Wochen zu einer Zahlungsstockung erklärt wird.[60] In der Rechtsprechung hat sich der Zeitraum von drei Wochen manifestiert, die dem Schuldner zugesprochen werden, um eine vorübergehende Illiquidität zu überwinden. Der Bundesgerichtshof (BGH) hat damit den Zeitraum einer tolerierbaren Zahlungsstockung mit dem Zeitraum gleichgesetzt, die ein kreditwürdiger Schuldner benötigt, um sich finanzielle Mittel zu „leihen".[61]

§ 17 InsO beinhaltet keine zahlenmäßige Toleranzgrenze im Hinblick auf die Liquiditätslücke. In der Gesetzesbegründung heißt es dazu, dass es nicht gerechtfertigt sei, von einer Zahlungsunfähigkeit erst dann auszugehen, wenn

---

55 Vgl. BGH, Urt. v. 21.6.2007, IX ZR 231/04, BGHReport 2007, 996, Rn. 29; IDW S 11 v. 22.8.2016, Rn. 19; *Schmidt*, in: Rattunde - Fachberater, 2017, Rn. 318.

56 Vgl. BGH, Urt. v. 21.6.2007, IX ZR 231/04, BGHReport 2007, 996, Rn. 30; *Schmidt*, in: Rattunde - Fachberater, 2017, Rn. 318.

57 Vgl. IDW S 11 v. 22.8.2016, Rn. 21; *Schmidt*, in: Rattunde - Fachberater, 2017, Rn. 318.

58 Vgl. IDW S 11 v. 22.8.2016, Rn. 22.

59 Vgl. IDW S 11 v. 22.8.2016, Rn. 14; *Schmidt*, in: Rattunde - Fachberater, 2017, Rn. 320.

60 Vgl. BT-Drs. 12/2443 v. 15.4.1992, 114; *Schmidt*, in: Rattunde - Fachberater, 2017, Rn. 320.

61 Vgl. BGH, Urt. v. 24.5.2005, IX ZR 123/04, BGHZ 163, 134, unter II., 2. a); *Schmidt*, in: Rattunde - Fachberater, 2017, Rn. 321; IDW S 11 v. 22.8.2016, Rn. 15.

der Schuldner einen bestimmten Bruchteil seiner Verbindlichkeiten nicht mehr erfüllen kann.[62] Der BGH schließt daraus nicht die Unzulässigkeit einer zahlenmäßigen Vorgabe, sondern unterstellt dem Gesetzgeber eine gewisse Flexibilisierung durch Verzicht einer Toleranzgrenze.[63] Der BGH zieht die kritische Grenze zum Vorliegen einer Zahlungsunfähigkeit dann, wenn der Schuldner eine Liquiditätslücke von 10 % oder mehr aufweist, sofern nicht mit an Sicherheit grenzender Wahrscheinlichkeit davon auszugehen ist, dass die Liquiditätslücke demnächst vollständig oder fast vollständig geschlossen wird und den Gläubigern das Warten auf die Begleichung ihrer Forderung nach den Umständen des Einzelfalls zuzumuten ist.[64] Im Umkehrschluss sieht der BGH die Zahlungsfähigkeit des Schuldners gewahrt, wenn innerhalb von drei Wochen eine Liquiditätslücke von weniger als 10 % der Gesamtverbindlichkeit besteht, es sei denn, die Liquiditätslücke steigt in absehbarer Zeit über 10 %.[65] Es ist ersichtlich, dass es sich bei der 10 %-Grenze nicht um einen statischen Wert handelt, da zum einen in Einzelfällen eine Liquiditätslücke von mehr als 10 % unschädlich ist, wenn diese mit an Sicherheit grenzender Wahrscheinlichkeit in naher Zukunft vollständig oder fast vollständig geschlossen werden kann. Zum anderen kann aber auch eine Zahlungsunfähigkeit bei einer Liquiditätslücke von (dauerhaft) unter 10 % vorliegen, wenn absehbar ist, dass sich diese in absehbarer Zeit nicht schließen lässt.[66] Die Beurteilung, ob eine Zahlungs(un)fähigkeit vorliegt, ist im Rahmen einer Prognose im Hinblick auf die zukünftige Unternehmensentwicklung zu prüfen.[67] Dem IDW zufolge sollte der Prognosezeitraum drei Monate, unter Umständen längstens sechs Monate, umfassen.[68] Zur Beurteilung, ob eine Zahlungsunfähigkeit vorliegt, wird in der Praxis, z.B. auf Grundlage des IDW Standard 11[69], zunächst eine

---

62 Vgl. BT-Drs. 12/2443 v. 15.4.1992, 114.

63 Vgl. BGH, Urt. v. 24.5.2005, IX ZR 123/04, BGHZ 163, 134, unter II., 4. a).

64 Vgl. BGH, Urt. v. 24.5.2005, IX ZR 123/04, BGHZ 163, 134, 3. Leitsatz; *Schmidt*, in: Rattunde – Fachberater, 2017, Rn. 321, 327 wonach den Gläubigern ein Warten beispielsweise dann zugemutet werden kann, wenn die Fortführungsprognose für das Unternehmen auf eine baldige Wiederherstellung der Ertragsfähigkeit hindeutet, so dass die Gläubiger i. Erg. durch das Warten bessergestellt würden.

65 Vgl. BGH, Urt. v. 24.5.2005, IX ZR 123/04, BGHZ 163, 134, 2. Leitsatz; *Schmidt*, in: Rattunde – Fachberater, 2017, Rn. 323.

66 Vgl. IDW S 11 v. 22.8.2016, Rn. 17; *Schmidt*, in: Rattunde – Fachberater, 2017, Rn. 327.

67 Vgl. IDW S 11 v. 22.8.2016, Rn. 17; *Schmidt*, in: Rattunde – Fachberater, 2017, Rn. 327.

68 Vgl. IDW S 11 v. 22.8.2016, Rn. 16.

69 Vgl. IDW S 11 v. 22.8.2016.

stichtagsbezogene Liquiditätsbilanz aufgestellt, die anschließend um einen Finanzplan ergänzt wird.[70]

3. Drohende Zahlungsunfähigkeit, § 18 InsO

Eine drohende Zahlungsunfähigkeit liegt nach § 18 Abs. 2 InsO vor, wenn absehbar ist, dass der Schuldner voraussichtlich nicht in der Lage sein wird, Zahlungsverbindlichkeiten im Fälligkeitszeitpunkt zu begleichen. Das bedeutet also, dass am Tag der Beurteilung noch keine Liquiditätslücke vorhanden ist, dem Finanzplan jedoch zu entnehmen ist, dass es überwiegend wahrscheinlich ist, dass zukünftige Zahlungsverpflichtungen die vorhandenen liquiden Mittel übersteigen und dies auch nicht mehr mit Kapitalbeschaffungsmaßnahmen ausgeglichen werden kann.[71] Bei der drohenden Zahlungsunfähigkeit handelt es sich um ein Antragsrecht des Schuldners. Dem Gesetzesentwurf zufolge soll das Antragswahlrecht dem Schuldner die Möglichkeit bieten, bei deutlichen Hinweisen einer drohenden Insolvenz noch vor ihrem Eintritt, Gegenmaßnahmen im verfahrensrechtlichen Sinne vorzunehmen.[72] Zur Beurteilung einer drohenden Zahlungsunfähigkeit ist ein Finanzplan aufzustellen, dessen Prognosezeitraum alle Zahlungsverpflichtungen des Schuldners umfassen, die bereits bestehen, jedoch erst zukünftig fällig werden.[73] Gem. § 18 Abs. 2 S. 2 InsO soll in aller Regel ein Prognosezeitraum von 24 Monaten zugrunde gelegt werden. Eine Ausdehnung dieses Zeitraums auf über zwei Jahre ist ohnehin oftmals nicht zweckmäßig, da die Zahlungseingänge und zu bedienenden Zahlungsverbindlichkeiten nur prognostiziert werden können.[74]

---

70 Vgl. *Bußhardt*, in: Braun, InsO-Kommentar, 2020, § 17, Rn. 12 ff.; Ausführlich dazu auch IDW S 11 v. 22.8.2016, Rn. 23 ff. der begrifflich von stichtagsbezogenem Finanzstatus mit anschließendem zeitraumbezogenem Finanzplan spricht; *Schmidt*, in: Rattunde – Fachberater, 2017, Rn. 330 ff.

71 Vgl. IDW S 11 v. 22.8.2016, Rn. 93; *Bußhardt*, in: Braun, InsO-Kommentar, 2020, § 18, Rn. 4.

72 Vgl. BT-Drs. 12/2443 v. 15.4.1992, 114.

73 Vgl. BT-Drs. 12/2443 v. 15.4.1992, 114; IDW S 11 v. 22.8.2016, Rn. 94; *Fehst/Engels*, in: Sonnleitner, Insolvenzsteuerrecht, 2017, Kapitel 2, Rn. 36.

74 Vgl. *Fehst/Engels*, in: Sonnleitner, Insolvenzsteuerrecht, 2017, Kapitel 2, Rn. 36; gem. IDW S 11, Rn. 94 läuft der Prognosezeitraum regelmäßig bis zur letzten Fälligkeit der

4. Überschuldung, § 19 InsO

Eine Überschuldung i.S.v. § 19 InsO besteht, wenn das Vermögen einer juristischen Person die bestehenden Verbindlichkeiten nicht mehr deckt, es sei denn, eine Unternehmensfortführung ist ihren Umständen nach überwiegend wahrscheinlich (§ 19 Abs. 2 InsO). Gewöhnlich liegt die Überschuldung zeitlich gesehen vor der Zahlungsunfähigkeit nach § 17 InsO.[75] § 19 InsO verfolgt also den Zweck, dass eine nicht überlebensfähige Gesellschaft noch vor Eintreten einer Zahlungsunfähigkeit einen Insolvenzantrag i.R.d. Überschuldung stellt.[76] Die Überschuldungsprüfung ist gesetzlich lediglich rudimentär geregelt. Daher ist nach Auffassung des IDW ein sachgerechtes und methodisches Vorgehen notwendig.[77] Grundlage eines solchen Vorgehens kann der IDW S 11 sein. Demnach erfolgt eine Überschuldungsprüfung in zwei Stufen[78]: Auf der ersten Stufe werden die Überlebenschancen eines Unternehmens im Rahmen einer Fortbestehensprognose beurteilt. Sofern dies zu einem positiven Ergebnis führt, liegt keine Überschuldung i.S.v. § 19 Abs. 2 InsO vor.[79] Führt diese zu dem Schluss, dass die Fortführung eines Unternehmens überwiegend unwahrscheinlich ist (negative Fortbestehensprognose), sind die stichtagsbezogenen Vermögenswerte und Schulden zu ihren jeweiligen Liquidationswerten gegenüberzustellen.[80] Resultiert aus der Gegenüberstellung, dass das Reinvermögen des Unternehmens negativ ist, liegt eine Antragspflicht wegen Überschuldung i.S.v. § 19 InsO vor.[81] Der Zeitpunkt sowie Häufigkeit, Fortschreibung und der

bestehenden Verbindlichkeit eines Unternehmens, so auch BGH, Urt. v. 5.12.2013, IX ZR 93/11, DStR 2014, 433, Rn. 10.

75 Vgl. *Bußhardt*, in: Braun, InsO-Kommentar, 2020, § 19, Rn. 1.

76 Vgl. *Bußhardt*, in: Braun, InsO-Kommentar, 2020, § 19, Rn. 1.

77 Vgl. IDW S 11 v. 22.8.2016, Rn. 53.

78 Hierbei ist die Zweistufigkeit der Überschuldungsprüfung auch vom Gesetzestext angelegt, vgl. *Humberg*, in: Blersch/Goetsch/Haas, InsO-Kommentar, 2021, § 19, Rn. 11; ausführlich zur Historie des Überschuldungstatbestands, Vor- und Nachteile des ursprünglich geltenden zweistufigen Begriffs der Überschuldung und des nunmehr geltenden modifizierten zweistufigen Überschuldungsbegriffs sowie mögliche Auswirkungen der Restrukturierungsrichtlinie auf den Überschuldungstatbestand, vgl. *Bork*, ZIP 2019, S1–S20.

79 Vgl. IDW S 11 v. 22.8.2016, Rn. 54; *Humberg*, in: Blersch/Goetsch/Haas, InsO-Kommentar, 2021, § 19, Rn. 11 sieht – basierend auf dem Gesetzestext – eine umgekehrte Reihenfolge: Die rechnerische Überschuldung mit Liquiditätswerten auf der ersten Stufe, ggf. gefolgt von einer Fortführungsprognose.

80 Vgl. IDW S 11 v. 22.8.2016, Rn. 54.

81 Vgl. IDW S 11 v. 22.8.2016, Rn. 54.

Detaillierungsgrad der Überschuldungsprüfung erfolgt in Abhängigkeit davon, in welcher Krisenphase sich das Unternehmen befindet und wie sich dessen Ausmaß darstellt.[82] Grundsätzlich erhöhen sich die Anforderungen an die Fortschreibung in inhaltlicher und zeitlicher Natur mit zunehmender Bedrohung der Unternehmensexistenz.[83] In Ausnahmefällen, wie einer ausreichend werthaltigen Sicherung der Unternehmensexistenz durch das Konzernmutterunternehmen bzw. den Hauptgesellschafter oder bei Vorhandensein ausreichend stiller Reserven, kann eine Überschuldung ausgeschlossen werden.[84]

Die Fortbestehensprognose, als erste Stufe der Überschuldungsprüfung, soll in einem Gesamturteil darüber münden, ob das Unternehmen in absehbarer Zukunft überlebensfähig ist.[85] Es handelt sich dabei um eine Zahlungsfähigkeitsprognose, also die Frage, ob – unter Zugrundelegung von plausiblen Annahmen und deren Auswirkungen – fällige Verbindlichkeiten durch dem Unternehmen zur Verfügung stehende finanzielle Mitteln bedient werden können.[86] Der zu prognostizierende Zeitraum umfasste dabei das laufende und folgende Geschäftsjahr des Unternehmens.[87] Der Zeitraum hat sich jedoch mit Wirkung zum 01.01.2021 verändert.[88] Der Gesetzgeber hat § 19 Abs. 2 InsO konkretisiert; somit muss die Fortführung des Unternehmens in den nächsten zwölf Monaten überwiegend wahrscheinlich sein. § 19 Abs. 2 InsO bestimmt den Maßstab der überwiegenden Wahrscheinlichkeit im Hinblick auf den Fortbestand des Unternehmens.[89] In Abgrenzung zur drohenden Zahlungsunfähigkeit nach § 18 InsO, nach der die Zahlungsunfähigkeit im Prognosezeitraum wahrscheinlicher ist, muss für eine positive insolvenzrechtliche

82 Vgl. IDW S 11 v. 22.8.2016, Rn. 55.

83 Vgl. IDW S 11 v. 22.8.2016, Rn. 55.

84 Vgl. IDW S 11 v. 22.8.2016, Rn. 56 f. mit dem Hinweis, das Unterlassen einer Überschuldungs-prüfung in diesen Fällen zu Nachweiszwecken sorgfältig zu dokumentieren.

85 Vgl. IDW S 11 v. 22.8.2016, Rn. 59.

86 Vgl. IDW S 11 v. 22.8.2016, Rn. 60.

87 Vgl. IDW S 11 v. 22.8.2016, Rn. 61.

88 Vgl. Art. 5 i.V.m. Art. 25 Gesetz zur Fortentwicklung des Sanierungs- und Insolvenzrechts v. 22.12.2020, BGBl. I 2020, 3256.

89 Vgl. IDW S 11 v. 22.8.2016, Rn. 63; *Hess*, in: Hess, Sanierungshandbuch, 2013, Kapitel 19, Rn. 256 mit dem Hinweis, dass § 19 Abs. 2 InsO deckungsgleich ist mit der handelsrechtlichen Fortführungsprognose nach § 252 Abs. 1 Nr. 2 HGB, wonach bei der Bewertung von Vermögensgegenständen und Schulden von der Fortführung des Unternehmens auszugehen ist, es sei denn, der Annahme stehen rechtliche oder tatsächliche Gegebenheiten entgegen.

Fortbestehensprognose die Zahlungsfähigkeit wahrscheinlicher sein als die Zahlungsunfähigkeit.[90] Trotz der einer Prognose immanenten Unsicherheit, müssen – aus Sicht des gesetzlichen Vertreters – also gewichtige Gründe für ein Fortbestehen des Unternehmens sprechen.[91]

Zur Überprüfung des Vorliegens einer Überschuldung ist auf der zweiten Stufe ein Überschuldungsstatus aufzustellen, wenn die Fortbestehensprognose zuvor negativ ausgefallen ist. Ausgangspunkt des Überschuldungsstatus kann ein zeitnaher handelsrechtlicher Jahres- oder Zwischenabschluss sein.[92] Jedoch gelten andere, dem Zweck der Überschuldungsprüfung Rechnung tragende Ansatz- und Bewertungsgrundsätze.[93] Im Hinblick auf die Bewertung sind die Vermögensgegenstände und Schulden mit Liquidationswerten anzusetzen und mögliche stille Reserven oder Lasten aufzudecken.[94] Ergibt der Überschuldungsstatus ein negatives Reinvermögen der Gesellschaft, liegt der gesetzliche Tatbestand der Überschuldung i.S.v. § 19 InsO vor und es ist zwingend ein Antrag auf Eröffnung des Insolvenzverfahrens zu stellen.[95] Wurde bei der Gesellschaft eine negative Fortbestehensprognose festgestellt, der Überschuldungsstatus zeigt jedoch ein positives Reinvermögen, so besteht keine Insolvenzantragspflicht; es kann aber auf Grundlage einer drohenden Zahlungsunfähigkeit i.S.v. § 18 InsO ein Insolvenzantrag gestellt werden.[96]

Der in nachfolgender Abbildung 5 vereinfacht dargestellte Entscheidungsbaum des IDW gewährt einen zusammenfassenden Überblick in Bezug auf die Frage, ob ein Insolvenzeröffnungsantrag gestellt werden muss:

---

90 Vgl. IDW S 11 v. 22.8.2016, Rn. 64.

91 Vgl. IDW S 11 v. 22.8.2016, Rn. 64 f.

92 Vgl. IDW S 11 v. 22.8.2016, Rn. 70.

93 Vgl. IDW S 11 v. 22.8.2016, Rn. 70; im Einzelnen hierzu *Humberg*, in: Blersch/Goetsch/Haas, InsO-Kommentar, 2021, § 19, Rn. 28 ff.

94 Vgl. IDW S 11 v. 22.8.2016, Rn. 74.

95 Vgl. IDW S 11 v. 22.8.2016, Rn. 90.

96 Vgl. IDW S 11 v. 22.8.2016, Rn. 91.

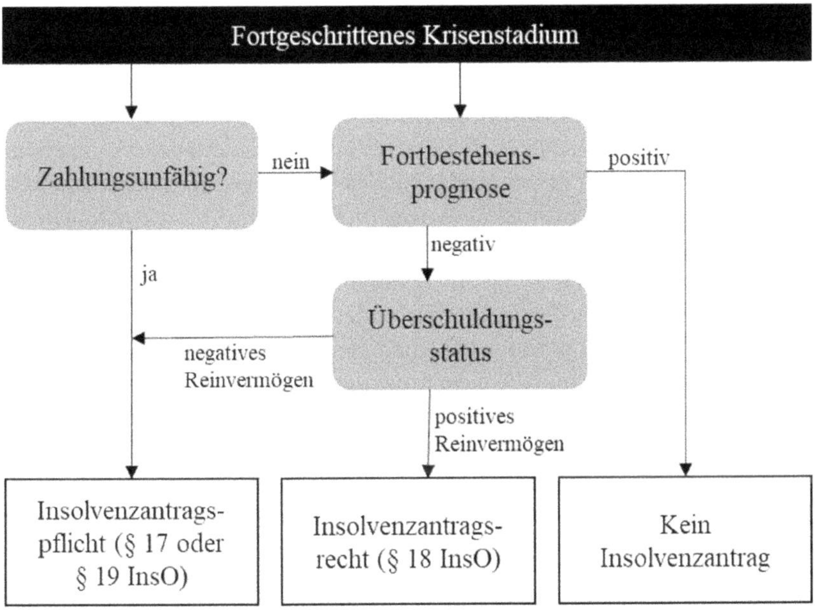

Abbildung 5: Entscheidungsbaum über das Vorliegen eines Insolvenzeröffnungsgrunds bei juristischen Personen und Personenhandelsgesellschaften gem. § 264a HGB, Eigendarstellung nach IDW S 11 v. 22.8.2016, Rn. 95

III. Sanierung

Für das Handeln in einer Unternehmenskrise, um dieser entgegen zu treten, gibt es eine Vielfalt von Begriffen. So wird beispielsweise von Restrukturierung, Sanierung und Turnaround gesprochen, wobei diese Begriffe oftmals synonym verwendet werden.[97] Eine Restrukturierung im hier verstandenen Sinne ist die allgemeine Anpassung einer Unternehmensstruktur an veränderte Marktbegebenheiten.[98] Es handelt sich also um einen tiefgreifenden, geplanten Wandlungsprozess eines Unternehmens.[99] Nach hier vertretener Auffassung muss

97 Vgl. *Zabel*, in: Kübler, HRI, 2019, § 3 Rn. 2; *Lange*, Zinsaufwands-/Verlustberücksichtigung bei Umstrukturierungen, 2012, S. 20.

98 Vgl. *Lange*, Zinsaufwands-/Verlustberücksichtigung bei Umstrukturierungen, 2012, S. 20; *Evertz/Krystek*, in: Evertz/Krystek, Unternehmen erfolgreich restrukturieren und sanieren, 2014, S. 9.

99 Vgl. *Picot/Aleth*, Unternehmenskrise und Insolvenz, 1999, Rn. 3.

eine Restrukturierung nicht zwangsläufig auf Druck einer vorhandenen Krise beruhen, sondern kann auch präventiv erfolgen. Gleichwohl mag in der Praxis eine Restrukturierung ohne eine gewisse Not des Unternehmens selten vorkommen.[100] Der Begriff Turnaround kann hingegen enger ausgelegt werden und bezeichnet Maßnahmen, die in Krisenarten bis zur Liquiditätskrise vorgenommen werden.[101] *Evertz/Krystek* zufolge handelt es sich bei einem Turnaround um jede einschneidende Richtungsänderung in Bezug auf die Unternehmensentwicklung, die damit auch eine Sanierung mit einschließen kann.[102] Sie weisen aber darauf hin, dass der Begriff Turnaround vorwiegend in frühen Krisenphasen und damit vor einer Sanierung verwendet wird.[103] Der Begriff Sanierung[104] wird regelmäßig genutzt, wenn sich ein Unternehmen in einer akuten Unternehmenskrise befindet und dient der kurz- oder mittelfristigen Beseitigung von Krisenursachen und in einem zweiten Schritt der unternehmenserhaltenden Stabilisierung.[105] Ab dem Zeitpunkt einer Liquiditätskrise wird überwiegend von einer Sanierung gesprochen.[106] Der Begriff Unternehmenssanierung kann dahingehend verstanden werden, dass sie alle Maßnahmen umfasst, die unternehmenspolitischer, führungstechnischer, organisatorischer, finanz- und leistungswirtschaftlicher Natur sind und das Ziel verfolgen, zunächst die Existenz des Unternehmens zu erhalten und mittel- bis langfristig zu Leistungsfähigkeit

---

100 Es kann also auch vertreten werden, dass eine Restrukturierung zwar nicht in den Bereich akuter, jedoch früher Krisenphasen zugeordnet wird, vgl. dazu *Evertz/Krystek*, in: Evertz/Krystek, Unternehmen erfolgreich restrukturieren und sanieren, 2014, S. 9 f.

101 Vgl. *Reinhardt*, in: Rattunde – Fachberater, 2017, Rn. 26.

102 Vgl. *Evertz/Krystek*, in: Evertz/Krystek, Unternehmen erfolgreich restrukturieren und sanieren, 2014, S. 10; so auch *Picot/Aleth*, Unternehmenskrise und Insolvenz, 1999, Rn. 3.

103 Vgl. *Evertz/Krystek*, in: Evertz/Krystek, Unternehmen erfolgreich restrukturieren und sanieren, 2014, S. 10.

104 Der Begriff Sanierung wird vom IDW auch umschrieben als Restrukturierung in der Krise, vgl. IDW, Praxishinweis 2/2017 v. 2.1.2017, Überschrift zu Abschnitt 4.2.

105 Vgl. *Evertz/Krystek*, in: Evertz/Krystek, Unternehmen erfolgreich restrukturieren und sanieren, 2014, S. 10; IDW, Praxishinweis 2/2017 v. 2.1.2017, Rn. 59 f.; *Fechner/Kober*, Praxis der Unternehmenssanierung, 2004, S. 7; *Hess/Groß*, in: Hess, Sanierungshandbuch, 2013, Kapitel 1, Rn. 100; ausführlich zum Sanierungsbegriff, der neben der ökonomischen, auch aus der haftungs-, insolvenz- und europarechtlichen Perspektive betrachtet werden kann, vgl. *Schönfelder*, WM 2018, 1630.

106 Vgl. *Reinhardt*, in: Rattunde – Fachberater, 2017, Rn. 26.

und Rentabilität zu verhelfen.[107] Inhaltlich wird die Sanierung zusätzlich unterschieden zwischen einer Sanierung in engerem und weiterem Sinne. Die Sanierung im engeren Sinne umfasst lediglich finanzwirtschaftliche Maßnahmen, während die Sanierung im weiteren Sinne alle, z.B. organisatorische, finanzielle, leistungs- und sozialwirtschaftliche Maßnahmen beinhaltet.[108]

Grundlage einer Sanierung ist in der Regel ein Sanierungskonzept. Zur Erstellung eines Sanierungskonzepts wird sich in der Praxis überwiegend an die Vorgaben des IDW S 6 gehalten.[109] Der IDW Standard 6 wurde in einer überarbeiteten Fassung mit Datum vom 16.05.2018 veröffentlicht und stellt die Anforderungen an Sanierungskonzepte unter Berücksichtigung der vertretenen Auffassungen in Rechtsprechung, Theorie und Praxis dar.[110] Demnach gehört zu den Kernbestandteilen die Darstellung der Basisinformationen über die rechtliche und wirtschaftliche Ausgangslage des betreffenden Unternehmens.[111] Zu den Basisinformationen gehört dabei auch die Darstellung der Vermögens-, Finanz- und Ertragslage. Darüber hinaus sind in dem Sanierungsgutachten nach IDW S 6 die Krisenart, Krisenursachen zu analysieren und ob eine Insolvenzgefährdung vorliegt.[112] Weiterer Kernbestandteil ist die Darstellung des Leitbilds mit dem Geschäftsmodell des Unternehmens, welche Maßnahmen zur Abwendung der Insolvenzgefahr und zur Bewältigung der Unternehmenskrise ergriffen werden und ein integrierter Unternehmensplan.[113] Das Sanierungsgutachten endet dann mit einer Zusammenfassung, die eine Einschätzung über die Sanierungsfähigkeit des Unternehmens umfasst.[114] Der Begriff der Sanierungsfähigkeit geht dabei über die bloße positive Fortführungsfähigkeit i.S. einer positiven insolvenzrechtlichen Fortbestehensprognose des Unternehmens hinaus. Vielmehr muss das Unternehmen im Sinne des Gläubigerschutzes zusätzlich den Prognosen zufolge durch Ergreifung

107 Vgl. *Hess/Groß*, in: Hess, Sanierungshandbuch, 2013, Kapitel 1, Rn. 100; *Picot/Aleth*, Unternehmenskrise und Insolvenz, 1999, Rn. 3.

108 Vgl. *Evertz/Krystek*, in: Evertz/Krystek, Unternehmen erfolgreich restrukturieren und sanieren, 2014, S. 11.

109 Vgl. *Fehst/Engels*, in: Sonnleitner, Insolvenzsteuerrecht, 2017, Kapitel 2, Rn. 11, wobei das Sanierungskonzept nicht zwangsläufig den Anforderungen des IDW S 6 zu entsprechen hat, ebenso *Kanzler*, NWB 2021, 1311.

110 Vgl. IDW S 6 v. 16.5.2018, Rn. 1.

111 Vgl. dazu ausführlicher IDW S 6 v. 16.5.2018, Rn. 53 ff.

112 Vgl. dazu ausführlicher IDW S 6 v. 16.5.2018, Rn. 61 f.

113 Vgl. dazu ausführlicher IDW S 6 v. 16.5.2018, Rn. 63 ff.

114 Vgl. zusammenfassend IDW S 6 v. 16.5.2018, Rn. 11.

geeigneter Maßnahmen nachhaltig wettbewerbsfähig werden.[115] Die Wettbewerbsfähigkeit basiert zunächst auf dem Geschäftsmodell und Leitbild des Unternehmens, das sich insbesondere durch das vorhandene Mitarbeiterpotenzial und der Anpassungsfähigkeit des Unternehmens an externe Veränderungen ausdrückt.[116] Die nachhaltige Wettbewerbsfähigkeit setzt zudem die Finanzierbarkeit am Markt voraus, dessen Voraussetzungen in einer angemessenen positiven Rendite und einem angemessenen positivem Eigenkapital bestehen.[117] Anhaltspunkte für eine angemessene Renditefähigkeit können ratingorientierte Verfahren oder auch alternative Kennzahlen sein, die ergeben, dass sich ein Unternehmen im letzten Planungsjahr am unteren Ende einer branchenüblichen Renditefähigkeit bewegt.[118] Im Hinblick auf die Beurteilung der Eigenkapitalausstattung kann neben dem bilanziellen Eigenkapital ausnahmsweise auch wirtschaftliches Eigenkapital Berücksichtigung finden.[119] Letztendlich ist eine Gesamtbetrachtung notwendig, die nicht nur eine Durchfinanzierung im Planungszeitraum zeigt, sondern auch die grundlegende Beseitigung von Krisenursachen.[120]

IV. Zwischenfazit und Ausblick auf die folgenden Kapitel

In diesem Kapitel wurde dargelegt, welche betriebswirtschaftlichen Prozesse regelmäßig einer Unternehmenssanierung vorausgehen. Als Startpunkt gilt die Unternehmenskrise, die auf unterschiedliche Art und Weise klassifizierbar ist, beispielsweise hinsichtlich ihres Auslösers oder Stadiums. Dabei spielt die

---

115 Vgl. IDW S 6 v. 16.5.2018, Rn. 18, 24.

116 Vgl. IDW S 6 v. 16.5.2018, Rn. 25.

117 Vgl. IDW S 6 v. 16.5.2018, Rn. 27; z.T. werden die durch das IDW postulierten Erfordernisse dahingehend in Frage gestellt, als dass weder die Renditefähigkeit noch die Eigenkapitalausstattung für den haftungsrechtlichen Sanierungsbegriff relevant sind, vgl. dazu *Schönfelder*, WM 2018, 1630 [1633], verständlicher werden die Erfordernisse vor einem ökonomischen Hintergrund, wenn man sie also als Kriterium für die wirtschaftlichen Zukunftsaussichten des Unternehmens betrachtet, ausführlich dazu *Gerig/Meller/Nientkewitz*, ZIP 2017, 2029 [2034 ff.].

118 Vgl. IDW S 6 v. 16.5.2018, Rn. 28.; kritisch dazu *Schönfelder*, WM 2018, 1630 [1633] u.a. mit dem Hinweis, dass es Unternehmen gibt, die beispielsweise das Prinzip „fair trade" verfolgen und daher eine geringere als die „branchenübliche" Rendite in Kauf nehmen.

119 Vgl. IDW S 6 v. 16.5.2018, Rn. 29; ausführlich zum Kriterium einer angemessenen Eigenkapitalausstattung vgl. *Gerig/Meller/Nientkewitz*, ZIP 2017, 2029 [2035 ff.].

120 Vgl. IDW S 6 v. 16.5.2018, Rn. 30.

konkrete Rechtsform des Krisenunternehmens zunächst lediglich eine untergeordnete Rolle. Insolvenzrechtlich relevant wird eine Unternehmenskrise dann, wenn ein Insolvenzantragsrecht oder gar eine Insolvenzantragspflicht besteht. Hierbei gibt es Unterscheidungen bei der Rechtsform des Krisenunternehmens insb. dahingehend, dass juristische Personen bei Zahlungsunfähigkeit oder Überschuldung einer Insolvenzantragspflicht unterliegen. Spätestens im Insolvenzzeitpunkt sind zwecks Unternehmensfortführung geeignete Sanierungsmaßnahmen zu ergreifen. Sanierungsmaßnahmen haben jedoch regelmäßig steuerliche Folgen, da es im deutschen Recht kein abgestimmtes Sanierungs- bzw. Insolvenzsteuerrecht gibt.[121] Sanierungsmaßnahmen an sich sind dabei zunächst einmal rechtsformunabhängig zu betrachten. Sie unterliegen allerdings den allgemeinen Steuervorschriften, die sich in Sanierungssituationen jedoch regelmäßig als unangemessen erweisen.[122] Ob sich ein Sanierungskonzept als geeignet erweist, hängt untrennbar davon ab, ob die geplanten Sanierungsmaßnahmen steuerschonend oder gar steuerneutral für den Schuldner durchführbar sind.[123] Während noch zu Anwendungszeiten des Sanierungserlasses eine Steuerfreistellung nach Vorbild des § 3 Nr. 66 EStG a.F. herbeigesehnt wurde[124], ist der Gesetzgeber dem inzwischen in Form der gesetzlichen Regelungen in § 3a EStG und § 7b GewStG nachgekommen. Diese zentralen Regelungen zu Ertragsteuerfreiheit von Sanierungserträgen werden nachfolgend in den historischen Kontext gesetzt und in den anschließenden Kapiteln eingehend erörtert. Dabei wird im Hinblick auf das Ziel der Arbeit die unterschiedliche Anwendung der Regelungen in Abhängigkeit von der Rechtsform des zu sanierenden Unternehmens herausgearbeitet.

121 Vgl. *Blaas/Schwahn,* DB 2013, 2350; *Blumenberg/Neumann*, Ubg 2016, 181.

122 Vgl. *Blaas/Schwahn,* DB 2013, 2350; *Blumenberg/Neumann*, Ubg 2016, 181, die (zu Zeiten des Sanierungserlasses) das geltende Steuerrecht als sanierungsfeindlich erachten.

123 Vgl. *Blaas/Schwahn,* DB 2013, 2350.

124 Vgl. *Blaas/Schwahn,* DB 2013, 2412 [2417].

C. Steuerrechtliche Entwicklung der Steuerfreiheit von Sanierungserträgen

I. Historische Entwicklung der Steuerfreiheit von Sanierungserträgen durch Gesetzgeber und Rechtsprechung

Die ertragsteuerliche Behandlung von Sanierungsgewinnen ist Gegenstand der Rechtsprechung seit nahezu 100 Jahren.[125] Grundsätzlich bestand in der Rechtsprechung des Reichsfinanzhofs (RFH) Konsens darüber, dass Sanierungsgewinne prinzipiell nicht besteuert werden sollen.[126] Gleichwohl gab es für dieses Ergebnis unterschiedliche Ansätze der Begründung.[127] Der VI. Senat des RFH, dessen Zuständigkeitsbereich das Einkommensteuerrecht war, argumentierte, dass Sanierungsgewinne im Konzept der gewerblichen Gewinnermittlung als betriebsfremde Vorgänge zu qualifizieren seien und zu keiner Veränderung des Betriebsvermögens aus Gewerbebetrieb führen, so dass sie daher nicht zur Einkommensteuer herangezogen werden könne.[128] Zwar stünden Sanierungsgewinne in wirtschaftlichen Zusammenhang mit dem Gewerbebetrieb, allerdings resultierten sie nicht aus der Erwerbstätigkeit selbst, sondern habe den Zweck einer finanziellen Erleichterung zur Weiterführung der Tätigkeit.[129]

Der für die Körperschaftsteuer zuständige I. Senat der RFH folgte dieser Auffassung nicht. Seiner Argumentation zufolge haben Kapitalgesellschaften

---

125 Vgl. *Seer*, in: Kirchhof/Seer, EStG-Kommentar, 2021, § 3a, Rn. 1; *Krumm*, in: Blümich, EStG-Kommentar, 2021, § 3a, Rn. 2; die ausführliche Rechtshistorie in *Seer*, FR 2014, 721 [724 ff.]; BT-Drs. 18/12128 v. 26.4.2017, 30; *Hechtner*, NWB 2018, 2536 [2536 f.]; *Kanzler*, NWB 2019, 626.

126 Vgl. *Krumm*, in: Blümich, EStG-Kommentar, 2021, § 3a, Rn. 2; *Kahlert*, ZIP 2016, 2107 [2107 f.].

127 Vgl. *Krumm*, in: Blümich, EStG-Kommentar, 2021, § 3a, Rn. 2.

128 Vgl. RFH, Urt. v. 30.6.1927, VI A 297/27, RFHE 1927 (21), 263 [264]; Urt. v. 12.12.1928, VI A 1499/28, RStBl. 1929, 86: demnach „ist bei einem Gewerbebetrieb für das Einkommensteuergesetz Gewinn nicht jeder Überschuß im Vergleiche von Anfangs- und Endbestand des Betriebsvermögens eines Steuerabschnitts; vielmehr ist er es nur insoweit, als es sich dabei um „Einkünfte aus Gewerbebetrieb" […] handelt oder der fördernde Vorgang unter einer der anderen Einkunftsarten […] gebracht werden kann und im Zusammenhang mit dem Gewerbetrieb steht."; *Seer*, FR 2014, 721 [725].

129 Vgl. RFH, Urt. v. 12.12.1928, VI A 1499/28, RStBl. 1929, 86 [87]; *Seer*, FR 2014, 721 [725]; *Kahlert*, ZIP 2016, 2107 [2108].

ausschließlich Betriebsvermögen.[130] In der Konsequenz umfassen alle Rechtsgeschäfte der Kapitalgesellschaft Vorgänge des Geschäftsbetriebs, so dass bilanzielle Vermögenszuwächse – auch wenn diese zufällig entstünden – grundsätzlich steuerpflichtig seien.[131] Zur schlussendlichen Steuerfreiheit der Sanierungserträge gelangte der I. Senat mit Verweis auf die Regelung des damals bestehenden § 15 Nr. 3 KStG (1925)[132], der den überperiodischen Verlustausgleich regelte. Demnach waren Beträge, die zur Beseitigung einer Unterbilanz eines früheren Steuerabschnitts aufgewendet wurden, steuerfrei.[133] Darüber hinaus verwies der Senat auf die Regelungen des § 108 Reichsabgabenordnung (RAO 1919)[134], der den Steuererlass aus Billigkeitsgründen regelte und zur Anwendung kommen könne, sofern in Einzelfällen die Regelungen des § 15 Nr. 3 KStG (1925) nicht angewandt werden konnte.[135] Mit Verweis auf dieses Urteil hat das Reichsfinanzministerium (RFM) mit Verfügung vom 30.01.1930 festgestellt, dass es Fälle geben könnte, in denen die Besteuerung von Sanierungsgewinnen durch die Körperschaftsteuer zu unbilligen Härten führe.[136] Daher können Sanierungserträge von Körperschaftsteuerpflichtigen auf Antrag ganz oder teilweise auf Grundlage von § 108 Abs. 1 RAO (1919) steuerfrei gestellt werden.[137]

Der VI. Senat des RFH blieb im Nachgang der die Körperschaftsteuer betreffenden Entscheidung des I. Senats bei seiner Auffassung zur Einkommensteuer. Gleichwohl verdeutlichte er, dass ein Verlustvortrag i.S.v. § 15 Abs. 1 Nr. 4 EStG (1929)[138] untergehe, sofern ihm in einem späteren Steuerabschnitt Sanierungsgewinne gegenüberstünden.[139] Durch die einschränkende Auslegung des Gewinnbegriffs unterliege der Sanierungsgewinn zwar nicht der Einkommensteuer, allerdings soll ein vor der Sanierung entstandener Verlust

130 Vgl. RFH, Urt. v. 5.2.1929, I A 394/27, RStBl. 1929, 228 [229].
131 Vgl. RFH, Urt. v. 5.2.1929, I A 394/27, RStBl. 1929, 228 [230].
132 Vgl. KStG in der Fassung vom 10.08.1925, RGBl. I 1925, 208.
133 Vgl. RFH, Urt. v. 5.2.1929, I A 394/27, RStBl. 1929, 228 [230].
134 Vgl. RAO in der Bekanntmachung vom 13.12.1919, RGBl. 1919, Nr. 242, 1993.
135 Vgl. RFH, Urt. v. 5.2.1929, I A 394/27, RStBl. 1929, 228 [230].
136 Vgl. RFM v. 30.1.1930, RStBl. 1930, 77 [78].
137 Vgl. RFM v. 30.1.1930, RStBl. 1930, 77 [78]; *Seer*, FR 2014, 721 [725].
138 Vgl. Gesetz zur Änderung des EStG und KStG v. 29.6.1929, RGBl. I 1929, 123 mit dem ein Verlustvortrag für die Dauer von zwei Jahren eingeführt wurde.
139 Vgl. RFH, Urt. v. 21.10.1931, VI A 968/31, RStBl. 1932, 160 [161]; *Seer*, FR 2014, 721 [725]; *Kahlert*, ZIP 2016, 2107 [2108].

als beseitigt anzusehen und unberücksichtigt bleiben.[140] Im Ergebnis wurden damals gleichzeitig zwei verschiedene Konzepte zur Steuerbefreiung von Sanierungsgewinnen angewendet.[141] Im Rahmen der Einkommensteuer wurde durch teleologische Einschränkung des Gewinnbegriffs ein Sanierungsgewinn von vornherein als nicht steuerbar behandelt. Gleichzeitig war damit verbunden, dass der Vortrag von Verlusten nicht mehr möglich war. Für körperschaftsteuerliche Zwecke war der Sanierungsgewinn hingegen zwar grundsätzlich steuerpflichtig. Allerdings bestand die Möglichkeit, bestehende Verluste zu nutzen bzw. wenn dies – aufgrund unzureichend vorhandener Verluste – nicht möglich war, eine Billigkeitsregelung mit der Finanzverwaltung mit Verweis auf die Billigkeitsregelung des § 108 RAO anzustreben.[142]

Zur Verhinderung des Weiterbestehens unterschiedlicher Konzepte zur Steuerfreistellung von Sanierungsgewinnen und zwecks einer Gleichbehandlung von natürlichen Personen und Körperschaften[143] hat der Gesetzgeber im Jahr 1934 in § 11 Nr. 4 KStG (1934)[144] explizit den Abzug des Sanierungsgewinns vom körperschaftsteuerlichen Einkommen eingefügt, der in einer Steuerfreiheit von Sanierungsgewinnen resultierte. Im selben Zuge sind die einkommen- und körperschaftsteuerlichen Vorschriften über den Verlustvortrag weggefallen, da sie „aus steuerpolitischen Gründen nicht mehr vertretbar“[145] waren.[146] Durch die gesetzgeberische Maßnahme sah sich der für die Einkommensteuer zuständige VI. Senat des RFH in seiner Argumentation, insbesondere im Hinblick auf seine einschränkende Interpretation des Gewinnbegriffs, bestätigt und verwies nunmehr zusätzlich auf § 11 Nr. 4 KStG (1934) sowie die entsprechende

---

140 Vgl. RFH, Urt. v. 21.10.1931, VI A 968/31, RStBl. 1932, 160 [161]; *Seer*, FR 2014, 721 [725].

141 Vgl. *Seer*, FR 2014, 721 [725]; *Kahlert*, ZIP 2016, 2107 [2108].

142 Vgl. *Seer*, FR 2014, 721 [725].

143 Vgl. Amtliche Begründung zum KStG vom 16.10.1934, RStBl. 1935, 81 [85].

144 Vgl. KStG v. 16.10.1934, RGBl. I 1934, 1031 [1033].

145 Amtliche Begründung zum EStG vom 16.10.1934, RStBl. 1935, 33.

146 Vgl. Amtliche Begründung zum EStG vom 16.10.1934, RStBl. 1935, 33; *Seer*, FR 2014, 721 [726]; ab 1949 wurde die Regelung des § 11 Nr. 4 KStG 1934 in § 11 Abs. 1 Nr. 4 KStG i.d.F. v. 5.9.1949, Gesetzblatt der Verwaltung des Vereinigten Wirtschaftsgebiets 1949, 311, übernommen. Diese Norm galt jedoch zunächst nicht für alle Bundesländer. Mit Gesetz zur Änderung des EStG und KStG v. 29.4.1950, BGBl. 1950, 95, wurde die Vorschrift für die restlichen Bundesländer übernommen. Zuletzt war die Regelung zur Steuerfreiheit von Sanierungsgewinnen in § 11 Nr. 4 KStG i.d.F. v. 13.10.1969, BGBl. I 1969, 1869, zu finden.

Gesetzesbegründung.[147] Ab dem Jahr 1949 wurde die Regelung des § 11 Nr. 4 KStG (1934) in § 11 Abs. 1 Nr. 4 KStG (1949) übernommen.[148] Diese Norm galt jedoch zunächst nicht für alle Bundesländer. Mit Gesetz zur Änderung des EStG und KStG[149] wurde die Vorschrift für die restlichen Bundesländer übernommen. Zuletzt war die Regelung zur Steuerfreiheit von Sanierungsgewinnen in § 11 Nr. 4 KStG (1969)[150] zu finden. Der BFH führte die Rechtsprechung des VI. Senats in den folgenden Jahren fort, obwohl es bis zum Veranlagungszeitraum 1977 keine dem § 11 Nr. 4 KStG a.F. entsprechende Regelung im EStG gab.[151] Inhaltlich distanzierte er sich jedoch von dem Argument des RFH, der Sanierungsgewinn entstünde durch betriebsfremde Vorgänge.[152] Die Steuerfreiheit von Sanierungserträgen bestätigte der BFH in den Folgejahren zusätzlich mit dem Argument, dass es sich dabei um langjähriges Richterrecht handele, welches vorbehaltslos durch Praxis und Schrifttum übernommen wurde.[153] Obwohl zwischenzeitlich ein begrenzter Verlustvortrag dem Gesetz nach wieder möglich war, blieb der BFH bei seiner Auffassung, dass die Steuerfreiheit von Sanierungsgewinnen einen Verlustvortrag ausschließe.[154] Der geäußerten Kritik bezüglich einer möglichen Unbilligkeit dieser Rechtsprechung entgegnete der BFH damit, dass der Verlust nicht vom Steuerpflichtigen zu tragen sei, der seinen Sanierungsgewinn um laufende Verluste kürzen muss, sondern von dem auf die Forderung verzichtenden Gläubiger.[155]

Der Große Senat widersprach in seinem Beschluss vom 15.07.1968[156] der bisherigen Auffassung des BFH. Dem Senat zufolge sei zwischen dem

147 Vgl. RFH, Urt. v. 1.9.1937, VI A 482, StuW 1937, Urt. Nr. 501, Sp. 957 [Sp. 958]; *Seer*, FR 2014, 721 [726]; *Kahlert*, ZIP 2016, 2107 [2108].

148 Vgl. KStG i.d.F. v. 5.9.1949, Gesetzblatt der Verwaltung des Vereinigten Wirtschaftsgebiets 1949, 311.

149 Vgl. Gesetz zur Änderung des EStG und KStG v. 29.4.1950, BGBl. 1950, 95.

150 Vgl. § 11 Nr. 4 KStG i.d.F. v. 13.10.1969, BGBl. I 1969, 1869.

151 Vgl. BFH, Urt. v. 25.10.1963, I 359/60 S, BStBl. III 1964, 122, Rn. 5; Urt. v. 22.11.1963, VI 117/62 U, BStBl. III 1964, 128, Rn. 6; Urt. v. 27.9.1968, VI R 41/66, BStBl. II 1969, 102, Rn. 10.

152 Vgl. BFH, Urt. v. 4.8.1961, VI 35/61 U, BStBl. III 1961, 516, Rn. 5; Urt. v. 25.10.1963, I 359/60 S, BStBl. III 1964, 122, Rn. 4 f.; Urt. v. 27.9.1968, VI R 41/66, BStBl. II 1969, 102, Rn. 9.

153 Vgl. BFH, Urt. v. 27.9.1968, VI R 41/66, BStBl. II 1969, 102, Rn. 10.

154 Vgl. BFH, Urt. v. 4.8.1961, VI 35/61 U, BStBl. III 1961, 516, Rn. 5; Urt. v. 22.11.1963, VI 117/62 U, BStBl. III 1964, 128, Rn. 6.

155 Vgl. BFH, Urt. v. 4.8.1961, VI 35/61 U, BStBl. III 1961, 516, Rn. 6; ähnlich Urt. v. 28.7.1961, VI 25/61 U, BStBl. III 1961, 436, Rn. 11.

156 Vgl. BFH, Beschl. v. 15.7.1968, GrS 2/67, BStBl. II 1968, 666.

Sanierungsgewinn und dem Verlustvortrag kein wirtschaftlicher Zusammenhang zu sehen.[157] Vielmehr sei die Steuerfreiheit von Sanierungserträgen gem. § 11 Nr. 4 KStG a.F. gleichzeitig mit Bestehen eines Verlustvortrags zu gewähren. Dem Urteil zufolge greife – entgegen der bisherigen Praxis – die Steuerfreiheit bereits vor dem Zeitpunkt der Verlustverrechnung und des Verlustabzugs ein, so dass Sanierungsgewinne beim Steuerpflichtigen nicht zu besteuern seien und bestehende Verluste zusätzlich genutzt werden können.[158] Der Gesetzgeber folgte dieser Auffassung im Jahr 1977 durch Schaffung des § 3 Nr. 66 EStG (1977)[159], in dem die Steuerbefreiung von Sanierungsgewinnen explizit und einheitlich für Zwecke der Einkommen-steuer, Körperschaftsteuer (durch § 8 Abs. 1 KStG a.F.) und Gewerbesteuer (durch § 7 Abs. 1 GewStG a.F.) geregelt wurde.[160] Der Gesetzgeber bekräftigte die doppelte Begünstigung des Steuerpflichtigen aufgrund der Tatsache, dass die Verlustnutzung gem. § 10d EStG (1976)[161] damals auf fünf Jahre begrenzt war.[162] Im Rahmen des Steuerreformgesetzes 1990[163] wurde die zeitliche Begrenzung der Verlustnutzung in § 10d EStG (1988) abgeschafft mit der Folge, dass Verluste unbegrenzt in die Zukunft fortgetragen und damit etwaige positive Einkünfte gemindert werden konnten.[164] Daraufhin wurde die doppelte Steuerbegünstigung im Rahmen der Besteuerung von Sanierungserträgen nach erheblicher Kritik durch Streichung des § 3 Nr. 66 EStG (1997)[165] im Jahr 1997 abgeschafft. Dabei sei

157 Vgl. BFH, Beschl. v. 15.7.1968, GrS 2/67, BStBl. II 1968, 666, Rn. 21.

158 Vgl. BFH, Beschl. v. 15.7.1968, GrS 2/67, BStBl. II 1968, 666, Rn. 15 f.; *Krumm*, in: Blümich, EStG-Kommentar, 2021, § 3a, Rn. 2; *Hallerbach*, in: H/H/R, EStG-Kommentar, 2021, § 3a, Rn. 2.

159 Vgl. Artikel 2 des Körperschaftsteuerreformgesetzes v. 31.8.1976, BGBl. I 1976, 2597. Die Neufassung des KStG 1977 sollte keine Regelung zur Steuerfreiheit von Sanierungserträgen enthalten. Stattdessen wurde § 3 des EStG a.F. um eine Nr. 66 erweitert.

160 Vgl. *Krumm*, in: Blümich, EStG-Kommentar, 2021, § 3a, Rn. 2; *Sonnleitner/Strotkemper*, BB 2017, 668 [669]; *Seer*, FR 2014, 721 [726]; *Kahlert*, in: Kahlert/Rühland, Sanierungs- und Insolvenzsteuerrecht, 2011, Rn. 2.3; *Hallerbach*, in: H/H/R, EStG-Kommentar, 2021, § 3a, Rn. 2.

161 Vgl. Gesetz zur Änderung des Einkommensteuergesetzes vom 20.04.1976, BGBl. I 1976, S. 1054.

162 Vgl. *Krumm*, in: Blümich, EStG-Kommentar, 2021, § 3a, Rn. 2.

163 Vgl. Steuerreformgesetz 1990 v. 25.7.1988, BGBl. I 1988, 1093.

164 Vgl. *Krumm*, in: Blümich, EStG-Kommentar, 2021, § 3a, Rn. 2; *Seer*, FR 2014, 721 [726]; *Hallerbach*, in: H/H/R, EStG-Kommentar, 2021, § 3a, Rn. 2.

165 Vgl. Gesetz zur Fortsetzung der Unternehmenssteuerreform v. 29.10.1997, BGBl. I 1997, 2590 mit Wirkung zum 01.01.1998.

es nicht die Intention des Gesetzgebers gewesen, Sanierungserträge zukünftig zu besteuern.[166] Es sollte lediglich die durch die Rechtsprechung des Großen Senats eingetretene doppelte Steuerbegünstigung (Steuerfreiheit von Sanierungsgewinnen bei gleichzeitigem unbeschränkten Verlustvortrag) abgeschafft werden, da sie „nach den Grundprinzipien des Einkommensteuerrechts systemwidrig“[167] sei.[168] Die Gesetzesbegründung verwies zusätzlich darauf, dass einzelne persönliche und sachliche Härtefälle im Rahmen von Stundungs- und Erlasswegen nach §§ 163, 222, 227 Abgabenordnung (AO) begegnet werden können.[169]

II. Sanierungserlass des BMF vom 27.03.2003

Mit Datum vom 27.03.2003 veröffentlichte das Bundesministerium der Finanzen (BMF) schließlich den Erlass zur „Ertragsteuerlichen Behandlung von Sanierungsgewinnen; Steuerstundungen und Steuererlass aus sachlichen Billigkeitsgründen (§§ 163, 222, 227 AO)“[170], den sog. Sanierungserlass, mit dem Zweck der steuerlichen Freistellung von Sanierungserträgen im Rahmen von Billigkeitsmaßnahmen. Inhaltlich legte die Finanzverwaltung zunächst dar, was sie unter dem Begriff Sanierung versteht. Demnach sei eine Sanierung „eine Maßnahme, die darauf gerichtet ist, ein Unternehmen oder einen Unternehmensträger (juristische oder natürliche Person) vor dem finanziellen Zusammenbruch zu bewahren und wieder ertragsfähig zu machen (= unternehmensbezogene Sanierung)“[171]. Dabei stellte das BMF auch klar, dass von dem Begriff ebenso außergerichtliche Sanierungen umfasst seien.[172] Keine

166 Vgl. *Seer*, FR 2014, 721 [726].

167 BT-Drs. 13/7480 v. 22.4.1997, 192 mit dem Hinweis, dass die Regelung seit Einführung des unbegrenzten Verlustvortrags nicht mehr gerechtfertigt sei und sich die Abschaffung der Regelung vereinfachend auswirkt, da die umfangreiche und aufwendige Prüfung der von der Rechtsprechung aufgestellten Voraussetzungen entfalle.

168 Vgl. *Seer*, FR 2014, 721 [726]; *Seer*, FR 2010, 306 [306 f.] mit Verweis auf die Ausführungen des FG München, Urt. v. 12.12.2007, 1 K 4487/06, EFG 2008, 615.

169 Vgl. BT-Drs. 13/7480 v. 22.4.1997, 192.

170 Vgl. BMF v. 27.3.2003, BStBl. I 2003, 240, ergänzt durch BMF v. 22.12.2009, BStBl. I 2010, 18 in Bezug auf die ertragsteuerliche Behandlung von Gewinnen aus einem Planinsolvenzverfahren (§§ 217 ff. InsO), aus einer erteilten Restschuldbefreiung (§§ 286 ff. InsO) oder einer Verbraucherinsolvenz (§§ 304 ff. InsO).

171 BMF v. 27.3.2003, BStBl. I 2003, 240, Rn. 1.

172 Vgl. BMF v. 27.3.2003, BStBl. I 2003, 240, Rn. 1.

Sanierung im Sinne des sog. Sanierungserlasses lag laut BMF vor, wenn das Unternehmen nicht fortgeführt wird oder trotz der Sanierungsmaßnahmen eingestellt werden müsse, es sei denn, die Schulden würden aus betrieblichen Gründen erlassen, beispielsweise zur Ermöglichung eines Sozialplans zu Gunsten der Arbeitnehmer. Keine steuerbegünstigte Sanierung lag nach Auffassung des BMF vor, wenn die Schulden erlassen werden, um dem Steuerpflichtigen bzw. Beteiligten einen schuldenfreien Übergang in sein privates Leben oder den Aufbau einer neuen Existenzgrundlage zu ermöglichen.[173]

Der Begriff des Sanierungsgewinns war im Rahmen des Erlasses definiert als „die Erhöhung des Betriebsvermögens, die dadurch entsteht, dass Schulden zum Zweck der Sanierung ganz oder teilweise erlassen werden“[174]. Dabei wurde vorausgesetzt, dass das Unternehmen sanierungsbedürftig und sanierungsfähig war. Zusätzlich musste der Schuldenerlass für die Sanierung geeignet sein und die Gläubiger den Schuldenerlass mit dem Ziel einer Sanierung beabsichtigen. Bei Vorliegen eines Sanierungsplans könne von der Erfüllung der Voraussetzungen ausgegangen werden.[175] Das BMF begründete und rechtfertigte seine im sog. Sanierungserlass normierte Steuerstundung und den Steuererlass aus Billigkeitsgründen damit, dass die nach Abschaffung des § 3 Nr. 66 EStG a.F. und der damit einhergehenden Besteuerung von Sanierungsgewinnen den Zielen der am 01.01.1999 in Kraft getretene InsO (1999)[176] zuwider lief.[177]

Bei Erfüllung der Voraussetzungen und Vorhandensein eines Sanierungsgewinns war der sog. Sanierungserlass aus Gründen der Billigkeit darauf gerichtet, die entstandene Steuer auf Antrag des Steuerpflichtigen nach § 163 AO abweichend festzusetzen und gem. § 222 AO zunächst unter Widerrufsvorbehalt ab Fälligkeit gem. Anwendungserlass zur Abgabenordnung (AEAO) zu § 240 Nr. 6a zu stunden mit dem Ziel eines späteren Erlasses der Steuer gem. § 227 AO.[178] Dem BMF-Schreiben zufolge waren für Zwecke der Ermittlung der Besteuerungsgrundlage zunächst die Verluste bzw. negativen Einkünfte im Rahmen des Steuerfestsetzungsverfahrens unbeschadet von etwaigen Ausgleichs- und Verrechnungsbeschränkungen bis zur Höhe des vorhandenen

173 Vgl. BMF v. 27.3.2003, BStBl. I 2003, 240, Rn. 2.
174 Vgl. BMF v. 27.3.2003, BStBl. I 2003, 240, Rn. 2.
175 Vgl. BMF v. 27.3.2003, BStBl. I 2003, 240, Rn. 4.
176 Vgl. Insolvenzordnung v. 5.10.1994, BGBl. I 1994, 2866.
177 Vgl. BMF v. 27.3.2003, BStBl. I 2003, 240, Rn. 7: Es bestehe mit der InsO seit ihrer Inkraftsetzung ein Zielkonflikt.
178 Vgl. BMF v. 27.3.2003, BStBl. I 2003, 240, Rn. 8.

Sanierungsgewinns mit diesem zu verrechnen.[179] Die verrechneten Verluste waren entsprechend aufgebraucht und flossen nicht in den verbleibenden Verlustvortrag nach § 10d Abs. 4 EStG oder den festzustellenden verrechenbaren Verlust gem. § 15a Abs. 4, 5 EStG ein. Die Steuerfestsetzung nach § 163 AO und die Stundung gem. § 222 AO waren im Nachgang anzupassen, sofern sich die Besteuerungsgrundlage änderte oder sich in Folgejahren ein Verlustrücktrag ergab. Verzichtete der Steuerpflichtige auf einen Verlustrücktrag nach § 10d Abs. 1 S. 7–8 EStG, verlor er den Anspruch der durch den Erlass gewährten Billigkeitsmaßnahme.[180] Im Rahmen einer Ermessenreduzierung auf null war nach abschließender Prüfung und Feststellung des endgültig verbleibenden zu versteuernden Sanierungsgewinns die Steuer gem. § 227 AO zu erlassen.[181]

Die zeitlichen Anwendungsregelungen sahen vor, dass der Erlass auf alle zum Veröffentlichungszeitpunkt offenen Fälle anzuwenden war, für die die gestrichene Regelung des § 3 Nr. 66 EStG a.F. keine Anwendung mehr fand.[182] Zur Gewerbesteuer wurde ergänzend erläutert, dass die Zuständigkeit einer Billigkeitsmaßnahme bei den Gemeinden lag und lediglich dann, wenn diese eine solche gewährte, die Einkünfte aus Gewerbebetrieb gem. § 35 EStG zu reduzieren waren.[183]

Mit Anwendung des sog. Sanierungserlasses wurde also effektiv wieder die Rechtslage hergestellt, die bis in das Jahr 1930 für körperschaftsteuerliche Zwecke galt: Der Sanierungsertrag war zwar grundsätzlich steuerpflichtig, er musste aber durch Verlustverrechnungspotenziale gemindert werden und erst wenn trotz der Verlustverrechnung ein Sanierungsertrag übrigblieb, war die darauf entfallende Steuer aus sachlichen Billigkeitsgründen zu erlassen.[184] Grundsätzlich werden also seit über 80 Jahren Sanierungsgewinne nicht besteuert. Vielmehr herrschte sogar für etwa 30 Jahre (von 1968 bis 1997) eine Doppelbegünstigung, in dem Sanierungserträge steuerfrei waren und Verluste weiter vorgetragen werden konnten.[185]

Obwohl die Europäische Kommission in einer beihilferechtlichen Einzelfallprüfung des Sanierungserlasses zum Schluss gekommen ist, diese habe keine

179 Vgl. BMF v. 27.3.2003, BStBl. I 2003, 240, Rn. 8.
180 Vgl. BMF v. 27.3.2003, BStBl. I 2003, 240, Rn. 8.
181 Vgl. BMF v. 27.3.2003, BStBl. I 2003, 240, Rn. 12.
182 Vgl. BMF v. 27.3.2003, BStBl. I 2003, 240, Rn. 13.
183 Vgl. BMF v. 27.3.2003, BStBl. I 2003, 240, Rn. 15.
184 Vgl. *Seer*, FR 2014, 721 [727].
185 Vgl. *Seer*, FR 2014, 721 [727].

Auffälligkeiten ergeben[186], war der sog. Sanierungserlass in der Rechtsprechung, insbesondere verfassungsrechtlich, nicht unumstritten.[187] So stellten u.a. das Finanzgericht (FG) München bereits im Jahr 2007[188] sowie das FG Sachsen in zwei Entscheidungen im Jahr 2013[189] fest, dass mit dem sog. Sanierungserlass die Gesetzmäßigkeit der Verwaltung verletzt und somit gegen Art. 20 Abs. 3 Grundgesetzes (GG) verstoßen werde. Zwar können gem. § 163 AO Steuern aus Billigkeitsgründen abweichend festgesetzt werden, allerdings setze das voraus, dass der Gesetzgeber nicht eine mit der Einziehung der Steuer verbundene Härte bewusst in Kauf nehmen wollte.[190] Weder § 163 AO noch § 227 AO erlaube also die Korrektur des Gesetzes.[191] Die Finanzverwaltung stelle jedoch durch den sog. Sanierungserlass die Rechtslage wieder her, die vor Aufhebung des § 3 Nr. 66 EStG a.F. durch den Gesetzgeber und der damit einhergehenden Steuerfreiheit von Sanierungserträgen geherrscht hatte.[192] Nach dem Grundsatz der Gesetzmäßigkeit der Verwaltung sei es nicht möglich, entgegen des ausdrücklichen Willens des Gesetzgebers, der sich hier durch Aufhebung des § 3 Nr. 66 EStG a.F. widerspiegele, eine (generelle) Handhabung unter dem Deckmantel der Billigkeit zu bieten, selbst wenn diese den Steuerpflichtigen

---

186 Vgl. *Kanzler*, in: K/K/B, EStG-Kommentar, 2021, § 3a, Rn. 14; *Blumenberg/Neumann*, Ubg 2016, 181 [190]; *Glatz*, IStR 2016, 447, alle mit Verweis auf eine unveröffentlichte Nachricht der Europäischen Kommission v. 18.7.2012. *Glatz* kommt selbst jedoch zum Ergebnis, dass über den Einzelfall hinaus erhebliche Zweifel an der Konformität des Sanierungserlasses mit den europarechtlichen Beihilfevorschriften bestehe.

187 Diese Auffassung vertrat die Finanzverwaltung selbst nicht, vgl. OFD Frankfurt, Rundverfügung v. 23.12.2014, BeckVerw 342209, nach Rn. 14; OFD Niedersachsen, Verfügung v. 19.6.2013, BeckVerw 273825, Absatz 1.

188 Vgl. FG München, Urt. v. 12.12.2007, 1 K 4487/06, EFG 2008, 615, nachgehend zwar BFH, Beschl. v. 28.2.2012, VIII R 2/08, BFH/NV 2012, 1135, der Beschluss beinhaltet jedoch lediglich die Kostenentscheidung zum Verfahren.

189 Vgl. FG Sachsen, Urt. v. 14.3.2013, 5 K 1113/12, DStR 2014, 190 (rkr.); FG Sachsen, Urt. v. 24.4.2013, 1 K 759/12, EFG 2013, 1898 nachgehend BFH, Beschl. v. 25.3.2015, X R 23/13, BStBl. II 2015, 696, zur Vorlage an Großen Senat.

190 Vgl. FG Sachsen, Urt. v. 14.3.2013, 5 K 1113/12, DStR 2014, 190, Rn. 22; FG Sachsen, Urt. v. 24.4.2013, 1 K 759/12, EFG 2013, 1898, Rn. 15.

191 Vgl. FG Sachsen, Urt. v. 14.3.2013, 5 K 1113/12, DStR 2014, 190, Rn. 22; FG Sachsen, Urt. v. 24.4.2013, 1 K 759/12, EFG 2013, 1898, Rn. 15.

192 Vgl. FG München, Urt. v. 12.12.2007, 1 K 4487/06, EFG 2008, 615, Rn. 14; FG Sachsen, Urt. v. 24.4.2013, 1 K 759/12, EFG 2013, 1898, Rn. 17.

begünstige.[193] Auch die Rechtfertigung für eine dem Willen des Gesetzgebers abweichende Billigkeitsregelung in einem Erlass zu normieren, da andernfalls ein Zielkonflikt mit der InsO bestehe, könne keine dem Gesetz entgegenstehende Verwaltungspraxis begründen.[194]

Im Kontrast zu dieser Rechtsprechung gab es eine Reihe von Urteilen, die den sog. Sanierungserlass in Einklang mit der verfassungsrechtlich normierten Gesetzmäßigkeit der Verwaltung gesehen haben.[195] Im Gegensatz zum FG München war das FG Köln nicht der Auffassung, dass der sog. Sanierungserlass dem ausdrücklichen Willen des Gesetzgebers durch Aufhebung des § 3 Nr. 66 EStG a.F. widerspreche. Dadurch, dass der Gesetzgeber in der Gesetzesbegründung explizit aufführe, dass „[e]inzelnen persönlichen und sachlichen Härtefällen im Stundungs- und Erlaßwege begegnet werden [könne]"[196], könne nicht davon ausgegangen werden, dass die Finanzverwaltung gegen den Willen des Gesetzgebers handele.[197] Das FG Köln blieb bei der Überzeugung, dass die Besteuerung eines Gewinns aus dem Erlass einer Betriebsschuld zumindest für eine Übergangszeit, jedenfalls für das streitgegenständliche Jahr 1998, im Rahmen des § 227 AO unbillig wäre, „wenn und soweit trotz des unbegrenzten Verlustvortrages ein steuerpflichtiger Veräußerungs- oder Auflösungsgewinn verbleib[e]. Denn in einem solchen Fall fehl[e] es an der Doppelbegünstigung durch Steuerfreiheit und Verlustvortrag, die den Gesetzgeber zur Aufhebung des § 3 Nr. 66 EStG bewogen ha[be]"[198]. Folglich, so dass FG Köln, laufe eine Besteuerung im ganzen Umfang den Wertungen des Gesetzgebers zuwider.[199]

---

193 Vgl. FG München, Urt. v. 12.12.2007, 1 K 4487/06, EFG 2008, 615, Rn. 16; FG Sachsen, Urt. v. 24.4.2013, 1 K 759/12, EFG 2013, 1898, Rn. 18.

194 Vgl. FG Sachsen, Urt. v. 24.4.2013, 1 K 759/12, EFG 2013, 1898, Rn. 18; FG München, Urt. v. 12.12.2007, 1 K 4487/06, EFG 2008, 615, Rn. 16.

195 Vgl. FG Köln, Urt. v. 24.4.2008, 6 K 2488/06, EFG 2008, 1555 (aufgehoben aber z.T. bestätigt durch BFH, Urt. v. 14.7.2010, X R 34/08, BStBl. II 2010, 916); so auch FG Düsseldorf, Urt. v. 16.3.2011, 7 K 3831/10, EFG 2011, 1685; BFH, Vorlagebeschluss v. 25.3.2015, X R 23/13, BStBl. II 2015, 696.

196 BT-Drs. 13/7480 v. 22.4.1997, 192.

197 Vgl. FG Köln, Urt. v. 24.4.2008, 6 K 2488/06, EFG 2008, 1555, Rn. 41, so auch BFH, Urt. v. 14.7.2010, X R 34/08, BStBl. II 2010, 916, Rn. 29. Das FG Düsseldorf, Urt. v. 16.3.2011, 7 K 3831/10, EFG 2011, 1685, Rn. 16 verweist auf vorherstehendes BFH-Urteil und stellt fest, dass es keinen Grund gebe, von der Auffassung des BFH abzuweichen.

198 FG Köln, Urt. v. 24.4.2008, 6 K 2488/06, EFG 2008, 1555, Rn. 42.

199 Vgl. FG Köln, Urt. v. 24.4.2008, 6 K 2488/06, EFG 2008, 1555, Rn. 42.

Letztendlich wurde die Frage der Gesetzmäßigkeit der Verwaltung in Bezug auf den sog. Sanierungserlass vom X. Senat des BFH – im Nachgang zum ergangenen Urteil des FG Sachsens vom 24.04.2013 – dem großen Senat per Beschluss vom 25.03.2015 vorgelegt.[200] Der vorlegende Senat vertrat selbst die Auffassung, dass der sog. Sanierungserlass dem Grundsatz der Gesetzmäßigkeit der Verwaltung genüge und wies neben den bereits dargelegten Argumenten der Instanzgerichte noch darauf hin, dass eine sachliche Unbilligkeit bei Erhebung und Einziehung eines Steueranspruchs vorliegen könne, da ein Sanierungsgewinn zu keinem Liquiditätszufluss führe. Bei einem Sanierungsgewinn handele es sich um einen reinen Buchgewinn, dem kein Zuwachs an Leistungsfähigkeit gegenüberstünde.[201]

III. Beschluss des Großen Senats des BFH vom 28.11.2016

Der Große Senat entschied mit Beschluss vom 28.11.2016, dass die im BMF-Schreiben normierten Voraussetzungen eines Steuererlasses aus Billigkeitsgründen keinen Fall der sachlichen Unbilligkeit i.S.v. §§ 163, 227 AO begründe. Da der sog. Sanierungserlass gleichwohl einen Steuererlass auf Sanierungsgewinne vorsehe, stehe die Verfügung nicht im Einklang mit dem Grundsatz der Gesetzmäßigkeit der Verwaltung nach Art. 20 Abs. 3 GG.[202]

Zum Grundsatz der Gesetzmäßigkeit der Verwaltung führte der Große Senat aus, dass Art. 20 GG die Exekutive an Gesetz und Recht binde. Daraus abgeleitet gelte das Prinzip des Vorrangs des Gesetzes, so dass untergesetzliche Normen sowie andere Verwaltungsmaßnahmen gesetzlichen Rechtsnormen nicht entgegenstehen dürfen.[203] Der Grundsatz der Gesetzmäßigkeit der Verwaltung spiegele sich auch in § 85 S. 1 AO, welches das steuerrechtliche Legalitätsprinzip normiere.[204] Die Finanzverwaltung sei demnach berechtigt und verpflichtet in Einklang mit dem Legalitätsprinzip, bei einem entstandenen Steueranspruch eine Steuerfestsetzung und -erhebung vorzunehmen.[205] Auch auf Grundlage von Verwaltungserlassen dürfe die Finanzverwaltung nicht ausnahmsweise

---

200 Vgl. BFH, Vorlagebeschluss v. 25.3.2015, X R 23/13, BStBl. II 2015, 696.

201 Vgl. BFH, Vorlagebeschluss v. 25.3.2015, X R 23/13, BStBl. II 2015, 696, Rn. 62.

202 Vgl. BFH, Beschl. v. 28.11.2016, GrS 1/15, BStBl. II 2017, 393, Rn. 88; a.A. im übrigen *Kahlert*, ZIP 2016, 2107 [2111].

203 Vgl. BFH, Beschl. v. 28.11.2016, GrS 1/15, BStBl. II 2017, 393, Rn. 90, m.w.N.

204 Vgl. BFH, Beschl. v. 28.11.2016, GrS 1/15, BStBl. II 2017, 393, Rn. 91.

205 Vgl. BFH, Beschl. v. 28.11.2016, GrS 1/15, BStBl. II 2017, 393, Rn. 92.

eine gesetzlich geregelte Besteuerung unbeachtet lassen, da auch ein Steuerverzicht einer gesetzlichen Grundlage bedürfe.[206]

Die Richter führen in einem weiteren Punkt aus, dass für einen Steuererlass aus Billigkeitsgründen eine rechtliche Grundlage in den §§ 163, 227 AO bestehe, auf die auch der Sanierungserlass explizit Bezug nehme.[207] Die AO trenne inhaltlich die Vorgänge des Steuerfestsetzungsverfahrens gem. Vierten Teil der AO, in dem § 163 AO zu finden ist, und das Erhebungsverfahren im Fünften Teil, der § 227 AO beinhalte. Der Begriff der „Unbilligkeit" werde in beiden Regelungen verwendet, ohne dass sie sich inhaltlich unterscheiden.[208] Daher sei eine mögliche Unbilligkeit sowohl bei der Steuerfestsetzung als auch bei der Steuererhebung zu prüfen. Nach allgemeiner Auffassung könne sich eine unbillige Besteuerung sowohl aus sachlichen als auch aus persönlichen Gründen ergeben.[209] Die Finanzverwaltung habe dann im Rahmen einer Ermessensentscheidung über eine Billigkeitsmaßnahme zu entscheiden.[210] Allerdings seien Steuererlasse auf Grundlage von Verwaltungsvorschriften, die eine Selbstbindung der Finanzverwaltung darstelle, nicht möglich, wenn keine Unbilligkeit der Besteuerung i.S.v. §§ 163, 227 AO vorliege. Ein Steuerpflichtiger habe auch keinen Anspruch auf die Anwendung einer rechtswidrigen Verwaltungspraxis, selbst wenn der Steuerpflichtige den Gleichheitsgrundsatz nach Art. 3 Abs. 1 GG geltend mache.[211]

Für die Frage, ob die vom sog. Sanierungserlass beinhalteten Billigkeitsmaßnahmen den Voraussetzungen der sachlichen Billigkeit genüge, sei entscheidend, ob die auf einen Sanierungsgewinn entfallene Steuer eine sachliche Unbilligkeit darstelle.[212] Das Vorliegen einer sachlichen Unbilligkeit sei in langjähriger und höchstrichterlicher Rechtsprechung definiert worden und fordere zunächst, dass sachliche Billigkeitsmaßnahmen nur atypischen Ausnahmesachverhalten zugänglich sei.[213] So müsse eine sachliche Billigkeitsmaßnahme auf Einzelfälle abstellen und nur atypisch gelagerten Ausnahmen vorbehalten sein, wobei sie aber auch unter Ausnahmevoraussetzungen Fallgruppen

206 Vgl. BFH, Beschl. v. 28.11.2016, GrS 1/15, BStBl. II 2017, 393, Rn. 93 m.w.N.
207 Vgl. BFH, Beschl. v. 28.11.2016, GrS 1/15, BStBl. II 2017, 393, Rn. 95.
208 Vgl. BFH, Beschl. v. 28.11.2016, GrS 1/15, BStBl. II 2017, 393, Rn. 97, mit Verweis auf BFH, Urt. v. 24.8.2011, I R 87/10, BFH/NV, 2012, 161.
209 Vgl. BFH, Beschl. v. 28.11.2016, GrS 1/15, BStBl. II 2017, 393, Rn. 98 m.w.N.
210 Vgl. BFH, Beschl. v. 28.11.2016, GrS 1/15, BStBl. II 2017, 393, Rn. 98.
211 Vgl. BFH, Beschl. v. 28.11.2016, GrS 1/15, BStBl. II 2017, 393, Rn. 108.
212 Vgl. BFH, Beschl. v. 28.11.2016, GrS 1/15, BStBl. II 2017, 393, Rn. 110.
213 Vgl. BFH, Beschl. v. 28.11.2016, GrS 1/15, BStBl. II 2017, 393, Rn. 111 f.

begünstigen dürfen. Typisierende Regelungen der sachlichen Unbilligkeit seien hingegen ausschließlich auf Grundlage gesetzlicher Regelungen anzuwenden.[214] Darüber hinaus kennzeichne eine Billigkeitsmaßnahme, dass steuerliche Ergebnisse angepasst und bei Vorliegen besonderer Umstände des Einzelfalls Rechtsfolgen ausgeglichen werden sollen, die unter Anwendung der typisierenden gesetzlichen Regelungen verfehlt und daher als ungerecht angesehen würden. Die durch die Billigkeitsmaßnahme auszugleichende Härte müsse also auf einer Regelung beruhen, deren Ergebnis im Einzelfall vom Gesetzgeber so nicht gewollt war. Andere als steuerliche Gründe, wie beispielsweise wirtschafts-, arbeits- oder sozialpolitische Gründe, reichen für einen Billigkeitsentscheid hingegen nicht aus.[215]

Der Große Senat verneint die Ansicht, dass ein durch Forderungsverzicht entstandener Sanierungsgewinn einen atypischen Einzelfall darstelle. Vielmehr stelle der Verzicht auf eine betriebliche Darlehensforderung eine Betriebseinnahme dar und keine atypische vom Gesetzgeber ungewollte Gewinnerhöhung oder Verlustminderung, unabhängig von der Art der Gewinnermittlung und ob sie in einer Liquiditätserhöhung oder verstärkten wirtschaftlichen Leistungsfähigkeit resultiere.[216] Das Argument, dass dem Unternehmen durch einen Forderungsverzicht keine Liquidität zufließe, reiche nicht, um die Besteuerung als ungewollt zu klassifizieren und eine überschießende Folge einer typisierenden gesetzlichen Vorschrift anzunehmen.[217]

Eine andere Auffassung könne auch nicht vertreten werden, wenn ein Forderungsverzicht aufgrund einer Sanierungsabsicht ausgesprochen werde. Die Darlegung, ein gewährter Schuldenerlass gegenüber eines wirtschaftlich schlecht dastehenden Unternehmens erhöhe nicht die Leistungsfähigkeit des Unternehmens, sondern bewahre lediglich den wirtschaftlichen Zusammenbruch des Unternehmens, kann dem großen Senat zufolge nicht überzeugen.[218] Ihm zufolge ist Zweck eines mit Sanierungsabsicht gewährten Schuldenerlasses, durch die Steigerung seiner Leistungsfähigkeit ein angeschlagenes Unternehmen wieder aufzuhelfen, denn erwirtschaftete Erträge müssten nicht mehr zur Rückzahlung von Schulden aufgewendet werden, sondern könnten nun investiert werden. Führe ein Schuldenerlass hingegen nicht zu einer

214 Vgl. BFH, Beschl. v. 28.11.2016, GrS 1/15, BStBl. II 2017, 393, Rn. 112, m.w.N.
215 Vgl. BFH, Beschl. v. 28.11.2016, GrS 1/15, BStBl. II 2017, 393, Rn. 113, mit Verweis auf BFH, Urt. v. 19.1.1965, VII 22/62 S, BStBl. III 1965, 206, unter II. 1.
216 Vgl. BFH, Beschl. v. 28.11.2016, GrS 1/15, BStBl. II 2017, 393, Rn. 115.
217 Vgl. BFH, Beschl. v. 28.11.2016, GrS 1/15, BStBl. II 2017, 393, Rn. 115.
218 Vgl. BFH, Beschl. v. 28.11.2016, GrS 1/15, BStBl. II 2017, 393, Rn. 117.

Steigerung der Leistungsfähigkeit und der Liquiditätslage des Unternehmens, fehle es an einer nach dem sog. Sanierungserlass erforderlichen Sanierungseignung.[219] Eine sachliche Unbilligkeit werde auch nicht deshalb begründet, weil eine Besteuerung von Sanierungserträgen den finanziellen Spielraum des Unternehmens einschränke und die steuerliche Belastung das Unternehmen in einem ungünstigen Zeitpunkt treffe. Vielmehr sei die Finanzverwaltung in der Pflicht, Steueransprüche auch dann durchzusetzen, wenn der Steuerschuldner dadurch erheblich wirtschaftlich beeinträchtigt werde.[220]

Darüber hinaus beinhalte der sog. Sanierungserlass auch keine erforderliche Einzelfallprüfung. Ungeachtet der Höhe eines Sanierungsgewinns, der daraus entstehenden Steuer und einer potenziellen Gefährdung der Unternehmenssanierung, werde im Rahmen einer typisierenden Regelung eine sachliche Unbilligkeit unterstellt, die in einem Steuererlass resultiere.[221] Zusätzlich werde eine unzulässige Typisierung im sog. Sanierungserlass normiert, da die Finanzverwaltung bei Vorliegen eines Sanierungsplans annimmt, dass die erforderlichen Voraussetzungen über das Vorhandensein eines Sanierungsgewinns, also Sanierungsbedürftigkeit und Sanierungsfähigkeit auf Ebene des Unternehmens sowie die Sanierungseignung des Schuldenerlasses und die Sanierungsabsicht auf Ebene der Gläubiger, erfüllt seien.[222] Diese Typisierung habe zwar ihren Ursprung in der abgeschafften Regelung des § 3 Nr. 66 EStG a.F. und war damit aufgrund ihrer gesetzlichen Grundlage zulässig, so sei sie es jedoch nicht im Rahmen eines Steuererlasses aus Billigkeitsgründen.[223]

Zusätzlich spreche gegen eine sachliche Unbilligkeit, dass die Steuerbegünstigung von Sanierungserträgen jahrelang auf gesetzlicher Grundlage, entweder im KStG oder später im EStG, beruhte. Daher könne nicht Gegenstand einer Billigkeitsmaßnahme eine Regelung sein, die der Gesetzgeber hätte treffen können.[224] Der Wille des Gesetzgebers, Sanierungsgewinne nicht weiterhin zu privilegieren, komme nach Auffassung des Senats insbesondere durch die Aufhebung des § 3 Nr. 66 EStG a.F. zum Ausdruck mit dem Ergebnis, dass Sanierungsgewinne wie jeder andere Gewinn steuerlich zu behandeln seien. Das bedeute nicht, dass Billigkeitsmaßnahmen im Einzelfall per se ausgeschlossen

---

219 Vgl. BFH, Beschl. v. 28.11.2016, GrS 1/15, BStBl. II 2017, 393, Rn. 117.
220 Vgl. BFH, Beschl. v. 28.11.2016, GrS 1/15, BStBl. II 2017, 393, Rn. 119, m.w.N.
221 Vgl. BFH, Beschl. v. 28.11.2016, GrS 1/15, BStBl. II 2017, 393, Rn. 120 f.
222 Vgl. BFH, Beschl. v. 28.11.2016, GrS 1/15, BStBl. II 2017, 393, Rn. 122.
223 Vgl. BFH, Beschl. v. 28.11.2016, GrS 1/15, BStBl. II 2017, 393, Rn. 122.
224 Vgl. BFH, Beschl. v. 28.11.2016, GrS 1/15, BStBl. II 2017, 393, Rn. 123, mit Verweis auf BFH, Urt. v. 9.7.1970, IV R 34/69, BStBl. II 1970, 696, unter II. 2.

sind, wie in der Gesetzesbegründung zur Streichung des § 3 Nr. 66 EStG verdeutlicht wurde.[225] Es könne jedoch nicht angenommen werden, dass die Abschaffung der Vorschrift mit denen dem Gesetzgeber bekannten Tatbestandsvoraussetzungen eine sachliche Unbilligkeit begründe. Eine Billigkeitsmaßnahme könne nicht nach den Voraussetzungen einer Vorschrift beurteilt werden, die vom Gesetzgeber bewusst gestrichen wurde.[226]

Auch die zusätzlichen Voraussetzungen des sog. Sanierungserlasses, der eine vorrangige und vollständige Verrechnung von Verlustvorträgen mit einem Sanierungsgewinn vorsieht, kann dem Urteil zufolge nicht zu einer sachlichen Unbilligkeit führen mit der Begründung, der Verlustvortrag sei seit Einführung der Mindestbesteuerung nach § 10d Abs. EStG eingeschränkt.[227] Zwar sei ein Motiv des Gesetzgebers gewesen, die Doppelbegünstigung bei der Besteuerung von Sanierungserträgen (Steuerbegünstigung des Sanierungsertrags selbst sowie den unbegrenzten Vortrag von Verlusten) nicht mehr zu erlauben. Darüber hinaus lasse sich allerdings aus der Gesetzesbegründung auch erkennen, dass der Gesetzgeber zusätzlich eine Steuervereinfachung sowie ein höheres Steueraufkommen im Blick hatte.[228] Folglich sei es nicht möglich, allein das Motiv der Vermeidung der Doppelbegünstigung aus einer Reihe von anderen Motiven herauszugreifen, um eine sachliche Unbilligkeit in den Fällen zu begründen, in dem ein Sanierungsgewinn nach Verlustverrechnung verbleibe.[229] Die Verlustverrechnungsproblematik im Zusammenspiel mit § 3 Nr. 66 EStG a.F. und der Einführung der Mindestbesteuerung nach § 10d EStG hätte zum Anlass genommen werden können, eine Sonderregelung für Sanierungsgewinne zu schaffen. Dies sei jedoch von Seiten des Gesetzgebers unterblieben.[230] Ob dies auf ein Versäumnis des Gesetzgebers oder als widersprüchliches Verhalten zu werten sei, sei unerheblich. Im Ergebnis sei es am Gesetzgeber, die Gesetzeslage zu überdenken und nicht Aufgabe der Finanzverwaltung, Gesetzesänderungen im Rahmen von Billigkeitsmaßnahmen zu korrigieren.[231]

---

225 Vgl. BFH, Beschl. v. 28.11.2016, GrS 1/15, BStBl. II 2017, 393, Rn. 124, mit Verweis auf BT-Drs. 13/7480 v. 22.4.1997, 192.

226 Vgl. BFH, Beschl. v. 28.11.2016, GrS 1/15, BStBl. II 2017, 393, Rn. 125, m.w.N.

227 Vgl. BFH, Beschl. v. 28.11.2016, GrS 1/15, BStBl. II 2017, 393, Rn. 126 f., m.w.N.

228 Vgl. BFH, Beschl. v. 28.11.2016, GrS 1/15, BStBl. II 2017, 393, Rn. 128, mit Verweis auf BT-Drs. 13/7480 v. 22.4.1997, 192.

229 Vgl. BFH, Beschl. v. 28.11.2016, GrS 1/15, BStBl. II 2017, 393, Rn. 129.

230 Vgl. BFH, Beschl. v. 28.11.2016, GrS 1/15, BStBl. II 2017, 393, Rn. 131.

231 Vgl. BFH, Beschl. v. 28.11.2016, GrS 1/15, BStBl. II 2017, 393, Rn. 132.

Dem Wesen einer Billigkeitsmaßnahme widerspreche es zudem, dass der sog. Sanierungserlass dem Steuerpflichtigen eine umfassende Verlustverrechnung und einen zwingenden Verlustrücktrag auferlegt und bei Zuwiderhandlung die Rücknahme seines Erlassantrags annimmt. Gegen das Vorliegen einer sachlichen Unbilligkeit spreche dem Gericht zufolge auch, dass der Erlass zwischen Unternehmenssanierung und Unternehmersanierung unterscheidet. Die sachliche Unbilligkeit könne dem Senat zufolge nicht davon abhängig gemacht werden, ob der Steuerpflichtige eine von der Verwaltung gewünschte Handlung vornimmt oder nicht bzw. ob ein Unternehmen oder ein Unternehmer davon profitiert.[232] Sowohl die vom Steuerpflichtigen abverlangten Handlungen als auch die Beschränkung auf Unternehmenssanierungen lasse vermuten, dass das BMF außersteuerliche Zwecke verfolge, wie die steuerliche Subvention von Unternehmenssanierungen oder den Erhalt von Arbeitsplätzen und gerade nicht die Behebung steuerlich unbilliger Härten.[233]

Letztendlich kann auch das Argument des BMF, die Besteuerung von Sanierungserträge stünde im Zielkonflikt mit der InsO, den Großen Senat nicht überzeugen.[234] Denn zum einen hätte dem Gesetzgeber bei Abschaffung des § 3 Nr. 66 EStG im Jahr 1997 die Regelungen der InsO bekannt sein müssen. Diese war zwar erst am 01.01.1999 in Kraft getreten, wurde jedoch bereits im Jahr 1994 verabschiedet und im Bundesgesetzblatt verkündet.[235] Zum anderen könne von der Finanzverwaltung nicht angenommen werden, es läge in ihrem Kompetenzbereich, gesetzgeberische Zielkonflikte durch Verwaltungserlasse zu lösen.[236]

Im Ergebnis kommt der Große Senat zu dem Schluss, dass sich die Nichtbesteuerung von Sanierungsgewinnen nicht durch einen Billigkeitserlass nach §§ 163, 227 AO erreichen lässt.[237] Der sog. Sanierungserlass hält den in der Rechtsprechung entwickelten Voraussetzungen an das Vorliegen einer sachlichen Unbilligkeit nicht stand. Vielmehr hat das BMF mit dem Erlass eine „strukturelle Gesetzeskorrektur“[238] vorgenommen, die zu einem Verstoß gegen

---

232 Vgl. BFH, Beschl. v. 28.11.2016, GrS 1/15, BStBl. II 2017, 393, Rn. 133, 135.
233 Vgl. BFH, Beschl. v. 28.11.2016, GrS 1/15, BStBl. II 2017, 393, Rn. 133 ff.
234 Vgl. BFH, Beschl. v. 28.11.2016, GrS 1/15, BStBl. II 2017, 393, Rn. 138, mit Verweis auf BFH, Vorlagebeschluss v. 25.03.2015, X R 23/13, BStBl. II 2015, 696.
235 Vgl. BFH, Beschl. v. 28.11.2016, GrS 1/15, BStBl. II 2017, 393, Rn. 139, mit Verweis auf Einführungsgesetz zur InsO v. 5.10.1994, BGBl. I 1994, 2866.
236 Vgl. BFH, Beschl. v. 28.11.2016, GrS 1/15, BStBl. II 2017, 393, Rn. 140.
237 Vgl. BFH, Beschl. v. 28.11.2016, GrS 1/15, BStBl. II 2017, 393, Rn. 145.
238 BFH, Beschl. v. 28.11.2016, GrS 1/15, BStBl. II 2017, 393, Rn. 147.

den verfassungsrechtlichen Grundsatz der Gesetzmäßigkeit der Verwaltung nach Art. 20 Abs. 3 GG, als auch gegen das einfachrechtlich normierte Legalitätsprinzip in § 85 S. 1 AO führt.[239]

Das Urteil des Großen Senats wurde am 08.02.2017 bekanntgegeben. Mit Datum vom 27.04.2017 veröffentlichte die Finanzverwaltung ein Schreiben mit Übergangsregelungen, das dem Steuerpflichtigen Vertrauensschutz gewähren sollte in Fällen, in denen Gläubiger bis einschließlich 08.02.2017 den Forderungsverzicht endgültig vollzogen hatten.[240] Zusätzlich sollten dem Erlass zufolge bis einschließlich 08.02.2017 erteilte verbindliche Auskünfte oder verbindliche Zusagen weder aufgehoben noch zurück genommen werden, sofern der zugrundeliegende Forderungsverzicht bereits im Wesentlichen vollzogen wurde oder in der Einzelfallbetrachtung andere Vertrauensschutzgründe vorliegen.[241] Der BFH erteilte diesem Vorgehen jedoch erneut in zwei Urteilen eine Absage.[242] Nach Auffassung der Richter erging auch der Erlass vom 27.04.2017 ohne Rechtsgrundlage und verstoße damit ebenso gegen den Grundsatz der Gesetzmäßigkeit der Verwaltung.[243] Zwar könne es für die Finanzverwaltung geboten sein, Übergangsregelungen zu treffen, um das Vertrauen des Steuerpflichtigen zu schützen, wenn die bisherige Rechtsprechung verschärft oder eine höchstrichterliche Entscheidung von der bisher geübten Verwaltungspraxis abweicht. Von einem schützenswerten Vertrauen des Steuerpflichtigen könne jedoch im Hinblick auf den sog. Sanierungserlass nicht ausgegangen werden, da es zu diesem keine zweifelsfreie Rechtsauffassung gab. Vielmehr war dessen Rechtmäßigkeit früh fraglich.[244] Im Anschluss daran veröffentlichte das BMF einen Nichtanwendungserlass für die BFH-Urteile vom 23.08.2017, so

239 Vgl. BFH, Beschl. v. 28.11.2016, GrS 1/15, BStBl. II 2017, 393, Rn. 147.

240 Vgl. BMF v. 27.4.2017, BStBl. I 2017, 741, unter 1.

241 Vgl. BMF v. 27.4.2017, BStBl. I 2017, 741, unter 2.

242 Vgl. BFH, Urt. v. 23.8.2017, X R 38/15, BStBl. II 2018, 236; Urt. v. 23.8.2017, I R 52/14, BStBl. II 2018, 232.

243 Vgl. BFH, Urt. v. 23.8.2017, X R 38/15, BStBl. II 2018, 236, Rn. 19; Urt. v. 23.8.2017, I R 52/14, BStBl. II 2018, 232, Rn. 22 ff. Das zuletzt genannte Urteil war seit dem 2.3.2018 beim BVerfG unter dem Aktenzeichen 2 BvR 2637/17 anhängig. Mit Datum vom 17.7.2019 gilt das Verfahren als erledigt, da es per Beschl. nicht zur Entscheidung angenommen wurde; kritische Stellungnahme zu den BFH-Entscheidungen durch *Uhländer*, DB 2017, 2761 [2764].

244 Vgl. BFH, Urt. v. 23.8.2017, I R 52/14, BStBl. II 2018, 232, Rn. 19 f.; kritisch hierzu vgl. *Krumm*, in: Blümich, EStG-Kommentar, 2021, § 3a, Rn. 4.

dass diese von der Finanzverwaltung nicht über den Einzelfall hinaus angewandt wurden.[245]

IV. Neuregelung zur Besteuerung von Sanierungserträgen durch das RübStG v. 27.06.2017

Als Reaktion auf die Entscheidung des Großen Senats vom 28.11.2016 hat die Legislative mit dem Gesetz gegen schädliche Steuerpraktiken im Zusammenhang mit Rechteüberlassungen (RübStG) vom 27.06.2017[246] im Hinblick auf die Besteuerung von Sanierungsgewinnen §§ 3a, 3c Abs. 4 EStG, § 7b GewStG eingeführt und Änderungen bzw. Ergänzungen der §§ 8, 8c, 8d und 15 KStG vorgenommen.[247] Ziel des Gesetzgebers war, nach dem Urteil des Großen Senats die Rechtssicherheit von im Sanierungsprozess befindlichen Unternehmen zu erhöhen.[248] Zusätzlich sollte mit Einführung des § 3a EStG der Zielkonflikt mit der InsO beseitigt werden, wonach die Besteuerung eines Sanierungsgewinns ein Krisenunternehmen erneut in finanzielle Schwierigkeiten bringen kann mit der Folge, dass die Wirkung eines Schuldenerlasses verloren ginge.[249] Ein weiteres Ziel des Gesetzgebers war es, den Richtlinienvorschlag der Europäischen Kommission vom 22.11.2016[250] auf nationaler Ebene steuerlich zu begleiten.[251] Grundsätzlich sollte § 3a EStG erstmals für Schulden anzuwenden sein, die nach dem 08.02.2017 erlassen wurden (§ 52 Abs. 4a EStG). Gemäß Art. 6 Abs. 2 des RübStG stand das Inkrafttreten (mit Rückwirkung) der Neuregelungen unter dem Vorbehalt, dass die Europäische Kommission per Beschluss feststellt, dass die Neuregelung entweder keine staatlichen Beihilfe i.S.v. Art. 107 Abs. 1 Vertrag über die Arbeitsweise der Europäischen Union (AEUV) oder eine mit dem Binnenmarkt der Europäischen Union (EU) vereinbare staatliche Beihilfe darstellt.

245 Vgl. BMF v. 29.3.2018, BStBl. I 2018, 588; kritisch dazu *Märtens*, DStR 2018, 2301 [2302 f.].

246 Vgl. RübStG v. 27.6.2017, BGBl. I 2017, 2074.

247 S. dazu eingehend Kapitel D. III. dieser Arbeit.

248 Vgl. BT-Drs. 18/12128 v. 26.4.2017, 30.

249 Vgl. BT-Drs. 18/12128 v. 26.4.2017, 31.

250 Vgl. Vorschlag für eine Richtlinie des Europäischen Parlaments und des Rates über präventive Restrukturierungsrahmen, die zweite Chance und Maßnahmen zur Steigerung der Effizienz von Restrukturierung-, Insolvenz- und Entschuldungsverfahren und zur Änderung der Richtlinie 2012/30/EU v. 22.11.2016, COM(2016) 723 final, nunmehr finalisiert in Richtlinie (EU) 2019/1023 v. 20.6.2019, ABl. L 2019, 172.

251 Vgl. BT-Drs. 18/12128 v. 26.4.2017, 31; BT-Drs. 18/11531 v. 15.3.2017, 7.

Diese Vorgehensweise des Gesetzgebers wurde vereinzelt von verfassungsrechtlichen Zweifeln in Teilen der Literatur begleitet. Es wurde kritisiert, dass das Inkrafttreten der Regelung unter Vorbehalt durch eine Entscheidung der Europäischen Kommission nicht in den Anwendungsvorschriften des § 52 EStG manifestiert wurde. In § 52 Abs. 1 EStG heißt es, dass das EStG 2018 erstmals für den Veranlagungszeitraum 2018 anzuwenden ist, sofern die darauffolgenden Absätze nichts Gegenteiliges festlegen. Der Anwender des Gesetzes soll dem § 52 EStG entnehmen können, wann eine Regelung des EStG in zeitlicher Hinsicht gelte. § 52 Abs. 4a EStG bestimme jedoch die rückwirkende Anwendung des § 3a EStG auf den 08.02.2017, ohne Hinweis auf den Geltungsvorbehalt.[252] Verfassungsrechtliche Bedenken wurden auch dahingehend geäußert, dass § 82 Abs. 2 S. 1 GG fordert, dass „[j]edes Gesetz und jede Rechtsverordnung den Tag des Inkrafttretens bestimmen [soll]". Das Inkrafttreten des § 3a EStG unter der aufschiebenden Bedingung einer Entscheidung der Europäischen Kommission genüge diesen Anforderungen hingegen nicht.[253] Dieser Auffassung wird indes entgegen gehalten, dass Art. 82 Abs. 2 GG zwar grundsätzlich bedingungsfeindlich sei, allerdings äußere Ereignisse in Ausnahmefällen ein Inkrafttreten einer Regelung auslösen können.[254] Ein solches Ereignis könne auch eine Beihilfegenehmigung durch die EU-Kommission darstellen.[255] So habe das Bundesverfassungsgericht (BVerfG) zuvor in Ausnahmefällen entschieden, dass Gesetze wirksam in Kraft gesetzt werden können, wenn das maßgebliche Ereignis hinreichend klar bestimmt ist und der Zweck des Gesetzes andernfalls nicht sachgerecht verwirklicht werden kann.[256]

Schlussendlich wurde auch beanstandet, dass Art. 6 Abs. 2 S. 2 RübStG bestimmte, dass das BMF den Tag des Beschlusses der Europäischen

---

252 Vgl. *Kirchhof*, in: Kirchhof, EStG-Kommentar, 2018, § 3a, Rn. 5.

253 Vgl. *Kirchhof*, in: Kirchhof, EStG-Kommentar, 2018, § 3a, Rn. 6.

254 Vgl. *Hallerbach*, in: H/H/R, EStG-Kommentar, 2018, § 3a, Rn. J 17-5 unter dem Punkt „Verhältnis des § 3a zum Verfassungs- und Europarecht"; so i. Erg. auch *Kanzler*, in: K/K/B, EStG-Kommentar, 2021, § 3a, Rn. 13; *Kanzler* verweist in einem weiteren Aufsatz zusätzlich darauf, dass in anderen Rechtsgebieten ein Inkrafttretensvorbehalt schon länger üblich sei, ohne dass daran bisher Anstoß genommen wurde, vgl. *Kanzler*, FR 2018, 794 m.w.N.

255 Vgl. *Hallerbach*, in: H/H/R, EStG-Kommentar, 2018, § 3a, Rn. J 17-5 unter dem Punkt „Verhältnis des § 3a zum Verfassungs- und Europarecht".

256 Vgl. *Hallerbach*, in: H/H/R, EStG-Kommentar, 2018, § 3a, Rn. J 17-5 unter dem Punkt „Verhältnis des § 3a zum Verfassungs- und Europarecht"; auch *Kanzler*, in: K/K/B, EStG-Kommentar, 2019, § 3a, Rn. 13; *Kanzler*, FR 2018, 794 mit Verweis auf BVerfG, Urt. v. 8.7.1976, 1 BvL 19/75, 1 BvL, 20/75, 1 BvR 148/75, BVerfGE 42, 263.

Kommission gesondert im Bundesgesetzblatt bekannt gibt. *Kirchhof* kam in seiner Erstkommentierung des § 3a EStG 2018 zum Schluss, dass eine gesonderte Bekanntmachung des BMF die im Gesetzgebungsverfahren erforderliche Bekanntmachung und Veröffentlichung eines Gesetzes keine Abhilfe schaffen kann. Insbesondere könne eine Bekanntmachung durch das BMF keine im Einklang mit dem Verfassungsrecht stehende Ausfertigung und Verkündung des Gesetzes ersetzen.[257]

V. Beihilferechtliche Entscheidung der EU-Kommission

Während die Europäische Kommission im Hinblick auf den Sanierungserlass keine beihilferechtliche Problematik, zumindest in einem zuvor geprüften Einzelfall, identifizierte[258] und sich der Große Senat mit Verweis auf den verfassungsrechtlichen Verstoß dem Thema entziehen konnte, war der Gesetzgeber gezwungen, sich der Frage zu stellen, ob seine geplanten Sanierungsregelungen ein Verstoß gegen europarechtliche Beihilferegularien darstellen.[259]

Art. 107 Abs. 1 AEUV definiert staatliche Beihilfen als „staatliche oder aus staatlichen Mitteln gewährte Beihilfen gleich welcher Art, die durch die Begünstigung bestimmter Unternehmen oder Produktionszweige den Wettbewerb verfälschen oder zu verfälschen drohen, mit dem Binnenmarkt unvereinbar, soweit sie den Handel zwischen Mitgliedstaaten beeinträchtigen" (Art. 107 Abs. 1 AEUV).[260] Um auszuschließen, dass es sich bei den Regelungen zur Steuerfreiheit von Sanierungsgewinne um Beihilfen im vorstehenden Sinne handelt und um den Gesetzesvorbehalt zu beseitigen, hatte der Gesetzgeber ein Notifizierungsverfahren gem. Art. 108 Abs. 3 AEUV angestoßen. Über das Notifizierungsverfahren haben die Mitgliedstaaten alle Vorhaben über die Gewährung neuer Beihilfen der Europäischen Kommission zu melden und sind verpflichtet, der Kommission alle entscheidungsrelevanten Informationen zur Verfügung

---

257 Vgl. *Kirchhof*, in: Kirchhof, EStG-Kommentar, 2018, § 3a, Rn. 7.

258 Vgl. *Kanzler*, in: K/K/B, EStG-Kommentar, 2021, § 3a, Rn. 14; *Glatz*, IStR 2016, 447 mit Verweis auf eine unveröffentlichte Nachricht der Europäischen Kommission v. 18.7.2012.

259 Vgl. *Hey*, FR 2017, 453.

260 S. zu den Tatbestandsmerkmalen einer staatlichen Beihilfe die Bekanntmachung der EU-Kommission zum Begriff der staatlichen Beihilfe v. 19.7.2016, ABL C 262/1; *Brandau/Neckenich/Reich/Reimer*, BB 2017, 1175 mit Ausführungen zum Beihilferecht und den Vorschriften des deutschen Steuerrechts als Gegenstand der beihilferechtlichen Problematik; ausführlich zum EU-Beihilfeverbot einschließlich einer Einschätzung bzgl. § 3a EStG, § 7b GewStG vgl. *Möhlenkamp*, ZIP 2018, 1907.

zu stellen.[261] Im Rahmen der vorläufigen Prüfung entscheidet die Kommission innerhalb von zwei Monaten nach Erhalt sämtlicher Informationen, ob das Vorhaben des Mitgliedsstaats keine Beihilfe darstellt oder ggf. als mit dem Binnenmarkt vereinbare Maßnahme erachtet wird. Bei positiver Bescheidung wird dies dem Mitgliedstaat per Beschluss mitgeteilt. Hat die Kommission hingegen Zweifel an der beihilferechtlichen Zulässigkeit der Maßnahme, eröffnet sie ein förmliches Prüfverfahren nach Maßgabe des Art. 108 Abs. 2 AEUV.[262]

Im Vorfeld zur Entscheidung der Europäischen Kommission kamen die überwiegenden Meinungen in der Literatur zu dem Ergebnis, dass es sich bei den Sanierungsregelungen nicht um eine staatliche Beihilfe i.S.v. Art. 107 Abs. 1 AEUV handele.[263] Letztendlich hatte die Europäische Kommission am 20.07.2018 in einem sog. Letter of Comfort[264] mitgeteilt, dass es sich zumindest bei § 3a EStG um eine sog. Altbeihilfe handele, die einen Bestandsschutz genieße, da sie seit dem Jahr 1934 ununterbrochen und damit schon vor Abschluss der Römischen Verträge im Jahr 1957 bestehe.[265] Der Literatur zufolge sei das Ergebnis gut zu vertreten, denn bei der Frage nach einem Bestandsschutz einer Regelung muss auf eine konstante Rechtstradition der Regelung abgestellt werden.[266] Im Hinblick auf die das Steuerrecht prägende Dynamik, sei ein Abstellen auf die Identität der Regelungsdetails, um einen Bestandsschutz zu begründen, lebensfremd.[267] Aus der Mitteilung der Entscheidung im Rahmen eines Comfort Letter[268] ergeben sich jedoch Probleme

---

261 Vgl. EU-Verfahrensordnung in Beihilfesachen v. 13.7.2015, 2015/1589, ABL L 248/9, Erwägungsgründe 5 f.

262 Vgl. EU-Verfahrensordnung in Beihilfesachen v. 13.7.2015, 2015/1589, ABL L 248/9, Art. 4.

263 Vgl. mit teilweise unterschiedlichen Begründungen u.a. *Förster/Hechtner*, DB 2019, 10 [12]; *Desens*, FR 2017, 981 [982]; *Förster*, FR 2017, 1002 [1005]; *Geerling/Hartmann*, DStR 2017, 752 [755 f.]; *Hey*, FR 2017, 453 [455 ff.].

264 Zur Rechtsnatur eines Letter of Comfort vgl. *Kanzler*, NWB 2019, 626 [628].

265 Vgl. *Kanzler*, FR 2018, 794 [795] mit Hinweis darauf, dass es wohl für die Europäische Kommission unerheblich war, dass § 11 Nr. 4 KStG a.F. bzw. § 3 Nr. 66 EStG a.F. nicht ununterbrochen Anwendung fanden, ebenso *Hechtner*, NWB 2018, 2536 [2537]; *Crezelius*, NZI 2018, 740 [741], der diese Auffassung für überzeugend hält. Zur Entwicklungsgeschichte der Sanierungsvorschriften, vgl. *Kahlert*, ZIP 2016, 2107 [2107 ff.].

266 Vgl. *Krumm*, in: Blümich, EStG-Kommentar, 2021, § 3a, Rn. 10; *Skauradszun*, ZIP 2018, 1901 [1906].

267 Vgl. *Krumm*, in: Blümich, EStG-Kommentar, 2021, § 3a, Rn. 10.

268 Ein Comfort Letter kann sinngemäß mit einer Prüfungsbestätigung verglichen werden. Vgl. *Kanzler*, in: K/K/B, EStG-Kommentar, 2021, § 3a, Rn. 14.

inhaltlicher und formeller Natur, die der Rechtssicherheit nicht dienlich waren und sind.[269] Zum einen hat sich die Europäische Kommission inhaltlich nicht dazu geäußert, ob es sich bei den notifizierten Sanierungsregelungen um staatliche Beihilfen handeln oder nicht. Lediglich die Tatsache, dass diese Regelung effektiv das normiert, was bereits praktiziert wurde, bevor der AEUV in Kraft getreten ist, führte zu dem Ergebnis, dass eine Notifizierungspflicht für diesen Fall nicht bestand.[270] Die formlose Beendigung des Notifizierungsverfahrens durch einen Comfort Letter hingegen hat zur Folge, dass sich nationale Gerichte grundsätzlich, beispielsweise basierend auf Konkurrentenklagen, an den Europäischen Gerichtshof (EuGH) wenden können, um eine beihilferechtliche Klärung anzustreben.[271] Dessen Ausgang ist jedoch mangels Stellungnahme der Europäischen Kommission, ob es sich bei der Regelung um eine staatliche Beihilfe handelt oder nicht, ungewiss. *Krumm* zufolge stehe aber nicht zu befürchten, dass bei Feststellung eines Beihilfecharakters durch den EuGH die Beihilfen gem. Art. 16 f. VO 2015/1589[272] für die vergangenen zehn Jahre zuzüglich Verzinsung durch die Kommission zurückgefordert werden könne.[273] Es sei Vertrauensschutz zu gewähren, wenn Vorgänge auf Grundlage des Comfort Letters vorgenommen wurden, denn die Kommission habe den Vertrauenstatbestand selbst gesetzt.[274] Zu Unsicherheiten führt dennoch der Umstand, dass der Comfort Letter unveröffentlicht bleibt, nicht in Bestandskraft erwachsen kann und keine Rechtswirkung gegenüber Dritten gewährt.[275]

---

269 Vgl. *Krumm*, in: Blümich, EStG-Kommentar, 2021, § 3a, Rn. 10.

270 Vgl. *Förster/Hechtner*, DB 2019, 10 [11]; *Hölzle*, ZIP 2020, 301 [303].

271 Vgl. *Kanzler*, in: K/K/B, EStG-Kommentar, 2021, § 3a, Rn. 9; *Krumm*, in: Blümich, EStG-Kommentar, 2021, § 3a, Rn. 10; *Seer*, in: Kirchhof/Seer, EStG-Kommentar, 2021, § 3a, Rn. 8; *Förster/Hechtner*, DB 2019, 10 [12]; *Kanzler*, NWB 2019, 626 [628]; *Rüberg*, NJW-Spezial, 207; *Möhlenkamp*, ZIP 2018, 1907 [1913].

272 Vgl. EU-Verfahrensordnung in Beihilfesachen v. 13.7.2015, 2015/1589, ABL L 248/9, Art. 16 f.

273 Vgl. *Krumm*, in: Blümich, EStG-Kommentar, 2021, § 3a, Rn. 10.

274 Vgl. *Krumm*, in: Blümich, EStG-Kommentar, 2021, § 3a, Rn. 10; so z.T. auch *Kanzler*, in: K/K/B, EStG-Kommentar, 2021, § 3a, Rn. 9; *Seer*, in: Kirchhof/Seer, EStG-Kommentar, 2021, § 3a, Rn. 8; *Förster/Hechtner*, DB 2019, 10 [12]; a.A. *Möhlenkamp*, ZIP 2018, 1907 [1914]; a.A. *Hallerbach*, in: H/H/R, EStG-Kommentar, 2021, § 3a, Rn. 6, wonach der Letter of Comfort kein geeigneter Rechtsakt ist, um Vertrauensschutz eines Steuerpflichtigen zu begründen und das Risiko einer Rückforderung bestehen bleibt.

275 Vgl. *Kanzler*, in: K/K/B, EStG-Kommentar, 2021, § 3a, Rn. 9; *Krumm*, in: Blümich, EStG-Kommentar, 2021, § 3a, Rn. 10; *Kanzler*, NWB 2019, 626 [628]; *Völkel*, DB 2018, 2080; kritisch auch *Uhländer*, DB 2018, 2788 [2789] dessen Kritik auch darauf

Er ist daher nicht anfechtbar nach Art. 263 Abs. 1 S. 1 AEUV.[276] Letztendlich genügte die Mitteilung ihrer beihilferechtliche Entscheidung durch die Europäischen Kommission per Letter of Comfort auch formell nicht, um die Sanierungsregelungen in Kraft zu setzen, denn dies bedurfte gem. Art. 6 Abs. 2 S. 1 RübStG einen „Beschluss" der Kommission.[277]

VI. Aktueller Stand

Nach langer thematischer Auseinandersetzung durch Gerichte und Finanzverwaltung und nachdem die Europäische Kommission schlussendlich, wenn auch auf unvorhersehbare Weise, die Unbedenklichkeit im Hinblick auf die Sanierungsregelungen festgestellt hatte, musste nunmehr der Gesetzgeber erneut tätig werden, um die im RübStG normierten Sanierungsregelungen in Kraft zu setzen. Der Gesetzgeber nutzte dafür das Gesetz zur Vermeidung von Umsatzsteuerausfällen beim Handel mit Waren im Internet und zur Änderung weiterer steuerlicher Vorschriften (Jahressteuergesetz (JStG 2018)) vom 11.12.2018.[278] Die einkommen-, körperschaft- und gewerbesteuerlichen Regelungen für die Steuerfreiheit von Sanierungserträgen sind inhaltlich unverändert geblieben. Gem. Art. 19 JStG 2018 wurde jedoch der Gesetzesvorbehalt nach Art. 6 Abs. 2 RübStG aufgehoben. Dabei stellte der Gesetzgeber ausdrücklich klar, dass die Regelungen rückwirkend ab dem 05.07.2017, also dem Tag nach Verkündung des RübStG, Anwendung finden. Ergänzt wurde § 52 Abs. 4a EStG durch einen weiteren Satz: Nunmehr gilt § 3a EStG nicht mehr nur für Fälle, in denen dem Steuerpflichtigen Schulden nach dem 08.02.2017 erlassen wurden (§ 52 Abs. 4a S. 1 EStG). Vielmehr kann auf Antrag des Steuerpflichtigen § 3a EStG auch anzuwenden sein, wenn ihm Schulden vor dem 09.02.2017 erlassen wurden

---

abzielt, dass die Nichtveröffentlichung des Comfort Letters in Bezug auf die Transparenz von Entscheidungsgründen einer Verwaltungsbehörde entgegensteht, was aus nationaler Sicht i.Z.m. Art. 19 Abs. 4 GG Voraussetzung für effektiven Rechtsschutz ist.

276 Vgl. *Kanzler*, in: K/K/B, EStG-Kommentar, 2021, § 3a, Rn. 9.

277 Vgl. *Böing*, in: L/B/P, EStG-Kommentar, 2021, § 3a, Rn. 6; *Kanzler*, NWB 2019, 626 [628 f.]; *Hallerbach*, in: H/H/R, EStG-Kommentar, 2021, § 3a, Rn. 2; *Hiller/Biebinger*, DStZ 2019, 65 [67].

278 Vgl. JStG 2018 v. 11.12.2018, BGBl. I 2018, 2338.

(Art. 2 Nr. 5 Buchst. b) JStG 2018). Aufgrund dieser Regelung, wonach die Anwendung der Sanierungsvorschriften auch bei Altfällen möglich ist, hatte zuletzt das FG Rheinland-Pfalz mit Urteil vom 30.03.2021 entschieden, dass eine Steuerbefreiung im Erlasswege nach § 227 AO in Altfällen nicht mehr in Betracht kommt.[279]

279 Vgl. FG Rheinland-Pfalz, Urt. v. 30.3.2021, 5 K 1689/20, BB 2021, 1381, Rn. 31.

D. Ertragsteuerliche Regelungen zur Steuerfreiheit von Sanierungserträgen

I. Steuerfreiheit von Sanierungserträgen nach § 3a EStG

1. Normzweck und Systematik der Regelung

Der Gesetzesbegründung zufolge ist Sinn und Zweck der Norm, auch im Steuerrecht die wirtschaftliche Leistungsfähigkeit eines sanierungsbedürftigen Unternehmens abzubilden und einem sanierungsbedürftigen Unternehmen Planungssicherheit zu bieten. Darüber hinaus soll der Zielkonflikt zwischen Besteuerungs- und Insolvenzverfahren gelöst werden und den wirtschaftlichen Interessen der Gläubiger am Weiterbestehen eines sanierungsbedürftigen Unternehmens Rechnung getragen werden.[280] Zusätzlich berücksichtigt die Steuerbefreiung die Bemühung auf Ebene der EU, die rechtlichen Rahmenbedingungen für notleidende Unternehmen zu verbessern, um so unnötige Liquidationen zu verhindern.[281]

Systematisch wird § 3a EStG den Steuerbefreiungstatbeständen zugeordnet, da die Vorschrift im Gegensatz zu den bisherigen Verwaltungsregelungen die Steuer nicht entstehen lässt.[282] Darüber hinaus handelt es sich um eine Sozialzweck- und Lenkungsnorm.[283] Folglich ist sie nicht einer engen Auslegung zugänglich; allerdings kann sie ebenso wenig auf andere nicht begünstigte Sanierungsmaßnahmen analog angewendet werden.[284] Zusätzlich gewährleistet die Steuerfreiheit von Sanierungserträgen eine (Nicht-)Besteuerung, die im Einklang mit dem verfassungsrechtlich gebotenen Leistungsfähigkeitsprinzip steht und das Übermaßverbot berücksichtigt.[285] § 3a EStG kann ebenso als

---

280 Vgl. BT-Drs. 18/12128 v. 26.4.2017, 31.

281 Vgl. BT-Drs. 18/12128 v. 26.4.2017, 31 mit Verweis Richtlinienvorschlag über präventiven Restrukturierungsrahmen v. 22.11.2016, COM(2016) 723 final.

282 Vgl. *Hallerbach*, in: H/H/R, EStG-Kommentar, 2021, § 3a, Rn. 4; *Hasbach*, DB 2019, 871 [872].

283 Vgl. *Kanzler*, in: K/K/B, EStG-Kommentar, 2021, § 3a, Rn. 2; *Seer*, in: Kirchhof/Seer, EStG-Kommentar, 2021, § 3a, Rn. 2 mit Verweis auf BFH, Beschl. v. 28.11.2016, GrS 1/15, BStBl. II 2017, 393, Rn. 116 ff.; *Hallerbach*, in: H/H/R, EStG-Kommentar, 2021, § 3a, Rn. 4.

284 Vgl. *Kanzler*, in: K/K/B, EStG-Kommentar, 2021, § 3a, Rn. 2.

285 Vgl. *Kanzler*, in: K/K/B, EStG-Kommentar, 2021, § 3a, Rn. 2.

Fiskalzwecknorm angesehen werden, der den Steuertatbestand nach § 2 Abs. 1 EStG als eigentumsschonende Besteuerung unter Beachtung des Übermaßverbots teleologisch reduziert.[286] In Einklang mit den Ausführungen in der Gesetzesbegründung sieht ebenso *Seer* die §§ 3a, 3c Abs. 4 EStG, § 7b GewStG als ein Regelungsregime, das die normative Regelungslücke zwischen Steuer- und Insolvenzrecht im Sinne eines Sanierungssteuerrechts schließt.[287]

2. Verfassungs- und Europarechtskonformität

§ 3a EStG ist unter dem verfassungsrechtlichen Gleichheitsgrundsatz nach Art. § 3 Abs. 1 GG rechtfertigungsbedürftig, da dieser eine Ungleichbehandlung von Buchgewinnen normiert, in dem sie nur solche Erträge steuerlich begünstigt, die einen Sanierungsertrag i.S.d. § 3a EStG darstellen.[288] Allerdings ist nach h.M. diese Ungleichbehandlung deshalb gerechtfertigt, weil die derzeitige Regelung zielgenau ausgestaltet und klar definiert ist sowie eine Härte vermeidende Zielsetzung verfolgt.[289] So muss der Schuldenerlass zum einen geeignet sein, um eine Sanierung durchzuführen und der Steuerpflichtige ist gleichzeitig verpflichtet, zunächst alle stille Lasten zu heben sowie Steuerminderungspotenziale auszuschöpfen, bevor der Fiskus eine Steuerbegünstigung gewährt.[290] Die Regelung entspricht darüber hinaus dem steuerlichen Leistungsfähigkeitsprinzip, der eine Besteuerung an die wirtschaftliche Leistungsfähigkeit des Steuerpflichtigen knüpft.[291] Es wird zugleich das Übermaßverbot eingehalten, welches im Falle einer Besteuerung von Sanierungserträgen verletzt wäre.[292] Da § 3a EStG in seiner Eigenschaft als Sozialzweck- oder Lenkungsnorm die Restrukturierung sanierungsbedürftiger Unternehmen fördert und damit gleichzeitig

---

286 Vgl. *Seer*, in: Kirchhof/Seer, EStG-Kommentar, 2021, § 3a, Rn. 2.

287 Vgl. *Seer*, in: Kirchhof/Seer, EStG-Kommentar, 2021, § 3a, Rn. 2.

288 Vgl. *Hallerbach*, in: H/H/R, EStG-Kommentar, 2021, § 3a, Rn. 5; *Krumm*, in: Blümich, EStG-Kommentar, 2021, § 3a, Rn. 9.

289 Vgl. *Hallerbach*, in: H/H/R, EStG-Kommentar, 2021, § 3a, Rn. 5; so z.T. auch *Krumm*, in: Blümich, EStG-Kommentar, 2021, § 3a, Rn. 9.

290 Vgl. *Krumm*, in: Blümich, EStG-Kommentar, 2021, § 3a, Rn. 9.

291 Vgl. *Kanzler*, in: K/K/B, EStG-Kommentar, 2021, § 3a, Rn. 11; a.A. *Skauradszun*, ZIP 2018, 1901 [1903] und *Skauradszun/Kwauka*, DStR 2020, 953 [955], wonach das System des § 3a EStG eine Durchbrechung des Leistungsfähigkeitsprinzips darstellt, denn Sanierungserträge erhöhen zunächst die Leistungsfähigkeit des Steuerpflichtigen. § 3a EStG gibt dem Steuerpflichtigen jedoch die Chance, seine Leistungs*un*fähigkeit nachzuweisen.

292 Vgl. *Kanzler*, in: K/K/B, EStG-Kommentar, 2021, § 3a, Rn. 2, 11.

arbeitsmarkt- und wirtschaftspolitische Ziele verfolgt, ist § 3a EStG sachlich gerechtfertigt.[293] Einen Verstoß gegen den verfassungsrechtlich normierten Gleichheitsgrundsatz ist auch nicht darin zu sehen, dass der Gesetzgeber zwischen steuerbegünstigten und nicht steuerlich begünstigten Sanierungsmaßnahmen unterscheidet. Zu den nicht privilegierten Sanierungsmaßnahmen gehören beispielsweise Zuschüsse, die durch die Gläubiger gewährt werden. Die sachliche Rechtfertigung dieser unterschiedlichen Behandlung liegt darin, dass beim Schuldenerlass im Gegensatz zum Gläubigerzuschuss dem Steuerpflichtigen keine liquiden Mittel zugeführt werden. Es handelt sich also um eine Ungleichbehandlung auf Grundlage sachlicher Gründe, die der Verfassungskonformität mithin nicht im Wege steht.[294] Ebenso wenig verhindert die Einschränkung auf bestimmte Tatbestände im Hinblick auf die unternehmerbezogene Sanierung eine verfassungsrechtliche Zulässigkeit. Die unternehmerbezogene Sanierung nach § 3a Abs. 5 EStG stellt eine Ausnahme im Kontext einer primär auf die unternehmensbezogene Sanierung ausgerichteten Regelung dar, die daher tatbestandlich eingeschränkt werden darf.[295] Schließlich verwehrt die Regelung auch keinen Erlass aus persönlichen Billigkeitsgründen nach Maßgabe des § 163 AO. Im Ergebnis werden § 3a EStG sowie die ergänzenden Regelungen als verfassungskonform angesehen.[296]

§ 3a EStG bestand von Beginn an unter Verdacht, nicht mit den europarechtlich normierten Beihilferegelungen (Art. 107 AEUV) im Einklang zu stehen.[297] Diskussionswürdig hierbei ist insbesondere die abstrakt-generelle Ebene der Selektivität der Steuerverschonung.[298] In der Literatur werden jedoch begründete Argumente aufgezeigt, warum es sich bei § 3a EStG nicht um eine europarechtswidrige Beihilfe handeln könnte.[299] Letztendlich entschieden ist ein möglicher Beihilfecharakter der Norm nicht. Wie bereits ausführlich dargestellt[300] hat die EU-Kommission lediglich den Bestandsschutz der Regelung

---

293 Vgl. *Kanzler*, in: K/K/B, EStG-Kommentar, 2021, § 3a, Rn. 11.

294 Vgl. *Kanzler*, in: K/K/B, EStG-Kommentar, 2021, § 3a, Rn. 11.

295 Vgl. *Kanzler*, in: K/K/B, EStG-Kommentar, 2021, § 3a, Rn. 12.

296 Vgl. *Kanzler*, in: K/K/B, EStG-Kommentar, 2021, § 3a, Rn. 12.

297 Vgl. *Krumm*, in: Blümich, EStG-Kommentar, 2021, § 3a, Rn. 10.

298 Vgl. *Krumm*, in: Blümich, EStG-Kommentar, 2021, § 3a, Rn. 10.

299 Vgl. *Krumm*, in: Blümich, EStG-Kommentar, 2021, § 3a, Rn. 10; zur Selektivität insbesondere mit teilweise unterschiedlichen Begründungen vgl. u.a. *Förster/Hechtner*, DB 2019, 10 [12]; *Desens*, FR 2017, 981 [982]; *Förster*, FR 2017, 1002 [1005]; *Geerling/Hartmann*, DStR 2017, 752 [755 f.]; *Hey*, FR 2017, 453 [455 ff.]; kritischer hierzu *Hallerbach*, in: H/H/R, EStG-Kommentar, 2021, § 3a, Rn. 6.

300 Vgl. hierzu Kapitel C. V. dieser Arbeit.

im Rahmen eines Comfort Letters bescheinigt. Das verhindert nicht, dass in der Zukunft ein möglicher Beihilfecharakter des § 3a EStG im Rahmen von Rechtsstreitigkeiten vom EuGH zu klären ist.[301]

3. Geltungsbereiche

a. Sachlicher Geltungsbereich

Die Steuerfreiheit von Sanierungserträgen nach § 3a EStG bezieht sich auf Betriebsvermögensmehrungen oder Betriebseinnahmen aus einem Schuldenerlass. Daraus lässt sich schließen, dass sich die Steuerbefreiung auf Gewinneinkünfte, konkret auf Einkünfte aus Land- und Forstwirtschaft (§§ 13ff. EStG), aus Gewerbebetrieb (§§ 15ff. EStG) und aus selbständiger Arbeit (§ 18 EStG), nicht auf Überschusseinkunftsarten, erstreckt und dabei unterschiedslos für jedes Unternehmen gilt.[302] Grundsätzlich ist die Regelung also für Personen- und Kapitalgesellschaften sowie Einzelunternehmungen gleichermaßen zugänglich. Eine analoge Anwendung der Regelung auf andere Einkunftsarten, z.B. Einkünfte aus nichtselbständiger Arbeit (§ 19 EStG), Einkünfte aus Kapitalvermögen (§ 20 EStG) oder aus Vermietung und Verpachtung (§ 21 EStG) ist nicht möglich[303], so dass in dem Fall nur Billigkeitsmaßnahmen nach Maßgabe der §§ 163, 227 AO in Betracht kommen.[304] Ob der Gewinn eines Unternehmens durch Betriebsvermögensvergleich (§§ 4 Abs. 1, 5 Abs. 1 EStG) oder im Wege der Einnahmenüberschussrechnung (§ 4 Abs. 3 EStG) ermittelt wird, ist für Zwecke des § 3a EStG grundsätzlich unerheblich.[305]

---

301 Vgl. *Kanzler*, in: K/K/B, EStG-Kommentar, 2021, § 3a, Rn. 9; *Krumm*, in: Blümich, EStG-Kommentar, 2021, § 3a, Rn. 10; *Seer*, in: Kirchhof/Seer, EStG-Kommentar, 2021, § 3a, Rn. 8; *Förster/Hechtner*, DB 2019, 10 [12]; *Kanzler*, NWB 2019, 626 [628].

302 Vgl. *Kanzler*, in: K/K/B, EStG-Kommentar, 2021, § 3a, Rn. 6, 8 mit kurzer Ausführung über die Gewinnermittlung nach EStG bei ausländischen Gewinnen, auf die auch § 3a EStG anwendbar sein kann; *Förster/Hechtner*, DB 2017, 1536 [1537]; *Krumm*, in: Blümich, EStG-Kommentar, 2021, § 3a, Rn. 13; *Seer*, in: Kirchhof/Seer, EStG-Kommentar, 2021, § 3a, Rn. 4; *Hallerbach*, in: H/H/R, EStG-Kommentar, 2021, § 3a, Rn. 7.

303 Damit ist § 3a EStG im Umkehrschluss beispielsweise nicht auf vermögensverwaltende Personengesellschaften anwendbar (BGB-Gesellschaft, Schein-KG).

304 Vgl. *Kanzler*, in: K/K/B, EStG-Kommentar, 2021, § 3a, Rn. 6;

305 Vgl. *Kanzler*, in: K/K/B, EStG-Kommentar, 2021, § 3a, Rn. 6; *Krumm*, in: Blümich, EStG-Kommentar, 2021, § 3a, Rn. 13.

b. Persönlicher Geltungsbereich

Vom persönlichen Geltungsbereich der Vorschrift umfasst sind sowohl natürliche Personen, die unbeschränkt einkommensteuerpflichtig sind (§ 1 Abs. 1 EStG), als auch unbeschränkt körperschaftsteuerpflichtige Personen in Verbindung mit § 8 Abs. 1 KStG.[306] Auch beschränkt steuerpflichtige natürliche Personen und Körperschaften (§ 1 Abs. 4 EStG, § 8 Abs. 1 KStG) können für ihre inländischen Gewinneinkünfte gem. § 49 Abs. 1 Nr. 1–3 EStG die Steuerbefreiung nach § 3a EStG in Anspruch nehmen.[307] Dies führt auch dazu, dass bei Gewinnermittlung einer inländischen Betriebsstätte Betriebsvermögensmehrungen oder Betriebseinnahmen steuerfrei sind, die durch Schuldenerlass von inländischen oder ausländischen Gläubigern entstehen, sofern der Schuldenerlass die weiteren Tatbestandsvoraussetzungen des § 3a EStG erfüllt.[308] Bei einer Mitunternehmerschaft findet die Regelung auf Ebene der Gesellschaft, als Einkunftserzielungssubjekt nach § 15 EStG Anwendung (§ 3a Abs. 4 EStG). § 3a Abs. 5 EStG, der die unternehmerbezogene Sanierung regelt, ist ausschließlich bei natürlichen Personen anwendbar.[309]

c. Zeitlicher Geltungsbereich

Der zeitliche Geltungsbereich sieht vor, dass § 3a EStG sowie die damit im Zusammenhang stehenden Nebenbestimmungen gem. § 52 Abs. 4a S. 1 EStG rückwirkend auf alle Fälle anzuwenden ist, in denen die Schulden ganz oder teilweise nach dem 08.02.2017 erlassen wurden. Das gilt jedoch nicht, wenn dem Steuerpflichtigen antragsgemäß Billigkeitsmaßnahmen aus Gründen des Vertrauensschutzes auf Grundlage von §§ 163 Abs. 1 und 2, 222, 227 AO zu gewähren sind (§ 52 Abs. 4a S. 2 EStG).[310] Gemäß § 52 Abs. 4a S. 3 EStG kann auf Antrag des Steuerpflichtigen § 3a EStG auch auf noch offene Fälle angewandt

306 Vgl. *Kanzler*, in: K/K/B, EStG-Kommentar, 2021, § 3a, Rn. 7; *Levedag*, in: Schmidt, EStG-Kommentar, 2021, § 3a, Rn. 4.

307 Vgl. *Kanzler*, in: K/K/B, EStG-Kommentar, 2021, § 3a, Rn. 6; *Krumm*, in: Blümich, EStG-Kommentar, 2021, § 3a, Rn. 13.

308 Vgl. *Kanzler*, in: K/K/B, EStG-Kommentar, 2021, § 3a, Rn. 7; *Hallerbach*, in: H/H/R, EStG-Kommentar, 2021, § 3a, Rn. 10.

309 Vgl. *Hallerbach*, in: H/H/R, EStG-Kommentar, 2021, § 3a, Rn. 8.

310 Vgl. *Kanzler*, in: K/K/B, EStG-Kommentar, 2021, § 3a, Rn. 10, kritische Äußerungen zum (früheren) Wahlrecht des Steuerpflichtigen zwischen Anwendung des § 3a EStG und der Regelung des Sanierungserlasses, vgl. *Kanzler*, in: K/K/B, EStG-Kommentar, 2019, § 3a, Rn. 10.

werden, wenn ihm die Schulden insgesamt vor dem 09.02.2017 erlassen wurden.[311] Die Antragstellung auf Anwendung des § 3a EStG, § 7b GewStG bei Altfällen wird im überwiegenden Teil der Literatur als ein rückwirkendes Ereignis i.S.v. § 175 Abs. 1 S. 1 Nr. 2 AO erachtet[312], da sie eine rechtsgestaltende Wirkung entfalten, die sich vollumfänglich auf die ertragsteuerliche Qualifikation der Sanierungserträge auswirkt.[313]

4. Tatbestandsvoraussetzungen

a. Sanierungsertrag durch Schuldenerlass

aa. Betriebsvermögensmehrungen und Betriebseinnahmen

§ 3a Abs. 1 S. 1 EStG erfordert zunächst eine Betriebsvermögensmehrung oder Betriebseinnahmen, die dem Unternehmen aus einem Schuldenerlass entsteht. Der Begriff der Betriebsvermögensmehrung zielt auf Erträge ab, die durch Betriebsvermögensvergleich nach §§ 4 Abs. 1, § 5 Abs. 1 EStG ermittelt werden, während sich der Begriff der Betriebseinnahmen auf die Gewinnermittlung nach § 4 Abs. 3 EStG bezieht.[314] Eine Betriebsvermögensmehrung entsteht durch den Wegfall einer Verbindlichkeit in der Steuerbilanz. Die reine Vermögenslosigkeit eines zu sanierenden Unternehmens reicht dabei nicht aus, um Verbindlichkeiten bei diesem auszubuchen und mithin eine (inner- oder außerbilanzielle) Betriebsvermögensmehrung auszuweisen.[315] Erst im Zeitpunkt, in dem das Unternehmen nicht mehr mit einer Inanspruchnahme durch den Gläubiger rechnen muss, kann die Verbindlichkeit ausgebucht werden.[316]

---

311 Vgl. *Förster/Hechtner*, DB 2019, 10 [11] mit dem Hinweis, dass bei teilweisem Schuldenerlass nach dem 8.2.2017 die Steuerbefreiung nach § 52 Abs. 4a S. 1–2 EStG erfolgt.

312 Vgl. *Hasbach*, DB 2019, 871 [874], *Eilers/Tiemann*, Ubg 2020, 190 [194] auch ausführlich zu der verfahrensrechtlichen Problematik bei „Altfällen“ vor dem Hintergrund des FG Münster v. 15.5.2019, 13 K 2520/16 AO, EFG 2019, 1401; *Krumm*, in: Blümich, EStG-Kommentar, 2021, § 3a, Rn. 4; *Seer*, in: Kirchhof/Seer, EStG-Kommentar, 2021, § 3a, Rn. 6a; a.A. *Förster/Hechtner*, DB 2019, 10 [12].

313 Vgl. *Hasbach*, DB 2019, 871 [874].

314 Vgl. *Desens*, FR 2017, 981 [983]; *Förster/Hechtner*, DB 2017, 1536 [1537].

315 Vgl. ständige Rspr. des BFH, Urt. v. 9.2.1993, VIII R 29/91, BStBl. II 1993, 747 [748], Urt. v. 6.4.2000, IV R 31/99, BStBl. II 2001, 536 unter 2. c. cc); Urt. v. 15.4.2015, I R 44/14, BStBl. II 2015, 769, Rn. 9; Urt. v. 28.9.2016, II R 64/14, BStBl. II 2017, 104, Rn. 17; *Levedag*, in: Schmidt, EStG-Kommentar, 2021, § 3a, Rn. 10.

316 Vgl. *Levedag*, in: Schmidt, EStG-Kommentar, 2021, § 3a, Rn. 10; *Seer*, in: Kirchhof/Seer, EStG-Kommentar, 2021, § 3a, Rn. 13.

Eine Betriebsvermögensmehrung oder Betriebseinnahme durch Ausbuchung einer Verbindlichkeit führt jedoch nur zu einer Steuerbegünstigung nach § 3a EStG, wenn es sich um einen Sanierungsertrag handelt.[317] Der Gesetzesbegründung zufolge definiert sich der Sanierungsertrag als „die betrieblich veranlasste Erhöhung des Betriebsvermögens, die dadurch entsteht, dass Schulden zum Zweck der Sanierung durch die vorhandenen Gläubiger (Gläubigerakkord) ganz oder teilweise erlassen werden“[318].

Ein Gewinn nach § 4 Abs. 1 EStG entsteht jedoch dann nicht, wenn eine zu erlassene Forderung werthaltig ist und der Forderungserlass mithin als eine verdeckte Einlage zu werten ist.[319] Soweit ein Mitunternehmer gegenüber der Mitunternehmerschaft auf seine Forderung verzichtet, entsteht auf Grundlage der allgemeinen Grundsätze zur korrespondierenden Bilanzierung keine Betriebsvermögensmehrung.[320] Vielmehr bringt der Mitunternehmer die Forderung erfolgsneutral nach Maßgabe des § 6 Abs. 5 S. 3 Nr. 2 EStG zum Buchwert aus dem Sonderbetriebsvermögen in das Gesamthandsvermögen ein.[321] Es entsteht entsprechend keine Betriebsvermögensmehrung auf Ebene der Mitunternehmerschaft.[322] Jedoch erhöhen sich entsprechend die Kapitalkonten der Mitunternehmer infolge der Überführung in das Gesamthandsvermögen der Gesellschaft.[323]

---

317 Vgl. *Levedag*, in: Schmidt, EStG-Kommentar, 2021, § 3a, Rn. 10.

318 BT-Drs. 18/12128 v. 26.4.2017, 31.

319 Vgl. *Hallerbach*, in: H/H/R, EStG-Kommentar, 2021, § 3a, Rn. 12 mit Verweis auf BFH, Beschl. v. 9.6.1997, GrS 1/94, BStBl. II 1998, 307.

320 Vgl. *Hallerbach*, in: H/H/R, EStG-Kommentar, 2021, § 3a, Rn. 12; *Levedag*, in: Schmidt, EStG-Kommentar, 2021, § 3a, Rn. 27; *Epler/Petersen*, Ubg 2019, 114 [115].

321 Vgl. *Hallerbach*, in: H/H/R, EStG-Kommentar, 2021, § 3a, Rn. 12; *Böing*, in: L/B/P, EStG-Kommentar, 2021, § 3a, Rn. 31; *Epler/Petersen*, Ubg 2019, 114 [115]; *Kölbl/Neumann*, Ubg 2018, 273 [278]; so auch *Erhardt/Zeller*, DStR 2012, 1636 mit Darstellung verschiedener Fallkonstellationen.

322 Vgl. *Hallerbach*, in: H/H/R, EStG-Kommentar, 2021, § 3a, Rn. 12; *Böing*, in: L/B/P, EStG-Kommentar, 2021, § 3a, Rn. 31.

323 Vgl. *Epler/Petersen*, Ubg 2019, 114 [115 f.] mit Verweis auf BFH, Urt. v. 21.10.1997, VIII R 20/96, BFH/NV 1998, 1073, Rn. 12. Würde der Schuldenerlass von anderen Gläubigern nicht das Kapitalkonto der Gesellschafter erhöhen, würde der Sanierungsertrag bei Veräußerung der Beteiligung zu einem späteren Zeitpunkt doch noch steuerpflichtig. Durch die Erhöhung des Buchwerts wird dem entgegengetreten, denn damit verringert sich der spätere Veräußerungsgewinn.

In der Praxis sind nur wenige Fälle denkbar, in denen § 3a EStG bei der Gewinnermittlung nach § 4 Abs. 3 EStG Einfluss hat.[324] Denn bei der Einnahmenüberschussrechnung beeinflussen Verbindlichkeiten i.S.v. Schuldenerlasse grundsätzlich nicht den Gewinn. Folglich kann ein Schuldenerlass in der Regel keine steuerlich wirksame Gewinnerhöhung auslösen.[325]

bb. Begriff des Schuldenerlasses i.S.v. § 3a EStG

Der Begriff des Schuldenerlasses i.S.v. § 3a EStG ist gesetzlich nicht definiert.[326] Ebenso wenig regelt das Gesetz abschließend, in welcher zivilrechtlichen Form ein Schuldenerlass erfolgen kann.[327] Der Gesetzesbegründung zufolge wird jedoch sowohl der Forderungsverzicht auf Grundlage eines zivilrechtlichen Erlassvertrags (§ 397 Abs. 1 Bürgerliches Gesetzbuch (BGB)), auf Grundlage eines negativen Schuldanerkenntnis (§ 397 Abs. 2 BGB) sowie der Forderungsverzicht im Rahmen eines Insolvenzplanverfahrens (§§ 217ff. InsO), sofern das Insolvenzplanverfahren nicht auf die Zerschlagung des Unternehmens gerichtet ist, dem Begriff des Schuldenerlasses i.S.v. § 3a EStG zugeordnet.[328] Der zivilrechtliche Erlassvertrag nach § 397 Abs. 1 BGB wird zwischen dem Schuldner und dem Gläubiger geschlossen und hat den Erlass einer Forderung zur Folge.[329] Die gleiche Rechtsfolge hat das negative Schuldanerkenntnis nach § 397 Abs. 2 BGB, nach dem der Schuldner ein bestehendes Schuldverhältnis im Rahmen des Vertrages als nicht bestehend anerkennt.[330] Der Forderungsverzicht im

324 Vgl. *Förster/Hechtner*, DB 2017, 1536 [1537]; *Desens*, FR 2017, 981 [983]; *Hallerbach*, in: H/H/R, EStG-Kommentar, 2021, § 3a, Rn. 12; *Seer*, in: Kirchhof/Seer, EStG-Kommentar, 2021, § 3a, Rn. 14 alle mit Verweis auf den Beispielsfall, in dem eine Verbindlichkeit wegfällt, deren Eingehung Anschaffungskosten ausgelöst hat, z.B. bei geringwertigen Wirtschaftsgütern; *Krumm*, in: Blümich, EStG-Kommentar, 2021, § 3a, Rn. 13 mit Verweis auf Sondergewinne nach § 13a Abs. 7 EStG als Beispielsfall; so auch *Kanzler*, in: K/K/B, EStG-Kommentar, 2021, § 3a, Rn. 55; *Uhländer*, DB 2017, 923 [930], auch ausführlich zur grds. Technik der Gewinnermittlung.

325 Vgl. *Förster/Hechtner*, DB 2017, 1536 [1537].

326 Vgl. *Kanzler*, in: K/K/B, EStG-Kommentar, 2021, § 3a, Rn. 65.

327 Vgl. *Böing*, in: L/B/P, EStG-Kommentar, 2021, § 3a, Rn. 13.

328 Vgl. BT-Drs. 18/12128 v. 26.4.2017, 31.

329 Vgl. *Blaas/Schwahn*, DB 2013, 2350 [2353]; *Briese*, DStR 2017, 799; *Kanzler*, in: K/K/B, EStG-Kommentar, 2021, § 3a, Rn. 66 mit dem Hinweis in Rn. 65, dass der Schuldenerlass begrifflich vom Gesetz erwähnt wird, da es um die Begünstigung des Unternehmens bzw. des Unternehmers handelt, es sich jedoch aus Sicht der Gläubiger um einen Forderungsverzicht handelt.

330 Vgl. *Kanzler*, in: K/K/B, EStG-Kommentar, 2021, § 3a, Rn. 66.

Rahmen eines Insolvenzplanverfahrens gem. § 217ff. InsO unterscheidet sich in Bezug auf den zivilrechtlichen Erlassvertrag nach § 397 Abs. 1 BGB dahingehend, dass die Forderung grundsätzlich nicht (aufgrund einer privatautonomen Vereinbarung) untergeht, sondern vielmehr die Gläubigerforderung im Rahmen des gestaltenden Teil des Insolvenzplanverfahrens nicht durchsetzbar wird.[331]

Grundsätzlich kann ein Schuldenerlass i.S.d. § 3a EStG nicht mit steuerlicher Rückwirkung erfolgen. Folglich kann ein Sanierungsgewinn also erst im Zeitpunkt des Vertragsabschlusses oder bei Eintritt einer vereinbarten aufschiebenden Bedingung i.S.d. § 158 Abs. 1 BGB entstehen.[332] Soll die Sanierung auf Grundlage verschiedener Maßnahmen gelingen, ist für jede Einzelmaßnahme gesondert zu prüfen, ob es sich um einen betrieblich veranlassten Schuldenerlass handelt und unter den weiteren Voraussetzungen des § 3a EStG steuerfrei gestellt werden kann.[333] Darüber hinaus sind Gegenstand eines Schuldenerlasses bestehende Verbindlichkeiten.[334] Der Erlass kann sich zwar auch auf zukünftige Forderungen beziehen; allerdings ist in dem Fall keine Verbindlichkeit bei dem Schuldner entstanden, die im Rahmen des § 3a EStG ausgebucht werden kann.[335] Die Rechtsprechung hat daher beispielsweise einen steuerbegünstigten Schuldenerlass verneint für den Fall, dass dem sanierungsbedürftigen Unternehmen der zukünftige Zinssatz ermäßigt wird.[336]

Neben einem unbedingten Schuldenerlass kommt auch ein Schuldenerlass gegen Besserungsabrede als Sanierungsinstrument in Betracht. Bei einem Schuldenerlass[337] gegen Besserungsabrede handelt es sich um eine vertragliche Vereinbarung zwischen Schuldner und Gläubiger, die einen Erlass der Schuld

331 Vgl. *Seer*, in: Kirchhof/Seer, EStG-Kommentar, 2021, § 3a, Rn. 29; *Beutel/Sistermann*, in: Lüdicke/Sistermann, UnternehmenStR, 2018, § 18, Rn. 10; *Sistermann/Beutel*, DStR 2017, 1065 [1066].

332 Vgl. *Kanzler*, in: K/K/B, EStG-Kommentar, 2021, § 3a, Rn. 67; *Hallerbach*, in: H/H/R, EStG-Kommentar, 2021, § 3a, Rn. 13.

333 Vgl. *Kanzler*, in: K/K/B, EStG-Kommentar, 2021, § 3a, Rn. 67.

334 Vgl. *Kanzler*, in: K/K/B, EStG-Kommentar, 2021, § 3a, Rn. 78.

335 Vgl. *Kanzler*, in: K/K/B, EStG-Kommentar, 2021, § 3a, Rn. 78.

336 Vgl. RFH, Urt. v. 21.12.1937, I 326/37, RFHE 43, 47, Leitsatz; BFH, Urt. v. 24.2.1994, IV R 71/92, BFH/NV 1995, 15, Rn. 13, m.w.N.

337 Der Gesetzgeber verwendet in § 3a Abs. 1 S. 1 EStG den Begriff Schuldenerlass bzw. in der Gesetzesbegründung den Begriff Forderungsverzicht. Während der Begriff des Schuldenerlasses die Perspektive des Schuldnerunternehmens indiziert, handelt es sich aus Gläubigersicht um einen Forderungsverzicht, vgl. *Kanzler*, in: K/K/B, EStG-Kommentar, 2021, § 3a, Rn. 65.

vorsieht verbunden mit der Bedingung, dass die Gläubigerforderung wiederaufleben soll, wenn es der Gesellschaft wirtschaftlich besser geht.[338] Auf Ebene des Schuldners ist die Verbindlichkeit mit Wirksamwerden des Erlassvertrages ertragswirksam auszubuchen.[339] Der aufschiebend bedingte Schuldenerlass führt für die Dauer der Krise zur Bildung von Eigenkapital und wandelt sich nach Eintritt der vereinbarten Bedingung wieder in Fremdkapital um.[340] Damit wird in der Krisenzeit die Passivseite des zu sanierenden Unternehmens entlastet und von einem steuerbegünstigten Schuldenerlass i.S.d. § 3a EStG ist auszugehen. Dafür spricht auch die Regelung des § 3c Abs. 4 EStG. Die Regelung normiert ein Abzugsverbot von Betriebsvermögensminderungen und Betriebsausgaben, die in einem unmittelbaren wirtschaftlichen Zusammenhang mit einem steuerfreien Sanierungsertrag nach § 3a EStG stehen (§ 3c Abs. 4 S. 1 EStG). In § 3c Abs. 4 S. 3 EStG wird klargestellt, dass es sich bei solchen Betriebsvermögensminderungen und Betriebsausgaben auch um Aufwendungen mit einem Besserungsschein handelt. Daraus folgt im Umkehrschluss, dass das Gesetz neben einem unbedingten Schuldenerlass auch einen Schuldenerlass gegen Besserungsabrede als eine von § 3a EStG begünstigungsfähigen Schuldenerlass erachtet.[341] Dies soll auch dann gelten, wenn vereinbart wird, dass die Schuld nur aus zukünftigen Gewinnen des zu sanierenden Unternehmens zu tilgen ist.[342]

In der Praxis wird sich zur Sanierung von Unternehmen jedoch einer Reihe weiterer Sanierungsinstrumente bedient, die die Gesetzesbegründung nicht aufzählt und daher zunächst ungewiss ist, ob sie einen steuerbegünstigten Schuldenerlass i.S.v. § 3a EStG darstellen. Dazu zählen beispielsweise Rangrücktrittserklärungen, Debt-Equity-Swap, Debt-Buy-Back, Schuldübernahme oder die Forderungsabtretungen gegenüber dem sanierungsbedürftigen Unternehmen. Unter einer streng zivilrechtlichen Auslegung kann zunächst argumentiert werden, dass diese Sanierungsinstrumente nicht unter das Konzept des Schuldenerlasses fallen.[343] Allerdings ist dem Sinn und Zweck der Regelung

338 Vgl. *Pöschke*, NZG 2017, 1408.

339 Vgl. *Pöschke*, NZG 2017, 1408 [1410].

340 Vgl. *Kanzler*, in: K/K/B, EStG-Kommentar, 2021, § 3a, Rn. 80.

341 So i. Erg. auch *Krumm*, in: Blümich, EStG-Kommentar, 2021, § 3a, Rn. 20; *Hallerbach*, in: H/H/R, EStG-Kommentar, 2021, § 3a, Rn. 13; *Kanzler*, in: K/K/B, EStG-Kommentar, 2021, § 3a, Rn. 80; *Levedag*, in: Schmidt, EStG-Kommentar, 2021, § 3a, § 3a, Rn. 13; *Seer*, in: Kirchhof/Seer, EStG-Kommentar, 2021, § 3a, Rn. 29; *Böing*, in: L/B/P, EStG-Kommentar, 2021, § 3a, Rn. 14.

342 Vgl. *Kanzler*, in: K/K/B, EStG-Kommentar, 2021, § 3a, Rn. 80.

343 Vgl. *Krumm*, in: Blümich, EStG-Kommentar, 2021, § 3a, Rn. 20.

des § 3a EStG zufolge davon auszugehen, dass der Gesetzgeber eine bilanzsteuerrechtliche Betrachtungsweise beabsichtigte: Von entscheidender Bedeutung für das Vorliegen eines Schuldenerlasses ist, dass es zu einer Entlastung der Passivseite kommt, so dass sich die wirtschaftliche Belastung des betreffenden Unternehmens ertragswirksam reduziert.[344] Dies soll unabhängig davon gelten, ob der Gläubiger auch selbst ein Vermögensopfer erbracht hat.[345] Somit kann auch eine Rangrücktrittserklärung steuerbegünstigt sein, sofern dieser zu einer Nichtpassivierung der Verbindlichkeit führt.[346] Grundsätzlich ist der Rangrücktritt ein Sanierungsinstrument, welches die Insolvenzantragspflicht eines Schuldners aufgrund von Überschuldung nach § 19 InsO verhindert, da die im Rang zurückgetretene Verbindlichkeit auf Ebene der Schuldnergesellschaft nicht mehr in der insolvenzrechtlichen Überschuldungsbilanz zu berücksichtigen ist.[347] Inhaltlich handelt es sich bei einem Rangrücktritt um eine Abrede zwischen Gläubiger und Schuldner, in dem der Gläubiger zustimmt, in Bezug auf seine Forderung im Rang hinter allen in §§ 38, 39 Abs. 1 Nr. 1–5 InsO bezeichneten Forderungen zurückzutreten.[348] In diesem Fall bleibt die Verbindlichkeit auf Ebene des Schuldners handels- und steuerbilanziell bestehen, da sich durch den (nicht spezifizierten) Rangrücktritt nur die Rangfolge der Tilgung geändert hat, nicht jedoch der Bestand der Forderung.[349] Es entsteht also kein Gewinn. Vereinbaren die Parteien hingegen, dass die Verbindlichkeit nur aus zukünftigen Gewinnen, Einnahmen oder einem etwaigen Liquidationsüberschuss zurückzuzahlen ist, sog. spezifizierter Rangrücktritt, ist die Verbindlichkeit gewinnerhöhend aus der Steuerbilanz auszubuchen, denn dann unterliegt die Verbindlichkeit dem Passivierungsverbot nach § 5 Abs. 2a EStG.[350] Darin kann ein steuerbegünstigter Schuldenerlass i.S.v. § 3a EStG

---

344 Vgl. *Krumm*, in: Blümich, EStG-Kommentar, 2021, § 3a, Rn. 20; so auch *Hallerbach*, in: H/H/R, EStG-Kommentar, 2021, § 3a, Rn. 13; *Seer*, in: Kirchhof/Seer, EStG-Kommentar, 2021, § 3a, Rn. 29; *Hölzle*, ZIP 2020, 303 [307].

345 Vgl. *Hallerbach*, in: H/H/R, EStG-Kommentar, 2021, § 3a, Rn. 13; *Hölzle*, ZIP 2020, 303 [307]; a.A. *Kahlert/Schmidt*, DStR 2017, 1897 [1899 f.].

346 Vgl. *Hallerbach*, in: H/H/R, EStG-Kommentar, 2021, § 3a, Rn. 13; *Krumm*, in: Blümich, EStG-Kommentar, 2021, § 3a, Rn. 20; *Böing*, in: L/B/P, EStG-Kommentar, 2021, § 3a, Rn. 14; *Förster/Hechtner*, DB 2017, 1536 [1538].

347 Vgl. *Blaas/Schwahn*, DB 2013, 2350 [2352].

348 Vgl. *Blaas/Schwahn*, DB 2013, 2350 [2352].

349 Vgl. *Blaas/Schwahn*, DB 2013, 2350 [2352]; *Briese*, DStR 2017, 799 [802].

350 Vgl. BFH, Urt. v. 15.4.2015, I R 44/14, BStBl. II 2015, 769, Rn. 9; Urt. v. 10.8.2016, I R 25/15, BStBl. II 2017, 670, Rn. 13; *Levedag*, in: Schmidt, EStG-Kommentar, 2021, § 3a, Rn. 15; *Seer*, in: Kirchhof/Seer, EStG-Kommentar, 2021, § 3a, Rn. 30; *Rätke*,

gesehen werden.[351] Bei Erklärung eines Rangrücktritts beabsichtigt der Gläubiger zwar gerade nicht den endgültigen Schuldenerlass, auch wenn dies in der Praxis oft die Folge ist. Vielmehr hält er im Grundsatz an seiner Forderung fest.[352] Da der Gesetzgeber aber in Verbindung mit dem Sanierungsaufwandsabzugsverbot nach § 3c Abs. 4 EStG auch Zahlungen des betroffenen Unternehmens auf Besserungsscheine explizit als nichtabzugsfähig regelt (vgl. § 3c Abs. 4 S. 3 EStG), kann im Umkehrschluss argumentiert werden, dass es auf eine Vorläufigkeit des Schuldenerlasses nicht ankommen kann. Wird auf die wirtschaftliche Betrachtungsweise abgestellt, tritt die zivilrechtliche Konstruktion in den Hintergrund.[353] Wenn das für den Schuldenerlass gegen Besserungsschein gilt, muss es korrespondierend dazu auch für den Rangrücktritt gelten.[354]

Bei einer Sanierung kann auch das Instrument eines Debt-Equity-Swaps in Betracht gezogen werden. Bei einem Debt-Equity-Swap handelt es sich um die Umwandlung einer Forderung in eine Beteiligung des Gläubigers an dem Schuldner, also die Umwandlung von Fremd- in Eigenkapital.[355] Relativ leicht lässt sich ein Debt-Equity-Swap in der Praxis gestalten, wenn es sich bei der Verbindlichkeit um ein Gesellschafterdarlehen handelt, das dann in eine Kapitalrücklage verwandelt wird.[356] Der Debt-Equity-Swap ist aber auch dergestalt möglich, dass ein ehemaliger Gläubiger einer Gesellschaft erst dadurch zum

---

StuB 2019, 27 [31]; *Blaas/Schwahn,* DB 2013, 2350 [2353] mit dem Hinweis, dass im Zusammenhang mit der vorinsolvenzlichen Rückzahlungsbeschränkung auf den Zusatz „und aus sonstigem freiem Vermögen" geachtet werden soll, um das Passivierungsverbot des § 5 Abs. 2a EStG tatbestandlich auszuschließen.

351 Vgl. *Levedag*, in: Schmidt, EStG-Kommentar, 2021, § 3a, Rn. 15; *Kanzler*, in: K/K/B, EStG-Kommentar, 2021, § 3a, Rn. 84; *Seer*, in: Kirchhof/Seer, EStG-Kommentar, 2021, § 3a, Rn. 30; *Förster/Hechtner*, DB 2017, 1536 [1538].

352 Vgl. *Krumm*, in: Blümich, EStG-Kommentar, 2021, § 3a, Rn. 20.

353 Vgl. *Krumm*, in: Blümich, EStG-Kommentar, 2021, § 3a, Rn. 20; *Hallerbach*, in: H/H/R, EStG-Kommentar, 2021, § 3a, Rn. 13.

354 Vgl. *Krumm*, in: Blümich, EStG-Kommentar, 2021, § 3a, Rn. 20; *Seer*, in: Kirchhof/Seer, EStG-Kommentar, 2021, § 3a, Rn. 30.

355 Vgl. *Krumm*, in: Blümich, EStG-Kommentar, 2021, § 5 EStG, Rn. 957f; *Buth/Hermanns*, in: Buth/Hermanns, Restrukturierung, Sanierung, Insolvenz, 2014, § 35, Rn. 127; *Mückl*, FR 2009, 497; *Andres*, in: Andres/Leithaus/Dahl, Insolvenzordnung, 2018, § 225a InsO, Rn. 4; *Eidenmüller*, in: MüKo InsO, 2020, § 225a InsO, Rn. 29; *Blaas/Schwahn,* DB 2013, 2412.

356 Vgl. *Rohde*, in: Beck'sches StB-Hdb., 2019, Kapitel W, Rn. 126.

Anteilsinhaber wird.[357] Der Schuldenbeteiligungstausch kann grundsätzlich durch Sachkapitalerhöhung, Einlage in die Kapitalrücklage oder durch einen Share Deal erfolgen.[358] Bei dem Share Deal werden bereits bestehende Gesellschaftsanteile auf den Forderungsgläubiger übertragen, der dann im Gegenzug auf die Forderung im Rahmen eines Erlassvertrages verzichtet.[359] Im Regelfall wird die Sachkapitalerhöhung gewählt, bei der zunächst eine vereinfachte Kapitalherabsetzung des Krisenunternehmens, gem. §§ 222ff. AktG bzw. § 58 Gesetz betreffend die Gesellschaften mit beschränkter Haftung (GmbHG) vollzogen wird.[360] Im Anschluss an die Kapitalherabsetzung wird das Gesellschaftskapital gegen Sacheinlage der Forderung des Gläubigers erhöht, wobei das Bezugsrecht der Altgesellschafter ausgeschlossen wird.[361] Die Sacheinlage, die nur in Höhe der werthaltigen Forderung möglich ist, erbringt der Gläubiger im Rahmen einer Forderungsabtretung gem. § 398 BGB oder durch einen Erlassvertrag nach § 397 Abs. 1 BGB.[362] Die Gewährung von Gesellschaftsrechten durch Einlage einer Forderung führt zu einem tauschähnlichen Vorgang.[363] Erfolgt die Einlage der Forderung durch Abtretung nach § 398 BGB, erlischt die Verbindlichkeit auf Ebene des Unternehmens durch Konfusion.[364] Ob der Debt-Equity-Swap erfolgsneutral vonstattengehen kann, hängt davon ab, ob sich die

---

357 Vgl. *Beisel*, in: Beisel/Klumpp, Unternehmenskauf, 2016, § 5, Rn. 10; *Buth/Hermanns*, in: Buth/Hermanns, Restrukturierung, Sanierung, Insolvenz, 2014, § 35, Rn. 127.

358 Vgl. *Redaktion*, in: Blersch/Goetsch/Haas, InsO-Kommentar, 2021, § 225a, Rn. 3; *Braun/Frank*, in: Braun, InsO-Kommentar, 2020, § 225a, Rn. 6.

359 Vgl. *Braun/Frank*, in: Braun, InsO-Kommentar, 2020, § 225a, Rn. 8.

360 Vgl. *Beisel*, in: Beisel/Klumpp, Unternehmenskauf, 2016, § 5, Rn. 11 m.w.N. und Ausführungen zu den gesellschaftsrechtlichen Anforderungen; ebenso *Mückl*, FR 2009, 497 [498]; *Andres*, in: Andres/Leithaus/Dahl, Insolvenzordnung, 2018, § 225a InsO, Rn. 5; *Braun/Frank*, in: Braun, InsO-Kommentar, 2020, § 225a, Rn. 7.

361 Vgl. *Krumm*, in: Blümich, EStG-Kommentar, 2021, § 5 EStG, Rn. 957f; *Beisel*, in: Beisel/Klumpp, Unternehmenskauf, 2016, § 5, Rn. 11 m.w.N. und Ausführungen zu den gesellschaftsrechtlichen Anforderungen; ebenso *Mückl*, FR 2009, 497 [498].

362 Vgl. *Beisel*, in: Beisel/Klumpp, Unternehmenskauf, 2016, § 5, Rn. 11; *Mückl*, FR 2009, 497 [497 f.]; *Redaktion*, in: Blersch/Goetsch/Haas, InsO-Kommentar, 2021, § 225a, Rn. 4, 9; *Braun/Frank*, in: Braun, InsO-Kommentar, 2020, § 225a, Rn. 7.

363 Vgl. *Buth/Hermanns*, in: Buth/Hermanns, Restrukturierung, Sanierung, Insolvenz, 2014, § 35, Rn. 128; *Mückl*, FR 2009, 497 [500].

364 Vgl. *Krumm*, in: Blümich, EStG-Kommentar, 2021, § 5 EStG, Rn. 957f; *Redaktion*, in: Blersch/Goetsch/Haas, InsO-Kommentar, 2021, § 225a, Rn. 4; *Braun/Frank*, in: Braun, InsO-Kommentar, 2020, § 225a, Rn. 7.

Verbindlichkeit auf Ebene der Gesellschaft und der gemeine Wert der Gläubigerforderung der Höhe nach entsprechen.[365] Ist die Gläubigerforderung voll werthaltig, handelt es sich bei dem Debt-Equity-Swap um einen erfolgsneutralen Passivtausch: Die Erhöhung des Eigenkapitals entspricht der weggefallenen Verbindlichkeit.[366] Dies ist bei einem Krisenunternehmen jedoch regelmäßig nicht der Fall. In der Regel übersteigt der Nominalwert der Verbindlichkeit den Teilwert der eingebrachten Forderung, so dass auf Schuldnerebene zunächst ein Ertrag entsteht, der aber gegebenenfalls ein begünstigter Schuldenerlass i.S.v. § 3a EStG darstellen kann.[367] Die Umwandlung einer Gläubigerforderung in Eigenkapital stellt zwar streng genommen keinen Schuldenerlass dar, jedoch kann sich auf Ebene des zu sanierenden Unternehmens ein Gewinn ergeben, wenn die Forderung nicht mehr werthaltig war oder sie unter ihrem Nennwert angesetzt wird.

Bei einem Debt-Equity-Swap, ebenso wie bei allen anderen Sanierungsmaßnahmen, die aufgrund einer Vereinigung von Forderung und Schuld in einer Person das Erlöschen der Verbindlichkeit durch Konfusion auslösen, ist zu beachten, dass diverse Quellen vorhanden sind, die Anlass zur Frage geben, ob Konfusionsgewinne steuerbegünstigt i.S.v. § 3a EStG, § 7b GewStG sein können. So hat sich der Bundesrat in seiner Stellungnahme zu § 3a EStG in der Entwurfsfassung zum Gesetz gegen schädliche Steuerpraktiken im Zusammenhang mit Rechteüberlassung dahingehend geäußert, dass Konfusionsgewinne keine Sanierungsgewinne darstellen.[368] Der Bundesrat verweist an dieser Stelle auf ein Urteil des BFH aus dem Jahr 1987[369], in dem geurteilt wurde, dass allein der Erlass steuerlich begünstigt ist. Sei das Schuldverhältnis aufgrund einer Vereinigung von Forderung und Schuld in einer Person erloschen – in

365 Vgl. *Buth/Hermanns*, in: Buth/Hermanns, Restrukturierung, Sanierung, Insolvenz, 2014, § 35, Rn. 128; *Mückl*, FR 2009, 497 [500]; Dies impliziert bereits, dass die Forderung z.B. im Rahmen eines Gutachtens bewertet werden muss. Ob dies mit Liquidations- oder Fortführungswert des Unternehmens geschieht, ist wohl einzelfallabhängig, vgl. diesbezüglich *Eidenmüller*, in: MüKo InsO, 2020, § 225a InsO, Rn. 51 ff.

366 Vgl. *Buth/Hermanns*, in: Buth/Hermanns, Restrukturierung, Sanierung, Insolvenz, 2014, § 35, Rn. 128; *Mückl*, FR 2009, 497 [500].

367 Vgl. *Krumm*, in: Blümich, EStG-Kommentar, 2021, § 3a EStG, Rn. 20; *Buth/Hermanns*, in: Buth/Hermanns, Restrukturierung, Sanierung, Insolvenz, 2014, § 35, Rn. 129; *Mückl*, FR 2009, 497 [500]; bejahend *Sistermann/Beutel*, DStR 2017, 1065 [1066].

368 Vgl. BR-Drs. 59/17 v. 10.3.2017, 15.

369 Vgl. BFH, Urt. v. 14.10.1987, I R 381/83, BFH/NV 1989, 141, zu § 3 Nr. 66 EStG a.F.

dem Urteilsfall zugrundeliegenden Sachverhalt durch Übernahme einer Verbindlichkeit – handele es sich nicht um einen begünstigten Schuldenerlass, obwohl das Gericht gleichzeitig festgestellte, dass durch die Schuldübernahme wirtschaftlich dasselbe Ergebnis erreicht wurde wie durch einen Schuldenerlass.[370] Die Oberfinanzdirektion (OFD) Niedersachsen vertrat in ihrer Verfügung aus dem Jahr 2016 und damit in Bezug auf den sog. Sanierungserlass ebenfalls die Auffassung, dass „Konfusionsgewinne [...] nach wie vor nicht als begünstigte Sanierungsgewinne anzusehen [sind]“[371]. Die Gesetzesbegründung des Bundestags hat hingegen Konfusionsgewinne nicht mehr explizit vom Anwendungsbereich des § 3a EStG ausgeschlossen.[372]

Die Literatur vertritt überwiegend die Meinung, dass die zivilrechtliche Konstruktion, die das Erlöschen einer Forderung durch Konfusion zur Folge hat, hinter dem wirtschaftlichen Ergebnis eines (teilweisen) Forderungsverzichts zurückzutreten hat.[373] Es wird also überwiegend nicht nach der technischen Umsetzung differenziert.[374] Auch die OFD Frankfurt hat in ihrer Verfügung vom 24.01.2018 in Bezug auf den sog. Sanierungserlass dahingehend Stellung genommen, dass ein Gewinn aus einer Debt-Equity-Gestaltung steuerbegünstigt sein soll.[375] Gleichwohl ist es wohl anzuraten, den Debt-Equity-Swap durch Forderungsverzicht und nicht durch Forderungseinbringung zu gestalten. Denn zumindest dann, wenn der Gläubiger Gesellschaftsanteile im Austausch zu seiner Forderung erhält und in seiner Eigenschaft als Neugesellschafter die Forderung erlässt, soll ein Schuldenerlass i.S.v. § 3a EStG angenommen werden.[376] Wenn die Forderung durch den Neugesellschafter nicht erlassen, sondern eingebracht wird, könnte *Levedag* zufolge das Risiko bestehen, dass die Finanzverwaltung an ihrer Haltung festhält, nach der „Konfusionsgewinne [...]

---

370 Vgl. BFH, Urt. v. 14.10.1987, I R 381/83, BFH/NV 1989, 141 zu § 3 Nr. 66 EStG a.F., Rn. 25 f.

371 OFD Niedersachsen, Verfügung v. 25.4.2016. DStR 2016, 2111 unter 2.2.

372 Vgl. BT-Drs. 18/12128 v. 26.4.2017, 31.

373 Z.B. in Bezug auf Forderungsabtretungen: *Hallerbach*, in: H/H/R, EStG-Kommentar, 2021, § 3a, Rn. 13; *Eilers/Tiemann*, Ubg 2020, 190 [191]; *Sistermann/Beutel*, DStR 2017, 1065 [1066]; *Eilers/Schwahn*, Sanierungs-Steuerrecht, 2020, Rn. 2.41; *Sommer*, in: Frotscher/Geurts, EStG-Kommentar, 2021, § 3a, Rn. 35.

374 Vgl. *Levedag*, in: Schmidt, EStG-Kommentar, 2021, § 3a, Rn. 16; *Kahlert/Schmidt*, DStR 2017, 1897 [1899], *Förster/Hechtner*, DB 2017, 1536 [1538], *Desens*, FR 2017, 981 [983]; *Sistermann/Beutel*, DStR 2017, 1065 [1066]; *Hölzle*, ZIP 2020, 303 [308].

375 Vgl. OFD Frankfurt, Verfügung v. 24.1.2018, BeckVerw 353177, unter der Überschrift „Gewinne aus Dept-to-Equity-Swap-Gestaltungen“ [sic!].

376 Vgl. *Levedag*, in: Schmidt, EStG-Kommentar, 2021, § 3a, Rn. 16.

nach wie vor nicht als begünstigte Sanierungsgewinne anzusehen [seien]"[377].[378] Unabhängig von der Frage der Steuerfreiheit des Debt-Equity-Swaps nach § 3a EStG ist zu beachten, dass Verlust- und Zinsvorträge aufgrund des Gesellschafterwechsels untergehen können (§§ 8c, Abs. 1, 8a Abs. 1 S. 3 KStG).[379]

Die soeben dargestellte Problematik des Konfusionsgewinns gilt auch für einen Schuldenrückkauf. Bei einem Debt-Buy-Back kauft der Schuldner dem Gläubiger dessen Forderung gegenüber dem sanierungsbedürftigen Unternehmen unterhalb des Nennwerts ab.[380] Die Verbindlichkeit auf Ebene des sanierungsbedürftigen Unternehmens erlischt im Wege der Konfusion. Die Differenz zwischen dem passiviertem Wert der Verbindlichkeit und dem Kaufpreis lässt einen Ertrag entstehen, der zu einem teilweisen Verzicht des Gläubigers führt und daher unter den weiteren Voraussetzungen des § 3a ESG steuerfrei sein kann.[381] Allerdings ist auch hier die ablehnende Haltung der Finanzverwaltung betreffend die steuerliche Begünstigung von Konfusionsgewinnen zu beachten.[382] Der BFH hat zwar einen daraus resultierenden steuerbegünstigten Sanierungsgewinn in einem Fall versagt, in dem ein Gewinn aufgrund eines Betriebsübergangs auf den Gläubiger entstand.[383] Wird jedoch ausschließlich eine Forderung ohne weiteren Vermögens übertragen, so sollte dieser Vorgang vom Begriff des Schuldenerlasses i.S.v. § 3a Abs. 1 EStG umfasst sein.[384] Ebenso

377 OFD Niedersachsen, Verfügung v. 25.4.2016, DStR 2016, 2111 unter 2.2.

378 Vgl. *Levedag*, in: Schmidt, EStG-Kommentar, 2021, § 3a, Rn. 16.

379 Vgl. *Blaas/Schwahn*, DB 2013, 2412 [2413]; *Hierstetter*, DStR 2010, 882 [884].

380 Vgl. *Seer*, in: Kirchhof/Seer, EStG-Kommentar, 2021, § 3a, Rn. 29; *Levedag*, in: Schmidt, EStG-Kommentar, 2021, § 3a, Rn. 13; *Blaas/Schwahn*, DB 2013, 2412 [2413] auch eingehend zu der unterschiedlichen Behandlung von einem Debt-Buy-Back durch die Schuldnergesellschaft selbst oder durch ein verbundenes Unternehmen der Schuldnergesellschaft, bspw. Mutter- oder Tochtergesellschaft.

381 Vgl. *Kanzler*, in: K/K/B, EStG-Kommentar, 2021, § 3a, Rn. 82; *Seer*, in: Kirchhof/Seer, EStG-Kommentar, 2021, § 3a, Rn. 29; *Levedag*, in: Schmidt, EStG-Kommentar, 2021, § 3a, Rn. 13.

382 Vgl. *Levedag*, in: Schmidt, EStG-Kommentar, 2021, § 3a, Rn. 13 mit Verweis auf OFD Niedersachsen, Verfügung v. 25.4.2016, DStR 2016, 2111 unter 2.2.

383 Vgl. *Sistermann/Beutel*, DStR 2017, 1065 [1066] mit Verweis auf BFH, Urt. v. 14.10.1987, I R 381/83, BFH/NV 1989, 141.

384 Vgl. *Levedag*, in: Schmidt, EStG-Kommentar, 2021, § 3a, Rn. 13, der den Debt-Buy-Back als unstreitigen Fall des Schuldenerlasses sieht; *Böing*, in: L/B/P, EStG-Kommentar, 2021, § 3a, Rn. 14 mit Verweis auf die Einschränkung nach *Sistermann/Beutel*, DStR 2017, 1065 [1066]; *Krumm*, in: Blümich, EStG-Kommentar, 2021, § 3a, Rn. 20.

kann argumentiert werden, dass bei einem Forderungsverkauf unter Nennwert von einem impliziten Verzicht des Gläubigers ausgegangen werden kann.[385]

Hat das sanierungsbedürftige Unternehmen in seiner Bilanz Rückstellungen für zukünftige Verpflichtungen gebildet und sind ihm die künftigen Verbindlichkeiten erlassen worden, so wird auch dieser Fall als ein Schuldenerlass i.S.d. § 3a EStG angesehen.[386] Gleiches gilt für öffentlich-rechtliche Verbindlichkeiten, die regelmäßig durch Verwaltungsakt erlassen werden und in einem Sanierungsertrag resultieren können.[387] Gläubiger haben über die bereits genannten Maßnahmen hinaus weitere Möglichkeiten, zu der Sanierung eines Unternehmens beizutragen. Diese Sanierungsbeiträge können im Rahmen eines Sanierungsplans vereinbart worden sein und zukünftig zu Betriebsvermögensmehrungen oder -einnahmen beim Schuldner führen.[388] Das bedeutet jedoch nicht zwangsläufig, dass alle diese Sanierungsmaßnahmen – unter Erfüllung der weiteren Voraussetzungen – von der Steuerfreiheit von Sanierungserträgen nach § 3a EStG begünstigt sind. Die Regelung des § 3a EStG fordert den Schuldenerlass bestehender Verbindlichkeiten des Unternehmens, so dass die Regelung nicht auf weitere Sanierungsmaßnahmen ausgedehnt werden kann.[389] Daher gehören zu den nicht begünstigten Sanierungsmaßnahmen generell (verdeckte) Zuschüsse, die dem Schuldner gewährt werden, da sie eben keinen Schuldenerlass i.S.d. § 3a EStG darstellen.[390] Das trifft zu auf Preiserhöhungen, die der Gläubiger dem Schuldner zugesteht[391], Einkaufspreisminderungen[392], Barzuschüsse[393], die unentgeltliche Lieferung von Waren an den

---

385 Vgl. *Sommer*, in: Frotscher/Geurts, EStG-Kommentar, 2021, § 3a, Rn. 35.

386 Vgl. *Kanzler*, in: K/K/B, EStG-Kommentar, 2021, § 3a, Rn. 79; *Förster/Hechtner*, DB 2017, 1536 [1537]; *Sommer*, in: Frotscher/Geurts, EStG-Kommentar, 2021, § 3a, Rn. 35.

387 Vgl. *Kanzler*, in: K/K/B, EStG-Kommentar, 2021, § 3a, Rn. 66, 81; *Hölzle*, ZIP 2020, 303 [307].

388 Vgl. *Kanzler*, in: K/K/B, EStG-Kommentar, 2021, § 3a, Rn. 78.

389 Vgl. *Kanzler*, in: K/K/B, EStG-Kommentar, 2021, § 3a, Rn. 83.

390 Vgl. *Kanzler*, in: K/K/B, EStG-Kommentar, 2021, § 3a, Rn. 85.

391 Vgl. *Levedag*, in: Schmidt, EStG-Kommentar, 2021, § 3a, Rn. 14; *Böing*, in: L/B/P, EStG-Kommentar, 2021, § 3a, Rn. 15; *Kanzler*, in: K/K/B, EStG-Kommentar, 2021, § 3a, Rn. 85; *Förster/Hechtner*, DB 2017, 1536 [1538]; *Sommer*, in: Frotscher/Geurts, EStG-Kommentar, 2021, § 3a, Rn. 37.

392 Vgl. *Levedag*, in: Schmidt, EStG-Kommentar, 2021, § 3a, Rn. 14; *Böing*, in: L/B/P, EStG-Kommentar, 2021, § 3a, Rn. 15; *Förster/Hechtner*, DB 2017, 1536 [1538]; *Sommer*, in: Frotscher/Geurts, EStG-Kommentar, 2021, § 3a, Rn. 37.

393 Vgl. *Levedag*, in: Schmidt, EStG-Kommentar, 2021, § 3a, Rn. 14; *Sommer*, in: Frotscher/Geurts, EStG-Kommentar, 2021, § 3a, Rn. 37.

Schuldner[394] oder die Änderung oder Aufhebung von Verträgen, die für den Schuldner nachteilig sind.[395]

Ebenso ist eine Aufrechnung gegen die Forderung eines Gläubigers nicht steuerbegünstigt.[396] Dies gilt auch für Leistungsverweigerungsrechte, die der Schuldner aufgrund seiner Zahlungsunfähigkeit gegenüber dem Gläubiger geltend macht, sofern nicht eine vertragliche Vereinbarung getroffen wird, die letztlich zu einem Forderungsverzicht qualifiziert.[397] Steuerlich unbegünstigt bleiben des weiteren Stundungen, die dem Schuldner zugestanden werden[398] und Stillhalteabkommen, sofern letzteres nicht einem Schuldenerlass gleicht, in dem zeitlich unbegrenzt auf eine Forderung verzichtet wird.[399] Wie bereits zuvor dargestellt, findet mangels einer Betriebsvermögensmehrung § 3a EStG für nicht spezifizierte Rangrücktritte keine Anwendung.[400]

Ebenso wenig soll das Sanierungsinstrument der Schuldübernahme von einer Steuerbegünstigung gem. § 3a EStG, § 7b GewStG umfasst sein.[401] Gleichwohl kann eine Schuldübernahme, sofern sie nicht von einem fremden Dritten, sondern vom Gesellschafter und damit einer dem Schuldner nahestehenden Person übernommen wird (sog. Debt-Push-Up) zu einer Neutralisierung der Betriebsvermögensmehrung bei dem Schuldner aufgrund der Einlagegrundsätze führen.[402] So kann gem. BFH-Beschluss vom 20.12.2001[403] die Maßnahme

---

394 Vgl. *Böing*, in: L/B/P, EStG-Kommentar, 2021, § 3a, Rn. 15; *Kanzler*, in: K/K/B, EStG-Kommentar, 2021, § 3a, Rn. 85.

395 Vgl. *Böing*, in: L/B/P, EStG-Kommentar, 2021, § 3a, Rn. 15; *Kanzler*, in: K/K/B, EStG-Kommentar, 2021, § 3a, Rn. 85.

396 Vgl. *Böing*, in: L/B/P, EStG-Kommentar, 2021, § 3a, Rn. 15; *Kanzler*, in: K/K/B, EStG-Kommentar, 2021, § 3a, Rn. 85.

397 Vgl. *Kanzler*, in: K/K/B, EStG-Kommentar, 2021, § 3a, Rn. 85.

398 Vgl. *Böing*, in: L/B/P, EStG-Kommentar, 2021, § 3a, Rn. 15; *Kanzler*, in: K/K/B, EStG-Kommentar, 2021, § 3a, Rn. 85; *Hallerbach*, in: H/H/R, EStG-Kommentar, 2021, § 3a, Rn. 13.

399 Vgl. *Kanzler*, in: K/K/B, EStG-Kommentar, 2021, § 3a, Rn. 85.

400 Vgl. *Kanzler*, in: K/K/B, EStG-Kommentar, 2021, § 3a, Rn. 85; *Seer*, in: Kirchhof/Seer, EStG-Kommentar, 2021, § 3a, Rn. 30; *Böing*, in: L/B/P, EStG-Kommentar, 2021, § 3a, Rn. 15; *Förster/Hechtner*, DB 2017, 1536 [1538]; *Sommer*, in: Frotscher/Geurts, EStG-Kommentar, 2021, § 3a, Rn. 37.

401 Vgl. *Sommer*, in: Frotscher/Geurts, EStG-Kommentar, 2021, § 3a, Rn. 37.

402 Vgl. *Beutel/Sistermann*, in: Lüdicke/Sistermann, UnternehmenStR, 2018, § 18, Rn. 53; *Hiller/Baschnagel*, DStZ 2017, 353 [356].

403 Vgl. BFH, Beschl. v. 20.12.2001, I B 74/01, BFH/NV 2002, 678.

einer durch das Gesellschaftsverhältnis veranlassten Schuldübernahme sogar gänzlich steuerneutral durchgeführt werden.[404]

cc. Betrieblich begründeter Schuldenerlass

Neben Drittgläubigern können auch Gesellschafter einen Sanierungsbeitrag leisten. Der Schuldenerlass durch Drittgläubiger und/oder Gesellschafter muss allerdings gem. § 3a Abs. 2 EStG betrieblich begründet sein. Dieses Kriterium soll zunächst privat veranlasste Schuldenerlasse ausschließen.[405] Ein Schuldenerlass ist grundsätzlich dann betrieblich begründet, wenn zwischen dem Schuldenerlass und dem Betrieb ein objektiver wirtschaftlicher Zusammenhang besteht.[406]

Das Merkmal der betrieblichen Begründetheit steht im Mittelpunkt bei Schuldenerlasse durch Gesellschafter und der Frage, ob der Gesellschafter die Schuld aus betrieblichen oder gesellschaftsrechtlichen Gründen erlässt.[407] Bei der Beurteilung können die Kriterien zur verdeckten Einlage in eine Kapitalgesellschaft herangezogen werden.[408] So kann grundsätzlich ein Schuldenerlass durch einen Gesellschafter betrieblich begründet sein, wenn er einem Drittvergleich standhält.[409] Dies kann beispielsweise der Fall sein, wenn der Gesellschafter mit anderen Gläubigern zusammenwirkt und der Schuldenerlass dem entspricht, was andere Drittgläubiger zur Sanierung beitragen.[410] Eine

---

404 Vergleiche zu den Voraussetzungen und der Vorgehensweise z.B. ausführlich: *Ebbinghaus/Osenroth/Hinz*, BB 2013, 1374 und *Schmidt/Hageböke*, DStR 2002, 2150; *Blaas/Schwahn*, DB 2013, 2412 [2415 f.]; *Förschle/Heinz*, in: Deubert/Förschle/Störk, Sonderbilanzen, 2021, Kapitel Q, Rn. 338; *Mückl*, FR 2009, 497 [504 f.]; *Stadler*, NZI 2018, 49 [53 f.]; *Hierstetter*, DStR 2010, 882 [886]; *Buth/Hermanns*, in Buth/Herrmanns, 2014, § 35, Rn. 123 ff.; *Beutel/Sistermann*, in: Lüdicke/Sistermann, UnternehmenStR, 2018, § 18, Rn. 51 ff.

405 Vgl. *Seer*, in: Kirchhof/Seer, EStG-Kommentar, 2021, § 3a, Rn. 24 f. mit dem Hinweis, dass ein privat veranlasster Schuldenerlass Schenkungsteuer auslösen könnte; *Krumm*, in: Blümich, EStG-Kommentar, 2021, § 3a, Rn. 27.

406 Vgl. *Hallerbach*, in: H/H/R, EStG-Kommentar, 2021, § 3a, Rn. 29; *Hölzle*, ZIP 2020, 303 [307] beide mit Verweis auf BFH, Urt. v. 1.10.1993, III R 32/92, BStBl. II 1994, 179, Rn. 24.

407 Vgl. *Hallerbach*, in: H/H/R, EStG-Kommentar, 2021, § 3a, Rn. 29; *Krumm*, in: Blümich, EStG-Kommentar, 2021, § 3a, Rn. 27.

408 Vgl. *Hallerbach*, in: H/H/R, EStG-Kommentar, 2021, § 3a, Rn. 29.

409 Vgl. *Levedag*, in: Schmidt, EStG-Kommentar, 2021, § 3a, Rn. 25; *Kanzler*, in: K/K/B, EStG-Kommentar, 2021, § 3a, Rn. 72; *Desens*, FR 2017, 981 [983].

410 Vgl. *Levedag*, in: Schmidt, EStG-Kommentar, 2021, § 3a, Rn. 25; *Förster/Hechtner*, DB 2017, 1536 [1539]; *Krumm*, in: Blümich, EStG-Kommentar, 2021, § 3a, Rn. 27;

gesellschaftsrechtliche Veranlassung kann jedoch unterstellt werden, wenn der Gesellschafter nach Maßstab der Sorgfalt eines ordentlichen Kaufmanns die Forderung nicht erlassen hätte.[411] Die gesellschaftsrechtliche Veranlassung wird vermutet, wenn neben dem Gesellschafter keine weiteren Gläubiger auf eine Forderung verzichten.[412] Die Folge einer fehlenden betrieblichen Veranlassung ist, dass eine Gewinnerhöhung, die nicht außerbilanziell nach Maßgabe der Grundsätze zur verdeckten Einlage neutralisiert wurde, auch nicht gem. § 3a EStG steuerfrei ist.[413]

Ist ein Forderungsverzicht eines Gesellschafters gegenüber einer Kapitalgesellschaft auf Grundlage des Gesellschaftsverhältnisses erfolgt, wird der Erlass handelsrechtlich als Gewinn ausgewiesen.[414] In Abgrenzung dazu wird der Schuldenerlass durch den Gesellschafter einer Kapitalgesellschaft steuerrechtlich nach den Grundsätzen der verdeckten Einlage behandelt und es ist zwischen dem werthaltigen und nicht werthaltigen Teil zu unterscheiden.[415] Der Verzicht auf den werthaltigen Teil der Forderung führt zu einer verdeckten Einlage, die außerbilanziell zu korrigieren ist.[416] Hingegen würde der

---

Seer, in: Kirchhof/Seer, EStG-Kommentar, 2021, § 3a, Rn. 24; *Hölzle*, ZIP 2020, 303 [307]; *Epler/Petersen*, Stbg 2019, 114 [122] argumentieren hier auch zu Recht, dass es zum einen der Gläubigermehrheit nicht zu vermitteln wäre, wenn Gesellschafter keinen eigenen Beitrag zur Sanierung dazu steuerten, geschweige denn, dass die Gläubigergesamtheit die steuerliche Belastung durch den Verzicht eines Gesellschafters zu tragen hätten, wenn der Gesellschafterverzicht steuerpflichtig wäre. Gleichwohl basiert diese Argumentation nicht darauf, dass der Gesellschafter mit anderen Gläubigern zusammenwirkt; vielmehr soll der Gesellschafterverzicht im Rahmen eines Sanierungsplans per se zu keinem steuerpflichtigen Gewinn führen, wenn die Sanierungsbedürftigkeit, Sanierungsfähigkeit, Sanierungseignung und Sanierungsabsicht feststehen.

411 Vgl. BFH, Urt. v. 29.7.1997, VIII R 57/94, BStBl. II 1998, 652 unter B. I. 1. b) bb); *Blaas/Schwahn*, DB 2013, 2350 [2353]; *Förster/Hechtner*, DB 2017, 1536 [1539].

412 Vgl. hierzu z.B. BFH, Urt. v. 29.7.1997, VIII R 57/94, BStBl. II 1998, 652, unter B. I. 1. b) bb) m.w.N.; *Hallerbach*, in: H/H/R, EStG-Kommentar, 2021, § 3a, Rn. 29; *Seer*, in: Kirchhof/Seer, EStG-Kommentar, 2021, § 3a, Rn. 24.

413 Vgl. *Seer*, in: Kirchhof/Seer, EStG-Kommentar, 2021, § 3a, Rn. 25; *Hallerbach*, in: H/H/R, EStG-Kommentar, 2021, § 3a, Rn. 29.

414 Vgl. *Kanzler*, in: K/K/B, EStG-Kommentar, 2021, § 3a, Rn. 72.

415 Vgl. *Levedag*, in: Schmidt, EStG-Kommentar, 2021, § 3a, Rn. 26; *Böing*, in: L/B/P, EStG-Kommentar, 2021, § 3a, Rn. 30, beide mit Verweis auf BFH, Beschl. v. 9.6.1997, GrS 1/94, BStBl. II 1998, 307.

416 Vgl. *Seer*, in: Kirchhof/Seer, EStG-Kommentar, 2021, § 3a, Rn. 25; *Levedag*, in: Schmidt, EStG-Kommentar, 2021, § 3a, Rn. 26; *Blaas/Schwahn*, DB 2013, 2350

Verzicht auf den nicht werthaltigen Teil der Forderung zu einem steuerpflichtigen Ertrag auf Ebene der sanierungsbedürftigen Kapitalgesellschaft führen, der mangels einer betrieblichen Veranlassung nicht in den Anwendungsbereich des § 3a EStG fiele. Allerdings ist der Anlass des Schuldenerlasses nur einheitlich zu bestimmen.[417] Eine Aufteilung des Darlehensverzichts dahingehend, dass für den werthaltigen Teil der Forderung eine gesellschaftsrechtliche Veranlassung angenommen wird und für den nicht werthaltigen Teil eine betrieblich bedingte Veranlassung angenommen wird, ist nach Ansicht der Finanzverwaltung nicht möglich.[418] Bei einer gesellschaftsrechtlichen Veranlassung entsteht somit weder durch den Erlass des werthaltigen, noch durch Erlass des nicht werthaltigen Teils ein Sanierungsertrag.[419] Auch bei einem spezifiziertem Rangrücktritt eines Gesellschafters der Kapitalgesellschaft kommt es entscheidend darauf an, ob der Rangrücktritt gesellschaftsrechtlich oder eigenbetrieblich veranlasst ist.[420] Ist der spezifizierte Rangrücktritt vom Gesellschafter aufgrund einer gesellschaftsrechtlichen Veranlassung ausgesprochen worden, kommt eine Anwendung des § 3a EStG nicht in Betracht.[421] Hat der Gesellschafter aus eigenbetrieblichen Gründen auf sein Darlehen verzichtet, kann es sich auf Ebene der Kapitalgesellschaft um einen steuerbegünstigten Sanierungsertrag handeln.[422] Der Verzicht kann jedoch beim Gesellschafter zu nachträglichen Anschaffungskosten führen, wenn die zusätzlichen Voraussetzungen des § 17 EStG erfüllt sind.[423]

[2353] mit dem Hinweis, dass die Forderung gegenüber einer Krisengesellschaft i.d.R. nicht oder nur geringfügig werthaltig sein wird.

417 Vgl. FM SH, Kurzinformation v. 25.1.2013, BeckVerw 268796, 5. Absatz; *Levedag*, in: Schmidt, EStG-Kommentar, 2021, § 3a, Rn. 26.

418 Vgl. FM SH, Kurzinformation v. 25.1.2013, BeckVerw 268796, 5. Absatz; FG Köln v. 16.6.2016, 13 K 984/11, EFG 2016, 1756, Rn. 124; ebenso *Kahlert/Schmidt*, DStR 2017, 1897 [1900 f.]; für eine Aufteilung des Verzichts hingegen *Epler/Petersen* Stbg 2019, 114 [122]; so wohl auch *Förster/Hechtner*, DB 2017, 1536 [1539]; *Hageböke/Hasbach*, FR 2016, 1018 [1029 f.].

419 Vgl. *Levedag*, in: Schmidt, EStG-Kommentar, 2021, § 3a, Rn. 26; *Böing*, in: L/B/P, EStG-Kommentar, 2021, § 3a, Rn. 30; FM SH, Kurzinformation v. 25.1.2013, BeckVerw 268796, 5 Absatz.

420 Vgl. *Levedag*, in: Schmidt, EStG-Kommentar, 2021, § 3a, Rn. 26.

421 Vgl. *Krumm*, in: Blümich, EStG-Kommentar, 2021, § 3a, Rn. 27.

422 Vgl. *Kanzler*, in: K/K/B, EStG-Kommentar, 2021, § 3a, Rn. 72.

423 Vgl. *Kanzler*, in: K/K/B, EStG-Kommentar, 2021, § 3a, Rn. 72.

Stellt der Mitunternehmer der Mitunternehmerschaft ein Gesellschafterdarlehen zur Verfügung, handelt es sich dabei um funktionales Eigenkapital.[424] Verzichtet ein Mitunternehmer auf seine Forderung, liegt eine Einbringung aus dem Sonderbetriebsvermögen des Mitunternehmers in das Gesamthandsvermögen zum Buchwert nach Maßgabe des § 6 Abs. 5 S. 3 Nr. 2 EStG vor.[425] Die Forderung erlischt durch Konfusion.[426] Dies gilt ohne Unterscheidung nach werthaltigem und nicht werthaltigem Teil der Forderung.[427] Auf Ebene der Mitunternehmerschaft entsteht entsprechend keine Betriebsvermögensmehrung, die nach § 3a EStG steuerfrei zu stellen wäre.[428] Während *Levedag* diese Rechtsfolge unabhängig davon macht, ob der Mitunternehmer den Verzicht auf Grundlage einer gesellschaftsrechtlichen oder betrieblichen Veranlassung ausgesprochen hat[429], vertritt *Kanzler* die Meinung, dass dies nur bei gesellschaftsrechtlicher Veranlassung gilt.[430] Ihm zufolge führt ein – in der Praxis selten vorkommender – betrieblich veranlasster Forderungsverzicht eines Mitunternehmers in Höhe des nicht werthaltigen Teils zu einem steuerpflichtigen Sanierungsertrag, der entweder gemäß dem Gewinnverteilungsschlüssel allen Gesellschaftern oder lediglich dem verzichtenden Gesellschafter zugeordnet wird.[431] Der spezifizierte Rangrücktritt nach § 5 Abs. 2a EStG eines Mitunternehmers führt zu einem Nichtansatz der Forderung in dessen Sonderbetriebsvermögen und zum Nichtansatz der Verbindlichkeit bei der Gesamthand.[432]

---

424 Vgl. BFH, Urt. v. 16.3.2017, IV R 1/15, BStBl. II 2017, 943, 1. Leitsatz; *Böing*, in: L/B/P, EStG-Kommentar, 2021, § 3a, Rn. 31; *Levedag*, in: Schmidt, EStG-Kommentar, 2021, § 3a, Rn. 27.

425 Vgl. *Levedag*, in: Schmidt, EStG-Kommentar, 2021, § 3a, Rn. 27; *Böing*, in: L/B/P, EStG-Kommentar, 2021, § 3a, Rn. 31, *Kanzler*, in: K/K/B, EStG-Kommentar, 2021, § 3a, Rn. 71; *Seer*, in: Kirchhof/Seer, EStG-Kommentar, 2021, § 3a, Rn. 26; *Erhardt/Zeller*, DStR 2012, 1636 [1640].

426 Vgl. *Kanzler*, in: K/K/B, EStG-Kommentar, 2021, § 3a, Rn. 71.

427 Vgl. *Levedag*, in: Schmidt, EStG-Kommentar, 2021, § 3a, Rn. 27.

428 Vgl. *Böing*, in: L/B/P, EStG-Kommentar, 2021, § 3a, Rn. 31; *Levedag*, in: Schmidt, EStG-Kommentar, 2021, § 3a, Rn. 27; *Seer*, in: Kirchhof/Seer, EStG-Kommentar, 2021, § 3a, Rn. 26.

429 Vgl. *Levedag*, in: Schmidt, EStG-Kommentar, 2021, § 3a, Rn. 27; mangels einer differenzierenden Ausführung so wohl auch *Böing*, in: L/B/P, EStG-Kommentar, 2021, § 3a, Rn. 31.

430 Vgl. *Kanzler*, in: K/K/B, EStG-Kommentar, 2021, § 3a, Rn. 69 ff.; *Seer*, in: Kirchhof/Seer, EStG-Kommentar, 2021, § 3a, Rn. 26, ohne auf die Folgen eines betrieblich veranlassten Forderungsverzichts durch einen Mitunternehmer einzugehen.

431 Vgl. *Kanzler*, in: K/K/B, EStG-Kommentar, 2021, § 3a, Rn. 70.

432 Vgl. *Levedag*, in: Schmidt, EStG-Kommentar, 2021, § 3a, Rn. 27.

Der Vorgang wird nicht von § 6 Abs. 5 S. 3 EStG umfasst, da es sich nicht um einen Verzicht und nicht um eine Einbringung der Forderung in die Gesamthand handelt.[433] Die Forderung bzw. Verbindlichkeit bleiben bestehen, werden jedoch nicht mehr ausgewiesen. Nach Auffassung von *Levedag* sind die Forderung und Verbindlichkeit erfolgsneutral auszubuchen. Entsprechend der Grundsätze der korrespondierenden Bilanzierung kommt es weder zu einem Verlust im Sonderbetriebsvermögens des Mitunternehmers noch zu einem Ertrag in der Gesamthand, weil die Forderung weder veräußert wurde noch die Mitunternehmerschaft beendet wurde.[434] Wird eine Schuld aus dem Sonderbetriebsvermögen eines Mitunternehmers (durch einen Dritten) erlassen, entsteht hingegen erst gar kein Sanierungsertrag, obwohl das Sonderbetriebsvermögen der Mitunternehmerschaft dient, da es an einer unternehmensbezogenen Sanierung mangelt.[435]

b. Unternehmensbezogene Sanierung

aa. Zweckbindung des Schuldenerlasses an eine unternehmensbezogene Sanierung

Gemäß § 3a Abs. 1 EStG wird vom Gesetzgeber eine Zweckbindung des Schuldenerlasses vorausgesetzt. Er muss einer unternehmensbezogenen Sanierung i.S.v. § 3a Abs. 2 EStG bzw. unter den Voraussetzungen des § 3a Abs. 5 EStG einer unternehmerbezogenen Sanierung dienen, um die Steuerfreiheit von Sanierungsgewinnen zu gewähren. Wann eine unternehmensbezogene Sanierung vorliegt, konkretisiert § 3a Abs. 2 EStG. Eine solche liegt demnach vor, wenn im Zeitpunkt des Schuldenerlasses nachgewiesen werden kann, dass das Unternehmen sanierungsbedürftig und sanierungsfähig ist. Zusätzlich muss der betrieblich begründete Schuldenerlass für eine Sanierung geeignet und mit Sanierungsabsicht durch den Gläubiger ausgesprochen worden sein. Der Gesetzgeber hat damit auf die vergangene Rechtsprechung bezüglich § 3 Nr. 66 EStG a.F. zurückgegriffen[436] und die nun in § 3a Abs. 2 EStG normierten

433 Vgl. *Levedag*, in: Schmidt, EStG-Kommentar, 2021, § 3a, Rn. 27.

434 Vgl. *Levedag*, in: Schmidt, EStG-Kommentar, 2021, § 3a, Rn. 27; ebenso zur Erfolgsneutralität *Seer*, in: Kirchhof/Seer, EStG-Kommentar, 2021, § 3a, Rn. 26.

435 Vgl. *Böing*, in: L/B/P, EStG-Kommentar, 2021, § 3a, Rn. 32; *Seer*, in: Kirchhof/Seer, EStG-Kommentar, 2021, § 3a, Rn. 26; *Levedag*, in: Schmidt, EStG-Kommentar, 2021, § 3a, Rn. 28.

436 Vgl. *Krumm*, in: Blümich, EStG-Kommentar, 2021, § 3a, Rn. 22; *Hallerbach*, in: H/H/R, EStG-Kommentar, 2021, § 3a, Rn. 24; *Hölzle*, ZIP 2020, 303 [304].

Rechtsbegriffe übernommen, wie zuvor auch schon das BMF in seinem sog. Sanierungserlass.[437] Entsprechend kann für die Auslegung der Rechtsbegriffe i.R.d. § 3a Abs. 2 EStG auf die ergangene Rechtsprechung zu § 3 Nr. 66 EStG a.F. zurückgegriffen werden.[438] Der Rechtsprechung zufolge bezeichnet die Sanierung Maßnahmen, die geeignet sind, das Unternehmen vor dem wirtschaftlichen Zusammenbruch zu bewahren und wieder ertragsfähig zu machen. Dabei erfolgt die Beurteilung nach Maßgabe des Einzelfalls und unter Berücksichtigung der Gesamtumstände.[439] Diese können bei Mitunternehmer und Einzelunternehmer als natürliche Personen andere sein als bei einer Kapitalgesellschaft. Grundlage über das Erfüllen oder Nichterfüllen der Voraussetzungen sind Wertungen und Prognosen, die der Steuerpflichtige unter betriebswirtschaftlichen Gesichtspunkten zu erstellen hat.[440] Dabei müssen alle vier Voraussetzungen im Zeitpunkt des Schuldenerlasses gleichzeitig vorliegen, andernfalls ist die Steuerbefreiung abzulehnen.[441] Das entspricht dem Zeitpunkt, in dem eine Passivierung nicht mehr zulässig ist, weil mit an Sicherheit grenzender Wahrscheinlichkeit nicht mehr mit der Geltendmachung der Forderung zu rechnen ist und die Sanierungsmaßnahmen mithin zur Ausbuchung der Verbindlichkeit in der Bilanz führt.[442]

Ob eine Mitunternehmerschaft für eine unternehmensbezogene Sanierung in Frage kommt, ist auf Ebene der Mitunternehmerschaft zu entscheiden.[443] Das gilt sowohl im Falle des Forderungserlasses gegenüber der Gesellschaft als auch gegenüber dem Gesellschafter, bei dem sich die Verbindlichkeit im

---

437 Vgl. *Krumm*, in: Blümich, EStG-Kommentar, 2021, § 3a, Rn. 22; *Kanzler*, in: K/K/B, EStG-Kommentar, 2021, § 3a, Rn. 102.

438 Vgl. *Seer*, in: Kirchhof/Seer, EStG-Kommentar, 2021, § 3a, Rn. 19; ebenso *Kahlert/Schmidt*, DStR 2017, 1897 [1897 f.] mit Verweis auf die Rechtskontinuität; ebenso zuletzt BFH, Beschl. v. 27.11.2020, X B 63/20, NV, BeckRS 2020, 43623, Rn. 7.

439 Vgl. *Hallerbach*, in: H/H/R, EStG-Kommentar, 2021, § 3a, Rn. 24; BFH, Urt. v. 12.12.2013, X R 39/10, BStBl. II 2014, 572, Rn. 19.

440 Vgl. *Krumm*, in: Blümich, EStG-Kommentar, 2021, § 3a, Rn. 23; *Hölzle*, ZIP 2020, 301 [304].

441 Vgl. *Kanzler*, in: K/K/B, EStG-Kommentar, 2021, § 3a, Rn. 108; *Seer*, in: Kirchhof/Seer, EStG-Kommentar, 2021, § 3a, Rn. 19; *Hallerbach*, in: H/H/R, EStG-Kommentar, 2021, § 3a, Rn. 26.

442 Vgl. *Hallerbach*, in: H/H/R, EStG-Kommentar, 2021, § 3a, Rn. 26.

443 Vgl. *Hallerbach*, in: H/H/R, EStG-Kommentar, 2021, § 3a, Rn. 14; BFH, Urt. v. 27.1.1998, VIII R 64/96, BStBl. II 1998, 537, unter II. 3. a); Urt. v. 28.3.2000, VIII R 43/99, BFH/NV 2000, 1330, Rn. 17.

Sonderbetriebsvermögen befinden kann.[444] Denn das Sonderbetriebsvermögen des Gesellschafters ist keiner unternehmensbezogenen Sanierung zugänglich. Es ist nicht ausreichend, dass der Gesellschafter seinen finanziellen Verbindlichkeiten nicht mehr nachkommen kann. Vielmehr ist das Merkmal der Sanierungsbedürftigkeit dann gegeben, wenn die Gesellschaft selbst ohne den Schuldenerlass in Schwierigkeiten gerät, nicht aufgrund der bloßen Überschuldung des Sonderbetriebsvermögens.[445] Der Forderungserlass gegenüber einem Gesellschafter führt in der Regel nicht zu einer Sanierung der Gesamthand, es sei denn, die Regelung des § 3a Abs. 5 EStG greift ein, die die unternehmerbezogene Sanierung zum Gegenstand hat.[446]

bb. Sanierungsbedürftigkeit des Unternehmens

Sanierungsbedürftig ist ein Unternehmen dann, wenn es ohne eine Sanierung nicht fortgeführt werden kann, das Unternehmen ohne den Schuldenerlass also nicht in der Lage ist, seinen finanziellen Verpflichtungen nachzukommen und vor dem wirtschaftlichen Zusammenbruch steht.[447] Zur Beurteilung der Sanierungsbedürftigkeit eines Unternehmens ist dessen Ertrags- und Finanzlage zu prüfen. Die Prüfung der Finanzlage beinhaltet insbesondere das Verhältnis der liquiden Mittel zur Gesamthöhe der Schuldenlast und der Gesamtleistungsfähigkeit des Unternehmens.[448] In der Literatur wird überwiegend die Meinung vertreten, dass die Sanierungsbedürftigkeit dann zu bejahen ist, wenn ein Insolvenzeröffnungsgrund nach §§ 17–19 InsO vorliegt.[449] Es wird aber auch die Meinung vertreten, dass zwar eine Sanierungsbedürftigkeit des Unternehmens gegeben ist, wenn der Insolvenzantragsgrund der drohenden

---

444 Vgl. *Hallerbach*, in: H/H/R, EStG-Kommentar, 2021, § 3a, Rn. 14.

445 Vgl. BFH, Urt. v. 28.3.2000, VIII R 43/99, BFH/NV 2000, 1330, Rn. 17 m.w.N.; Urt. v. 3.7.1997, IV R 31/96, BStBl. II 1997, 690, unter 2. b).

446 Vgl. *Hallerbach*, in: H/H/R, EStG-Kommentar, 2021, § 3a, Rn 14; s. Kapitel D., I. 7. dieser Arbeit zu den Ausführungen über die unternehmerbezogene Sanierung.

447 Vgl. *Krumm*, in: Blümich, EStG-Kommentar, 2021, § 3a, Rn. 24; *Seer*, in: Kirchhof/Seer, EStG-Kommentar, 2021, § 3a, Rn. 20; *Hölzle*, ZIP 2020, 303 [305].

448 Vgl. u.a. BFH, Urt. v. 14.3.1990, I R 64/85, BStBl. II 1990, 810; Urt. v. 22.4.1998, XI R 48/95, BFH/NV 1998, 1214 unter 2., beide zu § 3 Nr. 66 EStG a.F., übernommen von *Krumm*, in: Blümich, EStG-Kommentar, 2021, § 3a, Rn. 24; *Seer*, in: Kirchhof/Seer, EStG-Kommentar, 2021, § 3a, Rn. 20; *Hallerbach*, in: H/H/R, EStG-Kommentar, 2021, § 3a, Rn. 27; *Hölzle*, ZIP 2020, 303 [305].

449 Vgl. *Böing*, in: L/B/P, EStG-Kommentar, 2021, § 3a, Rn. 17; *Krumm*, in: Blümich, EStG-Kommentar, 2021, § 3a, Rn. 24; *Hallerbach*, in: H/H/R, EStG-Kommentar, 2021, § 3a, Rn. 27; *Hölzle*, ZIP 2020, 303 [305].

Zahlungsunfähigkeit nach § 18 InsO gegeben ist[450]. Die Überschuldung nach § 19 InsO hingegen soll allein betrachtet noch kein Grund sein, von einer Sanierungsbedürftigkeit eines Unternehmens auszugehen, sofern durch Betrachtung der Umstände, insbesondere der Umsätze, sowie der Umsatz- und Bruttorendite, den Zusammenbruch des Unternehmens ausschließen und keine Zahlungsunfähigkeit droht.[451] Einer weiteren Meinung zufolge soll eine Sanierungsbedürftigkeit unabhängig vom Vorliegen eines Insolvenzantragsgrundes und damit auch in frühen Krisenstadien angenommen werden, beispielsweise dann, wenn das Unternehmen als kreditunwürdig gilt und daher keine Kredite zu marktüblichen Bedingungen erhält.[452] Vermutet wird das Vorliegen der Sanierungsbedürftigkeit jedenfalls dann, wenn mehrere Gläubiger an der Sanierung teilnehmen.[453]

Auch bei einem Einzelunternehmen richtet sich die Sanierungsbedürftigkeit danach, ob die Existenz des Unternehmens aufgrund der Überschuldung derartig bedroht ist, dass es ohne einen Schuldenerlass nicht ertragbringend weitergeführt werden kann.[454] Bei der Beurteilung über die Sanierungsbedürftigkeit ist jedoch nicht nur die Finanz- und Ertragslage des Unternehmens, sondern auch die Höhe des Privatvermögens des Einzelunternehmers einzubeziehen.[455]

---

450 Vgl. *Seer*, in: Kirchhof/Seer, EStG-Kommentar, 2021, § 3a, Rn. 20.

451 Vgl. *Seer*, in: Kirchhof/Seer, EStG-Kommentar, 2021, § 3a, Rn. 20; *Hallerbach*, in: H/H/R, EStG-Kommentar, 2021, § 3a, Rn. 27; BFH, Urt. v. 14.3.1990, I R 129/85, BStBl. II 1990, 955.

452 Vgl. *Seer*, in: Kirchhof/Seer, EStG-Kommentar, 2021, § 3a, Rn. 20; *Förster/Hechtner*, DB 2017, 1536 [1538]; *Eilers/Walter-Yadegardjam*, FR 2020, 481 [483]; *Eilers/Tiemann*, Ubg 2020, 190 [192]; daran zweifelnd *Krumm*, in: Blümich, EStG-Kommentar, 2021, § 3a, Rn. 24, jedoch mit dem Hinweis, dass die Sanierungsbedürftigkeit bereits bei drohender Zahlungsunfähigkeit nach § 18 InsO gegeben sei und die praktische Relevanz dieser Frage begrenzt sein dürfte.

453 Vgl. BFH, Beschl. v. 28.11.2016, GrS 1/15, BStBl. II 2017, 393, Rn. 62 m.w.N.; *Böing*, in: L/B/P, EStG-Kommentar, 2021, § 3a, Rn. 17; *Seer*, in: Kirchhof/Seer, EStG-Kommentar, 2021, § 3a, Rn. 20 mit Verweis, dass die Teilnahme mehrerer Gläubiger an einer Sanierung sowohl ein Hinweis auf die Sanierungsbedürftigkeit des Unternehmens als auch die Sanierungsabsicht darstellt.

454 Vgl. BFH, Urt. v. 22.4.1998, XI R 48/95, BFH/NV 1998,1214 unter 2. zu § 3 Nr. 66 EStG a.F.; Urt. v. 12.12.2013, X R 39/10, BStBl. II 2014, 572, Rn. 18 zum Sanierungserlass.

455 Vgl. BFH, Urt. v. 22.4.1998, XI R 48/95, BFH/NV 1998, 1214 zu § 3 Nr. 66 EStG a.F. m.w.N.; Urt. v. 12.12.2013, X R 39/10, BStBl. II 2014, 572, Rn. 19 zum Sanierungserlass; *Hölzle*, ZIP 2020, 303 [305 f.].

Grund dafür ist, dass Gläubiger grundsätzlich sowohl auf das Betriebsvermögen als auch auf das Privatvermögen Zugriff haben.[456] Bei Mitunternehmerschaften ist grundsätzlich auf die Gesamtverhältnisse der Gesellschaft selbst abzustellen.[457] Darüber hinaus ist das Privatvermögen des unbeschränkt haftenden Gesellschafters zu berücksichtigen.[458] Sofern also durch das Heranziehen des Privatvermögens Verbindlichkeiten des Unternehmens bedient werden können, liegt eine Sanierungsbedürftigkeit des Unternehmens nicht vor.[459] Allerdings liegt eine Sanierungsbedürftigkeit der Mitunternehmerschaft nicht zwangsläufig vor, wenn ein Mitunternehmer als Inhaber von Sonderbetriebsvermögen seinen finanziellen Verbindlichkeiten nicht mehr nachkommen kann.[460] Besitzt ein Unternehmer mehrere getrennte Betriebe, erstreckt sich die Beurteilung der Sanierungsbedürftigkeit auf die Gesamtheit der Betriebe.[461] Das bedeutet nicht, dass jeder einzelne Betrieb sanierungsbedürftig sein muss. Vielmehr ist zu prüfen, ob die Leistungsfähigkeit der übrigen Betriebe in einem Maße vorhanden ist, dass diese ihren Teil zur Sanierung beitragen können. Gegebenenfalls kann dann in der Gesamtbetrachtung zum Schluss gekommen werden, dass die wirtschaftliche Existenz nicht bedroht ist.[462]

Das Vorliegen einer Sanierungsbedürftigkeit kann auch dann gegebenen sein, wenn ein Unternehmen freiwillig ein Insolvenzplanverfahren einleitet. Dies setzt voraus, dass das Unternehmen in derart wirtschaftlichen Schwierigkeiten

---

456 Vgl. BFH, Urt. v. 12.12.2013, X R 39/10, BStBl. II 2014, 572, Rn. 19 zum Sanierungserlass; *Krumm*, in: Blümich, EStG-Kommentar, 2021, § 3a, Rn. 24.

457 Vgl. *Böing*, in: L/B/P, EStG-Kommentar, 2019, § 3a, Rn. 19 mit Verweis auf BFH, Urt. v. 27.1.1998, VIII R 64/96, BStBl. II 1998, 537.

458 Vgl. BFH, Urt. v. 27.1.1998, VIII R 64/96, BStBl. II 1998, 537 unter II., 3. c. zu § 3 Nr. 66 EStG a.F., übernommen von *Krumm*, in: Blümich, EStG-Kommentar, 2021, § 3a, Rn. 24; *Hallerbach*, in: H/H/R, EStG-Kommentar, 2021, § 3a, Rn. 27; *Hölzle*, ZIP 2020, 303 [305 f.].

459 Vgl. BFH, Urt. v. 27.1.1998, VIII R 64/96, BStBl. II 1998, 537 unter II., 3. c. zu § 3 Nr. 66 EStG a.F.

460 Vgl. BFH, Urt. v. 3.7.1997, IV R 31/96, BStBl. II 1997, 690 unter 2. a) zu § 3 Nr. 66 EStG a.F.

461 Vgl. BFH, Urt. v. 25.10.1963, I 359/60 S, BStBl. III 1964, 122, Rn. 8; Urt. v. 22.1.1985, VIII R 37/84, BStBl. II 1985, 501, II. 4.; *Kanzler*, in: K/K/B, EStG-Kommentar, 2021, § 3a, Rn. 111; *Hallerbach*, in: H/H/R, EStG-Kommentar, 2021, § 3a, Rn. 27; *Hölzle*, ZIP 2020, 303 [306].

462 Vgl. *Böing*, in: L/B/P, EStG-Kommentar, 2021, § 3a, Rn. 20; *Kanzler*, in: K/K/B, EStG-Kommentar, 2021, § 3a, Rn. 111; BFH, Urt. v. 25.10.1963, I 359/60 S, BStBl. III 1964, 122, Rn. 8 f.

steckt, dass dessen Existenz bedroht ist.[463] Im Umkehrschluss bedeutet dies, dass eine solche strategische Insolvenz eines Unternehmens nicht zwangsläufig die Sanierungsbedürftigkeit des Unternehmens beweist. Vielmehr sind im Rahmen einer strategischen Insolvenz die vorgenannten Voraussetzungen über das Vorliegen einer Sanierungsbedürftigkeit des Unternehmens zu prüfen.[464]

cc. Sanierungsfähigkeit des Unternehmens

Das Erfordernis der Sanierungsfähigkeit eines Unternehmens ist wohl bloß dahingehend auszulegen, dass eine unternehmerbezogene Sanierung ausgeschlossen werden soll und ausschließlich das Unternehmen Bezugspunkt der Sanierung ist, das fortzubestehen hat.[465] Entscheidend ist also, dass dem Unternehmen, nicht dem Unternehmer, die Sanierung zugutekommt und ein Fortbestehen des Unternehmens ermöglicht werden soll.[466] Die Literatur beschreibt überzeugend die Wechselwirkung zwischen den Tatbestandsvoraussetzungen der Sanierungsfähigkeit des Unternehmens und der Sanierungseignung des Schuldenerlasses: Zwar kann eine Sanierungsfähigkeit des Unternehmens bestehen, ohne dass der Schuldenerlass für Zwecke einer Sanierung geeignet ist.[467] Die Eignung des Schuldenerlasses zur Sanierung setzt jedoch voraus, dass das Unternehmen auch sanierungsfähig ist.[468] Denn ein sanierungsbedürftiges Unternehmen, das nicht mehr sanierungsfähig ist, kann auch durch den Schuldenerlass der Gläubiger nicht mehr gerettet werden.[469] In diesem Fall fehlt es jedoch dann an der Tatbestandsvoraussetzung der Geeignetheit des Schuldenerlasses, so dass eine Steuerfreiheit von Sanierungserträgen nach Maßgabe des

---

463 Vgl. *Böing*, in: L/B/P, EStG-Kommentar, 2021, § 3a, Rn. 21; *Kanzler*, in: K/K/B, EStG-Kommentar, 2021, § 3a, Rn. 112.

464 Vgl. *Seer*, in: Kirchhof/Seer, EStG-Kommentar, 2021, § 3a, Rn. 20; *Kanzler*, in: K/K/B, EStG-Kommentar, 2021, § 3a, Rn. 112.

465 Vgl. *Krumm*, in: Blümich, EStG-Kommentar, 2021, § 3a, Rn. 25; *Seer*, in: Kirchhof/Seer, EStG-Kommentar, 2021, § 3a, Rn. 21; *Hölzle*, ZIP 2020, 303 [306].

466 Vgl. *Krumm*, in: Blümich, EStG-Kommentar, 2021, § 3a, Rn. 25; *Kanzler*, in: K/K/B, EStG-Kommentar, 2021, § 3a, Rn. Rn. 1; *Seer*, in: Kirchhof/Seer, EStG-Kommentar, 2021, § 3a, Rn. 21; *Hölzle*, ZIP 2020, 303 [306].

467 Vgl. *Krumm*, in: Blümich, EStG-Kommentar, 2021, § 3a, Rn. 25.

468 Vgl. *Krumm*, in: Blümich, EStG-Kommentar, 2021, § 3a, Rn. 25; *Hallerbach*, in: H/H/R, EStG-Kommentar, 2021, § 3a, Rn. 28.

469 Vgl. *Seer*, in: Kirchhof/Seer, EStG-Kommentar, 2021, § 3a, Rn. 21; *Hölzle*, ZIP 2020, 303 [306].

§ 3a EStG hinfällig wird.[470] Entsprechend muss die Sanierungseignung eines Schuldenerlasses zunächst im Mittelpunkt der Prüfung stehen.[471] Dem Tatbestandmerkmal der Sanierungsfähigkeit des Unternehmens kommt daher kein eigenständiger Prüfungsgehalt zu.[472]

dd. Sanierungseignung des Schuldenerlasses

Ein Schuldenerlass ist für eine Sanierung geeignet, wenn er einen unverzichtbaren Teil dazu leistet, dass das Unternehmen nicht zusammenbricht und das Unternehmen dauerhaft, zumindest bis zur Beendigung der geplanten Geschäftstätigkeit, wieder ertragsfähig ist.[473] Dabei ist es nicht notwendig, dass der Schuldenerlass dieses Ziel alleine erreicht; vielmehr ist es ausreichend, wenn dieses Ziel im Zusammenspiel mit anderen Sanierungsmaßnahmen erreicht wird.[474] Der Steuerpflichtige hat also darzulegen, welche Zahlungsverpflichtungen im Zeitpunkt des Schuldenerlasses bestehen, inwieweit diese aus dem laufenden Geschäft bedient werden können und ob nach Wegfall der erlassenen Schuld die Zahlungsfähigkeit als gesichert angenommen werden kann.[475] Im Rahmen eines Insolvenzplans ergibt sich die Sanierungseignung des Schuldenerlasses also aus der verpflichtend aufzustellenden Finanzplanung.[476] Die

---

470 Vgl. *Seer*, in: Kirchhof/Seer, EStG-Kommentar, 2021, § 3a, Rn. 21; *Krumm*, in: Blümich, EStG-Kommentar, 2021, § 3a, Rn. 25.

471 Vgl. *Krumm*, in: Blümich, EStG-Kommentar, 2021, § 3a, Rn. 25; so auch *Hallerbach*, in: H/H/R, EStG-Kommentar, 2021, § 3a, Rn. 28, wonach das Merkmal der Sanierungsfähigkeit die systematische Vorfrage zur Sanierungseignung des Schuldenerlasses darstellt; ebenso nunmehr *Seer*, in: Kirchhof/Seer, EStG-Kommentar, 2021, § 3a, Rn. 21.

472 Vgl. *Hölzle*, ZIP 2020, 303 [306].

473 Vgl. BFH, Urt. v. 31.1.1991, IV R 84/89, BFH/NV 1991, 821 unter II, 1., b); Urt. v. 17.11.2004, I R 11/04, BFH/NV 2005, 1027 unter II., 2., beide zu § 3 Nr. 66 EStG; *Krumm*, in: Blümich, EStG-Kommentar, 2021, § 3a, Rn. 25; *Levedag*, in: Schmidt, EStG-Kommentar, 2021, § 3a, Rn. 23; *Seer*, in: Kirchhof/Seer, EStG-Kommentar, 2021, § 3a, Rn. 22.

474 Vgl. BFH, Beschl. v. 17.02.1999, IV B 153/97, BFH/NV 1999, 929 unter 2., zu § 3 Nr. 66 EStG a.F.; *Krumm*, in: Blümich, EStG-Kommentar, 2021, § 3a, Rn. 25; *Hölzle*, ZIP 2020, 303 [306].

475 Vgl. BFH, Beschl. v. 17.02.1999, IV B 153/97, BFH/NV 1999, 929 unter 2., zu § 3 Nr. 66 EStG a.F.; *Krumm*, in: Blümich, EStG-Kommentar, 2021, § 3a, Rn. 25; *Hölzle*, ZIP 2020, 303 [306].

476 Vgl. *Krumm*, in: Blümich, EStG-Kommentar, 2021, § 3a, Rn. 25; *Seer*, in: Kirchhof/Seer, EStG-Kommentar, 2021, § 3a, Rn. 22; *Hölzle*, ZIP 2020, 303 [306].

Sanierungseignung ist im Zeitpunkt des Schuldenerlasses zu prüfen. Wenn in dem Zeitpunkt eine Sanierung erwartbar war, rechtfertigen nachträglich eingetretene Umstände, beispielsweise ein Scheitern, keine andere Beurteilung.[477] Ein Schuldenerlass zum Zwecke der Sanierung ist dann nicht geeignet, wenn von vornherein erkennbar war, dass er nicht ausreicht, das wirtschaftliche Überleben des Unternehmens zu sichern.[478] Es reicht dementsprechend nicht, wenn der Schuldenerlass zwar (kurzfristig) den Zusammenbruch des Unternehmens verhindert, daraus jedoch auch nicht die (zumindest mittelfristige) Ertragsfähigkeit des Unternehmens wieder hergestellt wird.[479]

ee. Sanierungsabsicht der Gläubiger

Das Tatbestandsmerkmal der Sanierungsabsicht der Gläubiger wird in der BFH Rechtsprechung sehr uneinheitlich behandelt.[480] Zum einen wird die Auffassung vertreten, dass keine strengen Anforderungen an dieses Tatbestandsmerkmal zu stellen sind.[481] So haben die Gläubiger regelmäßig eigennützige Motive, wie beispielsweise die Hoffnung, einen Teil der Restforderung zu retten oder den Erhalt der Geschäftsbeziehung zum Schuldner. Diese eigennützigen Motive sind dann unschädlich, wenn die Sanierung des Schuldners ein mitentscheidendes Motiv der Gläubiger ist.[482] Es gibt jedoch auch gegenteilige Rechtsprechung, nach der eine Sanierungsabsicht zu verneinen war, weil der Gläubiger besonders aus eigennützigen Motiven die Schulden erlassen hat, wie z.B. den Erhalt der Restforderung oder die Aufrechterhaltung der

---

477 Vgl. BFH, Beschl. v. 28.11.2016, GrS 1/15, BStBl. II 2017, 393, Rn. 63 m.w.N.; *Seer*, in: Kirchhof/Seer, EStG-Kommentar, 2021, § 3a, Rn. 23.

478 Vgl. *Kanzler*, in: K/K/B, EStG-Kommentar, 2021, § 3a, Rn. 114.

479 Vgl. BFH, Urt. v. 25.2.1972, VIII R 30/66, BStBl. II 1972, 531, Amtl. Leitsatz; Urt. v. 12.12.2013, X R 39/10, BStBl. II 2014, 572, Rn. 30 m.w.N.; *Seer*, in: Kirchhof/Seer, EStG-Kommentar, 2021, § 3a, Rn. 22.

480 Vgl. BFH, Beschl. v. 28.11.2016, GrS 1/15, BStBl. II 2017, 393, Rn. 64; *Levedag*, in: Schmidt, EStG-Kommentar, 2021, § 3a, Rn. 24; *Böing*, in: L/B/P, EStG-Kommentar, 2021, § 3a, Rn. 24; so auch BFH, Beschl. v. 27.11.2020, X B 63/20, NV, BeckRS 2020, 43623, Rn. 8, der erkennt, dass die BFH-Senate in Bezug auf die Anforderungen an das Merkmal der Sanierungsabsicht der Gläubiger in der Vergangenheit nicht durchgehend deckungsgleich geurteilt haben, m.w.N.

481 Vgl. BFH, Urt. v. 27.1.1998, VIII R 64/96, BStBl. II 1998, 537 unter II. 4.; Beschl. v. 28.11.2016, GrS 1/15, BStBl. II 2017, 393, Rn. 64 m.w.N.; *Krumm*, in: Blümich, EStG-Kommentar, 2021, § 3a, Rn. 26; *Hölzle*, ZIP 2020, 303 [306].

482 Vgl. BFH, Urt. v. 27.1.1998, VIII R 64/96, BStBl. II 1998, 537 unter II. 4.; Beschl. v. 28.11.2016, GrS 1/15, BStBl. II 2017, 393, Rn. 64 m.w.N.

Geschäftsbeziehung zum Schuldner.[483] In der Literatur wird weitestgehend die Meinung vertreten, dass eine ausschließliche Sanierungsabsicht nicht erforderlich ist.[484] Die Sanierungsabsicht wurde jedenfalls dann unterstellt, wenn sich mehrere Gläubiger an einem Schuldenerlass beteiligen.[485] In diesem Fall wird davon ausgegangen, dass (nur) die jeweiligen Individualinteressen nicht ausschlaggebend für das gleichgerichtete Vorgehen sind.[486] Erlässt hingegen nur ein Gläubiger die Schuld, ist eine Einzelfallprüfung notwendig.[487] Aufgrund der Tatsache, dass es sich bei der Sanierungsabsicht um eine innere Tatsache handelt, ist das Vorliegen des Tatbestandsmerkmals über Indizien zu beweisen, wobei das Gesetz keine Nachweismethode vorgibt und mithin der Grundsatz des Freibeweises gem. § 284 S. 2 Zivilprozessordnung (ZPO) gilt.[488]

ff. Nachweispflichten

Gemäß § 3a Abs. 2 EStG hat der Steuerpflichtige das Vorliegen der Voraussetzungen nachzuweisen. Diese Vorschrift hebt damit den Amtsermittlungsgrundsatz des § 88 AO auf.[489] Die Regelung steht damit jedoch im Einklang mit der ständigen Rechtsprechung, wonach die Steuerbehörden steuerbegründende Tatsachen nachzuweisen haben und der Steuerpflichtige solche Tatsachen nachzuweisen hat, die einen Steueranspruch entfallen lassen.[490] Für die

---

483 Vgl. BFH, Beschl. v. 28.11.2016, GrS 1/15, BStBl. II 2017, 393, Rn. 64 m.w.N.

484 Vgl. *Kanzler*, in: K/K/B, EStG-Kommentar, 2021, § 3a, Rn. 115; *Levedag*, in: Schmidt, EStG-Kommentar, 2021, § 3a, Rn. 24; *Seer*, in: Kirchhof/Seer, EStG-Kommentar, 2021, § 3a, Rn. 27; *Krumm*, in: Blümich, EStG-Kommentar, 2021, § 3a, Rn. 26.

485 Vgl. BFH, Urt. v. 14.3.1990, I R 64/85, BStBl. II 1990, 810, zu § 3 Nr. 66 EStG a.F.; *Krumm*, in: Blümich, EStG-Kommentar, 2021, § 3a, Rn. 26; *Kanzler*, in: K/K/B, EStG-Kommentar, 2021, § 3a, Rn. 115; *Böing*, in: L/B/P, EStG-Kommentar, 2021, § 3a, Rn. 24; *Seer*, in: Kirchhof/Seer, EStG-Kommentar, 2021, § 3a, Rn. 27; *Hölzle*, ZIP 2020, 303 [307].

486 Vgl. *Hölzle*, ZIP 2020, 303 [307].

487 Vgl. BFH, Urt. v. 16.5.2002, IV R 11/01, BStBl. II 2002, 854, wonach eine Sanierungsabsicht in dem Fall bejaht wurde, in dem der einzige Fremdgläubiger einer Besitz-PersG Schulden erlassen hat, während der Gesellschafter zeitgleich auf den ihm zustehenden Rentenanspruch gegenüber der Gesellschaft verzichtet hat und ein Hauptlieferant einen nicht rückzahlbaren Zuschuss an die Betriebsgesellschaft leistete; *Kanzler*, in: K/K/B, EStG-Kommentar, 2021, § 3a, Rn. 115; *Seer*, in: Kirchhof/Seer, EStG-Kommentar, 2021, § 3a, Rn. 27.

488 Vgl. *Hallerbach*, in: H/H/R, EStG-Kommentar, 2021, § 3a, Rn. 30.

489 Vgl. *Hallerbach*, in: H/H/R, EStG-Kommentar, 2021, § 3a, Rn. 24.

490 Vgl. *Hallerbach*, in: H/H/R, EStG-Kommentar, 2021, § 3a, Rn. 24 mit Verweis auf z.B. BFH, Urt. v. 16.1.2019, II R 19/16, BStBl. II 2020, 730, Rn. 20 m.w.N.

Nachweispflicht nach § 3a Abs. 2 EStG gilt der Grundsatz des Freibeweises, weil der Gesetzgeber keine bestimmte Form vorgegeben hat, wie der Steuerpflichtige konkret die Nachweise zu erbringen hat.[491] Daher kommt auch ein Nachweis durch Indizien oder Glaubhaftmachung in Betracht.[492]

Dem Gesetzestext ist nicht ausdrücklich zu entnehmen, dass ein Sanierungs- oder Insolvenzplan automatisch die Vermutung zulässt, dass die Tatbestandsvoraussetzung einer unternehmensbezogenen Sanierung vorliegen.[493] Gleichwohl lässt sich der Nachweis über alle vier Voraussetzungen am ehesten über einen Sanierungsplan führen.[494] Nach Auffassung von *Kanzler* muss dieser Sanierungsplan aber nicht zwangsläufig den Erfordernissen entsprechen, wie sie beispielsweise das IDW im Rahmen des IDW S 6 formuliert hat.[495] Im Einzelnen lässt sich die Sanierungsbedürftigkeit auch durch Vorlage einer Überschuldungsbilanz oder eines Liquiditätsplans nachweisen, wenn diese den insolvenzrechtlichen Erfordernissen entsprechen.[496] Durch eine positive Fortführungsprognose nach § 19 Abs. 1 S. 1 InsO könnte der Steuerpflichtige die Sanierungsfähigkeit seines Unternehmens darlegen.[497]

In der Literatur herrscht Uneinigkeit darüber, ob der Steuerpflichtige aufgrund der Nachweispflicht ein faktisches Wahlrecht hat, die Vorschriften in Anspruch zu nehmen. Einige Stimmen in der Literatur verneinen diese Ansicht mit der Begründung, dass der Gesetzgeber § 3a EStG nicht antragsgebunden ausgestaltet hat. Würde von einem faktischen Wahlrecht aufgrund der Nachweispflicht ausgegangen, widerspreche das dem Vorgehen des Gesetzgebers. Darüber hinaus käme es zu einer Ungleichbehandlung zu Fällen der (ausnahmsweisen) unternehmerbezogenen Sanierung gem. § 3a Abs. 5 EStG.

---

491 Vgl. *Hallerbach*, in: H/H/R, EStG-Kommentar, 2021, § 3a, Rn. 30; *Kanzler*, in: K/K/B, EStG-Kommentar, 2021, § 3a, Rn. 116; *Seer*, in: Kirchhof/Seer, EStG-Kommentar, 2021, § 3a, Rn. 28.

492 Vgl. *Kanzler*, in: K/K/B, EStG-Kommentar, 2021, § 3a, Rn. 116; *Seer*, in: Kirchhof/Seer, EStG-Kommentar, 2021, § 3a, Rn. 28.

493 Vgl. *Sistermann/Beutel*, DStR 2017, 1065 [1066]; *Eilers/Schwahn*, Sanierungs-Steuerrecht, 2020, Rn. 2.47, wonach bei Vorliegen eines Sanierungs- oder Insolvenzplans von einer tatsächlichen Vermutung bzgl. der Erfüllung der Tatbestandsvoraussetzungen ausgegangen werden kann.

494 Vgl. *Hallerbach*, in: H/H/R, EStG-Kommentar, 2021, § 3a, Rn. 31 mit Verweis auf den sog. Sanierungserlass, BMF v. 27.3.2003, BStBl. I 2003, 240, Rn. 4, der von einer Indizwirkung bei Vorliegen eines Sanierungsplans ausgegangen ist.

495 Vgl. *Kanzler*, in: K/K/B, EStG-Kommentar, 2021, § 3a, Rn. 116.

496 Vgl. *Hallerbach*, in: H/H/R, EStG-Kommentar, 2021, § 3a, Rn. 31.

497 Vgl. *Hallerbach*, in: H/H/R, EStG-Kommentar, 2021, § 3a, Rn. 31.

Die Regelung verweist nicht auf § 3a Abs. 2 EStG. Eine Nachweispflicht ist demnach nicht erforderlich und somit bestehe auch kein diskutiertes faktisches Wahlrecht in diesem Fall.[498] Andere Vertreter der Literatur sind hingegen der Meinung, dass die Nachweispflicht sehr wohl zu einem faktischen Wahlrecht führe.[499] Diese Meinung wird damit vertreten, dass eine Amtsermittlung nicht vorgesehen sei und der Steuerpflichtige einfach durch Unterlassen des Nachweises die Wahlmöglichkeit hat.[500] Vertritt man die Meinung, dass es sich um ein faktisches Wahlrecht handelt, so bedeutet dies aber nicht, dass der Steuerpflichtige bei Verzicht auf die Sanierungsregelungen alternativ einen Steuererlass aus Billigkeitsgründen nach Maßgabe der §§ 163, 227 AO begehren kann, denn das widerspräche dem Willen des Gesetzgebers, der die Steuerbefreiung eindeutig nur im Zusammenhang mit der Verrechnung von Verlusten gewähren möchte.[501]

Aus Sicht des Steuerpflichtigen wäre es sicherlich zu begrüßen, wenn das Nachweiserfordernis zu einem faktischen Wahlrecht bezüglich der Inanspruchnahme des § 3a EStG führe, denn so könnte er denen mit der Steuerbefreiung verbundenen auch nachteiligen Rechtsfolgen entgehen.[502] Dies wäre insbesondere der Fall, wenn die nicht abzugsfähigen Sanierungskosten den Sanierungsertrag übersteigen. Darüber hinaus kann sich der Zwang zur Ausübung steuerlicher Wahlrechte für den Steuerpflichtigen in Folgejahren negativ auswirken.[503] Zu einem nicht vorteilhaften Ergebnis käme es für den Steuerpflichtigen auch, wenn bestehende Verlustvorträge den Sanierungsertrag

---

498 Vgl. *Levedag*, in: Schmidt, EStG-Kommentar, 2021, § 3a, Rn. 29.

499 Vgl. *Böing*, in: L/B/P, EStG-Kommentar, 2021, § 3a, Rn. 16; *Desens*, FR 2017, 981 [984]; *Hallerbach*, in: H/H/R, EStG-Kommentar, 2021, § 3a, Rn. 31; *Kanzler*, in: K/K/B, EStG-Kommentar, 2021, § 3a, Rn. 117; *Schnitter*, in: Frotscher/Drüen, GewStG-Kommentar, 2021, § 7b GewStG, Rn. 24 bei den letzten drei Fundstellen ohne weitergehende Begründung; *Desens*, FR 2017, 981 [984].

500 Vgl. *Böing*, in: L/B/P, EStG-Kommentar, 2021, § 3a, Rn. 16; *Seer*, in: Kirchhof/Seer, EStG-Kommentar, 2021, § 3a, Rn. 28; *Desens*, FR 2017, 981 [984] mit dem Hinweis, dass die Anwendung des § 3a EStG dann zwingend ist, wenn es sich um eine unternehmerbezogene Sanierung nach § 3a Abs. 5 EStG handelt, da sich mangels Verweis auf § 3a Abs. 2 EStG keine Nachweis- und Mitwirkungsverpflichtung für den Steuerpflichtigen ergeben.

501 Vgl. *Kanzler*, NWB 2021, 1311 [1312].

502 Vgl. *Hallerbach*, in: H/H/R, EStG-Kommentar, 2021, § 3a, Rn. 31; *Kanzler*, in: K/K/B, EStG-Kommentar, 2021, § 3a, Rn. 117.

503 Vgl. *Kanzler*, in: K/K/B, EStG-Kommentar, 2021, § 3a, Rn. 117; *Hallerbach*, in: H/H/R, EStG-Kommentar, 2021, § 3a, Rn. 5, Rn. 19 zur Teilwertabschreibung.

abdecken. Dass speziell der letztgenannte Punkt über die Vor- oder Nachteilhaftigkeit bezüglich der Anwendung der Sanierungsvorschriften entscheidend sein kann, wird sich auch in den Fallstudien in Kapitel E. dieser Arbeit zeigen.

c. *Zusammenfassung der Tatbestandsvoraussetzungen*

Die Tatbestandvoraussetzungen für die Steuerfreiheit von Sanierungserträgen bei einer unternehmensbezogenen Sanierung können zusammenfassend wie in Abbildung 6 dargestellt werden:

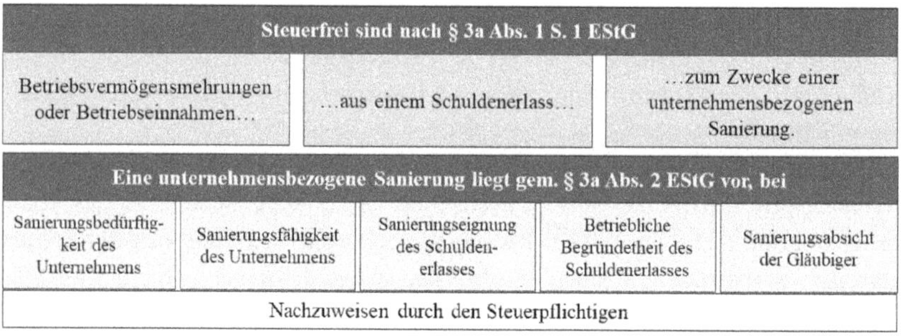

Abbildung 6: Zusammengefasste Darstellung der Tatbestandsmerkmale der Steuerfreiheit von Sanierungserträgen im Rahmen einer unternehmensbezogenen Sanierung nach § 3a Abs. 1, 2 EStG, Eigendarstellung

Die Prüfung erfolgt auf zwei Ebenen. Zum einen muss es sich um Betriebsvermögensmehrungen oder Betriebseinnahmen handeln, die auf einem Schuldenerlass beruhen und zum Zwecke einer unternehmensbezogenen Sanierung vollzogen worden sind. Die Voraussetzung einer unternehmensbezogenen Sanierung liegt dann vor, wenn der Steuerpflichtige nachweisen kann, dass das Unternehmen sanierungsbedürftig und sanierungsfähig ist, der Schuldenerlass geeignet für die angestrebte Sanierung und betrieblich begründet ist und zusätzlich die Sanierungsabsicht der Gläubiger dargelegt werden kann.

5. Rechtsfolgen

a. *Steuerfreiheit des Sanierungsertrags, § 3a Abs. 1 S. 1 EStG*

Sind die Tatbestandsvoraussetzungen des § 3a Abs. 1 S. 1 i.V.m. § 3a Abs. 2 EStG erfüllt, ist der Sanierungsertrag in Höhe der Betriebsvermögensmehrung bzw. Betriebseinnahmen steuerfrei (§ 3a Abs. 1 S. 1 EStG). Die Steuerfreiheit wird bei der Gewinnermittlung durch Betriebsvermögensvergleich in der Praxis dahingehend umgesetzt, dass der Sanierungsertrag außerbilanziell abzuziehen ist.[504] Der Sanierungsertrag wird dabei zunächst nicht mit dem Sanierungsertrag in Zusammenhang stehenden Aufwendungen (§ 3c Abs. 4 EStG) oder den Verlusten nach § 3a Abs. 3 EStG verrechnet; denn für beide gelten eigenständige Rechtsfolgen.[505] Für die Aufwendungen gem. § 3c Abs. 4 EStG gilt ein gesetzliches Abzugsverbot; die Verluste nach § 3a Abs. 3 EStG gehen in einem gesonderten Rechtsanwendungsschritt unter.[506] Anders als im Sanierungserlass erfolgt die Steuerfreiheit des Sanierungsertrags ohne Antrag des Steuerpflichtigen und ohne Ermessen der Finanzverwaltung.[507] Diese Rechtsfolge kann sich jedoch nur auf solche Sanierungserträge beziehen, die nicht aufgrund anderweitiger Regelungen, z.B. nach einem Doppelbesteuerungsabkommen (DBA), bereits steuerfrei sind.[508] Bei Mitunternehmerschaften ist der Sanierungsertrag im Einklang mit dem allgemeinen Gewinnverteilungsschlüssel zu verteilen, so dass ggf. auch negative Kapitalkonten eines Kommanditisten wieder aufgefüllt werden können.[509] Hat sich ein Gesellschafterwechsel vollzogen, so ist der Sanierungsertrag dem Gesellschafter zuzurechnen, der die – nunmehr erlassene – Verbindlichkeit wirtschaftlich tragen sollte.[510]

---

504 Vgl. *Krumm*, in: Blümich, EStG-Kommentar, 2021, § 3a, Rn. 32; *Hasbach/Oesterwinter/ Fahje*, DB 2020, 1249.

505 Vgl. *Krumm*, in: Blümich, EStG-Kommentar, 2021, § 3a, Rn. 32; zutreffend hier auch *Sistermann/Beutel*, DStR 2017, 1065 [1067], die es so formulieren, dass die Minderung des Sanierungsertrags nicht die Steuerfreiheit von Sanierungserträgen, sondern lediglich den Untergang von Steuerminderungspotenzialen i.S.v. § 3a Abs. 3 EStG beschränkt.

506 Vgl. *Krumm*, in: Blümich, EStG-Kommentar, 2021, § 3a, Rn. 32.

507 Vgl. *Böing*, in: L/B/P, EStG-Kommentar, 2021, § 3a, Rn. 36; *Hallerbach*, in: H/H/R, EStG-Kommentar, 2021, § 3a, Rn. 16.

508 Vgl. *Böing*, in: L/B/P, EStG-Kommentar, 2021, § 3a, Rn. 36; *Krumm*, in: Blümich, EStG-Kommentar, 2021, § 3a, Rn. 30, der den Ausschluss der anderweitigen Steuerfreiheit des Sanierungsertrags sogar als weitere ungeschriebene Tatbestandsvoraussetzung sieht; *Roser*, in: Lenski/Steinberg, GewStG-Kommentar, 2021, § 7b, Rn. 6, wonach eine ungeschriebene Tatbestandsvoraussetzung des § 3a EStG und des § 7b GewStG die Steuerpflicht des Sanierungsertrags ist.

509 Vgl. *Hallerbach*, in: H/H/R, EStG-Kommentar, 2021, § 3a, Rn. 16.

510 Vgl. BFH, Urt. v. 22.1.2015, IV R 38/10, BStBl. II 2015, 389, Rn. 24 ff.

b. Zwang zur Ausübung von steuerlichen Wahlrechten, § 3a Abs. 1 S. 2 EStG

Der Steuerpflichtige hat gem. § 3a Abs. 1 S. 2 EStG steuerliche Wahlrechte in dem Jahr, in dem er einen Sanierungsertrag erzielt und im Folgejahr gewinnmindernd auszuüben, wenn die Steuerfreiheit von Betriebsvermögensmehrungen oder Betriebseinnahmen nach § 3a Abs. 1 S. 1 EStG Anwendung findet. Dabei handelt es sich um eine Rechtsfolge, die neu ist und nicht bereits zu Zeiten des sog. Sanierungserlasses praktiziert wurde.[511] Die Regelung soll der Gesetzesbegründung zufolge eine größtmögliche Verlustnutzung gewährleisten und eine Doppelbegünstigung verhindern.[512] Dieses Ziel wird jedoch nur dann erfüllt, wenn das zu sanierende Unternehmen in dem Jahr, in dem es einen Sanierungsertrag erzielt bzw. im Folgejahr Verluste generiert, die durch die gewinnmindernde Ausübung von steuerlichen Wahlrechten entstehen oder sich erhöhen.[513] Denn bei einkommensteuerpflichtigen Personen wird andernfalls lediglich ein Progressionseffekt eintreten. Bei Unternehmen, die der Körperschaftsteuerpflicht unterliegen, spielt es für die Gesamtsumme der abzuführenden Steuern keine Rolle, ob die gewinnmindernden Wahlrechte im Sanierungsjahr oder zu einem späteren Zeitpunkt ausgeübt werden, sofern keine Minderungspotenziale entstehen, die gem. § 3a Abs. 3 S. 2 EStG untergehen.[514] In diesem Fall kann die Regelung auch zu ungünstigen Folgen für den Steuerpflichtigen führen, nämlich dann, wenn es zu einem späteren Zeitpunkt zu einer Teilwertzuschreibung und folglich zu einem Ertrag kommt, der dann nicht steuerfrei gestellt ist.[515]

Zeitlich betrachtet sind die steuerlichen Wahlrechte bei Einkünften aus Land- und Forstwirtschaft und bei Gewerbetreibenden in dem Wirtschaftsjahr, in dem der Sanierungsertrag erzielt wurde und im Folgejahr vorzunehmen. Dies gilt bei Einkünften aus selbständiger Arbeit analog zu den entsprechenden Kalenderjahren.[516] Dabei bezieht sich die gewinnmindernde steuerliche Wahlrechtsausübung auf die Gewinnermittlung des zu sanierenden Unternehmens, so dass gegebenenfalls weitere unternehmerische Tätigkeiten des

---

511 Vgl. *Sistermann/Beutel*, DStR 2017, 1065 [1067].

512 Vgl. BT-Drs. 18/12128 v. 26.4.2017, 31.

513 Vgl. *Hallerbach*, in: H/H/R, EStG-Kommentar, 2021, § 3a, Rn. 17.

514 Vgl. *Hallerbach*, in: H/H/R, EStG-Kommentar, 2021, § 3a, Rn. 17.

515 Vgl. *Hallerbach*, in: H/H/R, EStG-Kommentar, 2021, § 3a, Rn. 19; *Epler/Petersen*, Ubg 2019, 114 [117].

516 Vgl. *Förster/Hechtner*, DB 2017, 1536 [1542].

Steuerpflichtigen in diesem Zusammenhang nicht betroffen sind.[517] Ziel der Regelung ist es, die Steuerbefreiung auf das erforderliche Maß zu begrenzen und zu vermeiden, dass der Steuerpflichtige gewinnmindernde Wahlrechte erst nach der Sanierungsphase geltend macht.[518] Die Regelung gilt im Rahmen von Mitunternehmerschaften sowohl für die Gesamthands- als auch für die Sonderbilanzen der jeweiligen Mitunternehmer; denn der Mitunternehmer profitiert von einer Steuerbefreiung hinsichtlich des Sonderbetriebsvermögens, das zum sanierungsbedürftigen Unternehmen zählt.[519]

Die gewinnmindernde Ausübung steuerlicher Wahlrechte nach § 3a Abs. 1 S. 2 EStG bezieht sich dabei sowohl auf innerbilanzielle als auch außerbilanzielle Wahlrechte.[520] Sie umfasst alle eigenständigen steuerbilanziellen Ansatz- und Bewertungswahlrechte und außerbilanziellen Wahlrechte im Rahmen der steuerlichen Gewinnermittlung.[521] Streitig ist, ob sich die Regelung lediglich auf gesetzlich normierte Wahlrechte bezieht oder auch solche, die sich aus Verwaltungsanweisungen oder der Rechtsprechung ergeben.[522] Dagegen spricht das Argument, dass bei Einbeziehung von nichtgesetzlichen Wahlrechten der Vorbehalt des Gesetzes gem. Art. 20 Abs. 3 GG ausgehöhlt werden könnte, wenn die Finanzverwaltung ohne gesetzliche Grundlage neue steuerliche Wahlrechte in Verwaltungsanweisungen normiert.[523] Nicht umfasst sind

517 Vgl. *Förster/Hechtner*, DB 2017, 1536 [1542].

518 Vgl. BT-Drs. 18/12128 v. 26.4.2017, 31; *Krumm*, in: Blümich, EStG-Kommentar, 2021, § 3a, Rn. 34; *Seer*, in: Kirchhof/Seer, EStG-Kommentar, 2021, § 3a, Rn. 15.

519 Vgl. *Krumm*, in: Blümich, EStG-Kommentar, 2021, § 3a, Rn. 34; *Hallerbach*, in: H/H/R, EStG-Kommentar, 2021, § 3a, Rn. 17; *Seer*, in: Kirchhof/Seer, EStG-Kommentar, 2021, § 3a, Rn. 15.

520 Vgl. *Kanzler*, in: K/K/B, EStG-Kommentar, 2021, § 3a, Rn. 90 ff.; *Levedag*, in: Schmidt, EStG-Kommentar, 2021, § 3a, Rn. 34; *Seer*, in: Kirchhof/Seer, EStG-Kommentar, 2021, § 3a, Rn. 17.

521 Vgl. *Förster/Hechtner*, DB 2017, 1536 [1542].

522 Für eine Begrenzung auf gesetzliche Wahlrechte sprechen sich aus *Hallerbach*, in: H/H/R, EStG-Kommentar, 2021, § 3a, Rn. 17 mit der Argumentation, dass Wahlrechte, die nicht gesetzlich geregelt sind, sonst durch die Hintertür zu gesetzlichen Wahlrechten würden; *Levedag*, in: Schmidt, EStG-Kommentar, 2021, § 3a, Rn. 34; *Desens*, FR 2017, 981 [989]; a.A. *Förster/Hechtner*, DB 2017, 1536 [1542], *Kanzler*, NWB 2017, 2260 [2265], die auch Wahlrechte basierend auf Rechtsprechung und Verwaltungsvorschriften umfasst sehen.

523 Vgl. *Desens*, FR 2017, 981 [989]; *Kanzler*, in: K/K/B, EStG-Kommentar, 2021, § 3a, Rn. 90; *Schnitter*, in: Frotscher/Drüen, GewStG-Kommentar, 2021, § 7b GewStG, Rn. 25.

jedenfalls solche handelsrechtlichen Wahlrechte, die sich durch den Maßgeblichkeitsgrundsatz in der Steuerbilanz auswirken, ohne dass eine eigene Wahlmöglichkeit besteht.[524] Unklar ist, ob steuerliche Wahlrechte nicht erfasst werden, die sich nicht auf den steuerlichen Gewinn auswirken, wie beispielsweise eine Teilwertabschreibung auf Beteiligungen aufgrund des § 8b Abs. 3 S. 3 KStG.[525] Dem Gesetzestext folgend sind insbesondere § 6 Abs. 1 Nr. 1 S. 1, Nr. 2 S. 2 EStG von der Pflicht zur Ausübung steuerliche Wahlrechte umfasst (§ 3a Abs. 1 S. 3 EStG). Die beiden Regelungen erlauben den Ansatz eines niedrigeren Teilwerts von Wirtschaftsgütern des Anlagevermögens (§ 6 Abs. 1 Nr. 1 S. 2 EStG) sowie von Wirtschaftsgütern des Betriebs, z.B. Grund und Boden, Beteiligungen und Umlaufvermögen (§ 6 Abs. 1 Nr. 2 S. 2 EStG). Hinzu kommen steuerliche Wahlrechte nach § 6 Abs. 2 EStG (erhöhte Abschreibung sowie Sonder- und Sofortabschreibung), § 6 Abs. 2a EStG (Poolabschreibung), die LIFO-Bewertung nach § 6 Abs. 1 Nr. 2a EStG sowie die Bildung und Auflösung steuerfreier Rücklagen § 6 Umwandlungsteuergesetz (UmwStG).[526] Es sind also nicht nur Wahlrechte aus dem EStG auszuüben, sondern auch Wahlrechte, die sich aus dem Umwandlungssteuergesetz ergeben.[527]

Ob Subventionsregelungen, wie z.B. Rücklagen nach §§ 6b, 6c EStG, der Investitionsabzugsbetrag nach § 7g EStG, also Vorschriften, die einen

524 Vgl. *Förster/Hechtner*, DB 2017, 1536 [1542]; *Levedag*, in: Schmidt, EStG-Kommentar, 2021, § 3a, Rn. 34; *Schnitter*, in: Frotscher/Drüen, GewStG-Kommentar, 2021, § 7b GewStG, Rn. 25; *Hallerbach*, in: H/H/R, EStG-Kommentar, 2021, § 3a, Rn. 17.

525 Verneinend *Förster/Hechtner*, DB 2017, 1536 [1543]; *Levedag*, in: Schmidt, EStG-Kommentar, 2021, § 3a, Rn. 34; *Kahlert/Schmidt*, DStR 2017, 1897 [1902]; *Weiss*, StuB 2017, 581 [584]; *Hallerbach*, in: H/H/R, EStG-Kommentar, 2021, § 3a, Rn. 17; so wohl auch *Epler/Petersen*, Ubg 2019, 114 [117] im Beispielsfall einer zu sanierenden Personengesellschaft, bei der der steuerbilanzielle Aufwand aus einer Teilwertabschreibung auf eine Beteiligung einer Kapitalgesellschaft als Mitunternehmer zugerechnet wird, dieser Aufwand jedoch nach § 8b Abs. 6 S. 1 i.V.m. Abs. 3 S. 3, 4 KStG nicht abziehbar ist. Für die natürliche Person als Gesellschafter gilt ein Abzugsverbot i.H.v. 60 % gem. § 3c Abs. 2 S. 1, 2 EStG. In Höhe dieses Betrags mindert sich die Gewerbesteuer gem. § 7 S. 4 GewStG; a.A. *Krumm*, in: Blümich, EStG-Kommentar, 2021, § 3a, Rn. 34.

526 Vgl. *Förster/Hechtner*, DB 2017, 1536 [1542]; *Seer*, in: Kirchhof/Seer, EStG-Kommentar, 2021, § 3a, Rn. 17; *Hallerbach*, in: H/H/R, EStG-Kommentar, 2021, § 3a, Rn. 19 ergänzt hierzu, dass sich der Streit über das Vorliegen einer dauerhaften Wertminderung von der Finanzverwaltung auf den Steuerpflichtigen verlagern wird.

527 Vgl. *Hallerbach*, in: H/H/R, EStG-Kommentar, 2021, § 3a, Rn. 17.

potenziell entstehenden Aufwand in frühere Veranlagungszeiträume verlagern und an weitere Voraussetzungen geknüpft sind, ebenfalls von § 3a Abs. 1 S. 2 EStG inbegriffen sind, ist bisher nicht endgültig geklärt. Für einen Einbezug dieser Regelung spricht die Absicht des Gesetzgebers, ein „größtmögliches Verlustausgleichsvolumen“[528] zu schaffen.[529] Zwar können sie ihren Beitrag dazu leisten, den Sanierungsertrag zu mindern, jedoch wird mit diesen steuerlichen Wahlrechten keine Doppelbegünstigung vermieden, da bloß eventuell zukünftig entstehende Aufwendungen betroffen sind.[530] Außerdem spricht für das Nichterfassen dieser Regelungen, dass der Steuerpflichtige mit nachteiligen finanziellen Folgen, z.B. Zinsen oder Gewinnzuschlägen, bei Unterlassen der Reinvestition belastet wird, die sich folglich nachteilig auf eine Sanierung auswirken können.[531] Darüber hinaus beseitigt ein Unterlassen der Reinvestition rückwirkend die ursprünglich gewinnmindernde Auswirkung des Investitionsabzugsbetrags nach § 7g Abs. 3 EStG.[532]

Ebenso ist die Frage, ob die gewinnmindernde Ausübung von steuerlichen Wahlrechten der Höhe nach auf den geminderten Sanierungsertrag begrenzt ist, in der Literatur streitig.[533] Das Gesetz enthält diesbezüglich keine Beschränkung. Aufgrund dessen kann argumentiert werden, dass die Wahlrechte der Höhe nach unbeschränkt auszuüben sind. Verluste, die durch die Wahlrechtsausübung (neu) entstehen, da sie den Sanierungsertrag übersteigen, gehen

528 BT-Drs. 18/12128 v. 26.4.2017, 31.

529 Vgl. *Desens*, FR 2017, 981 [989]; *Kanzler*, in: K/K/B, EStG-Kommentar, 2021, § 3a, Rn. 88 mit Verweis, dass andernfalls der Regelungszweck unterlaufen würde und die meisten steuerlichen Wahlrechte einen Subventionszweck verfolgen.

530 Vgl. *Hallerbach*, in: H/H/R, EStG-Kommentar, 2021, § 3a, Rn. 17, wonach i. Erg. § 7g EStG kein steuerliches Wahlrecht i.S.v. § 3a EStG darstellt, da die Rückstellung i.S.v. § 7g EStG nur für den zukünftigen Erwerb begünstigter Wirtschaftsgüter gebildet werden darf.

531 Vgl. *Förster/Hechtner*, DB 2017, 1536 [1542 f.]; *Levedag*, in: Schmidt, EStG-Kommentar, 2021, § 3a, Rn. 34; *Hallerbach*, in: H/H/R, EStG-Kommentar, 2021, § 3a, Rn. 17.

532 Vgl. *Förster/Hechtner*, DB 2017, 1536 [1543].

533 Bejahend: *Krumm*, in: Blümich, EStG-Kommentar, 2021, § 3a, Rn. 34 mit Verweis auf den Telos der Norm; *Förster/Hechtner*, DB 2017, 1536 [1543] mit Verweis auf die gesetzgeberische Intention; *Seer*, in: Kirchhof/Seer, EStG-Kommentar, 2021, § 3a, Rn. 16, der für eine teleologische Reduktion der überschießenden Regelung plädiert; a.A. *Hallerbach*, in: H/H/R, EStG-Kommentar, 2021, § 3a, Rn. 17 mit Verweis auf die mangelnde gesetzliche Beschränkung; *Desens*, FR 2017, 981 [989] mit Verweis auf den eindeutigen (überschießenden) Wortlaut; *Kanzler*, NWB 2021, 1311 [1314].

jedoch nicht unter, sondern können in den folgenden Veranlagungszeiträumen genutzt werden.[534] Wäre die Ausübung steuerlicher Wahlrechte der Höhe nach beschränkt, entstünde zwangsläufig die Frage, ob gezielte Wahlrechte vom Steuerpflichtigen ausgeübt werden könnten oder alle Wahlrechte gleichmäßig gewinnmindernd zu nutzen sind.[535]

§ 3a Abs. 1 S. 2f. EStG ist auf die Hebung stiller Lasten beschränkt. Eine Erweiterung auf die Hebung stiller Reserven ist im Umkehrschluss ausgeschlossen.[536] Dabei ist die gewinnmindernde Ausübung steuerlicher Wahlrechte keine Voraussetzung für die Erlangung der Steuerfreiheit des Sanierungsertrages.[537] Genauso wenig verliert der Steuerpflichtige nicht die Steuerfreiheit des Sanierungsgewinns, vielmehr ist z.B. der Verlustuntergang unrechtmäßig zu niedrig erfolgt.[538] Es handelt sich also vielmehr um eine zwingende Rechtsfolge.[539] Das Finanzamt muss von Amts wegen sicherstellen, dass die Wahlrechte im größtmöglichen Umfang ausgeübt werden.[540] Dies ist insoweit positiv zu bewerten, als dass diverse Unklarheiten im Hinblick auf die gewinnmindernde Ausübung steuerlicher Wahlrechte die praktische Umsetzung mit erheblichen Unsicherheiten behaftet.

c. *Nichtabziehbare Aufwendungen, § 3c Abs. 4 EStG*

§ 3c EStG normiert im Allgemeinen ein Abzugsverbot von Betriebsausgaben und Werbungskosten, sofern sie in unmittelbaren wirtschaftlichen Zusammenhang mit steuerfreien Einnahmen stehen (Grundnorm des § 3c Abs. 1

---

534 Vgl. *Hallerbach*, in: H/H/R, EStG-Kommentar, 2021, § 3a, Rn. 17, ebenso *Kanzler*, NWB 2021, 1311 [1314].

535 Vgl. *Hallerbach*, in: H/H/R, EStG-Kommentar, 2021, § 3a, Rn. 17.

536 Vgl. *Krumm*, in: Blümich, EStG-Kommentar, 2021, § 3a, Rn. 34; *Seer*, in: Kirchhof/Seer, EStG-Kommentar, 2021, § 3a, Rn. 18.

537 Vgl. *Hallerbach*, in: H/H/R, EStG-Kommentar, 2021, § 3a, Rn. 21; *Böing*, in: L/B/P, EStG-Kommentar, 2021, § 3a, Rn. 38 mit dem Hinweis, dass es andernfalls zu einem faktischen und systemwidrigen Antragsrecht des Steuerpflichtigen führe durch Nichtausübung des Wahlrechts; ebenso *Kanzler*, in: K/K/B, EStG-Kommentar, 2021, § 3a, Rn. 89; *Kahlert/Schmidt*, DStR 2017, 1897 [1902].

538 Vgl. *Krumm*, in: Blümich, EStG-Kommentar, 2021, § 3a, Rn. 34.

539 Vgl. *Kahlert/Schmidt*, DStR 2017, 1897 [1902]; *Böing*, in: L/B/P, EStG-Kommentar, 2021, § 3a, Rn. 38.

540 Vgl. *Hallerbach*, in: H/H/R, EStG-Kommentar, 2021, § 3a, Rn. 21; *Kanzler*, in: K/K/B, EStG-Kommentar, 2021, § 3a, Rn. 93; *Levedag*, in: Schmidt, EStG-Kommentar, 2021, § 3a, Rn. 33; *Kahlert/Schmidt*, DStR 2017, 1897 [1902].

Hs. 1 EStG). Der § 3c EStG soll verhindern, dass Steuerpflichtige einen doppelten Steuervorteil erhalten, in dem sie die Steuerfreiheit bestimmter Einnahmen genießen und gleichzeitig die damit in Verbindung stehenden Ausgaben steuermindernd geltend machen können.[541] Dabei konkretisiert § 3c Abs. 1 EStG das objektive Nettoprinzip und ist damit verfassungsrechtlich unbedenklich.[542] Die Norm gilt dabei für beschränkt und unbeschränkt steuerpflichtige natürliche Personen und über § 8 Abs. 1 KStG auch für beschränkt und unbeschränkt körperschaftsteuerpflichtige Subjekte.[543] Von dem Abzugsverbot sollen jedoch nicht die Sanierungsaufwendungen auf Ebene der Mitunternehmer des zu sanierenden Unternehmens oder gar Dritten betroffen sein.[544]

Für steuerfreie Sanierungserträge nach § 3a EStG wurde eine Spezialnorm in Abs. 4 des § 3c EStG aufgenommen. Das Verhältnis der spezielleren Regelung für Sanierungserträge nach § 3c Abs. 4 EStG zu der Grundregel nach § 3c Abs. 1 Hs. 1 EStG ist dabei unterschiedlicher Natur. Während manche Anordnungen des § 3c Abs. 4 EStG lediglich klarstellenden Charakter haben, weil sie keine von der Grundregel abweichende Rechtsfolge beinhalten, gibt es auch Regelungsteile des § 3c Abs. 4 EStG, die eine von der Grundregel des § 3c Abs. 1 Hs. 1 abweichende Rechtsfolge normieren.[545] § 3c Abs. 4 EStG ist ebenso wie § 3a EStG i.R.d. RübStG[546] vom 27.06.2017 neu eingefügt worden. Wäre dem § 3c EStG nicht der Absatz 4 als Sonderregelung hinzugefügt worden, wäre die Grundregelung nach § 3c Abs. 1 Hs. 1 EStG anzuwenden gewesen.[547] Ebenso wie der § 3a EStG stand auch das Abzugsverbot nach § 3c Abs. 4 EStG unter Genehmigungsvorbehalt durch die Europäische Kommission, so dass die Regelung erst durch aktives Zutun des Gesetzgebers

---

541 Vgl. BT-Drs. III/260 v. 7.3.1958, 50 wonach die Einführung der Regelung (damals noch § 3b EStG a.F.) auf von der Rechtsprechung entwickelten Rechtsgrundsätze beruht und lediglich klarstellenden Charakter hat; *Isler*, in: Frotscher/Geurts, EStG-Kommentar, 2021, § 3c, Rn. 2; *Valta*, in: Blümich, EStG-Kommentar, 2021, § 3c, Rn. 6c.

542 Vgl. *Desens*, in: H/H/R, EStG-Kommentar, 2021, § 3c, Rn. 1; *Isler*, in: Frotscher/Geurts, EStG-Kommentar, 2021, § 3c, Rn. 4; *Nacke* in: K/K/B, EStG-Kommentar, 2021, § 3c EStG, Rn. 3; *Valta*, in: Blümich, EStG-Kommentar, 2021, § 3c, Rn. 9.

543 Vgl. *Desens*, in: H/H/R, EStG-Kommentar, 2021, § 3c, Rn. 20; *Valta*, in: Blümich, EStG-Kommentar, 2021, § 3c, Rn. 92; *Isler*, in: Frotscher/Geurts, EStG-Kommentar, 2021, § 3c, Rn. 97e.

544 Vgl. *Sistermann/Beutel*, DStR 2017, 1065 [1069].

545 Vgl. *Desens*, in: H/H/R, EStG-Kommentar, 2021, § 3c, Rn. 15a.

546 Vgl. RübStG v. 27.06.2017, BGBl. I 2017, 2074.

547 Vgl. *Desens*, in: H/H/R, EStG-Kommentar, 2021, § 3c, Rn. 5, 15a.

im Rahmen des JStG 2018[548] vom 11.12.2018 in Kraft treten konnte. Seitdem ist § 3c Abs. 4 EStG anwendbar auf Betriebsvermögenminderungen oder Betriebsausgaben, die im wirtschaftlichen Zusammenhang mit einem Schuldenerlass stehen, der nach dem 08.02.2017 erfolgt ist, und auf den § 3a EStG Anwendung findet (§ 52 Abs. 5 S. 3 EStG). Ausdrücklich besagt das Gesetz in § 3c Abs. 4 S. 1 EStG, dass Sanierungskosten unabhängig davon nichtabzugsfähig sind, in welchem Veranlagungszeitraum der Sanierungsertrag entstanden ist. Daher können auch Sanierungskosten, die vor dem 08.02.2017 entstanden sind, nicht abzugsfähig sein, sofern sie in einem wirtschaftlichen Zusammenhang mit einer steuerfreien Maßnahme unter Anwendung des § 3a EStG und damit i.d.R. nach dem 08.02.2017 stehen.[549] Dabei handelt es sich hierbei nicht um eine verfassungsrechtlich bedenkliche unzulässige Rückwirkung. Dem Steuerpflichtigen entsteht hierdurch kein Nachteil; vielmehr wird lediglich sein Steuervorteil zulässigerweise geschmälert.[550] Die Anwendung des § 3c Abs. 4 EStG kann sich gem. § 52 Abs. 5 S. 4 EStG auch auf Altfälle erstrecken, in denen dem Steuerpflichtigen auf Antrag die Steuerfreiheit von Sanierungserträgen nach § 3a EStG gewährt wird. Die Ausweitung der Anwendung auf Altfälle soll dem Steuerpflichtigen ausreichende Rechtssicherheit geben und den Rechtsweg in den Fällen eröffnen, in denen die Finanzverwaltung die Annahme eines begünstigten Sanierungsertrag ablehnt.[551] Hat der Steuerpflichtige für Neufälle per Antrag die Anwendung des sog. Sanierungserlasses gewählt, kommt § 3c Abs. 4 EStG nicht zur Anwendung. Der Umfang der Steuerbefreiung und der

---

548 Vgl. Gesetz zur Vermeidung von Umsatzsteuerausfällen beim Handel mit Waren im Internet und zur Änderung weiterer steuerlicher Vorschriften (JStG 2018) v. 11.12.2018. BGBl. I 2018, 2338.

549 Vgl. *Desens*, in: H/H/R, EStG-Kommentar, 2021, § 3c, Rn. 5, *Levedag*, in: Schmidt, EStG-Kommentar, 2021, § 3c, Rn. 25.

550 Vgl. *Desens*, in: H/H/R, EStG-Kommentar, 2021, § 3c, Rn. 5 mit dem Verweis, dass lediglich im unwahrscheinlichen Fall, in dem die Sanierungsaufwendungen vor dem VZ 2017 den späteren Sanierungsertrag nach § 3a Abs. 1 EStG übersteigen, eine verfassungswidrige echte Rückwirkung vorliegen könnte. In diesem Fall könne der Steuerpflichtige zur Verhinderung der steuerlich nachteiligen Folgen das seiner Auffassung nach vorhandene faktische Wahlrecht (str.) nach § 3a Abs. 2 EStG durch Unterlassen der Nachweis- und Mitwirkungsobliegenheit ausüben.

551 Vgl. BT-Drs. 19/5595 v. 7.11.2018, 73; *Desens*, in: H/H/R, EStG-Kommentar, 2021, § 3c, Rn. 5.

Abzug von Sanierungskosten richten sich dann ausschließlich nach dem sog. Sanierungserlass.[552]

§ 3c Abs. 4 S. 1 EStG stellt auf Betriebsvermögensminderungen oder Betriebsausgaben ab, die im Zusammenhang mit gem. § 3a Abs. 1 S. 1 EStG steuerfreien Sanierungserträgen stehen, wobei es sich dabei um „Betriebsvermögensmehrungen und Betriebseinnahmen aus einem Schuldenerlass zum Zwecke einer Sanierung" i.S.d. § 3a Abs. 2 EStG handelt.[553] Erträge aus einer unternehmerbezogenen Sanierung i.S.v. § 3a Abs. 5 EStG sind dem gleichgestellt.[554] Die Begriffe der Betriebsvermögensminderungen und der Betriebsausgaben stehen mit der zugrundeliegenden Gewinnermittlungsart im Zusammenhang. So wird von Betriebsvermögensminderungen gesprochen, wenn der Steuerpflichtige eine Gewinnermittlung nach §§ 4 Abs. 1, 5 Abs. 1 EStG vornimmt, während Betriebsausgaben auf die Gewinnermittlung nach § 4 Abs. 3 EStG Bezug nimmt.[555] Umfasst sind dabei Aufwendungen, die einer betrieblichen Veranlassung unterlagen und die ohne Anwendung des § 3c Abs. 4 S. 1 EStG zu einer Gewinnminderung im Rahmen der jeweiligen Gewinnermittlungsart führen würden.[556] Darüber hinaus muss zwischen den Betriebsvermögensminderungen bzw. Betriebsausgaben und den steuerfreien Einnahmen ein wirtschaftlicher Zusammenhang bestehen.[557] Sie müssen also im Hinblick auf ihrer Entstehung und Zweckbestimmung durch das gleiche Ereignis veranlasst sein, wie der nach § 3a EStG steuerfreie Schuldenerlass.[558] Der Gesetzesbegründung zufolge gehören zu den Aufwendungen Sanierungskosten, die „unmittelbar der Erlangung von Sanierungsbeiträgen der Gläubiger dienen"[559]. Dazu gehören beispielsweise Kosten für den Sanierungsplan und die Sanierungsberatung.[560] Ebenso können Ausgaben für ein Vergleichsverfahren (hierbei z.B. die Kosten

552 Vgl. *Levedag*, in: Schmidt, EStG-Kommentar, 2021, § 3c, Rn. 25 mit Verweis auf *Desens*, FR 2017, 981 [984]; ausführlich zur Behandlung von Sanierungskosten unter dem Sanierungserlass vgl. *Schwahn*, FR 2015, 453.

553 Vgl. *Desens*, in: H/H/R, EStG-Kommentar, 2021, § 3c, Rn. 110.

554 Vgl. *Desens*, in: H/H/R, EStG-Kommentar, 2021, § 3c, Rn. 110; *Förster/Hechtner*, DB 2017, 1536 [1543]; *Isler*, in: Frotscher/Geurts, EStG-Kommentar, 2021, § 3c, Rn. 97f.

555 Vgl. *Desens*, in: H/H/R, EStG-Kommentar, 2021, § 3c, Rn. 111; *Isler*, in: Frotscher/Geurts, EStG-Kommentar, 2021, § 3c, Rn. 97g.

556 Vgl. *Desens*, in: H/H/R, EStG-Kommentar, 2021, § 3c, Rn. 111.

557 Vgl. *Desens*, in: H/H/R, EStG-Kommentar, 2021, § 3c, Rn. 112.

558 Vgl. *Desens*, in: H/H/R, EStG-Kommentar, 2021, § 3c, Rn. 112; *Förster/Hechtner*, DB 2017, 1536 [1543]; *Isler*, in: Frotscher/Geurts, EStG-Kommentar, 2021, § 3c, Rn. 97h.

559 BT-Drs. 18/12128 v. 26.4.2017, 33.

560 Vgl. BT-Drs. 18/12128 v. 26.4.2017, 33.

für den Vergleichsverwalter), Treuhänder oder Sachverständige regelmäßig nicht abgezogen werden.[561]

Die Nichtabziehbarkeit solcher Kosten gilt wohl selbst dann, wenn die Aufwendungen nicht zu einer Betriebsvermögensmehrung geführt haben.[562] Dieser Auffassung wird in der Literatur überwiegend widersprochen. Ihr zufolge kommt das Abzugsverbot nach § 3c Abs. 4 EStG nicht zum Zuge, wenn fruchtlose Sanierungsaufwendungen vorhanden sind und keine nach § 3a EStG steuerfreien Sanierungserträge vorliegen.[563] Das könne beispielsweise dann der Fall sein, wenn eine Sanierung nicht zustande kommt, der Steuerpflichtige es unterlässt, das Vorliegen der Voraussetzungen für eine unternehmensbezogene Sanierung nachzuweisen, oder keine steuerfreien Sanierungsbeiträge durch die Gläubiger geleistet werden.[564] Würde das Abzugsverbot auch vergebliche Sanierungsaufwendungen umfassen, verstoße dies sowohl gegen das Nettoprinzip als auch gegen das Gesetz, da es sich bei § 3c Abs. 4 EStG um eine Rechtsfolge des § 3a EStG handelt, die gem. § 3a Abs. 1 S. 1 EStG einen steuerfreien Sanierungsertrag voraussetzt.[565] *Epler/Petersen* gehen derzeit davon aus, dass die Finanzverwaltung zunächst den Begriff der Sanierungskosten extensiv auslegen wird und die Abgrenzungskriterien erst im Rahmen der Rechtsprechung konturiert werden.[566] Grundsätzlich soll eine verhältnismäßige Aufteilung möglich sein, wenn Sanierungskosten im wirtschaftlichen Zusammenhang mit steuerfreien und anderen nicht begünstigten Sanierungsmaßnahmen, z.B. Zuschüssen oder Mieterleichterungen, stehen. In diesem Fall ist der Gesamtbetrag der Sanierungskosten auf die unterschiedlichen Sanierungsbeiträge aufzuteilen.[567] Diese Regelung setzt voraus, dass der Steuerpflichtige in der Lage ist, eine Aufteilung

561 Vgl. *Desens*, in: H/H/R, EStG-Kommentar, 2021, § 3c, Rn. 112; *Kanzler*, in: K/K/B, EStG-Kommentar, 2021, § 3a, Rn. 134; *Kanzler*, NWB 2019, 626 [643].

562 Vgl. BT-Drs. 18/12128 v. 26.4.2017, 33; *Kanzler*, NWB 2019, 626 [643].

563 Vgl. *Desens*, in: H/H/R, EStG-Kommentar, 2021, § 3c, Rn. 19a, 110; *Förster/Hechtner*, DB 2017, 1536 [1543]; *Levedag*, in: Schmidt, EStG-Kommentar, 2021, § 3c, Rn. 28; *Isler*, in: Frotscher/Geurts, EStG-Kommentar, 2021, § 3c, Rn. 97f; *Hölzle*, ZIP 2020, 303 [308].

564 Vgl. *Förster/Hechtner*, DB 2017, 1536 [1543].

565 Vgl. *Kanzler*, NWB 2019, 626 [643], *Desens*, FR 2017, 981 [985]; *Hölzle*, ZIP 2020, 303 [308].

566 Vgl. *Epler/Petersen*, Ubg 2019, 114 [116].

567 Vgl. *Desens*, in: H/H/R, EStG-Kommentar, 2021, § 3c, Rn. 112; *Kanzler*, in: K/K/B, EStG-Kommentar, 2021, § 3a, Rn. 135; *Förster/Hechtner*, DB 2017, 1536 [1543]; *Kanzler*, NWB 2019, 626 [643]; *Levedag*, in: Schmidt, EStG-Kommentar, 2021, § 3c, Rn. 31.

zwischen abziehbaren und nichtabziehbaren Aufwendungen vornehmen zu können, in dem er beispielsweise gesonderte Aufzeichnungen vorhält.[568]

Im Gegensatz zur Regelung des § 3c Abs. 1 Hs. 1 EStG ist die Regelung des § 3c Abs. 4 S. 1 EStG im Hinblick auf das Abzugsverbot für Sanierungsaufwendungen nicht der Höhe nach beschränkt.[569] Daraus folgt, dass bei dem Steuerpflichtigen theoretisch ein Sanierungsverlust entstehen kann, wenn die Sanierungsaufwendungen, die im Sanierungsjahr und in den vorherigen Veranlagungszeiträumen getätigt wurden, den Sanierungsertrag übersteigen.[570] Bei dieser Regelung könnte es sich jedoch um eine gegen das Nettoprinzip verstoßende und daher rechtfertigungsbedürftige Rechtsfolge handeln.[571]

Dem Gesetzestext nach sind insbesondere Zahlungen auf Besserungsscheine und vergleichbare Aufwendungen Betriebsvermögenminderungen und Betriebsausgaben i.S.d. § 3c Abs. 4 S. 1 EStG und damit nicht abzugsfähig (§ 3c Abs. 4 S. 3 EStG). Dieser Satz hat lediglich klarstellende Bedeutung.[572] Aufwendungen im Zusammenhang mit Besserungsscheinen entstehen typischerweise nicht im Sanierungsjahr, sondern erst in Folgejahren, wenn der Besserungsfall im Unternehmen eingetreten ist und daher die ursprüngliche Verbindlichkeit wiederauflebt.[573] Da dieser Aufwand regelmäßig in unmittelbarem wirtschaftlichen Zusammenhang mit einem steuerfreien Sanierungsertrag steht, wäre dieser Fall unstreitig schon von § 3c Abs. 4 S. 1 EStG umfasst.[574]

---

568 Vgl. *Kanzler*, NWB 2019, 626 [643]; *Hallerbach*, in: H/H/R, EStG-Kommentar, 2021, § 3a, Rn. 33; *Epler/Petersen*, Ubg 2019, 114 [116].

569 Vgl. *Desens*, in: H/H/R, EStG-Kommentar, 2021, § 3c, Rn. 15a; *Isler*, in: Frotscher/Geurts, EStG-Kommentar, 2021, § 3c, Rn. 97i.

570 Vgl. *Desens*, in: H/H/R, EStG-Kommentar, 2021, § 3c, Rn. 15a, 120 unter Verweis auf die Regelung des § 3c Abs. 4 S. 4 EStG, welche den Abzug nachträglicher Sanierungsaufwendungen der Höhe nach auf den verbleibenden Sanierungsertrag gem. § 3a Abs. 3 S. 4 EStG beschränkt. Im Umkehrschluss sind vorweggenommene Sanierungsaufwendungen in unbeschränkter Höhe abzuziehen; *Möhlenbrock/Gragert*, FR 2017, 994 [997]; *Förster/Hechtner*, DB 2017, 1536 [1543]; *Skauradszun/Kwauka*, DStR 2020, 953 [955 f.] mit Fallbeispiel.

571 Vgl. *Kanzler*, NWB 2019, 626 [643]; *Skauradszun/Kwauka*, DStR 2020, 953 [956 f.] eingehend zu der Thematik, warum § 3c Abs. 4 EStG gegen das objektive Nettoprinzip verstößt.

572 Vgl. *Desens*, in: H/H/R, EStG-Kommentar, 2021, § 3c, Rn. 15a, 117.

573 Vgl. *Desens*, in: H/H/R, EStG-Kommentar, 2021, § 3c, Rn. 15a, 117.

574 Vgl. *Desens*, in: H/H/R, EStG-Kommentar, 2021, § 3c, Rn. 15a, 117 mit dem Hinweis, dass es sich dabei also um eine klarstellende Bedeutung im doppelten Sinne handelt; denn die Aufwendungen unterfallen nicht nur der Sonderregel nach § 3c Abs. 4 S. 1 EStG, sondern bereits der Grundregelung nach § 3c Abs. 1 Hs. 1 EStG.

Die klarstellende Aussage soll wohl lediglich verdeutlichen, dass die Rechtslage, die unter Heranziehung des sog. Sanierungserlasses gegolten hat, beibehalten werden soll.[575] Vergleichbare Aufwendungen i.S.v. § 3c Abs. 4 S. 3 EStG können letztendlich solche Aufwendungen sein, bei denen eine Forderung derart umgestaltet wurde, dass sie im Zeitpunkt der Sanierungshandlung zu einem Sanierungsertrag geführt hat, zu einem späteres Zeitpunkt jedoch zu einer Zahlung auf eine Verbindlichkeit und damit zu einem Aufwand führt.[576] Hierbei wäre beispielsweise an einen spezifizierten Rangrücktritt zu denken.[577] Im Zusammenhang mit Mitunternehmerschaften ist zu beachten, dass dem Korrespondenzprinzip folgend Zahlungen auf Besserungsscheine an die Mitunternehmer erfolgsneutral durchzuführen sind.[578]

§ 3c Abs. 4 S. 1 Hs. 2 EStG stellt ergänzend klar, dass kein zeitlicher Zusammenhang zwischen den Aufwendungen und den steuerfreien Einnahmen vorausgesetzt wird. Auch hier handelt es sich um eine klarstellende Ergänzung, da sich aus der Grundregel nach § 3c Abs. 1 Hs. 1 EStG nichts Gegenteiliges ergibt.[579] Die Unabhängigkeit der Sanierungsaufwendungen von dem Veranlagungszeitraum, in dem der Sanierungsertrag entstanden ist, führt zu Folgewirkungen. Daher beinhaltet § 3c Abs. 4 EStG weitere Regelungen, die zum einen eine Verfahrenserleichterung normieren (§ 3c Abs. 4 S. 4 EStG), aber auch verfahrensrechtliche Änderungen in § 3c Abs. 4 S. 5–6 EStG beinhalten, um der zeitlichen Unabhängigkeit sachgerecht zu begegnen.[580]

Die Rechtsfolge des § 3c Abs. 4 S. 1 EStG ist, dass die von der Regelung erfassten Aufwendungen nicht abgezogen werden dürfen. Diese Korrektur wird im Rahmen der steuerlichen Gewinnermittlung vorgenommen und bei einem Betriebsvermögensvergleich erst außerbilanziell durchgeführt.[581] Zusätzlich wird die Höchstgrenze des Untergangs von Steuerminderungspotenzialen

575 Vgl. *Desens*, in: H/H/R, EStG-Kommentar, 2021, § 3c, Rn. 117.

576 Vgl. *Desens*, in: H/H/R, EStG-Kommentar, 2021, § 3c, Rn. 119; *Isler*, in: Frotscher/Geurts, EStG-Kommentar, 2021, § 3c, Rn. 97g.

577 Vgl. *Desens*, in: H/H/R, EStG-Kommentar, 2021, § 3c, Rn. 119; *Förster/Hechtner*, DB 2017, 1536 [1543].

578 Vgl. *Epler/Petersen*, Ubg 2019, 114 [116].

579 Vgl. *Desens*, in: H/H/R, EStG-Kommentar, 2021, § 3c, Rn. 15a, 113.

580 Vgl. *Desens*, in: H/H/R, EStG-Kommentar, 2021, § 3c, Rn. 113; *Weiss*, StuB 2017, 581 [585].

581 Vgl. *Desens*, in: H/H/R, EStG-Kommentar, 2021, § 3c, Rn. 114; *Levedag*, in: Schmidt, EStG-Kommentar, 2021, § 3c, Rn. 31; *Isler*, in: Frotscher/Geurts, EStG-Kommentar, 2021, § 3c, Rn. 97i.

nach § 3a Abs. 3 EStG gemindert. Diese Rechtsfolge ergibt sich aus § 3a Abs. 3 S. 1 EStG. Aufwendungen, die im Sanierungsjahr oder in vorherigen Veranlagungszeiträumen entstanden sind und dem Abzugsverbot nach § 3c Abs. 4 EStG unterliegen, mindern den Sanierungsertrag i.S.d. § 3a Abs. 1 S. 1 EStG. Solche Sanierungsaufwendungen, die gem. § 3c Abs. 4 S. 2 EStG in den Verlustvortrag eingegangen sind, mindern hingegen nicht den Sanierungsertrag nach § 3a Abs. 3 S. 1 EStG.[582] Es verbleibt ein sog. geminderter Sanierungsertrag, der die Höchstgrenze für den Untergang von Steuerminderungspotenzialen nach § 3a Abs. 3 S. 2 Nr. 1–13 EStG beim Steuerpflichtigen bzw. gegebenenfalls bei einer nahestehenden Person (§ 3a Abs. 3 S. 3 EStG) darstellt.

Der geminderte Sanierungsertrag gem. § 3a Abs. 3 S. 1 EStG errechnet sich nach der aus Tabelle 1 zu entnehmenden Berechnung:

Tabelle 1: Allgemeingültige Berechnung des geminderten Sanierungsertrags i.S.v. § 3a Abs. 3 S. 1 EStG

	Sanierungsertrag i.S.v. § 3a Abs. 1 S. 1 EStG
-	Aufwendungen aus dem Sanierungsjahr bzw. aus den vorherigen VZ, die grds. dem Abzugsverbot gem. § 3c Abs. 4 EStG unterliegen (§ 3a Abs. 3 S. 1 EStG)
=	**Geminderter Sanierungsertrag i.S.v. § 3a Abs. 3 S. 1 EStG**

§ 3c Abs. 4 S. 2 EStG statuiert Ausnahmefälle vom Abzugsverbot für bestimmte vorweggenommene Sanierungsaufwendungen. Demnach sind Sanierungsaufwendungen aus vorherigen Veranlagungszeiträumen nicht vom Abzugsverbot betroffen, wenn der Abzug zum damaligen Zeitpunkt die Verlustvorträge erhöht hat, die von der Regelung des § 3a Abs. 3 EStG umfasst sind.[583] Die Regelung hat den Zweck einer Verfahrensvereinfachung und ist der in § 3c Abs. 4 S. 5 EStG normierten Korrekturregelung vorzuziehen.[584] Andernfalls hätte gem. § 3c Abs. 4 S. 5 EStG eine Korrektur der Steuer- und Feststellungsbescheide für die vorherigen Veranlagungszeiträume vorgenommen werden müssen.[585] Hat die damalige Gewinnminderung jedoch lediglich

582 Vgl. *Epler/Petersen*, Ubg 2019, 114 [117].

583 Vgl. *Desens*, in: H/H/R, EStG-Kommentar, 2021, § 3c, Rn. 115; *Förster/Hechtner*, DB 2017, 1536 [1543].

584 Vgl. *Desens*, in: H/H/R, EStG-Kommentar, 2021, § 3c, Rn. 115; *Möhlenbrock/Gragert*, FR 2017, 994 [997].

585 Vgl. *Desens*, in: H/H/R, EStG-Kommentar, 2021, § 3c, Rn. 115; *Möhlenbrock/Gragert*, FR 2017, 994 [997].

den Verlustvortrag erhöht, ändert sich im Ergebnis der Steuer- und Feststellungsbescheid nicht. Jedoch hätte gem. § 10d Abs. 4 S. 4–5 EStG in der Folge der Verlustfeststellungsbescheid geändert und ein geringerer Verlustvortrag festgestellt werden müssen. Das hätte zur Konsequenz gehabt, dass im späteren Sanierungsjahr ein geringerer Verlustvortrag zur Verfügung gestanden hätte, der nach § 3a Abs. 3 S. 2 EStG Ausgangsgröße des Verlustuntergangs ist.[586] Unter den Voraussetzungen, dass zum einen der Verlustvortrag in der Vergangenheit durch Sanierungsaufwand erhöht wurde und zum anderen dieser erhöhte Verlustuntergang auf Grundlage des § 3a Abs. 3 S. 2 EStG ohnehin gemindert wird, kann aus Vereinfachungsgründen von einer vorherigen Minderung abgesehen werden.[587] Diese Vorgehensweise entspricht derer, die unter Anwendung des Sanierungserlasses vorgenommen wurde.[588]

Die Regelung des § 3c Abs. 4 S. 2 EStG betrifft dabei nicht nur den allgemeinen Verlustvortrag nach § 10d Abs. 4 EStG. Vielmehr sind auch Verlustvorträge aus besonderen Verlustverrechnungskreisen nach §§ 15 Abs. 4, 15a, 15b EStG umfasst, die die Unternehmer bzw. Mitunternehmer des zu sanierenden Unternehmens betreffen.[589] Das erschließt sich bereits aus dem Regelungszweck der Vereinfachung, sofern es durch eine rückwirkende Korrektur nach § 3c Abs. 4 S. 5 EStG gleichsam zu einer Minderung des Verlustvortrags gekommen wäre (§ 15 Abs. 4 S. 7 Hs. 2 EStG i.V.m. § 10d Abs. 4 S. 4–5 EStG). Vor allem dann, wenn durch Unterlassen der Änderung des Steuer- und Feststellungsbescheids die Verlustvorträge nicht gemindert wurden, erhält die Ausnahme vom Abzugsverbot eine besondere Rechtfertigung; denn andernfalls käme es zu einer doppelten Nichtberücksichtigung der Verluste. Entsprechend bewirkt diese Regelung auch die Verhinderung einer Doppelbelastung.[590] Das Gesetz erfordert die Erhöhung von Verlustvorträgen (§ 3c Abs. 4 S. 2 EStG). Gleichwohl gebietet es die Verfahrensvereinfachung als Normzweck, dass ebenfalls Sanierungsaufwendungen umfasst sind, die zu einem erstmaligen Verlustvortrag führen.[591] Haben die Sanierungsaufwendungen hingegen nicht den Verlust

586 Vgl. *Desens*, in: H/H/R, EStG-Kommentar, 2021, § 3c, Rn. 15a, 115.

587 Vgl. *Desens*, in: H/H/R, EStG-Kommentar, 2021, § 3c, Rn. 115.

588 Vgl. *Desens*, in: H/H/R, EStG-Kommentar, 2021, § 3c, Rn. 115.

589 Vgl. *Desens*, in: H/H/R, EStG-Kommentar, 2021, § 3c, Rn. 116; *Isler*, in: Frotscher/Geurts, EStG-Kommentar, 2021, § 3c, Rn. 97j.

590 Vgl. *Desens*, in: H/H/R, EStG-Kommentar, 2021, § 3c, Rn. 116; *Weiss*, StuB 2017, 581 [585]; *Epler/Petersen*, Ubg 2019, 114 [116]; *Desens*, FR 2017, 981 [985].

591 Vgl. *Desens*, in: H/H/R, EStG-Kommentar, 2021, § 3c, Rn. 116; *Isler*, in: Frotscher/Geurts, EStG-Kommentar, 2021, § 3c, Rn. 97j.

entstehen lassen oder erhöht, sondern lediglich den Gewinn gemindert, ist der Steuer- oder Feststellungsbescheid im betreffenden Vorjahr nach Maßgabe des § 3c Abs. 4 S. 5 EStG zu ändern.[592]

§ 3c Abs. 4 S. 4 EStG normiert eine Beschränkung des Abzugsverbots für Folgejahre. Das Abzugsverbot für Betriebsvermögensminderungen und Betriebsausgaben gem. § 3c Abs. 4 S. 1 EStG, die nach dem Sanierungsjahr entstehen, besteht in Folgejahren nur noch, wenn ein verbleibender Sanierungsertrag nach § 3a Abs. 3 S. 4 EStG gegeben ist. Die Regelung stellt also eine Ausnahme zu § 3c Abs. 4 S. 1 EStG dar, nach der auch ein Sanierungsverlust entstehen kann, wenn die vorweggenommenen Sanierungsaufwendungen den Sanierungsertrag übersteigen.[593] Ist nach dem Sanierungsjahr ein solcher Sanierungsverlust nicht entstanden, regelt § 3c Abs. 4 S. 4 EStG, dass ein solcher auch nachträglich, unter Berücksichtigung der geminderten Verluste, Verlustvorträge und anderer Steuerminderungspotenziale des Steuerpflichtigen im Sanierungsjahr, nicht entstehen kann.[594] Die Anwendung der §§ 3a, 3c Abs. 4 EStG kann sich nach Ablauf des Sanierungsjahres durch nachträglich entstandene Sanierungsaufwendungen für den Steuerpflichtigen nicht mehr nachteilig auswirken. Lediglich bis dahin entstandene Vorteile werden ausgeglichen.[595] Der in § 3c Abs. 4 S. 4 EStG verwendete Begriff des verbleibenden Sanierungsertrags wird in § 3a Abs. 3 S. 4 EStG definiert. Demnach handelt es sich um den um die Verluste und Verlustvorträge sowie den um sonstige Steuerminderungspotenziale verminderten Sanierungsertrag.[596] Der verbleibende Sanierungsertrag stellt mithin die Größe dar, die zu einer endgültigen (wirtschaftlichen) Steuerfreistellung führt.[597] Die Rechtsfolgen des verbleibenden Sanierungsertrages nach § 3a Abs. 3 S. 4 EStG ergeben sich folglich ausschließlich aus § 3c Abs. 4 S. 4 EStG.[598]

---

592 Vgl. *Desens*, in: H/H/R, EStG-Kommentar, 2021, § 3c, Rn. 116.

593 Vgl. *Desens*, in: H/H/R, EStG-Kommentar, 2021, § 3c, Rn. 15a, 120; *Förster/Hechtner*, DB 2017, 1536 [1543].

594 Vgl. *Desens*, in: H/H/R, EStG-Kommentar, 2021, § 3c, Rn. 15a, 120; *Förster/Hechtner*, DB 2017, 1536 [1544]; *Isler*, in: Frotscher/Geurts, EStG-Kommentar, 2021, § 3c, Rn. 97k.

595 Vgl. *Desens*, in: H/H/R, EStG-Kommentar, 2021, § 3c, Rn. 120; *Isler*, in: Frotscher/Geurts, EStG-Kommentar, 2021, § 3c, Rn. 97k; *Desens*, FR 2017, 981 [985].

596 Vgl. *Desens*, in: H/H/R, EStG-Kommentar, 2021, § 3c, Rn. 121.

597 Vgl. *Desens*, in: H/H/R, EStG-Kommentar, 2021, § 3c, Rn. 121.

598 Vgl. *Desens*, in: H/H/R, EStG-Kommentar, 2021, § 3c, Rn. 121.

Der verbleibende Sanierungsertrag i.S.v. § 3a Abs. 3 S. 4 EStG errechnet sich entsprechend der Darstellung in Tabelle 2 wie folgt:

Tabelle 2: Allgemeingültige Berechnung des verbleibenden Sanierungsertrags i.S.v. § 3a Abs. 3 S. 4 EStG

	Sanierungsertrag i.S.v. § 3a Abs. 1 S. 1 EStG
-	Aufwendungen aus dem Sanierungsjahr bzw. aus den vorherigen VZ, die grds. dem Abzugsverbot nach § 3c Abs. 4 EStG unterliegen (§ 3a Abs. 3 S. 1 EStG)
=	**Geminderter Sanierungsertrag i.S.v. § 3a Abs. 3 S. 1 EStG** (= Höchstgrenze für den Untergang von Steuerminderungspotenzialen)
-	Minderungen der Verluste, Verlustvorträge und Steuerminderungspotenziale beim Steuerpflichtigen (§ 3a Abs. 3 S. 2 EStG)
-	Ggf. Minderungen der Verluste, Verlustvorträge und Steuerminderungs-potenziale bei nahestehenden Personen des Steuerpflichtigen (§ 3a Abs. 3 S. 3 EStG)
=	**Verbleibender Sanierungsertrag (§ 3a Abs. 3 S. 4 EStG)**
-	Nachträgliche Sanierungsaufwendungen i.S.v. § 3c Abs. 4 S. 4 EStG (max. in Höhe des verbleibenden Sanierungsertrags)

Noch nicht berücksichtigt werden im verbleibenden Sanierungsertrag also Sanierungsaufwendungen, die dem Steuerpflichtigen in den Folgejahren entstehen und lediglich in Höhe des verbleibenden Sanierungsertrags nicht abzugsfähig sind.

§ 3c Abs. 4 S. 5–6 EStG regeln abschließend noch verfahrensrechtliche Aspekte, die systematisch eigentlich in die AO gehören.[599] So sind gem. § 3c Abs. 4 S. 5 EStG entsprechende Steuer- oder Feststellungsbescheide zu ändern, wenn (nichtabzugsfähige) Betriebsvermögensminderungen oder Betriebsausgaben im Sinne des § 3c Abs. 4 S. 1 EStG bereits bei einer früheren Steuerfestsetzung oder einer gesonderten Feststellung nach § 180 Abs. 1 S. 1 AO gewinnmindernd berücksichtigt wurden. Diese Korrekturnorm ermöglicht es der Finanzverwaltung, Steuer- oder Feststellungsbescheide zu ändern, wenn in früheren Veranlagungszeiträumen Aufwendungen gewinnmindernd einbezogen wurden, bei denen sich aber im Sanierungsjahr herausstellt, dass sie in einem unmittelbaren wirtschaftlichen Zusammenhang mit steuerfreien Erträgen nach Maßgabe des § 3a EStG stehen.[600] Bevor die Korrekturregelung

599 Vgl. *Nacke* in: K/K/B, EStG-Kommentar, 2021, § 3c EStG, Rn. 49.

600 Vgl. *Desens*, in: H/H/R, EStG-Kommentar, 2021, § 3c, Rn. 15a, 122 mit dem Hinweis, dass ohne diese Spezialregelung auch eine Korrektur über § 175 Abs. 1 S. 1 Nr. 2 AO hätte erfolgen können.

Anwendung findet, ist § 3c Abs. 4 S. 2 EStG zu berücksichtigen, nach dem ein Abzugsverbot dann nicht gilt, wenn die Aufwendungen in den früheren Jahren zur Erhöhung von Verlustvorträgen geführt haben.[601] § 3c Abs. 4 S. 5 EStG ist dabei lediglich auf Steuer- oder Feststellungsbescheide beschränkt, die vor dem Sanierungsjahr erlassen wurden. Für Steuer- und Feststellungbescheide des Sanierungs- und der Folgejahre ist auf die allgemeinen Korrekturnormen der §§ 172 ff. AO zurückzugreifen.[602]

Nach § 3c Abs. 4 S. 6 Hs. 1 EStG gilt die besondere Korrekturvorschrift unabhängig von der Bestandskraft der betreffenden Steuer- oder Feststellungsbescheide. Dabei handelt es sich um eine klarstellende Regelung, da nicht erkennbar ist, warum die Korrekturvorschrift nach § 3c Abs. 5 S. 5 EStG bloß auf nicht bestandskräftige Steuer- oder Feststellungsbescheide beschränkt wäre.[603] Letztlich bestimmt § 3c Abs. 4 S. 6 Hs. 2 EStG, dass die Festsetzungsfrist nicht endet, bevor die Festsetzungsfrist für das Sanierungsjahr abgelaufen ist. Damit macht die Regelung die Festsetzungsfrist der bereits ergangenen Steuer- und Festsetzungsbescheide abhängig von der Festsetzungsfrist des Steuer- und Festsetzungsbescheids des Sanierungsjahres.[604] Damit soll verhindert werden, dass eine Korrektur nach § 3c Abs. 4 S. 5 EStG daran scheitert, weil die Steuer- oder Festsetzungsbescheide der vorherigen Veranlagungszeiträume festsetzungsverjährt sind.[605]

d. Untergang von Steuerminderungspotenzialen

aa. Personelle Reichweite

Gemäß § 3a Abs. 3 S. 2 EStG gehen bei dem zu sanierenden Unternehmen und ggf. dem Einzel- bzw. den Mitunternehmern die in den § 3a Abs. 3 S. 2 Nummern 1–13 EStG aufgeführten Steuerminderungspotenziale unter.[606] Der Untergang von Verlusten bzw. negativen Einkünften war schon im sog.

601 Vgl. *Desens*, in: H/H/R, EStG-Kommentar, 2021, § 3c, Rn. 122.

602 Vgl. *Desens*, in: H/H/R, EStG-Kommentar, 2021, § 3c, Rn. 122.

603 Vgl. *Desens*, in: H/H/R, EStG-Kommentar, 2021, § 3c, Rn. 123.

604 Vgl. *Desens*, in: H/H/R, EStG-Kommentar, 2021, § 3c, Rn. 124.

605 Vgl. *Desens*, in: H/H/R, EStG-Kommentar, 2021, § 3c, Rn. 15a, 124.

606 Vgl. *Kanzler*, in: K/K/B, EStG-Kommentar, 2021, § 3a, Rn. 144 mit dem Hinweis, dass hier der geminderte Sanierungsbetrag die negativen Einkünfte, Verlustabzüge und Zinsvorträge mindert und damit der Regelfall, in der diese Beträge normalerweise die Bemessungsgrundlage reduziert, umgekehrt wird; ebenso *Förster/Hechtner*, DB 2017, 1536 [1540 f.].

Sanierungserlass vorgesehen.[607] Gleichwohl war die Regelung im sog. Sanierungserlass für den Steuerpflichtigen kaum rechtssicher umsetzbar, da weder bekannt war, welche Verlustpositionen dies betrifft noch in welcher Reihenfolge sie unterzugehen hatten.[608] Hier hat der Gesetzgeber i.R.d. § 3a Abs. 3 S. 2 EStG nachgebessert. Der Katalog der Steuerverrechnungspositionen erscheint dabei zwar sehr komplex, jedoch bietet er die Rechtssicherheit dahingehend, dass der Steuerpflichtige weiß, welche Positionen und in welcher Reihenfolge diese zu mindern sind.[609] Gleichwohl sind Unsicherheiten im Rahmen des § 3a Abs. 3 S. 2 EStG dahingehend entstanden, dass die personelle Reichweite des Verlustuntergangs, also die Frage wessen Steuerminderungspositionen untergehen, zum Teil nur unzureichend adressiert ist.[610] So nimmt weder das Gesetz noch der Gesetzgeber im Rahmen der Gesetzesbegründung Stellung dazu, wessen Steuerminderungspositionen im Hinblick auf § 3a Abs. 3 S. 2 Nr. 9–13 EStG gemeint sind.[611] Auf diese Problematik wird bei der Darstellung der jeweiligen Steuerminderungsposition näher eingegangen.

Zunächst sollen § 3a Abs. 3 S. 2 Nr. 1–8 EStG auf Verluste des zu sanierenden Unternehmens und der Mitunternehmer abstellen, gefolgt von den übrigen Verlustvolumina der (Mit-) Unternehmer.[612] Es wird aber vereinzelt in der Literatur richtigerweise darauf hingewiesen, dass dies in dem Gesetzeswortlaut keinen konsequenten Niederschlag gefunden hat, da z.B. der Untergang der Zins- und EBITDA-Vorträge nach § 3a Abs. 3 S. 2 Nr. 13 EStG auch das zu sanierende Unternehmen betrifft, in dem Katalog zuvor jedoch auch Verluste des Mitunternehmers aufgeführt werden.[613] Das betrifft auch die

---

607 Vgl. BMF v. 27.3.2003, BStBl. I 2003, 240, Rn. 8.

608 Vgl. *Eilers/Tiemann*, Ubg 2020, 190 [193]; *Sistermann/Beutel*, DStR 2017, 1065 [1067], was ihrer Auffassung aber deshalb kaum praktische Relevanz hatte, da der Sanierungsertrag regelmäßig die Gesamtheit der Verlustverrechnungspotenziale überstieg.

609 Vgl. *Seer*, in: Kirchhof/Seer, EStG-Kommentar, 2021, § 3a, Rn. 32; so auch i. Erg. *Hallerbach*, in: H/H/R, EStG-Kommentar, 2021, § 3a, Rn. 34; *Epler/Petersen*, Ubg 2019, 114 [117], die gleichzeitig feststellen, dass der Gesetzgeber die Regelung hierbei überwiegend im Sinne der Finanzverwaltung ausgestaltet hat.

610 Vgl. *Sistermann/Beutel*, DStR 2017, 1065 [1067], darauf wird an gegebener Stelle nachfolgend eingegangen.

611 Vgl. *Sistermann/Beutel*, DStR 2017, 1065 [1068].

612 Vgl. BT-Drs. 18/12128 v. 26.4.2017, 32; *Seer*, in: Kirchhof/Seer, EStG-Kommentar, 2021, § 3a, Rn. 32; *Sistermann/Beutel*, DStR 2017, 1065 [1068]; *Levedag*, in: Schmidt, EStG-Kommentar, 2021, § 3a, Rn. 38.

613 Vgl. *Sistermann/Beutel*, DStR 2017, 1065 [1068].

Verlustverrechnungsposition des § 3a Abs. 3 S. 2 Nr. 10 EStG, die auf den zum Ende des Vorjahres gesondert festgestellten Verlustvortrag nach § 10d Abs. 4 EStG abstellt. Denn diese Position wird durch § 3a Abs. 3 S. 2 Nr. 9 EStG, der die Minderung von ausgleichsfähigen Verlusten aus allen Einkunftsarten des Sanierungsjahres zum Gegenstand hat, von denen die Sanierungsgesellschaft betreffenden Verlustverrechnungspositionen des § 3a Abs. 3 S. 2 Nr. 1–8 EStG getrennt ist. Gleiches gilt im Übrigen für § 3a Abs. 3 S. 2 Nr. 12 EStG, wonach eine Minderung der negativen Einkünfte des Folgejahres i.S.v. § 10d Abs. 1 S. 1 EStG im Sanierungsjahr untergehen können. Daher ist es wohl richtiger zu sagen, dass die weiteren Positionen des § 3a Abs. 3 S. 2 Nr. 9–12 EStG bloß überwiegend Verrechnungsgrößen sind, die nicht zwingend auf die unternehmerische Tätigkeit abstellen.[614]

Dass grundsätzlich Verlustvolumina des Einzelunternehmers bzw. den Mitunternehmern untergehen, gilt als sachlich gerechtfertigt und führt den bereits im sog. Sanierungserlass geregelten Grundgedanke fort.[615] Außerdem hatte der BFH bereits zu Zeiten des § 3 Nr. 66 EStG a.F. geurteilt, dass bei der Frage der Sanierungsbedürftigkeit eines Einzelunternehmens das gesamte Privatvermögen des Steuerpflichtigen zur Lösung der Unternehmenskrise einzubeziehen ist.[616] Daraus kann geschlossen werden, dass der Steuerpflichtige es hinnehmen muss, dass für die Steuerfreiheit des Sanierungsertrags auch Verlustpositionen untergehen können, die aus anderen Einkunftsquellen stammen.[617] Gleichwohl wird die Regelung an mancher Stelle als über das Ziel hinausschießend kritisiert.

---

614 Vgl. *Seer*, in: Kirchhof/Seer, EStG-Kommentar, 2021, § 3a, Rn. 32; *Levedag*, in: Schmidt, EStG-Kommentar, 2021, § 3a, Rn. 39.

615 Vgl. *Seer*, in: Kirchhof/Seer, EStG-Kommentar, 2021, § 3a, Rn. 32; *Levedag*, in: Schmidt, EStG-Kommentar, 2021, § 3a, Rn. 39; a.A. *Kanzler*, in: K/K/B, EStG-Kommentar, 2021, § 3a, Rn. Rn. 145, wonach die Einbeziehung der Gesellschafterebene unverhältnismäßig sei, weil der Sanierungsgewinn in der Gesellschaft entsteht.

616 Vgl. *Kobor*, in: Kirchhof u.a., EStG-Kommentar, 2021, § 3a, Rn. D 14 mit Verweis auf BFH, Urt. v. 12.12.2013 – X R 39/10, BStBl. II 2014, 572; dass die ergangenen Rechtsprechungsleitlinien zu § 3 Nr. 66 EStG a.F. auch für die Auslegung von § 3a Abs. 1 S. 1 i.V.m. § 3a Abs. 2 EStG herangezogen werden können, entschied der BFH zuletzt in Beschl. v. 27.11.2020, X B 63/20, NV, BeckRS 2020, 43623, Rn. 7.

617 Vgl. *Kobor*, in: Kirchhof u.a., EStG-Kommentar, 2021, § 3a, Rn. D 14.

bb. Höchstgrenze für den Untergang von Steuerminderungspotenzialen

Grundsätzlicher Sinn und Zweck der Norm ist es, die Problematik der Doppelbegünstigung zu vermeiden.[618] Es soll verhindert werden, dass der Steuerpflichtige die Steuerfreiheit von Sanierungserträgen beansprucht, während er Verlustvorträge im Rahmen des § 10d Abs. 4 EStG unbefristet vorträgt.[619] Ausgangsgröße und damit quantitativ beschränkt ist der Untergang von Steuerminderungspotenzialen in Höhe des Sanierungsertrags abzüglich der nicht abziehbaren Beträge i.S.v. § 3c Abs. 4 EStG (§ 3a Abs. 3 S. 1 EStG). Die Ausgangsgröße errechnet sich also wie folgt:

Tabelle 3: Geminderter Sanierungsertrag als Ausgangsgröße für die Verrechnung mit Steuerminderungspotenzialen nach § 3a Abs. 3 S. 2 EStG

	Sanierungsertrag i.S.v. § 3a Abs. 1 S. 1 EStG
-	Aufwendungen aus dem Sanierungsjahr bzw. aus den vorherigen VZ, die grds. dem Abzugsverbot nach § 3c Abs. 4 S. 1 EStG unterliegen (§ 3a Abs. 3 S. 1 EStG)
=	**Geminderter Sanierungsertrag i.S.v. § 3a Abs. 3 S. 1 EStG** (= Höchstgrenze für den Untergang von Steuerminderungspotenzialen)

Der geminderte Sanierungsertrag entspricht der Nettogröße des Sanierungsertrags und vermeidet die Entstehung eines steuerlichen Nachteils des Steuerpflichtigen, in dem das Abzugsverbot nach § 3c Abs. 4 EStG und der Verlustausgleich nach § 3a Abs. 3 S. 2–3 EStG zusammentreffen.[620] Der Verbrauch der Steuerminderungspotenziale erfolgt dabei nur in Höhe des geminderten Sanierungsertrags.[621] Die Verlustverrechnung kann also auch anteilig entfallen, wenn durch „Verbrauch" kein geminderter Sanierungsertrag mehr vorhanden ist.[622]

---

618 Vgl. BT-Drs. 18/12128 v. 26.4.2017, 31; *Levedag*, in: Schmidt, EStG-Kommentar, 2021, § 3a, Rn. 35; *Hallerbach*, in: H/H/R, EStG-Kommentar, 2021, § 3a, Rn. 34; *Seer*, in: Kirchhof/Seer, EStG-Kommentar, 2021, § 3a, Rn. 31; *Böing*, in: L/B/P, EStG-Kommentar, 2021, § 3a, Rn. 37; vgl. hierzu die Ausführungen zur historischen Entwicklung der Steuerfreiheit von Sanierungserträgen in Kapitel C dieser Arbeit.

619 Vgl. BT-Drs. 18/12128 v. 26.4.2017, 31; *Levedag*, in: Schmidt, EStG-Kommentar, 2021, § 3a, Rn. 35.

620 Vgl. *Seer*, in: Kirchhof/Seer, EStG-Kommentar, 2021, § 3a, Rn. 31.

621 Vgl. *Levedag*, in: Schmidt, EStG-Kommentar, 2021, § 3a, Rn. 36; *Hallerbach*, in: H/H/R, EStG-Kommentar, 2021, § 3a, Rn. 34; *Kobor*, in: Kirchhof u.a., EStG-Kommentar, 2021, § 3a, Rn. D 11.

622 Vgl. *Kanzler*, in: K/K/B, EStG-Kommentar, 2021, § 3a, Rn. 128.

Das setzt gleichzeitig voraus, dass es sich bei dem geminderten Sanierungsertrag i.S.v. § 3a Abs. 3 S. 1 EStG um einen positiven Betrag handelt.[623] Die Verrechnung des Sanierungsertrags mit Steuerminderungspotenzialen ist jedoch keine Voraussetzung für die Steuerfreiheit nach § 3a Abs. 1 S. 1 EStG, sondern vielmehr die Rechtsfolge.[624] Daraus ergibt sich, dass der Sanierungsertrag i.S.v. § 3a Abs. 1 S. 1 EStG auch dann steuerfrei ist, wenn der Steuerpflichtige (bzw. Dritte) keine verrechenbaren Steuerminderungspotenziale zur Verfügung hat.[625] Der geminderte Sanierungsertrag reduziert verbindlich in Reihenfolge ihrer Nennung in § 3a Abs. 3 S. 2 Nr. 1–13 EStG die dort aufgeführten Positionen.[626] Zu beachten ist jedoch, dass andere Verlustuntergangsregelungen vorrangig anzuwenden sein können. Dies gilt beispielsweise in Bezug auf den fortführungsgebundenen Verlustvortrag gem. § 8d Abs. 1 S. 9 KStG. Dieser ist vorrangig zu den Verlustvorträge gem. § 10d EStG zu reduzieren.[627]

Der Katalog des § 3a Abs. 3 S. 2 Nr. 1–13 EStG knüpft z.T. an festgestellte Beträge und Verluste zum Ende des Vorjahres an. Diese Posten werden in der gesetzlichen Reihenfolge reduziert bzw. aufgebraucht. Sie stehen damit für eine Verrechnung mit anderen Betriebsvermögensmehrungen oder Betriebseinnahmen im Sanierungsjahr nicht mehr zur Verfügung.[628] Stellt das Gesetz hingegen auf das Sanierungs- oder Folgejahr ab, reduziert der geminderte Sanierungsertrag die im Sanierungsjahr entstehenden Verlustpotenziale.[629]

Die Verrechnung des Sanierungsertrags mit Steuerminderungspotenzialen nach Maßgabe des § 3a Abs. 3 S. 2 EStG hat zur Folge, dass die verbrauchten

623 Vgl. *Hallerbach*, in: H/H/R, EStG-Kommentar, 2021, § 3a, Rn. 34 der im Umkehrschluss klarstellt, dass es nicht zu einer Verrechnung kommt, wenn der geminderte Sanierungsbetrag negativ ist; *Kobor*, in: Kirchhof u.a., EStG-Kommentar, 2021, § 3a, Rn. D 11; *Kanzler*, in: K/K/B, EStG-Kommentar, 2021, § 3a, Rn. 128.

624 Vgl. *Seer*, in: Kirchhof/Seer, EStG-Kommentar, 2021, § 3a, Rn. 32; *Levedag*, in: Schmidt, EStG-Kommentar, 2021, § 3a, Rn. 36.

625 Vgl. *Levedag*, in: Schmidt, EStG-Kommentar, 2021, § 3a, Rn. 36; *Hallerbach*, in: H/H/R, EStG-Kommentar, 2021, § 3a, Rn. 34; *Kobor*, in: Kirchhof u.a., EStG-Kommentar, 2021, § 3a, Rn. D 13.

626 Vgl. BT-Drs. 18/12128 v. 26.4.2017, 32; *Seer*, in: Kirchhof/Seer, EStG-Kommentar, 2021, § 3a, Rn. 32; *Böing*, in: L/B/P, EStG-Kommentar, 2021, § 3a, Rn. 37; *Hallerbach*, in: H/H/R, EStG-Kommentar, 2021, § 3a, Rn 34.

627 Vgl. *Hallerbach*, in: H/H/R, EStG-Kommentar, 2021, § 3a, Rn. 4, 11, 34; *Pohl*, GmbH-StB 2019, 135 [140].

628 Vgl. *Hallerbach*, in: H/H/R, EStG-Kommentar, 2021, § 3a, Rn. 34; *Levedag*, in: Schmidt, EStG-Kommentar, 2021, § 3a, Rn. 37.

629 Vgl. *Levedag*, in: Schmidt, EStG-Kommentar, 2021, § 3a, Rn. 37.

Steuerminderungspotenziale außer Ansatz bleiben und demnach endgültig untergehen (§ 3a Abs. 3 S. 5 EStG). Dem Gesetzeswortlaut zufolge nehmen die mindernden Beträge nicht an den entsprechenden Feststellungen der verrechenbaren Verluste, verbleibenden Verlustvorträge und sonstigen Feststellungen teil. Der nach der Verrechnung mit denen in § 3a Abs. 3 S. 2–3 EStG normierten Positionen bei dem Steuerpflichtigen (bzw. den nahestehenden Personen) stehenbleibende Restbetrag ist der letztlich wirtschaftlich steuerfreie „verbleibende Sanierungsertrag" i.S.v. § 3a Abs. 3 S. 4 EStG.[630] Es handelt sich dabei um den Betrag des steuerlichen Vorteils, den der Steuerpflichtige unter Einsatz der Steuerminderungspotenziale als steuerfreien Sanierungsertrag erzielt.[631]

cc. Rechtsformabhängigkeit des Katalogs der Steuerminderungspotenziale nach § 3a Abs. 3 S. 2 Nr. 1–13 EStG

Während die Regelung des § 3a EStG bis zu seinem Abs. 3 S. 2 EStG nahezu rechtsformunabhängig ausgestaltet ist, wird die Frage, in welcher Rechtsform das zu sanierende Unternehmen betrieben wird, relevant im Rahmen des Katalogs der Steuerminderungspotenziale in § 3a Abs. 3 S. 2 Nr. 1–13 EStG. Das liegt insbesondere an der unterschiedlichen Besteuerung von Personen- und Kapitalgesellschaften. Das Unternehmensteuerrecht in Deutschland ist geprägt vom Dualismus von Einkommen- und Körperschaftsteuer. Nach § 1 Abs. 1 EStG können nur natürliche Personen, mithin keine Personengesellschaften, Subjekt der Einkommensteuer sein.[632] Hingegen können Subjekt der Körperschaftsteuer nur die in § 1 Abs. 1 KStG aufgeführten Körperschaften, Personenvereinigungen und Vermögensmassen sein.[633] Dazu zählen nicht die Personenunternehmen.[634]

---

630 Vgl. *Seer*, in: Kirchhof/Seer, EStG-Kommentar, 2021, § 3a, Rn. 34; *Levedag*, in: Schmidt, EStG-Kommentar, 2021, § 3a, Rn. 36; *Hallerbach*, in: H/H/R, EStG-Kommentar, 2021, § 3a, Rn. 46.

631 Vgl. *Levedag*, in: Schmidt, EStG-Kommentar, 2021, § 3a, Rn. 36.

632 Vgl. *Krüger*, FR 2016, 1031 [1036], *Drüen*, in: Frotscher/Drüen, KStG-Kommentar, 2021, Vor § 1, Rn. 2; *Wacker*, in: Schmidt, EStG-Kommentar, 2021, § 15, Rn. 160.

633 Vgl. *Hennrichs*, in: Tipke/Lang, 2020, Kapitel 10, Rn. 10.1; *Krüger*, FR 2016, 1031 [1036]; *Drüen*, in: Frotscher/Drüen, KStG-Kommentar, 2021, Vor § 1, Rn. 2; *Wacker*, in: Schmidt, EStG-Kommentar, 2021, § 15, Rn. 160.

634 An dieser Stelle ist auf das Gesetz zur Modernisierung des Körperschaftsteuerrechts v. 25.06.2021 (BGBl. I 2021, S. 2050) hinzuweisen, nach dem Personenhandelsgesellschaften zukünftig zu der Besteuerung mit Körperschaftsteuer optieren können. Die Ausgestaltung als Option führt also nicht zur grundsätzlichen Abkehr vom Dualismus des Unternehmensteuerrechts, weshalb auch nachfolgend die bestehenden Unterschiede zwischen der Besteuerung von Kapital- und Personengesellschaften

Diese unterliegen mithin weder der Einkommen- noch der Körperschaftsteuer. Sie werden folglich nicht selbst besteuert, sondern der von ihnen erwirtschaftete Gewinn wird im Rahmen des Transparenzprinzips steuerlich den Gesellschaftern zugeordnet.[635] Handelt es sich um eine gewerbliche Personengesellschaft, so werden ihren steuerpflichtigen Mitunternehmern die Gewinnanteile gem. § 15 Abs. 1 S. 1 Nr. 2 EStG als Teil ihrer einkommensteuerbaren Einkünfte zugerechnet und dem individuellen progressiven Einkommensteuersatz unterworfen. Die Zurechnung der Gewinnanteile und der weiteren Bezüge nach § 15 Abs. 1 S. 1 Nr. 2 EStG spiegelt hierbei also das Transparenzprinzip wieder.[636] Handelt es sich bei dem Gesellschafter der Personengesellschaft um eine steuerjuristische Person, so wird das Transparenzprinzip und mithin die Zurechnung des Gewinnanteils über die Verweisungsnorm § 8 Abs. 1 KStG auch auf Körperschaften als Gesellschafter angewandt.[637] Der Gewinnanteil wird bei der Ermittlung des zu versteuernden Einkommens nach Maßgabe des KStG berücksichtigt.[638] Voraussetzung für die steuerliche Zurechnung ist, dass der Gesellschafter eine Mitunternehmerstellung hat.[639] Die Mitunternehmerschaft definiert sich als gleichgerichtete unternehmerische Tätigkeit mehrerer Personen, die im Rahmen ihrer zivilrechtlichen Gesellschafterstellung gemeinsam an einem Geschäftsbetrieb beteiligt sind und ihrer Tätigkeit nicht der privaten Vermögensverwaltung dient.[640] Eine Mitunternehmerstellung setzt zusätzlich

---

erläutert werden. Die Aussagen zur Besteuerung von Personengesellschaften sind jedoch entsprechend dahingehend einschränkend zu lesen, dass sie nur gelten, wenn keine Optierung zur Körperschaftsteuer vollzogen wurde.

635 Vgl. *Hennrichs*, in: Tipke/Lang, 2020, Kapitel 10, Rn. 10.1, 10.10; *Hey*, in: Tipke/Lang, 2020, Kapitel 8, Rn. 8.21; *Krüger*, FR 2016, 1031 [1036]; *Drüen*, GmbHR 2008, 393 [395]; *Perbey*, in: Beck u.a., Grundriss dt. Steuerrechts, 2015, Kapitel 3, 2.2.2.; *Wassermeyer*, in: Wassermeyer/Richter /Schnittker, PersG im Int. Steuerrecht, 2015, 1. Teil, Kapitel 2, B. 2.5; *Wacker*, in: Schmidt, EStG-Kommentar, 2021, § 15, Rn. 160.

636 Vgl. *Krüger*, FR 2016, 1031 [1036].

637 Vgl. *Bodden*, in: Korn, EStG-Kommentar, 2021, § 15, Rn. 133.

638 Vgl. *Hennrichs*, in: Tipke/Lang, 2020, Kapitel 10, Rn. 10.1.

639 Ausführlich zum Begriff des Mitunternehmers vgl. *Hennrichs*, in: Tipke/Lang, 2020, Kapitel 10, Rn. 10.30 ff.; *Wacker*, in: Schmidt, EStG-Kommentar, 2021, § 15, Rn. 250 ff.

640 Vgl. *Krüger*, FR 2016, 1031 [1036]; *Hennrichs*, in: Tipke/Lang, 2020, Kapitel 10, Rn. 10.31 f. insbesondere zu der Frage, ob eine zivilrechtliche Gesellschafterstellung notwendig ist.

sowohl die mögliche Entfaltung einer Mitunternehmerinitiative als auch das Tragen von Mitunternehmerrisiko voraus.[641]

Zwar wird der Personengesellschaft zivilrechtlich eine gewisse Selbstständigkeit zugestanden[642], sie wurde vom Gesetzgeber jedoch nicht als steuerjuristische Person eingeordnet. Diese Diskrepanz zwischen der zivilrechtlichen Verselbstständigung bei gleichzeitiger steuerrechtlicher Transparenz von Personengesellschaften war umstritten.[643] Der Besteuerung von Personengesellschaften lag der Gedanke zugrunde, jeder Gesellschafter für sich unterhalte durch seine Teilhaberschaft an der Gesellschaft einen eigenen Gewerbebetrieb.[644] Daher wurde nicht nur der Gewinn anteilig zugeordnet, sondern auch das Betriebsvermögen gedanklich aufgeteilt.[645] Dieser Bilanzbündeltheorie zufolge wurde die Personengesellschaft ertragsteuerlich als nicht existent fingiert und die Gesellschaftsbilanz als Bündel der Einzelbilanzen ihrer Gesellschafter betrachtet.[646] Dieses Konzept stand jedoch nicht im Einklang mit der gesamthänderischen Bindung des Vermögens der Gesellschaft und der zivilrechtlichen Subjektivität der Personengesellschaft. Daher hat sich zuletzt die Einheitsbetrachtung durchgesetzt, welche die Selbstständigkeit der Personengesellschaft stärker berücksichtigt und zu einer Anerkennung einer partiellen Steuerrechtsfähigkeit der Personengesellschaft bei Geltung des Transparenzprinzips geführt hat.[647] Der BFH berücksichtigt die zivilrechtliche Verselbstständigung der Personengesellschaft dergestalt, dass ihr eine partielle Steuerrechtsfähigkeit zugestanden wird, wonach sie nicht Einkommensteuersubjekt ist, die Zivilrechtsfähigkeit jedoch bei der Bestimmung des Einkommensteuerobjekts zu beachten ist, in dem die Personengesellschaft „Steuerrechtssubjekt bei der Feststellung der Einkunftsart

---

641 Vgl. *Krüger*, FR 2016, 1031 [1036]; *Hennrichs*, in: Tipke/Lang, 2020, Kapitel 10, Rn. 10.35 ff.; *Wacker*, in: Schmidt, EStG-Kommentar, 2021, § 15, Rn. 262 ff.

642 Vgl. *Hennrichs*, in: Tipke/Lang, 2020, Kapitel 10, Rn. 10.2 mit Verweis auf § 124 HGB.

643 Vgl. *Hennrichs*, in: Tipke/Lang, 2020, Kapitel 10, Rn. 10.2, 10.4; *Bodden*, in: Korn, EStG-Kommentar, 2021, § 15, Rn. 135.

644 Vgl. *Hennrichs*, in: Tipke/Lang, 2020, Kapitel 10, Rn. 10.11; *Wichmann*, DStR 2019, 2214 [2215].

645 Vgl. *Hennrichs*, in: Tipke/Lang, 2020, Kapitel 10, Rn. 10.11.

646 Vgl. *Lüdicke*, in: Lüdicke/Sistermann, UnternehmenStR, 2018, § 1 Rn. 6; *Krüger*, FR 2016, 1031 [1036]; *Wichmann*, DStR 2019, 2214 [2215]; *Wacker*, in: Schmidt, EStG-Kommentar, 2021, § 15, Rn. 162.

647 Vgl. *Krüger*, FR 2016, 1031 [1037]; *Hennrichs*, in: Tipke/Lang, 2020, Kapitel 10, Rn. 10.12; *Bodden*, in: Korn, EStG-Kommentar, 2021, § 15, Rn. 136.

und Einkünfteermittlung“[648] sei.[649] Betreffend die Frage, ob die Personengesellschaft als Trägerin von Rechten und Pflichten aufgrund ihrer eigenständigen Teilnahme am wirtschaftlichen Verkehr den Tatbestand des § 15 EStG verwirklicht und den Gewinn erwirtschaftet, der anschließend den Mitunternehmern zugerechnet wird[650], oder die Mitunternehmer selbst in ihrer Verbundenheit die gewerblichen Einkünfte erzielen und in ihrer Eigenschaft als Unternehmer gewerblich tätig sind[651], herrschen in der Literatur noch immer unterschiedliche Auffassungen. Einigkeit herrscht jedoch dahingehend, dass bei Personengesellschaften eine zweistufige Gewinnermittlung zu erfolgen hat: Zunächst werden auf der ersten Stufe auf Grundlage des Gesamtergebnisses einer Mitunternehmerschaft die Gewinnanteile ermittelt, bevor eine unmittelbare anteilige Zurechnung der Gewinnanteile an die Mitunternehmer erfolgen kann.[652] Ebenso werden auf der ersten Stufe die Einkünfte auf Ebene der Gesellschaft qualifiziert, insbesondere dahingehend, ob es sich um gewerbliche Einkünfte handelt (§ 15 Abs. 3 EStG), was wiederum Auswirkungen in Bezug auf die Gewerbesteuer hat.[653] Die erste Stufe steht unter dem Vorbehalt der Änderungen und Ergänzungen durch die zweite Stufe, auf welcher die Gesellschafterebene gewürdigt wird.[654] Hierzu hat der BFH bereits ausgeführt, dass „der Grundsatz der Einheit der Personengesellschaft [...] gegenüber dem Gedanken der Vielheit der Gesellschaft zurücktreten [muss], wenn anders eine sachlich zutreffende Besteuerung des Gesellschafters nicht möglich wäre“[655]. Somit werden auf der zweiten Stufe etwaige Sondervergütungen und das Sonderbetriebsvermögen des Gesellschafters steuerlich berücksichtigt.[656] Zudem wird abschließend festgestellt, ob der Mitunternehmer steuerbare Einkünfte erzielt hat und welcher Einkunftsart die Einkünfte zuzuordnen sind.[657]

---

648 BFH, Beschl. v. 3.7.1995, GrS 1/93, BStBl. II 1995, 617, Rn. 53 m.w.N.

649 Vgl. *Hennrichs*, in: Tipke/Lang, 2020, Kapitel 10, Rn. 10.12.

650 Vgl. *Krüger*, FR 2016, 1031 [1037], so auch *Hennrichs*, in: Tipke/Lang, 2020, Kapitel 10, Rn. 10.14 „Zurechnungsthese“.

651 Vgl. *Wacker*, in: Schmidt, EStG-Kommentar, 2021, § 15, Rn. 163 mit Verweis auf BFH, Beschl. v. 3.5.1993, GrS 3/92, BStBl. II 1993, 616, C. III. 6. aa).

652 Vgl. *Krüger*, FR 2016, 1031 [1037]; *Hennrichs*, in: Tipke/Lang, 2020, Kapitel 10, Rn. 10.20 ff.; *Wacker*, in: Schmidt, EStG-Kommentar, 2021, § 15, Rn. 164.

653 Vgl. *Hennrichs*, in: Tipke/Lang, 2020, Kapitel 10, Rn. 10.45.

654 Vgl. *Hennrichs*, StuW 2002, 201 [203].

655 BFH, Beschl. v. 3.7.1995, GrS 1/93, BStBl. II 1995, 617, Rn. 61.

656 Vgl. *Hennrichs*, StuW 2002, 201 [203].

657 Vgl. *Hennrichs*, in: Tipke/Lang, 2020, Kapitel 10, Rn. 10.40.

Im Gegensatz zu den Personengesellschaften sind Körperschaften in vollem Umfang selbst Steuersubjekt. Sie unterliegen einer eigenen (Körperschaft-) Steuer. Das betrifft sämtliche und abschließend genannten Körperschaften in § 1 Abs. 1 KStG.[658] Kapitalgesellschaften, insbesondere Europäische Gesellschaften, Aktiengesellschaften, Kommanditgesellschaften auf Aktien, Gesellschaften mit beschränkter Haftung sind qua Gesetz (§ 1 Abs. 1 Nr. 1 KStG) in vollem Umfang selbstständige Steuersubjekte. Bei Körperschaften gilt das Trennungsprinzip, wonach das Verhältnis zwischen den Anteilseignern und der Körperschaft dem zwischen zwei fremden Dritten entspricht.[659] Die Kapitalgesellschaft und ihre Anteilseigner verfügen über getrennte Vermögenssphären.[660] Daraus folgt auf Ebene der Körperschaft zum einen, dass sie keine private Sphäre hat und somit Sonderausgaben oder außergewöhnliche Belastungen nicht geltend machen kann.[661] Zum anderen folgt daraus, dass bei Körperschaften nicht das subjektive Nettoprinzip, sondern ausschließlich das objektive Nettoprinzip greift.[662]

Die Besteuerung von Kapitalgesellschaften erfolgt auf zwei Ebenen: Neben der Besteuerung auf Ebene der Körperschaft kommt die Einkommensteuer hinzu, die bei Ausschüttungen auf Ebene der Gesellschafter Anwendung findet.[663] Zur Abmilderung dieser wirtschaftlichen Doppelbelastung wird in Deutschland eine steuerliche Entlastung auf Anteilseignerebene vorgenommen. Hierbei wird unterschieden, ob die Beteiligung an der Kapitalgesellschaft im Betriebsvermögen oder Privatvermögen gehalten wird.[664] Das Teileinkünfteverfahrens kommt zum Zuge, sofern die Beteiligung an der Kapitalgesellschaft im Betriebsvermögen gehalten wird. Hierbei unterliegen die Beteiligungserträge nur zu 60 % der Einkommensteuer.[665] Wird die Beteiligung im Privatvermögen gehalten, so greift die Abgeltungsteuer i.H.v. 25 %, sofern der Steuerpflichtige nicht die Veranlagung beantragt, die dann sinnvoll ist, wenn sein individueller Grenzsteuersatz unter 25 % liegt.[666] Handelt es sich bei dem

658 Vgl. *Hennrichs*, StuW 2002, 201; *Perbey*, in: Beck u.a., Grundriss dt. Steuerrechts, 2015, Kapitel 5, 2.1.

659 Vgl. *Hey*, in: Tipke/Lang, 2020, Kapitel 11, Rn. 11.2.

660 Vgl. *Hey*, in: Tipke/Lang, 2020, Kapitel 11, Rn. 11.2.

661 Vgl. *Drüen*, in: Frotscher/Drüen, KStG-Kommentar, 2021, Vor § 1, Rn. 6.

662 Vgl. *Drüen*, in: Frotscher/Drüen, KStG-Kommentar, 2021, Vor § 1, Rn. 7, 11.

663 Vgl. *Hennrichs*, StuW 2002, 201 [202]; *Hey*, in: Tipke/Lang, 2020, Kapitel 11, Rn. 11.2; *Drüen*, in: Frotscher/Drüen, KStG-Kommentar, 2021, Vor § 1, Rn. 41.

664 Vgl. *Hey*, in: Tipke/Lang, 2020, Kapitel 11, Rn. 11.11 f.

665 Vgl. *Hey*, in: Tipke/Lang, 2020, Kapitel 11, Rn. 11.12.

666 Vgl. *Hey*, in: Tipke/Lang, 2020, Kapitel 11, Rn. 11.12.

Anteilseigner um eine Körperschaft, so bleiben die ausgeschütteten Dividenden ab einer Beteiligungshöhe von 10 % (§ 8b Abs. 4 KStG) nach § 8b Abs. 1 KStG steuerfrei. Gemäß § 8b Abs. 5 S. 1 KStG gelten 5 % der Bezüge als nichtabziehbare Betriebsausgaben.[667]

Aus den vorherstehenden Ausführungen ist ersichtlich, dass sich bei Personen- und Kapitalgesellschaften gänzlich unterschiedliche Ansätze der Besteuerung entwickelt haben, deren Konsequenzen sich auch im Rahmen der Steuerfreiheit von Sanierungsgewinnen, insbesondere bei den Steuerminderungspotenzialen nach § 3a Abs. 3 S. 2 Nr. 1–13 EStG, widerspiegeln. Während bei Kapitalgesellschaften aufgrund des Trennungsprinzips „nur“ solche Steuerminderungspotenziale greifen, die auf Ebene der Kapitalgesellschaft vorhanden sind, ist bei Personengesellschaften neben der Gesellschaftsebene auch noch die Mitunternehmerebene i.R.d. Transparenzprinzips einzubeziehen. Im Sinne dieser Arbeit, die rechtsformspezifischen Unterschiede innerhalb der Regelungen zur Steuerfreiheit von Sanierungserträgen herauszuarbeiten, werden nachfolgend zunächst solche Steuerminderungspotenziale i.S.v. § 3a Abs. 3 S. 2 Nr. 1–13 EStG herausgearbeitet, die für Kapitalgesellschaften Anwendung finden und anschließend solche, die für Personengesellschaft bzw. deren Mitunternehmer gelten.

dd. Für Kapitalgesellschaften geltende Steuerminderungspotenziale des Katalogs nach § 3a Abs. 3 S. 2 Nr. 1–13 EStG

i. Überblick

Für Kapitalgesellschaften kommen die Minderung der in der nachfolgend dargestellten Übersicht mit einem „X“ markierten Verlustverrechnungspositionen in Betracht:

667 Vgl. *Hey*, in: Tipke/Lang, 2020, Kapitel 11, Rn. 11.13, 11.40.

Tabelle 4: In Betracht kommende Verlustverrechnungspositionen nach § 3a Abs. 3 S. 2 EStG bei zu sanierenden Kapitalgesellschaften

In Betracht kommende Verlustverrechnungspositionen nach § 3a Abs. 3 S. 2 EStG (i.V.m. § 8 Abs. 1 KStG) bei zu sanierenden Kapitalgesellschaften		
Nr. 1	Minderung des verteilt abziehbaren Aufwands nach § 4f EStG des zu sanierenden Unternehmens	X
Nr. 2	Minderung des nach § 15a EStG ausgleichsfähigen oder verrechenbaren Verlusts des Unternehmers (Mitunternehmers) des zu sanierenden Unternehmens des Sanierungsjahres	
Nr. 3	Minderung vom zum Ende des dem Sanierungsjahr vorangegangenen Wirtschaftsjahres nach § 15a EStG festgestellten verrechenbaren Verlust des Unternehmers (Mitunternehmers) des zu sanierenden Unternehmens	
Nr. 4	Minderung des nach § 15b EStG ausgleichsfähigen oder verrechenbaren Verlusts derselben Einkunftsquelle des Unternehmers (Mitunternehmers) des Sanierungsjahres	
Nr. 5	Minderung vom zum Ende des dem Sanierungsjahr vorangegangenen Jahres nach § 15b EStG festgestellten verrechenbaren Verlust derselben Einkunftsquelle des Unternehmers (Mitunternehmers)	
Nr. 6	Minderung des nach § 15 Abs. 4 EStG ausgleichsfähigen oder nicht abziehbaren Verlusts des zu sanierenden Unternehmens des Sanierungsjahres	X
Nr. 7	Minderung vom zum Ende des dem Sanierungsjahr vorangegangenen Jahres nach § 15 Abs. 4 EStG festgestellten i.V.m. § 10d Abs. 4 EStG verbleibenden Verlustvortrag, soweit er auf das zu sanierende Unternehmen entfällt	X
Nr. 8	Minderung des Verlusts des Sanierungsjahres des zu sanierenden Unternehmens	X
Nr. 9	Minderung des ausgleichsfähigen Verlusts aus allen Einkunftsarten des VZ, in dem das Sanierungsjahr endet	
Nr. 10	Minderung im Sanierungsjahr ungeachtet des § 10d Abs. 2 EStG den nach § 10d Abs. 4 EStG zum Ende des Vorjahres gesondert festgestellten Verlustvortrag	X
Nr. 11	Minderung in der nachfolgenden Reihenfolge den zum Ende des Vorjahres festgestellten und den im Sanierungsjahr entstehenden verrechenbaren Verlust oder die negativen Einkünfte:	
	a) nach § 15a EStG	X
	b) nach § 15b EStG anderer Einkunftsquellen	X
	c) nach § 15 Abs. 4 EStG anderer Betriebe und Mitunternehmeranteile	X
	d) nach § 2a EStG	X

Tabelle 4: Fortsetzung

	e) nach § 2b EStG a.F.	X
	f) nach § 23 Abs. 3 S. 7 und 8 EStG	
	g) nach sonstigen Vorschriften	
	§ 20 Abs. 6 EStG	
	§ 22 Nr. 3 S. 4 EStG	
Nr. 12	Minderung ungeachtet der Beträge des § 10d Abs. 1 S. 1 EStG der negativen Einkünfte nach § 10d Abs. 1 S. 1 EStG des Folgejahres. Ein Verlustrücktrag nach § 10d Abs. 1 S. 1 EStG ist nur möglich, soweit die Beträge nach § 10d Abs. 1 S. 1 EStG durch den verbleibenden Sanierungsertrag im Sinne des Satzes 4 nicht überschritten werden	X
Nr. 13	Minderung vom zum Ende des Vorjahres festgestellten und des im Sanierungsjahr entstehenden	
	a) Zinsvortrag nach § 4h Abs. 1 S. 5 EStG	X
	b) EBITDA-Vortrag nach § 4h Abs. 1 S. 3 EStG	X

Wie aus der Darstellung ersichtlich sind die Verlustverrechnungspositionen des § 3a Abs. 3 S. 2 Nr. 2–5 EStG bei Kapitalgesellschaften nicht einzubeziehen. Das ergibt sich aus dem Wortlaut der Regelungen, wonach explizit auf den (Mit-)Unternehmer abgestellt wird. Das betrifft mithin nur zu sanierende Personengesellschaften, deren Mitunternehmer diese Verlustvorträge, sofern sie solche aus der zu sanierenden Personengesellschaft zugewiesen bekommen haben, im Rahmen der Verrechnung nach § 3a Abs. 3 S. 2 Nr. 2–5 EStG zur Verfügung stellen müssen. Ebenso keine Anwendung findet § 3a Abs. 3 S. 2 Nr. 9 EStG, wonach ausgleichsfähige Verluste aus allen Einkunftsarten des VZ, in dem das Sanierungsjahr endet, zu mindern wären, da gem. § 8 Abs. 2 KStG alle Einkünfte einer Kapitalgesellschaft als Einkünfte aus Gewerbebetrieb zu behandeln sind und mithin qua Rechtsform keine Einkünfte aus mehreren Einkunftsarten haben kann. Keine Anwendung bei zu sanierenden Kapitalgesellschaften finden auch die Verlustverrechnungspositionen des § 3a Abs. 3 S. 2 Nr. 11f) und g) EStG. § 3a Abs. 3 S. 2 Nr. 11f) betrifft Verluste aus privaten Veräußerungsgeschäfte i.S.v. § 23 Abs. 1 EStG, die eine Kapitalgesellschaft mangels einer privaten Vermögensphäre nicht tätigen kann. Ebenso kann § 20 Abs. 6 EStG, der die Verrechnung von Verlusten aus Kapitalvermögen mit Einkünften aus anderen Einkunftsarten ausschließt, bei einer zu sanierenden Kapitalgesellschaft keine Anwendung finden. Da die Kapitalgesellschaft nach § 8 Abs. 2 KStG ausschließlich Einkünfte aus Gewerbebetrieb hat und Einkünfte aus Kapitalvermögen gem. § 20 Abs. 8 EStG subsidiär zu Einkünften aus Gewerbebetrieb sind, können bei ihr keine Verluste aus Kapitalvermögen i.S.v. § 20 Abs. 6 EStG entstehen. Auch Verluste aus sonstigen Einkünften nach § 22 EStG sind aufgrund der Einschränkung des § 22 Nr. 3 S. 1 EStG auf Ebene einer Kapitalgesellschaft nicht feststellbar. Die Vorschrift des § 22 EStG hat überwiegend subsidiären Charakter und setzt entsprechend in der hier fraglichen Regelung des § 22 Nr. 3 EStG voraus, dass die Einkünfte aus Leistungen nicht zu den anderen Einkunftsarten gehören dürfen. Daraus folgt, dass die in § 22 Nr. 3 S. 4 EStG normierte Verlustverrechnungsbeschränkung des § 22 Nr. 3 S. 4 EStG für Kapitalgesellschaften nicht einschlägig sein kann.

Im Gegensatz hierzu kommen die nachfolgend erläuterten Verlustverrechnungspositionen zur Verrechnung mit einem steuerfreien Sanierungsertrag bei zu sanierenden Kapitalgesellschaften in Betracht.[668]

ii. Aufwandsverteilung gem. § 4f EStG (§ 3a Abs. 3 S. 2 Nr. 1 EStG)

§ 3a Abs. 3 S. 2 Nr. 1 EStG verweist zunächst auf Sachverhalte des § 4f EStG, dessen Inhalt über § 8 Abs. 1 KStG auf Körperschaften anzuwenden ist und über §§ 7 bzw. § 7b GewStG auch Auswirkungen auf die GewSt hat.[669] Grundsätzlich ordnet § 4f EStG an, dass Aufwendungen im Wirtschaftsjahr der Verpflichtungsübernahme und den darauf folgenden 14 Jahren gleichmäßig verteilt als Betriebsausgabe abzuziehen sind, wenn Verpflichtungen übertragen wurden, die beim ursprünglich Verpflichteten Ansatzverboten, -beschränkungen oder Bewertungsvorbehalten unterlegen haben (§ 4f Abs. 1 S. 1 EStG). Dies gilt vorbehaltlich etwaiger Ausnahmeregelungen gem. § 4f Abs. 1 S. 3ff. EStG. Wurde eine Verpflichtung nicht i.S.v. § 4f Abs. 1 EStG übertragen, sondern durch Schuldbeitritt oder Erfüllungsübernahme mit ganzer oder teilweiser Schuldfreistellung vorgenommen, gelten § 4f Abs. 1, S. 1, 2, 7 EStG entsprechend. An die Aufwandsverteilung nach § 4f Abs. 1 S. 1ff. EStG ist ein möglicher Rechtsnachfolger des ursprünglich Verpflichteten gebunden (§ 4f Abs. 1 S. 7 EStG). Bei § 4f EStG handelt es sich um eine Gewinnermittlungsvorschrift, die eine Abweichung von dem grundsätzlich geltenden Realisationsprinzip konstituiert. Dabei wird nicht die Realisierung stiller Lasten grundsätzlich verhindert, sondern außerbilanziell auf einen Zeitraum von insgesamt 15 Jahre

668 Vgl. zu den Besonderheiten bei Bestehen einer Organschaft die Ausführungen in Kapitel D., III., 4. dieser Arbeit.

669 Vgl. *Krumm*, in: Blümich, EStG-Kommentar, 2021, § 4f, Rn. 15.

gestreckt.[670] Die Regelung des § 4f EStG gilt für alle Steuerpflichtige, die ihren Gewinn im Rahmen des Betriebsvermögensvergleichs ermitteln.[671] Grundsätzlich realisiert ein Steuerpflichtiger einen Verlust, wenn bei ihm ein Passivposten entfällt, er jedoch dafür eine Leistung an den Übernehmer erbringen muss, die höher als der passivierte Buchwert ist.[672] Dies gilt insbesondere bei Konstellationen, in denen wegen eines Passivierungsverbots die Verpflichtung gar nicht passiviert war.[673] Diese stille Lasten dürfen gem. § 4f EStG lediglich über einen Zeitraum von 15 Jahren den Gewinn des Unternehmens gleichmäßig schmälern. Mit Verpflichtungen i.S.v. § 4f EStG sind sämtliche abstrakt passivierungsfähige rechtliche wie faktische Verpflichtungen gemeint, die eine Verbindlichkeit bzw. Rückstellung sein können.[674] Zusätzlich muss diese Verpflichtung bei dem ursprünglich Verpflichteten steuerlichen Ansatzverboten, -beschränkungen oder Bewertungsvorbehalten unterlegen haben, also die Verbindlichkeit in der steuerbilanziell wertmäßig niedriger angesetzt sein als ihre tatsächliche wirtschaftliche Belastung.[675]

§ 3a Abs. 3 S. 2 Nr. 1 S. 1 EStG ordnet nun in Bezug auf § 4f EStG an, dass der verteilt abziehbare Aufwand des zu sanierenden Unternehmens gemindert wird, unabhängig davon, ob es sich um eine Verpflichtungsübertragung i.S.v. § 4f Abs. 1 S. 1 EStG oder um einen Schuldbeitritt oder eine Erfüllungsübernahme mit ganzer oder teilweiser Schuldfreistellung i.S.v. § 4f Abs. 2 EStG handelt. Die Verrechnung hat dabei nicht zu erfolgen, wenn der Aufwand auf einen Rechtsnachfolger übergegangen ist und dessen Verpflichtungsübernahme der Regelung des § 5 Abs. 7 EStG unterliegt (§ 3a Abs. 3 S. 2 Nr. 1 i.V.m. § 4f Abs. 1 S. 7 EStG). Bei dem zu mindernden verteilt abziehbaren Aufwand handelt es

670 Vgl. *Krumm*, in: Blümich, EStG-Kommentar, 2021, § 4f, Rn. 1, 10, 25; BMF v. 30.11.2017, BStBl. I 2017, 1619, Tz. 16; a.A. *Weber-Grellet*, in: Schmidt, EStG-Kommentar, 2021, § 4f, Rn. 2, wonach die Aufwandsverteilung nicht außerbilanziell, sondern im Wege eines aktiven steuerlichen Ausgleichspostens zu erfolgen hat.

671 Vgl. *Krumm*, in: Blümich, EStG-Kommentar, 2021, § 4f, Rn. 14; im Umkehrschluss findet § 4f EStG keine Anwendung bei der Gewinnermittlung nach Einnahmen-Überschuss-Rechnung i.S.v. § 4 Abs. 3 EStG, da hier keine Passivposten existieren und mithin keiner Passivierungsbeschränkung unterliegen können, vgl. *Hörner*, in: Frotscher/Geurts, EStG-Kommentar, 2021, § 4f, Rn. 13.

672 Vgl. *Krumm*, in: Blümich, EStG-Kommentar, 2021, § 4f, Rn. 10; *Hörner*, in: Frotscher/Geurts, EStG-Kommentar, 2021, § 4f, Rn. 2.

673 Vgl. *Krumm*, in: Blümich, EStG-Kommentar, 2021, § 4f, Rn. 10.

674 Vgl. *Krumm*, in: Blümich, EStG-Kommentar, 2021, § 4f, Rn. 21.

675 Vgl. *Krumm*, in: Blümich, EStG-Kommentar, 2021, § 4f, Rn. 21; *Hörner*, in: Frotscher/Geurts, EStG-Kommentar, 2021, § 4f, Rn. 25.

sich um den Betrag nach Aufwandsabzug des Sanierungsjahres. Es entspräche auch nicht dem Grundgedanken der Regelungen zur Steuerfreiheit von Sanierungserträgen, Doppelbegünstigungen in Folgejahren zu vermeiden, würden dem Steuerpflichtigen der Aufwandsabzug i.H.v. 1/15 des ursprünglichen Aufwandsbetrags im Sanierungsjahr verwehrt, um somit einen höheren Betrag zur Neutralisierung des verbleibenden Sanierungsertrags zur Verfügung zu haben.

Grundsätzlich ist in Bezug auf § 3a Abs. 3 S. 2 Nr. 1 EStG zunächst die Literaturmeinung festzuhalten, dass es folgerichtig sei, die Hebung stiller Reserven durch den zeitlich gestreckten Aufwand nach § 4f EStG mit dem Sanierungsertrag zu verrechnen, wenn auch § 3a Abs. 1 S. 2 EStG durch die Wahlrechtsausübung die Minderung durch den Sanierungsertrag anordnet.[676] Gleichwohl ist die Regelung mit verschiedenen Unklarheiten behaftet:

Der Gesetzeswortlaut des § 3a Abs. 3 S. 2 Nr. 1 EStG bezieht sich explizit auf den dem Wirtschaftsjahr der Übertragung nachfolgenden 14 Jahren verteilt abziehbaren Aufwand, der durch einen Sanierungsertrag gemindert wird.[677] Daraus wird in der Literatur gefolgert, dass in Konstellationen, in denen das Jahr der Verpflichtungsübertragung und das Sanierungsjahr zusammenfallen, der auf das (Sanierungs-)Jahr entfallende Anteil des Aufwands nicht mit dem verbleibenden Sanierungsertrag verrechnet wird, sondern den Gewinn des zu sanierenden Unternehmens reduziert.[678] In diesem Fall kommt also eine Minderung nach § 3a Abs. 3 S. 2 Nr. 8 EStG in Betracht. Voraussetzung dafür ist jedoch, dass der verbleibende Sanierungsertrag nicht zwischenzeitlich durch andere Steuerminderungspositionen ausgeglichen wurde und kein laufender Gewinn, sondern ein laufender Verlust der Gesellschaft vorhanden bzw. durch die Berücksichtigung des Aufwands nach § 4f EStG entstanden ist. Unklar ist, ob der Wortlaut des § 3a Abs. 3 S. 2 Nr. 1 EStG in Bezug auf § 4f Abs. 1 S. 1 EStG absichtlich oder im Versehen vom Gesetzgeber eingeführt wurde.[679] Die

---

676 Vgl. *Seer*, in: Kirchhof/Seer, EStG-Kommentar, 2021, § 3a, Rn. 36.

677 Vgl. *Hallerbach*, in: H/H/R, EStG-Kommentar, 2021, § 3a, Rn. 35; *Kanzler*, in: K/K/B, EStG-Kommentar, 2021, § 3a, Rn. 147.

678 Vgl. *Hallerbach*, in: H/H/R, EStG-Kommentar, 2021, § 3a, Rn. 35 mit einer unpräzisen Formulierung, da nicht der Sanierungsertrag gemindert wird, sondern der Sanierungsertrag die jeweilige Verlustverrechnungsposition mindert. I. Erg. ist jedoch zuzustimmen, dass in diesem Fall der Aufwand gem. § 4f EStG nicht gemindert wird, sondern der Aufwand sich durch die Verringerung des laufenden Gewinns der Gesellschaft bzw. die Erhöhung des Verlusts durchschlägt und dann ggf. durch § 3a Abs. 3 S. 2 Nr. 8 EStG berücksichtigt wird.

679 Vgl. *Kanzler*, in: K/K/B, EStG-Kommentar, 2021, § 3a, Rn. 147.

Eindeutigkeit des Wortlauts ließe aber nach Auffassung von *Kanzler* keine zweckgerichtete Auslegung zu.[680]

Ungewiss ist der Literatur zufolge der Verweis des Gesetzgebers in § 3a Abs. 3 S. 2 Nr. 1 EStG auf die Regelung des § 5 Abs. 7 EStG (Ertragsverteilungsnorm[681]), wonach ein Abzug des verteilt abziehbaren Aufwands nicht zu erfolgen hat, wenn die Verpflichtung auf einen Rechtsnachfolger übergegangen ist und dieser in Bezug auf die übernommene Verpflichtung der Regelung des § 5 Abs. 7 EStG unterliegt. Ob es sich bei der Bezugnahme auf § 5 Abs. 7 EStG um eine Rechtsgrund- oder Rechtsfolgenverweisung handeln soll, ist dem Gesetz nicht zu entnehmen. Da der zu verteilende Aufwand keine Verpflichtung darstellt, liefe eine Rechtsfolgenverweisung ins Leere.[682] Vom Sinn und Zweck des § 3a Abs. 3 S. 2 Nr. 1 EStG lässt sich eine Anwendung des § 5 Abs. 7 EStG, insoweit er den Untergang des Aufwands bei dem Rechtsnachfolger regeln soll, nicht erklären. Eine etwaige Doppelbegünstigung ist nicht erkennbar, denn schließlich wurde das zu sanierende Unternehmen von einer Verpflichtung befreit, die ein Rechtsnachfolger übernommen hat.[683]

Zuletzt ist auch nicht sicher, wie mit einem verbleibenden Aufwand nach § 4f EStG nach Verrechnung mit einem Sanierungsertrag umzugehen ist. Das setzt den Fall voraus, dass der verbleibende Sanierungsertrag nach § 3a Abs. 3 S. 1 EStG betragsmäßig geringer ist als die Gesamtsumme des verteilt abziehbaren Aufwands nach § 4f EStG. Ob der Aufwand in den Folgejahren weiterhin in Höhe von 1/15 des ursprünglich vorhandenen Gesamtaufwands zu berücksichtigen ist oder ob der nach Verrechnung verbleibende Aufwand auf die restlichen Jahre zu verteilen ist, ist – soweit ersichtlich – ungeklärt. Aufgrund des Sinn und Zwecks des § 4f EStG mit dessen Aufwandsverteilung auf 15 Jahre wird an dieser Stelle davon ausgegangen, dass der nach Verrechnung verbleibende Aufwand auf die restlichen Jahre verteilt wird. Mithin kann der Steuerpflichtige in den Folgejahren betragsmäßig weniger Aufwand über einen längeren Zeitraum geltend machen, als wenn er weiterhin 1/15 des ursprünglich vorhandenen Gesamtaufwands geltend machen könnte.

iii. Verluste nach § 15 Abs. 4 EStG (§ 3a Abs. 3 S. 2 Nr. 6–7 EStG)

Im nächsten Schritt reduziert der geminderte Sanierungsertrag nach Anwendung des § 3a Abs. 3 S. 2 Nr. 1 EStG einen ggf. vorhandenen nach § 15 Abs. 4 EStG

680 Vgl. *Kanzler*, in: K/K/B, EStG-Kommentar, 2021, § 3a, Rn. 147.
681 Vgl. *Weber-Grellet*, in: Schmidt, EStG-Kommentar, 2021, § 4f, Rn. 1.
682 Vgl. *Hallerbach*, in: H/H/R, EStG-Kommentar, 2021, § 3a, Rn. 35.
683 Vgl. *Hallerbach*, in: H/H/R, EStG-Kommentar, 2021, § 3a, Rn. 35.

ausgleichsfähigen oder nicht abziehbaren Verlust der zu sanierenden Kapitalgesellschaft gem. § 3a Abs. 3 S. 2 Nr. 6–7 EStG. § 15 Abs. 4 EStG konstituiert ein Abzugs- und Ausgleichsverbot für bestimmte Sachverhalte.[684] Nach § 15 Abs. 4 S. 1–2 EStG sind Verluste aus der gewerblichen Tierzucht sowie der gewerblichen Tierhaltung nicht ausgleichbar mit anderen Einkünften aus Gewerbebetrieb oder Einkünften aus anderen Einkunftsarten. Diese Verluste können auch nicht durch Verlustabzug nach § 10d EStG mit anderen Einkünften verrechnet werden.[685] Ein Verlustabzug ist nur nach Maßgabe des § 10d EStG möglich mit Gewinnen aus der gewerblichen Tierzucht und Tierhaltung aus dem unmittelbar vorangegangenen Wirtschaftsjahr oder folgenden Wirtschaftsjahren.[686] Gem. § 15 Abs. 4 S. 2 Hs. 2 EStG gilt § 10d Abs. 4 EStG entsprechend, so dass die Verluste gesondert festzustellen sind. Weiterhin betrifft das Verlustausgleichs- und Abzugsverbot des § 15 Abs. 4 S. 1f. EStG entsprechend Verluste aus Termingeschäften nach § 15 Abs. 4 S. 3–5 EStG, sofern nicht die Ausnahmen nach § 15 Abs. 4 S. 4 EStG bei Geschäften, die zum gewöhnlichen Geschäftsbetrieb bei Kreditinstituten, Finanzdienstleistungsinstituten, Finanzunternehmen i.S.d. Gesetzes über das Kreditwesen gehören oder die der Absicherung von Geschäften des gewöhnlichen Geschäftsbetriebs greifen. Dies gilt jedoch auch nur dann, wenn die Rückausnahme nach § 15 Abs. 4 S. 5 EStG nicht einschlägig ist. Lediglich im Wege des Verlustrück- und -vortrags ist die Verrechnung mit Gewinnen aus Termingeschäften möglich.[687]

Zuletzt gilt gem. § 15 Abs. 4 EStG das Ausgleichs- und Abzugsverbot für Verluste aus stillen Gesellschaften, Unterbeteiligungen oder sonstigen Innengesellschaften an Kapitalgesellschaften, bei denen der Gesellschafter bzw. Beteiligter als Mitunternehmer anzusehen ist (§ 15 Abs. 4 S. 6 EStG). Auch hier gilt das Verbot, diese Verluste mit Einkünften aus Gewerbebetrieb oder aus anderen Einkunftsarten auszugleichen. Verluste können ausschließlich im Rahmen des § 10d EStG mit Gewinnen verrechnet werden, die der Gesellschafter aus

684 Vgl. BMF v. 29.11.2004, BStBl. I 2004, 1097 in Bezug auf die Anwendung der Verlustabzugsbeschränkung nach § 10d EStG bei besonderen Verlustverrechnungskreisen; BMF v. 19.11.2008, BStBl. I 2008, 970 speziell in Bezug auf Verluste i.S.v. § 15 Abs. 4 S. 6–8 EStG.

685 Vgl. *Bode*, in Blümich, EStG-Kommentar, 2021, § 15, Rn. 664; *Wacker*, in: Schmidt, EStG-Kommentar, 2021, § 15, Rn. 896; *Meyer/Bäuml*, in; K/K/B, EStG-Kommentar, 2021, § 15, Rn. 625.

686 Vgl. *Bode*, in Blümich, EStG-Kommentar, 2021, § 15, Rn. 664; *Wacker*, in: Schmidt, EStG-Kommentar, 2021, § 15, Rn. 896.

687 Vgl. *Bode*, in Blümich, EStG-Kommentar, 2021, § 15, Rn. 664.

derselben stillen Gesellschaft, Unterbeteiligung oder sonstigen Innengesellschaft bezogen hat (§ 15 Abs. 4 S. 7 EStG). Gem. § 15 Abs. 4 S. 8 EStG gilt diese Regelung dann nicht, wenn der Verlust auf eine natürliche Person als mittelbar oder unmittelbar beteiligter Mitunternehmer entfällt. § 10d Abs. 4 EStG ist zur Feststellung des Verlustvortrags anzuwenden.

Nach § 3a Abs. 3 S. 2 Nr. 6 EStG gehen zunächst die ausgleichsfähigen oder nicht abziehbaren Verluste aus gewerblicher Tierzucht bzw. Tierhaltung, aus Termingeschäften oder aus stillen Gesellschaften, Unterbeteiligungen oder sonstigen Innengesellschaften an Kapitalgesellschaften aus dem Sanierungsjahr unter. Anschließend mindert sich der nach § 15 Abs. 4 EStG festgestellte und in Verbindung mit § 10d Abs. 4 EStG verbleibende Verlustvortrag zum Ende des dem Sanierungsjahr vorangegangenen Jahres, soweit er auf das zu sanierende Unternehmen entfällt (§ 3a Abs. 3 S. 2 Nr. 7 EStG). § 3a Abs. 3 S. 2 Nr. 6–7 EStG setzt für die Minderung der Verluste nach § 15 Abs. 4 EStG voraus, dass diese Verluste aus derselben Einkunftsquelle des zu sanierenden Unternehmens stammen, also z.B. dessen Unternehmensgegenstand die gewerbliche Tierzucht bzw. Tierhaltung ist, was die Relevanz der Regelung in der Praxis wohl schmälert.[688]

iv. Verlust des Sanierungsjahres des zu sanierenden Unternehmens (§ 3a Abs. 3 S. 2 Nr. 8 EStG)

Nach § 3a Abs. 3 S. 2 Nr. 8 EStG wird anschließend der im Sanierungsjahr erlittene laufende Verlust des zu sanierenden Unternehmens durch Saldierung mit dem geminderten Sanierungsertrag reduziert. An dieser Stelle wirkt sich auch die in § 3a Abs. 1 S. 2 EStG geregelte Hebung stiller Lasten im Rahmen der gewinnmindernden Ausübung steuerlicher Wahlrechte aus, sofern sie den unternehmensbezogenen Verlust erhöht hat.[689] Ein laufender Verlust ergibt sich nur, wenn von einer außerbilanziellen Korrektur des Sanierungsertrags i.S.v. § 3a Abs. 1 S. 1 EStG ausgegangen wird.[690] Wird hingegen – wie wohl *Hallerbach* – davon ausgegangen, dass bereits in der allgemeinen Gewinnermittlung ein laufender Verlust des Sanierungsjahr mit einem Sanierungsertrag zu verrechnen sei, kann die Frage relevant werden, welchen Verlust der Gesetzgeber

---

688 Vgl. *Seer*, in: Kirchhof/Seer, EStG-Kommentar, 2021, § 3a, Rn. 39; *Kobor*, in: Kirchhof u.a., EStG-Kommentar, 2021, § 3a, Rn. D 22.

689 Vgl. *Seer*, in: Kirchhof/Seer, EStG-Kommentar, 2021, § 3a, Rn. 40; *Kobor*, in: Kirchhof u.a., EStG-Kommentar, 2021, § 3a, Rn. D 23; *Krumm*, in: Blümich, EStG-Kommentar, 2021, § 3a, Rn. 43.

690 Vgl. *Sommer*, in Frotscher/Geurts, EStG-Kommentar, 2021, § 3a, Rn. 69.

hier meint.[691] Denn in diesem Fall kommt es zu keinem laufenden Verlust, wenn der Sanierungsertrag betragsmäßig größer ist als der entstandene Verlust. Ist der laufende Verlust hingegen größer als der Sanierungsgewinn, kommt es zu keiner Minderung mehr, da eine vollumfängliche Verrechnung mit dem Sanierungsertrag bereits erfolgte.[692] Aus dem Sinn und Zweck des § 3a Abs. 3 S. 2 Nr. 8 EStG und im Hinblick auf die praktische Umsetzung der Regelungen zur Steuerfreiheit von Sanierungserträgen durch die Finanzverwaltung in Form der Steuererklärungsformulare ist davon auszugehen, dass der Sanierungsertrag außerbilanziell zu korrigieren ist.

v. Gesondert festgestellter Verlustvortrag des Vorjahres (§ 3a Abs. 3 S. 2 Nr. 10 EStG)

§ 3a Abs. 3 S. 2 Nr. 10 EStG sieht nun vor, dass im Sanierungsjahr – ungeachtet des § 10d Abs. 2 EStG – der nach § 10d Abs. 4 EStG zum Ende des Vorjahres gesondert festgestellte Verlustvortrag gemindert wird. Der aus Vorjahren stammende Verlustvortrag ist damit nachrangig zu den Verlusten im Sanierungsjahr i.S.v. § 3a Abs. 3 S. 2 Nr. 8 EStG zu mindern.[693] Die Vorschrift des § 10d EStG regelt grundsätzlich die Möglichkeit des Steuerpflichtigen, erlittene negative Einkünfte eines Veranlagungszeitraums in einem anderen Veranlagungszeitraum geltend zu machen, sofern die negativen Einkünfte im Verlustjahr nicht durch horizontalen und vertikalen Verlustausgleich verrechnet werden konnten.[694] Der Steuerpflichtige kann hierbei entweder den Verlustrücktrag in den vorangegangenen Veranlagungszeitraum in Anspruch nehmen oder den Verlust in die nachfolgenden Veranlagungszeiträume vortragen.[695] Die Regelung betrifft sowohl einkommen-steuer- als auch nach § 8 Abs. 1 KStG körperschaftsteuerpflichtige Personen.[696] Weitere Einschränkungen zum Verlustabzug ergeben sich aus Sonderregelungen zur Verlustabzugsbeschränkung besonderer Verlustverrechnungskreise, wie z.B. §§ 2a, 2b a.F., 15 Abs. 4, 15a,

---

691 Vgl. *Hallerbach*, in: H/H/R, EStG-Kommentar, 2021, § 3a, Rn. 37.

692 Vgl. *Hallerbach*, in: H/H/R, EStG-Kommentar, 2021, § 3a, Rn. 37.

693 Vgl. *Seer*, in: Kirchhof/Seer, EStG-Kommentar, 2021, § 3a, Rn. 43.

694 Vgl. *Vogel*, in: Blümich, EStG-Kommentar, 2021, § 10d, Rn. 1, 3.

695 Vgl. *Vogel*, in: Blümich, EStG-Kommentar, 2021, § 10d, Rn. 2; *Heinicke*, in: Schmidt, EStG-Kommentar, 2021, § 10d, Rn. 20.

696 Vgl. *Vogel*, in: Blümich, EStG-Kommentar, 2021, § 10d, Rn. 45 mit dem Hinweis auf Besonderheiten durch § 8c KStG und § 8 Abs. 4 KStG; ebenso *Heinicke*, in: Schmidt, EStG-Kommentar, 2021, § 10d, Rn. 11, 13.

15b EStG, die teilweise bereits erörtert wurden, die den Verlustabzug einschränken und vorrangig zu prüfen sind.[697] § 3a Abs. 3 S. 2 Nr. 10 EStG sieht zunächst vor, dass im Sanierungsjahr der zum Ende des Vorjahres gesondert festgestellte *Verlustvortrag* gemindert wird. Nach § 10d Abs. 2 EStG ist ein Verlustvortrag möglich, sofern Verluste nicht oder nicht vollständig im Rahmen des Verlustrücktrags nach § 10d Abs. 1 EStG abgezogen werden konnten.[698] Der Verlustvortrag ist zwar zeitlich unbegrenzt möglich[699]; allerdings besteht eine Beschränkung dahingehend, dass der Verlustvortrag nur bis zu einem Gesamtbetrag der Einkünfte von 1 Mio. Euro unbeschränkt genutzt werden kann. Über den Betrag von 1 Mio. Euro hinaus kann der Verlustvortrag nur zu 60 % des den 1 Mio. Euro übersteigenden Gesamtbetrag der Einkünfte reduziert werden (§ 10d Abs. 2 S. 1 EStG). Diese Grenzen der Mindestbesteuerung gelten bei Körperschaften grundsätzlich gesellschaftsbezogen.[700] Die Grenzen der Mindestbesteuerung gelten jedoch nicht im Rahmen des § 3a Abs. 3 S. 2 Nr. 10 EStG.[701] Der bestehende Verlustvortrag kann also ggf. in Gänze untergehen. Die Regelung stellt explizit auf den zum Ende des Vorjahres gesondert festgestellten Verlustvortrag ab, der sich ungeachtet der Mindestbesteuerung aufgrund von § 3a Abs. 3 S. 2 Nr. 10 EStG mindern soll. Das bedeutet, dass in seltenen Fällen, in denen die Sanierungsgesellschaft im Sanierungsjahr einen positiven Gesamtbetrag der Einkünfte hat, beispielsweise aufgrund von Einmaleffekten aus Veräußerungstätigkeiten, diesen nur dann mit Verlusten ausgleichen kann, wenn nach Verrechnung gem. § 3a Abs. 3 S. 2 Nr. 10 EStG ein etwaiger Verlustvortrag verbleibt. Eine Verrechnung des positiven Gesamtbetrag der Einkünfte (im Rahmen der Mindestbesteuerung) mit zum Ende des Vorjahres gesondert festgestellten Verlustvorträgen, bevor diese nach § 3a Abs. 3 S. 2 Nr. 10 EStG

---

697 Vgl. *Vogel*, in: Blümich, EStG-Kommentar, 2021, § 10d, Rn. 55; *Heinicke*, in: Schmidt, EStG-Kommentar, 2021, § 10d, Rn. 11; zum Verhältnis der Sonderregelungen zu § 10d EStG ausführlicher *Hallerbach*, in: H/H/R, EStG-Kommentar, 2021, § 10d, Rn. 30.

698 Vgl. *Vogel*, in: Blümich, EStG-Kommentar, 2020, § 10d, Rn. 190; *Heinicke*, in: Schmidt, EStG-Kommentar, 2021, § 10d, Rn. 31.

699 Vgl. *Vogel*, in: Blümich, EStG-Kommentar, 2021, § 10d, Rn. 200; *Heinicke*, in: Schmidt, EStG-Kommentar, 2021, § 10d, Rn. 31.

700 Vgl. *Hallerbach*, in: H/H/R, EStG-Kommentar, 2021, § 10d, Rn. 64.

701 Vgl. *Hallerbach*, in: H/H/R, EStG-Kommentar, 2021, § 3a, Rn. 38; *Kobor*, in: Kirchhof u.a., EStG-Kommentar, 2021, § 3a, Rn. D 26; *Bodden*, in: Korn, EStG-Kommentar, 2021, § 3a EStG, Rn. 92; *Epler/Petersen*, Ubg 2019, 114 [118], die bezweifeln, dass § 10d Abs. 2 EStG – selbst ohne den expliziten Anwendungsausschluss – überhaupt anwendbar gewesen wäre.

untergehen, ist nicht möglich. Neben dem Untergang des laufenden Verlusts des zu sanierenden Unternehmens nach § 3a Abs. 3 S. 2 Nr. 8 EStG stellt diese Regelung einen zentralen Tatbestand der Verlustverrechnungspositionen dar und ist mithin von hoher Praxisrelevanz.[702]

vi. Teilweise die zum Ende des Vorjahres festgestellten und im Sanierungsjahr entstehenden Verluste und negativen Einkünfte nach § 3a Abs. 3 S. 2 Nr. 11 EStG

Weiterhin werden bei zu sanierenden Kapitalgesellschaften – anders als in der maßgebenden zeitlichen Reihenfolge der § 3a Abs. 3 S. 2 Nr. 2–10 EStG – die zum Ende des Vorjahres festgestellten und die im Sanierungsjahr entstehenden verrechenbare Verluste und negative Einkünfte nach Maßgabe und in der Reihenfolge von § 3a Abs. 3 S. 2 Nr. 11 Buchst. a)–e) EStG gemindert. Dabei handelt es sich um Steuerminderungspotenziale, die mit der Einkunftsquelle des zu sanierenden Unternehmens nicht zusammenhängen.[703] Obwohl sie meist steuerlich gar nicht mit Gewinnen aus dem Sanierungsunternehmen verrechnet werden könnten, werden sämtliche Verluste und negative Einkünfte profiskalisch zur Verrechnung einbezogen.[704] Mithin kann sie als eine deutlich überschießende Regelung bewertet werden.[705] Konkret handelt es sich um folgende Verluste und negative Einkünfte:

Gem. § 3a Abs 3 S. 2 Nr. 11 a) EStG mindern sich zunächst die zum Ende des Vorjahres festgestellten und danach die im Sanierungsjahr entstehenden Verluste nach § 15a EStG. Dabei handelt es sich um Verluste bei beschränkter Haftung, die entsprechend nur dann bei einer Kapitalgesellschaft vorhanden sind, wenn sie haftungsbeschränkt an einer anderen Gesellschaft beteiligt ist. Grundsätzlich dürfen nach § 15a EStG Kommanditisten – dabei kann es sich um natürliche oder juristische Personen handeln[706] oder Unternehmer mit einer einem Kommanditisten vergleichbaren Haftung – solche Verluste, die zu einem negativen Kapitalkonto geführt haben oder ein negatives Kapitalkonto erhöht

702 Vgl. *Kobor*, in: Kirchhof u.a., EStG-Kommentar, 2021, § 3a, Rn. D 26.

703 Vgl. *Kanzler*, in: K/K/B, EStG-Kommentar, 2021, § 3a, Rn. 154; *Krumm*, in: Blümich, EStG-Kommentar, 2021, § 3a, Rn. 46; *Kobor*, in: Kirchhof u.a., EStG-Kommentar, 2021, § 3a, Rn. D 28.

704 Vgl. *Seer*, in: Kirchhof/Seer, EStG-Kommentar, 2021, § 3a, Rn. 45.

705 Vgl. *Seer*, in: Kirchhof/Seer, EStG-Kommentar, 2021, § 3a, Rn. 45.

706 Vgl. *Heuermann*, in: Blümich, EStG-Kommentar, 2021, § 15a, Rn. 24; *Friedberg*, in: Frotscher/Geurts, EStG-Kommentar, 2021, § 15a, Rn. 112.

haben, nur aus zukünftigen Gewinnen aus dieser Beteiligung verrechnen.[707] Die Regelung bezweckt demnach, einem beschränkt haftenden Gesellschafter einen Verlustausgleich nur dann zu gewähren, wenn er dadurch tatsächlich wirtschaftlich belastet ist.[708] Hintergrund ist, dass gem. § 167 Abs. 3 Handelsgesetzbuch (HGB) ein Kommanditist oder ein vergleichbarer Unternehmer nur in Höhe des Betrags seines Kapitalanteils und seiner noch rückständigen Einlage an dem Verlust der Gesellschaft teilnimmt. Gem. § 171 Abs. 1 HGB haftet er nur unmittelbar in Höhe seiner Einlage, so dass eine Haftung ausgeschlossen ist, wenn er seine Einlage geleistet hat.[709] Die Verlustanteile werden seinem Kapitalkonto zwar zugewiesen, wirken sich jedoch erst zu einem späteren Zeitpunkt aus, nämlich dann, wenn sie mit Gewinnanteilen ausgeglichen wurden und er erst dann die Auszahlung eines Gewinnanteils verlangen kann.[710] Daraus folgt, dass ein Kommanditist oder vergleichbarer Unternehmer nur insoweit wirtschaftlich durch seine Einlage übersteigende Verlustanteile belastet ist, wenn ihm später Gewinnanteile zugerechnet werden.[711]

Nach § 3a Abs. 3 S. 2 Nr. 11 b) EStG können auch Verluste nach § 15b EStG aus anderen Einkunftsquellen bei der zu sanierenden Kapitalgesellschaft untergehen. § 15b EStG untersagt den Ausgleich von Verlusten i.Z.m. Steuerstundungsmodellen mit Einkünften aus Gewerbebetrieb oder anderen Einkunftsarten, sofern sie 10 % des gezeichneten Kapitals übersteigen (§ 15b Abs. 1 S. 1, Abs. 3 EStG). Gleichwohl gehen die Verluste nicht unter, sondern können gem. § 15b Abs. 1 S. 2 EStG mit Einkünften des Steuerpflichtigen aus derselben Einkunftsquelle in den folgenden Wirtschaftsjahren verrechnet werden. Als Einkunftsquelle ist hier die Beteiligung am jeweiligen Steuerstundungsmodell gemeint, bzw. der Mitunternehmeranteil, wenn es sich bei dem Steuerstundungsmodell um eine gewerbliche oder gewerblich geprägte Personengesellschaft handelt.[712]

---

707 Vgl. *Heuermann*, in: Blümich, EStG-Kommentar, 2021, § 15a, Rn. 1 mit Verweis auf BFH, Urt. v. 20.11.2014, IV R 47/11, BStBl. II 2015, 532; Urt. v. 9.5.1996, IV R 75/93, BStBl. II 1996, 474; *Friedberg*, in: Frotscher/Geurts, EStG-Kommentar, 2021, § 15a, Rn. 1, 2.

708 Vgl. *Heuermann*, in: Blümich, EStG-Kommentar, 2021, § 15a, Rn. 1 mit Verweis auf BFH, Urt. v. 1.3.2018, IV R 16/15, BStBl. II 2018, 527, Rn. 18; *Friedberg*, in: Frotscher/Geurts, EStG-Kommentar, 2021, § 15a, Rn. 5.

709 Vgl. *Heuermann*, in: Blümich, EStG-Kommentar, 2021, § 15a, Rn. 1.

710 Vgl. *Heuermann*, in: Blümich, EStG-Kommentar, 2021, § 15a, Rn. 1, 5; *Friedberg*, in: Frotscher/Geurts, EStG-Kommentar, 2021, § 15a, Rn. 3.

711 Vgl. *Heuermann*, in: Blümich, EStG-Kommentar, 2021, § 15a, Rn. 1.

712 Vgl. BMF v. 17.7.2007, BStBl. I 2007, 542, Rn. 13.

Steuerstundungsmodelle i.S.d. Norm sind modellhafte Gestaltungen, mit denen steuerliche Vorteile in Form von negativen Einkünften erzielt werden sollen (§ 15b Abs. 2 EStG).

Erneut können nach § 3a Abs. 3 S. 2 Nr. 11 c) EStG bei der zu sanierenden Kapitalgesellschaft Verluste i.S.v. § 15 Abs. 4 EStG untergehen, die aber in Abgrenzung zu § 3a Abs. 3 S. 2 Nr. 6, 7 EStG nicht aus dem eigenen Betrieb der Kapitalgesellschaft herrühren, sondern aus anderen Betrieben und Mitunternehmeranteilen zugerechnet worden sein können. Ebenso sind negative Einkünfte der zu sanierenden Kapitalgesellschaft nach § 2a EStG zur Verrechnung mit einem steuerfreien Sanierungsertrag heranzuziehen (§ 3a Abs. 3 S. 2 Nr. 11 d) EStG). Hierbei handelt es sich um negative Einkünfte mit Bezug zu Drittstaaten. Die in § 2a Abs 1 S. 1 Nr. 1–7 EStG genannten negativen Einkünfte dürfen nur mit positiven Einkünften der jeweils selben Art und überwiegend aus demselben Staat ausgeglichen werden, es sei denn, es handelt sich um negative Einkünfte aus gewerblichen Betriebsstätten i.S.v. § 2a Abs. 2 EStG. Aus dem Katalog des § 3a Abs. 3 S. 2 Nr. 11 EStG kommt für zu sanierende Kapitalgesellschaften zuletzt noch die Minderung von negativen Einkünfte i.S.v. § 2b EStG 2002[713] in Betracht (§ 3a Abs. 3 S. 2 Nr. 11 e) EStG). § 2b EStG wurde mit dem Gesetz zur Beschränkung der Verlustverrechnung im Zusammenhang mit Steuerstundungsmodellen vom 22.12.2005[714] ersetzt.[715] Gleichwohl normiert § 52 Abs. 3 EStG, dass § 2b a.F. weiterhin für Einkünfte aus einer Einkunftsquelle i.S.v. § 2b a.F. anzuwenden ist, die ein Steuerpflichtiger zwischen dem 04.03.1999 und 11.11.2005 rechtwirksam erworben oder begründet hat. Daraus folgt also, dass negative Einkünfte i.S.v. § 2b EStG nicht mehr entstehen können, da die Regelung abgeschafft und durch § 15b EStG ersetzt wurde. Noch vorhandene negative Einkünfte i.S.v. § 2b EStG a.F. sind jedoch bei einer zu sanierenden Kapitalgesellschaft mit einem steuerfreien Sanierungsertrag zu verrechnen.

---

713 Vgl. Bekanntmachung der Neufassung des Einkommensteuergesetzes v. 19.10.2002, BGBl. I 2002, 4210; I 2003, 179; § 2b EStG, eingeführt durch Steuerentlastungsgesetz 1999/2000/2002 vom 24.03.1999, BGBl. I 1999, 402.

714 Vgl. Gesetz zur Verlustverrechnungsbeschränkung i.Z.m. Steuerstundungsmodellen v. 22.12.2005, BGBl. I 2005, 3683.

715 Vgl. *Lindberg*, in: Frotscher/Geurts, EStG-Kommentar, 2021, § 15b, Rn. 1.

vii. *Verlustrücktrag von negativen Einkünften des Folgejahres (§ 3a Abs. 3 S. 2 Nr. 12 EStG)*

Für Kapitalgesellschaften kommt zur Verrechnung von Verlustpositionen noch die Minderung der negativen Einkünfte des Folgejahres bzw. der Verlustrücktrag in das Sanierungsjahr nach Maßgabe des § 3a Abs. 3 S. 2 Nr. 12 EStG zum Zuge. Die Regelung des § 3a Abs. 3 S. 2 Nr. 12 EStG wird dahingehend verstanden, dass der Steuerpflichtige entweder nach § 3a Abs. 3 S. 2 Nr. 12 S. 1 EStG ungeachtet der Mindestbesteuerung die negativen Einkünfte des Folgejahres in Höhe des Restsanierungsgewinns nach § 3a Abs. 3 S. 4 EStG zu mindern hat oder nach § 3a Abs. 3 S. 2 Nr. 12 S. 2 EStG einen Verlustrücktrag in das Sanierungsjahr vornehmen kann, der auf die Höhe des Restsanierungsbetrags i.S.v. § 3a Abs. 3 S. 4 EStG begrenzt ist. Der Verlustrücktrag ist also auf die Höhe des verbleibenden Sanierungsertrags, nach den Minderungen im Sanierungsjahr bei der Sanierungskapitalgesellschaft selbst und der Minderung bei einer dem Steuerpflichtigen nahestehenden Person i.S.v. § 3a Abs. 3 S. 3 EStG, limitiert.[716] Das hat den Effekt, dass die bereits im Sanierungsjahr untergegangenen Steuerminderungspotenziale nach § 3a Abs. 3 S. 2 Nr. 13 EStG, der Zins- und EBITDA-Vortrag bei dem Steuerpflichtigen selbst und der Verlustuntergang bei einer dem Steuerpflichtigen nahestehenden Person gem. § 3a Abs. 3 S. 3 EStG betragsmäßig unberührt bleibt. Ebenso wie bei dem Verlustvortrag nach § 3a Abs. 3 S. 2 Nr. 10 EStG i.V.m. § 10d Abs. 2 EStG sind die Grenzen der Mindestbesteuerung im Falle eines steuerfreien Sanierungsertrags, und mithin unter Anwendung des § 3a Abs. 3 S. 2 Nr. 12 EStG, unbeachtlich.

viii. *Zum Ende des Vorjahres festgestellten und im Sanierungsjahr entstehenden Zinsvortrag und EBITDA-Vortrag (§ 3a Abs. 3 S. 2 Nr. 13 EStG)*

§ 3a Abs. 3 S. 2 Nr. 13 EStG mindert zuletzt zwei weitere Steuerminderungspositionen. Dabei handelt es sich um den im vorangegangenen Wirtschaftsjahr festgestellten und der im Sanierungsjahr entstandene Zinsvortrag nach § 4h Abs. 1 S. 5 EStG (§ 3a Abs. 3 S. 2 Nr. 13 Buchst. a) EStG), sowie den EBITDA-Vortrag nach § 4h Abs. 1 S. 3 EStG (§ 3a Abs. 3 S. 2 Nr. 13 Buchst. b) EStG).

Die Regelung des § 4h EStG normiert den (beschränkten) Betriebsausgabenabzug für Zinsaufwendungen. Es handelt sich dabei um eine Gewinnermittlungsvorschrift, die den Zinsabzug für Betriebe limitiert.[717] Grundsätzlich

716 Vgl. *Hallerbach*, in: H/H/R, EStG-Kommentar, 2021, § 3a, Rn. 40; *Kanzler*, in: K/K/B, EStG-Kommentar, 2021, § 3a, Rn. 155.

717 Vgl. BMF v. 4.7.2008, BStBl. I 2008, 718 Tz. 2; *Loewens*, in: Blümich, EStG-Kommentar, 2021, § 4h, Rn. 1.

besagt § 4h Abs. 1 EStG, dass Zinsaufwendungen eines Betriebs in Höhe des Zinsertrags abziehbar sind, darüber hinausgehend jedoch nur bis zur Höhe des verrechenbaren EBITDA, es sei denn, die Ausnahmetatbestände des § 4h Abs. 2 S. 1 Buchst. a)–c) EStG sind erfüllt.[718] Das verrechenbare EBITDA ist in § 4h Abs. 1 S. 2 EStG definiert.[719] Für Kapitalgesellschaften enthält § 8a KStG Modifikationen in Bezug auf die Zinsschranke. So wird bestimmt, dass die Ausgangsgröße zur Berechnung des verrechenbaren EBITDA bei Körperschaften nicht der steuerpflichtige Gewinn, sondern das Einkommen i.S.d. § 8 Abs. 1 KStG ist (§ 8a Abs. 1 S. 1 KStG). Des Weiteren sind bei Körperschaften bei der Errechnung des verrechenbaren EBITDA Verluste i.S.v. § 10d EStG und der Spendenabzug nach § 9 Abs. 1 Nr. 2 EStG hinzuzurechnen (§ 8a Abs. 1 S. 2 KStG). Das nicht ausgeschöpfte steuerliche EBITDA wird fünf Jahre vorgetragen, nicht abziehbare Zinsen werden in zeitlicher Hinsicht unbegrenzt vorgetragen (§ 4h Abs. 1 S. 3, 5 EStG). Dieser EBITDA- bzw. Zinsvortrag kann bei Inanspruchnahme der Regelungen zur Steuerfreiheit von Sanierungserträgen gem. § 3a Abs. 3 S. 2 Nr. 13 Buchst. a) und b) EStG untergehen. Aufgrund der gesetzlichen Reihenfolge ist der Zinsvortrag vorrangig zum EBITDA-Vortrag zu mindern.[720] In Bezug auf den EBITDA-Vortrag bestimmt der Gesetzgeber in § 3a Abs. 3 S. 2 Nr. 13 Buchst. b) S. 2 EStG, dass die Minderung des EBITDA-Vortrags des Sanierungsjahres und der EBITDA-Vorträge aus vorangegangenen Wirtschaftsjahren in ihrer zeitlichen Reihenfolge erfolgt, also je älter der EBITDA-Vortrag, desto vorrangiger ist er zu mindern.[721] Diese Klarstellung ist dahingehend relevant und sinnvoll, als dass EBITDA-Vorträge nur fünf Jahre vorgetragen werden können.

Der Regelung zur Minderung des Zins- und EBITDA-Vortrags liegt die Auffassung zugrunde, dass die sofortige Abziehbarkeit von Zinsaufwendungen zu einem Verlustvortrag geführt hätte, der dann durch § 3a Abs. 3 S. 2 Nr. 10 EStG untergegangen wäre.[722] Steuerpflichtige, bei denen Verlustvorträge in Höhe des geminderten Sanierungsertrags reduziert wurden, sollen damit gleichgestellt werden mit Steuerpflichtigen, bei denen Zinsaufwendungen bei deren

718 Vgl. BMF v. 4.7.2008, BStBl. I 2008, 718 Tz. 55, ausführlich zu den Ausnahmetatbeständen vgl. Tz. 56 ff.

719 Vgl. hierzu auch das Berechnungsschema in BMF v. 4.7.2008, BStBl. I 2008, 718 Tz. 40 ff.

720 Vgl. *Seer*, in: Kirchhof/Seer, EStG-Kommentar, 2021, § 3a, Rn. 52.

721 Vgl. *Seer*, in: Kirchhof/Seer, EStG-Kommentar, 2021, § 3a, Rn. 52.

722 Vgl. *Hallerbach*, in: H/H/R, EStG-Kommentar, 2021, § 3a, Rn. 41; *Seer*, in: Kirchhof/Seer, EStG-Kommentar, 2021, § 3a, Rn. 51.

Abzugsfähigkeit zu einem Verlustvortrag geführt hätten.[723] Es wird jedoch bezweifelt, dass dieser Sachverhalt in einer derartigen Regelmäßigkeit auftritt, dass eine Typisierung wie in Nr. 13 verfassungsrechtlich unbedenklich ist.[724] Die Existenz der Zinsschrankenregelung spricht gegen die Vorstellung, dass es sich bei dem Entstehen eines Verlustvortrags um einen typischen Sachverhalt handelt.[725] Denn die Zinsschranke wäre entbehrlich, wenn der Zinsaufwand im allgemeinen Verlustvortrag unterginge.[726]

ee. Für Mitunternehmerschaften geltende Steuerminderungspotenziale des Katalogs nach § 3a Abs. 3 S. 2 Nr. 1–13 EStG

i. Überblick

Für zu sanierende Mitunternehmerschaften bzw. bei ihren Mitunternehmern kommen die Minderung der in der nachfolgend dargestellten Übersicht mit einem „X“ markierten aufgeführten Verlustverrechnungspositionen in Betracht, bzw. finden nur teilweise Anwendung in Bezug auf die Positionen, die mit „(X)“ markiert sind:

723 Vgl. BT-Drs. 18/12128 v. 26.4.2017, 32.

724 Vgl. *Hallerbach*, in: H/H/R, EStG-Kommentar, 2021, § 3a, Rn. 41; *Desens*, FR 2017, 981 [988].

725 Vgl. *Hallerbach*, in: H/H/R, EStG-Kommentar, 2021, § 3a, Rn. 41.

726 Vgl. *Hallerbach*, in: H/H/R, EStG-Kommentar, 2021, § 3a, Rn. 41; *Desens*, FR 2017, 981 [988].

Tabelle 5: In Betracht kommende Verlustverrechnungspositionen nach § 3a Abs. 3 S. 2 EStG bei zu sanierenden Mitunternehmerschaften

In Betracht kommende Verlustverrechnungspositionen nach § 3a Abs. 3 S. 2 EStG bei zu sanierenden Mitunternehmerschaften		
Nr. 1	Minderung des verteilt abziehbaren Aufwands nach § 4f EStG des zu sanierenden Unternehmens	X
Nr. 2	Minderung des nach § 15a EStG ausgleichsfähigen oder verrechenbaren Verlusts des Unternehmers (Mitunternehmers) des zu sanierenden Unternehmens des Sanierungsjahres	X
Nr. 3	Minderung vom zum Ende des dem Sanierungsjahr vorangegangenen Wirtschaftsjahres nach § 15a EStG festgestellten verrechenbaren Verlust des Unternehmers (Mitunternehmers) des zu sanierenden Unternehmens	X
Nr. 4	Minderung des nach § 15b EStG ausgleichsfähigen oder verrechenbaren Verlusts derselben Einkunftsquelle des Unternehmers (Mitunternehmers) des Sanierungsjahres	X
Nr. 5	Minderung vom zum Ende des dem Sanierungsjahr vorangegangenen Jahres nach § 15b EStG festgestellten verrechenbaren Verlust derselben Einkunftsquelle des Unternehmers (Mitunternehmers)	X
Nr. 6	Minderung des nach § 15 Abs. 4 EStG ausgleichsfähigen oder nicht abziehbaren Verlusts des zu sanierenden Unternehmens des Sanierungsjahres	(X)
Nr. 7	Minderung vom zum Ende des dem Sanierungsjahr vorangegangenen Jahres nach § 15 Abs. 4 EStG festgestellten i.V.m. § 10d Abs. 4 EStG verbleibenden Verlustvortrag, soweit er auf das zu sanierende Unternehmen entfällt	(X)
Nr. 8	Minderung des Verlusts des Sanierungsjahres des zu sanierenden Unternehmens	X
Nr. 9	Minderung des ausgleichsfähigen Verlusts aus allen Einkunftsarten des VZ, in dem das Sanierungsjahr endet	X
Nr. 10	Minderung im Sanierungsjahr ungeachtet des § 10d Abs. 2 EStG den nach § 10d Abs. 4 EStG zum Ende des Vorjahres gesondert festgestellten Verlustvortrag	X
Nr. 11	Minderung in der nachfolgenden Reihenfolge den zum Ende des Vorjahres festgestellten und den im Sanierungsjahr entstehenden verrechenbaren Verlust oder die negativen Einkünfte:	
	a) nach § 15a EStG	X
	b) nach § 15b EStG anderer Einkunftsquellen	X
	c) nach § 15 Abs. 4 EStG anderer Betriebe und Mitunternehmeranteile	X
	d) nach § 2a EStG	X

Tabelle 5: Fortsetzung

	e) nach § 2b EStG a.F.	X
	f) nach § 23 Abs. 3 S. 7 und 8 EStG	X
	g) nach sonstigen Vorschriften	
	§ 20 Abs. 6 EStG	X
	§ 22 Nr. 3 S. 4 EStG	X
Nr. 12	Minderung ungeachtet der Beträge des § 10d Abs. 1 S. 1 EStG der negativen Einkünfte nach § 10d Abs. 1 S. 1 EStG des Folgejahres. Ein Verlustrücktrag nach § 10d Abs. 1 S. 1 EStG ist nur möglich, soweit die Beträge nach § 10d Abs. 1 S. 1 EStG durch den verbleibenden Sanierungsertrag im Sinne des Satzes 4 nicht überschritten werden	X
Nr. 13	Minderung vom zum Ende des Vorjahres festgestellten und des im Sanierungsjahr entstehenden	
	a) Zinsvortrag nach § 4h Abs. 1 S. 5 EStG	X
	b) EBITDA-Vortrag nach § 4h Abs. 1 S. 3 EStG	X

ii. Aufwandsverteilung gem. § 4f EStG (§ 3a Abs. 3 S. 2 Nr. 1 EStG)

Gem. § 3a Abs. 3 S. 2 Nr. 1 EStG mindert sich auch bei einer zu sanierenden Mitunternehmerschaft der verteilt abziehbare Aufwand aus einer Verpflichtungsübertragung nach § 4f Abs. 1 S. 1 EStG oder einem Schuldbeitritt bzw. einer Erfüllungsübernahme mit ganzer oder teilweise Schuldfreistellung nach § 4f Abs. 2 EStG, sofern nicht der Rechtsnachfolger mit der übernommenen Verpflichtung der Regelung des § 5 Abs. 7 EStG unterliegt und die Personengesellschaft ihren Gewinn durch Betriebsvermögensvergleich ermittelt.[727] Als Gewinnermittlungsvorschrift findet die Regelung auf Ebene der Sanierungs-Mitunternehmerschaft Anwendung und nicht, wie in der Mehrzahl der nachfolgend dargestellten Verlustverrechnungspositionen, auf Ebene der Mitunternehmer. Die Ausführungen zu § 3a Abs. 3 S. 2 Nr. 1 EStG i.V.m. § 4f EStG in Bezug auf Kapitalgesellschaften gelten hier entsprechend.[728]

727 Vgl. *Krumm*, in: Blümich, EStG-Kommentar, 2021, § 4f, Rn. 14.
728 Vgl. hierzu Kapitel D, I., 5., d., dd., ii. dieser Arbeit.

iii. Verluste des (Mit-)Unternehmers nach § 15a EStG (§ 15 Abs. 3 S. 2 Nr. 2–3 EStG)

Weiterhin soll gem. § 3a Abs. 3 S. 2 Nr. 2–3 EStG der nach § 15a EStG ausgleichsfähige oder verrechenbare Verlust des Unternehmers (Mitunternehmers) des zu sanierenden Unternehmens gemindert werden.

§ 15a EStG normiert für Kommanditisten oder vergleichbare Unternehmer i.S.v. § 15a Abs. 5 EStG eine Verlustausgleichsbeschränkung. Nach § 15a Abs. 1 S. 1 EStG darf der ihnen zuzurechnende Anteil am Verlust einer Kommanditgesellschaft weder mit anderen Einkünften aus Gewerbebetrieb noch mit Einkünften aus anderen Einkunftsarten ausgeglichen werden, soweit durch die Zurechnung des Verlustanteils ein negatives Kapitalkonto entsteht oder sich erhöht. Der Verlust darf insoweit auch nicht nach § 10d EStG abgezogen werden. Eine Verlustverrechnung ist nach § 15a Abs. 2 EStG mit Gewinnen des Kommanditisten bzw. vergleichbaren Unternehmers in Folgejahren möglich, die ihm aus der Beteiligung zuzurechnen sind. Verrechenbare Verluste i.S.v. § 15a EStG sind ihrer Höhe nach und auch zeitlich unbegrenzt vortragbar.[729] Intention der Regelung des § 15a EStG ist, dass sich bei Kommanditisten oder vergleichbaren Unternehmern Verluste nur insoweit steuerlich auswirken sollen, wie sie auch wirtschaftlich belastet sind.[730] Denn grundsätzlich partizipiert ein Kommanditist nur bis zur Höhe seines Kapitalanteils (und seiner ggf. noch nicht vollständig geleisteten Einlage) unmittelbar an den Verlusten der Gesellschaft und haftet gegenüber Gläubigern unmittelbar nur in Höhe seiner Einlage.[731] Wirtschaftlich belastet wird der Kommanditist bzw. vergleichbare Unternehmer durch über seine Einlage hinausgehenden Verlustanteil nur insoweit, als ihm später auch Gewinnanteile zuzurechnen sind.[732] Denn erst dann, wenn sein Kapitalkonto mit Gewinnanteilen aufgefüllt wurde, kann der Kommanditist die Auszahlung seines Gewinnanteils verlangen.[733] Das Abstellen auf eine tatsächliche wirtschaftliche Belastung ist

---

729 Vgl. *Heuermann,* in: Blümich, EStG-Kommentar, 2021, § 15a, Rn. 166; *Sobanski,* in: K/K/B, EStG-Kommentar, 2021, § 15a EStG, Rn. 145.

730 Vgl. *Heuermann,* in: Blümich, EStG-Kommentar, 2021, § 15a, Rn. 1; *Lüdemann,* in: H/H/R, EStG-Kommentar, 2021, § 15a, Rn. 1, 9; *Wacker,* in: Schmidt, EStG-Kommentar, 2021, § 15a, Rn. 1.

731 Vgl. *Heuermann,* in: Blümich, EStG-Kommentar, 2021, § 15a, Rn. 1; *Wacker,* in: Schmidt, EStG-Kommentar, 2021, § 15a, Rn. 11 f.

732 Vgl. *Heuermann,* in: Blümich, EStG-Kommentar, 2021, § 15a, Rn. 1.

733 Vgl. *Heuermann,* in: Blümich, EStG-Kommentar, 2021, § 15a, Rn. 5.

dabei Ausdruck des für die Besteuerung grundlegenden Prinzips der wirtschaftlichen Leistungsfähigkeit.[734]

Die Regelung des § 15a EStG setzt voraus, dass Einkünfte aus Gewerbebetrieb erzielt werden, die dem Kommanditisten bzw. den vergleichbar haftenden Gesellschaftern gem. § 15a Abs. 1 Nr. 2 EStG zugerechnet werden.[735] Die Zurechnung erfordert dabei eine Mitunternehmerstellung des Kommanditisten bzw. vergleichbar haftenden Gesellschafters.[736] Die Vorschrift des § 15a EStG ist auch zu beachten, wenn eine Körperschaft Kommanditist bzw. Unternehmer i.S.v. § 15a Abs. 5 EStG ist.[737] Bei § 15a EStG handelt es sich nicht um eine ergänzende Gewinnermittlungs- oder Gewinnzurechnungsnorm, sie setzt vielmehr einen zugerechneten Verlustanteil voraus und bestimmt, unter Erfüllung welcher Voraussetzungen die Verluste ausgleichsfähig bzw. bloß verrechenbar sind.[738] Die Formulierung „Anteile am Verlust" in § 15a Abs. 1 S. 1 EStG umfasst dabei den handelsrechtlich festgestellten Verlust der Gesamthand und berücksichtigt darüber hinaus die in der Ergänzungsbilanz des Betreffenden berücksichtigten steuerlichen Ergänzungswerte für Wirtschaftsgüter der Gesamthand.[739] Nicht einzubeziehen ist hingegen das Ergebnis der Sonderbilanz.[740]

Gemäß § 15a Abs. 4 EStG ist der nicht ausgleichs- oder abzugsfähige Verlust eines Kommanditisten jährlich gesondert festzustellen durch das Finanzamt, das für die gesonderte und einheitliche Feststellung des Gewinns oder

---

734 Vgl. *Heuermann*, in: Blümich, EStG-Kommentar, 2021, § 15a, Rn. 1, 18; *Lüdemann*, in: H/H/R, EStG-Kommentar, 2021, § 15a, Rn. 9; *Wacker*, in: Schmidt, EStG-Kommentar, 2021, § 15a, Rn. 1.

735 Eine sinngemäße Anwendung der Vorschrift erfolgt bei Einkünften aus Land- und Forstwirtschaft (§ 13 Abs. 7 EStG), aus selbständiger Arbeit (§ 18 Abs. 4 S. 2 EStG), Kapitalvermögen (§ 20 Abs. 1 Nr. 4 EStG) und Vermietung und Verpachtung (§ 21 Abs. 1 S. 2 EStG).

736 Vgl. *Friedberg*, in: Frotscher/Geurts, EStG-Kommentar, 2021, § 15a EStG, Rn. 17, 38; *Heuermann*, in: Blümich, EStG-Kommentar, 2021, § 15a, Rn. 22; *Sobanski*, in: K/K/B, EStG-Kommentar, 2021, § 15a EStG, Rn. 34.

737 Vgl. *Friedberg*, in: Frotscher/Geurts, EStG-Kommentar, 2021, § 15a EStG, Rn. 124; *Heuermann*, in: Blümich, EStG-Kommentar, 2021, § 15a, Rn. 10.

738 Vgl. *Friedberg*, in: Frotscher/Geurts, EStG-Kommentar, 2021, § 15a EStG, Rn. 177; *Heuermann*, in: Blümich, EStG-Kommentar, 2021, § 15a, Rn. 9.

739 Vgl. *Friedberg*, in: Frotscher/Geurts, EStG-Kommentar, 2021, § 15a EStG, Rn. 181 ff.,; *Heuermann*, in: Blümich, EStG-Kommentar, 2021, § 15a, Rn. 49 f.; *Sobanski*, in: K/K/B, EStG-Kommentar, 2021, § 15a EStG, Rn. 40.

740 Vgl. *Friedberg*, in: Frotscher/Geurts, EStG-Kommentar, 2021, § 15a EStG, Rn. 189; *Heuermann*, in: Blümich, EStG-Kommentar, 2021, § 15a, Rn. 54.

Verlusts der Gesellschaft zuständig ist (§ 15 Abs. 4 S. 1, 3 EStG). Der Bescheid nach § 15a Abs. 4 EStG bestimmt dabei lediglich die Höhe des verrechenbaren Verlusts. Der Gewinnfeststellungsbescheid nach § 180 Abs. 1 Nr. 2 a) AO dient hingegen der Ermittlung der Einkünfte und entscheidet über die subjektive Gewinnzurechnung.[741]

Der Reihenfolge des § 3a Abs. 3 S. 2 Nr. 3 und Nr. 4 EStG zufolge geht zunächst der ausgleichsfähige und verrechenbare Verlust des Sanierungsjahres (Nr. 2) und anschließend der im Vorjahr zum Sanierungsjahr festgestellte Verlust unter (Nr. 3). § 3a Abs. 3 S. 2 Nr. 2 und 3 EStG regeln die Minderung von Verlustpositionen des Einzelunternehmens bzw. der zu sanierenden Mitunternehmerschaft, so dass Steuerminderungspositionen von Beteiligungsgesellschaften des zu sanierenden Unternehmens nicht erfasst sind.[742] Ebenso wenig erfasst sind verrechenbare Verluste nach § 15a EStG, die dem zu sanierenden Unternehmen in seiner Eigenschaft als Mitunternehmerin an einer anderen Mitunternehmerschaft zugerechnet werden.[743]

iv. Verluste im Zusammenhang mit Steuerstundungsmodellen nach § 15b EStG (§ 3a Abs. 3 S. 2 Nr. 4–5 EStG)

Weiterhin mindert der Sanierungsertrag den nach § 15b EStG ausgleichsfähigen oder verrechenbaren Verlust des Unternehmers (Mitunternehmers) im Zusammenhang mit Steuerstundungsmodellen (§ 3a Abs. 3 S. 2 Nr. 4–5 EStG). § 15b EStG verbietet im Allgemeinen die Verrechnung bzw. den Abzug von Verlusten aus einem Steuerstundungsmodell mit Einkünften aus Gewerbebetrieb oder Einkünften aus anderen Einkunftsquellen (§ 15b Abs. 1 S. 1 EStG). Die Verluste dürfen auch nicht nach § 10d EStG abgezogen werden. Das gilt dann, wenn die Verluste der Anfangsphase 10 % des gezeichneten Kapitals übersteigen (§ 15b Abs. 3 EStG). Es handelt sich um eine Regelung, die eine Verlustverrechnungsbeschränkung derart normiert, dass Verluste in einer Einkunftsquelle eingeschlossen werden.[744] Dabei sind explizit Verluste aus Steuerstundungsmodellen

---

741 Vgl. *Friedberg*, in: Frotscher/Geurts, EStG-Kommentar, 2021, § 15a EStG, Rn. 26; *Heuermann*, in: Blümich, EStG-Kommentar, 2021, § 15a, Rn. 234; *Sobanski*, in: K/K/B, EStG-Kommentar, 2021, § 15a EStG, Rn. 256.

742 Vgl. *Bodden*, in: Korn, EStG-Kommentar, 2021, § 3a, Rn. 87.

743 Vgl. *Bodden*, in: Korn, EStG-Kommentar, 2021, § 3a, Rn. 87.

744 Vgl. *Hallerbach*, in: H/H/R, EStG-Kommentar, 2021, § 15b EStG, Rn. 1; *Heuermann*, in: Blümich, EStG-Kommentar, 2021, § 15b EStG, Rn. 1; *Beck*, in: K/K/B, EStG-Kommentar, 2021, § 15b EStG, Rn. 4.

nur mit positiven Einkünften aus dieser Einkunftsquelle verrechenbar. Steuerstundungsmodelle im Sinne dieser Regelung sind gem. § 15b Abs. 2 S. 1 EStG modellhafte Gestaltungen, durch die steuerliche Vorteile in Form von negativen Einkünften erzielt werden sollen. Das hält der Gesetzgeber für gegeben, wenn dem Steuerpflichtigen durch ein vorgefertigtes Konzept die Möglichkeit eingeräumt werden soll, zumindest in der Anfangsphase der Investition die Verluste mit übrigen Einkünften verrechnen zu können, unabhängig davon, aus welcher Vorschrift die negativen Einkünfte resultieren (§ 15b Abs. 2 S. 2 f. EStG).[745]

Die Vorschrift des § 15b EStG ist unmittelbar anwendbar in Bezug auf Einkünfte aus Gewerbebetrieb.[746] § 15b EStG kann nicht zur Anwendung kommen, wenn es sich um eine Beteiligung an einer Kapitalgesellschaft handelt, da diese selbst keine Verluste zuweisen kann.[747] Daher kommt die Regelung bzw. der Untergang von Verlusten i.Z.m. § 15b EStG auch nur bei zu sanierenden Mitunternehmerschaften in Betracht. Gleichwohl kommt die Regelung zur Anwendung, wenn eine Kapitalgesellschaft selbst an einem Steuerstundungsmodell i.S.v. § 15b EStG beteiligt ist.[748] Ein nicht ausgleichsfähiger Verlust ist gem. § 15 Abs. 4 EStG jährlich gesondert festzustellen. Hierfür ist für jeden Steuerpflichtigen, der der Regelung des § 15b EStG unterliegt, der verrechenbare Verlust durch Bescheid gesondert festzustellen.[749] Der Feststellungsbescheid ist dabei von dem Finanzamt zu erlassen, das auch für die gesonderte und einheitliche Feststellung der einkommen- und körperschaftsteuerpflichtigen Einkünfte aus dem Steuerstundungsmodell nach § 180 Abs. 1 Nr. 2 a) AO zuständig ist (§ 15b Abs. 4 S. 4 EStG).

Bei Anwendung des § 3a EStG können also vorhandene oder im Sanierungsjahr entstehende Verluste nach § 15b EStG des (Mit-)Unternehmers untergehen, wenn der Sanierungsertrag aus derselben Einkunftsquelle stammt.[750]

---

745 Ausführlich hierzu und weiteren Aspekten, vgl. BMF v. 17.7.2007, BStBl. I 2007, 542.

746 Vgl. *Lindberg*, in: Frotscher/Geurts, EStG-Kommentar, 2021, § 15b, Rn. 5a mit Verweis auf eine sinngemäße Anwendung der Vorschrift bei Einkünften aus Land- und Forstwirtschaft (§ 13 Abs. 7 EStG), aus selbständiger Arbeit (§ 18 Abs. 4 S. 2 EStG) und Kapitalvermögen (§ 20 Abs. 7 EStG), Vermietung und Verpachtung (§ 21 Abs. 1 S. 2 EStG) und sonstige Einkünfte nach § 22 Nr. 1 S. 1 EStG.

747 Vgl. *Lindberg*, in: Frotscher/Geurts, EStG-Kommentar, 2021, § 15b EStG, Rn. 30.

748 Vgl. *Beck*, in: K/K/B, EStG-Kommentar, 2021, § 15b EStG, Rn. 13.

749 Vgl. *Beck*, in: K/K/B, EStG-Kommentar, 2021, § 15b EStG, Rn. 142.

750 Vgl. *Kobor*, in: Kirchhof u.a., EStG-Kommentar, 2021, § 3a, Rn. D 21; *Kanzler*, in: K/K/B, EStG-Kommentar, 2021, § 3a, Rn. 149; zum Begriff der Einkunftsquelle i.S.v. § 15b EStG, vgl. z.B. *Seeger*, in: Schmidt, EStG-Kommentar, 2021, § 15b, Rn. 2.

Die Verluste nach § 15b EStG müssen sich also aus derselben Einkunftsquelle des (Mit-) Unternehmers ergeben wie der Sanierungsertrag.[751] Die praktische Relevanz dieser Regelung dürfte mithin gering sein.[752] In zeitlicher Hinsicht geht zunächst der Verlust nach § 15b EStG im Sanierungsjahr unter, wobei der Sanierungsertrag bei der Verlustermittlung unberücksichtigt bleibt (§ 3a Abs. 3 S. 2 Nr. 4 EStG). Nach § 3a Abs. 3 S. 2 Nr. 5 EStG wird anschließend der den zum Ende des dem Sanierungsjahr vorangegangenen Jahres nach § 15b EStG festgestellten verrechenbaren Verlust derselben Einkunftsquelle des Unternehmers gemindert.

v. *Verluste des zu sanierenden Unternehmens nach § 15 Abs. 4 EStG (§ 3a Abs. 3 S. 2 Nr. 6–7 EStG)*

Der eingeschränkte Verlustabzug bei Verlusten aus gewerblicher Tierzucht oder gewerblicher Tierhaltung nach § 15 Abs. 4 S. 1–2 EStG gilt für alle Steuerpflichtigen, die gewerbliche Tierzucht oder Tierhaltung betreiben, unabhängig davon, in welcher Rechtsform sie betrieben wird.[753] Das Verlustausgleichsverbot nach § 15 Abs. 4 S. 1 f. EStG gilt auch bei Verlusten aus Termingeschäften, durch die der Steuerpflichtige nach § 15 Abs. 4 S. 3 EStG einen Differenzausgleich oder durch den Wert einer veränderlichen Bezugsgröße bestimmten Geldbetrag bzw. Vorteil erlangt und nicht der Ausnahmeregelung gem. § 15 Abs. 4 S. 4 EStG unterliegt.

Die Vorschrift der Verlustnutzungsbeschränkung nach § 15 Abs. 4 S. 6–8 EStG, die sich auf Verluste aus stillen Gesellschaften, Unterbeteiligungen oder sonstigen Innengesellschaften an Kapitalgesellschaften beziehen, bei denen der Gesellschafter bzw. Beteiligter als Mitunternehmer anzusehen ist, hat hingegen zwei Kapitalgesellschaften zum Gegenstand, die im Rahmen einer atypisch stillen Beteiligung, Unterbeteiligung oder sonstigen Innengesellschaft miteinander verbunden sind. Dabei gilt die Verlustverrechnungsbeschränkung bei der Beteiligungs-Kapitalgesellschaft, wenn sie als Mitunternehmer anzusehen ist, und soll eine Verlustzuweisung zwischen Kapitalgesellschaften – außerhalb

---

751 Vgl. *Kobor*, in: Kirchhof u.a., EStG-Kommentar, 2021, § 3a, Rn. D 21; *Hallerbach*, in: H/H/R, EStG-Kommentar, 2021, § 3a, Rn. 36; *Kanzler*, in: K/K/B, EStG-Kommentar, 2021, § 3a, Rn. 149; zum Begriff der Einkunftsquelle i.S.v. § 15b EStG, vgl. z.B. *Seeger*, in: Schmidt, EStG-Kommentar, 2021, § 15b, Rn. 2.

752 Vgl. *Kobor*, in: Kirchhof u.a., EStG-Kommentar, 2021, § 3a, Rn. D 22.

753 Vgl. *Meyer/Bäuml*, in: K/K/B, EStG-Kommentar, 2021, § 15, Rn. 626; *Bode*, in: Blümich, EStG-Kommentar, 2021, § 15, Rn. 652.

einer Organschaft – verhindern.[754] Nach § 15 Abs. 4 S. 8 EStG findet die Regelung jedoch keine Anwendung, soweit der Verlust auf eine natürliche Person als unmittelbar oder mittelbar beteiligter Mitunternehmer entfällt. Somit kann die Regelung bei zu sanierenden Mitunternehmerschaften keine Anwendung finden.

§ 3a Abs. 3 S. 2 Nr. 5 und Nr. 6 EStG beziehen sich damit auf die ausgleichsfähigen oder nicht abziehbaren Verluste aus gewerblicher Tierzucht bzw. Tierhaltung gem. § 15 Abs. 4 S. 1 f. EStG und aus Termingeschäften nach § 15 Abs. 4 S. 3 EStG, die bei der zu sanierenden Mitunternehmerschaft entstanden sind. Dabei gehen zunächst die Verluste des Sanierungsjahrs unter (§ 3a Abs. 3 S. 2 Nr. 5 EStG), gefolgt von den zum Ende des Vorjahres festgestellten Verluste des zu sanierenden Unternehmens (§ 3a Abs. 3 S. 2 Nr. 6 EStG).

vi. *Verlust des Sanierungsjahres des zu sanierenden Unternehmens (§ 3a Abs. 3 S. 2 Nr. 8 EStG)*

Nach § 3a Abs. 3 S. 2 Nr. 8 EStG wird anschließend der im Sanierungsjahr erlittene laufende Verlust der zu sanierenden Mitunternehmerschaft durch Saldierung mit dem geminderten Sanierungsertrag reduziert. Ebenso wie bei Kapitalgesellschaften wirkt sich an dieser Stelle die in § 3a Abs. 1 S. 2 EStG geregelte Hebung stiller Lasten im Rahmen der gewinnmindernden Ausübung steuerlicher Wahlrechte aus, sofern sie den unternehmensbezogenen Verlust erhöht hat.[755] Die Minderung hat bei Mitunternehmerschaften auf Ebene der Mitunternehmer und in Bezug auf den ihnen zuzurechnenden Verlustanteil der Sanierungs-Gesellschaft des Sanierungsjahres zu erfolgen.

vii. *Ausgleichsfähiger Verlust aller Einkunftsarten (§ 3a Abs. 3 S. 2 Nr. 9 EStG)*

Weitergehend wird der ausgleichsfähige Verlust aus allen Einkunftsarten des Veranlagungszeitraums, in dem das Sanierungsjahr endet, gemindert (§ 3a Abs. 3 S. 2 Nr. 9 EStG). Die Begrifflichkeit „alle Einkunftsarten" bezieht sich dabei auf alle außerhalb des Sanierungsunternehmens erzielten Einkünfte, so dass die Regelung im Ergebnis nur Personenunternehmer treffen kann, die andere Einkunftsarten verwirklichen können und damit der Einkommensteuer

754 Vgl. *Götz/Bindl*, GmbHR 2009, 584.

755 Vgl. *Seer*, in: Kirchhof/Seer, EStG-Kommentar, 2021, § 3a, Rn. 40; *Kobor*, in: Kirchhof u.a., EStG-Kommentar, 2021, § 3a, Rn. D 23; *Krumm*, in: Blümich, EStG-Kommentar, 2021, § 3a, Rn. 43.

unterliegen.[756] Die Regelung bezieht sich damit nicht mehr auf das zu sanierende Unternehmen.[757] Herangezogen werden vielmehr sämtliche bei Einzel- und Mitunternehmer vorhandene Verluste.[758] Der Gesetzesbegründung zufolge wird ein horizontaler Verlustausgleich innerhalb einer Einkunftsart nicht von § 3a Abs. 3 S. 2 Nr. 9 EStG ausgeschlossen.[759] Unbeantwortet bleibt hingegen die Frage, ob zunächst ein vertikaler Verlustausgleich zwischen den Einkunftsarten stattzufinden hat oder die Verluste aus anderen Einkunftsarten unmittelbar vom Sanierungsertrag gemindert werden.[760] Der Gesetzeswortlaut spricht nicht von Verlusten aus den Einkunftsarten o.ä., sondern vom „Verlust aus allen Einkunftsarten", das sich als eine saldierte Betrachtungsweise interpretieren lässt.[761] Im Ergebnis kommt *Hallerbach* zum Schluss, dass der für den Steuerpflichtigen vorteilhafte vertikale Verlustausgleich zwischen den anderen Einkunftsarten aufgrund des Gesetzeswortlauts nicht ausgeschlossen ist.[762] *Seer* kommt ebenfalls zu dem Ergebnis, dass es unter Achtung des objektiven Nettoprinzips vorzugswürdig ist, zunächst einen vertikalen Verlustausgleich zwischen den anderen Einkunftsarten vorzunehmen und erst in einem zweiten Schritt diesen verbleibenden Verlust durch den geminderten Sanierungsertrag zu reduzieren bzw. aufzubrauchen.[763] Ebenfalls mit dem objektiven Nettoprinzip begründet *Kanzler* seine Auffassung, dass dem Wortlaut zufolge ein vertikaler Verlustausgleich nicht ausgeschlossen ist. Die Formulierung sei lediglich dafür da, dass alle Verluste aus den verschiedenen Einkunftsarten berücksichtigt werden, mit Ausnahme solcher, die auf Ebene des zu sanierenden Unternehmens bereits verrechnet wurden.[764] Ungeklärt bleibt hierbei, welche Folgen sich

756 Vgl. *Hallerbach*, in: H/H/R, EStG-Kommentar, 2021, § 3a, Rn. 37; gem. § 8 Abs. 2 KStG sind alle Einkünfte eines unbeschränkt Steuerpflichtigen i.S.v. § 1 Abs. 1 Nr. 1–3 KStG als Einkünfte aus Gewerbebetrieb zu behandeln.

757 Vgl. *Seer*, in: Kirchhof/Seer, EStG-Kommentar, 2021, § 3a, Rn. 41.

758 Vgl. *Krumm*, in: Blümich, EStG-Kommentar, 2021, § 3a, Rn. 44.

759 Vgl. BT-Drs. 18/12128 v. 26.4.2017, 32.

760 Vgl. *Hallerbach*, in: H/H/R, EStG-Kommentar, 2021, § 3a, Rn. 37; *Seer*, in: Kirchhof/Seer, EStG-Kommentar, 2021, § 3a, Rn. 41.

761 Vgl. *Hallerbach*, in: H/H/R, EStG-Kommentar, 2021, § 3a, Rn. 37; *Seer*, in: Kirchhof/Seer, EStG-Kommentar, 2021, § 3a, Rn. 41; ebenso *Eilers/Tiemann*, Ubg 2020, 190 [193]; *Desens*, FR 2017, 981 [987].

762 Vgl. *Hallerbach*, in: H/H/R, EStG-Kommentar, 2021, § 3a, Rn. 37; die saldierte Betrachtungsweise unterstützen auch *Krumm*, in: Blümich, EStG-Kommentar, 2021, § 3a, Rn. 44; *Levedag*, in: Schmidt, EStG-Kommentar, 2021, § 3a, Rn. 38.

763 Vgl. *Seer*, in: Kirchhof/Seer, EStG-Kommentar, 2021, § 3a, Rn. 41.

764 Vgl. *Kanzler*, in: K/K/B, EStG-Kommentar, 2021, § 3a, Rn. 152.

ergeben, wenn „der Verlust aus allen Einkunftsarten“ nur teilweise untergehen muss, beispielsweise dann, wenn der geminderte Sanierungsertrag bereits mit einem Teil dieser Verluste aufgebraucht ist. Grundsätzlich kommt hierbei ein anteiliger Verlustuntergang, orientiert an der Höhe des pro Einkunftsart ausgewiesenen Verlusts in Betracht oder auch in Reihenfolge der in § 2 Abs. 1 S. 1 EStG ausgewiesenen gesetzlichen Reihenfolge.

viii. Gesondert festgestellter Verlustvortrag des Vorjahres (§ 3a Abs. 3 S. 2 Nr. 10 EStG)

Gemäß § 3a Abs. 3 S. 2 Nr. 10 EStG kann der gesondert festgestellte Verlustvortrag gem. § 10d Abs. 4 EStG untergehen. Bei Mitunternehmerschaften ist die Gesellschaft selbst zwar Einkunftserzielungssubjekt, gleichwohl nicht Subjekt der Einkommen- bzw. Körperschaftsteuer, so dass ein Verlust nach § 10d EStG nur auf Ebene der jeweiligen Mitunternehmer berücksichtigt werden kann.[765] Das bedeutet auch, dass die Verlustabzugsbeschränkung in Form der Mindestbesteuerung pro Gesellschafter gilt und damit nicht einmalig für die Gesellschaft, wie es bei einer Körperschaft der Fall ist. Welcher Anteil an den negativen Einkünften einer Personengesellschaft auf die jeweiligen Beteiligten entfällt, wird im Bescheid über die gesonderte und einheitliche Feststellung entschieden.[766] Inwieweit diese dann auf Ebene des Beteiligten tatsächlich abziehbar sind, beurteilt sich dann im Rahmen der Einkommensteuerveranlagung.[767] Gem. § 3a Abs. 3 S. 2 Nr. 10 EStG ist der nach § 10d Abs. 4 EStG zum Ende des Vorjahres gesondert festgestellte Verlustvortrag der jeweiligen Mitunternehmer ohne die Grenzen der Mindestbesteuerung nach § 10d Abs. 2 EStG zu mindern. Zu weiteren Einzelheiten wird zwecks Vermeidung von Wiederholungen auf die Ausführungen zur Minderung des festgestellten Verlustvortrags bei Kapitalgesellschaften nach § 3a Abs. 3 S. 2 Nr. 10 EStG verwiesen.[768]

---

765 Vgl. EStR 2012, R 10d Abs. 2 S. 3; *Vogel*, in: Blümich, EStG-Kommentar, 2020, § 10d, Rn. 62; *Eckardt*, in K/K/B, EStG-Kommentar, 2021, § 10d, Rn. 10.

766 Vgl. EStR 2012, R 10d Abs. 2 S. 4; *Heinicke*, in: Schmidt, EStG-Kommentar, 2021, § 10d, Rn. 12.

767 Vgl. EStR 2012, R 10d Abs. 2 S. 5.

768 Vgl. hierzu Kapitel D, I., 5., d., dd., v. dieser Arbeit.

ix. Zum Ende des Vorjahres festgestellte verrechenbare Verluste oder negative Einkünfte (§ 3a Abs. 3 S. 2 Nr. 11 Buchst. a)–g) EStG)

Weiterhin werden – anders als in der maßgebenden zeitlichen Reihenfolge der § 3a Abs. 3 S. 2 Nr. 2–10 EStG – die zum Ende des Vorjahres festgestellten und die im Sanierungsjahr entstehenden verrechenbare Verluste und negative Einkünfte nach Maßgabe und in der Reihenfolge von § 3a Abs. 3 S. 2 Nr. 11 Buchst. a)–g) EStG gemindert. Dabei handelt es sich um Steuerminderungspotenziale, die mit der Einkunftsquelle, dem Betrieb oder Mitunternehmeranteil des zu sanierenden Unternehmens nicht zusammenhängen.[769] Von der Regelung umfasst sind negative Einkünfte oder verrechenbare Verluste aus anderen Mitunternehmeranteilen nach § 15a EStG (Buchst. a), aus anderen Einkunftsquellen nach § 15b EStG (Buchst. b), gem. § 15 Abs. 4 EStG bezogen auf andere Betriebe und Mitunternehmeranteile (Buchst. c), aus § 2a EStG, der den Abzug ausländischer Verluste einschränkt (Buchst. d), § 2b EStG a.F., der bis zum Jahr 2005 galt und die Vorgängervorschrift des § 15b EStG ist[770] (Buchst. e) sowie aus privaten Verlustgeschäften nach § 23 Abs. 3 S. 7, 8 EStG (Buchst. f). § 3a Abs. 3 S. 2 Nr. 11 Buchst. g) EStG beinhaltet noch eine Öffnungsklausel, wonach auch verrechenbare Verluste und negative Einkünfte, die sich nach sonstigen Vorschriften ergeben, untergehen sollen. Hier dürften beispielsweise Verluste aus Kapitalvermögen nach § 20 Abs. 6 EStG gemeint sein oder Verluste aus sonstigen Leistungen nach § 22 Nr. 3 S. 4 EStG.[771] In Buchst. g) wird keine gesetzliche Reihenfolge vorgegeben, so dass nach dem Prinzip der Meistbegünstigung zu verfahren ist.[772] Zeitlich betrachtet ist davon auszugehen, dass zunächst die im Vorjahr festgestellten Verluste untergehen, gefolgt von denen im Sanierungsjahr erlittenen Verluste.[773]

---

769 Vgl. *Kanzler*, in: K/K/B, EStG-Kommentar, 2021, § 3a, Rn. 154; *Krumm*, in: Blümich, EStG-Kommentar, 2021, § 3a, Rn. 46; *Kobor*, in: Kirchhof u.a., EStG-Kommentar, 2021, § 3a, Rn. D 28.

770 Vgl. *Heuermann*, in: Blümich, EStG-Kommentar, 2021, § 15b, Rn. 6; gem. § 52 Abs. 3 EStG ist § 2b a.F. weiterhin für Einkünfte aus einer Einkunftsquelle i.S.v. § 2b a.F. anzuwenden, die ein Steuerpflichtiger zwischen dem 4.3.1999 und 11.11.2005 rechtswirksam erworben oder begründet hat.

771 Vgl. *Seer*, in: Kirchhof/Seer, EStG-Kommentar, 2021, § 3a, Rn. 46; *Krumm*, in: Blümich, EStG-Kommentar, 2021, § 3a, Rn. 46; *Hallerbach*, in: H/H/R, EStG-Kommentar, 2021, § 3a, Rn. 39; *Kanzler*, in: K/K/B, EStG-Kommentar, 2021, § 3a, Rn. 154; *Levedag*, in: Schmidt, EStG-Kommentar, 2021, § 3a, Rn. 38.

772 Vgl. *Kobor*, in: Kirchhof u.a., EStG-Kommentar, 2021, § 3a, Rn. D 29.

773 Vgl. *Seer*, in: Kirchhof/Seer, EStG-Kommentar, 2021, § 3a, Rn. 47.

Insgesamt ist auch hier zu bemängeln, dass der Gesetzgeber neben § 3a Abs. 3 S. 2 Nr. 9–13 EStG nicht festgelegt hat, um wessen Verluste es sich handeln soll.[774] In Bezug auf Nr. 11 Buchst. a) ergibt sich daher die Frage, ob nur Verluste der Gesellschafter aus Beteiligungen an anderen gewerblichen Mitunternehmerschaften gemeint sind oder ob auch solche Verluste untergehen, die das zu sanierende Unternehmen in seiner Eigenschaft als Mitunternehmer zugerechnet werden, z.B. bei doppelstöckigen Personengesellschaften.[775] Nach Auffassung von *Sistermann/Beutel* sind nur die Verlustpositionen der zu sanierenden Personengesellschaft selbst und ihrer Gesellschafter zu berücksichtigen, nicht jedoch Verluste, die der zu sanierenden Personengesellschaft aus anderen Beteiligungsunternehmen zugerechnet werden.[776]

x. Verlustrücktrag von negativen Einkünften des Folgejahres (§ 3a Abs. 3 S. 2 Nr. 12 EStG)

Auch bei einer zu sanierenden Mitunternehmerschaft bzw. vielmehr bei dessen Mitunternehmern können zur Verrechnung von Verlustpositionen noch die Minderung der negativen Einkünfte des Folgejahres bzw. der Verlustrücktrag in das Sanierungsjahr nach Maßgabe des § 3a Abs. 3 S. 2 Nr. 12 EStG zum Zuge kommen. Die Regelung des § 3a Abs. 3 S. 2 Nr. 12 EStG wird dahingehend verstanden, dass der Steuerpflichtige entweder nach § 3a Abs. 3 S. 2 Nr. 12 S. 1 EStG ungeachtet der Mindestbesteuerung die negativen Einkünfte des Folgejahres in Höhe des Restsanierungsgewinns nach § 3a Abs. 3 S. 4 EStG zu mindern hat oder nach § 3a Abs. 3 S. 2 Nr. 12 S. 2 EStG einen Verlustrücktrag in das Sanierungsjahr vornehmen kann, der auf die Höhe des Restsanierungsbetrags i.S.v. § 3a Abs. 3 S. 4 EStG begrenzt ist. Der Verlustrücktrag ist also auf die Höhe des verbleibenden Sanierungsertrags, nach den Minderungen im Sanierungsjahr bei dem Steuerpflichtigen selbst und der Minderung bei einer dem Steuerpflichtigen nahestehenden Person i.S.v. § 3a Abs. 3 S. 3 EStG, limitiert.[777] Die Begrenzung auf den Restsanierungsgewinn nach § 3a Abs. 3 S. 4 EStG ist insofern sinnvoll, da sich damit die im Sanierungsjahr bzw. im Vorjahr untergegangenen Zins- und EBITDA-Vorträge nach § 3a Abs. 3 S. 2 Nr. 13 EStG und der Verlustuntergang bei einer dem Steuerpflichtigen nahestehenden Person sich der Höhe nach nicht verändern. Ebenso

---

774 Vgl. *Sistermann/Beutel*, DStR 2017, 1065 [1068]; *Epler/Petersen*, Ubg 2019, 114 [118].

775 Vgl. *Epler/Petersen*, Ubg 2019, 114 [118].

776 Vgl. *Sistermann/Beutel*, DStR 2017, 1065 [1068].

777 Vgl. *Hallerbach*, in: H/H/R, EStG-Kommentar, 2021, § 3a, Rn. 40; *Kanzler*, in: K/K/B, EStG-Kommentar, 2021, § 3a, Rn. 155.

wie bei dem Verlustvortrag nach § 3a Abs. 3 S. 2 Nr. 10 EStG sind die Grenzen der Mindestbesteuerung im Falle der Anwendung des § 3a Abs. 3 S. 2 Nr. 12 EStG unbeachtlich.

xi. Zum Ende des Vorjahres festgestellten und im Sanierungsjahr entstehenden Zinsvortrag und EBITDA-Vortrag (§ 3a Abs. 3 S. 2 Nr. 13 EStG)

Darüber hinaus kann auch bei einer zu sanierenden Mitunternehmerschaft ein zum Ende des Vorjahres und im Sanierungsjahr entstandener Zinsvortrag bzw. EBITDA-Vortrag i.S.v. § 4h Abs. 1 S. 3 und 5 EStG zu mindern sein (§ 3a Abs. 3 S. 2 Nr. 13 EStG). Als Gewinnermittlungsvorschrift beschränkt § 4h EStG den Betriebsausgabenabzug von Zinsaufwendungen eines Betriebs, sofern nicht die Ausnahmetatbestände des § 4h Abs. 2 EStG eingreifen, wobei eine Mitunternehmerschaft nur einen Betrieb im Sinne der Zinsschranke hat, wozu neben dem Gesamthandsvermögen auch das Sonderbetriebsvermögen von Mitunternehmern i.S.d. § 15 Abs. 1 S. 1 Nr. 2 und 3 EStG gehört.[778] Bei Personengesellschaften errechnet sich das relevante steuerliche EBITDA i.S.v. § 4h Abs. 3 S. 1 EStG, in dem vom steuerpflichtigen Gewinn vor Anwendung der Zinsschranke die Zinserträge abgezogen und die Zinsaufwendungen und Abschreibungen nach § 6 Abs. 2, 2a EStG und § 7 EStG hinzugerechnet werden. Es unterscheidet sich damit von der Berechnung des steuerlichen EBITDA für Körperschaften.[779] Sowohl der EBITDA-Vortrag als auch der Zinsvortrag ist gem. § 4h Abs. 4 EStG durch das für die Gesellschaft für die gesonderte Feststellung des Gewinns und Verlusts der Gesellschaft zuständige Finanzamt festzustellen, wobei § 10d Abs. 4 EStG sinngemäß gilt. Der Adressat des Feststellungsbescheids ist bei Mitunternehmerschaften die Gesellschaft selbst und nicht die Mitunternehmer.[780] Der EBITDA- und Zinsvortrag ist eine betriebsbezogene Größe, so dass bei Personengesellschaften und Mitunternehmerschaften diese Träger des EBITDA- und Zinsvortrags sind und nicht die Mitunternehmer.[781] Die nicht abziehbaren Zinsaufwendungen sind also betriebsbezogen zu ermitteln. Gleichwohl werden die nichtabziehbaren Zinsaufwendungen nach dem allgemeinen Gewinnverteilungsschlüssel den beteiligten Mitunternehmern

---

778 Vgl. BMF v. 4.7.2008, BStBl. I 2008, 718 Tz. 2, 6; *Hänsch*, in: K/K/B, EStG-Kommentar, 2021, § 4h, Rn. 123; *Loewens*, in: Blümich, EStG-Kommentar, 2021, § 4h, Rn. 29.

779 Vgl. BMF v. 4.7.2008, BStBl. I 2008, 718 Tz. 40.

780 Vgl. BMF v. 4.7.2008, BStBl. I 2008, 718 Tz. 49; *Hänsch*, in: K/K/B, EStG-Kommentar, 2021, § 4h, Rn. 172.

781 Vgl. *Hänsch*, in: K/K/B, EStG-Kommentar, 2021, § 4h, Rn. 181.

zugerechnet.[782] Daraus folgt, dass die Minderung i.S.v. § 3a Abs. 3 S. 2 Nr. 13 EStG auf Ebene der zu sanierenden Mitunternehmerschaft erfolgt und die Auswirkungen der Minderung die Mitunternehmer aufgrund der Zurechnung nach dem Gewinnverteilungsschlüssel in Form von zukünftig weniger oder kein vorhandenes Verrechnungspotenzial für Zwecke der Zinsschranke, trifft. Nicht in die Minderung nach § 3a Abs. 3 S. 2 Nr. 13 EStG einbezogen werden soll ein Zinsvortrag, der der zu sanierenden Personengesellschaft aus einer Beteiligungsgesellschaft zugerechnet wird.[783]

e. *Einbeziehung von Verlustvorträgen und laufenden Beträgen des anderen Ehegatten bei Zusammenveranlagung, § 3a Abs. 3a EStG*

Nach § 3a Abs. 3a EStG sind „[b]ei Zusammenveranlagung [...] auch die laufenden Beträge und Verlustvorträge des anderen Ehegatten einzubeziehen“. Diese Vorschrift ist jedoch nicht seit Einführung des § 3a EStG Bestandteil der Regelung, sondern ist erst mit Gesetz vom 12.12.2019[784] eingeführt worden. Zunächst hatte der Gesetzgeber lediglich in der Gesetzesbegründung zur Einführung des § 3a EStG bestimmt, dass ebenfalls die laufenden negativen Einkünfte und Verlustvorträge des Ehegatten bzw. Lebenspartners zu mindern sind, sofern diese zusammen veranlagt sind.[785] Dies betraf der Literatur zufolge die Verluste nach § 3a Abs. 3 S. 2 Nr. 9ff. EStG.[786] Es herrschte weitestgehend Einigkeit darüber, dass es sich dabei um eine das Subjektsteuerprinzip verletzende Regelung handelt.[787] Diese Vorgehensweise war der Literatur zufolge deshalb abzulehnen, weil sie dem Gesetzeswortlaut in § 3a Abs. 3 S. 2 EStG nicht zu entnehmen bzw. im Hinblick auf den Normzweck nicht gerechtfertigt war.[788] Der gesetzgeberische Wille spiegelte sich zunächst zwar nicht eindeutig im Wortlaut der Regelung wider, er stand dem aber

782 Vgl. *Hänsch*, in: K/K/B, EStG-Kommentar, 2021, § 4h, Rn. 123; *Loewens*, in: Blümich, EStG-Kommentar, 2021, § 4h, Rn. 41.

783 Vgl. *Sistermann/Beutel*, DStR 2017, 1065 [1068].

784 Vgl. Art. 1 Gesetz zur weiteren steuerlichen Förderung der Elektromobilität und zur Änderung weiterer steuerlicher Vorschriften v. 12.12.2019, BGBl. I 2019, 2451.

785 Vgl. BT-Drs. 18/12128 v. 26.4.2017, 32.

786 Vgl. *Hallerbach*, in: H/H/R, EStG-Kommentar, 2021, § 3a, Rn. 34.

787 Vgl. *Seer*, in: Kirchhof/Seer, EStG-Kommentar, 2021, § 3a, Rn. 52a; *Hallerbach*, in: H/H/R, EStG-Kommentar, 2021, § 3a, Rn. 34; *Kanzler*, in: K/K/B, EStG-Kommentar, 2021, § 3a, Rn. 145.

788 Vgl. *Seer*, in: Kirchhof/Seer, EStG-Kommentar, 2021, § 3a, Rn. 52a; *Levedag*, in: Schmidt, EStG-Kommentar, 2018, § 3a, Rn. 39; *Hallerbach*, in: H/H/R, EStG-Kommentar, 2021, § 3a, Rn. 34.

auch nicht entgegen, so dass sich der Wille des Gesetzgebers an dieser Stelle hätte durchsetzen können.[789] Der Gesetzgeber nahm diese Diskussion im Jahr 2019 zum Anlass, dem § 3a EStG einen weiteren Absatz – Abs. 3a EStG – hinzuzufügen.[790] Die Gesetzesbegründung führt diesbezüglich aus, dass die Einfügung des neuen Absatzes die bereits von der Finanzverwaltung vertretene Auffassung nunmehr gesetzlich verankern soll und damit der Rechtsklarheit und -sicherheit dienen soll. Die bisherige Erwähnung in der Gesetzesbegründung könnte keine ausreichende Rechtsgrundlage dargestellt haben.[791] Gleichzeitig wurde § 52 Abs. 4a EStG insoweit ergänzt, dass der zeitliche Anwendungsbereich des neu eingefügten § 3a Abs. 3a EStG dem der Grundnorm entspricht.[792]

Aus gesetzessystematischer Sicht ist der neue § 3a Abs. 3a EStG im Zusammenspiel mit § 3a Abs. 3 EStG zu verstehen und bezieht sich auf die Minderung von Verlustverrechnungspotenzialen nach § 3a Abs. 3 S. 2, 3, 5 EStG, die sich nunmehr auf Verlustverrechnungspositionen des Ehepartners erstrecken.[793] Auf welche Regelungen des Verlustverrechnungskatalogs in § 3a Abs. 3 S. 2 Nr. 1–13 EStG sich der Absatz konkret bezieht, ist nicht Teil der Vorschrift. Da sich § 3a Abs. 3 S. 2 Nr. 1–8 EStG jedoch nur auf Verlustverrechnungsposten im Zusammenhang mit dem zu sanierenden Unternehmen beziehen, kann davon ausgegangen werden, dass § 3a Abs. 3a EStG nur auf die § 3a Abs. 3 S. 2 Nr. 9ff. EStG Bezug nehmen kann.[794] Die konkrete Reichweite des § 3a Abs. 3a EStG muss sich jedoch an dem Wesen der Zusammenveranlagung von Ehegatten nach § 26b EStG orientieren.[795] Zwar werden Ehegatten nach § 26b EStG als ein Steuerpflichtiger behandelt, in dem die Einkünfte beider Ehegatten zusammengerechnet und den Ehegatten gemeinsam zugerechnet werden. Diese Vorgehensweise hebt jedoch das Prinzip der Individualbesteuerung des einzelnen Ehegatten nicht auf, so dass die persönliche Zurechnung und die Einkünfteermittlung auf Ebene beider Ehegatten unberührt bleiben.[796] Auch § 3a Abs. 3a

789 Vgl. *Krumm*, in: Blümich, EStG-Kommentar, 2021, § 3a, Rn. 51a; ablehnend: *Levedag*, in: Schmidt, EStG-Kommentar, 2018, § 3a, Rn. 39.

790 Vgl. Art. 1 Gesetz zur weiteren steuerlichen Förderung der Elektromobilität und zur Änderung weiterer steuerlicher Vorschriften v. 12.12.2019, BGBl. I 2019, 2451.

791 Vgl. BT-Drs. 19/13436 v. 23.9.2019, 211.

792 Vgl. BT-Drs. 19/13436 v. 23.9.2019, 211.

793 Vgl. *Kobor*, in: Kirchhof u.a., EStG-Kommentar, 2021, § 3a, Rn. D 60.

794 Vgl. *Kobor*, in: Kirchhof u.a., EStG-Kommentar, 2021, § 3a, Rn. D 61.

795 Vgl. *Kobor*, in: Kirchhof u.a., EStG-Kommentar, 2021, § 3a, Rn. D 61.

796 Vgl. *Kobor*, in: Kirchhof u.a., EStG-Kommentar, 2021, § 3a, Rn. D 61; *Desens*, FR 2017, 981 [987].

EStG kann den Grundsatz der Individualbesteuerung nicht umgehen. Folglich sollten Verlustverrechnungspotenziale nach § 3a Abs. 3 S. 2 Nr. 9ff. EStG bei zusammenveranlagten Ehegatten nur entsprechend eingeschränkt gemindert werden können.[797] In der Literatur wird hierfür unterschieden, auf welcher Ebene der Einkünfteermittlung des zusammenveranlagten Ehegattens die fragliche Verlustverrechnungsposition zu berücksichtigen ist.[798] Demnach sollen solche Verluste des Ehegatten nicht einbezogen werden können, die schon bei der Einkünfteermittlung des Ehegatten und vor der Zusammenrechnung eingreifen. Dabei handelt es sich um § 3a Abs. 3 S. 2 Nr. 11 (verrechenbare Verluste oder negative Einkünfte aus den besonderen Verlustverrechnungskreisen) und Nr. 13 (Zins- und EBITDA-Vortrag).[799] In Bezug auf § 3a Abs. 3 S. Nr. 9 EStG (ausgleichsfähige Verluste aller Einkunftsarten aus dem VZ, in dem das Sanierungsjahr endet) ist es nicht ganz so eindeutig, ob nur der ausgleichsfähige Verlust des Steuerpflichtigen oder auch des Ehegatten gemeint ist.[800] *Desens* kommt zu dem Ergebnis, dass es dem Regelungszweck nach sachgerechter sei, den Untergang nach § 3a Abs. 3 S. 2 Nr. 9 EStG an den Verlust aus allen Einkunftsarten des Steuerpflichtigen anknüpfen zu lassen, da andernfalls der Ehegatte mit positiven Einkünften den Verlustuntergang nach § 3a Abs. 3 S. 2 Nr. 9 EStG verringern und bei negativen Einkünften erhöhen könnte.[801]

Gleichwohl sind die bisher dargestellten Auffassungen zur Nichtberücksichtigung von § 3a Abs. 3 S. 2 Nr. 9 und Nr. 11 EStG umstritten. So wird z.T. die Meinung vertreten, dass die Einbeziehung der Verlustverrechnungspositionen des § 3a Abs. 3 S. 2 Nr. 9, 10 und ggf. Nr. 11 EStG bereits in diesen Regelungen

---

797 Vgl. *Kobor*, in: Kirchhof u.a., EStG-Kommentar, 2021, § 3a, Rn. D 61.

798 Vgl. *Desens*, FR 2017, 981 [987]; als zutreffend erachtet von *Hallerbach*, in: H/H/R, EStG-Kommentar, 2021, § 3a, Rn. 34 und *Kobor*, in: Kirchhof u.a., EStG-Kommentar, 2021, § 3a, Rn. D 61.

799 Vgl. *Kobor*, in: Kirchhof u.a., EStG-Kommentar, 2021, § 3a, Rn. D 61; *Desens*, FR 2017, 981 [987 f.]; *Kanzler*, in: K/K/B, EStG-Kommentar, 2021, § 3a, Rn. 167, der wohl die Verlustverrechnungsposition des § 3a Abs. 3 S. 2 Nr. 13 EStG schon gar nicht als in Betracht kommend sieht.

800 Vgl. *Desens*, FR 2017, 981 [987 f.], der anhand von Berechnungsbeispielen darlegt, dass die Nichteindeutigkeit, ob § 3a Abs. 3 S. 2 Nr. 9 EStG auf die ausgleichsfähigen Verluste des Steuerpflichtigen oder auch des Ehegatten abzielt, zu unterschiedlichen Konsequenzen führen kann.

801 Vgl. *Desens*, FR 2017, 981 [988]; i. Erg. so auch *Kobor*, in: Kirchhof u.a., EStG-Kommentar, 2021, § 3a, Rn. D 25 mit Verweis auf die Wahrung des Subjektsteuerprinzips; a.A. i. Erg. wohl *Krumm*, in: Blümich, EStG-Kommentar, 2021, § 3a, Rn. 51a.

enthalten sein sollte und somit § 3a Abs. 3a EStG bloß klarstellenden Charakter habe.[802] Außerdem beziehe sich § 3a Abs. 3a EStG wörtlich nur auf „Verlustvorträge", so dass ein Verlustrücktrag in diesem Zusammenhang unberücksichtigt zu bleiben habe, womit wohl § 3a Abs. 3 S. 2 Nr. 12 EStG gemeint ist.[803] Soweit ersichtlich herrscht nur Einigkeit in Bezug auf § 3a Abs. 3 S. 2 Nr. 10 EStG, also den Verlustvortrag aus dem Vorjahr, der nach § 3a Abs. 3a EStG einzubeziehen ist. Bei den anderen in Frage kommenden Positionen (§ 3a Abs. 3 S. 2 Nr. 9, 11, 12, 13 EStG) herrscht in der Literatur hingegen Uneinigkeit unter Zugrundelegung diverser Argumente. Es ist daher erforderlich, dass der Gesetzgeber hier Klarheit und Rechtssicherheit schafft. Bis dahin kann im Sinne der Rechtssicherheit derzeit nur die Möglichkeit ergriffen werden, dass die Ehegatten für die entsprechenden Jahre eine Einzelveranlagung nach § 26a EStG beantragen, um etwaige laufende Beträge und Verlustvorträge des Ehegattens zu schützen.[804]

f. Untergang von Steuerminderungspotenzialen bei dem Steuerpflichtigen nahestehenden Personen, § 3a Abs. 3 S. 3 EStG

In erster Linie sollen die Steuerminderungspotenziale des Steuerpflichtigen selbst untergehen.[805] Gemäß § 3a Abs. 3 S. 3 EStG können die Rechtsfolgen jedoch auch bei einer dem Steuerpflichtigen nahestehenden Person eintreten. Der Gesetzgeber beabsichtigt mit der Regelung eine Missbrauchsvermeidung.[806]

802 Vgl. *Sommer*, in: Frotscher/Geurts, EStG-Kommentar, 2021, § 3a, Rn. 80.

803 Vgl. *Sommer*, in: Frotscher/Geurts, EStG-Kommentar, 2021, § 3a, Rn. 80; *Seer*, in: Kirchhof/Seer, EStG-Kommentar, 2021, § 3a, Rn. 50, der ebenfalls auf den Umstand hinweist, dass – auch im Zeitpunkt vor Ergänzung des Abs. 3a – nur von Verlustvorträgen die Rede war, so dass bzgl. eines Verlustrücktrags i.S.v. § 3a Abs. 3 S. 2 Nr. 12 EStG Unklarheit bestehe; a.A. *Kobor*, in: Kirchhof u.a., EStG-Kommentar, 2021, § 3a, Rn. D 32, ihm zufolge können sich Verluste i.S.v. § 3a Abs. 3 S. 2 Nr. 12 EStG auch bei dem Ehegatten mindern.

804 Vgl. *Hallerbach*, in: H/H/R, EStG-Kommentar, 2021, § 3a, Rn. 34; *Kanzler*, in: K/K/B, EStG-Kommentar, 2021, § 3a, Rn. 145; *Krumm*, in: Blümich, EStG-Kommentar, 2021, § 3a, Rn. 51a; Diese Empfehlung dürfte jedoch auch nach der neuen Rechtslage gelten, so auch *Kobor*, in: Kirchhof u.a., EStG-Kommentar, 2021, § 3a, Rn. D 61.

805 Vgl. *Krumm*, in: Blümich, EStG-Kommentar, 2021, § 3a, Rn. 50.

806 Vgl. BT-Drs. 18/12128 v. 26.4.2017, 32; *Seer*, in: Kirchhof/Seer, EStG-Kommentar, 2021, § 3a, Rn. 33; *Krumm*, in: Blümich, EStG-Kommentar, 2021, § 3a, Rn. 50; *Böing*, in: L/B/P, EStG-Kommentar, 2021, § 3a, Rn. 37; *Levedag*, in: Schmidt, EStG-Kommentar, 2021, § 3a, Rn. 39; *Desens*, FR 2017, 981 [989], der aber i. Erg. eine

Er will verhindern, dass dem zu sanierenden Unternehmen Schulden z.B. im Rahmen des § 6 Abs. 3 EStG, §§ 20, 24 UmwStG oder im Wege einer verdeckten Einlage übertragen werden unter Zurückbehaltung der Steuerminderungspotenziale.[807] Dies kann außerhalb des Umwandlungsgesetzes neben der verdeckten Einlage auch durch einen unentgeltlichen Betriebsübergang oder durch Regressverzicht bei Debt-Push-Ups erfolgen.[808] Verhindert werden soll also, dass der steuerfreie Sanierungsertrag auf der einen Seite und die Verlustverrechnungspotenziale auf der anderen Seite zwei verschiedenen Personen bzw. Rechtsträgern zugewiesen werden.[809] Für die Anwendung des § 3a Abs. 3 S. 3 EStG ist die Art und Weise der Übertragung irrelevant, ebenso ist es nicht erforderlich, dass die Übertragung zu Buchwerten erfolgt ist.[810] Der Untergang von Steuerminderungspotenzialen tritt bei dem Steuerpflichtigen nahestehenden Personen – ebenfalls in Reihenfolge des § 3a Abs. 3 S. 2 EStG – ein, wenn der geminderte Sanierungsertrag höher als das Steuerminderungspotenzial beim Steuerpflichtigen war.[811] Voraussetzung dafür ist weiter, dass die nahestehende Person die erlassene Schuld innerhalb von fünf Jahren vor dem Schuldenerlass auf das zu sanierende Unternehmen übertragen hat. Daraus ist zunächst abzuleiten, dass die Vorschrift zunächst eine Identität zwischen der übertragenen Schuld und der später im Rahmen einer Sanierung erlassenen Schuld voraussetzt.[812] Der Sinn und Zweck der Regelung gebietet es jedoch, dass der Begriff

---

erhöhte Rechtsunsicherheit in der Regelung erkennt, die zu einer ebenfalls erhöhten Streitanfälligkeit führen kann.

807 Vgl. BT-Drs. 18/12128 v. 26.4.2017, 32; *Krumm*, in: Blümich, EStG-Kommentar, 2021, § 3a, Rn. 50; *Seer*, in: Kirchhof/Seer, EStG-Kommentar, 2021, § 3a, Rn. 33; *Levedag*, in: Schmidt, EStG-Kommentar, 2021, § 3a, Rn. 39; *Hallerbach*, in: H/H/R, EStG-Kommentar, 2021, § 3a, Rn. 42; *Kanzler*, in: K/K/B, EStG-Kommentar, 2021, § 3a, Rn. 163; *Suchanek/Schaaf/Hannweber*, WPg 2017, 909 [913 f.] mit einer Darstellung des Zielkonflikts eines Steuerpflichtigen bei der steuerneutralen Übertragung nach § 20 UmwStG und der Regelung des interpersonellen Verlustvortrags nach § 3a Abs. 3 S. 3 EStG.

808 Vgl. *Seer*, in: Kirchhof/Seer, EStG-Kommentar, 2021, § 3a, Rn. 33.

809 Vgl. *Kobor*, in: Kirchhof u.a., EStG-Kommentar, 2021, § 3a EStG, Rn. D 40.

810 Vgl. BT-Drs. 18/12128 v. 26.4.2017, 32; *Kobor*, in: Kirchhof u.a., EStG-Kommentar, 2021, § 3a EStG, Rn. D 42.

811 Vgl. *Seer*, in: Kirchhof/Seer, EStG-Kommentar, 2021, § 3a, Rn. 33; *Krumm*, in: Blümich, EStG-Kommentar, 2021, § 3a, Rn. 50; *Levedag*, in: Schmidt, EStG-Kommentar, 2021, § 3a, Rn. 39.

812 Vgl. *Kobor*, in: Kirchhof u.a., EStG-Kommentar, 2021, § 3a EStG, Rn. D 42; *Desens*, FR 2017, 981 [989], der die Auffassung vertritt, dass die tatbestandlich geforderte

Schulden auch Verbindlichkeiten erfasst, die bei einer Umschuldung wirtschaftlich an die Stelle der übertragenen Verbindlichkeit treten.[813] Für die Minderung der Verlustverrechnungspotenziale ist der Zeitpunkt der Entstehung des Sanierungsertrags maßgeblich, so dass ein rückwirkender Verlustuntergang auf den Zeitpunkt der Schuldübertragung ausgeschlossen ist.[814] Jedoch beschränkt § 3a Abs. 3 S. 3 EStG die zu mindernden Verlustverrechnungsposten in der Höhe, wie sie zum Ablauf des Wirtschaftsjahres der Übertragung vorhanden waren.[815] Während die zeitliche Begrenzung auf fünf Jahre eindeutig ist und zu wenigen Anwendungsschwierigkeiten führen sollte, lässt der Gesetzestext die Bestimmbarkeit des Begriffes der „nahestehenden Person" vermissen.[816] Der Gesetzesgeber scheint den Begriff nicht i.S.v. § 1 Abs. 2 Gesetz über die Besteuerung von Auslandsbeziehungen (AStG) oder § 138 Insolvenzordnung (InsO) verstanden zu wissen. Ebenso scheint der Begriff des Angehörigen i.S.v. § 15 AO zu eng gefasst zu sein. Vielmehr verweist die Gesetzbegründung auf familien-, gesellschafts-, schuldrechtliche und tatsächliche Beziehungen und spielt damit auf die Grundsätze zum Vorliegen einer verdeckten Gewinnausschüttung an.[817] *Kobor* zufolge kann hier jede Beziehung zwischen einem Dritten und der steuerpflichtigen Person relevant werden, die den Schluss zulässt, sie habe Einfluss auf die Schuldübertragung zwischen übernehmenden und übertragenden Rechtsträger genommen.[818] Nach einer sehr weitgehenden Auffassung von *Hallerbach* ist der Begriff normenspezifisch auszulegen. Eine nahestehende Person i.S.d. Regelung ist zu vermuten, wenn eine Schuldübertragung, die letztlich in einer Trennung von Verlustverrechnungspotenzial und Sanierungsertrag mündete, ohne wirtschaftlichen Grund vorgenommen wurde und damit eine vom Gesetzgeber angenommene Missbrauchssituation eingetreten ist.[819]

Identität zwischen übertragener und später erlassener Schuld zu einer sachgerechten Typisierung eines hier als missbräuchlich identifizierten Falls führt.

813 Vgl. BT-Drs. 18/12128 v. 26.4.2017, 32.

814 Vgl. *Krumm*, in: Blümich, EStG-Kommentar, 2021, § 3a, Rn. 51; *Kobor*, in: Kirchhof u.a., EStG-Kommentar, 2021, § 3a EStG, Rn. D 43; *Suchanek/Schaaf/Hannweber*, WPg 2017, 909 [912].

815 Vgl. *Krumm*, in: Blümich, EStG-Kommentar, 2021, § 3a, Rn. 51; *Kobor*, in: Kirchhof u.a., EStG-Kommentar, 2021, § 3a EStG, Rn. D 43.

816 Vgl. *Krumm*, in: Blümich, EStG-Kommentar, 2021, § 3a, Rn. 51.

817 Vgl. BT-Drs. 18/12128 v. 26.4.2017, 32; *Krumm*, in: Blümich, EStG-Kommentar, 2021, § 3a, Rn. 50a; *Sistermann/Beutel*, DStR 2017, 1065 [1068].

818 Vgl. *Kobor*, in: Kirchhof u.a., EStG-Kommentar, 2021, § 3a EStG, Rn. D 41.

819 Vgl. *Hallerbach*, in: H/H/R, EStG-Kommentar, 2021, § 3a, Rn. 43; so auch *Kobor*, in: Kirchhof u.a., EStG-Kommentar, 2021, § 3a EStG, Rn. D 41.

g. Zusammenfassung

Die Minderung von Verlustverrechnungspotenzialen bei dem zu sanierenden Unternehmen selbst und ihm nahestehenden Dritten ist sehr umfangreich. Darüber hinaus ändern sich die in Frage kommenden Verlustminderungspositionen in Abhängigkeit davon, ob es sich bei dem zu sanierenden Unternehmen um eine Mitunternehmerschaft oder eine Kapitalgesellschaft handelt. Daher dient die nachfolgende Darstellung zum einen der Übersicht hinsichtlich des Rechenwegs bis zum verbleibenden Sanierungsertrag i.S.v. § 3a Abs. 3 S. 4 EStG als auch dem Überblick, welche Verlustverrechnungspositionen i.S.v. § 3a Abs. 3 S. 2 Nr. 1–13 EStG auf Mitunternehmerschaften, auf Kapitalgesellschaften oder beide Rechtsformen Anwendung finden.

Tabelle 6: Berechnung des verbleibenden Sanierungsertrags i.S.v. § 3a Abs. 3 S. 4 EStG und rechtsformspezifische Anwendung der Verlustverrechnungspotenziale nach § 3a Abs. 3 S. 2 Nr. 1–13 EStG

		MU	KapG
	Sanierungsertrag i.S.v. § 3a Abs. 1 EStG		
-	Aufwendungen aus dem Sanierungsjahr bzw. aus den vorherigen VZ, die grds. dem Abzugsverbot nach § 3c Abs. 4 S. 1 EStG unterliegen (§ 3a Abs. 3 S. 1 EStG)		
=	**Geminderter Sanierungsertrag i.S.v. § 3a Abs. 3 S. 1 EStG**		
-	Verlustverrechnungspositionen nach § 3a Abs. 3 S. 2 EStG:		
Nr. 1	Minderung des verteilt abziehbaren Aufwands nach § 4f EStG des zu sanierenden Unternehmens	X	X
Nr. 2	Minderung des nach § 15a EStG ausgleichsfähigen oder verrechenbaren Verlusts des Unternehmers (Mitunternehmers) des zu sanierenden Unternehmens des Sanierungsjahres	X	
Nr. 3	Minderung vom zum Ende des dem Sanierungsjahr vorangegangenen Wirtschaftsjahres nach § 15a EStG festgestellten verrechenbaren Verlust des Unternehmers (Mitunternehmers) des zu sanierenden Unternehmens	X	
Nr. 4	Minderung des nach § 15b EStG ausgleichsfähigen oder verrechenbaren Verlusts derselben Einkunftsquelle des Unternehmers (Mitunternehmers) des Sanierungsjahres	X	
Nr. 5	Minderung vom zum Ende des dem Sanierungsjahr vorangegangenen Jahres nach § 15b EStG festgestellten verrechenbaren Verlust derselben Einkunftsquelle des Unternehmers (Mitunternehmers)	X	
Nr. 6	Minderung des nach § 15 Abs. 4 EStG ausgleichsfähigen oder nicht abziehbaren Verlusts des zu sanierenden Unternehmens des Sanierungsjahres	(X)	X
Nr. 7	Minderung vom zum Ende des dem Sanierungsjahr vorangegangenen Jahres nach § 15 Abs. 4 EStG festgestellten i.V.m. § 10d Abs. 4 EStG verbleibenden Verlustvortrag, soweit er auf das zu sanierende Unternehmen entfällt	(X)	X
Nr. 8	Minderung des Verlusts des Sanierungsjahres des zu sanierenden Unternehmens	X	X
Nr. 9	Minderung des ausgleichsfähigen Verlusts aus allen Einkunftsarten des VZ, in dem das Sanierungsjahr endet	X	
Nr. 10	Minderung im Sanierungsjahr ungeachtet des § 10d Abs. 2 EStG den nach § 10d Abs. 4 EStG zum Ende des Vorjahres gesondert festgestellten Verlustvortrag	X	X

Tabelle 6: Fortsetzung

		MU	KapG
Nr. 11	Minderung in der nachfolgenden Reihenfolge den zum Ende des Vorjahres festgestellten und den im Sanierungsjahr entstehenden verrechenbaren Verlust oder die negativen Einkünfte:		
	a) nach § 15a EStG	X	X
	b) nach § 15b EStG anderer Einkunftsquellen	X	X
	c) nach § 15 Abs. 4 EStG anderer Betriebe und Mitunternehmeranteile	X	X
	d) nach § 2a EStG	X	X
	e) nach § 2b EStG 2002	X	X
	f) nach § 23 Abs. 3 S. 7 und 8 EStG	X	
	g) nach sonstigen Vorschriften		
	§ 20 Abs. 6 EStG	X	
	§ 22 Nr. 3 S. 4 EStG	X	
Nr. 12	Minderung ungeachtet der Beträge des § 10d Abs. 1 S. 1 EStG die negativen Einkünfte nach § 10d Abs. 1 S. 1 EStG des Folgejahres. Ein Verlustrücktrag nach § 10d Abs. 1 S. 1 EStG ist nur möglich, soweit die Beträge nach § 10d Abs. 1 S. 1 EStG durch den verbleibenden Sanierungsertrag im Sinne des Satzes 4 nicht überschritten werden	X	X
Nr. 13	Minderung vom zum Ende des Vorjahres festgestellten und des im Sanierungsjahr entstehenden		
	a) Zinsvortrag nach § 4h Abs. 1 S. 5 EStG	X	X
	b) EBITDA-Vortrag nach § 4h Abs. 1 S. 3 EStG	X	X
=	**Geminderter Sanierungsertrag § 3a Abs. 3 S. 3 EStG**		
-	Unter den weiteren Voraussetzungen des § 3a Abs. 3 S. 3 EStG die Minderung nach Maßgabe des S. 2 verteilt abziehbarer Aufwand, Verluste, negative Einkünfte, Zinsvorträge oder EBITDA-Vorträge einer dem Steuerpflichtigen nahestehenden Person	X	X
=	**Verbleibender Sanierungsertrag (§ 3a Abs. 3 S. 4 EStG)**		

6. Verfahrensrechtliche Regelungen, § 3a Abs. 4 EStG

§ 3a EStG enthält in Absatz 4 S. 1–2 verfahrensrechtliche Bestimmungen für die gesonderte Feststellung von Besteuerungsgrundlagen, die als Spezialvorschriften den allgemeinen Vorschriften der AO vorgehen.[820] Die Regelung gilt nur für Mitunternehmerschaften oder Einzelunternehmer, nicht jedoch für Kapitalgesellschaften. § 3a Abs. 4 S. 1 EStG verweist auf die Regelung des § 180 Abs. 1 S. 1 Nr. 2 Buchst. a und b AO. Die gesonderte (und einheitliche) Feststellungspflicht ergibt sich mithin in den Fällen, in denen eine Mitunternehmerschaft einen Sanierungsertrag i.S.v. § 3a Abs. 1 S. 1 EStG erzielt (§ 180 Abs. 1 S. 1 Nr. 2 Buchst. a AO) oder wenn ein Einzelunternehmer Einkünfte aus Land- und Forstwirtschaft, Gewerbebetrieb oder einer freiberuflichen Tätigkeit erzielt und die Gewinnfeststellung von einem anderen als dem Wohnsitzfinanzamt des Einzelunternehmers vorzunehmen ist (§ 180 Abs. 1 S. 1 Nr. 2 Buchst. b AO). Gemäß § 3a Abs. 4 S. 1 EStG ist zum einen die Höhe des Sanierungsertrags gem. § 3a Abs. 1 S. 1 EStG gesondert festzustellen als auch die Höhe der mindernden Beträge nach § 3a Abs. 3 S. 2 Nr. 1–6 und Nr. 13 EStG. Die gesonderte Feststellung der genannten Steuerminderungspotenziale soll durch die Bündelung maßgeblicher Feststellungen bei einem Finanzamt widersprüchliche Entscheidungen verhindern und vielmehr für eine einheitliche Behandlung der Beträge sorgen und ein einheitliches Entfallen der zu verrechnenden Positionen gewährleisten.[821] Die gesonderte Feststellung nach § 3a Abs. 4 S. 1 EStG erstreckt sich jedoch nicht auf den gesamten Katalog des § 3a Abs. 3 S. 2 Nr. 1–13 EStG, sondern lediglich auf die Nummern 1–6 und Nr. 13. Das ist wohl damit zu erklären, dass die Beträge in den genannten Positionen nicht bereits anderweitig festgestellt werden oder erst in späteren Veranlagungszeiträumen entstehen.[822] Nicht gesondert festzustellen ist der geminderte Sanierungsertrag i.S.v. § 3a Abs. 2 S. 1 EStG, der sich aus dem Sanierungsertrag i.S.v. § 3a Abs. 1 S. 1 EStG, gemindert um die nicht abziehbaren Beträge des § 3c Abs. 4 EStG, ergibt.[823] Obwohl verfahrensrechtlich eine gesonderte Feststellung dieser Größe

---

820 Vgl. *Sommer*, in: Frotscher/Geurts, EStG-Kommentar, 2021, § 3a, Rn. 81.

821 Vgl. *Kanzler*, in: K/K/B, EStG-Kommentar, 2021, § 3a, Rn. 170; *Hallerbach*, in: H/H/R, EStG-Kommentar, 2021, § 3a, Rn. 51; *Kobor*, in: Kirchhof u.a., EStG-Kommentar, 2021, § 3a, Rn. E 2.

822 Vgl. *Hallerbach*, in: H/H/R, EStG-Kommentar, 2021, § 3a, Rn. 51; *Bodden*, in. Korn, EStG-Kommentar, 2021, § 3a, Rn. 107; ausführlicher hierzu vgl. *Seer*, in: Kirchhof/Seer, EStG-Kommentar, 2021, § 3a, Rn. 55.

823 Vgl. *Seer*, in: Kirchhof/Seer, EStG-Kommentar, 2021, § 3a, Rn. 54; *Kobor*, in: Kirchhof u.a., EStG-Kommentar, 2021, § 3a, Rn. E 6.

sachgerecht wäre, stellen die nichtabzugsfähigen Sanierungsaufwendungen nur einen unselbstständigen Bestandteil des Gewinns bzw. Verlusts dar.[824] *Seer* geht jedoch davon aus, dass der Gesetzgeber es nicht für erforderlich gehalten hat, eine gesonderte Feststellung der nicht abzugsfähigen Sanierungsaufwendungen zu statuieren, da § 3c Abs. 4 S. 5 EStG eine selbstständige Korrekturvorschrift für diese Aufwendungen regelt und eine nachträgliche Korrektur dieser Beträge ermöglicht.[825] Ebenso wenig ist der verbleibende Sanierungsertrag i.S.v. § 3a Abs. 3 S. 4 EStG festzustellen, obwohl diese Größe maßgeblich für einen Rücktrag aus dem Folgejahr ist.[826]

§ 3a Abs. 4 S. 2 EStG verweist im Hinblick auf die Zuständigkeit des Finanzamts auf die für § 180 Abs. 1 S. 2 Nr. 2 AO geltende Zuständigkeit. Die örtliche Zuständigkeit für die gesonderte Feststellung nach § 180 AO ist gem. § 18 AO das Lagefinanzamt bei Betrieben der Land- und Forstwirtschaft (§ 18 Abs. 1 Nr. 1 AO), das Betriebsfinanzamt bei gewerblichen Betrieben (§ 18 Abs. 1 Nr. 2 AO) und bei Einkünften aus selbstständiger Arbeit das Tätigkeitsfinanzamt (§ 18 Abs. 1 Nr. 3 AO).

Da das Feststellungsfinanzamt sachnäher mit den maßgeblichen Umständen befasst ist und widersprüchliche Entscheidungen der Wohnsitzfinanzämter vermieden werden sollen, ist dies wohl sachlich gerechtfertigt.[827]

§ 3a Abs. 4 S. 3–4 EStG beinhaltet darüber hinaus eine eigenständige Korrekturvorschrift. Wurden verrechenbare Verluste und Verlustvorträge unberücksichtigt der Minderung gem. § 3a Abs. 3 S. 2 EStG festgestellt oder haben sich die nach § 3a Abs. 3 S. 2 EStG mindernden Beträge geändert, so ist der entsprechende Feststellungsbescheid insoweit zu ändern, unabhängig von einer möglichen Bestandskraft dessen (§ 3a Abs. 4 S. 3 EStG). Mit der Korrekturmöglichkeit im Hinblick auf Änderungen der nach § 3a Abs. 3 S. 2 EStG mindernden Beträge soll auch der Fallgestaltung Rechnung getragen werden, in der das Verrechnungspotenzial gem. § 3a Abs. 3 S. 2 EStG bei einer Verlustfeststellung fehlerhaft bemessen wurde.[828] Die Korrekturnorm bezieht sich dabei

---

824 Vgl. *Seer*, in: Kirchhof/Seer, EStG-Kommentar, 2021, § 3a, Rn. 54.

825 Vgl. *Seer*, in: Kirchhof/Seer, EStG-Kommentar, 2021, § 3a, Rn. 59.

826 Vgl. *Hallerbach*, in: H/H/R, EStG-Kommentar, 2021, § 3a, Rn. 51; *Kobor*, in: Kirchhof u.a., EStG-Kommentar, 2021, § 3a, Rn. E 6.

827 Vgl. *Krumm*, in: Blümich, EStG-Kommentar, 2021, § 3a, Rn. 52; *Seer*, in: Kirchhof/Seer, EStG-Kommentar, 2021, § 3a, Rn. 54; *Bodden*, in. Korn, EStG-Kommentar, 2021, § 3a, Rn. 108; *Kobor*, in: Kirchhof u.a., EStG-Kommentar, 2021, § 3a, Rn. E 10.

828 Vgl. *Seer*, in: Kirchhof/Seer, EStG-Kommentar, 2021, § 3a, Rn. 57.

ausschließlich auf Verlustfeststellungsbescheide, die eine Verrechnung nach § 3a Abs. 3 S. 2 EStG beinhalten und nicht auf die gesonderten Feststellungsbescheide i.S.v. § 3a Abs. 4 S. 1 EStG, die den Sanierungsertrag und die Verrechnungspotenziale nach § 3a Abs. 3 S. 2 Nr. 1–6, Nr. 13 beinhalten.[829] Für diese Feststellungsbescheide ergeben sich die Korrekturnormen aus den allgemeinen Regelungen der Abgabenordnung.[830] Für betragsmäßige Änderungen im Hinblick auf die nicht abziehbaren Betriebsvermögensminderungen oder Betriebsausgaben i.S.v. § 3c Abs. 4 EStG findet die eigenständige Korrekturvorschrift des § 3c Abs. 4 S. 5–6 EStG Anwendung.[831] Erst wenn die Festsetzungsfrist der Einkommen- oder Körperschaftsteuerbescheide für das Sanierungsjahr abgelaufen ist, kann die Feststellungsfrist enden (§ 3a Abs. 4 S. 4 EStG). Eine entsprechende Vorschrift zur Ablaufhemmung findet sich auch in § 3c Abs. 4 S. 5–6 EStG hinsichtlich der Betriebsvermögensminderungen oder nicht abziehbaren Betriebsausgaben.[832] § 3a Abs. 4 S. 4 2. Hs. EStG nimmt Bezug auf die Einkommen- und Körperschaftsteuerbescheide des Sanierungsjahres. Es ist dabei nicht das Wirtschaftsjahr gemeint, sondern das Kalenderjahr oder der Veranlagungszeitraum, in dem der Sanierungsertrag erzielt wurde.[833]

7. Unternehmerbezogene Sanierung, § 3a Abs. 5 EStG

In bestimmten, abschließend aufgeführten Fällen des § 3a Abs. 5 EStG ist auch eine unternehmerbezogene Sanierung steuerbegünstigt. Betriebsvermögensmehrungen und Betriebseinnahmen einer natürlichen Person sind gem. § 3a

---

829 Vgl. *Kobor*, in: Kirchhof u.a., EStG-Kommentar, 2021, § 3a, Rn. E 15; *Seer*, in: Kirchhof/Seer, EStG-Kommentar, 2021, § 3a, Rn. 58: Aber durch Verweis auf den gesamten Katalog des § 3a Abs. 3 S. 2 EStG erstreckt sich die Korrekturnorm des § 3a Abs. 4 S. 3 EStG wohl nicht nur auf die in § 3a Abs. 4 S. 1 EStG genannten Positionen des § 3a Abs. 3 S. 2 Nr. 1–6, Nr. 13 EStG, sondern auch auf die Nr. 7–12.

830 Vgl. *Seer*, in: Kirchhof/Seer, EStG-Kommentar, 2021, § 3a, Rn. 58; *Kobor*, in: Kirchhof u.a., EStG-Kommentar, 2021, § 3a, Rn. E 15.

831 Vgl. *Seer*, in: Kirchhof/Seer, EStG-Kommentar, 2021, § 3a, Rn. 59; so auch *Kanzler*, in: K/K/B, EStG-Kommentar, 2021, § 3a, Rn. 172 der zu Recht sagt, dass auch eine Veränderung der nicht abziehbaren Ausgaben Auswirkungen auf diese mindernden Beträge und den Verlustverbrauch hat und die Korrekturvorschriften des § 3c Abs. 4 S. 5–6 EStG entsprechend anzuwenden sind, sofern es sich um eine planwidrige Gesetzeslücke handeln sollte.

832 Vgl. *Kanzler*, in: K/K/B, EStG-Kommentar, 2021, § 3a, Rn. 171.

833 Vgl. *Kanzler*, in: K/K/B, EStG-Kommentar, 2021, § 3a, Rn. 172; *Seer*, in: Kirchhof/Seer, EStG-Kommentar, 2021, § 3a, Rn. 60, der sich auf das Kalenderjahr der Sanierungsmaßnahme bezieht.

Abs. 5 EStG steuerfrei, wenn sie aus einer Restschuldbefreiung nach §§ 286 ff. InsO, aus einem außergerichtlichen Schuldenbereinigungsplan zur Verhinderung einer Verbraucherinsolvenz nach §§ 304 ff. InsO oder einem Schuldenerlass aufgrund eines Schuldenbereinigungsplans stammen, sofern diesem im Rahmen eines Verbraucherinsolvenzverfahrens zugestimmt wurde oder die Zustimmung durch ein Gericht erfolgt ist.[834] Damit wird die aktuelle Rechtslage für eine unternehmerbezogene Sanierung zwar im Vergleich zur Rechtslage eingeschränkt, als § 3 Nr. 66 EStG a.F. anwendbar war.[835] Jedoch ist die aktuelle Regelung weitergehender als der sog. Sanierungserlass, der lediglich eine unternehmensbezogene Sanierung regelte.[836] § 3a Abs. 5 EStG normiert also Fälle der persönlichen Billigkeit.[837] Bedeutsam ist die derzeit geltende Regelung des § 3a Abs. 5 EStG insbesondere dann, wenn die Steuerforderung keine Insolvenzforderung darstellt. Die Steuerforderung unterliegt dann nicht der Restschuldbefreiung oder dem Schuldenbereinigungsplan. Ohne diese Regelung würde dem Zweck der Restschuldbefreiung – der Neustart ohne Schulden – widersprochen.[838] Nicht in § 3a Abs. 5 EStG erwähnt ist der Insolvenzplan, der die Entschuldung des Unternehmers bezweckt. Nach Auffassung von *Krumm* handelt es sich dabei jedoch nicht um eine bewusste Ausklammerung des Insolvenzplans vom Anwendungsbereich des § 3a Abs. 5 EStG durch den Gesetzgeber. Es sind darüber hinaus auch keine offensichtlichen Argumente erkennbar, die gegen eine analoge Anwendung des § 3a Abs. 5 EStG bei einem Insolvenzplan sprechen.[839] Die Vorschrift des § 3a Abs. 5 EStG dürfte jedoch auf die insolvenzrechtlich geregelten kollektiven Entschuldungsmechanismen begrenzt sein, so dass individuelle Absprachen zur Entschuldung eines Unternehmers keine Steuerfreiheit des Ertrags zur Folge haben dürfe.[840] Allerdings können in diesen Fällen Billigkeitsmaßnahmen nach §§ 163, 227 AO in Betracht kommen.[841]

---

834 Vgl. BT-Drs. 18/12128 v. 26.4.2017, 33.

835 Vgl. *Krumm*, in: Blümich, EStG-Kommentar, 2021, § 3a, Rn. 29.

836 Vgl. *Levedag*, in: Schmidt, EStG-Kommentar, 2021, § 3a, Rn. 45; *Böing*, in: L/B/P, EStG-Kommentar, 2021, § 3a, Rn. 33.

837 Vgl. *Levedag*, in: Schmidt, EStG-Kommentar, 2021, § 3a, Rn. 45; *Kobor*, in: Kirchhof u.a., EStG-Kommentar, 2021, § 3a, Rn. F 1.

838 Vgl. *Krumm*, in: Blümich, EStG-Kommentar, 2021, § 3a, Rn. 29; *Bodden*, in: Korn, EStG-Kommentar, 2021, § 3a, Rn. 115.

839 Vgl. *Krumm*, in: Blümich, EStG-Kommentar, 2021, § 3a, Rn. 29a.

840 Vgl. *Krumm*, in: Blümich, EStG-Kommentar, 2021, § 3a, Rn. 29b.

841 Vgl. *Krumm*, in: Blümich, EStG-Kommentar, 2021, § 3a, Rn. 29b.

Der Sanierungsertrag muss zu einer Betriebsvermögensmehrung oder Betriebseinnahme führen, so dass im Ergebnis insbesondere Einzelunternehmer erfasst werden.[842] Das Entfallen einer Verbindlichkeit aus dem Sonderbetriebsvermögen kann aber auch auf Ebene eines Mitunternehmers zu einer unternehmerbezogenen Sanierung führen.[843] Bei einer Betriebsvermögensmehrung oder Betriebseinnahmen auf Grund einer Restschuldbefreiung (§ 3a Abs. 5 S. 1 Hs. 1, Alt. 1 i.V.m. §§ 286 ff. InsO) wirkt die Steuerbefreiung erst in dem Zeitpunkt, in dem die Restschuldbefreiung eintritt.[844] Dies gilt ausnahmsweise dann nicht, wenn es sich bei der Restschuldbefreiung um ein rückwirkendes Ereignis i.S.v. § 175 Abs. 1 S. 1 Nr. 2 AO handelt, wie bei einer zwischenzeitlichen Betriebsaufgabe. In diesem Fall ist der aus der Betriebsaufgabe resultierende Gewinn im Jahr der Betriebsaufgabe zu berücksichtigen.[845] Betriebsvermögensmehrungen oder Betriebseinnahmen auf Grund eines außergerichtlichen Schuldenbereinigungsplans zur Vermeidung eines Verbraucherinsolvenzverfahrens (§ 3a Abs. 5 S. 1 Hs. 1, Alt. 2 i.V.m. §§ 304 ff. InsO) entstehen hingegen im Zeitpunkt der schuldrechtlichen Vereinbarung über den Schuldenerlass. Die zivilrechtliche Wirksamkeit ist ebenfalls entscheidend bei der Bestimmung des Zeitpunkts, in der Gewinne aus einem gerichtlichen Schuldenbereinigungsplan i.S.v. § 3a Abs. 5 S. 1 Hs. 1, Alt. 2 EStG entstehen.[846]

---

842 Vgl. *Levedag*, in: Schmidt, EStG-Kommentar, 2021, § 3a, Rn. 47.

843 Vgl. *Bodden*, in: Korn, EStG-Kommentar, 2021, § 3a, Rn. 113.

844 Vgl. BT-Drs. 18/12128 v. 26.4.2017, 33; *Hallerbach*, in: H/H/R, EStG-Kommentar, 2021, § 3a, Rn. 53 und *Bodden*, in: Korn, EStG-Kommentar, 2021, § 3a, Rn. 118 mit dem Hinweis, dass auf die schuldrechtliche Vereinbarung des Schuldenerlasses abzustellen ist; *Kanzler*, in: K/K/B, EStG-Kommentar, 2021, § 3a, Rn. 174; *Seer*, in: Kirchhof/Seer, EStG-Kommentar, 2021, § 3a, Rn. 61, alle mit Verweis auf BFH, Urt. v. 3.2.2016, X R 25/12, BStBl. II 2016, 391, Rn. 46, wonach Eintritt der Restschuldbefreiung der Zeitpunkt der Rechtskraft des Beschlusses des Insolvenzgerichts ist, mit der die Restschuldbefreiung erteilt wird.

845 Vgl. BT-Drs. 18/12128 v. 26.4.2017, 33; *Kanzler*, in: K/K/B, EStG-Kommentar, 2021, § 3a, Rn. 174; *Seer*, in: Kirchhof/Seer, EStG-Kommentar, 2021, § 3a, Rn. 61; *Bodden*, in: Korn, EStG-Kommentar, 2021, § 3a, Rn. 117; ausführlich zu den steuerlichen Themen bei einer Restschuldbefreiung und zwischenzeitlicher Betriebsaufgabe unter Beachtung des Urteils des BFH, Urt. v. 13.12.2016, X R 4/15, BStBl. II 2017, 786, vgl. *Haas*, DStR 2018, 2129.

846 Vgl. *Hallerbach*, in: H/H/R, EStG-Kommentar, 2021, § 3a, Rn. 53; *Bodden*, in: Korn, EStG-Kommentar, 2021, § 3a, Rn. 118; *Seer*, in: Kirchhof/Seer, EStG-Kommentar, 2021, § 3a, Rn. 61.

Der Sanierungsertrag ist gem. § 3a Abs. 5 S. 1 EStG auch steuerfrei, wenn die Voraussetzungen des § 3a Abs. 2 EStG, wonach der Steuerpflichtige die Sanierungsbedürftigkeit, -fähigkeit, die Sanierungseignung des betrieblich begründeten Schuldenerlasses und die Sanierungsabsicht der Gläubiger nachweisen muss, nicht vorliegen.[847] Die Nachweis- und Mitwirkungspflichten des Steuerpflichtigen sind also bei einer unternehmerbezogenen Sanierung nicht zu erbringen.[848] Das bedeutet auch im Umkehrschluss, dass dem Steuerpflichtigen ein in der Literatur diskutiertes faktisches Wahlrecht nicht zur Verfügung steht und die Steuerfreiheit von Sanierungserträgen einschließlich der vorgesehenen, ggf. nachteiligen Rechtsfolgen, zwingend sind.[849] Da die Regelung nicht auf § 3a Abs. 1 S. 2–3 EStG verweist, ist der Steuerpflichtige nicht gezwungen, ggf. vorhandene stille Lasten durch Ausübung (außer-)bilanzieller Wahlrechte zu heben.[850] Neben der Steuerfreiheit der Sanierungserträge gehört zu den Rechtsfolgen, dass der Unternehmer die Minderungen des Sanierungsertrags nach Maßgabe des § 3a Abs. 3 EStG vorzunehmen hat (§ 3a Abs. 5 S. 3 EStG). Das schließt sowohl die Minderung des Sanierungsertrags durch nichtabzugsfähige Sanierungsaufwendungen gem. § 3c Abs. 4 EStG mit ein, als auch die Verrechnung des Sanierungsertrags mit den in § 3a Abs. 3 S. 2 Nr. 1–13 EStG aufgeführten Steuerminderungspotenzialen bei dem Steuerpflichtigen selbst, bei dem Ehegatten gem. § 3a Abs. 3a i.V.m. § 3a Abs. 3 S. 2 EStG und ggf. nahestehender Personen i.S.v. § 3a Abs. 3 S. 3 EStG.[851] Auf die unternehmerbezogene Sanierung finden die verfahrensrechtlichen Vorschriften gem. § 3a Abs. 4 EStG Anwendung.[852]

---

847 Vgl. *Seer*, in: Kirchhof/Seer, EStG-Kommentar, 2021, § 3a, Rn. 62; *Levedag*, in: Schmidt, EStG-Kommentar, 2021, § 3a, Rn. 45; *Hallerbach*, in: H/H/R, EStG-Kommentar, 2021, § 3a, Rn. 53.

848 Vgl. *Levedag*, in: Schmidt, EStG-Kommentar, 2021, § 3a, Rn. 45.

849 Vgl. *Seer*, in: Kirchhof/Seer, EStG-Kommentar, 2021, § 3a, Rn. 62.

850 Vgl. *Seer*, in: Kirchhof/Seer, EStG-Kommentar, 2021, § 3a, Rn. 62; *Hallerbach*, in: H/H/R, EStG-Kommentar, 2021, § 3a, Rn. 53; *Kanzler*, in: K/K/B, EStG-Kommentar, 2021, § 3a, Rn. 175; *Levedag*, in: Schmidt, EStG-Kommentar, 2021, § 3a, Rn. 48.

851 Vgl. *Bodden*, in: Korn, EStG-Kommentar, 2021, § 3a, Rn. 124; *Seer*, in: Kirchhof/Seer, EStG-Kommentar, 2021, § 3a, Rn. 63; *Kanzler*, in: K/K/B, EStG-Kommentar, 2021, § 3a, Rn. 175.

852 Vgl. *Seer*, in: Kirchhof/Seer, EStG-Kommentar, 2021, § 3a, Rn. 63; *Kobor*, in: Kirchhof u.a., EStG-Kommentar, 2021, § 3a, Rn. F 2; ausführlich zu den verfahrensrechtlichen Regelungen vgl. Kapitel D, I., 6. dieser Arbeit.

II. Gewerbesteuerfreiheit von Sanierungserträgen, § 7b GewStG

1. Sonderregelung zur Ermittlung des Gewerbeertrags bei unternehmensbezogener Sanierung

Die bisherigen Ausführungen beleuchteten bislang nahezu ausschließlich die einkommen- und körperschaftsteuerliche Behandlung von Sanierungserträgen. Um dem Titel dieser Arbeit, der sich auf die ertragsteuerliche Behandlung von Sanierungserträgen bezieht, gerecht zu werden, ist der Einbezug der Gewerbesteuer unerlässlich. Gegenstand der Gewerbesteuer ist grundsätzlich jeder im Inland betriebene stehende Gewerbebetrieb (§ 2 Abs. 1 S. 1 GewStG). Der Begriff des Gewerbebetriebs bestimmt sich nach § 15 Abs. 2 EStG. Die Tätigkeit einer Kapitalgesellschaft gilt stets in vollem Umfang als Gewerbebetrieb und unterliegt folglich der Gewerbesteuer (Gewerbebetrieb kraft Rechtsform, § 2 Abs. 2 S. 1 GewStG). Ebenso können Personengesellschaften der Gewerbesteuer unterliegen. Sie sind dann gewerbesteuerpflichtig, wenn sie eine Tätigkeit i.S.v. § 15 Abs. 1 S. 1 Nr. 1 EStG ausüben und deren Gesellschafter Mitunternehmer sind.[853] Auch eine gewerblich geprägte Personengesellschaft i.S.v. § 15 Abs. 3 Nr. 2 EStG oder eine Personengesellschaft, die nur teilweise eine Tätigkeit nach § 15 Abs. 1 S. 1 Nr. 1 EStG ausübt, unterliegt, letztere aufgrund der Abfärberegelung, in vollem Umfang der Gewerbesteuer.[854] Der Rechtsprechung des BFH zufolge sind die Mitunternehmer der Personengesellschaft sachlich gewerbesteuerpflichtig und mithin auch Träger des Verlustabzugs i.S.v. § 10a GewStG.[855] Die Steuerfreiheit von Sanierungserträgen für gewerbesteuerliche Zwecke wurde – ebenso wie die Regelung des § 3a EStG – mit dem RübStG[856] in § 7b GewStG aufgenommen. Die gesetzliche Kodifizierung der gewerbesteuerlichen Behandlung von steuerfreien Sanierungserträgen hat einen bedeutenden Vorteil für den Steuerpflichtigen im Vergleich zu Zeiten des sog. Sanierungserlasses. Denn das BMF-Schreiben verpflichtete ausschließlich die nachgeordneten Landes-Finanzbehörden und stellte klar, dass für Stundungen oder Erlasse der Gewerbesteuer die hebeberechtigten Gemeinden zuständig sind.[857] Mit

---

853 Vgl. GewStR 2009, R 2.1 (2).

854 Vgl. GewStR 2009, H 2.1 (2).

855 Vgl. BFH, Beschl. v. 3.5.1993, GrS 3/92, BStBl. II 1993, 616 unter C. III. 2.; Urt. v. 3.2.2010, IV R 26/07, BStBl. II 2010, 751, Rn. 37; GewStR 2009, R 10a.3 (3) S. 1; *Drüen*, in: Blümich, GewStG-Kommentar, 2021, § 2, Rn. 43.

856 Vgl. RübStG v. 27.6.2017, BGBl. I 2017, 2074.

857 Vgl. BMF v. 27.3.2003, BStBl. I 2003, 240, Rn. 15; *Hasbach*, DB 2019, 871 [873].

§ 7b GewStG sind die steuerlichen Auswirkungen einer Sanierung nunmehr im Hinblick auf die hebeberechtigten Gemeinden einheitlich und verbindlich geregelt.[858] Denn nunmehr entscheidet das für die Festsetzung des Gewerbesteuermessbetrages zuständige Finanzamt nach § 22 Abs. 1 S. 1 AO bei der Ermittlung des Gewerbeertrags, ob ein steuerbegünstigter Sanierungsertrag nach § 7b GewStG vorliegt.[859] Durch Verweis auf die Regelungen des §§ 3a, 3c Abs. 4 EStG für die Ermittlung des maßgeblichen Gewerbeertrags wurde die Vorgehensweise für gewerbesteuerliche Zwecke an die einkommen- und körperschaftsteuerliche Vorgehensweise angepasst.

Bei § 7b GewStG handelt es sich um eine Sonderregelung, die die Grundregel des § 7 S. 1 GewStG modifiziert und die Ermittlung des Gewerbeertrags bei einer unternehmensbezogenen Sanierung darstellt.[860] Der zeitliche Anwendungsbereich gem. § 36 Abs. 2c S. 1–2 GewStG a.F. sah zunächst vor, dass § 7b GewStG erstmals auf die Fälle anzuwenden war, in denen die Schulden ganz oder teilweise nach dem 08.02.2017 erlassen wurden. Dies galt hingegen bei einem Schuldenerlass nach dem 08.02.2017 nicht, wenn dem Steuerpflichtigen auf Antrag Billigkeitsmaßnahmen aus Gründen des Vertrauensschutzes für einen Sanierungsertrag gem. §§ 163 Abs. 1 S. 2, 222, 227 AO zu gewähren war (§ 36 Abs. 2c S. 2 GewStG a.F.). Im Rahmen des Jahressteuergesetzes 2018[861] hatte der Gesetzgeber schließlich einen weiteren Satz hinzugefügt, wonach auf Antrag des Steuerpflichtigen § 7b GewStG anzuwenden war, wenn die Schulden vor dem 09.02.2017 erlassen wurden (§ 36 Abs. 2c S. 3 GewStG a.F.). Laut Gesetzesbegründung sollte es sich hierbei um ein eigenständiges gewerbesteuerliches Antragsrecht für Altfälle handeln. Damit wurde das Ziel verfolgt, dass ausreichende Rechtssicherheit für Steuerpflichtige in Zusammenhang mit Altfällen gewährt wird, insbesondere auch dann, wenn der Steuerpflichtige bei Ablehnung der Annahme eines steuerbegünstigten Sanierungsertrags durch die Finanzverwaltung den Rechtsweg beschreiten will.[862] Mit Gesetz vom

858 Vgl. *Epler/Petersen*, Ubg 2019, 114.

859 Vgl. *Hasbach*, DB 2019, 871 [873], BayLfSt, Verfügung v. 11.2.2019, DB 2019, 399, unter I.

860 Vgl. *Drüen*, in: Blümich, GewSt-Kommentar, 2021, § 7b, Rn. 1, 9; *Schnitter*, in: Frotscher/Drüen, GewStG-Kommentar, 2021, § 7b, Rn. 2.

861 Vgl. Gesetz zur Vermeidung von Umsatzsteuerausfällen beim Handel mit Waren im Internet und zur Änderung weiterer steuerlicher Vorschriften (JStG 2018) v. 11.12.2018, BGBl. I 2018, 2338.

862 Vgl. BT-Drs. 19/5595 v. 7.11.2018, 79.

12.12.2019[863] wurde § 36 GewStG neu gefasst. Seitdem nimmt die Regelung des § 36 GewStG keinen Bezug mehr auf die Vorschrift des § 7b GewStG.[864]

Der persönliche Anwendungsbereich des § 7b GewStG umfasst – wie bereits eingangs beschrieben – jedes gewerbliche Unternehmen i.S.v. § 2 GewStG unabhängig von seiner Rechtsform.[865] Darüber hinaus ist § 7b GewStG von Amts wegen anzuwenden, ein Antrag ist nicht durch den Steuerpflichtigen zu stellen.[866] Zuständig hierfür ist das Finanzamt, dass den Gewerbesteuermessbescheid erlässt.[867] Auch bei der Regelung des § 7b GewStG beabsichtigt der Gesetzgeber die Lösung des Zielkonflikts zwischen Besteuerungsverfahren und Insolvenzverfahren im Hinblick auf eine positive Auswirkung auf die Rechts- und Planungssicherheit des zu sanierenden Unternehmens.[868] Darüber hinaus werden aber auch die wirtschaftlichen Interessen der Gläubiger berücksichtigt, die in der Regel den Fortbestand des Unternehmens beabsichtigen. Letztlich werden finanzielle Schwierigkeiten bei dem zu sanierenden Unternehmen vermieden, wenn ein Schuldenerlass besteuert und damit dessen Sanierungszweck zuwiderlaufen würde.[869]

2. Entsprechende Anwendung von §§ 3a, 3c Abs. 4 EStG, § 7b Abs. 1 GewStG

§ 7b Abs. 1 GewStG ordnet zunächst unter Vorbehalt des § 7b Abs. 2 und Abs. 3 GewStG eine entsprechende Anwendung der §§ 3a, 3c Abs. 4 EStG für gewerbesteuerliche Zwecke an. Dies ist im Hinblick auf § 7 S. 1 GewStG deklaratorischer

---

863 Vgl. Gesetz zur weiteren steuerlichen Förderung der Elektromobilität und zur Änderung weiterer steuerlicher Vorschriften v. 12.12.2019, BGBl. I 2019, 2451.

864 Vgl. hierzu auch BT-Drs. 19/13436 v. 23.9.2019, 136.

865 Vgl. *Drüen*, in: Blümich, GewSt-Kommentar, 2021, § 7b, Rn. 8; *Schnitter*, in: Frotscher/Drüen, GewStG-Kommentar, 2021, § 7b, Rn. 12; *Roser*, in: Lenski/Steinberg, GewStG-Kommentar, 2021, § 7b, Rn. 9; *Hidien*, in: Lippross/Seibel, GewStG-Kommentar, 2021, § 7b, Rn. 1, 10.

866 Vgl. *Drüen*, in: Blümich, GewSt-Kommentar, 2021, § 7b, Rn. 8; *Schnitter*, in: Frotscher/Drüen, GewStG-Kommentar, 2021, § 7b, Rn. 13; *Hidien*, in: Lippross/Seibel, GewStG-Kommentar, 2021, § 7b, Rn. 2.

867 Vgl. *Hidien*, in: Lippross/Seibel, GewStG-Kommentar, 2021, § 7b, Rn. 2.

868 Vgl. *Hidien*, in: Lippross/Seibel, GewStG-Kommentar, 2021, § 7b, Rn. 5; *Schnitter*, in: Frotscher/Drüen, GewStG-Kommentar, 2021, § 7b, Rn. 11.

869 Vgl. BT-Drs. 18/12128 v. 26.4.2017, 31; *Hidien*, in: Lippross/Seibel, GewStG-Kommentar, 2021, § 7b, Rn. 5; *Schnitter*, in: Frotscher/Drüen, GewStG-Kommentar, 2021, § 7b, Rn. 11.

Natur, da die allgemeinen Gewinnermittlungsvorschriften unter Anwendung des § 7 S. 1 GewStG für gewerbesteuerliche Zwecke ohnehin zu beachten sind.[870] Gleichzeitig wird damit aber auch deutlich, dass Zweifel an der Steuerfreiheit von Sanierungserträgen im Zusammenhang mit der Gewerbesteuer ausgeschlossen sind.[871] Nach § 7b Abs. 1 GewStG gelten die Regelungen des § 3a EStG einschließlich der dort normierten Tatbestandsvoraussetzungen einer unternehmensbezogenen Sanierung sowie ihre Rechtsfolgen entsprechend.[872] Ebenso gelten die Regelungen einer unternehmerbezogenen Sanierung gem. § 3a Abs. 5 EStG bei der Ermittlung des Gewerbeertrags.[873] Im Hinblick auf die Ermittlung des Sanierungsertrags gilt jedoch aufgrund eines in § 7b Abs. 1 GewStG normierten Vorbehalts nicht die Regelung des § 3a Abs. 3 EStG, vielmehr kommen die gewerbesteuerlichen Modifikationen nach Maßgabe des § 7b Abs. 2 und 3 GewStG zur Anwendung.[874] Es handelt sich dabei also um eine eigenständige Verlustverrechnungsvorschrift für gewerbesteuerliche Zwecke.[875] Die Nichtabzugsfähigkeit von solchen Betriebsvermögensminderungen und Betriebsausgaben, die in einem unmittelbaren wirtschaftlichen Zusammenhang mit dem Sanierungsertrag stehen, sind gem. § 7b Abs. 1 GewStG unter Vorbehalt dessen nachfolgenden Absätzen durch Verweis auf § 3c Abs. 4 EStG anzuwenden.[876] Die Sanierungsaufwendungen nach § 3c Abs. 4 EStG bleiben also im Rahmen der Ermittlung des Gewerbeertrags unberücksichtigt.[877]

---

870 Vgl. BT-Drs. 18/12128 v. 26.4.2017, 35; *Schnitter*, in: Frotscher/Drüen, GewStG-Kommentar, 2021, § 7b, Rn. 17; *Roser*, in: Lenski/Steinberg, GewStG-Kommentar, 2021, § 7b, Rn. 3.

871 Vgl. *Roser*, in: Lenski/Steinberg, GewStG-Kommentar, 2021, § 7b, Rn. 3; *Drüen*, in: Blümich, GewSt-Kommentar, 2021, § 7b, Rn. 10.

872 Vgl. *Drüen*, in: Blümich, GewSt-Kommentar, 2021, § 7b, Rn. 16.

873 Vgl. *Drüen*, in: Blümich, GewSt-Kommentar, 2021, § 7b, Rn. 16.

874 Vgl. *Drüen*, in: Blümich, GewSt-Kommentar, 2021, § 7b, Rn. 16; *Schnitter*, in: Frotscher/Drüen, GewStG-Kommentar, 2021, § 7b, Rn. 29; *Roser*, in: Lenski/Steinberg, GewStG-Kommentar, 2021, § 7b, Rn. 8.

875 Vgl. *Schnitter*, in: Frotscher/Drüen, GewStG-Kommentar, 2021, § 7b, Rn. 29.

876 Vgl. *Drüen*, in: Blümich, GewSt-Kommentar, 2021, § 7b, Rn. 17; *Roser*, in: Lenski/Steinberg, GewStG-Kommentar, 2021, § 7b, Rn. 21 ff. mit dem Hinweis in Rn. 23, dass das Abzugsverbot nach § 3c Abs. 4 EStG nicht auf den positiven Sanierungsertrag beschränkt ist und es somit auch zu einem Sanierungsverlust kommen kann. Es stellt sich also auch in Zusammenhang mit dem § 7b GewStG die Frage, ob die Regelung mit dem Nettoprinzip vereinbar ist.

877 Vgl. *Schnitter*, in: Frotscher/Drüen, GewStG-Kommentar, 2021, § 7b, Rn. 17.

Der Gesetzesbegründung zufolge soll dies eine Gleichbehandlung zum Einkommen- bzw. Körperschaftsteuergesetz gewährleisten.[878] Aufgrund der Vorbehaltsregelung in § 7b Abs. 1 GewStG finden jedoch in Bezug auf die nicht abziehbaren Sanierungsaufwendungen für gewerbesteuerliche Zwecke die Sätze 2 und 4 des § 3c Abs. 4 EStG keine Anwendung, so dass sich Betriebsvermögensminderungen oder Betriebsausgaben, die zu einer Erhöhung von Verlustvorträgen geführt haben (§ 3c Abs. 4 S. 2 EStG), nicht mindernd bei der Ermittlung des Sanierungsertrags auswirken.[879] Ebenso unberücksichtigt bleibt § 3c Abs. 4 S. 4 EStG, der einen Abzug der Sanierungsaufwendungen auch im Veranlagungszeitraum nach dem Sanierungsjahr in Höhe des verbleibenden Sanierungsertrags normiert. Grund dafür ist, dass § 7b Abs. 2 S. 1 GewStG Bezug nimmt auf den geminderten Sanierungsertrag i.S.v. § 3a Abs. 3 S. 1 EStG. Der bestimmt, dass bloß nicht abziehbare Beträge i.S.v. § 3c Abs. 4 EStG, die aus Zeiten *vor* dem Sanierungsjahr oder *im* Sanierungsjahr entstanden sind, den Sanierungsertrag mindern. Daraus folgt entsprechend eine gleichlaufende Einschränkung für gewerbesteuerliche Zwecke, so dass sich auch die Minderung des Sanierungsertrags nach § 7b Abs. 2 S. 1 GewStG lediglich auf Sanierungsaufwendungen beschränkt, die im Erhebungszeitraum *vor* und *im* Sanierungsjahr entstanden sind.[880] Im Zusammenhang mit § 7b GewStG bestehen verfassungsrechtliche Bedenken aufgrund der Tatsache, dass das Abzugsverbot von Sanierungsaufwendungen nach § 3c Abs. 4 EStG nicht auf den Sanierungsertrag beschränkt ist, sondern auch ein Sanierungsverlust entstehen kann.[881]

3. Modifizierte Verlustverrechnung, § 7b Abs. 2 GewStG

Während § 7b Abs. 1 GewStG also eine Gewinnermittlungsfunktion innehat, fungiert § 7b Abs. 2 und 3 GewStG als Verlustverrechnungsvorschrift mit eigenständigen Regelungen für die Gewerbesteuer.[882] Ausgangspunkt der eigenständigen Verlustverrechnungsregelung in § 7b Abs. 2 EStG ist der

---

878 Vgl. BT-Drs. 18/12128 v. 26.4.2017, 35.

879 Vgl. *Schnitter*, in: Frotscher/Drüen, GewStG-Kommentar, 2021, § 7b, Rn. 32; so z.T. auch *Roser*, in: Lenski/Steinberg, GewStG-Kommentar, 2021, § 7b, Rn. 21 f. in Bezug auf § 3c Abs. 4 S. 2 EStG.

880 Vgl. *Schnitter*, in: Frotscher/Drüen, GewStG-Kommentar, 2021, § 7b, Rn. 32.

881 Vgl. *Roser*, in: Lenski/Steinberg, GewStG-Kommentar, 2021, § 7b, Rn. 23; *Schnitter*, in: Frotscher/Drüen, GewStG-Kommentar, 2021, § 7b, Rn. 27.

882 Vgl. *Roser*, in: Lenski/Steinberg, GewStG-Kommentar, 2021, § 7b, Rn. 3; *Schnitter*, in: Frotscher/Drüen, GewStG-Kommentar, 2021, § 7b, Rn. 29.

geminderte Sanierungsertrag nach § 3a Abs. 3 S. 2 Nr. 1 EStG. Er entspricht nicht dem verbleibenden Sanierungsertrag i.S.v. § 3a Abs. 3 S. 3 EStG, da diese Rechengröße bereits durch weitere in § 3a Abs. 3 S. 2 Nr. 1–13 EStG normierte einkommensteuerliche Steuerminderungspotenziale gemindert wurde.[883] Die gewerbesteuerlichen Modifikationen bauen vielmehr auf die Größe auf, die sich aus dem Sanierungsertrag abzüglich der nichtabziehbaren Aufwendungen des Veranlagungszeitraums vor und im Sanierungsjahr i.S.v. § 3c Abs. 4 EStG und abzüglich eines ggf. vorhandenen Aufwands aus einer Verpflichtungsübertragung nach § 4f Abs. 1 S. 1 EStG ergibt.[884]

Der tatsächlich gewerbesteuerfreie Sanierungsertrag wird im Gegensatz zu § 3a Abs. 3 S. 4 EStG nicht ausdrücklich in § 7b GewStG definiert.[885] Vielmehr ergibt er sich aus der Differenz zwischen der Ausgangsgröße nach § 7b Abs. 2 S. 1 GewStG und § 3a Abs. 3 S. 2 Nr. 1 EStG und den gewerbesteuerspezifischen Minderungen nach § 7b Abs. 3 S. 2–3 GewStG.[886] Die gewerbesteuerspezifischen Minderungspositionen gehen nach Maßgabe des § 7b Abs. 2 S. 1 Nr. 1–3 GewStG ihrer Reihenfolge nach unter.[887] Damit entspricht § 7b Abs. 2 S. 1 Nr. 1–3 GewStG für Zwecke der Gewerbesteuer der einkommensteuerlichen Regelung des § 3a Abs. 3 S. 2 Nr. 1–13 EStG. Dabei ist auch bei der gewerbesteuerlichen Regelung darauf hinzuweisen, dass die Verrechnung grundsätzlich nicht den steuerfreien Sanierungsertrag mindert, sondern die Möglichkeit, Verlustverrechnungspotenziale in Anspruch zu nehmen, reduziert.[888] Zunächst wird gem. § 7b Abs. 2 S. 1 Nr. 1 GewStG der negative Gewerbeertrag des zu sanierenden Unternehmens im Sanierungsjahr verrechnet. Dabei handelt es sich um

883 Vgl. *Roser*, in: Lenski/Steinberg, GewStG-Kommentar, 2021, § 7b, Rn. 14.

884 Vgl. *Drüen*, in: Blümich, GewSt-Kommentar, 2021, § 7b, Rn. 18 f.; *Roser*, in: Lenski/Steinberg, GewStG-Kommentar, 2021, § 7b, Rn. 14, der in Bezug auf § 4f EStG in Rn. 21 ergänzt, dass bei der Übertragung von Verbindlichkeiten nach § 4f EStG auch § 7b Abs. 2 S. 2 GewStG zusätzlich Anwendung finden kann, so dass unter den weiteren Voraussetzungen die Steuerminderungspotenziale des Übertragenden gemindert werden können; *Schnitter*, in: Frotscher/Drüen, GewStG-Kommentar, 2021, § 7b, Rn. 32.

885 Vgl. *Roser*, in: Lenski/Steinberg, GewStG-Kommentar, 2021, § 7b, Rn. 15.

886 Vgl. *Roser*, in: Lenski/Steinberg, GewStG-Kommentar, 2021, § 7b, Rn. 15.

887 Vgl. BT-Drs. 18/12128 v. 26.4.2017, 36; *Drüen*, in: Blümich, GewSt-Kommentar, 2021, § 7b, Rn. 20; *Schnitter*, in: Frotscher/Drüen, GewStG-Kommentar, 2021, § 7b, Rn. 33.

888 Vgl. *Roser*, in: Lenski/Steinberg, GewStG-Kommentar, 2021, § 7b, Rn. 29.

den laufenden negativen Gewerbeertrag des Unternehmens.[889] Anschließend mindern sich die vororganschaftlichen Fehlbeträge, sofern es sich bei dem zu sanierenden Unternehmen um eine Organgesellschaft (OG) handelt, für die das Abzugsverbot des § 10a S. 3 GewStG gilt.[890] Das entspricht der Regelung des § 15 S. 1 Nr. 1 S. 2 KStG.[891] Nicht darunter fallen innerorganschaftliche Fehlbeträge, die beim Organträger (OT) zu berücksichtigen sind.[892] Im letzten Schritt werden die in § 7b Abs. 2 S. 1 Nr. 3 GewStG aufgeführten gesondert festgestellten gewerbesteuerlichen Fehlbeträge nach § 10a S. 6 GewStG gemindert. Dabei ist die Mindestbesteuerung unberücksichtigt zu lassen.[893] Der Verweis auf die Mindestbesteuerung ist jedoch dergestalt missglückt, dass § 7b Abs. 2 S. 1 Nr. 3 GewStG nur auf die 60 %-Grenze nach § 10a S. 2 GewStG verweist und die Grenze i.H.v. 1 Mio. € nach § 10a S. 1 GewStG unerwähnt lässt.[894] Der Gesetzesbegründung zufolge sollen jedoch die Fehlbeträge ohne Berücksichtigung der Mindestgewinnbesteuerung verrechnet werden.[895] Der Wortlaut der Regelung ist insoweit missglückt.[896] Die in § 10a S. 1 und 2 GewStG aufgeführten Beträge werden also im Rahmen von § 7b Abs. 2 S. 1 Nr. 3 GewStG dergestalt aufgebraucht, dass ein positiver Gewerbeertrag im Sanierungsjahr nicht mehr mit verbleibenden Fehlbeträgen zu kürzen ist, wenn die Minderung die Grenze von 1 Mio. € zuzüglich 60 % erreicht oder überschreitet.[897] Sofern der verbleibende geminderte Sanierungsertrag betragsmäßig niedriger ist, kann auf Grundlage

---

889 Vgl. BT-Drs. 18/12128 v. 26.4.2017, 36; *Drüen*, in: Blümich, GewSt-Kommentar, 2021, § 7b, Rn. 20; *Schnitter*, in: Frotscher/Drüen, GewStG-Kommentar, 2021, § 7b, Rn. 33; *Hidien*, in: Lippross/Seibel, GewStG-Kommentar, 2021, § 7b, Rn. 49.

890 Vgl. *Drüen*, in: Blümich, GewSt-Kommentar, 2021, § 7b, Rn. 20; *Schnitter*, in: Frotscher/Drüen, GewStG-Kommentar, 2021, § 7b, Rn. 33; *Hidien*, in: Lippross/Seibel, GewStG-Kommentar, 2021, § 7b, Rn. 50.

891 Vgl. *Hidien*, in: Lippross/Seibel, GewStG-Kommentar, 2021, § 7b, Rn. 50.

892 Vgl. *Drüen*, in: Blümich, GewSt-Kommentar, 2021, § 7b, Rn. 20.

893 Vgl. *Drüen*, in: Blümich, GewSt-Kommentar, 2021, § 7b, Rn. 20; *Schnitter*, in: Frotscher/Drüen, GewStG-Kommentar, 2021, § 7b, Rn. 33; *Hidien*, in: Lippross/Seibel, GewStG-Kommentar, 2021, § 7b, Rn. 51.

894 Vgl. *Drüen*, in: Blümich, GewSt-Kommentar, 2021, § 7b, Rn. 20; *Roser*, in: Lenski/Steinberg, GewStG-Kommentar, 2021, § 7b, Rn. 29 mit beispielhafter Berechnung der Folgen bei wortlautgetreuer Auslegung (gem. § 10a S. 2 GewStG: nur 60 %-Grenze) und unter Zugrundelegung von § 10a S. 1 und 2 GewStG.

895 Vgl. BT-Drs. 18/12128 v. 26.4.2017, 36.

896 Vgl. *Roser*, in: Lenski/Steinberg, GewStG-Kommentar, 2021, § 7b, Rn. 29.

897 Vgl. *Drüen*, in: Blümich, GewSt-Kommentar, 2021, § 7b, Rn. 20; *Roser*, in: Lenski/Steinberg, GewStG-Kommentar, 2021, § 7b, Rn. 29.

von § 10a S. 1 und S. 2 GewStG der positive Gewerbeertrag des Sanierungsjahres gekürzt werden.[898] In dem Fall kommt keine Begrenzung in Betracht.[899]

Auf Grundlage von § 7b Abs. 2 S. 2 GewStG können gewerbesteuerliche Steuerminderungspotenziale i.S.v. § 7b Abs. 2 S. 1 Nr. 1–3 GewStG auch bei anderen Unternehmen untergehen, wenn das andere Unternehmen die erlassene Schuld innerhalb der letzten fünf Jahre vor dem Schuldenerlass auf das zu sanierende Unternehmen übertragen hat und die entsprechenden Steuerminderungspositionen bereits im Zeitpunkt des Ablaufs des Wirtschaftsjahres der Übertragung entstanden waren.[900] Der fünfjährige Zeitraum bezieht sich dabei auf Zeitjahre und nicht auf Kalenderjahre.[901] Gem. § 7b Abs. 2 S. 3 GewStG ist der verbleibende Sanierungsertrag jedoch vorher um den Zins- und EBITDA-Vortrag des zu sanierenden Unternehmens nach § 3a Abs. 3 S. 2 Nr. 13 i.V.m. § 4h Abs. 1 S. 3, 5 EStG zu kürzen, bevor eine Verrechnung bei anderen Unternehmen erfolgt.[902] Das soll der Gleichbehandlung zum Einkommen- und Körperschaftsteuergesetz dienen.[903] Werden die Voraussetzungen des § 7b Abs. 2 S. 2 GewStG erfüllt, mindert der verbleibende (i.S.v. § 7b Abs. 2 S. 1 GewStG) und nach § 7b Abs. 2 S. 3 GewStG gekürzte Sanierungsertrag in gleicher Reihenfolge die Positionen des § 7b Abs. 2 S. 1 Nr. 1–3 GewStG beim anderen Unternehmen.[904]

Das GewStG spricht hier vom Untergang von Verlustverrechnungspotenzialen „eines anderen Unternehmens" und unterscheidet sich damit dem Wortlaut nach von der Regelung des § 3a Abs. 3 S. 3 EStG, der die gleiche Konsequenz bei dem der Steuerpflichtigen *nahestehenden Personen* vorsieht.[905] Ob die

898 Vgl. *Drüen*, in: Blümich, GewSt-Kommentar, 2021, § 7b, Rn. 20.

899 Vgl. *Drüen*, in: Blümich, GewSt-Kommentar, 2021, § 7b, Rn. 20; *Roser*, in: Lenski/Steinberg, GewStG-Kommentar, 2021, § 7b, Rn. 29.

900 Vgl. zu den Voraussetzungen die Ausführungen zu § 3a Abs. 3 S. 3 EStG in Kapitel D., I., 5. f. dieser Arbeit.

901 Vgl. *Drüen*, in: Blümich, GewSt-Kommentar, 2021, § 7b, Rn. 24; *Schnitter*, in: Frotscher/Drüen, GewStG-Kommentar, 2021, § 7b, Rn. 36; *Hidien*, in: Lippross/Seibel, GewStG-Kommentar, 2021, § 7b, Rn. 53.

902 Vgl. *Schnitter*, in: Frotscher/Drüen, GewStG-Kommentar, 2021, § 7b, Rn. 34; *Drüen*, in: Blümich, GewSt-Kommentar, 2021, § 7b, Rn. 25; *Roser*, in: Lenski/Steinberg, GewStG-Kommentar, 2021, § 7b, Rn. 32; *Hidien*, in: Lippross/Seibel, GewStG-Kommentar, 2021, § 7b, Rn. 56.

903 Vgl. BT-Drs. 18/12128 v. 26.4.2017, 36.

904 Vgl. *Schnitter*, in: Frotscher/Drüen, GewStG-Kommentar, 2021, § 7b, Rn. 37; *Hidien*, in: Lippross/Seibel, GewStG-Kommentar, 2021, § 7b, Rn. 56.

905 Vgl. *Drüen*, in: Blümich, GewSt-Kommentar, 2021, § 7b, Rn. 24; *Schnitter*, in: Frotscher/Drüen, GewStG-Kommentar, 2021, § 7b, Rn. 36; *Hidien*, in: Lippross/Seibel,

Formulierung in § 7b Abs. 2 S. 2 GewStG so zu verstehen ist, dass nur andere *nahestehende* Unternehmen von den Rechtsfolgen betroffen sind, ist zweifelhaft.[906] Mithin sind auch Geschäftsbeziehungen mit fremden Dritten von dieser Regelung umfasst.[907] In Bezug auf das Prinzip der Individualbesteuerung bedürfte dieser personenüberschreitende Verlustuntergang einer Rechtfertigung sowie einschränkenden Voraussetzungen.[908] Die Regelung soll – genauso wie § 3a Abs. 3 S. 3 EStG – missbräuchliche Gestaltungen verhindern.[909] Der Gesetzgeber darf zwar unerwünschte Steuergestaltungen, die dem Gesetzeszweck zuwiderlaufen, bekämpfen, dies legitimiert also eine Ungleichbehandlung nach Art. 3 Abs. 1 GG[910], jedoch darf keine überschießende gesetzliche Missbrauchsabwehr vorliegen.[911] Genau diese überschießende Wirkung wird jedoch der Regelung des § 7b Abs. 2 S. 2 GewStG in der Literatur unterstellt mit der Folge, dass die Vorschrift zumindest im Hinblick auf Art. 3 Abs. 1 GG als verfassungsrechtlich bedenklich gilt.[912] Eine Beschränkung dieser Regelung auf eine zielgenaue Missbrauchsabwehr wird es jedoch insbesondere nach der

---

GewStG-Kommentar, 2021, § 7b, Rn. 55, der in der Regelung eine kommunalfinanzpolitische Motivation des Gesetzgebers erkennen will.

906 Vgl. Verneinend: *Schnitter*, in: Frotscher/Drüen, GewStG-Kommentar, 2021, § 7b, Rn. 36; *Desens*, FR 2017, 981 [990 f.] mit dem Hinweis, dass der abweichende Wortlaut eindeutig sei; *Hidien*, in: Lippross/Seibel, GewStG-Kommentar, 2021, § 7b, Rn. 55; wohl bejahend *Roser*, in: Lenski/Steinberg, GewStG-Kommentar, 2021, § 7b, Rn. 31; *Suchanek/Schaaf/Hannweber*, WPg 2017, 909 [910].

907 Vgl. *Roser*, in: Lenski/Steinberg, GewStG-Kommentar, 2021, § 7b, Rn. 31, der in Rn. 30 auch darauf hinweist, dass die Regelung insofern nicht einzigartig ist, da auch die Regelung des § 7b Abs. 3 GewStG in Fällen einer vergangenen Organschaft die Minderungsregelungen eines anderen Unternehmens einbeziehen.

908 Vgl. *Drüen*, in: Blümich, GewSt-Kommentar, 2021, § 7b, Rn. 24; *Roser*, in: Lenski/Steinberg, GewStG-Kommentar, 2021, § 7b, Rn. 31.

909 Vgl. *Drüen*, in: Blümich, GewSt-Kommentar, 2021, § 7b, Rn. 24; *Schnitter*, in: Frotscher/Drüen, GewStG-Kommentar, 2021, § 7b, Rn. 34; *Hidien*, in: Lippross/Seibel, GewStG-Kommentar, 2021, § 7b, Rn. 55.

910 Vgl. BVerfG, Beschl. v. 29.3.2017, 2 BvL 6/11, BVerfGE Band 145, 106, Rn. 126 in Bezug auf § 8c KStG, *Drüen*, in: Blümich, GewSt-Kommentar, 2021, § 7b, Rn. 24.

911 Vgl. *Drüen*, in: Blümich, GewSt-Kommentar, 2021, § 7b, Rn. 24.

912 Vgl. *Drüen*, in: Blümich, GewSt-Kommentar, 2021, § 7b, Rn. 24; *Desens*, FR 2017, 981 [991]; *Schnitter*, in: Frotscher/Drüen, GewStG-Kommentar, 2021, § 7b, Rn. 36; *Hidien*, in: Lippross/Seibel, GewStG-Kommentar, 2021, § 7b, Rn. 55.

Entscheidung des BVerfG aus dem Jahr 2018[913] wohl nicht geben.[914] *Hidien* fasst es dahingehend zutreffend zusammen, dass sowohl nahestehende Personen als auch derzeitige und ehemalige Organträger (hier auch insb. im Hinblick auf die Vorschrift des § 7b Abs. 3 GewStG), sowie fremde Dritte einem gewerbesteuerlichen Haftungsrisiko ausgesetzt sein können.[915]

§ 7b Abs. 2 S. 4 GewStG sieht bei Mitunternehmerschaften (§ 15 Abs. 1 Nr. 2 EStG) vor, dass in Fällen der Minderung nach § 7b Abs. 2 S. 1 GewStG die Regelungen des § 10a S. 4 und S. 5 GewStG entsprechende Anwendung finden. Demnach wird dem einzelnen Mitunternehmer der Fehlbetrag nach Maßgabe des Gewinnverteilungsschlüssels im Gesellschaftsvertrag zugeordnet (§ 10a S. 4 GewStG). Der zuzurechnende Fehlbetrag mindert sich quotal nach dem verbleibenden geminderten Sanierungsertrag, der dem Mitunternehmer unter Zugrundelegung des Gewinnverteilungsschlüssels zuzurechnen ist.[916] Hintergrund ist, dass die Mitunternehmerschaft zwar Steuerschuldner der Gewerbesteuer ist (§ 5 Abs. 1 S. 3 GewStG), die Mitunternehmer aber das Recht auf Verlustverrechnung und Verlustabzug haben.[917] Daraus folgt, dass eine Verlustzurechnung und der Verlustabzug hier zu regeln ist.[918] Für die Minderung gilt also eine strenge auf den Mitunternehmer bezogene Betrachtungsweise.[919] Bei einer Mitunternehmerschaft gilt nach § 7b Abs. 2 S. 4 GewStG also ein doppeltes Transparenzprinzip in Bezug auf die Fehlbeträge und deren Verrechnung mit dem verbleibenden geminderten Sanierungsertrag.[920] Hat der Mitunternehmer Verlustminderungspotenziale aus anderen Einkunftsarten oder Mitunternehmerschaften, so bleiben diese unberücksichtigt. Dafür spricht, dass § 7b Abs. 2 S. 1 GewStG die entsprechende Regelung des § 3a Abs. 3 S. 2 Nr. 2 ff.

---

913 Vgl. BVerfG, Urt. v. 10.4.2018, 1 BvR 1236/11, BVerfGE Band 148, 217, Rn. 123 ff. in Bezug auf § 7 S. 2 GewStG.

914 Vgl. *Drüen*, in: Blümich, GewSt-Kommentar, 2021, § 7b, Rn. 24.

915 Vgl. *Hidien*, in: Lippross/Seibel, GewStG-Kommentar, 2021, § 7b, Rn. 4 einschließlich der Vermutung, der Gesetzgeber habe dies in Kauf genommen und die Gemeinden als Steuerertragsberechtigte profitieren letztendlich von dieser Regelung.

916 Vgl. *Drüen*, in: Blümich, GewSt-Kommentar, 2021, § 7b, Rn. 25a; *Schnitter*, in: Frotscher/Drüen, GewStG-Kommentar, 2021, § 7b, Rn. 38.

917 Vgl. *Hidien*, in: Lippross/Seibel, GewStG-Kommentar, 2021, § 7b, Rn. 57.

918 Vgl. *Hidien*, in: Lippross/Seibel, GewStG-Kommentar, 2021, § 7b, Rn. 57.

919 Vgl. *Drüen*, in: Blümich, GewSt-Kommentar, 2021, § 7b, Rn. 25a; *Hidien*, in: Lippross/Seibel, GewStG-Kommentar, 2021, § 7b, Rn. 58.

920 Vgl. *Drüen*, in: Blümich, GewSt-Kommentar, 2021, § 7b, Rn. 25a; *Roser*, in: Lenski/Steinberg, GewStG-Kommentar, 2021, § 7b, Rn. 33.

EStG für die Gewerbesteuer gerade nicht zur Anwendung kommen lässt.[921] Daraus folgt, dass der Betrag der wirtschaftlichen Steuerbefreiung in Bezug auf die Einkommen- und Gewerbesteuer unterschiedlich hoch ausfallen kann.[922]

In § 7b Abs. 2 S. 5 GewStG findet sich eine Sonderreglung für Gewerbeverluste der öffentlichen Hand. Aus Gründen der Gleichbehandlung gelten grundsätzlich die Regelungen der Steuerfreiheit von Sanierungserträgen nach §§ 3a, 3c Abs. 4 EStG auch hinsichtlich der Sanierung von Unternehmen der öffentlichen Hand.[923] Umfasst hiervon sind Betriebe gewerblicher Art, Kapitalgesellschaften, insb. Eigengesellschaften sowie gemischt öffentliche Unternehmen und Personenhandelsgesellschaften, die durch die Kommunen betrieben werden.[924] Das ergibt sich für körperschaftsteuerliche Zwecke aus den Vorschriften des § 8 Abs. 8 S. 6 KStG und § 8 Abs. 9 S. 9 KStG, die beide auf die Regelungen des §§ 3a, 3c Abs. 4 EStG verweisen. Für gewerbesteuerliche Zwecke ergibt sich das aus § 7b Abs. 2 S. 5 GewStG, der anordnet, dass in Fällen des § 10a S. 9 GewStG § 8 Abs. 9 S. 9 KStG entsprechend anzuwenden ist. Die Steuerfreiheit von Sanierungserträgen bei Unternehmen der öffentlichen Hand durch § 3a EStG resultiert in einem weiteren negativen Finanzausgleich, der zu Lasten der Gemeinde als Ertragsberechtigte führt.[925]

§ 7b Abs. 2 S. 5 GewStG normiert den Umgang mit der Minderung der Fehlbeträge nach § 10a GewStG in Bezug auf gewerbesteuerpflichtige Verlustunternehmen der öffentlichen Hand.[926] Gem. § 10a Abs. 9 GewStG gelten – als Kehrseite der Anerkennung von Dauerverlusten – die spartentechnische Einschränkung hinsichtlich der Verlustnutzung von Betrieben gewerblicher Art nach § 8 Abs. 8 KStG und Eigengesellschaften nach § 8 Abs. 9 KStG auch für Zwecke der Gewerbesteuer.[927] Die Regelung des § 7b Abs. 2 S. 5 GewStG ist jedoch ihrem Inhalt und Wortlaut nach nicht ganz eindeutig, ob und wie Fehlbeträge zu mindern sind.[928] Nach dem Wortlaut des § 7b Abs. 2 S. 5 GewStG ist lediglich § 8 Abs. 9 S. 9 KStG in Fällen des § 10 S. 9 GewStG entsprechend anzuwenden. Die Regelung bezieht sich also nur auf Eigengesellschaften, auf die eine Spartenrechnung anzuwenden ist, während die Regelung des § 8 Abs. 8 KStG

921 Vgl. *Roser,* in: Lenski/Steinberg, GewStG-Kommentar, 2021, § 7b, Rn. 33.
922 Vgl. *Roser,* in: Lenski/Steinberg, GewStG-Kommentar, 2021, § 7b, Rn. 33.
923 Vgl. *Hidien*, in: Lippross/Seibel, GewStG-Kommentar, 2021, § 7b, Rn. 60.
924 Vgl. *Hidien*, in: Lippross/Seibel, GewStG-Kommentar, 2021, § 7b, Rn. 60.
925 Vgl. *Hidien*, in: Lippross/Seibel, GewStG-Kommentar, 2021, § 7b, Rn. 60.
926 Vgl. *Hidien*, in: Lippross/Seibel, GewStG-Kommentar, 2021, § 7b, Rn. 61.
927 Vgl. *Hidien*, in: Lippross/Seibel, GewStG-Kommentar, 2021, § 7b, Rn. 61.
928 Vgl. *Hidien*, in: Lippross/Seibel, GewStG-Kommentar, 2021, § 7b, Rn. 61.

betreffend zusammengefasste Betriebe gewerblicher Art unerwähnt bleibt.[929] Die Gesetzesbegründung sagt diesbezüglich jedoch: „Die sich bei Betrieben gewerblicher Art der öffentlichen Hand und Eigengesellschaften aus den Änderungen des § 8 Abs. 8 und 9 KStG ergebenden Folgen, sind bei den Fehlbeträgen nach § 10a GewStG entsprechend anzuwenden“[930]. Legt man hingegen den tatsächlichen Gesetzeswortlaut zugrunde, bedeutet das für zusammengefasste Betriebe gewerblicher Art nach § 8 Abs. 8 KStG Folgendes: Wenn vor der Sanierung eines zusammengefassten Betriebs gewerblicher Art der sanierungsbedürftige Betriebsteil mit einem anderen Betrieb gewerblicher Art zusammengefasst wurde, wird der Verlustvortrag des verlustträchtigen Betriebsteils nach Maßgabe des § 8 Abs. 8 S. 2 und 4 KStG festgeschrieben und geht nicht unter.[931] Mangels einer Verweisung in § 7b Abs. 2 S. 5 GewStG auf § 8 Abs. 8 KStG wird der festgeschriebene Verlustvortrag nicht durch einen möglichen gewerbesteuerfreien Sanierungsertrag gemindert.[932]

Hingegen verweist der § 7b Abs. 2 S. 5 GewStG in Bezug auf die Minderung von Fehlbeträgen auf die entsprechende Anwendung des § 8 Abs. 9 S. 9 KStG. Diese Regelung betrifft verlustträchtige Eigengesellschaften (Kapitalgesellschaften) nach § 8 Abs. 7 S. 1 Nr. 2 KStG, die eine spartenbezogene und mithin eingeschränkte Verlustverrechnung nach § 8 Abs. 9 KStG vornehmen müssen.[933] Gem. § 8 Abs. 9 S. 9 KStG kommen zunächst die Regelungen der §§ 3a, 3c Abs. 4 EStG zur Anwendung.[934] Dabei sind die Voraussetzungen einer unternehmensbezogenen Sanierung nach § 3a Abs. 2 EStG auf Ebene der Kapitalgesellschaft, nicht bezogen auf ihre Sparten, zu prüfen.[935] Daraus wird in der Literatur gefolgert, dass eine steuerfreie Sanierung bezüglich einzelner Sparten

---

929 Vgl. *Hidien*, in: Lippross/Seibel, GewStG-Kommentar, 2021, § 7b, Rn. 62; *Roser*, in: Lenski/Steinberg, GewStG-Kommentar, 2021, § 7b, Rn. 34.

930 BT-Drs. 18/12128 v. 26.4.2017, 36.

931 Vgl. BT-Drs. 18/12128 v. 26.4.2017, 34 in Bezug auf § 8 Abs. 8 S. 6 KStG; *Hidien*, in: Lippross/Seibel, GewStG-Kommentar, 2021, § 7b, Rn. 63; *Desens*, in: Wendt u.a., GewStG-Kommentar, 2019, § 7b, Rn. 24.

932 Vgl. *Hidien*, in: Lippross/Seibel, GewStG-Kommentar, 2021, § 7b, Rn. 63; *Roser*, in: Lenski/Steinberg, GewStG-Kommentar, 2021, § 7b, Rn. 34.

933 Vgl. *Hidien*, in: Lippross/Seibel, GewStG-Kommentar, 2021, § 7b, Rn. 64.

934 Vgl. *Hidien*, in: Lippross/Seibel, GewStG-Kommentar, 2021, § 7b, Rn. 64; *Drüen*, in: Blümich, GewSt-Kommentar, 2021, § 7b, Rn. 26.

935 Vgl. BT-Drs. 18/12128 v. 26.4.2017, 34; *Roser*, in: Lenski/Steinberg, GewStG-Kommentar, 2021, § 7b, Rn. 34 mit dem Hinweis, dass der Ausschluss einer Steuerfreiheit der Sanierung einzelner Sparten dem Wortlaut nicht zwingend zu entnehmen ist.

nicht vorgesehen ist.[936] Vielmehr werden die Verluste aller Sparten und Fehlbeträge nach § 10a GewStG anschließend für gewerbesteuerliche Zwecke um die steuerfreien Sanierungserträge gemindert.[937]

Zuletzt regelt § 7b Abs. 2 S. 6 GewStG, dass an den Feststellungen der vortragsfähigen Fehlbeträge nur noch die nach Anwendung des § 7b Abs. 2 S. 1 und 2 GewStG verbleibenden Beträge teilnehmen (§ 7b Abs. 2 S. 6 GewStG). Die vortragsfähigen Verluste nach § 10a GewStG sind also ihrer Höhe nach gesondert festzustellen, wobei die mindernden Beträge gem. § 7b Abs. 2 S. 1 GewStG unberücksichtigt bleiben und als verbraucht gelten.[938] Diese Regelung hat lediglich deklaratorischen Charakter.[939] Sie stellt bloß klar, dass bei Verrechnung der Steuerminderungspotenziale diese endgültig aufgebraucht werden und entspricht damit der Regelung des § 3a Abs. 3 S. 5 EStG.[940]

4. Gewerbesteuerliche Organschaft, § 7b Abs. 3 GewStG

§ 7b Abs. 3 GewStG bestimmt letztlich, dass die Regelung des § 15 S. 1 Nr. 1a KStG entsprechend anzuwenden ist, wenn es sich bei dem zu sanierenden Unternehmen um eine Organgesellschaft handelt (Betriebsstätte des Organträgers i.S.v. § 2 Abs. 2 S. 2 GewStG i.V.m. §§ 14–17 KStG). Es wird also die Art und Weise der Zurechnung von Verlusten einer Krisenorgangesellschaft auf die Steuerminderungspositionen des (ehemaligen) Organträgers geregelt.[941] § 7b Abs. 1 und 2 GewStG sind zunächst auf Ebene der Organgesellschaft anzuwenden.[942] Die Verrechnung bei der zu sanierenden Organgesellschaft schließt dabei die „eingefrorenen vororganschaftlichen Verluste“ nach § 7b Abs. 2 S. 1

936 Vgl. *Drüen*, in: Blümich, GewSt-Kommentar, 2021, § 7b, Rn. 26; *Roser*, in: Lenski/Steinberg, GewStG-Kommentar, 2021, § 7b, Rn. 34, beide mit dem Hinweis, dass das dem Wortlaut nicht zwingend zu entnehmen ist; *Schnitter*, in: Frotscher/Drüen, GewStG-Kommentar, 2021, § 7b, Rn. 39.

937 Vgl. *Hidien*, in: Lippross/Seibel, GewStG-Kommentar, 2021, § 7b, Rn. 64; *Desens*, in: Wendt u.a., GewStG-Kommentar, 2019, § 7b, Rn. 24.

938 Vgl. *Hidien*, in: Lippross/Seibel, GewStG-Kommentar, 2021, § 7b, Rn. 65.

939 Vgl. *Roser*, in: Lenski/Steinberg, GewStG-Kommentar, 2021, § 7b, Rn. 3.

940 Vgl. *Roser*, in: Lenski/Steinberg, GewStG-Kommentar, 2021, § 7b, Rn. 35; *Hidien*, in: Lippross/Seibel, GewStG-Kommentar, 2021, § 7b, Rn. 65.

941 Vgl. *Hidien*, in: Lippross/Seibel, GewStG-Kommentar, 2021, § 7b, Rn. 70.

942 Vgl. *Roser*, in: Lenski/Steinberg, GewStG-Kommentar, 2021, § 7b, Rn. 36; *Schnitter*, in: Frotscher/Drüen, GewStG-Kommentar, 2021, § 7b, Rn. 42; *Drüen*, in: Blümich, GewSt-Kommentar, 2021, § 7b, Rn. 27; *Hidien*, in: Lippross/Seibel, GewStG-Kommentar, 2021, § 7b, Rn. 71.

Nr. 2 GewStG mit ein.[943] Diese Vorgehensweise entspricht der Vorschrift des § 15 S. 1 Nr. 1 S. 2 KStG.[944] Ein verbleibender geminderter Sanierungsertrag kommt gem. § 7b Abs. 3 S. 1 GewStG i.V.m. § 15 S. 1 Nr. 1a S. 1 KStG beim Organträger entsprechend mindernd zum Tragen. Dadurch werden bei Vorhandensein eines verbleibenden geminderten Sanierungsertrags auch auf Ebene des Organträgers die Positionen des § 7b Abs. 2 S. 1 Nr. 1–3 GewStG in ihrer Reihenfolge gemindert.[945]

Das gilt auch dann, wenn im Sanierungsjahr die Voraussetzungen einer Organschaft i.S.v. § 14 Abs. 1 KStG nicht (mehr) vorliegen und das Einkommen der Organgesellschaft dem Organträger nach § 14 Abs. 1 S. 1 KStG in einem Veranlagungszeitraum innerhalb der letzten fünf Veranlagungszeiträume vor dem Sanierungsjahr zugerechnet wurde (§ 15 S. 1 Nr. 1a S. 3 KStG).[946] Da § 15 S. 1 Nr. 1a S. 3 KStG keine Beschränkung auf nahestehende Unternehmen enthält, kann entsprechend eine Verlustverrechnung ohne Vorhandensein einer Organschaft bei dem ehemaligen Organträger, selbst wenn er die Beteiligung an der Organgesellschaft zwischenzeitlich veräußert hat, eintreten.[947] Zukünftig sollte dies bei einem geplanten Verkauf einer Organgesellschaft im Rahmen der steuerlichen Vertragsregelungen berücksichtigt werden.[948] Der Verweis auf § 15 S. 1 Nr. 1a KStG ist fragwürdig. Zum einen bleiben Zurechnungsgrund, -bedingungen und -grenzen mindestens ebenso vage als es bereits im Rahmen des § 7b Abs. 2 S. 2 GewStG im Hinblick auf die Verlustverrechnung bei anderen Personen der Fall ist.[949] Zum anderen führt die Regelung zu einer überschießenden Missbrauchsbekämpfung und wird daher als verfassungsrechtlich

943 Vgl. *Roser*, in: Lenski/Steinberg, GewStG-Kommentar, 2021, § 7b, Rn. 36; *Drüen*, in: Blümich, GewSt-Kommentar, 2021, § 7b, Rn. 27.

944 Vgl. *Hidien*, in: Lippross/Seibel, GewStG-Kommentar, 2021, § 7b, Rn. 71.

945 Vgl. *Roser*, in: Lenski/Steinberg, GewStG-Kommentar, 2021, § 7b, Rn. 36; *Schnitter*, in: Frotscher/Drüen, GewStG-Kommentar, 2021, § 7b, Rn. 41; *Hidien*, in: Lippross/Seibel, GewStG-Kommentar, 2021, § 7b, Rn. 72.

946 Vgl. *Schnitter*, in: Frotscher/Drüen, GewStG-Kommentar, 2021, § 7b, Rn. 41.

947 Vgl. *Drüen*, in: Blümich, GewSt-Kommentar, 2021, § 7b, Rn. 27; *Schnitter*, in: Frotscher/Drüen, GewStG-Kommentar, 2021, § 7b, Rn. 43; *Roser*, in: Lenski/Steinberg, GewStG-Kommentar, 2021, § 7b, Rn. 37; *Hidien*, in: Lippross/Seibel, GewStG-Kommentar, 2021, § 7b, Rn. 74.

948 Vgl. *Roser*, in: Lenski/Steinberg, GewStG-Kommentar, 2021, § 7b, Rn. 37; *Hidien*, in: Lippross/Seibel, GewStG-Kommentar, 2021, § 7b, Rn. 76.

949 Vgl. *Hidien*, in: Lippross/Seibel, GewStG-Kommentar, 2021, § 7b, Rn. 76.

bedenklich erachtet.[950] Dies gilt auch deshalb, weil die Verlustminderung nicht auf die im Rahmen der Organschaft tatsächlich entstandenen und dem Organträger zuzurechnenden Fehlbeträge und Verluste beschränkt ist.[951]

Gem. § 7b Abs. 3 S. 2 GewStG kommt vor der Verrechnung beim (ehemaligen) Organträger die Kürzung des verbleibenden Sanierungsertrags durch einen ggf. vorhandenen Zins- und EBITDA-Vortrag i.S.v. § 3a Abs. 3 S. 2 Nr. 13 EStG i.V.m. § 4h Abs. 1 S. 3, 5 EStG zur Anwendung.[952] Dabei kann nur vermutet werden, dass hierbei der Zins- und EBITDA-Vortrag des Organträgers gemeint ist.[953]

5. Zusammenfassung

Für gewerbesteuerliche Zwecke berechnet sich der steuerfreie Sanierungsertrag gem. § 7b GewStG ohne Vorhandensein einer Organschaft wie in nachfolgender Tabelle 7 dargestellt:

950 Vgl. *Drüen*, in: Blümich, GewSt-Kommentar, 2021, § 7b, Rn. 27; *Schnitter*, in: Frotscher/Drüen, GewStG-Kommentar, 2021, § 7b, Rn. 43.

951 Vgl. *Roser*, in: Lenski/Steinberg, GewStG-Kommentar, 2021, § 7b, Rn. 37.

952 Vgl. *Schnitter*, in: Frotscher/Drüen, GewStG-Kommentar, 2021, § 7b, Rn. 41 f.; *Drüen*, in: Blümich, GewSt-Kommentar, 2021, § 7b, Rn. 28; *Roser*, in: Lenski/Steinberg, GewStG-Kommentar, 2021, § 7b, Rn. 38; *Hidien*, in: Lippross/Seibel, GewStG-Kommentar, 2021, § 7b, Rn. 73.

953 Vgl. *Roser*, in: Lenski/Steinberg, GewStG-Kommentar, 2021, § 7b, Rn. 38; *Drüen*, in: Blümich, GewSt-Kommentar, 2021, § 7b, Rn. 28; unstreitig für *Hidien*, in: Lippross/Seibel, GewStG-Kommentar, 2021, § 7b, Rn. 73.

Tabelle 7: Berechnung des wirtschaftlich gewerbesteuerfreien Sanierungsertrags nach Maßgabe des § 7b GewStG ohne Organschaftsverhältnis

	Sanierungsertrag i.S.v. § 3a Abs. 3 S. 1 EStG
-	Sanierungsaufwendungen i.S.v. § 3a Abs. 3 S. 1 i.V.m. § 3c Abs. 4 EStG
-	Minderung des verteilt abziehbaren Aufwands nach § 3a Abs. 3 S. 2 Nr. 1 EStG (§ 7b Abs. 2 S. 1 GewStG)
=	**Nach § 3a Abs. 3 S. 2 Nr. 1 EStG verbleibender Sanierungsertrag gem. § 7b Abs. 2 S. 1 GewStG**
-	Minderung des negativen Gewerbeertrags des Sanierungsjahres des zu sanierenden Unternehmens (§ 7b Abs. 2 S. 1 Nr. 1 GewStG)
-	Minderung der im Sanierungsjahr, ungeachtet des § 10a S. 2 GewStG, nach § 10a S. 6 GewStG zum Ende des vorangegangenen EZ gesondert festgestellten Fehlbeträge (§ 7b Abs. 2 S. 1 Nr. 3 GewStG)
-	Kürzung der Zins- und EBITDA-Vorträge i.S.v. § 3a Abs. 3 S. 2 Nr. 13 EStG des zu sanierenden Unternehmens (§ 7b Abs. 2 S. 3 GewStG)
-	Minderung bei einem anderen Unternehmen nach Maßgabe von § 7b Abs. 2 S. 1 Nr. 1–3 GewStG bei Erfüllung der weiteren Voraussetzungen nach § 7b Abs. 2 S. 2 GewStG
=	**Wirtschaftlich gewerbesteuerfreier Sanierungsertrag**

Handelt es sich bei dem zu sanierenden Unternehmen um eine Organgesellschaft, berechnet sich der gewerbesteuerfreie Sanierungsertrag wie nachfolgend in Tabelle 8 dargestellt:

Tabelle 8: Berechnung des wirtschaftlich gewerbesteuerfreien Sanierungsertrags nach Maßgabe des § 7b GewStG bei Organschaftsverhältnis

	Sanierungsertrag i.S.v. § 3a Abs. 3 S. 1 EStG
-	Sanierungsaufwendungen i.S.v. § 3a Abs. 3 S. 1 i.V.m. § 3c Abs. 4 S. 1 EStG
-	Minderung des verteilt abziehbaren Aufwands nach § 3a Abs. 3 S. 2 Nr. 1 EStG (§ 7b Abs. 2 S. 1 GewStG)
=	**Nach § 3a Abs. 3 S. 2 Nr. 1 EStG verbleibender Sanierungsertrag gem. § 7b Abs. 2 S. 1 GewStG**
-	Minderung des negativen Gewerbeertrags des Sanierungsjahres des zu sanierenden Unternehmens (§ 7b Abs. 2 S. 1 Nr. 1 GewStG)
-	Minderung der vororganschaftlichen Fehlbeträge der Organgesellschaft i.S.v. § 10a S. 3 GewStG (§ 7b Abs. 2 S. 1 Nr. 2 GewStG)
-	Minderung der im Sanierungsjahr, ungeachtet des § 10a S. 2 GewStG, nach § 10a S. 6 GewStG zum Ende des vorangegangenen EZ gesondert festgestellten Fehlbeträge (§ 7b Abs. 2 S. 1 Nr. 3 GewStG)
-	Kürzung der Zins- und EBITDA-Vorträge i.S.v. § 3a Abs. 3 S. 2 Nr. 13 EStG des zu sanierenden Unternehmens (§ 7b Abs. 2 S. 3 GewStG)
-	Minderung bei einem anderen Unternehmen nach Maßgabe von § 7b Abs. 2 S. 1 Nr. 1–3 GewStG bei Erfüllung der weiteren Voraussetzungen nach § 7b Abs. 2 S. 2 GewStG
-	Untergang von gewerbesteuerlichen Verlustverrechnungspositionen bei dem (ehemaligen) Organträger des zu sanierenden Unternehmens: - Minderung des negativen Gewerbeertrags des OT (§ 7b Abs. 3 i.V.m. § 7b Abs. 2 S. 1 Nr. 1) - Minderung der vororganschaftlichen Fehlbeträge des OT (§ 7b Abs. 3 i.V.m. § 7b Abs. 2 S. 1 Nr. 2 GewStG) - Minderung der – ungeachtet des § 10a S. 2 GewStG – nach § 10a S. 6 GewStG zum Ende des vorangegangenen EZ gesondert festgestellten Fehlbeträge des OT (§ 7b Abs. 2 S. 1 Nr. 3 GewStG)
-	Verteilt abziehbarer Aufwand nach § 4f EStG, Zins- und EBITDA-Vorträge des OT (§ 7b Abs. 3 S. 2 i.V.m. § 7b Abs. 2 S. 3 GewStG)
=	**Wirtschaftlich gewerbesteuerfreier Sanierungsertrag**

III. Auswirkungen der Regelungen zur Steuerfreiheit von Sanierungserträgen auf andere Vorschriften

1. Ermittlung des Einkommens bei Körperschaften, § 8 KStG

Die Neueinführung der Regelungen zur Steuerfreiheit von Sanierungserträgen in §§ 3a, 3c Abs. 4 EStG und § 7b GewStG machte die Ergänzung weiterer steuerlicher Regelungen notwendig. Die die Neueinführung der §§ 3a, 3c Abs. 4

EStG und § 7b GewStG begleitenden Änderungen anderer steuerlicher Vorschriften erscheinen derartig praxisrelevant zu sein, dass deshalb nachfolgend konkreter auf die einzelnen Änderungen bzw. Ergänzungen eingegangen wird.

So ist § 8 KStG im Rahmen der Steuerfreiheit von Sanierungserträgen nicht nur dahingehend relevant, dass § 8 Abs. 1 S. 1 KStG die Vorschriften des §§ 3a, 3c Abs. 4 EStG für Körperschaften zur Anwendung bringt, mit Einführung der Regelungen zur Steuerfreiheit von Sanierungserträgen wurden auch in § 8 Abs. 8 und Abs. 9 KStG Ergänzungen vorgenommen, die die Anwendung der Sanierungsvorschriften bei Betrieben gewerblicher Art i.S.v. § 4 KStG (§ 8 Abs. 8 S. 6 KStG) und Kapitalgesellschaften gem. § 8 Abs. 7 S. 1 Nr. 2 KStG, bei denen die Stimmrechtsmehrheit bei juristischen Personen des öffentlichen Rechts liegt (sog. Eigengesellschaften) in § 8 Abs. 9 S. 9 KStG, regeln. § 8 Abs. 7 KStG sieht vor, dass ein Dauerverlustgeschäft bei diesen Gesellschaften nicht die Rechtsfolgen einer verdeckten Gewinnausschüttung auslöst, so dass folglich eine Regelung zur Einschränkung von Verlustausgleich und -abzug erforderlich ist.[954] § 8 Abs. 8 KStG bestimmt hierbei die Verlustverrechnung bei Betrieben gewerblicher Art und § 8 Abs. 9 KStG für Eigengesellschaften.[955] Im Hinblick auf die Sanierung eines Betriebs gewerblicher Art ordnet § 8 Abs. 8 S. 6 EStG an, dass § 3a EStG Anwendung finden kann und der steuerfreie Sanierungsertrag mit vorhandenen Verlustverrechnungsmöglichkeiten zu verrechnen ist. Es wird insbesondere eine Regelung getroffen für den Fall, dass ein Betrieb gewerblicher Art aus der Zusammenfassung mehrerer Betriebe entstanden ist. Sind mehrere Betriebe gewerblicher Art zusammengefasst worden, so können die Verlustvorträge der jeweiligen ursprünglichen Betriebe gem. § 8 Abs. 8 S. 4 KStG grundsätzlich erst wieder genutzt werden, wenn der Betrieb aufgrund einer Beendigung der Zusammenfassung der Betriebe selbstständig ist. Kommt es bei einem zusammengefassten Betrieb gewerblicher Art innerhalb von fünf Zeitjahren zu einer Sanierung i.S.v. § 3a EStG, bestimmt § 8 Abs. 8 S. 6 KStG, dass auf die vorhandenen, aber nicht nutzbaren Verlustvorträge, § 3a Abs. 3 S. 3 EStG anzuwenden ist.[956] Hiernach

---

954 Vgl. *Frotscher, G.*, in: Frotscher/Drüen, KStG-Kommentar, 2021, § 8, Rn. 583; in Bezug auf BgA: *Gosch*, in: Gosch, KStG-Kommentar, 2020, § 8, Rn. 1043; BT-Drs. 16/11108 v. 27.11.2008, 27.

955 Vgl. *Gosch*, in: Gosch, KStG-Kommentar, 2020, § 8, Rn. 1044d mit dem Hinweis, dass die Regelungen des § 8 Abs. 8 und Abs. 9 KStG einen Gleichklang und Gerechtigkeit zwischen dauerdefizitären BgA und kommunalen KapGes. herstellen.

956 Vgl. *Frotscher, G.*, in: Frotscher/Drüen, KStG-Kommentar, 2021, § 8, Rn. 654a; *Lang/Bott*, in: Bott/Walter, KStG-Kommentar, 2021, § 8, Rn. 1558.2.

sind Verlustverrechnungspotenziale nahestehender Personen in die Verlustverrechnung mit aufzunehmen, wenn der (um die nichtabziehbaren Sanierungsaufwendungen nach § 3c Abs. 4 EStG und um die nach § 3a Abs. 3 S. 2 EStG geminderte) Sanierungsertrag noch nicht ausgeglichen ist und die im Rahmen der Sanierung erlassene Schuld durch diese auf das zu sanierende Unternehmen in den letzten fünf Jahren übertragen wurde. Es besteht bei der Zusammenfassung mehrerer Betriebe eine vergleichbare Situation.[957] Der Sanierungsertrag ist mit den vorhandenen, aber nicht nutzbaren Verlustvorträgen zu verrechnen, sofern die Sanierung innerhalb von fünf Jahren[958] nach Zusammenfassung der Betriebe erfolgt ist. Insofern besteht ein Gleichlauf der Frist wie in § 3a Abs. 3 S. 3 EStG.[959] § 8 Abs. 8 S. 6 KStG überträgt also die Grundsätze der Verlustverrechnung bei nahestehenden Personen auf die „eingefrorenen" Verluste aus der Zeit vor Zusammenfassung der Betriebe gewerblicher Art.[960] Die vor Zusammenfassung der Betriebe gewerblicher Art bestehenden Einzelbetriebe werden also nahestehenden Personen i.S.v. § 3a Abs. 3 S. 3 KStG gleichgestellt.[961] Das erscheint insoweit gerechtfertigt, als dass im Rahmen der Zusammenfassung der Einzelbetriebe gewerblicher Art die Schulden auf den zusammengefassten Betrieb gewerblicher Art übertragen wurden.[962] Der Untergang der „eingefrorenen" Verluste sollte grundsätzlich nur den Verlust des früheren Einzelbetriebs betreffen, der dem Betriebsteil des zusammengefassten BgA entspricht, der zu sanieren ist. Allerdings spricht § 8 Abs. 8 S. 6 KStG allgemein von den nach § 8 Abs. 8 S. 4 KStG genannten Verlustvorträgen, woraus zu folgern ist, dass auch die „eingefrorenen" Verlustvorträge der anderen – nicht zu sanierenden – Einzel-BgA umfasst sind.[963]

Bei der Sanierung von Eigengesellschaften i.S.v. § 8 Abs. 7 S. 1 Nr. 2 S. 2 KStG wird die entsprechende Anwendung der Vorschriften der §§ 3a, 3c Abs. 4 EStG auf die (Sparten der) Eigengesellschaft angeordnet. Zunächst bestimmt § 8 Abs. 9 S. 9 2. Hs. KStG, dass die Frage, ob eine unternehmensbezogene

---

957 Vgl. *Frotscher, G.*, in: Frotscher/Drüen, KStG-Kommentar, 2021, § 8, Rn. 654a.

958 Gemeint sind hier Zeitjahre. Das Fristende ist taggenau zu berechnen. Auf welchen Endzeitpunkt die Frist abstellt, ob auf die Entstehung des Sanierungsertrags oder das Ende des Sanierungsjahrs, ist nicht klar, vgl. *Pohl*, GmbH-StB 2019, 135 [140].

959 Vgl. *Frotscher, G.*, in: Frotscher/Drüen, KStG-Kommentar, 2021, § 8, Rn. 654a.

960 Vgl. *Krämer*, in: D/P/M, KStG-Kommentar, 2021, § 8 Abs. 8, Rn. 8b; s. auch BT-Drs. 18/12128 v. 26.4.2017, 34.

961 Vgl. *Krämer*, in: D/P/M, KStG-Kommentar, 2021, § 8 Abs. 8, Rn. 8b.

962 Vgl. *Krämer*, in: D/P/M, KStG-Kommentar, 2021, § 8 Abs. 8, Rn. 8b.

963 Vgl. *Krämer*, in: D/P/M, KStG-Kommentar, 2021, § 8 Abs. 8, Rn. 8b.

Sanierung i.S.v. § 3a Abs. 2 EStG vorliegt, auf Ebene der Eigengesellschaft zu prüfen ist. Hier ist also gerade nicht auf die jeweilige Sparte der Eigengesellschaft abzustellen. Daraus folgt, dass das Vorliegen der Tatbestandsvoraussetzung einer unternehmensbezogenen Sanierung zwar in Bezug auf eine Sparte erfüllt sein kann, § 3a EStG dann aber nicht zur Anwendung kommt, wenn die Voraussetzungen auf Ebene der Eigengesellschaft als Ganzes nicht vorliegen.[964] § 8 Abs. 9 S. 9 1. Hs. KStG bestimmt dann jedoch die spartenbezogene Ermittlung des Sanierungsertrags und die Verlustverrechnung. Die Grundsätze der Steuerfreiheit von Sanierungserträgen werden also auf die nach § 8 Abs. 9 KStG vorzunehmende Spartenrechnung übertragen.[965] Der spartenbezogene Sanierungsertrag ist folglich in Reihenfolge des Verlustverrechnungskatalogs nach § 3a Abs. 3 S. 2 EStG mit den Verlusten und anderen Verrechnungspotenzialen der Sparte zu verrechnen, z.B. mit dem laufenden Verlust der zu sanierenden Sparte gem. § 3a Abs. 3 S. 2 Nr. 8 EStG. § 3a Abs. 3 S. 3 EStG findet auch Anwendung bei der Zusammenfassung mehrerer Sparten.[966] Ist die erlassene Verbindlichkeit von der den Verlust innehabenden Sparte auf die zusammengefasste Sparte übertragen worden, ist ein noch vorhandener geminderter Sanierungsertrag nach Anwendung des § 3a Abs. 3 S. 2 EStG mit diesen Verlusten zu verrechnen, sofern die Zusammenfassung der Sparten in den letzten fünf Jahren erfolgt ist.[967] Der Gesetzesbegründung zufolge führt die entsprechende spartenbezogene Anwendung des § 3a Abs. 3 S. 2 EStG dazu, dass § 3a Abs. 3 S. 2 Nr. 7 EStG (richtigerweise müsste es Nr. 8 heißen[968]), den laufenden Verlust der zu sanierenden Sparte untergehen lässt, nach Maßgabe des § 3a Abs. 3 S. 2 Nr. 8 EStG (richtigerweise Nr. 9) den laufenden Verlust der übrigen Sparten und gem. § 3a Abs. 3 S. 2 Nr. 9 EStG (richtigerweise Nr. 10) die gem. § 8 Abs. 9 S. 8 KStG festgestellten negativen Beträge erfasst.[969] Die entsprechende Anwendung des § 3a Abs. 3 S. 2 Nr. 10 EStG (gemäß der richtigen Verweisung) soll sicherstellen,

---

964 Vgl. *Frotscher, G.*, in: Frotscher/Drüen, KStG-Kommentar, 2021, § 8, Rn. 674a; *Pohl*, GmbH-StB 2019, 135 [140].

965 Vgl. *Krämer*, in: D/P/M, KStG-Kommentar, 2021, § 8 Abs. 9, Rn. 34a.

966 Vgl. *Frotscher, G.*, in: Frotscher/Drüen, KStG-Kommentar, 2021, § 8, Rn. 674b.

967 Vgl. *Frotscher, G.*, in: Frotscher/Drüen, KStG-Kommentar, 2021, § 8, Rn. 674b.

968 Vgl. *Krämer*, in: D/P/M, KStG-Kommentar, 2021, § 8 Abs. 9, Rn. 34b, der richtigerweise in Bezug auf die entsprechende Anwendung des § 3a Abs. 3 S. 2 EStG von einem Verweisfehler im Rahmen der Gesetzesbegründung (BT-Drs. 18/12128 v. 26.4.2017, 34) ausgeht.

969 Vgl. BT-Drs. 18/12128 v. 26.4.2017, 34; *Krämer*, in: D/P/M, KStG-Kommentar, 2021, § 8 Abs. 9, Rn. 34b.

dass der bisherige, bei dauerdefizitären Sparten verbleibende Verlustvortrag auch durch den geminderten Sanierungsertrag reduziert wird, wenn die Eigengesellschaft vor der Sanierung den sanierungsrelevanten Betriebsteil einer dauerdefizitären Sparte durch Zusammenfassung auf eine andere Sparte überträgt.[970]

2. Verlustabzugsbeschränkung für Körperschaften, § 8c KStG

a. *Grundregelung, § 8c Abs. 1 KStG*

Die Vorschrift des § 8c KStG ist eine besondere Vorschrift zur Ermittlung des Einkommens nach der bei Vorliegen bestimmter Voraussetzungen der Verlustabzug, entgegen dem Regelfall, bei Körperschaften versagt wird.[971] Dies gilt für körperschaftsteuerliche Verluste ebenso wie für gewerbesteuerliche Verluste, da § 10a S. 10 GewStG auf § 8c KStG Bezug nimmt.[972] Gem. § 8a Abs. 1 S. 3 KStG gilt § 8c KStG auch für die Zinsschranke.[973] Zusätzlich erweitert § 4h Abs. 5 S. 3 EStG den § 8c KStG dahingehend, dass auch der Zinsvortrag einer Personengesellschaft untergeht, sofern an ihr mittelbar oder unmittelbar eine Körperschaft als Mitunternehmer beteiligt ist.[974] Die Grundzüge des § 8c Abs. 1 KStG sollen nachfolgend nur in der gebotenen Kürze dargestellt werden. Im Hinblick auf das Thema dieser Arbeit liegt das Hauptaugenmerk vielmehr zum einen bei der Ausnahmeregelung der Sanierungsklausel nach § 8c Abs. 1a KStG, der den Verlustuntergang nach § 8c Abs. 1 S. 1 KStG verhindert, sofern eine Beteiligung zum Zwecke einer Sanierung erworben wird und zum anderen bei § 8c Abs. 2 KStG, der das Verhältnis zur Steuerfreiheit von Sanierungserträgen nach § 3a EStG regelt.

---

970 Vgl. BT-Drs. 18/12128 v. 26.4.2017, 34.

971 Vgl. *Frotscher*, M., in: Frotscher/Drüen, KStG-Kommentar, 2021, § 8c, Rn. 2; so i. Erg. auch *Dötsch/Leibner*, in: D/P/M, KStG-Kommentar, 2021, § 8c, Rn. 25 zur Frage, ob es sich bei § 8c KStG um eine Einkommensermittlungs- oder Gewinnermittlungsvorschrift handelt.

972 Vgl. *Frotscher, M.*, in: Frotscher/Drüen, KStG-Kommentar, 2021, § 8c, Rn. 2a; *Dötsch/Leibner*, in: D/P/M, KStG-Kommentar, 2021, § 8c, Rn. 386; *Förster/Hechtner*, DB 2019, 10 [12].

973 Vgl. *Frotscher, M.*, in: Frotscher/Drüen, KStG-Kommentar, 2021, § 8c, Rn. 3; *Dötsch/Leibner*, in: D/P/M, KStG-Kommentar, 2021, § 8c, Rn. 45; *Förster/Hechtner*, DB 2019, 10 [12].

974 Vgl. *Frotscher, M.*, in: Frotscher/Drüen, KStG-Kommentar, 2021, § 8c, Rn. 3; *Dötsch/Leibner*, in: D/P/M, KStG-Kommentar, 2021, § 8c, Rn. 48.

§ 8c Abs. 1 S. 1 KStG normiert den Untergang nicht ausgeglichener oder abgezogener negativer Einkünfte eines Körperschaftsteuerpflichtigen, wenn innerhalb von fünf Jahren mittelbar oder unmittelbar 50 % des gezeichneten Kapitals, der Mitgliedschafts-, Beteiligungs- oder Stimmrechte an der Körperschaft auf einen Erwerber oder eine ihm nahestehende Person übertragen oder ein ähnlicher Sachverhalt verwirklicht wird. Die nicht genutzten Verluste stehen also nach einem solchen schädlichen Beteiligungserwerb nicht mehr zum Verlustausgleich oder Verlustabzug zur Verfügung. Diese Rechtsfolge gilt auch dann, wenn nicht ein einzelner Erwerber, sondern eine Gruppe von Erwerbern mit gleichgerichteten Interessen an dem Beteiligungserwerb beteiligt ist (§ 8c Abs. 1 S. 2 KStG). Nach § 8c Abs. 1 S. 3 KStG steht eine Kapitalerhöhung einer Übertragung des gezeichneten Kapitals gleich, wenn sie zu einer Veränderung der Beteiligungsquote am Kapital der Körperschaft führt. Die Konzernklausel des § 8c Abs. 1 S. 4 KStG regelt, dass ein schädlicher Beteiligungserwerb nicht vorliegt, wenn der Erwerber zu 100 % mittelbar oder unmittelbar am übertragenden Rechtsträger beteiligt ist und es sich bei dem Erwerber um eine natürliche Person, juristische Person oder eine Personenhandelsgesellschaft handelt (§ 8c Abs. 1 S. 4 Nr. 1 KStG). Darüber hinaus liegt im Sinne der Konzernklausel kein schädlicher Beteiligungserwerb vor, wenn der Veräußerer zu 100 % mittelbar oder unmittelbar am übernehmenden Rechtsträger beteiligt ist und der Veräußerer eine natürliche Person, juristische Person oder Personenhandelsgesellschaft ist (§ 8c Abs. 1 S. 4 Nr. 2 KStG). Ebenso wenig gehen nicht genutzte Verluste unter, wenn gem. § 8c Abs. 1 S. 4 Nr. 3 KStG dieselbe natürliche Person, juristische Person oder Personenhandelsgesellschaft zu jeweils 100 % mittelbar oder unmittelbar sowohl am übertragenden als auch am übernehmenden Rechtsträger beteiligt ist. Die Stille-Reserven-Klausel nach § 8c Abs. 1 S. 5 KStG bestimmt, dass ein nicht genutzter Verlust abziehbar bleibt, sofern dieser die im Zeitpunkt des schädlichen Beteiligungserwerbs vorhandenen im Inland steuerpflichtigen stillen Reserven des Betriebsvermögens der Körperschaft nicht übersteigt. Bei den genannten stillen Reserven handelt es sich um den Differenzbetrag zwischen dem Eigenkapital, das in der steuerlichen Gewinnermittlung ausgewiesen wird, und dem auf dieses Eigenkapital entfallenden gemeinen Wert der Anteile an der Körperschaft, vorausgesetzt, sie unterliegen der inländischen Steuerpflicht (§ 8c Abs. 1 S. 6 KStG). Sofern das Eigenkapital der Körperschaft negativ ist, errechnen sich die stillen Reserven als Differenzbetrag zwischen dem in der steuerlichen Gewinnermittlung ausgewiesenen Eigenkapital und dem Anteil entsprechenden gemeinen Wert des Betriebsvermögens der Körperschaft (§ 8c Abs. 1 S. 7 KStG). Einschränkend regelt § 8c Abs. 1 S. 8 KStG hierzu, dass nur das Betriebsvermögen zur

Ermittlung der stillen Reserven berücksichtigt werden darf, welches der Körperschaft ohne steuerrechtliche Rückwirkung zuzurechnen ist.

b. Sanierungsklausel, § 8c Abs. 1a KStG

Sofern die Beteiligung zum Zwecke der Sanierung des Geschäftsbetriebs der Körperschaft erworben wird, findet § 8c Abs. 1 KStG keine Anwendung (§ 8c Abs. 1a S. 1 KStG).[975] Das bedeutet, dass (Buch-)Gewinne durch Sanierungsmaßnahmen weiterhin mit Verlustvorträgen verrechnet werden können.[976] Das gilt auch für Gewerbeverluste, da § 10a S. 10 GewStG allgemein und ohne Einschränkungen auf § 8c KStG Bezug nimmt, ebenso wie Zinsvorträge i.S.v. § 8a Abs. 1 S. 3 KStG.[977] Außerdem werden Beteiligungserwerbe, die die Voraussetzungen des § 8c Abs. 1a KStG erfüllen, nicht mitgezählt bei der Prüfung, ob die 50 %-Grenze nach § 8c Abs. 1 KStG überschritten wurde.[978] Aus dem Verweis auf § 8c Abs. 1 KStG ist zu schließen, dass alle Erwerbs- und Übergangsvorgänge gemeint sind, die zu einem schädlichen Beteiligungserwerb i.S.v. § 8c Abs. 1 KStG führen können.[979] Dass der Beteiligungserwerb zu Sanierungszwecken erfolgen muss, hat in zeitlicher Hinsicht die Folge, dass der Erwerb zu einem Zeitpunkt stattfinden muss, in dem sich die zu erwerbende Körperschaft in einem Zustand der drohenden oder eingetretenen Zahlungsunfähigkeit befindet, unabhängig davon, ob ein Insolvenzverfahren bereits eröffnet ist.[980]

---

975 Vgl. z.B. *Weiss*, StuB 2019, 309 [309 f.] mit zusammenfassender Darstellung über die wechselhafte Rechtsgeschichte der im Jahr 2009 eingeführten Sanierungsklausel.

976 Vgl. *Frotscher, M.*, in: Frotscher/Drüen, KStG-Kommentar, 2021, § 8c, Rn. 7d.

977 Vgl. *Frotscher, M.*, in: Frotscher/Drüen, KStG-Kommentar, 2021, § 8c, Rn. 171 f.; *Weiss*, StuB 2019, 309 [311].

978 Vgl. OFD NRW, Verfügung v. 20.12.2018, DB 2019, 26, Rn. 2; *Frotscher, M.*, in: Frotscher/Drüen, KStG-Kommentar, 2021, § 8c, Rn. 169; *Dötsch/Leibner*, in: D/P/M, KStG-Kommentar, 2021, § 8c, Rn. 310; *Förster/Hechtner*, DB 2019, 10 [14].

979 Vgl. OFD NRW, Verfügung v. 20.12.2018, DB 2019, 26, Rn. 3; *Brandis*, in: Blümich, KStG-Kommentar, 2021, § 8c, Rn. 70; *Dötsch/Leibner*, in: D/P/M, KStG-Kommentar, 2021, § 8c, Rn. 310; *Frotscher, M.*, in: Frotscher/Drüen, KStG-Kommentar, 2021, § 8c, Rn. 178, 181 mit dem ergänzenden Hinweis, dass vergleichbare Sachverhalte i.S.v. § 8c Abs. 1 S. 1 KStG gemeint sein müssen, da es sachlich nicht gerechtfertigt wäre, diese für Zwecke des § 8c Abs. 1a KStG auszuschließen.

980 Vgl. OFD NRW, Verfügung v. 20.12.2018, DB 2019, 26 [26 f.], Rn. 4; *Brandis*, in: Blümich, KStG-Kommentar, 2021, § 8c, Rn. 72; so z.T. auch *Frotscher, M.*, in: Frotscher/Drüen, KStG-Kommentar, 2019, § 8c, Rn. 179. Zu den Begrifflichkeiten der drohenden Zahlungsunfähigkeit und Überschuldung, vgl. Kapitel B II. 3. und 4. dieser Arbeit.

Die Voraussetzung des Beteiligungserwerbs zum Zwecke der Sanierung bedeutet auch, dass der Erwerber mit der subjektiven Absicht handeln muss, das Unternehmen sanieren zu wollen. Das kann auch im Zusammenspiel mit anderen Beteiligten erfolgen.[981] Es ist ausreichend, wenn die Sanierungsabsicht mitentscheidend für den Anteilserwerb war.[982] Die Sanierungsabsicht bezieht sich nach § 8c Abs. 1a S. 1 KStG auf den Geschäftsbetrieb der Körperschaft. Dabei handelt es sich um sämtliche Betätigungen der zu sanierenden Körperschaft. Daraus lässt sich schließen, dass die Sanierungsabsicht nicht in Bezug auf einzelne Verlustquellen oder Teilbetriebe zu prüfen ist.[983] Neben der Sanierungsabsicht ist es notwendig, dass die Körperschaft durch pflichtgemäße Einschätzung einer objektiv dritten Person im Erwerbszeitpunkt als sanierungsfähig gilt.[984] Ebenso müssen die geplanten Maßnahmen geeignet sein, die zu erwerbende Körperschaft in absehbarer Zeit nachhaltig aus der Krise zu führen.[985] Die objektive Beweislast für das Vorliegen der Tatbestandsvoraussetzungen liegt bei der Körperschaft.[986] Sie muss durch die Beibringung von Unterlagen die Ursache für die eingetretene Krise in objektiv nachvollziehbarer Weise und die konkret ergriffenen Maßnahmen zur Bewältigung der Krise darlegen.[987] Das lässt sich i.d.R. durch einen dokumentierten Sanierungsplan erreichen, der von einem Dritten aufgestellt wird.[988] Unerheblich für die Begünstigung nach § 8c Abs. 1a KStG ist, ob eine Sanierung zu einem späteren Zeitpunkt tatsächlich

---

981 Vgl. *Frotscher, M.*, in: Frotscher/Drüen, KStG-Kommentar, 2021, § 8c, Rn. 193.

982 Vgl. OFD NRW, Verfügung v. 20.12.2018, DB 2019, 26 [27], Rn. 5; *Frotscher, M.*, in: Frotscher/Drüen, KStG-Kommentar, 2021, § 8c, Rn. 194; *Dötsch/Leibner*, in: D/P/M, KStG-Kommentar, 2021, § 8c, Rn. 313.

983 Vgl. *Dötsch/Leibner*, in: D/P/M, KStG-Kommentar, 2021, § 8c, Rn. 315, mit dem Hinweis, dass der Geschäftsbetrieb auch in § 8c Abs. 1a S. 4 KStG wieder relevant wird, wonach das Sanierungsprivileg bei Branchenwechsel des Geschäftsbetriebs innerhalb von fünf Jahren nicht gewährt wird.

984 Vgl. BT-Drs. 16/13429 v. 17.6.2009, 50; *Brandis*, in: Blümich, KStG-Kommentar, 2021, § 8c, Rn. 72, so. z.T. auch *Frotscher, M.*, in: Frotscher/Drüen, KStG-Kommentar, 2021, § 8c, Rn. 174, wonach die Regelung nicht eingreifen kann, wenn eine Sanierung nicht mehr möglich ist.

985 Vgl. BT-Drs. 16/13429 v. 17.6.2009, 51; OFD NRW, Verfügung v. 20.12.2018, DB 2019, 26 [27], Rn. 6; *Brandis*, in: Blümich, KStG-Kommentar, 2021, § 8c, Rn. 72.

986 Vgl. BT-Drs. 16/13429 v. 17.6.2009, 51; *Brandis*, in: Blümich, KStG-Kommentar, 2021, § 8c, Rn. 72; *Frotscher, M.*, Frotscher/Drüen, KStG-Kommentar, 2021, § 8c, Rn. 166, 183; *Dötsch/Leibner*, in: D/P/M, KStG-Kommentar, 2021, § 8c, Rn. 316.

987 Vgl. OFD NRW, Verfügung v. 20.12.2018, DB 2019, 26 [27], Rn. 5.

988 Vgl. BT-Drs. 16/13429 v. 17.6.2009, 51; *Brandis*, in: Blümich, KStG-Kommentar, 2021, § 8c, Rn. 72; *Frotscher, M.*, in: Frotscher/Drüen, KStG-Kommentar, 2021, § 8c,

gelungen ist.[989] Der Zeitrahmen für die Inanspruchnahme des Sanierungsprivilegs ist nicht eindeutig zu bestimmen, allerdings tendenziell relativ klein.[990] Der Erwerb kann frühestens erfolgen, wenn die Zahlungsunfähigkeit oder Überschuldung bevorsteht oder bereits besteht. Ein Beteiligungserwerb im Zeitpunkt des wirtschaftlichen Krisenbeginns oder bei Kreditunwürdigkeit ist wohl noch nicht begünstigt.[991] Eine Begünstigung ist auch ausgeschlossen, wenn sich erst nach dem Beteiligungserwerb eine Sanierungsbedürftigkeit der Körperschaft herausstellt, da andernfalls ein Beteiligungserwerb zum Zwecke einer Sanierung nicht erfolgen kann.[992] Ebenso muss die Sanierungsbedürftigkeit auch im Zeitpunkt des Beteiligungserwerbs noch bestehen, so dass bereits durchgeführte Sanierungsmaßnahmen, die zu einer langfristigen Sicherung der Ertragskraft des Unternehmens geführt haben, schädlich sein können.[993]

Gem. § 8c Abs. 1a S. 2 KStG handelt es sich bei einer Sanierung um eine Maßnahme, die darauf gerichtet ist, die Zahlungsunfähigkeit oder Überschuldung der Körperschaft zu verhindern oder zu beseitigen und gleichzeitig die wesentlichen Betriebsstrukturen zu erhalten. Vorgaben, was als Maßnahme im Rahmen dieser Regelung gilt, gibt es nicht. Es kann sich dabei um die Zuführung neuer Geldmittel, Schuldenerlasse, Erschließung neuer Finanzierungsquellen oder auch Maßnahmen der Kostenreduktion handeln.[994] Damit begünstigt § 8c Abs. 1a S. 2 KStG deutlich mehr Sanierungsmaßnahmen, sofern sie auf die Beseitigung von Zahlungsunfähigkeit und Überschuldung gerichtet sind, und ist mithin breiter angelegt als § 3a EStG, der primär den Schuldenerlass

---

Rn. 184; hierzu auch OFD NRW, Verfügung v. 20.12.2018, DB 2019, 26 [27], Rn. 5, wonach ein Gutachten nach IDW S 6 als Indiz für eine solche Sanierung gilt, aber nicht zwangsläufig zu fordern ist.

989 Vgl. BT-Drs. 16/13429 v. 17.6.2009, 51; OFD NRW, Verfügung v. 20.12.2018, DB 2019, 26 [27], Rn. 5; *Brandis*, in: Blümich, KStG-Kommentar, 2021, § 8c, Rn. 72; *Frotscher, M.*, in: Frotscher/Drüen, KStG-Kommentar, 2021, § 8c, Rn. 191.

990 Vgl. hierzu ausführlich *Dötsch/Leibner*, in: D/P/M, KStG-Kommentar, 2021, § 8c, Rn. 317 ff.

991 Vgl. *Frotscher, M.*, in: Frotscher/Drüen, KStG-Kommentar, 2021, § 8c, Rn. 185; *Dötsch/Leibner*, in: D/P/M, KStG-Kommentar, 2021, § 8c, Rn. 318.

992 Vgl. *Brandis*, in: Blümich, KStG-Kommentar, 2021, § 8c, Rn. 72; *Frotscher, M.*, in: Frotscher/Drüen, KStG-Kommentar, 2021, § 8c, Rn. 189; *Dötsch/Leibner*, in: D/P/M, KStG-Kommentar, 2021, § 8c, Rn. 317.

993 Vgl. *Frotscher, M.*, in: Frotscher/Drüen, KStG-Kommentar, 2021, § 8c, Rn. 189.

994 Vgl. OFD NRW, Verfügung v. 20.12.2018, DB 2019, 26 [27], Rn. 7; *Frotscher, M.*, in: Frotscher/Drüen, KStG-Kommentar, 2021, § 8c, Rn. 190; *Dötsch/Leibner*, in: D/P/M, KStG-Kommentar, 2021, § 8c, Rn. 314.

begünstigt.[995] Der Beteiligungserwerb und die Ergreifung von Sanierungsmaßnahmen müssen in einem zeitlichen Zusammenhang stehen. Der Erwerb zum Zwecke einer Sanierung liegt dann nicht mehr vor, wenn die Sanierungsmaßnahmen erst mehr als ein Jahr nach dem Beteiligungserwerb durchgeführt werden.[996] Die Begrifflichkeit der Zahlungsunfähigkeit oder Überschuldung stellt auf die Regelungen des § 17 Abs. 2 InsO für die Zahlungsunfähigkeit und auf § 19 Abs. 2 InsO für die Überschuldung ab.[997] Nicht bezuggenommen wird wohl auf § 19 Abs. 2 S. 1 Hs. 2 InsO, der den Überschuldungsbegriff bei einer positiven Fortführungsprognose der Gesellschaft einschränkt.[998] Das Vorliegen drohender Zahlungsunfähigkeit nach § 18 InsO genügt auch für Zwecke des § 8c Abs. 1a KStG, da die Regelung auch der Verhinderung von Zahlungsunfähigkeit dienen soll.[999] Problematisch ist bei dem Verweis auf die Insolvenzgründe, dass ein Beteiligungserwerb selbst weder die Überschuldung noch die Zahlungsunfähigkeit einer Körperschaft verhindern bzw. beseitigen kann; denn er hat keinen Einfluss auf die Insolvenzgründe der Körperschaft. Es ist davon auszugehen, dass der Gesetzgeber jedoch beabsichtigt, dem Neugesellschafter den Anreiz zu bieten, den Verlustvortrag zu erhalten, in dem er die wesentlichen Betriebsstrukturen nach Maßgabe des § 8c Abs. 1a S. 3 KStG erhält.[1000] Diese Regelung nennt drei Alternativ-Voraussetzungen, unter denen der Erhalt der wesentlichen Betriebsstrukturen unwiderleglich vermutet werden.[1001] Die abschließend aufgezählten Regelbeispiele des § 8c Abs. 1a

---

995 Vgl. *Förster/Hechtner*, DB 2019, 10 [15] mit weiteren Ausführungen zu Tatbestandsüberschneidungen und dem Wechselspiel zwischen der Sanierungsklausel nach § 8c Abs. 1a KStG und der Steuerfreiheit von Sanierungserträgen nach § 3a EStG.

996 Vgl. OFD NRW, Verfügung v. 20.12.2018, DB 2019, 26 [27], Rn. 7; *Dötsch/Leibner*, in: D/P/M, KStG-Kommentar, 2021, § 8c, Rn. 317.

997 Vgl. *Brandis*, in: Blümich, KStG-Kommentar, 2021, § 8c, Rn. 73; *Frotscher, M.*, in: Frotscher/Drüen, KStG-Kommentar, 2021, § 8c, Rn. 187 f.; vgl. zu den Insolvenzantragsgründen nach §§ 17–19 InsO die näheren Ausführungen in Kapitel B. II. dieser Arbeit.

998 Vgl. *Brandis*, in: Blümich, KStG-Kommentar, 2021, § 8c, Rn. 73; *Frotscher, M.*, in: Frotscher/Drüen, KStG-Kommentar, 2021, § 8c, Rn. 188 mit dem Argument, dass die positive Fortführungsprognose nur den Insolvenzrechtstatbestand einschränkt, die für § 8c Abs. 1a KStG maßgebliche Überschuldung als isolierten Tatbestand bestehen bleibt; ebenso *Dötsch/Leibner*, in: D/P/M, KStG-Kommentar, 2021, § 8c, Rn. 321.

999 Vgl. *Frotscher, M.*, in: Frotscher/Drüen, KStG-Kommentar, 2021, § 8c, Rn. 187.

1000 Vgl. *Frotscher, M.*, in: Frotscher/Drüen, KStG-Kommentar, 2021, § 8c, Rn. 174; BT-Drs. 16/13429 v. 17.6.2009, 50.

1001 Vgl. *Brandis*, in: Blümich, KStG-Kommentar, 2021, § 8c, Rn. 74.

S. 3 Nr. 1–3 KStG sind als Voraussetzungen definiert, so dass ein Erhalt der wesentlichen Betriebsstrukturen nur dann vorliegt, wenn einer der Tatbestände erfüllt worden ist.[1002] Nicht vorausgesetzt wird hingegen, dass der Erhalt der wesentlichen Betriebsstrukturen tatsächlich gelingt. Ein späteres Scheitern ist unschädlich, wenn dies nicht bereits im Zeitpunkt der Durchführung der Maßnahme absehbar war.[1003] Die Maßnahmen sind zeitlich gesehen nach dem Beteiligungserwerb durchzuführen, da andernfalls die Beteiligung nicht mit dem Zweck des Erhalts der Betriebsstrukturen erworben werden kann.[1004]

Nach § 8c Abs. 1a S. 3 Nr. 1 KStG wird die wesentliche Betriebsstruktur dann erhalten, wenn die Körperschaft eine geschlossene Betriebsvereinbarung mit einer Arbeitsplatzregelung befolgt. Mit Betriebsvereinbarung ist ein Vertrag i.S.d. § 77 BetrVG gemeint, der zwischen Arbeitgeber und Betriebsrat geschlossen wird und Rechte und Pflichten für die Vertragspartien und darüber hinaus auch die Arbeitnehmer des Betriebs begründet.[1005] Der Hintergrund der Regelung ist, dass wesentliche Betriebsstrukturen dann erhalten werden, wenn die Zahl der Arbeitsplätze nur in angemessener Weise reduziert wird.[1006] Der Gesetzgeber geht also typisierend davon aus, dass durch eine Betriebsvereinbarung mit einer Arbeitsplatzregelung lediglich ein Arbeitsplatzabbau im notwendigen Maße erfolgt.[1007] Voraussetzung ist, dass eine solche Betriebsvereinbarung abgeschlossen wird; inhaltliche Anforderungen werden nicht gestellt.[1008] Somit unterliegt die Betriebsvereinbarung beispielsweise nicht der Anforderung einer Lohnsummenregelung i.S.d nachfolgenden Nr. 2. Auch der zeitliche Horizont ist nicht vorgegeben und daher eigenständig in der Betriebsvereinbarung zu regeln.[1009] Die Regelung enthält keinen zeitlichen Horizont,

---

1002 Vgl. BT-Drs. 16/13429 v. 17.6.2009, 51; OFD NRW, Verfügung v. 20.12.2018, DB 2019, 26 [27], Rn. 12; *Frotscher, M.*, in: Frotscher/Drüen, KStG-Kommentar, 2021, § 8c, Rn. 199.

1003 Vgl. *Frotscher, M.*, in: Frotscher/Drüen, KStG-Kommentar, 2021, § 8c, Rn. 201.

1004 Vgl. *Frotscher, M.*, in: Frotscher/Drüen, KStG-Kommentar, 2021, § 8c, Rn. 196.

1005 Vgl. OFD NRW, Verfügung v. 20.12.2018, DB 2019, 26 [27], Rn. 13.

1006 Vgl. *Frotscher, M.*, in: Frotscher/Drüen, KStG-Kommentar, 2021, § 8c, Rn. 202.

1007 Vgl. *Frotscher, M.*, in: Frotscher/Drüen, KStG-Kommentar, 2021, § 8c, Rn. 203.

1008 Vgl. *Frotscher, M.*, in: Frotscher/Drüen, KStG-Kommentar, 2021, § 8c, Rn. 202; hierzu auch OFD NRW, Verfügung v. 20.12.2018, DB 2019, 26 [27], Rn. 13, wonach es auf Art und Umfang der zu erhaltenden Arbeitsplätze i.R.d. Betriebsvereinbarung nicht ankommt.

1009 Vgl. *Brandis*, in: Blümich, KStG-Kommentar, 2021, § 8c, Rn. 75; *Dötsch/Leibner*, in: D/P/M, KStG-Kommentar, 2021, § 8c, Rn. 328.

in dem die Betriebsvereinbarung nach dem Beteiligungserwerb abgeschlossen sein muss. In der Literatur wird z.T. ein sehr weitgehender zeitlicher Zusammenhang für erforderlich gehalten, wonach die Betriebsvereinbarung vor Ende der Sanierung abgeschlossen sein muss.[1010] Der OFD NRW zufolge kann eine Betriebsvereinbarung i.S.v. § 8c Abs. 1a S. 3 Nr. 1 KStG auch von einer Körperschaft erfüllt werden, die keinen Betriebsrat hat, z.B. weil die Körperschaft zu wenige Arbeitnehmer hat. In diesem Fall können individuelle Vereinbarungen zwischen der Körperschaft und den Arbeitnehmern beschlossen werden, die den Voraussetzungen des § 8c Abs. 1a S. 3 Nr. 1 KStG entsprechen, sofern mehr als die Hälfte der sozialversicherungspflichtigen Arbeitnehmer von der Vereinbarung umfasst werden.[1011] Es muss ein sachlicher Zusammenhang zwischen dem Abschluss der Betriebsvereinbarung und dem Erwerb der Beteiligung vorhanden sein. Dementsprechend kann eine Anschlussvereinbarung nach dem Beteiligungserwerb den sachlichen Zusammenhang herstellen, wenn bereits vor dem Beteiligungserwerb eine Betriebsvereinbarung beschlossen wurde.[1012]

Alternativ oder ergänzend zu dieser Regelung gelten die wesentlichen Betriebsstrukturen als erhalten, wenn die Summe der maßgebenden jährlichen Lohnsummen der Körperschaften innerhalb eines Zeitraums von fünf Jahren nach dem Beteiligungserwerb 400 % der Ausgangslohnsumme nicht unterschritten wird (§ 8c Abs. 1a S. 3 Nr. 2 KStG). Die 400 %-Mindestgrenze in den nach dem Beteiligungserwerb folgenden Jahren bezieht sich auf Zeitjahre und beginnt taggenau mit Überschreitung der 50 %-Grenze.[1013] Dabei ist die Gesamtbetrachtung nach den fünf Jahren maßgeblich, so dass eine jährliche 80 %-Grenze nicht zu erfüllen ist.[1014] Unerheblich ist dabei die Zahl der

1010 Vgl. *Frotscher, M.*, in: Frotscher/Drüen, KStG-Kommentar, 2021, § 8c, Rn. 202.

1011 Vgl. OFD NRW, Verfügung v. 20.12.2018, DB 2019, 26 [27], Rn. 14, dafür spricht auch die Ausführung in Rn. 13, wonach der Nachweis des Erhalts der wesentlichen Betriebsstrukturen auch durch eine Arbeitsplatzregelung in einem Tarifvertrag und/oder Sozialplan vereinbart werden kann.

1012 Vgl. OFD NRW, Verfügung v. 20.12.2018, DB 2019, 26 [27], Rn. 15.

1013 Vgl. OFD NRW, Verfügung v. 20.12.2018, DB 2019, 26 [28], Rn. 16; *Dötsch/Leibner*, in: D/P/M, KStG-Kommentar, 2021, § 8c, Rn. 331.

1014 Vgl. *Brandis*, in: Blümich, KStG-Kommentar, 2021, § 8c, Rn. 76; OFD NRW, Verfügung v. 20.12.2018, DB 2019, 26 [28], Rn. 16, wo bestimmt wird, dass die jährlichen Löhne im Durchschnitt nicht um mehr als 20 % sinken dürfen; möglicherweise a.A. BT-Drs. 16/13429 v. 17.6.2009, 51, wo eine jährliche durchschnittliche Lohnsumme i.H.v. 80 % der Ausgangslohnsumme dargelegt wird.

Arbeitnehmer.[1015] § 8c Abs. 1a S. 3 Nr. 2 KStG verweist zu Vereinfachungszwecken auf die sinngemäße Anwendung des § 13a Abs. 1, S. 3, 4 und Abs. 4 Erbschaftsteuer- und Schenkungsteuergesetz (ErbStG a.F.) (nunmehr § 13a Abs. 3 S. 2, 3, 6 ff. ErbStG n.F.[1016]).[1017] Ausgangslohnsumme i.S.d. § 8c Abs. 1a S. 3 Nr. 2 KStG ist also die durchschnittliche Lohnsumme der letzten fünf vor dem Beteiligungserwerb endenden Wirtschaftsjahre.[1018] Die Lohnsumme muss dabei mehr als 0 Euro betragen und der Betrieb mehr als 20 Arbeitnehmer beschäftigen.[1019] Ist die Lohnsummenregelung des § 8c Abs. 3 S. 3 Nr. 2 KStG auf den konkreten Sachverhalt nicht anwendbar, sind die anderen Voraussetzungen nach § 8c Abs. 2 S. 3 Nr. 1 oder Nr. 3 KStG zu erfüllen, um die Begünstigung in Anspruch nehmen zu können.[1020] Stellt sich nach Ablauf des fünfjährigen Zeitraums heraus, dass die Lohnsummenregelung nicht eingehalten werden und gleichzeitig § 8c Abs. 1a S. 3 Nr. 1 oder Nr. 3 KStG nicht erfüllt werden konnte, entfällt die Anwendung des Sanierungsprivilegs rückwirkend und die Verluste gelten im Zeitpunkt des Beteiligungserwerbs als untergegangen.[1021]

1015 Vgl. *Frotscher, M.*, in: Frotscher/Drüen, KStG-Kommentar, 2021, § 8c, Rn. 206.

1016 Vgl. *Brandis*, in: Blümich, KStG-Kommentar, 2021, § 8c, Rn. 76; *Dötsch/Leibner*, in: D/P/M, KStG-Kommentar, 2021, § 8c, Rn. 333.

1017 Vgl. BT-Drs. 16/13429 v. 17.6.2009, 51.

1018 Vgl. OFD NRW, Verfügung v. 20.12.2018, DB 2019, 26 [28], Rn. 16; *Frotscher, M.*, in: Frotscher/Drüen, KStG-Kommentar, 2021, § 8c, Rn. 207, 210 mit dem Hinweis, dass sich darin auch Rumpfwirtschaftsjahre befinden können, so dass die durchschnittliche Lohnsumme – zugunsten der Körperschaft – geringer ausfallen könnte; a.A. *Brandis*, in: Blümich, KStG-Kommentar, 2021, § 8c, Rn. 76, der von den fünf vor dem Zeitpunkt des Beteiligungserwerbs endenden Kalenderjahren ausgeht.

1019 Vgl. OFD NRW, Verfügung v. 20.12.2018, DB 2019, 26 [28], Rn. 18; *Brandis*, in: Blümich, KStG-Kommentar, 2021, § 8c, Rn. 76; a.A. *Frotscher, M.*, in: Frotscher/Drüen, KStG-Kommentar, 2021, § 8c, Rn. 207, nach deren Auffassung in Fällen, in denen die Ausgangslohnsumme 0 € beträgt und weniger als 20 Beschäftigte im Betrieb sind, ein Nachweis der Erhaltung der wesentlichen Betriebsstrukturen nicht geführten werden müsse, wobei zweifelhaft sei, ob die Finanzverwaltung diese Auslegung akzeptiere.

1020 Vgl. OFD NRW, Verfügung v. 20.12.2018, DB 2019, 26 [28], Rn. 18; *Brandis*, in: Blümich, KStG-Kommentar, 2021, § 8c, Rn. 76; *Dötsch/Leibner*, in: D/P/M, KStG-Kommentar, 2021, § 8c, Rn. 336; a.A. z.B. *Fey/Neyer*, DB 2009, 1368 [1373].

1021 Vgl. *Dötsch/Leibner*, in: D/P/M, KStG-Kommentar, 2021, § 8c, Rn. 336 mit Verweis auf § 175 Abs. 1 S. 1 Nr. 2 AO als verfahrensrechtliche Grundlage für die erforderliche Änderung.

Gem. § 8c Abs. 1a S. 3 Nr. 3 KStG kann die wesentliche Betriebsstruktur dergestalt erhalten werden, dass der Körperschaft durch Einlagen wesentliches Betriebsvermögens zugeführt wird. Mit Einlagen ist die gesellschaftsrechtlich veranlasste Zuführung von außen gemeint, z.B. durch verdeckte Einlage nach § 6 Abs. 1 Nr. 5 EStG, Sacheinlagen nach § 20 Abs. 1 UmwStG oder Kapitalerhöhungen gegen Einlagen.[1022] Nicht umfasst ist beispielsweise eine Verschmelzung oder anderweitige veräußerungsähnliche Vorgänge.[1023] Ebenso wenig führen Kapitalerhöhungen aus Gesellschaftsmitteln oder die Fremdkapitalzuführung nicht zur Erfüllung dieser Voraussetzung.[1024] Um eine wesentliche Betriebsvermögenszuführung handelt es sich nach § 8c Abs. 1a S. 3 Nr. 3 S. 2 KStG, wenn der Körperschaft innerhalb von zwölf Monaten nach dem Beteiligungserwerb neues Betriebsvermögen zugeführt wird, welches der Höhe nach mindestens 25 % des Aktivvermögens entspricht, welches in der Steuerbilanz des vorangegangenen Wirtschaftsjahres ausgewiesen wurde. Um neues Betriebsvermögen handelt es sich, wenn es bisher nicht vorhanden war.[1025] Es kann sich aber auch um gebrauchtes Betriebsvermögen handeln.[1026] Die zwölfmonatige Frist zur Zuführung von neuem Betriebsvermögen beginnt in dem Zeitpunkt, in dem die 50 %-Grenze überschritten wird.[1027] Der Anteil des zuzuführenden Betriebsvermögens reduziert sich anteilig, sofern nur ein Anteil an der Körperschaft erworben wurde (§ 8c Abs. 1a S. 3 Nr. 3 S. 3 KStG). So ist beispielsweise nur 15 % neues Betriebsvermögen zuzuführen, wenn eine Beteiligung i.H.v. 60 % erworben wird.[1028] Eine Veränderung der Passivseite

---

1022 Vgl. *Brandis*, in: Blümich, KStG-Kommentar, 2021, § 8c, Rn. 77.

1023 Vgl. *Brandis*, in: Blümich, KStG-Kommentar, 2021, § 8c, Rn. 77; a.A. zur Verschmelzung in *Frotscher, M.*, in: Frotscher/Drüen, KStG-Kommentar, 2021, § 8c, Rn. 213, wonach eine Verschmelzung geeignet sein kann, Betriebsvermögen zuzuführen, wenn die zu sanierende Körperschaft der aufnehmende Rechtsträger ist; so auch OFD NRW, Verfügung v. 20.12.2018, DB 2019, 26 [28], Rn. 22. Nach *Frotscher, M.*, in: Frotscher/Drüen, KStG-Kommentar, 2021, § 8c, Rn. 214 kann durch eine Upstream-Verschmelzung – im Gegensatz zur einer Downstream- oder Sidestream-Verschmelzung – kein neues Vermögen zugeführt werden; gl.A. *Dötsch/Leibner*, in: D/P/M, KStG-Kommentar, 2021, § 8c, Rn. 338.

1024 Vgl. *Frotscher, M.*, in: Frotscher/Drüen, KStG-Kommentar, 2021, § 8c, Rn. 212.

1025 Vgl. *Brandis*, in: Blümich, KStG-Kommentar, 2021, § 8c, Rn. 77.

1026 Vgl. *Brandis*, in: Blümich, KStG-Kommentar, 2021, § 8c, Rn. 77.

1027 Vgl. OFD NRW, Verfügung v. 20.12.2018, DB 2019, 26 [28], Rn. 27; *Dötsch/Leibner*, in: D/P/M, KStG-Kommentar, 2021, § 8c, Rn. 339.

1028 Vgl. BT-Drs. 16/13429 v. 17.6.2009, 51; OFD NRW, Verfügung v. 20.12.2018, DB 2019, 26 [28], Rn. 20.

des zu sanierenden Unternehmens stellt zwar keine Einlage i.S.v. § 8c Abs. 1a S. 3 Nr. 3 S. 1 KStG dar, allerdings kann gem. § 8c Abs. 1a S. 3 Nr. 3 S. 4 KStG neues Betriebsvermögen auch dergestalt zugeführt werden, dass der Erwerber oder eine ihm nahestehende Person Verbindlichkeiten gegenüber der Körperschaft erlässt. Dies gilt jedoch nur dann, wenn die Verbindlichkeiten werthaltig sind (§ 8c Abs. 1a S. 3 Nr. 3 S. 4 KStG). Eine Werthaltigkeit besteht nur in der Höhe, in der die zu sanierende Körperschaft in der Lage wäre, die Ansprüche zu erfüllen.[1029] Während es auf die Person bei Einlage von Aktivvermögen nicht ankommt, kann der Erlass einer Verbindlichkeit nur vom Erwerber selbst oder einer ihm nahestehenden Person erfolgen.[1030] Der Erlass von Verbindlichkeiten durch Banken oder Lieferanten, unbeachtlich der Werthaltigkeit der Forderung, erfüllt die Voraussetzungen der Zuführung von Betriebsvermögen i.S.v. § 8c Abs. 1a S. 3 Nr. 3 KStG nicht.[1031] Hingegen wird auch der Erlass durch den Erwerber oder einer ihm nahestehenden Person gegen Besserungsschein von der Regelung umfasst. Allerdings ist zu beachten, dass bei Eintritt des Besserungsfalls – beschränkt auf einen Schuldenerlass mit Besserungsschein durch den Erwerber oder einer ihm nahestehende Person – § 8c Abs. 1a S. 3 Nr. 3 S. 5–6 KStG Anwendung findet.[1032] Demnach ist das Aufleben der Verbindlichkeit für Zwecke der Nutzung der Sanierungsklausel schädlich, wenn der Besserungsfall innerhalb von drei Jahren nach Zuführung des Betriebsvermögens eintritt.[1033] Die Zuführung von neuem Betriebsvermögen hat – unabhängig davon, ob das durch eine Einlage oder durch Erlass einer Verbindlichkeit geschieht – innerhalb von zwölf Monaten zu erfolgen. Es handelt sich hierbei nicht um ein Kalenderjahr, sondern um den Zeitraum von 365 Tagen.[1034] Maßgeblicher Zeitpunkt hierfür ist der Erwerb des wirtschaftlichen Eigentums.[1035] Mehrere Einlagevorgänge sind, sofern sie fristgerecht erfolgt sind, aufzuaddieren.[1036] Dabei

---

1029 Vgl. OFD NRW, Verfügung v. 20.12.2018, DB 2019, 26 [28], Rn. 20.

1030 Vgl. OFD NRW, Verfügung v. 20.12.2018, DB 2019, 26 [28], Rn. 26; *Frotscher, M.*, in: Frotscher/Drüen, KStG-Kommentar, 2021, § 8c, Rn. 226.

1031 Vgl. *Frotscher, M.*, in: Frotscher/Drüen, KStG-Kommentar, 2021, § 8c, Rn. 226.

1032 Vgl. *Frotscher, M.*, in: Frotscher/Drüen, KStG-Kommentar, 2021, § 8c, Rn. 227, 234 wonach i. Erg. der Eintritt des Besserungsfalls für Zwecke der Nutzung der Sanierungsregelung im Verhältnis zu anderen Personen unschädlich ist.

1033 Vgl. *Frotscher, M.*, in: Frotscher/Drüen, KStG-Kommentar, 2021, § 8c, Rn. 227.

1034 Vgl. *Frotscher, M.*, in: Frotscher/Drüen, KStG-Kommentar, 2021, § 8c, Rn. 216.

1035 Vgl. *Brandis*, in: Blümich, KStG-Kommentar, 2021, § 8c, Rn. 77; *Frotscher, M.*, in: Frotscher/Drüen, KStG-Kommentar, 2021, § 8c, Rn. 216.

1036 Vgl. *Brandis*, in: Blümich, KStG-Kommentar, 2021, § 8c, Rn. 77; *Frotscher, M.*, in: Frotscher/Drüen, KStG-Kommentar, 2021, § 8c, Rn. 217.

sind auch etwaige Zuführungen durch nahestehende Personen zu berücksichtigen.[1037] Allerdings mindert sich der Wert des zugeführten Betriebsvermögens dann, wenn Leistungen durch die Kapitalgesellschaft innerhalb von drei Jahren nach Zuführung des neuen Betriebsvermögens erbracht wurden (§ 8c Abs. 1a S. 3 Nr. 3 S. 5 KStG). Der Gesetzgeber meinte wohl die Leistungen der Körperschaften[1038] in Form von offenen oder verdeckten Gewinnausschüttungen oder durch Einlagenrückgewähr.[1039] Sofern deshalb die erforderliche Zuführung des neuen Betriebsvermögens nicht mehr erreicht wird, ist die Ausnahmeregelung des § 8c Abs. 1a S. 1 KStG nicht mehr anwendbar und es kommt zum Verlustuntergang (§ 8c Abs. 1a S. 3 Nr. 3 S. 6 KStG). Die Regelung soll verhindern, dass das Vermögen der Körperschaft nicht nachhaltig erhöht wird, in dem nach Inanspruchnahme des Sanierungsprivilegs Einlagen zurückgezahlt werden.[1040] Dem entsprechend sind alle Leistungen einer Körperschaft auf gesellschaftsrechtlicher Grundlage an Gesellschafter oder ihnen nahestehenden Personen schädlich. Dabei muss es sich nicht um eine Leistung der Körperschaft an den Anteilserwerber selbst oder einen anderen einlegenden Gesellschafter handeln; es ist unbeachtlich, an welchen Gesellschafter die Leistung geht.[1041] Der dreijährige Zeitraum beginnt mit Zuführung des neuen Betriebsvermögens und richtet sich nach Zeitjahren, nicht nach Kalenderjahren.[1042] Wird Betriebsvermögen in mehreren Vorgängen hinzugefügt, beginnt die Frist an dem Tag zu laufen, an dem die 25 %-Quote (bzw. eine entsprechend niedrigere Quote bei

---

1037 Vgl. *Brandis*, in: Blümich, KStG-Kommentar, 2021, § 8c, Rn. 77; *Fey/Neyer*, DB 2009, 1368 [1373], zumindest sofern diese werthaltig sind; noch weitgehender hierzu *Frotscher, M.*, in: Frotscher/Drüen, KStG-Kommentar, 2021, § 8c, Rn. 219, wonach alle Einlagen, unabhängig davon, von wem sie zugeführt wurden, zu berücksichtigen seien.

1038 Der im Gesetz verwendete Begriff der Kapitalgesellschaft (§ 8c Abs. 1a S. 3 Nr. 3 S. 5 KStG) wird als redaktionelles Versehen gewertet, so dass vom Begriff der Körperschaft auszugehen ist, vgl. z.B. *Dötsch/Leibner*, in: D/P/M, KStG-Kommentar, 2021, § 8c, Rn. 345.

1039 Vgl. *Brandis*, in: Blümich, KStG-Kommentar, 2021, § 8c, Rn. 77; laut OFD NRW, Verfügung v. 20.12.2018, DB 2019, 26 [29], Rn. 29 gelten als Leistungen in diesem Zusammenhang sämtliche Vermögensabflüsse i.S.d. § 27 Abs. 1 Satz 3 KStG, also auch vGA.

1040 Vgl. *Frotscher, M.*, in: Frotscher/Drüen, KStG-Kommentar, 2021, § 8c, Rn. 229.

1041 Vgl. OFD NRW, Verfügung v. 20.12.2018, DB 2019, 26 [29], Rn. 29 mit Verweis auf die Missbrauchsvermeidungsabsicht der Regelung; *Frotscher, M.*, in: Frotscher/Drüen, KStG-Kommentar, 2021, § 8c, Rn. 229.

1042 Vgl. *Frotscher, M.*, in: Frotscher/Drüen, KStG-Kommentar, 2021, § 8c, Rn. 232.

einem Beteiligungserwerb von weniger als 100 %) erreicht wird.[1043] Eine über die Quote hinausgehende Zuführung weiteren Betriebsvermögens hat keinen Einfluss auf die begonnene dreijährige Frist.[1044]

Der Gesetzgeber bestimmt in § 8c Abs. 1a S. 4 KStG noch abschließend zur Sanierungsklausel, dass keine Sanierung vorliegt, wenn die Körperschaft ihren Geschäftsbetrieb im Zeitpunkt des Beteiligungserwerbs im Wesentlichen eingestellt hat oder ein Branchenwechsel innerhalb von fünf Jahren nach dem Beteiligungserwerb erfolgt. Dabei handelt es sich um abschließend geregelte negative Tatbestandsvoraussetzungen, die der Missbrauchsvermeidung dienen.[1045] Sie sind für jeden Einzelfall gesondert zu prüfen.[1046] Nur wenn eine Gesellschaft tatsächlich saniert wird, soll das Sanierungsprivileg in Anspruch genommen werden können.[1047] Gibt das Unternehmen hingegen seine bisherige Geschäftstätigkeit auf, um anschließend einer neuen Geschäftstätigkeit nachzugehen, soll das Sanierungsprivileg nicht gelten.[1048] Wenn der Gesetzestext bestimmt, dass keine Sanierung vorliegt, wenn der Geschäftsbetrieb im Wesentlichen eingestellt wird, bedeutet das, dass eine völlige Einstellung nicht nötig ist. Vielmehr kann schon dann nicht von einer Sanierung gesprochen werden, wenn nur ein geringfügiger Teil der wirtschaftlichen Aktivitäten verbleibt, die wirtschaftlich nicht ins Gewicht fallen.[1049] Im Hinblick auf einen Branchenwechsel gibt der Gesetzgeber eine Frist von fünf Jahren vor. Dabei bezieht sich der Zeitraum nicht auf Kalender- oder Wirtschaftsjahre, sondern auf 60 Monate.[1050] Die Frist beginnt mit der dinglichen Übertragung der nach § 8c Abs. 1 KStG infrage stehenden Anteile.[1051] Für einen Branchenwechsel spricht es, wenn die Körperschaft ihren Unternehmensgegenstand wechselt, sich der Kundenstamm dadurch ändert und das ursprüngliche Betriebsvermögen für Zwecke des neuen Geschäftsbetriebs nicht mehr verwendet werden

1043 Vgl. *Frotscher, M.*, in: Frotscher/Drüen, KStG-Kommentar, 2021, § 8c, Rn. 232; *Dötsch/Leibner*, in: D/P/M, KStG-Kommentar, 2021, § 8c, Rn. 340.

1044 Vgl. *Frotscher, M.*, in: Frotscher/Drüen, KStG-Kommentar, 2021, § 8c, Rn. 232.

1045 Vgl. *Brandis*, in: Blümich, KStG-Kommentar, 2021, § 8c, Rn. 78; *Frotscher, M.*, in: Frotscher/Drüen, KStG-Kommentar, 2021, § 8c, Rn. 239.

1046 Vgl. OFD NRW, Verfügung v. 20.12.2018, DB 2019, 26 [29], Rn. 31.

1047 Vgl. *Frotscher, M.*, in: Frotscher/Drüen, KStG-Kommentar, 2021, § 8c, Rn. 239.

1048 Vgl. *Frotscher, M.*, in: Frotscher/Drüen, KStG-Kommentar, 2021, § 8c, Rn. 239.

1049 Vgl. *Frotscher, M.*, in: Frotscher/Drüen, KStG-Kommentar, 2021, § 8c, Rn. 240, 242; *Dötsch/Leibner*, in: D/P/M, KStG-Kommentar, 2021, § 8c, Rn. 351.

1050 Vgl. *Frotscher, M.*, in: Frotscher/Drüen, KStG-Kommentar, 2021, § 8c, Rn. 243; *Dötsch/Leibner*, in: D/P/M, KStG-Kommentar, 2021, § 8c, Rn. 352.

1051 Vgl. *Frotscher, M.*, in: Frotscher/Drüen, KStG-Kommentar, 2021, § 8c, Rn. 243.

kann.[1052] Fraglich ist, ob die „Bestrafung“ eines Branchenwechsels sinnvoll ist, da das Unternehmen offenkundig in der bisherigen Form nicht weitergeführt werden kann.[1053] So sollte die Regelung zum Branchenwechsel dergestalt teleologisch reduziert werden, dass die Fortführung des Geschäftsbetriebs in einer neuen Branche unschädlich sein soll, solange keine Änderungen von personellen oder sachlichen Ressourcen erfolgt.[1054] Derzeit gilt allerdings noch, dass § 8c Abs. 1 KStG Anwendung findet, wenn der Geschäftsbetrieb im Zeitpunkt des Beteiligungserwerbs im Wesentlichen eingestellt oder ein Branchenwechsel erfolgt ist.

c. Verhältnis zwischen § 8c KStG und den Sanierungsvorschriften

§ 8c Abs. 2 KStG sieht vor, dass die Reihenfolge der Verlustverrechnungsmöglichkeiten nach § 3a Abs. 3 EStG nur auf den verbleibenden nicht genutzten Verlust anzuwenden ist, der nach dem Verlustuntergang i.S.v. § 8c Abs. 1 KStG vorhanden ist. § 8c KStG ist mithin vorrangig vor dem § 3a EStG anzuwenden. Die Regelung hat dem Gesetzgeber zufolge lediglich klarstellenden Charakter.[1055] Die vorrangige Anwendung des § 8c KStG gilt unabhängig davon, ob der schädliche Beteiligungserwerb vor oder nach einem begünstigten Schuldenerlass i.S.v. § 3a EStG stattgefunden hat.[1056] Während also dem § 3a Abs. 3 S. 1 EStG eine Gesamtjahresbetrachtung zugrunde liegt, verfolgt § 8c KStG eine Stichtagsbetrachtung.[1057] Im Ergebnis ist § 3a EStG erst im letzten Schritt anzuwenden.[1058] Die Vorrangregelung soll der Gesetzesbegründung zufolge einer rechtssicheren und administrativ nachvollziehbaren Anwendung dienen.[1059] Diese Praktikabilität kommt besonders in Fällen zum Tragen, in denen mehrere

---

1052 Vgl. *Frotscher, M.*, in: Frotscher/Drüen, KStG-Kommentar, 2021, § 8c, Rn. 244.

1053 Vgl. *Brandis*, in: Blümich, KStG-Kommentar, 2021, § 8c, Rn. 78 m.w.N.

1054 Vgl. *Suchanek/Herbst*, Ubg 2019, 146 [150]; *Dötsch/Leibner*, in: D/P/M, KStG-Kommentar, 2019, § 8c, Rn. 351.

1055 Vgl. BT-Drs. 18/12128 v. 26.4.2017, 34.

1056 Vgl. BT-Drs. 18/12128 v. 26.4.2017, 34; *Brandis*, in: Blümich, KStG-Kommentar, 2021, § 8c, Rn. 79; *Dötsch/Leibner*, in: D/P/M, KStG-Kommentar, 2021, § 8c, Rn. 372.

1057 Vgl. BT-Drs. 18/12128 v. 26.4.2017, 34; *Brandis*, in: Blümich, KStG-Kommentar, 2021, § 8c, Rn. 79; *Dötsch/Leibner*, in: D/P/M, KStG-Kommentar, 2021, § 8c, Rn. 372; *Pohl*, GmbH-StB 2019, 135 [139].

1058 Vgl. BT-Drs. 18/12128 v. 26.4.2017, 34; *Brandis*, in: Blümich, KStG-Kommentar, 2021, § 8c, Rn. 79.

1059 Vgl. BT-Drs. 18/12128 v. 26.4.2017, 34.

schädliche Beteiligungserwerbe und Schuldenerlasse durchgeführt werden; denn eine genaue Zuordnung der Verlustbeträge zu den jeweiligen Zeitpunkten ist wegen der Vorrangregelung nicht mehr notwendig.[1060] Sowohl der Verlustuntergang nach § 8c Abs. 1 KStG als auch die Verlustrettungsregelungen wie z.B. die Konzernklausel oder Stille-Reserven-Klausel gehen der Vorschrift des § 3a EStG vor. Es ist also auch möglich, dass Verlustvorträge aufgrund der Ausnahmeregelungen in § 8c KStG vor dem Untergang bewahrt wurden, diese aber später nach § 3a Abs. 3 EStG untergehen können.[1061] Würde im Rahmen einer Sanierung ein Anteilseignerwechsel von mehr als 50 % vorgenommen und es käme gleichzeitig zu einem Schuldenerlass durch die Gläubiger des zu sanierenden Unternehmens, gingen – bei Nichtvorliegen der Voraussetzungen der Sanierungsregelung nach § 8c Abs. 1a KStG oder der Stillen-Reserven-Klausel – die Verluste gänzlich unter. Bei dieser Fallgestaltung würde die Regelung des § 3a EStG, also der Steuerbefreiung von Sanierungsgewinnen mit einhergehender Verlustkürzung nach § 3a Abs. 3 EStG, ins Leere laufen.[1062]

Liegen hingegen die Voraussetzungen der Sanierungsklausel vor, blieben die Verluste zunächst erhalten und gingen dann ggf. im Rahmen des § 3a Abs. 3 EStG unter.[1063] Ein nachträglicher Untergang der verschonten Verluste ist auch dergestalt möglich, dass aufgrund von § 3a Abs. 3 S. 2 Nr. 12 EStG (Rücktrag negativer Einkünfte i.S.v. § 10d Abs. 1 S. 1 EStG aus dem Folgejahr in das Sanierungsjahr) ein nach dem Sanierungsjahr geretteter Verlust durch einen vorausgegangenen Sanierungsertrag vernichtet wird.

Das Verhältnis der Vorrangregelung nach § 8c Abs. 2 KStG ist in Bezug auf die Stille-Reserven-Klausel nach § 8c Abs. 1 S. 5 ff. KStG dagegen schon komplexer. Ein Zusammentreffen der Regelungen kommt in Betracht, wenn nach einem schädlichen Beteiligungserwerb eine Sanierung des Verlustunternehmens vollzogen wird. Dabei können verschiedene Fallgestaltungen auftreten, die unterschiedliche Effekte auslösen: Verfügt die Verlustgesellschaft über ausreichend stille Reserven, werden die vorhandenen Verluste zunächst durch die Stille-Reserven-Klausel gerettet. Sie können dann allerdings (teilweise) untergehen, wenn Sanierungsmaßnahmen durchgeführt werden, die in den Anwendungsbereich des § 3a EStG fallen und die Verlustkürzung nach § 3a

---

1060 Vgl. BT-Drs. 18/12128 v. 26.4.2017, 34; *Brandis*, in: Blümich, KStG-Kommentar, 2021, § 8c, Rn. 79; *Pohl*, GmbH-StB 2019, 135 [139].

1061 Vgl. *Dötsch/Leibner*, in: D/P/M, KStG-Kommentar, 2021, § 8c, Rn. 372.

1062 Vgl. *Dötsch/Leibner*, in: D/P/M, KStG-Kommentar, 2021, § 8c, Rn. 373.

1063 Vgl. *Dötsch/Leibner*, in: D/P/M, KStG-Kommentar, 2021, § 8c, Rn. 373.

Abs. 3 EStG zur Anwendung kommt.[1064] Entsprechen die verschonten Verluste der Höhe nach dem geminderten Sanierungsertrag und die Mindestbesteuerung ist nicht einschlägig, dann substituieren sich die Stille-Reserven-Klausel nach § 8c Abs. 1 S. 5 ff. KStG und der § 3a EStG dergestalt, dass beide Regelungen zu einer Steuerfreiheit des geminderten Sanierungsertrags durch Verbrauch von Verlusten führen.[1065] In diesem Fall ist es nicht notwendig, dass der Steuerpflichtige die Voraussetzungen der Stille-Reserven-Klausel und der Sanierungsklausel erfüllt.[1066] Die Rettung von Verlusten durch die Stille-Reserven-Klausel kann außerdem vorteilhaft sein, wenn die Sanierung verschiedene Maßnahmen umfasst, die zu steuerfreien (§ 3a EStG-begünstigt) und steuerpflichtigen Sanierungserträgen führt. Allerdings mindern sich in diesem Fall zunächst die durch die Stille-Reserven-Klausel geretteten Verlustvorträge in Höhe des geminderten steuerfreien Sanierungsertrags, so dass ggf. keine Verlustvorträge mehr zur Verrechnung mit steuerpflichtigen Sanierungserträgen zur Verfügung stehen. Eine vorrangige Verrechnung von geretteten Verlustvorträgen mit steuerpflichtigen Sanierungserträgen ist nicht möglich.[1067] In Sachverhalten mit ausreichend stillen Reserven kommen den ertragsteuerlichen Regelungen zur Steuerfreiheit von Sanierungserträgen eine eigenständige Bedeutung zu, sofern die Vorschriften der Mindestbesteuerung eingreifen. Hierbei bleiben die Sanierungserträge ohne Rücksicht auf die Mindestbesteuerung steuerfrei.[1068] Unabhängig von der Stille-Reserven-Klausel sind die Regelungen der Steuerfreiheit von Sanierungserträgen immer dann höchst relevant, wenn die steuerfreien Sanierungserträge betragsmäßig höher sind als die abziehbaren Verluste im ESt-, KSt- und/oder GewSt-Recht.[1069]

Verfügt die Verlustgesellschaft über keine stillen Reserven, kann die Stille-Reserven-Klausel nicht angewendet werden und die Verluste gehen nach § 8c Abs. 1 S. 1 KStG unter. Ohne § 3a EStG wären Sanierungsgewinne in diesem Fall nicht mehr mit Verlusten verrechenbar, mithin steuerpflichtig, was Sanierungsbestrebungen behindern könnte.[1070] Auch die Anwendung des § 3a EStG ändert nicht die Tatsache, dass die Verluste nach § 8c Abs. 1 S. 1 KStG

1064 Vgl. *Förster/Hechtner*, DB 2019, 10 [16]; *Dötsch/Leibner*, in: D/P/M, KStG-Kommentar, 2021, § 8c, Rn. 374.

1065 Vgl. *Förster/Hechtner*, DB 2019, 10 [16].

1066 Vgl. *Förster/Hechtner*, DB 2019, 10 [16].

1067 Vgl. *Förster/Hechtner*, DB 2019, 10 [16].

1068 Vgl. *Förster/Hechtner*, DB 2019, 10 [16].

1069 Vgl. *Förster/Hechtner*, DB 2019, 10 [16].

1070 Vgl. *Förster/Hechtner*, DB 2019, 10 [16].

untergegangen sind.[1071] Allerdings stellt die Regelung den geminderten Sanierungsertrag dann ohne Untergang von Verlustverrechnungspotenzialen steuerfrei. Die Regelungen zur Steuerfreiheit von Sanierungsgewinnen ersetzt hier also vollständig den Nachteil des Untergangs nicht genutzter Verluste nach § 8c KStG.[1072]

Verfügt die Verlustkörperschaft über stille Reserven, die lediglich einen Teil der Verluste vor dem Untergang schützen, wird § 3a Abs. 3 EStG nur auf die verbleibenden Verluste angewendet. In Sachverhaltskonstellationen, in denen die Stille-Reserven-Klausel einen Teil der durch den schädlichen Beteiligungserwerb unterzugehen drohenden Verluste rettet, kann ein im selben Jahr entstandener steuerfreier Sanierungsertrag die zunächst verschonten Verluste untergehen lassen.[1073] Sofern die Möglichkeit besteht, die Entstehung steuerfreier Sanierungserträge zeitlich vorzuziehen, oder durch die bewusste Aufdeckung stiller Reserven, können noch ungeschmälert vorhandene Verluste genutzt werden, bevor diese durch einen schädlichen Beteiligungserwerb (teilweise) untergehen.[1074] In diesem Zusammenhang ist der teilweise Erhalt von Verlusten insbesondere deshalb erstrebenswert, weil die spätere tatsächliche Aufdeckung stiller Reserven bei der Gesellschaft grundsätzlich zu einer Steuerpflicht führt.[1075] Insgesamt darf bei der Thematik des Vorrangs des § 8c KStG gegenüber dem § 3a EStG nicht vergessen werden, dass § 3a Abs. 3 EStG seine Wirkung nicht nur periodenübergreifend entfaltet, sondern zusätzlich nicht nur die Verluste bei dem zu sanierenden Unternehmen untergehen lässt, sondern auch die Verluste von nahestehenden Personen bedroht.[1076]

1071 Vgl. *Dötsch/Leibner*, in: D/P/M, KStG-Kommentar, 2021, § 8c, Rn. 374.

1072 Vgl. *Förster/Hechtner*, DB 2019, 10 [16].

1073 *Förster/Hechtner* sprechen hierbei von einer negativ kumulierenden Wirkung der Stille-Reserven-Klausel und der Steuerfreiheit von Sanierungserträgen, vgl. *Förster/Hechtner*, DB 2019, 10 [16] mit Fallbeispiel auf nachfolgender Seite.

1074 Vgl. *Förster/Hechtner*, DB 2019, 10 [17] unter dem Beispiel mit Ausführungen zu den Möglichkeiten, diese additive Wirkung zu verhindern.

1075 Vgl. *Förster/Hechtner*, DB 2019, 10 [17]; *Dötsch/Leibner*, in: D/P/M, KStG-Kommentar, 2021, § 8c, Rn. 374.

1076 Vgl. *Förster/Hechtner*, DB 2019, 10 [17].

3. Fortführungsgebundener Verlustvortrag bei Körperschaften, § 8d KStG

Ein Verweis auf § 3a EStG findet sich auch in § 8d Abs. 1 S. 9 KStG wieder und betrifft Körperschaften, die einen fortführungsgebundenen Verlustvortrag haben. Die Regelung des § 8d KStG erlaubt unter Erfüllung einer Reihe von Voraussetzung die Nichtanwendung des § 8c KStG (einschließlich der Nichtanwendung der Stille-Reserven-Klausel[1077]). Es handelt sich dabei um den Versuch des Gesetzgebers, neben der Stille-Reserven- und Konzernklausel die weitgehende Verlustuntergangsregelung des § 8c KStG zu entschärfen.[1078] Konzeptionell macht § 8d KStG die weitere Verlustnutzung vom Fortbestehen des konkreten Geschäftsbetriebs abhängig.[1079] Ein zukünftiger Verlustausgleich soll also nur noch in dem Geschäftsbetrieb möglich sein, in dem der Verlust erwirtschaftet wurde.[1080] Der Gesetzgeber beabsichtigte die Beseitigung steuerliche Hemmnisse in Bezug auf Unternehmensfinanzierungen durch Anteilseignerwechsel und Gesellschafter-Neueintritten. Insbesondere sog. Start-Up-Unternehmen, die typischerweise Anlaufverluste vorweisen, sind im Blickfeld dieser Regelung.[1081] Mit der Neuregelung des § 8d KStG sollen also nunmehr steuerliche Verluste weiterhin für die Körperschaft nutzbar bleiben, wenn der Geschäftsbetrieb nach einem Anteilseignerwechsel erhalten wird und eine anderweitige Verlustnutzung ausgeschlossen ist.[1082] Dabei tritt die Regelung neben die Konzern- und Stille-Reserven-Klausel des § 8c KStG hinzu und rettet steuerliche Verluste, wenn sie nicht durch diese Ausnahmeregelungen erhalten bleiben.[1083] Die Vorschrift gilt über § 10a S. 10 GewStG auch für die Gewerbesteuer und gem. § 8a Abs. 1 S. 3 KStG für den Zinsvortrag. § 8d KStG findet auch Anwendung auf Verluste aus besonderen Verlustverrechnungskreisen wie

---

1077 Vgl. BMF v. 18.3.2021, BStBl. I 2021, 363, Rn. 49.

1078 Vgl. BT-Drs. 18/9986 v. 17.10.2016, 1; *Brandis*, in: Blümich, KStG-Kommentar, 2021, § 8d, Rn. 21; *Dötsch/Leibner*, in: D/P/M, KStG-Kommentar, 2021, § 8d, Rn. 2; *Frotscher, M.*, in: Frotscher/Drüen, KStG-Kommentar, 2021, § 8d, Rn. 1.

1079 Vgl. *Brandis*, in: Blümich, KStG-Kommentar, 2021, § 8d, Rn. 21; *Dötsch/Leibner*, in: D/P/M, KStG-Kommentar, 2021, § 8d, Rn. 2.

1080 Vgl. *Brandis*, in: Blümich, KStG-Kommentar, 2021, § 8d, Rn. 21.

1081 Vgl. BT-Drs. 18/9986, 1, 9; *Brandis*, in: Blümich, KStG-Kommentar, 2021, § 8d, Rn. 22; *Dötsch/Leibner*, in: D/P/M, KStG-Kommentar, 2021, § 8d, Rn. 3.

1082 Vgl. BT-Drs. 18/9986 v. 17.10.2016, 1; *Dötsch/Leibner*, in: D/P/M, KStG-Kommentar, 2021, § 8d, Rn. 6.

1083 Vgl. *Dötsch/Leibner*, in: D/P/M, KStG-Kommentar, 2021, § 8d, Rn. 6.

z.B. §§ 2a, 2b, 15 Abs. 4, 15b EStG oder ähnlichen ausgleichs- und verrechnungsbeschränkten Verlusten.[1084]

Gem. § 8d Abs. 1 S. 1 KStG ist auf Antrag des Steuerpflichtigen § 8c KStG nicht anzuwenden, wenn die Körperschaft seit ihrer Gründung oder alternativ seit dem Beginn des dritten Veranlagungszeitraums, der dem Veranlagungszeitraum vorausgeht, in dem der schädliche Beteiligungserwerb stattfindet, ausschließlich derselbe Geschäftsbetrieb unterhalten wird („Beobachtungszeitraum A“[1085] bis zum schädlichen Beteiligungserwerb). Zusätzlich darf in diesem Zeitraum bis zum Schluss des Veranlagungszeitraums des schädlichen Beteiligungserwerbs kein schädliches Ereignis i.S.v. § 8d Abs. 2 KStG eingetreten sein („Beobachtungszeitraum B“[1086]). Tatbestandlich setzt § 8d KStG also zunächst einen schädlichen Beteiligungserwerb i.S.v. § 8c Abs. 1 S. 1 oder 2 KStG voraus.[1087] Ein schädlicher Beteiligungserwerb in diesem Sinne liegt nicht vor, wenn beispielsweise die Konzernklausel nach § 8c Abs. 1 S. 4 oder die Sanierungsklausel nach § 8c Abs. 1a KStG greift.[1088] Anders sieht das bei der Stille-Reserven-Klausel i.S.v. § 8c Abs. 1 S. 5 ff. KStG aus, denn hier findet grundsätzlich ein schädlicher Beteiligungserwerb statt, lediglich die negativen Rechtsfolgen in Form des Verlustuntergangs treten nicht ein.[1089] Auf Antrag des Steuerpflichtigen kommen die Rechtsfolgen des § 8c KStG, also der

---

1084 Vgl. BMF v. 18.3.2021, BStBl. I 2021, 363, Rn. 2.

1085 BMF v. 18.3.2021, BStBl. I 2021, 363, Rn. 13.

1086 BMF v. 18.3.2021, BStBl. I 2021, 363, Rn. 13.

1087 Vgl. *Brandis*, in: Blümich, KStG-Kommentar, 2021, § 8d, Rn. 35; *Dötsch/Leibner*, in: D/P/M, KStG-Kommentar, 2021, § 8d, Rn. 10; *Förster/von Cölln*, DStR 2017, 8 [9]; *Frotscher, M.*, in: Frotscher/Drüen, KStG-Kommentar, 2021, § 8d, Rn. 3.

1088 Vgl. BMF v. 18.3.2021, BStBl. I 2021, 363, Rn. 5; *Förster/von Cölln*, DStR 2017, 8 [9]; ebenso *Frotscher, M.*, in: Frotscher/Drüen, KStG-Kommentar, 2021, § 8d, Rn. 7.

1089 Vgl. BMF v. 18.3.2021, BStBl. I 2021, 363, Rn. 6, wonach der Steuerpflichtige ein Wahlrecht zwischen Anwendung der Stille-Reserven-Klausel oder Antragstellung nach § 8d KStG hat, wenn die stillen Reserven nicht ausreichen, die Verlustvorträge gänzlich zu erhalten; *Frotscher, M.*, in: Frotscher/Drüen, KStG-Kommentar, 2021, § 8d, Rn. 8 unter Hinweis auf die Nachteiligkeit der Antragstellung nach § 8d KStG, wenn die vorhandenen stillen Reserven den gesamten Verlust erhalten, da der fortführungsgebundene Verlustvortrag deutlich strengeren Voraussetzungen unterliegt als ein sonstiger Verlust. Kann die Stille-Reserven-Klausel lediglich einen Teil der Verluste retten, führt die Antragstellung nach § 8d KStG dazu, dass sämtliche – auch die durch die Stille-Reserven-Klausel verschonten Verluste – zu fortführungsgebundenen Verlustvorträgen werden und den entsprechenden Einschränkungen des § 8d KStG unterliegen.

Verlustuntergang, nicht zur Anwendung, sofern der konkrete Geschäftsbetrieb aufrechterhalten wird. Dafür muss entsprechend ein aktiver Geschäftsbetrieb vorhanden sein, der bereits für eine gewisse Dauer besteht, ohne dass ein schädliches Ereignis i.S.v. § 8d Abs. 2 KStG vor dem schädlichen Beteiligungserwerb und danach bis zum Ende des Veranlagungszeitraums, in dem der Beteiligungserwerb stattgefunden habt, eingetreten ist.[1090] Der vor dem schädlichen Beteiligungserwerb vorgelagerte Beobachtungszeit umfasst drei Veranlagungszeiträume, so dass auch durch Einfügung eines Rumpfwirtschaftsjahres der gesetzlich vorgesehene dreijährige Zeitraum nicht verkürzt werden kann.[1091] Der Beobachtungszeitraum erstreckt sich also insgesamt über vier Veranlagungszeiträume: Veranlagungszeitraum des schädlichen Beteiligungserwerb zuzüglich der drei vorangegangenen Veranlagungszeiträume und mithin vier Kalenderjahre.[1092] Dies gilt jedoch nicht, wenn die Gründung der Körperschaft weniger als drei Veranlagungszeiträume vor dem Veranlagungszeitraum der Antragstellung liegt und sich der dreijährige Zeitraum entsprechend verkürzt.[1093] In diesem Beobachtungszeitraum bis zum Ende des Veranlagungszeitraums des schädlichen Beteiligungserwerbs darf kein Ereignis i.S.v. § 8d Abs. 2 KStG stattgefunden haben.

§ 8d Abs. 2 KStG definiert Ereignisse, die zum Untergang des fortführungsgebundenen Verlustvortrags führen. Dies gilt gem. § 8d Abs. 2 S. 1 KStG z.B. dann, wenn der Geschäftsbetrieb vom Steuerpflichtigen eingestellt wird, wobei die Stille-Reserven-Klausel nach Maßgabe des § 8c Abs. 1 S. 5–8 KStG in Bezug auf die zum Schluss des vorangegangenen Veranlagungszeitraums vorhandenen stillen Reserven entsprechend Anwendung findet. Der Einstellung des Geschäftsbetriebs stehen gleich die Ruhendstellung des Geschäftsbetriebs, die Zuführung des Geschäftsbetriebs einer andersartigen Zweckbestimmung oder die Aufnahme eines zusätzlichen Geschäftsbetriebs (§ 8d Abs. 2 S. 2 Nr. 1–3 KStG). Ebenso geht der fortführungsgebundene Verlustvortrag unter, wenn sich die Körperschaft an einer Mitunternehmerschaft beteiligt, die Stellung eines Organträgers i.S.v. § 14 Abs. 1 KStG einnimmt oder Wirtschaftsgüter auf

---

1090 Vgl. *Brandis*, in: Blümich, KStG-Kommentar, 2021, § 8d, Rn. 35.

1091 Vgl. *Dötsch/Leibner*, in: D/P/M, KStG-Kommentar, 2021, § 8d, Rn. 10.

1092 Vgl. *Dötsch/Leibner*, in: D/P/M, KStG-Kommentar, 2021, § 8d, Rn. 10, 16; *Förster/von Cölln*, DStR 2017, 8 [11].

1093 Vgl. *Dötsch/Leibner*, in: D/P/M, KStG-Kommentar, 2021, § 8d, Rn. 10, 16; *Frotscher, M.*, in: Frotscher/Drüen, KStG-Kommentar, 2021, § 8d, Rn. 49, wonach der maßgebliche Zeitraum der kürzere von beiden ist.

die Körperschaft übertragen werden, die zu einem geringeren als dem gemeinen Wert angesetzt werden (§ 8d Abs. 2 S. 2 Nr. 4–6 KStG). § 8d Abs. 2 KStG konkretisiert also auf der einen Seite eine in § 8d Abs. 1 normierte Tatbestandsvoraussetzung für die Umwandlung der Verluste in einen fortführungsgebundenen Verlustvortrag („wenn […] bis zum Schluss des Veranlagungszeitraums des schädlichen Beteiligungserwerbs kein Ereignis im Sinne von Absatz 2 stattgefunden hat"), gleichzeitig bestimmt Absatz 2 die Voraussetzungen, die nach der Umwandlung zum fortführungsgebundenen Verlustvortrag so lange einzuhalten sind, wie die Körperschaft über fortführungsgebundene Verlustvorträge verfügt, um einen Untergang derer zu verhindern.

Gem. § 8d Abs. 1 S. 2 KStG kommt eine Verlustrettung nicht in Betracht für Verluste, die aus der Zeit vor einer Einstellung oder Ruhendstellung des Geschäftsbetriebs herrühren (§ 8d Abs. 1 S. 2 Nr. 1 KStG), oder wenn die betreffende Körperschaft zu Beginn des dritten Veranlagungszeitraums, der dem Veranlagungszeitraums eines schädlichen Beteiligungserwerbs vorausgeht, an einer Mitunternehmerschaft beteiligt oder Organträger ist (§ 8d Abs. 1 S. 2 Nr. 2 KStG). In Bezug auf die Verluste aus der Zeit vor einer Einstellung oder Ruhendstellung des Geschäftsbetriebs ist die Anwendung des § 8d KStG eingeschränkt und lediglich die Altverluste können nicht gerettet werden.[1094] Die Verlustrettung durch § 8d KStG ist hingegen in Fällen des § 8d Abs. 1 S. 2 Nr. 2 KStG insgesamt ausgeschlossen.[1095]

Mehrfach wird i.R.d. § 8d KStG auf den Geschäftsbetrieb abgestellt, so dass es sich um die zentrale Größe dieser Regelung handelt.[1096] Die Regelung fordert die Unterhaltung ausschließlich desselben Geschäftsbetriebs. Dieses Erfordernis muss in Bezug auf die Vergangenheit für den vorgelagerten Beobachtungszeitraum gem. § 8d Abs. 1 S. 1 und S. 2 KStG erfüllt werden als auch für die Zukunft, da es zwingende Voraussetzung für den Erhalt des Verlustvortrags ist.[1097] Der Gesetzgeber will damit sicherstellen, dass die Körperschaft Verluste zu einem späteren Zeitpunkt nur mit Gewinnen aus demselben Geschäftsbetrieb verrechnen kann.[1098] § 8d Abs. 1 S. 3 KStG definiert den Geschäftsbetrieb

1094 Vgl. *Dötsch/Leibner,* in: D/P/M, KStG-Kommentar, 2021, § 8d, Rn. 18 f.

1095 Vgl. *Dötsch/Leibner,* in: D/P/M, KStG-Kommentar, 2021, § 8d, Rn. 18, ausführlich zu den kritischen Meinungen in der Literatur s. Rn. 20.

1096 Vgl. BT-Drs. 18/9986 v. 17.10.2016, 13; *Dötsch/Leibner,* in: D/P/M, KStG-Kommentar, 2021, § 8d, Rn. 32.

1097 Vgl. *Dötsch/Leibner,* in: D/P/M, KStG-Kommentar, 2021, § 8d, Rn. 32.

1098 Vgl. BT-Drs. 18/9986 v. 17.10.2016, 13; *Dötsch/Leibner,* in: D/P/M, KStG-Kommentar, 2021, § 8d, Rn. 33.

i.S.d. Norm als „von einer einheitlichen Gewinnerzielungsabsicht getragenen, nachhaltigen, sich gegenseitig ergänzenden und fördernden Betätigung der Körperschaft", der sich nach qualitativen Merkmalen in der Gesamtbetrachtung bestimmt. Zu den qualitativen Merkmalen gehören insbesondere die angebotenen Dienstleistungen bzw. Produkte, der Kunden- und Lieferantenkreis, die bedienten Märkte sowie die Qualifikation der Arbeitnehmer (§ 8d Abs. 1 S. 4 KStG). Diese Aufzählung der qualitativen Merkmale ist beispielhafter Natur und kein abschließender Katalog.[1099] Bei dem Begriff des Geschäftsbetriebs handelt es sich um einen neu eingeführten Rechtsbegriff, der in der Praxis zum einen mit einer aufwändigen rechtlichen Prüfung einhergeht als auch zu erhöhter Rechtsunsicherheit führt.[1100] Das Erfordernis einer einheitlichen Gewinnerzielungsabsicht ist wohl dahingehend zu verstehen, dass dauerdefizitäre Betätigungen nicht vom Anwendungsbereich des § 8d KStG gedeckt werden sollen.[1101] Die Eigenschaft einer nachhaltigen Betätigung der Körperschaft ist erfüllt, wenn es sich um eine wiederkehrende Tätigkeit handelt oder sie zumindest auf Wiederholung angelegt ist.[1102] Streitanfällig und nicht der Rechtssicherheit dienend ist insbesondere das Erfordernis der sich ergänzenden und fördernden Betätigungen.[1103] Der Gesetzesbegründung nach soll ein rein

---

1099 Vgl. BMF v. 18.3.2021, BStBl. I 2021, 363, Rn. 17; *Dötsch/Leibner*, in: D/P/M, KStG-Kommentar, 2021, § 8d, Rn. 34, da der Gesetzgeber das Wort „insbesondere" vor der Aufzählung verwendet; *Frotscher, M.*, in: Frotscher/Drüen, KStG-Kommentar, 2021, § 8d, Rn. 10, 24, aus dem Begriff „insbesondere" wird hier zusätzlich abgeleitet, dass die aufgezählten qualitativen Merkmale bevorzugt zu betrachten sind.

1100 Vgl. *Dötsch/Leibner*, in: D/P/M, KStG-Kommentar, 2021, § 8d, Rn. 36; *Förster/von Cölln*, DStR 2017, 8 [10] u.a. mit dem Hinweis, dass der (enger gefasste) Begriff des Geschäftsbetriebs vom Begriff des Gewerbebetriebs abzugrenzen ist. Es handelt sich um einen normspezifisch auszulegenden Begriff, der nicht identisch ist mit dem Begriff des Geschäftsbetriebs z.B. nach § 8c Abs. 1a S. 1 KStG.

1101 Vgl. *Dötsch/Leibner*, in: D/P/M, KStG-Kommentar, 2021, § 8d, Rn. 36; differenzierter *Frotscher, M.*, in: Frotscher/Drüen, KStG-Kommentar, 2021, § 8d, Rn. 15, wonach § 8d KStG auch für eine dauerdefizitäre Einrichtung gelten kann, sofern eine Gewinnerzielungsabsicht vorliegt. Lediglich die Unterhaltung von Körperschaften mit der Absicht, Verluste zu erzielen, solle vom Anwendungsbereich des § 8d KStG ausgeschlossen werden.

1102 Vgl. *Dötsch/Leibner*, in: D/P/M, KStG-Kommentar, 2021, § 8d, Rn. 36; *Frotscher, M.*, in: Frotscher/Drüen, KStG-Kommentar, 2021, § 8d, Rn. 20.

1103 Vgl. *Dötsch/Leibner*, in: D/P/M, KStG-Kommentar, 2021, § 8d, Rn. 36.

organisatorischer und finanzieller Zusammenhang, beispielsweise durch eine einheitliche Verwaltung oder Buchführung hierfür nicht ausreichend sein.[1104]

Für die Anwendung des § 8d KStG hat die Verlustkörperschaft einen Antrag zu stellen.[1105] Der Antrag ist in der Steuererklärung für die Veranlagung des Veranlagungszeitraums zu stellen, in dem der schädliche Beteiligungserwerb stattfindet (§ 8d Abs. 1 S. 5 KStG). Hat die Körperschaft ein vom Kalenderjahr abweichendes Wirtschaftsjahr, ist der Antrag in der Steuererklärung für den Veranlagungszeitraum zu stellen, in dem das Wirtschaftsjahr endet, in dem der schädliche Beteiligungserwerb vollzogen wird.[1106] Ein Automatismus, der die Anwendung des § 8d KStG vorsieht, besteht entsprechend nicht. Es handelt sich vielmehr um ein Wahlrecht des Steuerpflichtigen, ob er die Grundregelung des § 8c KStG oder die Ausnahmeregelung des § 8d KStG zur Anwendung kommen lassen will.[1107] Der Antrag nach § 8d KStG ist im Rahmen der Körperschaftsteuererklärung zu stellen.[1108] Vom Antragsrecht kann letztlich für körperschaft- und gewerbesteuerliche Zwecke nur einheitlich Gebrauch gemacht werden.[1109] Darüber hinaus bezieht sich der Antrag nach § 8d Abs. 1 S. 5 KStG grundsätzlich auf den Gesamtverlust des Steuerpflichtigen und kann nicht auf einen Teil der Verluste beschränkt werden.[1110] Sofern die Voraussetzungen des § 8d KStG von der Körperschaft erfüllt sind und der Antrag nach Maßgabe des § 8d Abs. 1 S. 5 KStG wirksam gestellt wurde, ist gem. § 8d Abs. 1 S. 1 KStG die Verlustuntergangsregelung des § 8c KStG nicht anzuwenden und der verbleibende Verlustvortrag wird gem. § 8d Abs. 1 S. 6 KStG zum Schluss des Veranlagungszeitraums, in den der schädliche Beteiligungserwerb fällt, zu einem fortführungsgebundenen Verlustvortrag. Die Antragstellung auf Anwendung des § 8d KStG muss nicht zwangsläufig vorteilhaft sein für den Steuerpflichtigen und

---

1104 Vgl. BT-Drs. 18/10495 v. 30.11.2016, 11; ebenso BMF v. 18.3.2021, BStBl. I 2021, 363, Rn. 22.

1105 Vgl. BT-Drs. 18/9986 v. 17.10.2016, 12; *Frotscher, M.*, in: Frotscher/Drüen, KStG-Kommentar, 2021, § 8d, Rn. 147.

1106 Vgl. BMF v. 18.3.2021, BStBl. I 2021, 363, Rn. 9.

1107 Vgl. *Dötsch/Leibner*, in: D/P/M, KStG-Kommentar, 2021, § 8d, Rn. 21; *Förster/von Cölln*, DStR 2017, 8 [9]; *Frotscher, M.*, in: Frotscher/Drüen, KStG-Kommentar, 2021, § 8d, Rn. 2, 146.

1108 Vgl. BMF v. 18.3.2021, BStBl. I 2021, 363, Rn. 10; *Frotscher, M.*, in: Frotscher/Drüen, KStG-Kommentar, 2021, § 8d, Rn. 147.

1109 Vgl. BT-Drs. 18/9986 v. 17.10.2016, 13; *Dötsch/Leibner*, in: D/P/M, KStG-Kommentar, 2021, § 8d, Rn. 25.

1110 Vgl. *Dötsch/Leibner*, in: D/P/M, KStG-Kommentar, 2021, § 8d, Rn. 27.

sollte daher nur unter sorgfältiger Abwägung aller Gegebenheiten des Einzelfalls und der Rechtsfolgen der §§ 8c, 8d KStG erfolgen.[1111] So ist zu bedenken, dass § 8d KStG hohe Anforderungen dahingehend stellt, dass bei der Körperschaft kein schädliches Ereignis i.S.v. § 8d Abs. 2 KStG stattfindet. Das gilt insofern für einen unbestimmten Zeitraum, als es einen solchen Verlustvortrag noch gibt und er nicht zwischenzeitlich vom Steuerpflichtigen aufgebraucht wurde.[1112] Während § 8c KStG bei einem unterjährigen schädlichen Beteiligungserwerb „nur" die bis zu diesem Zeitpunkt nicht genutzten Verluste untergehen lässt, werden gem. § 8d KStG die zusätzlich bis zum Ende des Veranlagungszeitraums entstandenen Verluste zu einem fortführungsgebundenen Verlustvortrag umqualifiziert.[1113] Allerdings ist es auch möglich, nicht genutzte Verluste aus dem Vorjahr mit dem gesamten laufenden Gewinn des Jahres, in dem der schädliche Beteiligungserwerb stattgefunden hat, zu verrechnen, so dass im Ergebnis ein insgesamt geringerer Teil zum fortführungsgebundenen Verlustvortrag umqualifiziert wird als von § 8c KStG gewollt.[1114] Insbesondere bei Vorhandensein stiller Reserven ist zu prüfen, ob die Inanspruchnahme der Stille-Reserven-Klausel nach § 8c Abs. 1 S. 5 ff. KStG oder die Anwendung von § 8d KStG vorteilhafter ist.[1115]

Der fortführungsgebundene Verlustvortrag ist nach § 8d Abs. 1 S. 7 KStG gesondert auszuweisen und festzustellen, wobei § 10d Abs. 4 EStG entsprechend gilt. Das gilt auch für den verbleibenden gewerbesteuerlichen Fehlbetrag zum Ende des Erhebungszeitraums nach § 10a S. 10 Hs. 1, S. 6 GewStG und nach § 8a Abs. 1 S. 3 KStG für den verbleibenden Zinsvortrag am Ende des Wirtschaftsjahres, in dem der schädliche Beteiligungserwerb stattgefunden hat.[1116] Ebenso sind Verluste nach §§ 2a, 15 Abs. 4, 15a, 15b EStG und ähnliche Verluste bei der gesonderten Verlustfeststellung als fortführungsgebundene Verluste gesondert auszuweisen und festzustellen.[1117]

1111 Vgl. *Dötsch/Leibner*, in: D/P/M, KStG-Kommentar, 2021, § 8d, Rn. 30; *Frotscher, M.*, in: Frotscher/Drüen, KStG-Kommentar, 2021, § 8d, Rn. 146.

1112 Vgl. *Dötsch/Leibner*, in: D/P/M, KStG-Kommentar, 2021, § 8d, Rn. 30.

1113 Vgl. *Dötsch/Leibner*, in: D/P/M, KStG-Kommentar, 2021, § 8d, Rn. 30, 40; *Förster/von Cölln*, DStR 2017, 8 [14]; *Frotscher, M.*, in: Frotscher/Drüen, KStG-Kommentar, 2021, § 8d, Rn. 77.

1114 Vgl. *Dötsch/Leibner*, in: D/P/M, KStG-Kommentar, 2021, § 8d, Rn. 40.

1115 Vgl. *Dötsch/Leibner*, in: D/P/M, KStG-Kommentar, 2021, § 8d, Rn. 31.

1116 Vgl. *Förster/von Cölln*, DStR 2017, 8 [14].

1117 Vgl. BMF v. 18.3.2021, BStBl. I 2021, 363, Rn. 55; a.A: *Förster/von Cölln*, DStR 2017, 8 [14].

Generiert das Unternehmen in den folgenden Jahren weitere Verluste, handelt es sich bei diesen nicht um fortführungsgebundene Verlustvorträge.[1118] Vielmehr kann es zu zwei parallel existierenden Verlustvorträgen kommen, die jeweils gesondert festzustellen und fortzuschreiben sind.[1119] Daher regelt § 8d Abs. 1 S. 8 KStG, dass der fortführungsgebundene Verlustvortrag im Rahmen der Verwendungsreihenfolge vor dem nach § 10d Abs. 4 EStG festgestellten Verlustvortrag – unter Beachtung der Mindestbesteuerung[1120] – abzuziehen ist. Dies gilt entsprechend bei Anwendung des § 3a Abs. 3 EStG (§ 8d Abs. 1 S. 9 KStG). Die Regelung stellt zum einen klar, dass der fortführungsgebundene Verlustvortrag nach § 8d KStG überhaupt von § 3a Abs. 3 EStG umfasst ist.[1121] Zum anderen wird klargestellt, dass die bestehenden fortführungsgebundenen Verlustvorträge bei Anwendung des § 3a Abs. 3 EStG vorrangig zu mindern sind.[1122] Hat beispielsweise eine Gesellschaft nun fortführungsgebundene Verlustvorträge und fällt bei dieser ein Sanierungsertrag an, so wird – in Verwendungsreihenfolge des § 3a Abs. 3 S. 2 EStG – zunächst der laufende Verlust im Sanierungsjahr gemindert (§ 3a Abs. 3 S. 2 Nr. 8 EStG), anschließend nach Maßgabe des § 3a Abs. 3 S. 2 Nr. 10 EStG der zum Ende des Vorjahres gesondert festgestellte Verlustvortrag, allerdings hierbei zunächst der fortführungsgebundene Verlustvortrag i.S.v. § 8d KStG und erst danach mindert sich der „normale" zum Ende des Vorjahres gesondert festgestellte Verlustvortrag nach § 3a Abs. 3 S. 2 Nr. 10 EStG.[1123]

Treffen die Regelungen zum fortführungsgebundenen Verlustvortrag nach § 8d KStG und die Vorschriften zur Steuerfreiheit von Sanierungserträgen

---

1118 Vgl. *Frotscher, M.*, in: Frotscher/Drüen, KStG-Kommentar, 2021, § 8d, Rn. 78, 86; *Förster/von Cölln*, DStR 2017, 8 [15].

1119 Vgl. *Frotscher, M.*, in: Frotscher/Drüen, KStG-Kommentar, 2021, § 8d, Rn. 86; *Förster/von Cölln*, DStR 2017, 8 [15].

1120 Str., ob ein fortführungsgebundener Verlustvertrag ebenso rück- und vortragsfähig und im Rahmen der Mindestbesteuerung verrechenbar ist wie andere Verlustvorträge; Bejahend: BMF v. 18.3.2021, BStBl. I 2021, 363, Rn. 56; *Förster/von Cölln*, DStR 2017, 8 [15]; *Frotscher, M.*, in: Frotscher/Drüen, KStG-Kommentar, 2020, § 8d, Rn. 85; a.A. *Dötsch/Leibner*, in: D/P/M, KStG-Kommentar, 2021, § 8d, Rn. 46 mit der Begründung, § 8d Abs. 1 S. 8 verweise bloß auf § 10d Abs. 4 EStG, nicht hingegen auf die Vorschrift zur Mindestbesteuerung nach § 10d Abs. 2 EStG.

1121 Vgl. *Pohl*, GmbH-StB 2019, 135 [139].

1122 Vgl. *Dötsch/Leibner*, in: D/P/M, KStG-Kommentar, 2021, § 8d, Rn. 46a; *Pohl*, GmbH-StB 2019, 135 [139] mit Fallbeispiel.

1123 Vgl. *Dötsch/Leibner*, in: D/P/M, KStG-Kommentar, 2021, § 8d, Rn. 46a; *Förster/Hechtner*, DB 2019, 10 [18].

nach § 3a EStG zusammen, sind verschiedene Faktoren bei der Entscheidung über eine Antragstellung einzubeziehen. Eines Antrags nach § 8d KStG bedarf es beispielsweise nicht, wenn § 3a EStG bzw. § 7b GewStG den entstehenden fortführungsgebundenen Verlustvortrag durch Verrechnung mit einem steuerfreien Sanierungsertrag neutralisieren würde.[1124] Das setzt voraus, dass der steuerfreie Sanierungsertrag den entstehenden fortführungsgebundenen Verlustvortrag übersteigt. Ein Antrag nach § 8d KStG erscheint hingegen sinnvoll, wenn der fortführungsgebundene Verlustvortrag den steuerfreien Sanierungsertrag übersteigt. In diesem Fall könnte der Differenzbetrag – unter Beachtung der Mindestbesteuerung[1125] – zwecks Verrechnung mit steuerpflichtigen Sanierungserträgen genutzt werden.[1126] Zusätzlich sollte eine Antragstellung für die Umwandlung in den fortführungsgebundenen Verlustvortrag dann in Betracht gezogen werden, wenn die Stille-Reserven-Klausel nicht sämtliche Verluste vor ihrem Untergang verschonen kann und daher eine Verlustvernichtung nach § 8c Abs. 1 KStG und § 3a Abs. 3 bei dem Unternehmen selbst oder bei Dritten droht.[1127]

4. Gewinnermittlung bei Organschaften, § 15 KStG

Die in diesem Abschnitt bisher erläuterten Regelungen haben vorwiegend Gesellschaften in der Rechtsform einer Kapitalgesellschaft betroffen. § 15 S. 1 Nr. 1a KStG ordnet die teilweise Anwendung des § 3a EStG auf Ebene des Organträgers an, sofern die Organgesellschaft das zu sanierende Unternehmen ist. Diese Regelung kann auch Organträger treffen, die in der Form einer Personengesellschaft geführt werden; denn gem. § 14 Abs. 1 Nr. 2 S. 2 KStG kann auch eine Personengesellschaft i.S.v. § 15 Abs. 1 S. 1 Nr. 2 EStG Organträger sein. Somit kann diese Vorschrift Auswirkungen für Kapitalgesellschaften und Mitunternehmerschaften haben.

Die Regelung zur Steuerfreiheit von Sanierungserträgen nach § 3a EStG hat auch Folgen für die Gewinnermittlung bei Organschaften. Der Gesetzgeber hat in § 15 S. 1 Nr. 1 und Nr. 1a KStG Verweise auf die Vorschriften des §§ 3a, 3c Abs. 4 EStG aufgenommen. Grundsätzlich normiert § 15 KStG die Anweisung oder den Ausschluss bestimmter Vorschriften, die bei Bestehen einer Organschaft bei der Einkommensermittlung auf Ebene der Organgesellschaft,

1124 Vgl. *Förster/Hechtner*, DB 2019, 10 [17].
1125 Str., vgl. hierzu Fußnote 1120.
1126 Vgl. *Förster/Hechtner*, DB 2019, 10 [17].
1127 Vgl. *Förster/Hechtner*, DB 2019, 10 [17].

zunehmend aber auch bei dem Organträger, anzuwenden sind.[1128] Erforderlich sind Korrekturen bei der Einkommensermittlung, vor allem auf Ebene der Organgesellschaft, aufgrund der Besonderheiten einer Organschaft.[1129] Abgesehen von diesen Sonderregelungen sieht § 15 S. 1 KStG grundsätzlich eine Anwendung der allgemeinen Vorschriften zur Einkommensermittlung, insbesondere § 8 KStG bei Organschaften vor.[1130] Der sachliche Geltungsbereich dieser Norm setzt ein körperschaftsteuerlich wirksames Organschaftsverhältnis gem. § 14 KStG voraus.[1131] Der persönliche Anwendungsbereich umfasst Organträger und Organgesellschaften und damit nicht nur Körperschaftsteuersubjekte, sondern auch Subjekte der Einkommensteuer.[1132] Ob § 15 KStG auch für die gewerbesteuerliche Organschaft anzuwenden ist, ist nicht unstreitig. § 2 Abs. 2 S. 2 GewStG verweist jedenfalls nicht auf die Anwendung des § 15 KStG. Abgesehen davon enthält das GewStG einige Sondervorschriften, die sich mit in § 15 KStG zusammenhängenden Fragen beschäftigen, wie z.B. § 10a S. 3 GewStG, der ebenso wie § 15 S. 1 Nr. 1 KStG das Thema Verluste behandelt oder § 7a GewStG, der wie § 15 S. 1 Nr. 2 KStG eine Regelung zur Ermittlung des Gewerbeertrags bzw. Einkommens einer Organgesellschaft normiert.[1133] *Krumm* zufolge könne angesichts dieser Verweisungen nicht bezweifelt werden, dass § 15 KStG auch im Rahmen einer gewerbesteuerlichen Organschaft Anwendung findet.[1134]

Die Anwendung der Regelungen zur Steuerfreiheit von Sanierungserträgen erfolgt bei Vorhandensein einer Organschaft auf zwei Ebenen.[1135] Organträger

---

1128 Vgl. *Krumm*, in: Blümich, KStG-Kommentar, 2021, § 15, Rn. 1; *Neumann*, in: Gosch, KStG-Kommentar, 2020, § 15, Rn. 1.

1129 Vgl. *Frotscher, G.*, in: Frotscher/Drüen, KStG-Kommentar, 2021, § 15, Rn. 1.

1130 Vgl. *Frotscher, G.*, in: Frotscher/Drüen, KStG-Kommentar, 2021, § 15, Rn. 1; *Walter*, in: Bott/Walter, KStG-Kommentar, 2021, § 15, Rn. 1.

1131 Vgl. *Krumm*, in: Blümich, KStG-Kommentar, 2021, § 15, Rn. 4. Mit Ausnahme des § 15 S. 1 Nr. 1a S. 3 KStG, der Anwendung findet, wenn keine Organschaft mehr besteht.

1132 Vgl. *Krumm*, in: Blümich, KStG-Kommentar, 2021, § 15, Rn. 4.

1133 Vgl. *Krumm*, in: Blümich, KStG-Kommentar, 2021, § 15, Rn. 7.

1134 Vgl. *Krumm*, in: Blümich, KStG-Kommentar, 2021, § 15, Rn. 7.

1135 Dies ist jedoch fraglich in Bezug auf mehrstufige Organschaften. Die Literatur ist hierzu uneinig, ob §§ 3a, 3c Abs. 4 EStG i.V.m. § 15 S. 1 Nr. 1a KStG nur im unmittelbaren Organschaftsverhältnis – und nicht darüber hinaus auch in einer mehrstufigen Organschaft – Anwendung findet. Bejahend: *Hasbach/Oesterwinter/Fahje*, DB 2020, 1249 [1253]; *Pohl*, GmbH-StB 2019, 135 [137 f.]; a.A. *Frotscher, G.*, in: Frotscher/Drüen, KStG-Kommentar, 2021, § 15, Rn. 24b.

und Organgesellschaft haben ihr Einkommen vor der Zurechnung getrennt und damit eigenständig zu ermitteln.[1136] Damit finden die Regelungen des § 3a bzw. § 3c Abs. 4 EStG im Falle einer Sanierung getrennte Anwendung bei Organträger und Organgesellschaft.[1137] Das gilt auch für die Gewerbesteuer, so dass der Gewerbeertrag bei Organgesellschaft und Organträger getrennt ermittelt wird und der Gewerbeertrag der Organgesellschaft nach § 2 Abs. 2 S. 2 GewStG dem Organträger zugerechnet wird.[1138] Die Vorschriften des § 15 S. 1 Nr. 1 S. 2–3, Nr. 1a KStG haben für einen zu sanierenden Organträger jedoch keine Bedeutung. Vielmehr knüpfen die Regelungen an eine zu sanierende Organgesellschaft an und regeln insbesondere die Verlustverrechnung mit einem Sanierungsertrag.[1139]

Das Zusammenspiel der Vorschriften zu Steuerfreiheit von Sanierungserträgen und der Regelungen zu Organschaften lässt sich zunächst dem Überblick halber wie nachfolgend in Tabelle 9 zusammenfassend darstellen:

1136 Vgl. *Krumm*, in: Blümich, KStG-Kommentar, 2021, § 15, Rn. 15.

1137 Vgl. BT-Drs. 18/12128 v. 26.4.2017, 35; *Krumm*, in: Blümich, KStG-Kommentar, 2021, § 15, Rn. 15; *Dötsch/Krämer/Pung*, in: D/P/M, KStG-Kommentar, 2021, § 15, Rn. 18c.

1138 Vgl. *Hasbach/Oesterwinter/Fahje*, DB 2020, 1249 [1250].

1139 Vgl. *Neumann*, in: Gosch, KStG-Kommentar, 2020, § 15, Rn. 14a.

Tabelle 9: Prüfschema zur Berechnung des wirtschaftlich steuerfreien Sanierungsertrags bei Organschaften

Organgesellschaft		Sanierungsertrag der OG i.S.v. § 3a Abs. 1 S. 1 EStG
	-	Aufwendungen der OG aus dem Sanierungsjahr bzw. aus den vorherigen VZ, die grds. dem Abzugsverbot nach § 3c Abs. 4 EStG unterliegen (§ 3a Abs. 3 S. 1 EStG)
	=	**Geminderter Sanierungsertrag i.S.v. § 3a Abs. 3 S. 1 EStG** (= Höchstgrenze für den Untergang von Steuerminderungspotenzialen)
	-	Minderungen der laufenden und vororganschaftlichen Verluste, Zins- und EBITDA-Vorträge bei der OG (§ 15 S. 1 Nr. 1 S. 2 KStG)
	=	**Geminderter Sanierungsertrag**
Nahestehende Person	-	Minderung von Verlusten, abziehbaren Aufwendungen, negativen Einkünften sowie Zins- und EBITDA-Vorträgen einer nahestehenden Person, wenn diese die Schulden zuvor auf die OG übertragen hat und zu einem späteren Zeitpunkt zu Sanierungszwecke erlässt (§ 3a Abs. 3 S. 3 EStG)
	=	**Verbleibender Sanierungsertrag (§ 3a Abs. 3 S. 4 EStG)** (= Dem OT zuzurechnender Sanierungsertrag)
Organträger	-	Anwendung von § 3a Abs. 3 S. 2, 3, 5 EStG bei dem Organträger gem. § 15 S. 1 Nr. 1a S. 1 KStG
	=	**Verbleibender Sanierungsertrag**
	-	Nachträgliche Sanierungsaufwendungen der OG i.S.v. § 3c Abs. 4 S. 4 EStG gem. § 15 S. 1 Nr. 1 S. 3 KStG (max. in Höhe des verbleibenden Sanierungsertrags)
	=	**Wirtschaftlich steuerfreier Sanierungsertrag**

Die Einbeziehung des Organträgers mit dem Untergang von dessen Steuerminderungspotenzialen ergibt sich nur dann, wenn nach Verrechnung des geminderten Sanierungsertrags mit den laufenden Verlusten sowie den vororganschaftlichen Verlusten, Zins- und EBITDA-Vorträgen auf Ebene der Organgesellschaft und gegebenenfalls nach Maßgabe des § 3a Abs. 3 S. 3 EStG einer der Organgesellschaft nahestehenden Person ein verbleibender Sanierungsertrag vorhanden ist. Andernfalls erfolgt keine Zurechnung zu dem Organträger, so dass auch auf Ebene des Organträgers keine Verluste untergehen können.[1140]

Dass auf Ebene der Organgesellschaft die vororganschaftlichen Verluste in Sanierungsfällen überhaupt untergehen können, ergibt sich aus § 15 S. 1 Nr. 1

1140 Vgl. *Dötsch/Krämer/Pung*, in: D/P/M, KStG-Kommentar, 2021, § 15, Rn. 180.

S. 2 KStG. Grundsätzlich bestimmt § 15 S. 1 Nr. 1 S. 1 KStG zunächst, dass ein Verlustabzug i.S.v. § 10d EStG bei einer Organgesellschaft nicht zulässig ist. In zeitlicher Hinsicht bezieht sich diese Regelung auf Verluste der Organgesellschaft, die vor oder nach Bestehen einer Organschaft entstanden sind.[1141] Die Nichtanwendung des § 10d EStG bei der selbstständigen Einkommensermittlung der Organgesellschaft verhindert zum einen, dass vorvertragliche Verluste die Gewinne der Organgesellschaft mindern und dem Organträger zugerechnet werden.[1142] Vororganschaftliche Verluste können demnach nicht innerhalb des Organkreises genutzt werden.[1143] Der Verlustvortrag geht jedoch nicht unter, sondern wird „eingefroren". Er kann nach Beendigung der Organschaft wieder aufleben und mit Gewinnen, die nach der Organschaft entstehen, verrechnet werden.[1144] Die vor Organschaftsbeginn entstandenen Verluste sind folglich jährlich in unveränderter Höhe nach Maßgabe des § 10d Abs. 4 EStG gesondert festzustellen.[1145] Zum anderen können nachorganschaftliche Verluste nicht in die Zeit zurückgetragen werden, in der eine körperschaftsteuerliche Organschaft bestanden hat.[1146] Zu dem Abzugsverbot von Verlusten bei Organgesellschaften gem. § 15 S. 1 Nr. 1 KStG können alle Arten von Verlusten in Betracht kommen, losgelöst von der Frage, ob sie unbeschränkt oder eingeschränkt zu berücksichtigen sind. Daher können zu den Verlusten auch solche nach §§ 2a, 15 Abs. 4, 15a, 15b EStG oder ein fortführungsgebundener Verlustvortrag nach

---

1141 Vgl. *Krumm*, in: Blümich, KStG-Kommentar, 2021, § 15, Rn. 10; *Frotscher, G.*, in: Frotscher/Drüen, KStG-Kommentar, 2021, § 15, Rn. 8, 10; *Dötsch/Krämer/Pung*, in: D/P/M, KStG-Kommentar, 2021, § 15, Rn. 1.

1142 Vgl. *Krumm*, in: Blümich, KStG-Kommentar, 2021, § 15, Rn. 10; *Frotscher, G.*, in: Frotscher/Drüen, KStG-Kommentar, 2021, § 15, Rn. 8; *Dötsch/Krämer/Pung*, in: D/P/M, KStG-Kommentar, 2021, § 15, Rn. 3.

1143 Vgl. *Krumm*, in: Blümich, KStG-Kommentar, 2021, § 15, Rn. 10.

1144 Vgl. *Krumm*, in: Blümich, KStG-Kommentar, 2021, § 15, Rn. 10; *Neumann*, in: Gosch, KStG-Kommentar, 2020, § 15, Rn. 5; *Dötsch/Krämer/Pung*, in: D/P/M, KStG-Kommentar, 2021, § 15, Rn. 5.

1145 Vgl. *Krumm*, in: Blümich, KStG-Kommentar, 2021, § 15, Rn. 10; *Frotscher, G.*, in: Frotscher/Drüen, KStG-Kommentar, 2021, § 15, Rn. 21; *Dötsch/Krämer/Pung*, in: D/P/M, KStG-Kommentar, 2021, § 15, Rn. 5.

1146 Vgl. *Krumm*, in: Blümich, KStG-Kommentar, 2021, § 15, Rn. 10; *Neumann*, in: Gosch, KStG-Kommentar, 2020, § 15, Rn. 2; *Frotscher, G.*, in: Frotscher/Drüen, KStG-Kommentar, 2021, § 15, Rn. 9; *Dötsch/Krämer/Pung*, in: D/P/M, KStG-Kommentar, 2021, § 15, Rn. 5; zur Vermeidung der Rechtsfolgen des § 15 S. 1 Nr. 1 S. 1 KStG vgl. *Krumm*, in: Blümich, KStG-Kommentar, 2021, § 15, Rn. 12.

§ 8d KStG gehören.[1147] Auf Ebene des Organträgers können negative Einkommen hingegen nach § 10d EStG vor- und zurückgetragen werden.[1148] Auch die vor- und nachorganschaftlichen Verluste des Organträgers können ohne Einschränkung des § 15 S. 1 Nr. 1 S. 1 KStG genutzt werden.[1149]

§ 15 S. 1 Nr. 1 S. 2 KStG bestimmt dann, dass das zuvor Dargestellte – die Unzulässigkeit des Verlustabzugs i.S.v. § 10d EStG bei Organgesellschaften (§ 15 S. 1 Nr. 1 S. 1 EStG) – der Anwendung von § 3a EStG nicht entgegensteht. Daraus folgt, dass zwecks Vermeidung einer Doppelbegünstigung auf Ebene der Organgesellschaft ein steuerfreier Sanierungsertrag mit – sofern vorhanden – eingefrorenen vororganschaftlichen Verlusten gem. § 3a Abs. 3 S. 2 Nr. 10 EStG zu verrechnen ist.[1150] Auf Ebene der Organgesellschaft kommen aufgrund des Organschaftsverhältnisses neben den vororganschaftlichen Verlusten lediglich noch die laufenden Verluste des Sanierungsjahres zur Verlustverrechnung in Betracht sowie die vororganschaftlichen Zins- und EBITDA-Vorträge.[1151] Der laufende Verlust der Organgesellschaft kann sich durch die verpflichtende Ausübung steuerlicher Wahlrechte im Sanierungs- und Folgejahr gewinnmindernd auswirken.[1152] Dass sich der laufende Verlust der Organgesellschaft im Sanierungsjahr zunächst bei dieser mindernd auswirkt und nicht erst mit

---

1147 Vgl. *Dötsch/Krämer/Pung*, in: D/P/M, KStG-Kommentar, 2021, § 15, Rn. 6; i. Erg. ebenso *Krumm*, in: Blümich, KStG-Kommentar, 2021, § 15, Rn. 13 mit ausführlicherer Darstellung des Meinungsstreits; *Frotscher, G.*, in: Frotscher/Drüen, KStG-Kommentar, 2021, § 15, Rn. 11.

1148 Vgl. *Neumann*, in: Gosch, KStG-Kommentar, 2020, § 15, Rn. 2; *Dötsch/Krämer/Pung*, in: D/P/M, KStG-Kommentar, 2021, § 15, Rn. 9; *Frotscher, G.*, in: Frotscher/Drüen, KStG-Kommentar, 2021, § 15, Rn. 9.

1149 Vgl. *Dötsch/Krämer/Pung*, in: D/P/M, KStG-Kommentar, 2021, § 15, Rn. 9; *Krumm*, in: Blümich, KStG-Kommentar, 2021, § 15, Rn. 10.

1150 Vgl. *Krumm*, in: Blümich, KStG-Kommentar, 2021, § 15, Rn. 15; *Frotscher, G.*, in: Frotscher/Drüen, KStG-Kommentar, 2021, § 15, Rn. 24; *Dötsch/Krämer/Pung*, in: D/P/M, KStG-Kommentar, 2021, § 15, Rn. 18d; *Neumann*, in: Gosch, KStG-Kommentar, 2020, § 15, Rn. 14b, der diesen Normbefehl als sachgerecht erachtet; *Pohl*, GmbH-StB 2019, 135 [136].

1151 Vgl. *Frotscher, G.*, in: Frotscher/Drüen, KStG-Kommentar, 2021, § 15, Rn. 24.

1152 Vgl. *Hasbach/Oesterwinter/Fahje*, DB 2020, 1249 [1251], mit dem Hinweis, dass die steuerlichen Wahlrechte nur auf Ebene der zu sanierenden Organgesellschaft, nicht bei dem Organträger, auszuüben sind.

Einkünften des Organträgers zu verrechnen ist, ist der Gesetzesbegründung zu entnehmen.[1153] Zur Verdeutlichung dient nachfolgendes Beispiel[1154]:

Die Organgesellschaft A erzielt im Jahr 01 einen steuerfreien Sanierungsertrag i.H.v. 300.000 € und hat damit im wirtschaftlichen Zusammenhang stehende Aufwendungen i.H.v. 50.000 €. Der Verlust der Organgesellschaft im laufenden Sanierungsjahr beträgt 100.000 €. Aus vororganschaftlichen Zeiten besteht noch ein „eingefrorener" Verlust i.H.v. 125.000 €. Die Übertragung von Schulden unter Erfüllung der weiteren Voraussetzungen des § 3a Abs. 3 S. 3 EStG durch eine nahestehende Person auf die Organgesellschaft ist nicht erfolgt. Der verbleibende Sanierungsertrag nach § 3a Abs. 3 S. 4 EStG, der dem Organträger nach § 15 S. 1 Nr. 1a S. 1 KStG zuzurechnen ist, errechnet sich wie folgt:

Tabelle 10: Beispielberechnung zur Anwendung von § 3a EStG bei Organschaftsverhältnis und Vorhandensein vororganschaftlicher Verluste

Organgesellschaft A		
	Sanierungsertrag der OG i.S.v. § 3a Abs. 1 S. 1 EStG	300.000 €
-	Aufwendungen der OG aus dem Sanierungsjahr bzw. aus den vorherigen VZ, die dem Abzugsverbot nach § 3c Abs. 4 EStG unterliegen (§ 3a Abs. 3 S. 1 EStG)	50.000 €
=	**Geminderter Sanierungsertrag i.S.v. § 3a Abs. 3 S. 1 EStG** (= Höchstgrenze für den Untergang von Steuerminderungspotenzialen)	**250.000 €**
-	Minderungen der laufenden und vororganschaftlichen Verluste, Zins- und EBITDA-Vorträge bei der OG (§ 15 S. 1 Nr. 1 S. 2 KStG)	225.000 €
	- Laufender Verlust des Sanierungsjahres (§ 3a Abs. 3 S. 2 Nr. 8 EStG)	100.000 €
	- Vororganschaftliche Verluste (§ 3a Abs. 3 S. 2 Nr. 10 EStG i.V.m. § 15 S. 1 Nr. 1 KStG)	125.000 €
	- Vororganschaftliche Zins- und EBITDA-Vorträge (§ 3a Abs. 3 S. 2 Nr. 13 EStG).	- €
=	**Verbleibender Sanierungsertrag (§ 3a Abs. 3 S. 4 EStG)** (= Dem OT zuzurechnender Sanierungsertrag)	**25.000 €**

1153 Vgl. BT-Drs. 18/12128 v. 26.4.2017, 35; so auch *Dötsch/Krämer/Pung*, in: D/P/M, KStG-Kommentar, 2021, § 15, Rn. 18ff.; *Frotscher, G.*, in: Frotscher/Drüen, KStG-Kommentar, 2021, § 15, Rn. 24; so i. Erg. auch *Pohl*, GmbH-StB 2019, 135 [136]; *Hasbach/Oesterwinter/Fahje*, DB 2020, 1249 [1252], wonach Wortlaut und Systematik des § 3a Abs. 3 S. 2 EStG und § 15 S. 1 Nr. 1a KStG auch die Auslegungsvariante zulässt, dass der laufende Verlust der zu sanierenden Organgesellschaft auf Ebene des Organträgers zu verrechnen sein könnte.

1154 Beispiel in Anlehnung an *Pohl*, GmbH-StB 2019, 135 [136 f.].

Auf Ebene der Organgesellschaft A geht zunächst – in Einklang mit der Gesetzesbegründung – der laufende Verlust des Sanierungsjahres unter. Anschließend gehen bei ihr die „eingefrorenen" vororganschaftlichen Verluste unbeachtlich des § 15 S. 1 Nr. 1 S. 1 KStG gem. § 3a Abs. 3 S. 2 Nr. 10 EStG (i.V.m. § 15 S. 1 Nr. 1 KStG) unter.

Im Falle eines verbleibenden Sanierungsertrags bei der Organgesellschaft (und nach einer möglichen Verrechnung mit Steuerminderungspotenzial bei einem nahestehenden Dritten) wird dieser nach Maßgabe des § 14 Abs. 1 S. 1 KStG dem Organträger zugerechnet. Die Steuerfreiheit wirkt sich dann auf Ebene des Organträgers, nicht bei der Organgesellschaft, aus.[1155] Zur Verhinderung einer Mehrfachbegünstigung – auch auf Ebene des Organträgers – beinhaltet § 15 S. 1 Nr. 1a KStG Regelungen, die eine Anwendung des § 3a Abs. 3 S. 2, 3 und 5 EStG auch bei dem Organträger vorsieht. Ausgehend von dem zugerechneten verbleibenden Sanierungsertrag sind nach Maßgabe des § 3a Abs. 3 S. 2 Nr. 1–13 EStG die Verlustverrechnungspotenziale des Organträgers zu mindern. Dabei ist unerheblich, woher die Steuerminderungspotenziale des Organträgers herrühren. Es kann sich also um eigene Verluste des Organträgers handeln oder solche, die dem Organträger aus zugerechneten Verlusten der zu sanierenden Organgesellschaft oder aus einer anderen Organgesellschaft zugerechnet wurden.[1156]

Welcher Betrag der maßgebliche Sanierungsertrag für die steuerliche Behandlung auf Ebene der Organgesellschaft ist, richtet sich hierbei nach § 15 S. 1 Nr. 1 S. 3 KStG.[1157] Dabei bedient sich der Gesetzgeber umständlicher Weise einer Verweiskette auf § 3c Abs. 4 S. 4 EStG und § 15 S. 1 Nr. 1a KStG. Beide Regelungen knüpfen letztendlich an die Rechengröße des verbleibenden Sanierungsertrags i.S.v. § 3a Abs. 3 S. 4 EStG an.[1158] Der Verweis auf § 3c Abs. 4

1155 Vgl. *Neumann*, in: Gosch, KStG-Kommentar, 2020, § 15, Rn. 15.

1156 Vgl. *Neumann*, in: Gosch, KStG-Kommentar, 2020, § 15, Rn. 15; *Krumm*, in: Blümich, KStG-Kommentar, 2021, § 15, Rn. 15; *Pohl*, GmbH-StB 2019, 135 [137], der diesbezügliche verfassungsrechtliche Bedenken für unbegründet hält.

1157 Vgl. *Neumann*, in: Gosch, KStG-Kommentar, 2020, § 15, Rn. 14c.

1158 Vgl. *Neumann*, in: Gosch, KStG-Kommentar, 2020, § 15, Rn. 14c f. auch ausführlich zur Verwirrung durch den Wortlaut des § 15 S. 1 Nr. 1 S. 3 KStG, der eine gleichzeitige Anwendung des § 15 S. 1 Nr. 1a KStG für die Ermittlung der Rechengröße des maßgeblichen Sanierungsertrags auf Ebene der Organgesellschaft vermuten lässt, der Aussagegehalt des § 15 S. 1 Nr. 1 S. 3 KStG sich jedoch letztlich auf die Beachtung des § 3c Abs. 4 S. 4 EStG beschränkt, dessen Ausgangspunkt der verbleibende Sanierungsertrag nach § 3a Abs. 3 S. 4 EStG ist; *Pohl*, GmbH-StB 2019, 135 [137].

EStG hat jedoch den Hintergrund, dass das Abzugsverbot von Betriebsvermögensminderungen oder Betriebsausgaben, die erst nach dem Sanierungsjahr entstehen, nur noch auf den verbleibenden Sanierungsertrag (nach Verrechnung bei Organgesellschaft und Organträger) beschränkt ist. Im Ergebnis stellt die Regelung also sicher, dass Sanierungsaufwendungen des Folgejahres nur in Höhe des verbleibenden Sanierungsertrags nicht abgezogen werden dürfen bzw. Sanierungsaufwendungen im Folgejahr dann voll abzugsfähig sind, wenn kein verbleibender Sanierungsertrag vorhanden ist.[1159] Das lässt sich anhand des folgenden Beispiels[1160] verdeutlichen:

Die Organgesellschaft A erzielt im Jahr 01 einen Sanierungsertrag i.H.v. 300.000 € und hat damit im wirtschaftlichen Zusammenhang stehende Aufwendungen i.H.v. 50.000 €. Annahmegemäß hat die Organgesellschaft im laufenden Sanierungsjahr einen Verlust von 100.000 €; vororganschaftliche Verluste bzw. Zins- und EBITDA-Vorträge bestehen nicht. Die Übertragung von Schulden unter Erfüllung der weiteren Voraussetzungen des § 3a Abs. 3 S. 3 EStG durch eine nahestehende Person auf die Organgesellschaft ist nicht erfolgt. In dem auf das Sanierungsjahr folgenden Wirtschaftsjahr 02 sind bei der Organgesellschaft A nachträgliche Sanierungsaufwendungen i.H.v. 10.000 € entstanden. Bei dem Organträger B bestehen Steuerminderungspotenziale i.H.v. 200.000 €.

1159 Vgl. *Pohl*, GmbH-StB 2019, 135 [137] mit Beispielsfall.

1160 Beispiel in Anlehnung an *Pohl*, GmbH-StB 2019, 135 [137].

Tabelle 11: Beispielberechnung zur Anwendung von § 3a EStG bei Organschaftsverhältnis und nachträglichen Sanierungsaufwendungen

Organgesellschaft A		
	Sanierungsertrag der OG i.S.v. § 3a Abs. 1 S. 1 EStG	300.000 €
-	Aufwendungen der OG aus dem Sanierungsjahr bzw. aus den vorherigen VZ, die dem Abzugsverbot nach § 3c Abs. 4 EStG unterliegen (§ 3a Abs. 3 S. 1 EStG)	50.000 €
=	**Geminderter Sanierungsertrag i.S.v. § 3a Abs. 3 S. 1 EStG** (= Höchstgrenze für den Untergang von Steuerminderungspotenzialen)	**250.000 €**
-	Minderungen der laufenden und vororganschaftlichen Verluste, Zins- und EBITDA-Vorträge bei der OG (§ 15 S. 1 Nr. 1 S. 2 KStG)	100.000 €
	- Laufender Verlust des Sanierungsjahres	100.000 €
	- Vororganschaftliche Verluste	- €
	- Vororganschaftliche Zins- und EBITDA-Vorträge	- €
=	**Verbleibender Sanierungsertrag (§ 3a Abs. 3 S. 4 EStG)** (= Dem OT zuzurechnender Sanierungsertrag)	**150.000 €**
Organträger B		
	Zugerechneter verbleibender Sanierungsertrag	150.000 €
-	Bestehendes Steuerminderungspotenzial	200.000 €
	Verbleibender Sanierungsertrag	- €

Wie mit den nachträglichen Sanierungsaufwendungen einer Organgesellschaft in dem auf das Sanierungsjahr folgenden Wirtschaftsjahr umzugehen ist, hängt – wie bereits erläutert – davon ab, ob auf Ebene des Organträgers nach Verrechnung mit dessen Steuerminderungspotenzialen ein verbleibender Sanierungsertrag vorhanden ist. Im vorliegenden Beispiel übersteigen die Steuerminderungspotenziale des Organträgers den ihm zugerechneten Sanierungsertrag. Daraus folgt auf Ebene des Organträgers, dass seine Steuerminderungspotenziale in Höhe des verbleibenden Sanierungsertrags der Organgesellschaft (hier: 150.000 €) untergehen. Der Nichtabzug von Betriebsvermögensminderungen bzw. Betriebsausgaben, die mit einem steuerfreien Sanierungsertrag in unmittelbarem wirtschaftlichen Zusammenhang stehen und erst nach dem Sanierungsjahr entstehen, gilt jedoch nur bis zur Höhe des verbleibenden Sanierungsertrags. In Zusammenhang mit einer Organschaft ist § 3c Abs. 4 S. 4 EStG gem. § 15 S. 1 Nr. 1 S. 3 KStG erst nach Verrechnung mit Steuerminderungspotenzialen des Organträgers anzuwenden. Im Beispielsfall bedeutet das, dass die nachträglichen Betriebsausgaben der Organgesellschaft i.H.v. 10.000 € vollständig abziehbar sind, da nach Verrechnung auf Ebene des Organträgers kein Sanierungsertrag verbleibt.

Unklar in Bezug auf § 15 S. 1 Nr. 1a S. 1 KStG ist der Umgang mit Sanierungserträgen in einer mehrstufigen Organschaft. Das Problem verdeutlicht folgendes Beispiel[1161]:

Die Organgesellschaft A erzielt im Jahr 01 einen Sanierungsertrag i.H.v. 300.000 € und hat damit im wirtschaftlichen Zusammenhang stehende Aufwendungen i.H.v. 50.000 €. Annahmegemäß hat die Organgesellschaft im laufenden Sanierungsjahr einen Verlust von 100.000 €; vororganschaftliche Verluste bzw. Zins- und EBITDA-Vorträge bestehen nicht. Die Übertragung von Schulden unter Erfüllung der weiteren Voraussetzungen des § 3a Abs. 3 S. 3 EStG durch eine nahestehende Person auf die Organgesellschaft ist nicht erfolgt. Der Organträger der A, das Unternehmen B, hat bloß vororganschaftliche Verluste i.H.v. 50.000 €, da Unternehmen B selbst Organgesellschaft von Organträger C ist. Bei Organträger C bestehen Steuerminderungspotenziale im Wert von 100.000 €.

1161 Beispiel in Anlehnung an *Pohl*, GmbH-StB 2019, 135 [137 f.].

Tabelle 12: Beispielberechnung zur Anwendung von § 3a EStG bei mehrstufigen Organschaften

Organgesellschaft A		
	Sanierungsertrag der OG i.S.v. § 3a Abs. 1 S. 1 EStG	300.000 €
-	Aufwendungen der OG, aus dem Sanierungsjahr bzw. aus den vorherigen VZ, die dem Abzugsverbot nach § 3c Abs. 4 EStG unterliegen (§ 3a Abs. 3 S. 1 EStG)	50.000 €
=	**Geminderter Sanierungsertrag i.S.v. § 3a Abs. 3 S. 1 EStG** (= Höchstgrenze für den Untergang von Steuerminderungspotenzialen)	**250.000 €**
-	Minderungen der laufenden und vororganschaftlichen Verluste, Zins- und EBITDA-Vorträge bei der OG (§ 15 S. 1 Nr. 1 S. 2 KStG)	100.000 €
	- Laufender Verlust des Sanierungsjahres	100.000 €
	- Vororganschaftliche Verluste	- €
	- Vororganschaftliche Zins- und EBITDA-Vorträge	- €
=	**Verbleibender Sanierungsertrag (§ 3a Abs. 3 S. 4 EStG)** (= Dem OT zuzurechnender Sanierungsertrag)	**150.000 €**
Organträger B / Organgesellschaft		
	Zugerechneter verbleibender Sanierungsertrag	150.000 €
-	Bestehendes Steuerminderungspotenzial	50.000 €
	Verbleibender Sanierungsertrag	100.000 €
Organträger C		
	Bestehende Steuerminderungspotenziale	100.000 €
	Verbleibender Sanierungsertrag	- €

Auch in diesem Beispiel ist § 15 S. 1 Nr. 1a S. 1 KStG anwendbar mit der Folge, dass der verbleibende Sanierungsertrag der Organgesellschaft A i.H.v. 150.000 € die Steuerminderungspotenziale des Organträgers B mindert. Die Steuerminderungspotenziale des obersten Organträgers (C) i.H.v. 100.000 € könnten grundsätzlich den verbleibenden Sanierungsertrag auf Ebene seiner Organgesellschaft (B) i.H.v. 100.000 €, der aus der Organschaft mit A nach der Verrechnung mit den vororganschaftlichen Verlusten beruht, abdecken. Unklar ist jedoch, ob der verbleibende Sanierungsertrag in der Form durch die Kettenorganschaft geschleust wird, bis der Sanierungsertrag endgültig mit Steuerminderungspotenzialen ausgeglichen ist. *Pohl* vertritt hierzu die Auffassung, dass davon auszugehen ist, dass von § 15 S. 1 Nr. 1a S. 1 KStG grundsätzlich nur die Organgesellschaft als Sanierungsunternehmen und dessen

Organträgerin (hier Organträger B) betroffen ist.[1162] In diesem Fall blieben die Steuerminderungspotenziale des obersten Organträgers in gleicher Höhe bestehen; im vorliegenden Beispiel verblieb dann nach Verrechnung mit den vororganschaftlichen Verlustvorträgen des Organträgers B ein steuerfreier Sanierungsertrag i.H.v. 100.000 €. *Frotscher* vertritt hingegen die Auffassung, dass die Regelung dahingehend zu verstehen ist, dass bei einer mehrstufigen Organschaft der auf Ebene der zu sanierenden Organgesellschaft festgestellte verbleibende Sanierungsertrag zum jeweiligen nächsten – bis zum obersten – Organträger zuzurechnen ist.[1163] In diesem Fall würden die Steuerminderungspotenziale des Organträgers C in voller Höhe untergehen und es verbliebe kein wirtschaftlich steuerfreier Sanierungsertrag. Nach hier vertretener Auffassung ist – zum Nachteil des Organkreises – *Frotscher* zuzustimmen. Andernfalls würden mehrstufige Organschaften im Sanierungsfall bevorzugt, sofern der verbleibende Sanierungsertrag auf Ebene der Organgesellschaft derartig hoch ist, dass die Steuerminderungspotenziale dessen Organträgers nicht ausreichen. Die Wahrscheinlichkeit, dass diese Steuerminderungspotenziale nicht ausreichen, steigt, wenn der Organträger der zu sanierenden Gesellschaft selbst Organgesellschaft ist und lediglich über vororganschaftliche Verluste verfügt. Ohne dass diese Interpretation dem Wortlaut des § 15 S. 1 Nr. 1a KStG explizit zu entnehmen ist, unterstützt die Regelung den Willen des Gesetzgebers und den Sinn und Zweck der Vorschrift, eine Doppelbegünstigung zu vermeiden. Darüber hinaus ist auch zu beachten, dass der Gesetzgeber zur Erreichung dieses Ziels dem Steuerpflichtigen nahestehende Personen und ehemalige Organträger heranzieht, so dass nicht ersichtlich ist, warum der mittelbare Organträger unberücksichtigt bleiben soll.

§ 15 S. 1 Nr. 1a S. 1 KStG ordnet nicht nur den Verlustuntergang bei dem Organträger eines zu sanierenden Unternehmens an, sondern verweist auch auf § 3a Abs. 3 S. 3 EStG und ordnet mithin den Verlustuntergang bei nahestehenden Personen an. Der Verweis in § 15 S. 1 Nr. 1a S. 1 KStG auf § 3a Abs. 3 S. 3 EStG ist wohl dahingehend zu verstehen, dass ein Untergang von diversen Verlustverrechnungspositionen bei nahestehenden Personen vorrangig

1162 Vgl. *Pohl*, GmbH-StB 2019, 135 [137]; ebenso *Hasbach/Oesterwinter/Fahje*, DB 2020, 1249 [1253], die für eine Anwendung der §§ 3a, 3c Abs. 4 EStG i.V.m. § 15 S. 1 Nr. 1a KStG nur im unmittelbaren Organschaftsverhältnis plädieren, so dass der Untergang von Steuerminderungspotenzialen bei dem mittelbaren Organträger nicht erfolgt.

1163 Vgl. *Frotscher, G.*, in: Frotscher/Drüen, KStG-Kommentar, 2021, § 15, Rn. 24b.

zur Minderung der Verlustverrechnungsmöglichkeiten bei dem Organträger erfolgt.[1164] § 3a Abs. 3 S. 3 EStG wird also auf Ebene der Organgesellschaft angewandt, da es letztlich um nahestehende Personen der zu sanierenden Organgesellschaft geht, und nicht erst nach Zurechnung des verbleibenden Sanierungsertrags auf Ebene des Organträgers. Die Frage, auf welcher Ebene Verlustverrechnungspotenziale nahestehender Personen untergehen, hat durchaus Relevanz. Schließlich macht es – insbesondere für den Organträger – einen Unterschied, ob die Verluste nahestehender Personen zeitlich gesehen vor seinen eigenen abgezogen werden. Das wäre der Fall, wenn § 3a Abs. 3 S. 3 EStG auf Ebene der Organgesellschaft anzuwenden ist. Verstünde man den Verweis des § 15 S. 1 Nr. 1a S. 1 KStG in Bezug auf § 3a Abs. 3 S. 3 EStG dahingehend, dass eine Anwendung dieser Regelung nur auf Ebene des Organträgers stattzufinden hat, dann gingen zunächst die Verlustverrechnungspotenziale des Organträgers unter, bevor es möglicherweise zur Minderung bei nahestehenden Personen käme.

Die Literatur scheint sich zu diesem Thema zwischenzeitlich klarer positioniert zu haben, wenngleich nach wie vor unterschiedliche Auffassungen bestehen. *Krumm* argumentiert „[j]e nachdem, wo der steuerfreie Sanierungsertrag anfällt, gehen nach § 3a Abs. 3 S. 2 EStG auch nur dort und ggfs. nach Maßgabe des § 3a Abs. 3 S. 3 EStG danach auch bei einer nahestehenden Person die Steuerminderungspotentiale unter“[1165]. Die Formulierung kann dahingehend interpretiert werden, dass Verlustverrechnungspotenziale nahestehender Personen i.S.v. § 3a Abs. 3 S. 3 EStG vor Zurechnung an den Organträger zu mindern sind. *Frotscher* ist hingegen der Auffassung, dass „[e]benfalls auf Ebene des Organträgers […] § 3a Abs. 3 S. 3 EStG in Bezug auf den Sanierungsertrag der Organgesellschaft [anwendbar ist]. […] Danach mindert ein nach der Verrechnung […] auf Ebene der Organgesellschaft und der Verrechnung dieses Sanierungsertrags mit Verlustvorträgen, laufenden Verlusten, Zins- und EBITDA-Vorträgen auf der Ebene des Organträgers verbleibender Sanierungsertrag auch die Verlustvorträge, laufenden Verluste, Zins- und EBITDA-Vorträge von der Organgesellschaft nahestehende Personen (also anderen Gesellschaften des Organkreises bzw. dem Gesellschafter des Organträgers), wenn und soweit diese nahestehende Person innerhalb von fünf Jahren

1164 So i. Erg. wohl auch *Krumm*, in: Blümich, KStG-Kommentar, 2021, § 15, Rn. 15; *Neumann*, in: Gosch, KStG-Kommentar, 2020, § 15, Rn. 14c, 15; a.A. wohl *Frotscher, G.*, in: Frotscher/Drüen, KStG-Kommentar, 2021, § 15, Rn. 24c.

1165 *Krumm*, in: Blümich, KStG-Kommentar, 2021, § 15, Rn. 15.

vor dem Schuldenerlass die erlassene Schuld auf die zu sanierende Organgesellschaft übertragen hat“[1166]. *Dötsch/Pung/Krämer* formulieren es wenig eindeutig dahingehend, dass „bei der Organgesellschaft selbst auf von ihr erzielte Sanierungserträge § 3a EStG (mit Ausnahme des Abs. 3 S. 2, 3 und 5) und § 3c Abs. 4 EStG anzuwenden“[1167] ist. Daraus könnte in Einklang mit der Auffassung von *Frotscher* abgeleitet werden, dass § 3a Abs. 3 S. 3 EStG nicht im Anschluss an die Verrechnung bei der Organgesellschaft berücksichtigt wird, sondern erst nach Zurechnung bei dem Organträger. Für diese Auffassung könnte auch der Wortlaut des § 15 S. 1 Nr. 1a S. 1 KStG sprechen, der eine Anwendung des § 3a Abs. 3 S. 3 EStG bei dem Organträger bestimmt. Gleichzeitig bestimmt § 15 S. 1 Nr. 1a S. 1 KStG aber auch, dass § 3a Abs. 3 *S. 2* EStG auf Ebene des Organträgers anzuwenden ist, wobei das dahingehend zu interpretieren ist, dass die Verlustverrechnungspotenziale bei der Organgesellschaft *und* dem Organträger, also eine zusätzliche Anwendung, gemeint ist. Denn § 3a Abs. 3 S. 2 EStG ist zunächst auf Ebene der Organgesellschaft anzuwenden, wenngleich sie sich auf laufende und vororganschaftliche Verluste sowie Zins- und EBITDA-Vorträge beschränkt. Dass § 15 S. 1 Nr. 1a S. 1 KStG eine nacheinander umzusetzende Anwendung des § 3a Abs. 3 S. 3 EStG sowohl auf Ebene der Organgesellschaft als auch bei dem Organträger anweist, erscheint hingegen nicht sachgerecht; denn Bezugspunkt der Regelung bleibt die Organgesellschaft als zu sanierendes Unternehmen und der ihr nahestehenden Personen i.S.v. § 3a Abs. 3 S. 3 EStG. Ein Argument für den nachrangigen Untergang von Verlustverrechnungspotenzialen bei nahestehenden Personen in Bezug zu denen des Organträgers könnte hingegen sein, dass es vor dem Hintergrund der Regelung zur Steuerfreiheit von Sanierungserträgen und im Kontext des § 15 S. 1 Nr. 1a S. 1 KStG sachgerechter ist, Verlustvorträge, laufende Verluste sowie Zins- und EBITDA-Vorträge zunächst der Organgesellschaft, anschließend die Steuerminderungspotenziale des Organträgers und im letzten Schritt diese einer nahestehenden Person der Organgesellschaft i.S.v. § 3a Abs. 3 S. 3 EStG untergehen zu lassen. Diesem Argument könnte aber entgegengehalten werden, dass es insofern sachgerechter sein könnte, die Verluste nahestehender Unternehmen vorrangig zu denen des Organträgers zu mindern, da die Voraussetzungen für die Minderung bei der nahestehenden Person deutlich enger gefasst sind und mithin ein engerer Kontext zum steuerfreien Sanierungsertrag besteht. *Neumann* legt sich hingegen in seiner Prüfungsabfolge derartig fest, dass die

1166 *Frotscher, G.*, in: Frotscher/Drüen, KStG-Kommentar, 2021, § 15, Rn. 24c.
1167 *Dötsch/Krämer/Pung*, in: D/P/M, KStG-Kommentar, 2021, § 15, Rn. 18l.

Steuerminderungspotenziale einer nahestehenden Person (unter Erfüllung der weiteren Voraussetzungen) im direkten Anschluss an den Verlustuntergang bei der zu sanierenden Organgesellschaft zu erfolgen hat.[1168] Dem ist wohl, insbesondere aufgrund der enger gefassten Voraussetzungen und dem stärkeren Bezug zum Sanierungsertrag, im Ergebnis zuzustimmen. Gleichwohl herrscht diesbezüglich in der Literatur keine Einigkeit. Nach aktuellem Stand hat sich bisher auch eine Klärung in der Praxis nicht ergeben.

§ 15 S. 1 Nr. 1a S. 1 KStG ordnet zuletzt an, dass § 3a Abs. 3 S. 5 EStG auch bei dem Organträger Anwendung findet. Das ist dahingehend zu verstehen, dass die verrechneten Steuerminderungspotenziale des Organträgers endgültig untergehen; die Aussage ist damit wohl eher klarstellender Natur.[1169] Nicht verwiesen und damit keine Anwendung findet § 3a Abs. 3 S. 1 EStG auf Ebene des Organträgers, der die Nichtabziehbarkeit von Beträgen i.S.v. § 3c Abs. 4 EStG zur Folge hätte.[1170]

§ 15 S. 1 Nr. 1a S. 2 EStG bestimmt für Fälle, in denen der Gewinn des Organträgers einheitlich und gesondert festgestellt wird, z.B. weil es sich bei dem Organträger um eine Mitunternehmerschaft handelt, dass die nach der Verrechnung noch vorhandenen Verlustbeträge nach Maßgabe des § 3a Abs. 4 EStG im Feststellungsverfahren festzustellen sind.[1171] In Organschaftsfällen ist § 3a Abs. 3 EStG bei den Mitunternehmern des Organträgers anzuwenden.[1172] Durch den Verweis auf § 3a Abs. 4 EStG stellen § 15 S. 1 Nr. 1a S. 2 KStG i.V.m. § 3a Abs. 4 EStG für den Organträger eine eigenständige Berichtigungsvorschrift dar.[1173]

§ 15 S. 1 Nr. 1a S. 3 KStG normiert noch eine sehr weitgehende Ergänzung bezüglich der Anwendung der Steuerfreiheit von Sanierungsgewinnen bei Organschaften. In der Vorschrift bestimmt der Gesetzgeber, dass der Organträger seine Steuerminderungspotenziale auch dann noch zur Verfügung stellen

---

1168 Vgl. *Neumann*, in: Gosch, KStG-Kommentar, 2020, § 15, Rn. 14c; gl.A.: *Walter*, in: Bott/Walter, KStG-Kommentar, 2021, § 15, Rn. 17.

1169 Vgl. *Neumann*, in: Gosch, KStG-Kommentar, 2020, § 15, Rn. 15.

1170 Vgl. *Dötsch/Krämer/Pung*, in: D/P/M, KStG-Kommentar, 2021, § 15, Rn. 18e; *Hasbach/Oesterwinter/Fahje*, DB 2020, 1249 [1251]; *Neumann*, in: Gosch, KStG-Kommentar, 2020, § 15, Rn. 15, der vermutet, dass der Gesetzgeber davon ausgegangen ist, dass bei dem Organträger Beträge i.S.v. § 3c Abs. 4 EStG nicht entstehen können.

1171 Vgl. *Neumann*, in: Gosch, KStG-Kommentar, 2020, § 15, Rn. 15a.

1172 Vgl. BT-Drs. 18/12128 v. 26.4.2017, 35; *Dötsch/Krämer/Pung*, in: D/P/M, KStG-Kommentar, 2021, § 15, Rn. 18p.

1173 Vgl. *Neumann*, in: Gosch, KStG-Kommentar, 2020, § 15, Rn. 15a.

muss, wenn die körperschaftsteuerliche Organschaft bereits beendet wurde. Dabei kommt es betragsmäßig nicht auf die Verlusthöhe im Zeitpunkt der Beendigung der Organschaft an, sondern auf die Steuerminderungspotenziale im Zeitpunkt der Entstehung eines Sanierungsertrags.[1174] Daraus folgt, dass bei dem Organträger auch Steuerminderungspotenziale untergehen können, die ihm erst nach dem Ende der Organschaft entstanden sind und damit in keinem Zusammenhang mit der beendeten Organschaft stehen.[1175] Der Gesetzgeber sieht eine solche Nachhaftung vor, wenn dem Organträger innerhalb der letzten fünf vor dem Sanierungsjahr liegenden Veranlagungszeiträume das Einkommen der Organgesellschaft zugerechnet wurde (§ 15 S. 1 Nr. 1a S. 3 KStG). Dabei ist es ausreichend, dass die Zurechnung nur in einem Jahr des fünfjährigen Zeitraums geschieht.[1176] Unbeachtlich ist dabei der Grund der Beendigung der Organschaft.[1177] Mit dieser Regelung geht die Durchbrechung des objektiven Nettoprinzips einher. Außerdem besteht für den Organträger ein Fremdbestimmungsrisiko; denn obwohl der Organträger nach Beendigung der Organschaft und einer möglicherweise erfolgten Veräußerung der Anteile an der Organgesellschaft keinen Einfluss mehr auf die Geschicke der Organgesellschaft hat, kann der Organträger nachträglich aufgrund von § 15 S. 1 Nr. 1a S. 3 KStG zu einer Art Haftung herangezogen werden.[1178] Die Literatur rät

---

1174 Vgl. *Neumann*, in: Gosch, KStG-Kommentar, 2020, § 15, Rn. 15b; *Krumm*, in: Blümich, KStG-Kommentar, 2021, § 15, Rn. 16; *Hasbach/Oesterwinter/Fahje*, DB 2020, 1249 [1253 f.].

1175 Vgl. *Krumm*, in: Blümich, KStG-Kommentar, 2021, § 15, Rn. 16; *Neumann*, in: Gosch, KStG-Kommentar, 2020, § 15, Rn. 15b mit Kritik über die deutlich überschießende Wirkung dieser Regelung und dem Hinweis des bestehenden Risikos der Verfassungswidrigkeit wegen Missachtung des Leistungsfähigkeitsprinzips und des Gebots der Folgerichtigkeit, wenn § 15 S. 1 Nr. 1a, S. 3 KStG nicht in Bezug auf die ehemalige Organschaft einschränkend ausgelegt wird; *Frotscher, G.*, in: Frotscher/Drüen, KStG-Kommentar, 2021, § 15, Rn. 24e; *Hasbach/Oesterwinter/Fahje*, DB 2020, 1249 [1254]; *Desens*, FR 2017, 981 [991 f.]; *Suchanek/Schaaf/Hannweber*, WPg 2017, 909 [915]; *Sistermann*, in: JbFSt 2019/2020, 175, alle ebenfalls mit verfassungsrechtlichen Bedenken.

1176 Vgl. *Krumm*, in: Blümich, KStG-Kommentar, 2021, § 15, Rn. 16; *Frotscher, G.*, in: Frotscher/Drüen, KStG-Kommentar, 2021, § 15, Rn. 24e.

1177 Vgl. *Krumm*, in: Blümich, KStG-Kommentar, 2021, § 15, Rn. 16.

1178 Vgl. *Krumm*, in: Blümich, KStG-Kommentar, 2021, § 15, Rn. 16 nach dessen Auffassung die typisierte Umsetzung vertretbar sein dürfte; *Dötsch/Krämer/Pung*, in: D/P/M, KStG-Kommentar, 2021, § 15, Rn. 18s; *Neumann*, in: Gosch, KStG-Kommentar, 2020, § 15, Rn. 15b mit Zweifeln zur Verfassungsmäßigkeit.

deshalb zu der Aufnahme einer Steuerklausel in das Vertragswerk zur Veräußerung der Anteile an einer (ehemaligen) Organgesellschaft, um dem Risiko einer Nachhaftung dieser Art zu begegnen.[1179] Diese vom Gesetzgeber geschaffene Konstellation ist auch deshalb ungewöhnlich, da die frühere Organgesellschaft nach der Übertragung des (verbleibenden) Sanierungsertrags auf den (ehemaligen) Organträger von einer weiteren, zukünftigen Verrechnung mit bei ihr ggf. neu entstehenden Verlusten mit dem (verbleibenden) Sanierungsertrag befreit wird.[1180] *Krumm* zufolge könnte der Gesetzgeber womöglich den typisierenden Fall vor Augen gehabt haben, dass bei der Sanierung einer Gesellschaft die zugrundeliegende Krise früher eingesetzt haben muss und daher die Steuerminderungspotenziale des Organträgers herangezogen werden dürfen, da die Verluste des Organträgers auch durch Zurechnung der Verluste durch die ehemalige Organgesellschaft entstanden sein können.[1181] Eine Anwendung von § 15 S. 1 Nr. 1a S. 3 KStG scheidet aber dann aus, wenn das Einkommen der Organgesellschaft zwar dem Organträger zugerechnet wurde, die Organschaft jedoch rückwirkend steuerlich nicht anzuerkennen war.[1182] Eine weitere mit § 15 S. 1 Nr. 1a S. 3 KStG verbundene Problematik stellt der Wortlaut der Vorschrift dar und wird anhand des folgenden Beispiels[1183] verdeutlicht:

Die Organgesellschaft A erzielt im Jahr 03 einen Sanierungsertrag i.H.v. 300.000 € und hat damit im wirtschaftlichen Zusammenhang stehende Aufwendungen i.H.v. 50.000 €. Annahmegemäß hat die Organgesellschaft im laufenden Sanierungsjahr einen Verlust von 100.000 €; vororganschaftliche Verluste bzw. Zins- und EBITDA-Vorträge bestehen nicht. Die Übertragung von Schulden unter Erfüllung der weiteren Voraussetzungen des § 3a Abs. 3 S. 3 EStG durch eine nahestehende Person auf die Organgesellschaft ist nicht erfolgt. Bis zum Jahr 01 war die Gesellschaft in einer wirksamen Organschaft

---

1179 Vgl. *Weiss*, StuB 2017, 581 [587]; *Dötsch/Krämer/Pung*, in: D/P/M, KStG-Kommentar, 2021, § 15, Rn. 18s; *Walter*, in: Bott/Walter, KStG-Kommentar, 2021, § 15, Rn. 17; so auch *Lippross/Hidien*, in: Lippross/Seibel, GewStG-Kommentar, 2021, § 7b, Rn. 76 betreffend dieselbe gewerbesteuerliche Konstellation nach § 7b Abs. 3 S. 1 GewStG; *Hasbach/Oesterwinter/Fahje*, DB 2020, 1249 [1255], die jedoch die hinreichende Absicherung des (ehemaligen) Organträgers in Abhängigkeit davon sehen, ob die Krise nur die ehemalige Organgesellschaft oder auch den Erwerber betrifft und die Werthaltigkeit des Ersatzanspruchs damit fraglich sein könnte.

1180 Vgl. *Frotscher, G.*, in: Frotscher/Drüen, KStG-Kommentar, 2021, § 15, Rn. 24e.

1181 Vgl. *Krumm*, in: Blümich, KStG-Kommentar, 2021, § 15, Rn. 16.

1182 Vgl. *Hasbach/Oesterwinter/Fahje*, DB 2020, 1249 [1251].

1183 Beispiel in Anlehnung an *Pohl*, GmbH-StB 2019, 135 [138].

mit dem Unternehmen B, bei dem aktuell ein Verlustvortrag i.H.v. 500.000 € besteht. B hat die Beteiligung an A an das Unternehmen C verkauft, ohne rückwirkende Versagung der Anerkennung der Organschaft zwischen A und B. B ist weiterhin Organträgerin anderer Gesellschaften. Seit dem Jahr 02 ist das Unternehmen A in einer neuen Organschaft mit Unternehmen C. Der aktuelle Organträger C hat keine bestehenden Steuerminderungspotenziale:

Tabelle 13: Beispielberechnung zur Anwendung von § 3a EStG bei Organträgerwechsel

Organgesellschaft A		
	Sanierungsertrag der OG i.S.v. § 3a Abs. 1 S. 1 EStG	300.000 €
-	Aufwendungen der OG, aus dem Sanierungsjahr bzw. aus den vorherigen VZ, die dem Abzugsverbot nach § 3c Abs. 4 EStG unterliegen (§ 3a Abs. 3 S. 1 EStG)	50.000 €
=	**Geminderter Sanierungsertrag i.S.v. § 3a Abs. 3 S. 1 EStG** (= Höchstgrenze für den Untergang von Steuerminderungspotenzialen)	**250.000 €**
-	Minderungen der laufenden und vororganschaftlichen Verluste, Zins- und EBITDA-Vorträge bei der OG (§ 15 S. 1 Nr. 1 S. 2 KStG)	100.000 €
	- Laufender Verlust des Sanierungsjahres	100.000 €
	- Vororganschaftliche Verluste	- €
	- Vororganschaftliche Zins- und EBITDA-Vorträge	- €
=	**Verbleibender Sanierungsertrag (§ 3a Abs. 3 S. 4 EStG)** (= Dem OT zuzurechnender Sanierungsertrag)	**150.000 €**
Aktueller Organträger C		
	Bestehendes Steuerminderungspotenzial	- €
Ehemaliger Organträger B		
	Bestehendes Steuerminderungspotenzial	500.000 €

In diesem Beispiel gehen – nach Sinn und Zweck des § 15 S. 1 Nr. 1a S. 3 KStG – die bestehenden Steuerminderungspotenziale des ehemaligen Organträgers B in Höhe des verbleibenden Sanierungsertrags bei der (ehemaligen) Organgesellschaft A unter.[1184] Gleichwohl ist diese Rechtsfolge nicht zwingend dem Wortlaut der Regelung zu entnehmen.[1185] § 15 S. 1 Nr. 1a S. 3 KStG normiert den Untergang von Steuerminderungspotenzialen auch bei einem (ehemaligen) Organträger, wenn die Voraussetzung einer ertragsteuerlichen Organschaft nach § 14 Abs. 1 KStG im Sanierungsjahr nicht (mehr) vorliegen.

1184 Vgl. *Pohl*, GmbH-StB 2019, 135 [138].
1185 Vgl. *Pohl*, GmbH-StB 2019, 135 [138].

Unklar ist hierbei, ob auf den Organträger oder die Organgesellschaft abzustellen ist. Sofern auf die Organgesellschaft abgestellt wird, liegen in diesem Beispiel im Sanierungsjahr die Voraussetzungen des § 14 Abs. 1 KStG vor, allerdings nicht hinsichtlich des ehemaligen Organträgers B, sondern in Bezug auf die neu gegründete Organschaft mit Unternehmen C, das jedoch kein Steuerminderungspotenzial ausweist. Wird auf den Organträger abgestellt, so liegen im vorliegenden Beispiel ebenfalls entgegen der Regelung des § 15 S. 1 Nr. 1a S. 3 KStG die Voraussetzungen des § 14 Abs. 1 KStG vor; denn der ehemalige Organträger B ist weiterhin in einer Organschaft, wenngleich nicht mit der Organgesellschaft A, welche den Sanierungsertrag aufweist.[1186] Würde sich an den Wortlaut der Regelung gehalten, so würde § 15 S. 1 Nr. 1a S. 3 KStG in diesen Fällen ins Leere laufen. Gleichwohl ist dem Sinn und Zweck folgend davon auszugehen, dass das beendete Organschaftsverhältnis zwischen A und B von der Regelung umfasst werden soll mit der Folge, dass aufgrund von § 15 S. 1 Nr. 1a S. 3 KStG die Steuerminderungspotenziale des ehemaligen Organträgers in Höhe des verbleibenden Sanierungsertrags der ehemaligen Organgesellschaft untergehen.[1187]

Eine weitere Problematik in Zusammenhang mit § 15 S. 1 Nr. 1a S. 3 KStG stellt die Unklarheit der Reihenfolge des Verlustuntergangs zwischen dem aktuellen und ehemaligen Organträger einer Sanierungsgesellschaft dar. Dies zeigt folgendes Beispiel[1188]:

Die Organgesellschaft A erzielt im Jahr 03 einen Sanierungsertrag i.H.v. 300.000 € und hat damit im wirtschaftlichen Zusammenhang stehende Aufwendungen i.H.v. 50.000 €. Annahmegemäß hat die Organgesellschaft im laufenden Sanierungsjahr einen Verlust von 100.000 €; vororganschaftliche Verluste bzw. Zins- und EBITDA-Vorträge bestehen nicht. Die Übertragung von Schulden unter Erfüllung der weiteren Voraussetzungen des § 3a Abs. 3 S. 3 EStG durch eine nahestehende Person auf die Organgesellschaft ist nicht erfolgt. Bis zum Jahr 01 war die Gesellschaft in einer Organschaft mit dem Unternehmen B, bei dem aktuell ein Verlustvortrag i.H.v. 500.000 € besteht. B hat die Beteiligung an A an das Unternehmen C verkauft. B ist jedoch weiterhin Organträgerin anderer Gesellschaften. Seit dem Jahr 02 ist das Unternehmen A in einer neuen Organschaft mit Unternehmen C. Der aktuelle Organträger (C) hat bestehende Steuerminderungspotenziale i.H.v. 100.000 €:

1186 Vgl. *Pohl*, GmbH-StB 2019, 135 [138].
1187 Vgl. *Pohl*, GmbH-StB 2019, 135 [138].
1188 Beispiel in Anlehnung an *Pohl*, GmbH-StB 2019, 135 [138].

Tabelle 14: Beispielberechnung zur Anwendung von § 3a EStG in Bezug auf die Reihenfolge des Verlustuntergangs bei Organträgerwechsel

Organgesellschaft A		
	Sanierungsertrag der OG i.S.v. § 3a Abs. 1 S. 1 EStG	300.000 €
-	Aufwendungen der OG, aus dem Sanierungsjahr bzw. aus den vorherigen VZ, die dem Abzugsverbot nach § 3c Abs. 4 EStG unterliegen (§ 3a Abs. 3 S. 1 EStG)	50.000 €
=	**Geminderter Sanierungsertrag i.S.v. § 3a Abs. 3 S. 1 EStG** (= Höchstgrenze für den Untergang von Steuerminderungspotenzialen)	**250.000 €**
-	Minderungen der laufenden und vororganschaftlichen Verluste, Zins- und EBITDA-Vorträge bei der OG (§ 15 S. 1 Nr. 1 S. 2 KStG)	100.000 €
	- Laufender Verlust des Sanierungsjahres	100.000 €
	- Vororganschaftliche Verluste	- €
	- Vororganschaftliche Zins- und EBITDA-Vorträge	- €
=	**Verbleibender Sanierungsertrag (§ 3a Abs. 3 S. 4 EStG)** (= Dem OT zuzurechnender Sanierungsertrag)	**150.000 €**
Aktueller Organträger C		
	Bestehendes Steuerminderungspotenzial	100.000 €
Ehemaliger Organträger B		
	Bestehendes Steuerminderungspotenzial	500.000 €

In diesem Beispiel zeigt sich die Unklarheit dahingehend, wie sich die Steuerminderungspotenziale des aktuellen Organträgers C und des ehemaligen Organträgers B reduzieren, da diesbezügliche Anweisungen dem Gesetz nicht zu entnehmen sind. Grundsätzlich kommen folgende Möglichkeiten in Betracht: Zunächst könnte der verbleibende Sanierungsertrag der Organgesellschaft A i.H.v. 150.000 € hälftig aufgeteilt werden, so dass bei B und C jeweils 75.000 € ihrer Steuerminderungspotenziale untergingen.[1189] Alternativ hierzu käme in Betracht, dass sich der Aufteilungsschlüssel in Bezug auf den verbleibenden Sanierungsertrag danach richtet, welchem Organträger welche Beträge nach § 14 KStG zugerechnet wurden.[1190] Ebenso könnte sich der Untergang der Steuerminderungspositionen danach richten, in welcher zeitlichen Reihenfolge die Organschaften bestanden haben.[1191] Anhand des Beispielfalls könnte demnach zunächst das Steuerminderungspotenzial des aktuellen Organträgers C

1189 Vgl. *Pohl*, GmbH-StB 2019, 135 [138].

1190 Vgl. *Pohl*, GmbH-StB 2019, 135 [138].

1191 Vgl. *Pohl*, GmbH-StB 2019, 135 [138]; so wohl die Interpretation durch *Sistermann*, in: JbFSt 2019/2020, 175.

i.H.v. 100.000 € untergehen und anschließend die des ehemaligen Organträgers in Höhe des verbleibenden Sanierungsertrags von 50.000 €. Denkbar könnte allerdings auch sein, dass die Regelung betreffend den ehemaligen Organträger (§ 15 S. 1 Nr. 1a S. 3 KStG) Vorrang habe gegenüber der Vorschrift zur Anwendung des § 3a Abs. 3 S. 2, 3, 5 EStG bei dem aktuellen Organträger (§ 15 S. 1 Nr. 1a S. 1 KStG).[1192] Es ist derzeit nicht ersichtlich, welche Reihenfolge der Gesetzgeber vorsieht. Auch die Literatur ist nach aktuellem Stand ratlos über die Vorgehensweise. Im Sinne der Planungssicherheit ist hier eine klarstellende gesetzliche Regelung dringend erforderlich.

Im Verhältnis zu der Entstehung eines Sanierungsertrags auf Ebene der Organgesellschaft erscheint die Anwendung des §§ 3a, 3c Abs. 4 EStG bei einem zu sanierenden Organträger unkomplizierter. In diesem Fall bleibt der Sanierungsertrag bei der Ermittlung des steuerlichen Gewinns des Organträgers unberücksichtigt. Die steuerlichen Wahlrechte sind nur von dem Organträger, nicht auch von der Organgesellschaft gewinnmindernd auszuüben. Ebenso sind nur bei dem Organträger Sanierungsaufwendungen gem. § 3c Abs. 4 EStG nicht abziehbar. Die Steuerminderungspotenziale gehen bei dem Organträger nach § 3a Abs. 3 EStG unter. Eine Erweiterung des Untergangs von Steuerminderungspotenzialen bei der Organgesellschaft ist gesetzlich nicht vorgesehen.[1193] Hier erlaubt sich jedoch die Überlegung, ob die laufenden Verluste der Organgesellschaft nicht dennoch indirekt nach Zurechnung zum Organträger verrechnet werden, nämlich dann, wenn bei dem zu sanierenden Organträger die laufenden Verluste nach Maßgabe des § 3 Abs. 3 S. 2 Nr. 8 EStG untergehen. Dagegen spricht allerdings zum einen der Wortlaut des § 3a Abs. 3 S. 2 Nr. 8 EStG, wonach der „Verlust des Sanierungsjahres des zu sanierenden Unternehmens" untergeht. Dagegen spricht außerdem, dass der Finanzverwaltung zufolge die Zurechnung des Einkommens der Organgesellschaft systematisch erst nach Ermittlung des Einkommens bei dem Organträger erfolgt.[1194] Ein negatives Einkommen der Organgesellschaft erhöht mithin nicht den zu mindernden laufenden Verlust i.S.v. § 3a Abs. 2 S. 2 Nr. 8 EStG bei einem Organträger, der einen steuerfreien Sanierungsertrag erzielt.

1192 Vgl. *Pohl*, GmbH-StB 2019, 135 [138].

1193 Vgl. *Hasbach/Oesterwinter/Fahje*, DB 2020, 1249 [1252].

1194 Vgl. *Hasbach/Oesterwinter/Fahje*, DB 2020, 1249 [1252] mit Verweis auf R 7.1 Abs. 1 S. 2 Nr. 21, 25 KStR 2015 und zusätzlich BFH, Urt. v. 23.1.2002, XI R 95/97, BStBl. II 2009, 9. Ebenso verneint wird der indirekte Untergang des negativen Einkommens einer Organgesellschaft, wenn § 3a Abs. 3 S. 2 Nr. 9 EStG (Minderung des ausgleichsfähigen Verlusts aus allen Einkunftsarten des VZ, in dem das Sanierungsjahr endet) bei dem Organträger anzuwenden ist.

E. Belastungsvergleich innerhalb von Kapitalgesellschaften und Mitunternehmerschaften bei (Nicht-) Anwendung der Regelungen zur Steuerfreiheit von Sanierungserträgen

I. Ziel und Aufbau der Untersuchung

1. Ziel der Untersuchung

Dieses Kapitel untersucht die rechtsformspezifische Anwendung der Regelungen zur Steuerfreiheit von Sanierungserträgen bei Kapitalgesellschaften und Mitunternehmerschaften. Das übergeordnete Ziel der folgenden Abschnitte ist es, die Wirkungsweise der Sanierungsvorschriften im Rahmen eines Belastungsvergleichs innerhalb von Kapitalgesellschaften und Mitunternehmerschaften darzustellen. Dies erfolgt in verkürzter Form mit Berechnungstabellen, die lediglich solche Positionen beinhalten, die zur Berechnung notwendig sind. Das zweite Ziel der Untersuchung und Grundlage für die Erreichung des übergeordneten Ziels ist die Darstellung, auf welcher (Beteiligungs-)Ebene welche Sanierungsregelungen zu berücksichtigen sind. Da nicht sämtliche Steuerminderungspositionen gem. § 3a Abs. 3 S. 2 Nr. 1–13 EStG in die Fallstudie mit aufgenommen werden konnten, um eine Vergleichbarkeit zwischen Kapitalgesellschaften und Mitunternehmerschaften gewährleisten zu können, zeigt sich die Abfolge der in der Fallstudie unberücksichtigt gebliebenen Steuerminderungspotenziale in denen im Anhang befindlichen ausführlichen Tabellen.

Die hier betrachteten Fallkonstellationen unterscheiden sich einmal im Hinblick auf die Rechtsform der zu sanierenden Gesellschaft, zum anderen wird ein weiterer Parameter sein, ob die untersuchte Gesellschaft Verlustvorträge aufweist oder nicht. Die Differenzierung bzgl. des (Nicht-)Vorhandenseins von Verlustvorträgen liegt darin begründet, dass die Vorschriften zur Steuerfreiheit von Sanierungserträgen bei Anwendung nach §§ 3a, 3c Abs. 4 EStG und § 7b GewStG zuvorderst Auswirkungen auf etwaige Verlustvorträge haben. Die entwickelten Fallkonstellationen sollen darüber hinaus einmal mit Anwendung der §§ 3a, 3c EStG und § 7b GewStG berechnet werden und ein weiteres Mal unter der Annahme, dass ein Ertrag nicht unter die Vorschriften zur Steuerfreiheit von Sanierungserträgen fällt und somit die Regelbesteuerung Anwendung findet. Erst durch den Vergleich mit der Regelbesteuerung ist es möglich zu analysieren, ob die Anwendung der Sanierungsvorschriften stets vorteilhafter ist als die ertragsteuerliche Regelbesteuerung und ggf. unter welchen Voraussetzungen dies nicht der Fall ist. Die Beleuchtung der Regelbesteuerung ist auch insofern gerechtfertigt, als dass es in der Praxis vorkommen kann, dass die Umsetzung von Sanierungsinstrumenten für erforderlich gehalten und angestrebt wird, die Gesellschaft jedoch die Voraussetzungen des § 3a EStG nicht – oder aufgrund zwischenzeitlicher Handlungen auf Gesellschaftsebene nicht mehr – erfüllen. Ebenfalls denkbar ist, dass die Regelungen zur Steuerfreiheit von Sanierungserträgen ungewollte steuerliche Nachteile zur Folge haben, so dass eine Anwendung der §§ 3a, 3c Abs. 4 EStG und § 7b GewStG unternehmensseitig nicht gewollt ist. In dieser Situation spielt erneut die Frage eine Rolle, ob es sich bei der Anwendung der Vorschriften zur Steuerfreiheit von Sanierungserträgen aufgrund der Nachweispflichten des Steuerpflichtigen gem. § 3a Abs. 2 EStG um ein faktisches Wahlrecht handelt. An dieser Stelle sei auf die Diskussion in Kapitel D, I., 4., ff. verwiesen.

Die nachfolgende Untersuchung konzentriert sich also auf den Vergleich zwischen der Anwendung und der Nichtanwendung der Sanierungsvorschriften bei Kapitalgesellschaften und Mitunternehmerschaften einmal mit und ohne Verlustvorträge und soll erste Handlungsempfehlungen für Entscheidungsträger von Gesellschaften ableitbar machen. Gleichwohl ist es im Rahmen dieser Arbeit nicht möglich, sämtliche Parameter einzubeziehen, die Einfluss auf die Vor- bzw. Nachteilhaftigkeit der Regelungen zur Steuerfreiheit von Sanierungserträgen haben. Daher könnte im Rahmen zukünftiger Forschungsprojekte eine noch differenziertere Auswahl an Parametern, z.B. in Form einer Variierung der Höhe des Sanierungsertrags oder der Einbezug weiterer Verlustverrechnungspositionen in unterschiedlicher Höhe, in Erwägung gezogen werden, die detailliertere Handlungsempfehlungen in Bezug auf die untersuchten Einzelfälle zum Ergebnis haben.

2. Aufbau der Untersuchung

Im Hinblick auf das im Rahmen dieser Arbeit angestrebte Ziel der Untersuchung werden zunächst zwei Sanierungs-Kapitalgesellschaften und zwei Sanierungs-Mitunternehmerschaften betrachtet, die sich innerhalb ihrer Rechtsform dergestalt unterscheiden, als dass eine Gesellschaft Verlustvorträge ausweist und die andere über keine Verlustvorträge im Sanierungsjahr verfügen kann. Auf die vier entwickelten Fallkonstellationen wird einmal die Regelbesteuerung und einmal die ertragsteuerlichen Regelungen zur Steuerfreiheit von Sanierungserträgen angewandt. Auf Grundlage dieser Berechnungen wird gezeigt, wie sich die Vorschriften zur Steuerfreiheit von Sanierungserträgen bei der Sanierungsgesellschaft und ihren Anteilseignern ertragsteuerlich auswirken und zu welchen Auswirkungen die Nichtanwendung dieser Regelungen, also unter Anwendung der Regelbesteuerung, führen. Der Untersuchungszeitraum der Fallkonstellationen beträgt jeweils vier Jahre, wobei das Jahr 02 das Jahr ist, in welchem Sanierungsinstrumente Anwendung finden, die zu einem regulären Ertrag oder einem Sanierungsertrag i.S.v. § 3a Abs. 1 S. 1 EStG führen.

Zu Vereinfachungszwecken wird im Rahmen der Fallstudien von einer phasengleichen Gewinn- bzw. Dividendenvereinnahmung ausgegangen, so dass die ausschüttbaren Gewinne im gleichen Jahr als von dem Anteilseigner vereinnahmt gelten und der Besteuerung unterliegen. Diese Vorgehensweise führt dazu, dass sich die steuerlichen Effekte im gleichen Jahr zeigen lassen und bewirkt somit eine erhöhte Klarheit im Hinblick auf den Zweck der Fallbeispiele, die steuerlichen Auswirkungen bei Regelbesteuerung bzw. Anwendung der Sanierungsvorschriften darzustellen.

Die Darstellungen der Berechnungen werden der Übersichtlichkeit halber in verkürzter Form dargestellt, so dass nur die Positionen ersichtlich sind, die für die Berechnungen relevant sind. Das betrifft beispielsweise auch die Berechnung des ausschüttbaren Gewinns auf Ebene der Körperschaften zur Errechnung des Kapitalertragsteuereinbehalts für die Anteilseigner. Die einbehaltene Kapitalertragsteuer zzgl. Solidaritätszuschlag wird lediglich bei den jeweiligen Anteilseignern im Hinblick auf die Berechnung der Steuerzahllast dargestellt. Auf die im Anhang dargestellten ausführlichen Berechnungen wird entsprechend hingewiesen.

Aufgrund der steuerlich unterschiedlichen Behandlung von Kapitalgesellschaften und Mitunternehmerschaften sind den nachfolgenden Untersuchungen weitere rechtsform- und fallspezifische Ausführungen zu den getroffenen Annahmen vorangestellt, so dass auf die dort getroffenen Annahmen an dieser Stelle nicht weiter eingegangen werden soll.

II. Kapitalgesellschaften

1. Rechtsformspezifische Annahmen

Betrachtet werden eine zu sanierende Kapitalgesellschaft sowie ihre Gesellschafter, die natürliche Person (A) mit einer Beteiligung i.H.v. 50 % und eine weitere Körperschaft (B-GmbH) mit einer 50 %-Beteiligung, an der eine weitere natürliche Person (C) zu 100 % beteiligt ist. Die Einbeziehung der

Anteilseignerebene hat den Hintergrund, dass diese Konstellation auch einen Vergleich mit einer zu sanierenden Mitunternehmerschaft erlaubt, die – wie bereits erörtert – aufgrund des Transparenzprinzips einkommensteuerlich auf Ebene ihrer Mitunternehmer besteuert wird.

Zwischen der Sanierungs-Kapitalgesellschaft und der B-GmbH besteht keine ertragsteuerliche Organschaft. Bei der Sanierungs-Kapitalgesellschaft handelt es sich um eine unbeschränkt steuerpflichtige Kapitalgesellschaft i.S.v. § 1 Abs. 1 Nr. 1 KStG. Gleiches gilt für die B-GmbH. Sowohl die natürliche Person A als auch C sind unbeschränkt steuerpflichtige Personen i.S.v. § 1 Abs. 1 S. 1 EStG. Die Unternehmensstruktur sieht wie in Abbildung 7 dargestellt aus:

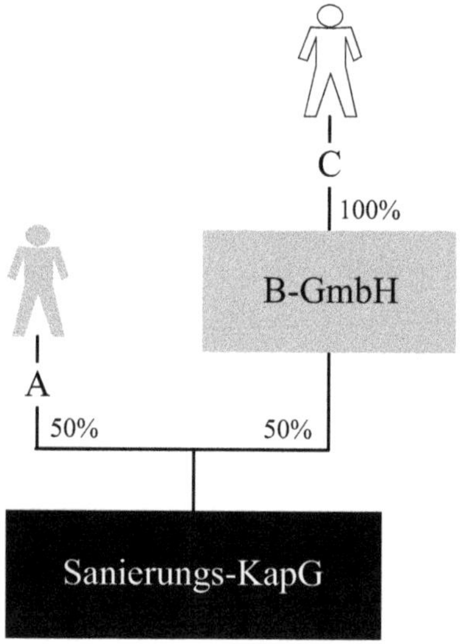

Abbildung 7: Organigramm der Sanierungs-Kapitalgesellschaft

Für die Fallbeispiele sind im Hinblick auf den steuerbilanziellen Ausgangswert folgende Annahmen getroffen worden: Die Sanierungs-Kapitalgesellschaft weist im Jahr 01 einen geringen Steuerbilanzgewinn i.H.v. 100.000 € aus und im Sanierungsjahr 02 einen Verlust von 1.000.000 €. Annahmegemäß erzielt die Sanierungs-Kapitalgesellschaft nach dem Sanierungsjahr, also im Jahr 03, bereits wieder einen geringen steuerbilanziellen Gewinn von 500.000 € und 2.000.000 € im Jahr 04. Die steuerbilanziellen Ausgangswerte sind dabei so gewählt, dass nicht nur ein Vergleich zwischen Anwendung und Nichtanwendung der Regelungen zur Steuerfreiheit von Sanierungserträgen, sondern auch ein differenzierter Vergleich zwischen einer Sanierungs-Kapitalgesellschaft, die einen Verlustvortrag im Sanierungsjahr zur Verfügung hat, und einer, die keinen Verlustvortrag hat, möglich ist.

Auf Ebene der Kapitalgesellschaften umfassen die Berechnungen die Körperschaftsteuer i.H.v. 15 %, zzgl. des Solidaritätszuschlags auf die Körperschaftsteuer (5,5 %) sowie die Gewerbesteuer. Bei der Gewerbesteuer wird ein einheitlicher Gewerbesteuerhebesatz i.H.v. 403 % angenommen, der dem im Jahr 2019 in Deutschland durchschnittlich angewandten Hebesatz entspricht.[1195] Bei der Sanierungs-Kapitalgesellschaft selbst werden gewerbesteuerliche Kürzungen und Hinzurechnungen nach §§ 8, 9 GewStG berücksichtigt, während darauf bei der B-GmbH zum Zwecke der Vereinfachung der Berechnung verzichtet wird. Es wird angenommen, dass die B-GmbH keine anderen Einkünfte hat als die aus der Beteiligung an der Sanierungs-Kapitalgesellschaft.

Grundsätzlich erhalten die Anteilseigner annahmegemäß nur Ausschüttungen, wenn das steuerbilanzielle Ergebnis abzüglich der auf Ebene der Kapitalgesellschaften zu zahlenden Steuern positiv ist. In diesem Fall wird der Vergleichbarkeit halber von einer Vollausschüttung ausgegangen, die die Kapitalgesellschaften an ihre Anteilseigner leisten. Bei den natürlichen Personen (A, C) wird unterstellt, dass diese ausschließlich Einkünfte aus ihrer jeweiligen Beteiligung und damit aus Kapitalvermögen haben, auf die der gesonderte Steuertarif für Einkünfte aus Kapitalvermögen i.S.v. § 32d EStG i.H.v. 25 % zzgl. Solidaritätszuschlag (5,5 %) angewendet wird. Dies gilt auch dann, wenn eine andere Form der Besteuerung, z.B. nach dem individuellen Steuertarif und ggf. in Form des Teileinkünfteverfahrens, steuerlich vorteilhafter wäre. Eine Günstigerprüfung findet im Rahmen dieser Arbeit also nicht statt. Zum einen erhöht die immer gleiche Anwendung des gesonderten Steuertarifs für Einkünfte aus Kapitalvermögen mit 25 % zzgl. Solidaritätszuschlag auf Ebene der natürlichen Personen und über alle Betrachtungszeiträume hinweg die Vergleichbarkeit der Berechnungen. Zum anderen handelt es sich bei der Besteuerungsform um eine individuelle Entscheidung des jeweiligen Steuerpflichtigen, die hier nicht pauschal getroffen werden kann. Dies gilt vor allem deshalb, da im Rahmen dieser Arbeit die Annahme getroffen wurde, dass die natürlichen Personen lediglich Einkünfte aus ihren Beteiligungen erzielen. In der Praxis wird das kein

---

1195 Vgl. Statistisches Bundesamt, Durchschnittlicher Gewerbesteuerhebesatz 2019, https://www.destatis.de/DE/Themen/Staat/Steuern/_Grafik/_Interaktiv/steuereinnahmen-hebesaetze-gewerbesteuer-laender.html, zuletzt abgerufen am 19.09.2021.

Regelfall darstellen, so dass die weiteren (individuellen) Umstände die Entscheidung des Steuerpflichtigen beeinflussen. Da die nachfolgenden Berechnungen nicht den Hauptzweck haben, unter Anwendung diverser Hypothesen auf allen Beteiligungsebenen die geringstmögliche Steuerlast zu berechnen, ist die gleichbleibende Anwendung des gesonderten Steuertarifs für Einkünfte aus Kapitalvermögen mit 25 % zzgl. Solidaritätszuschlag bei den natürlichen Personen als sachgerecht zu erachten.

Die Einkommensteuer wird durch Abzug vom Kapitalertrag erhoben, so dass die ausschüttende Sanierungs-Kapitalgesellschaft bzw. die B-GmbH nach § 44 Abs. 1 S. 1 EStG als Schuldner der Kapitalertragsteuer gem. § 43a Abs. 1 S. 1 Nr. 1 EStG verpflichtet ist, 25 % Kapitalertragsteuer zzgl. Solidaritätszuschlag für Rechnung des Gläubigers der Kapitalerträge (A, C) einzubehalten. Für Kapitalerträge, die der Kapitalertragsteuer unterlegen haben, ist die Einkommensteuer abgegolten (§ 43 Abs. 5 S. 1 EStG). In dem hier betrachteten Sachverhalt wird annahmegemäß davon ausgegangen, dass die steuerpflichtigen Personen A und C dem Schuldner der Kapitalerträge (Sanierungs-Kapitalgesellschaft und B-GmbH) keinen Freistellungsauftrag gem. § 44a Abs. 2 S. 1 Nr. 1 EStG vorgelegt haben. Daraus folgt, dass der ihnen zustehende Sparer-Pauschbetrag gem. § 20 Abs. 9 EStG i.H.v. 801 € noch nicht berücksichtigt ist. Demnach kann der Steuerpflichtige mit der Einkommensteuererklärung für Kapitalerträge, die der Kapitalertragsteuer unterlegen haben, eine Steuerfestsetzung beantragen, mit der Folge, dass der Sparer-Pauschbetrag Berücksichtigung findet (§ 32d Abs. 4 EStG). Die auf Ebene der Kapitalgesellschaften einbehaltene Kapitalertragsteuer wird hierbei auf die Einkommensteuer angerechnet (§ 36 Abs. 2 Nr. 2 EStG).

Sowohl in Bezug auf die Körperschaftsteuer als auch bei der Einkommensteuer wird der Solidaritätszuschlag berücksichtigt. Hierbei hat es mit dem Gesetz zur Rückführung des Solidaritätszuschlags 1995[1196] zum Veranlagungszeitraum 2021 Veränderungen gegeben, die auch in dieser Arbeit berücksichtigt werden. Die Freigrenze der Ergänzungsabgabe ab dem 1. Januar 2021 wurde für einzeln veranlagte Steuerpflichtige nach § 3 Abs. 3 S. 1 Nr. 2 Solidaritätszuschlagsgesetz (SolZG) von 972 € auf 16.956 € (bei Zusammenveranlagung gem. § 3 Abs. 3 S. 1 Nr. 1 SolZG von 1.944 € auf 33.912 €) zu Gunsten niedriger und mittlerer Einkommen angehoben.[1197] Wird die Freigrenze überschritten,

1196 Vgl. Gesetz zur Rückführung des Solidaritätszuschlags 1995 v. 10.12.2019, BGBl. I 2019, 2115.

1197 Vgl. BT-Drs. 396/19 v. 30.8.2019, 1.

beträgt der Solidaritätszuschlag weiterhin 5,5 % der Bemessungsgrundlage (§ 4 S. 1 SolZG). Allerdings wurde vom Gesetzgeber eine Milderungszone im Anschluss an die neue Freigrenze eingeführt, die einen Belastungssprung nach Überschreiten der Freigrenze vermeiden soll.[1198] In dieser Milderungszone wird die Belastung mit dem Solidaritätszuschlag in der Milderungszone auf 11,9 % des Unterschiedsbetrages zwischen der Bemessungsgrundlage und des maßgebenden Freibetrags begrenzt (§ 4 S. 2 SolZG). Diese Entlastung in Form eines Freibetrags und einer Milderungszone ist jedoch beschränkt auf die Lohnsteuer und veranlagte Einkommensteuer.[1199] Mithin werden Einkünfte, die dem Steuerabzug (mit Ausnahme des Lohnsteuerabzugs) unterliegen, weiterhin mit dem Solidaritätszuschlag belastet, es sei denn, der Steuerpflichtige kann seine Einkünfte durch Veranlagung erklären und somit die entlastende Wirkung erreichen.[1200] In Bezug auf den gesonderten Steuertarif für Einkünfte aus Kapitalvermögen gem. § 32d EStG bedeutet dies, dass gem. § 3 Abs. 3 S. 2, Abs. 4 S. 4 SolZG die Null- und Milderungszone der Neuregelung auf Kapitalerträge keine Anwendung findet, der Solidaritätszuschlag beträgt weiterhin 5,5 %.[1201] Nur wenn die Ausnahmeregelungen des § 32d Abs. 2 EStG greifen oder die Möglichkeit zur Günstigerprüfung vorliegt, kann der Einkommensteuerpflichtige von der begünstigenden Neuregelung des Solidaritätszuschlagsgesetz profitieren. Zusätzlich betreffen die Änderungen nur einkommensteuerpflichtige Personen, Änderungen bezüglich der Entrichtung des Solidaritätszuschlags bei Körperschaften hat es nicht gegeben – sie haben wie bisher 5,5 % auf ihre Bemessungsgrundlage abzuführen.

Aus Tabelle 15 ist ersichtlich, welche Steuern bzw. Ergänzungsabgaben bei den jeweiligen Steuerpflichtigen in den Fallbeispielen einer Sanierungs-Kapitalgesellschaft einbezogen werden:

1198 Vgl. BT-Drs. 396/19 v. 30.8.2019, 2, 7.
1199 Vgl. *Höppner/Schewe*, FR 2019, 881 [882].
1200 Vgl. *Höppner/Schewe*, FR 2019, 881 [882].
1201 Vgl. *Höppner/Schewe*, FR 2019, 881 [882].

Tabelle 15: Übersicht der in die Berechnung einbezogenen Steuern bzw. Ergänzungsabgaben bei einer Sanierungs-KapG über alle Beteiligungsebenen hinweg

Steuerpflichtige Person	In die Berechnung einbezogene Steuer
Sanierungs-KapG	▪ Körperschaftsteuer, 15 % ▪ SolZ auf Körperschaftsteuer, 5,5 % ▪ Gewerbesteuer, 14,105 %
Anteilseigner A	▪ Einkommensteuer auf Einkünfte aus Kapitalvermögen, 25 % ▪ SolZ auf Einkommensteuer, 5,5 %
Anteilseigner B-GmbH	▪ Körperschaftsteuer, 15 % ▪ SolZ auf Körperschaftsteuer, 5,5 % ▪ Gewerbesteuer, 14,105 %
Anteilseigner C der B-GmbH	▪ Einkommensteuer auf Einkünfte aus Kapitalvermögen, 25 % ▪ SolZ auf Einkommensteuer, 5,5 %

2. Kapitalgesellschaft ohne Verlustvorträge

a. Fallspezifische Annahmen

Neben den bereits dargestellten und für alle Fallstudien gleichbleibenden steuerbilanziellen Ausgangswerten (Jahr 01: 100.000 €; Jahr 02: -1.000.000 €; Jahr 03: 500.000 €; Jahr 04: 2.000.000 €), wird hier zunächst davon ausgegangen, dass etwaige Verluste, auch aus diversen Verlustverrechnungskreisen (z.B. §§ 2a, 15 Abs. 4, 15a EStG), zumindest in Jahr 01 und dem Sanierungsjahr 02 nicht vorhanden sind. Die Sanierungs-Kapitalgesellschaft hat in Jahr 01 jedoch noch einen nach § 4f EStG verteilt abziehbaren Aufwand i.H.v. annahmegemäß 1.100.000 €, der den steuerlichen Gewinn jährlich i.H.v. 100.000 € schmälert.

b. Regelbesteuerung

Ohne Anwendung der Sanierungs-Vorschriften ergibt sich auf Ebene der Sanierungs-Kapitalgesellschaft für Zwecke der Körperschaftsteuer und des Solidaritätszuschlags unter den zuvor dargestellten Annahmen folgende Berechnung[1202]:

1202 Vgl. die ausführlichen Berechnungen zu dieser Fallstudie in Anhang 1.

Tabelle 16: Berechnung von KSt und SolZ bei der Sanierungs-KapG ohne Verlustvorträge bei Regelbesteuerung

KSt + SolZ		Jahr 01	Jahr 02	Jahr 03	Jahr 04
	Gewinn/Verlust lt. Steuerbilanz	100.000 €	-1.000.000 €	500.000 €	2.000.000 €
	Verteilt abziehbarer Aufwand i.S.v. § 4f EStG:				
	Vorhandener verteilt abziehbarer Aufwand gem. § 4f EStG	1.100.000 €	1.000.000 €	900.000 €	800.000 €
-	Abzug v. 1/15 des verteilt abziehbaren Aufwands	100.000 €	100.000 €	100.000 €	100.000 €
	Verbleibender verteilt abziehbarer Aufwand nach § 4f EStG	1.000.000 €	900.000 €	800.000 €	700.000 €
=	Steuerlicher Gewinn	- €	-1.100.000 €	400.000 €	1.900.000 €
=	Gesamtbetrag der Einkünfte i. S. d. § 10d EStG	- €	-1.100.000 €	400.000 €	1.900.000 €
	Verlustabzug nach § 10d EStG:				
	Vorhandener Verlustvortrag	- €	- €	1.100.000 €	700.000 €
-	Sockelbetrag, max. 1 Mio. €	- €	- €	400.000 €	700.000 €
	Verbleibender Verlustvortrag nach Abzug des Sockelbetrags	- €	- €	700.000 €	- €
-	Verlustabzug i.H.v. 60 % des verbleibenden GdE	- €	- €	- €	- €
	Summe des genutzten Verlustvortrags	- €	- €	400.000 €	700.000 €
=	Vortragsfähiger Verlust	- €	- €	700.000 €	- €
=	Einkommen	- €	-1.100.000 €	- €	1.200.000 €
=	Zu versteuerndes Einkommen	- €	-1.100.000 €	- €	1.200.000 €
	KSt	**- €**	**- €**	**- €**	**180.000 €**
	SolZ auf KSt	**- €**	**- €**	**- €**	**9.900 €**

Die Sanierungs-Kapitalgesellschaft hat in Jahr 01 ein zu versteuerndes Einkommen von 0 €, da sie den positiven Bilanzgewinn von 100.000 € mit dem verteilt abziehbaren Aufwand nach § 4f EStG i.H.v. 100.000 € verrechnen kann. Die Gesellschaft kann in allen vier Betrachtungszeiträumen jeweils 100.000 € nach Maßgabe des § 4f EStG geltend machen, was ihren steuerlichen Gewinn in den Jahren um den entsprechenden Betrag mindert. Die

Sanierungs-Kapitalgesellschaft startet im Sanierungsjahr 02 mit einem steuerbilanziellen Verlust von 1.000.000 €, der etwaige Schuldenerlasse einschließt – die jedoch bei der hier angewandten Regelbesteuerung und damit in Abgrenzung zur Anwendung der Sanierungsvorschriften im nächsten Fallbeispiel nicht außerbilanziell korrigiert werden. Unter Berücksichtigung des Aufwandsabzugs nach § 4f EStG hat die Gesellschaft im Jahr 02 ein negatives zu versteuerndes Einkommen von 1.100.000 €, welches als Verlustvortrag im Folgejahr zur Verfügung steht und den gering vorhandenen Gesamtbetrag der Einkünfte des Folgejahres von 400.000 € ausgleicht, so dass auch in Jahr 03 keine Besteuerung erfolgt. Erst in Jahr 04 sind die Verlustvorträge nicht mehr in ausreichender Höhe vorhanden, um den Gesamtbetrag der Einkünfte i.H.v. 1.900.000 € auszugleichen. Mit einem Betrag von 1.200.000 € – nach Verlustverrechnung – unterliegt die Gesellschaft einer Körperschaftsteuerzahllast von 180.000 € zzgl. 9.900 € Solidaritätszuschlag. Hinzu kommt noch die Gewerbesteuer, die in der nachfolgenden Tabelle 17 für die jeweiligen Betrachtungszeiträume berechnet wird:

Tabelle 17: Berechnung der GewSt bei der Sanierungs-KapG ohne Verlustvorträge bei Regelbesteuerung

GewSt		**Jahr 01**	**Jahr 02**	**Jahr 03**	**Jahr 04**
	Gewinn aus Gewerbebetrieb	- €	-1.100.000 €	400.000 €	1.900.000 €
+	Summe der Hinzurechnungen	31.250 €	31.250 €	31.250 €	31.250 €
-	Summe der Kürzungen	16.800 €	16.800 €	16.800 €	16.800 €
=	Maßgebender Gewerbeertrag	14.450 €	-1.085.550 €	414.450 €	1.914.450 €
	Gewerbeverlust:				
	Vorhandener Verlust	- €	- €	1.085.550 €	671.100 €
-	Sockelbetrag, max. 1 Mio. €	- €	- €	414.450 €	671.100 €
	Verbleibender Verlustabzug	- €	- €	671.100 €	- €
-	Verlustabzug i.H.v. 60 % des verbleibenden maßgebenden Gewerbeertrags	- €	- €	- €	- €
	Summe des genutzten Verlustvortrags	- €	- €	414.450 €	671.100 €
	Vortragsfähiger Verlust	- €	-1.085.550 €	671.100 €	- €
=	Zwischensumme	14.450 €	- €	- €	1.243.350 €
	Abgerundet auf volle 100 €	14.400 €	- €	- €	1.243.300 €
x	Steuermesszahl	3,5 %	3,5 %	3,5 %	3,5 %
=	Gewerbesteuermessbetrag	504 €	- €	- €	43.515,50 €
x	Gewerbesteuerhebesatz	403 %	403 %	403 %	403 %
=	**GewSt**	**2.031,12 €**	**- €**	**- €**	**175.367,47 €**

Die Sanierungsgesellschaft hat im Jahr 01 eine Gewerbesteuerzahlung von 2.031,12 € zu leisten, was lediglich der Besteuerung des positiven Unterschiedsbetrags i.H.v. 14.450 € zwischen der Summe der Hinzurechnungen nach § 8 GewStG i.H.v. 31.250 € und der Summe der Hinzurechnungen nach § 9 GewStG von 16.800 € entspricht. Annahmegemäß verfügt die Gesellschaft in Jahr 01 über keine gewerbesteuerlichen Verlustvorträge, die genutzt werden könnten. In Jahr 02 erzielt die Gesellschaft aufgrund des hohen Verlusts aus Gewerbebetrieb – trotz positiven Unterschiedsbetrag zwischen den Hinzurechnungen nach § 8 GewStG und Kürzungen nach § 9 GewStG – einen negativen maßgebenden Gewerbeertrag i.S.v. § 10 GewStG von 1.085.550 €. Dieser kann im Folgejahr genutzt werden und führt daher zu keiner Gewerbesteuerzahlung im Jahr 03. Der im Jahr 04 verbleibende Verlustvortrag i.H.v. 671.100 € wird genutzt, um die Gewerbesteuerzahllast unter Berücksichtigung der Mindestbesteuerung zu verringern. Gleichwohl hat die Sanierungsgesellschaft im letzten Betrachtungszeitraum eine Gewerbesteuerzahlung i.H.v. 175.367,47 € zu leisten.

Unter Berücksichtigung der geleisteten Steuerzahlungen der Sanierungs-Kapitalgesellschaft stellen sich die ertragsteuerliche Konsequenzen aufgrund der Vollausschüttungen in den Jahren 01, 03 und 04 durch die Sanierungs-Kapitalgesellschaft im gesamten Betrachtungszeitraum bei der natürlichen Person A, als Anteilseigner der Sanierungs-Kapitalgesellschaft i.H.v. 50 % wie in Tabelle 18 gezeigt dar:

Tabelle 18: Berechnung der Einkommensteuer und SolZ bei Anteilseigner A aufgrund der Vollausschüttung durch die Sanierungs-KapG ohne Verlustvorträge bei Regelbesteuerung

	ESt auf Einkünfte aus Kapitalvermögen + SolZ	**Jahr 01**	**Jahr 02**	**Jahr 03**	**Jahr 04**
	Brutto-Einnahmen aus Kapitalvermögen	48.984,44 €	- €	250.000 €	817.366,27 €
-	Sparer-Pauschbetrag	801,00 €	- €	801 €	801,00 €
=	Einkünfte aus Kapitalvermögen	48.183,44 €	- €	249.199 €	816.565,27 €
x	Gesonderter Steuertarif für Einkünfte aus Kapitalvermögen	25 %	25 %	25 %	25 %
=	**ESt auf Einkünfte aus Kapitalvermögen**	**12.045,86 €**	**- €**	**62.299,75 €**	**204.141,32 €**
=	**SolZ auf ESt**	**662,52 €**	**- €**	**3.426,49 €**	**11.227,77 €**
-	Anrechnung der von der KapG einbehaltenen KapESt (aufgerundet)	12.247,00 €	- €	62.500,00 €	204.342,00 €
-	Anrechnung des von der KapG einbehaltenen SolZ auf KapESt	673,53 €	- €	3.437,50 €	11.238,78 €
=	Einkommensteuerzahllast v. Anteilseigner A	-201,14 €	- €	-200,25 €	-200,68 €
=	Zahllast bzgl. Solidaritätszuschlag v. Anteilseigner A	-11,01 €	- €	-11,01 €	-11,01 €

Ausgehend vom handelsrechtlichen Jahresgewinn der Sanierungsgesellschaft im Jahr 01 von 100.000 € wird der verbleibende Betrag, nach Abzug der auf Ebene der Sanierungsgesellschaft zu zahlenden Steuern, an den Anteilseigner A gemäß seiner Beteiligungsquote hälftig und somit i.H.v. 48.984,44 € ausgeschüttet. Nach Abzug des Sparerpauschbetrags gem. § 20 Abs. 9 EStG i.H.v. 801 € hat A im Jahr 01 unter Zugrundelegung des Einkommensteuersatzes von 25 % eine Einkommensteuer von 12.045,86 € und Solidaritätszuschlag von 662,52 € zu leisten. Da er sich die von der Kapitalgesellschaft einbehaltene Kapitalertragsteuer anrechnen kann, entsteht bei A effektiv eine Steuererstattung i.H.v. insgesamt 212,15 €, was dem Umstand geschuldet ist, dass die Sanierungsgesellschaft den Kapitalertragsteuereinbehalt ohne die Berücksichtigung des Sparer-Pauschbetrags durchgeführt hat. In Jahr 02, in dem die Gesellschaft einen handelsrechtlichen Verlust ausweist, erfolgt keine Ausschüttung an den Anteilseigner A, so dass sich hieraus auch keine Steuerzahllast ergibt. In den Jahren 03 und 04 erfolgen hingegen wieder steuerlich relevante Ausschüttungen an A. Die Einkommensteuer inkl. Solidaritätszuschlag beträgt nach dem für das Jahr 01 erläuterten Berechnungsmuster 65.726,24 € im Jahr 03 und im Jahr 04 215.369,09 €.

Bei der B-GmbH als Anteilseignerin der Kapitalgesellschaft i.H.v. 50 % löst die Dividendenausschüttung der Sanierungs-Kapitalgesellschaft die Besteuerung mit Körperschaftsteuer und Solidaritätszuschlag sowie Gewerbesteuer aus. Die erhaltene Dividende unterliegt bei der B-GmbH der Regelung des § 8b KStG, so dass gem. § 8b Abs. 1 KStG diese Bezüge bei der Ermittlung des Einkommens außer Ansatz bleiben, jedoch 5 % nach § 8b Abs. 3 KStG als nichtabziehbare Betriebsausgaben das Einkommen der B-GmbH erhöhen. Demnach ergibt sich bei der Anteilseignerin B-GmbH die in Tabelle 19 dargestellte Belastung mit Körperschaftsteuer und Solidaritätszuschlag:

Tabelle 19: Berechnung von KSt und SolZ bei der B-GmbH aufgrund der Vollausschüttung durch die Sanierungs-KapG ohne Verlustvorträge bei Regelbesteuerung

KSt + SolZ		**Jahr 01**	**Jahr 02**	**Jahr 03**	**Jahr 04**
	Gewinn/Verlust lt. Steuerbilanz	48.984,44 €	- €	250.000 €	817.366,27 €
-/+	Kürzungen/Hinzurechnungen nach § 8b KStG	-46.535,22 €	- €	-237.500 €	-776.497,95 €
=	Steuerlicher Gewinn	2.449,22 €	- €	12.500 €	40.868,31 €
=	Zu versteuerndes Einkommen	2.449,22 €	- €	12.500 €	40.868,31 €
=	**KSt**	**367,00 €**	**- €**	**1.875,00 €**	**6.130,00 €**
=	**SolZ auf KSt**	**20,19 €**	**- €**	**103,13 €**	**337,15 €**
-	Anrechnung der von der KapG einbehaltenen KapESt (aufgerundet)	12.247,00 €	- €	62.500,00 €	204.342,00 €
-	Anrechnung des von der KapG einbehaltenen SolZ auf KapESt	673,53 €	- €	3.437,50 €	11.238,78 €
=	Körperschaftsteuerzahllast B-GmbH	-11.880,00 €	- €	-60.625,00 €	-198.212,00 €
=	Zahllast bzgl. Solidaritätszuschlag der B-GmbH	-653,35 €	- €	-3.334,38 €	-10.901,63 €

Aufgrund der Annahme, dass die B-GmbH keine weiteren Einkünfte als die Dividende aus ihrer Beteiligung an der Sanierungs-Kapitalgesellschaft hat und sie diese gem. § 8b KStG effektiv nur zu 5 % zu versteuern hat, ergeben sich über alle Zeiträume lediglich geringe Steuerbelastungen. Das bedeutet für das Jahr 01, dass die B-GmbH einer Besteuerung i.H.v. 367 € hinsichtlich der Körperschaftsteuer und 20,19 € in Bezug auf den Solidaritätszuschlag unterliegt. Mangels einer Ausschüttung im Jahr 02 entsteht bei der B-GmbH hingegen keine

Steuerlast. Im Jahr 03 hat die B-GmbH Steuern auf ein zu versteuerndes Einkommen von 12.500 € zu leisten; das entspricht einer Körperschaftsteuer von 1.875 € und einem Solidaritätszuschlag von 103,13 €. Die Steuerlast steigt im Jahr 04, in dem die B-GmbH einer Körperschaftsteuer i.H.v. 6.130 € und dem Solidaritätszuschlag i.H.v. 337,15 € unterliegt. Da die Sanierungs-Kapitalgesellschaft Kapitalertragsteuer und Solidaritätszuschlag für die B-GmbH einzubehalten und an das Finanzamt abzuführen hatte, werden diese Beträge bei der B-GmbH angerechnet und führen somit bei ihr effektiv zu einer Steuererstattung.

Die Regelung des § 8b KStG entfaltet ihren steuermindernden Effekt über § 7 GewStG auch auf die Gewerbesteuer. Die Gewerbesteuerzahllast der B-GmbH ergibt sich aus der nachfolgenden Tabelle 20:

Tabelle 20: Berechnung der GewSt bei der B-GmbH aufgrund der Vollausschüttung durch die Sanierungs-KapG ohne Verlustvorträge bei Regelbesteuerung

GewSt		Jahr 01	Jahr 02	Jahr 03	Jahr 04
	Gewinn aus Gewerbebetrieb	2.449,22 €	- €	12.500,00 €	40.868,31 €
+	Summe der Hinzurechnungen	- €	- €	- €	- €
-	Summe der Kürzungen	- €	- €	- €	- €
=	Maßgebender Gewerbeertrag	2.449,22 €	- €	12.500,00 €	40.868,31 €
	Abgerundet auf volle 100 €	2.400,00 €	- €	12.500,00 €	40.800,00 €
=	Gewerbeertrag nach Freibetrag	2.400,00 €	- €	12.500,00 €	40.800,00 €
x	Steuermesszahl	3,5 %	3,5 %	3,5 %	3,5 %
=	Gewerbesteuermessbetrag	84 €	- €	437,50 €	1.428,00 €
x	Gewerbesteuerhebesatz	403 %	403 %	403 %	403 %
=	**Gewerbesteuer**	**338,52 €**	**- €**	**1.763,13 €**	**5.754,84 €**

Mit Ausnahme des Jahres 02 hat die B-GmbH in allen anderen Betrachtungszeiträumen Gewerbesteuer zu entrichten. Auf etwaige Hinzurechnungs- und Kürzungsbeträge wurde – wie bereits zuvor erläutert – aus Vereinfachungszwecken verzichtet, so dass sich die Gewerbesteuerzahlungen lediglich auf den Gewinn aus Gewerbebetrieb nach Anwendung von § 8b KStG i.V.m. § 7 GewStG beziehen. Somit unterliegen lediglich 5 % der Einkünfte der B-GmbH der Gewerbesteuer mit einem Gewerbesteuerhebesatz von 403 %. Daraus folgt eine Gewerbesteuerzahlung von 338,52 € im Jahr 01, 1.763,13 € im Jahr 03 und 5.754,84 € im Jahr 04.

Der Anteilseigner der B-GmbH, C, unterliegt mit seinen Dividendeneinkünften aus der Ausschüttung durch die B-GmbH dem gesonderten Steuertarif für Einkünfte aus Kapitalvermögen gem. § 32d EStG. Die

Einkommensteuerbelastung des C ist Tabelle 21 zu entnehmen und errechnet sich wie folgt:

Tabelle 21: Berechnung der Einkommensteuer und SolZ bei Anteilseigner C aufgrund der Vollausschüttung durch die B-GmbH im Fallbeispiel einer Sanierungs-KapG ohne Verlustvorträge bei Regelbesteuerung

ESt auf Einkünfte aus Kapitalvermögen + SolZ		**Jahr 01**	**Jahr 02**	**Jahr 03**	**Jahr 04**
	Brutto-Einnahmen aus Kapitalvermögen	48.258,74 €	- €	246.258,75 €	805.144,28 €
-	Sparer-Pauschbetrag	801,00 €	- €	801,00 €	801,00 €
=	Einkünfte aus Kapitalvermögen	47.457,74 €	- €	245.457,75 €	804.343,28 €
x	Gesonderter Steuertarif für Einkünfte aus Kapitalvermögen	25 %	25 %	25 %	25 %
=	**ESt auf Einkünfte aus Kapitalvermögen**	**11.864,43 €**	**- €**	**61.364,44 €**	**201.085,82 €**
=	**SolZ auf ESt**	**652,54 €**	**- €**	**3.375,04 €**	**11.059,72 €**
-	Anrechnung der von der KapG einbehaltenen KapESt (aufgerundet)	12.065,00 €	- €	61.565,00 €	201.287,00 €
-	Anrechnung des von der KapG einbehaltenen SolZ auf KapESt	663,52 €	- €	3.386,02 €	11.070,73 €
=	Einkommensteuerzahllast v. Anteilseigner C	-200,57 €	- €	-200,56 €	-201,18 €
=	Zahllast bzgl. Solidaritätszuschlag v. Anteilseigner C	-10,98 €	- €	-10,98 €	-11,01 €

Da die B-GmbH lediglich geringe Beträge zu versteuern hatte, kann sie den danach verbleibenden Gewinn an ihren Anteilseigner C ausschütten. Somit unterscheiden sich die Bruttoeinnahmen von C aus der Beteiligung an der B-GmbH und die Bruttoeinnahmen des A aus dessen Beteiligung an der Sanierungs-Kapitalgesellschaft nur unwesentlich. Anteilseigner C hat in Jahr 01 Einkommensteuer inkl. Solidaritätszuschlag i.H.v. 12.516,97 €, in Jahr 03 von 64.739,48 € und im Jahr 04 i.H.v. 212.145,54 € zu zahlen. Bei Anteilseigner C trifft es ebenso wie bei Anteilseigner A zu, dass er die zuvor von der Kapitalgesellschaft einbehaltene Kapitalertragsteuer zzgl. Solidaritätszuschlag anrechnen lassen kann und er somit in den Jahren, in der er eine Dividende erhält (Jahre 01, 03, 04), eine Steuererstattung erwarten kann, die aus der Berücksichtigung des Sparer-Pauschbetrags gem. § 20 Abs. 9 EStG erst auf Ebene des C resultiert.

Auf eine Darstellung sämtlicher Steuerbelastungen im Fall einer Sanierungs-Kapitalgesellschaft, die nicht den Sanierungsvorschriften, sondern der Regelbesteuerung unterliegen und keine Verlustvorträge in Jahr 01 und im Sanierungsjahr aufweisen über alle Beteiligungsebenen und alle vier Betrachtungszeiträume hinweg, wird an dieser Stelle verzichtet. Dies wird vielmehr nach dem folgenden Abschnitt und der Darstellung des Vergleichsfalls bei Anwendung der Sanierungsvorschriften nachgeholt und eingehend erläutert.

c. *Anwendung der Regelungen zur Steuerfreiheit von Sanierungserträgen*

Die Besteuerung sowohl auf Ebene der Kapitalgesellschaft als auch bei ihren Anteilseignern ändert sich, wenn zwar die gleichen Annahmen wie in der zuvor dargestellten Fallkonstellation zugrunde gelegt werden, im Konkreten die identischen Steuerbilanzergebnisse, das Nichtvorhandensein von Verlustvorträgen im Sanierungsjahr und einen vorhandenen verteilt abziehbaren Aufwand nach § 4f EStG, die Kapitalgesellschaft jedoch einen Sanierungsertrag im Jahr 02 ausweist, der unter die Regelungen zur Steuerfreiheit von Sanierungserträgen fällt und somit außerbilanziell korrigiert werden kann.[1203]

Zunächst ist zu Berechnungszwecken der verbleibende Sanierungsertrag i.S.v. § 3a Abs. 3 S. 1 EStG für das Sanierungsjahr 02 zu errechnen, um festzustellen, in welcher Höhe sich Steuerminderungspotenziale der Sanierungs-Kapitalgesellschaft maximal mindern können. Annahmegemäß wird von einem Sanierungsertrag i.H.v. 8.000.000 € ausgegangen, dem Sanierungsaufwendungen i.H.v. 250.000 € gegenüberstehen. Der verbleibende Sanierungsertrag errechnet sich also wie in der folgenden Tabelle 22 dargestellt:

Tabelle 22: Berechnung des verbleibenden Sanierungsertrags i.S.v. § 3a Abs. 3 S. 1 EStG auf Ebene der Sanierungs-KapG ohne Verlustvorträge bei Anwendung der Sanierungsvorschriften

	Sanierungsertrag i.S.v. § 3a Abs. 3 S. 1 EStG	8.000.000 €
-	Sanierungsaufwendungen i.S.v. § 3a Abs. 3 S. 1 i.V.m. § 3c Abs. 4 S. 1 EStG	-250.000 €
=	Verbleibender Sanierungsertrag i.S.v. § 3a Abs. 3 S. 1 EStG	7.750.000 €

Für körperschaftsteuerliche Zwecke können bei der Sanierungs-Kapitalgesellschaft vorhandene bzw. entstehende Steuerminderungspotenziale im Sanierungsjahr maximal i.H.v. 7.750.000 € untergehen. Unter Beachtung des

1203 Vgl. die ausführlichen Berechnungen zu dieser Fallstudie in Anhang 2.

verbleibenden Sanierungsertrags i.S.v. § 3a Abs. 3 S. 1 EStG für das Sanierungsjahr 02 ergibt sich für körperschaftsteuerliche Zwecke folgende Berechnung gem. Tabelle 23, wobei in dieser und den nachfolgenden Tabellen die grau hinterlegten Positionen die Auswirkungen der Sanierungsvorschriften indizieren:

Tabelle 23: Berechnung von KSt und SolZ bei der Sanierungs-KapG ohne Verlustvorträge und bei Anwendung der Sanierungsvorschriften

	KSt + SolZ	Jahr 01	Jahr 02 Sanierungsjahr	Jahr 03	Jahr 04
	Gewinn/Verlust lt. Steuerbilanz	100.000 €	-1.000.000 €	500.000 €	2.000.000 €
	Verteilt abziehbarer Aufwand i.S.v. § 4f EStG:				
	Vorhandener verteilt abziehbarer Aufwand gem. § 4f EStG	1.100.000 €	1.000.000 €	- €	- €
-	Abzug v. 1/15 des verteilt abziehbaren Aufwands	100.000 €	100.000 €	- €	- €
	Minderung des verteilt abziehbaren Aufwands des zu sanierenden Unternehmens (§ 3a Abs. 3 S. 2 Nr. 1 EStG)	- €	900.000 €	- €	- €
	Verbleibender verteilt abziehbarer Aufwand nach § 4f EStG	1.000.000 €	- €	- €	- €
-	Sanierungsertrag i.S.v. § 3a Abs. 1 S. 1 EStG	- €	8.000.000 €	- €	- €
+	Sanierungskosten i.S.v. § 3a Abs. 3 S. 1 i.V.m. § 3c Abs. 4 S. 1 EStG	- €	250.000 €	- €	- €
=	Steuerlicher Gewinn	- €	-8.850.000 €	500.000 €	2.000.000 €
-	Minderung des Verlusts des Sanierungsjahres des zu sanierenden Unternehmens (§ 3a Abs. 3 S. 2 Nr. 8 EStG)	- €	6.850.000 €	- €	- €
=	Gesamtbetrag der Einkünfte i.S.d. § 10d EStG	- €	-2.000.000 €	500.000 €	2.000.000 €
	Verlustabzug nach § 10d EStG:				
	Vorhandener Verlustvortrag	- €	- €	2.000.000 €	1.500.000 €

(wird auf nächster Seite fortgeführt)

Tabelle 23: Fortsetzung

	KSt + SolZ	Jahr 01	Jahr 02 Sanierungsjahr	Jahr 03	Jahr 04
	Verbleibender Verlustvortrag nach Minderung	- €	- €	2.000.000 €	1.500.000 €
-	Sockelbetrag, max. 1 Mio. €	- €	- €	500.000 €	1.000.000 €
	Verbleibender Verlustvortrag	- €	- €	1.500.000 €	500.000 €
-	Verlustabzug i.H.v. 60 % des verbleibenden GdE	- €	- €	- €	500.000 €
	Summe des genutzten Verlustvortrags	- €	- €	500.000 €	1.500.000 €
	Vortragsfähiger Verlust	- €	- €	1.500.000 €	- €
=	Zu versteuerndes Einkommen	- €	-2.000.000 €	- €	500.000 €
	KSt	**- €**	**- €**	**- €**	**75.000 €**
	SolZ auf KSt	**- €**	**- €**	**- €**	**4.125 €**

Der Tabelle 23 ist zu entnehmen, dass analog zum vorherigen Fallbeispiel die Sanierungs-Kapitalgesellschaft im Jahr 01 aufgrund eines zu versteuernden Einkommens von 0 € keine Körperschaftsteuer und keinen Solidaritätszuschlag zu entrichten hat, da der Steuerbilanzgewinn von 100.000 € durch den verteilt abziehbaren Aufwand nach § 4f EStG ausgeglichen werden kann. Im Sanierungsjahr 02 erhöht sich der steuerbilanzielle Verlust der Gesellschaft von -1.000.000 € um den Betrag von 100.000 € gem. § 4f EStG. Die Inanspruchnahme des § 3a EStG hat jedoch zur Folge, dass die Sanierungs-Kapitalgesellschaft zwar den verteilt abziehbaren Aufwand nach § 4f EStG i.H.v. 100.000 € im Sanierungsjahr geltend machen kann, der für die Folgejahre verbleibende abziehbare Aufwand von 900.000 € jedoch zu mindern ist und somit in den Folgejahren nicht mehr steuermindernd zur Verfügung steht. Aufgrund der Anwendung der Sanierungsvorschriften nach § 3a EStG und § 3c Abs. 4 EStG in diesem Beispiel wird der Sanierungsertrag im Sanierungsjahr 02 außerbilanziell abgezogen und die mit dem Sanierungsertrag in wirtschaftlichen Zusammenhang stehenden Aufwendungen i.H.v. von annahmegemäß 250.000 € hinzugerechnet, womit ein steuerlicher Verlust im Sanierungsjahr von -8.850.000 € ausgewiesen wird. Die Anwendung der Sanierungsvorschriften hat jedoch zur Folge, dass der steuerliche Verlust von -8.850.000 € gem. § 3a Abs. 3 S. 2 Nr. 8 EStG zu mindern ist. Wie zuvor berechnet können Steuerminderungspotentiale des Sanierungsjahres i.H.v. maximal 7.750.000 € untergehen. Nachdem bereits der verteilt abziehbare Aufwand nach § 4f EStG von 900.000 €

untergegangen ist, kann sich der Verlust der Sanierungs-Kapitalgesellschaft im Sanierungsjahr nur noch i.H.v. 6.850.000 € mindern. Es verbleibt also im Sanierungsjahr trotz Minderung ein negativer Gesamtbetrag der Einkünfte i.H.v. -2.000.000 €, der als Verlustvortrag in den Folgejahren genutzt werden kann. Die in diesem Fallbeispiel getroffenen Annahmen führen im Übrigen dazu, dass auch ein höher gewählter (geminderter) Sanierungsertrag nichts an der Tatsache ändert, dass die Verluste nach der Minderung um den Verlust des Sanierungsjahres gem. § 3a Abs. 3 S. 2 Nr. 8 EStG aufgebraucht sind, da sich der laufende Verlust des Sanierungsjahres im Gleichklang mit dem verbleibenden Sanierungsertrag erhöht.

Der im Sanierungsjahr – trotz Verrechnung nach § 3a Abs. 3 S. 2 EStG – entstandene Verlustvortrag mindert die Steuerlast der Sanierungs-Kapitalgesellschaft der Folgejahre 03 und 04. Während der steuerliche Gewinn im Jahr 03 i.H.v. 500.000 € gänzlich verrechnet werden kann, mindert der danach verbleibende Verlustvortrag von 1.500.000 € im Jahr 04 nur noch einen Teil des steuerlichen Gewinns der Sanierungs-Kapitalgesellschaft. Unter Beachtung der Mindestbesteuerung ergibt sich ein zu versteuerndes Einkommen von 500.000 €, das zu einer Körperschaftsteuerbelastung von 75.000 € zzgl. Solidaritätszuschlag i.H.v. 4.125 € führt.

In der hier dargestellten Fallkonstellation verbleibt bei der Sanierungs-Kapitalgesellschaft kein wirtschaftlich körperschaftsteuerfreier Sanierungsertrag, der sich – wie aus Tabelle 24 ersichtlich – darstellen lässt:

Tabelle 24: Verbleibender körperschaftsteuerfreier Sanierungsertrag bei der Sanierungs-KapG ohne Verlustvorträge bei Anwendung der Sanierungsvorschriften

	Geminderter Sanierungsertrag i.S.v. § 3a Abs. 3 S. 1 EStG	7.750.000 €
-	Minderung des verteilt abziehbaren Aufwands des zu sanierenden Unternehmens nach § 3a Abs. 3 S. 2 Nr. 1 EStG	-900.000 €
-	Minderung des Verlusts des Sanierungsjahres des zu sanierenden Unternehmens (§ 3a Abs. 3 S. 2 Nr. 8 EStG)	-6.850.000 €
=	Verbleibender körperschaftsteuerfreier Sanierungsertrag	0 €

Auch für gewerbesteuerliche Zwecke muss zunächst der geminderte Sanierungsertrag errechnet werden, um das maximal untergehende gewerbesteuerliche Verlustverrechnungspotenzial bei der Sanierungs-Kapitalgesellschaft im Sanierungsjahr festzustellen. Hierbei ist eine angepasste Berechnung nach § 7b Abs. 2 S. 1 GewStG zu beachten, die sich insofern ändert, dass der Minderungsbetrag des verteilt abziehbaren Aufwands nach § 4f EStG Berücksichtigung findet. Somit errechnet sich der geminderte Sanierungsertrag für gewerbesteuerliche Zwecke gem. Tabelle 25:

Tabelle 25: Berechnung des geminderten Sanierungsertrags für gewerbesteuerliche Zwecke gem. § 7b Abs. 2 S. 1 GewStG bei der Sanierungs-KapG ohne Verlustvorträge bei Anwendung der Sanierungsvorschriften

	Sanierungsertrag i.S.v. § 3a Abs. 3 S. 1 EStG	8.000.000 €
-	Sanierungsaufwendungen i.S.v. § 3a Abs. 3 S. 1 i.V.m. § 3c Abs. 4 S. 1 EStG	-250.000 €
-	Minderung des verteilt abziehbaren Aufwands nach § 3a Abs. 3 S. 2 Nr. 1 EStG (§ 7b Abs. 2 S. 1 GewStG)	-900.000 €
=	Nach § 3a Abs. 3 S. 2 Nr. 1 EStG geminderter Sanierungsertrag gem. § 7b Abs. 2 S. 1 GewStG	6.850.000 €

Im Sanierungsjahr 02 können die Steuerminderungspotenziale der Sanierungs-Kapitalgesellschaft nach § 7b Abs. 2 GewStG, also maximal i.H.v. 6.850.000 €, untergehen. Unter Berücksichtigung dieses Betrags im Sanierungsjahr berechnet sich die Gewerbesteuer der Sanierungs-Kapitalgesellschaft für die Jahre 01 bis 04 wie in Tabelle 26 dargestellt:

Tabelle 26: Berechnung der GewSt bei der Sanierungs-KapG ohne Verlustvorträge bei Anwendung der Sanierungsvorschriften

GewSt		**Jahr 01**	**Jahr 02 Sanierungsjahr**	**Jahr 03**	**Jahr 04**
	Gewinn aus Gewerbebetrieb	- €	-8.850.000 €	500.000 €	2.000.000 €
+	Summe der Hinzurechnungen	31.250 €	31.250 €	31.250 €	31.250 €
-	Summe der Kürzungen	16.800 €	16.800 €	16.800 €	16.800 €
=	Maßgebender Gewerbeertrag	14.450 €	-8.835.550 €	514.450 €	2.014.450 €
-	Minderung des negativen Gewerbeertrags des Sanierungsjahres des zu sanierenden Unternehmens (§ 7b Abs. 2 S. 1 Nr. 1 GewStG)	- €	-6.850.000 €	- €	- €
=	Gewerbeertrag nach Minderung	14.450 €	-1.985.550 €	514.450 €	2.014.450 €
	Gewerbeverlust:				
	Vorhandener Verlust	- €	- €	1.985.550 €	1.471.100 €
-	Sockelbetrag, max. 1 Mio. €	- €	- €	514.450 €	1.000.000 €
	Verbleibender Verlustvortrag	- €	- €	1.471.100 €	471.100 €
-	Verlustabzug i.H.v. 60 % des verbleibenden maßgebenden Gewerbeertrags	- €	- €	- €	471.100 €
	Insgesamt genutzter Verlustvortrag	- €	- €	514.450 €	1.471.100 €
	Vortragsfähiger Verlust	- €	1.985.550 €	1.471.100 €	- €
=	Zwischensumme	14.450,00 €	- €	- €	543.350,00 €
	Abgerundet auf volle 100 €	14.400,00 €	- €	- €	543.300,00 €
x	Steuermesszahl	3,50 %	3,50 %	3,50 %	3,50 %
=	Gewerbesteuermessbetrag	504,00 €	- €	- €	19.015,50 €
x	Gewerbesteuerhebesatz	403 %	403 %	403 %	403 %
=	**GewSt**	**2.031,12 €**	**- €**	**- €**	**76.632,47 €**

Die Sanierungs-Kapitalgesellschaft hat im Jahr 01 Gewerbesteuer auf den Differenzbetrag zwischen den gewerbesteuerlichen Hinzurechnungs- und Kürzungsbeträgen zu entrichten. Im Sanierungsjahr 02 mindert sich der maßgebende Gewerbeertrag i.H.v. -8.835.550 € aufgrund der Inanspruchnahme der Sanierungsvorschriften i.H.d. zuvor berechneten maximal untergehenden geminderten Sanierungsertrags von 6.850.000 €. Es verbleibt ein

Gewerbeverlust von 1.985.550 €. Der negative Gewerbeertrag der Sanierungs-Kapitalgesellschaft von 1.985.550 € ist damit betragsmäßig niedriger als die körperschaftsteuerliche Größe des negativen Gesamtbetrags der Einkünfte i.H.v. 2.000.000 €. Der Differenzbetrag ergibt sich aus den gewerbesteuerlichen Hinzurechnungs- und Kürzungsbeträgen des §§ 8, 9 GewStG. Daraus folgt im Umkehrschluss auch, dass im Falle eines verbleibenden wirtschaftlich körperschaft- und gewerbesteuerfreien Sanierungsertrags eine Differenz in gleicher Höhe zu erwarten ist. Der wirtschaftlich gewerbesteuerfreie Sanierungsertrag ist immer dann niedriger als der wirtschaftlich körperschaftsteuerfreie Sanierungsertrag, wenn die gewerbesteuerlichen Hinzurechnungen nach § 8 GewStG die Kürzungsbeträge gem. § 9 GewStG übersteigen. Im Umkehrschluss ist der wirtschaftlich gewerbesteuerfreie Sanierungsertrag immer dann betragsmäßig höher, wenn die gewerbesteuerlichen Kürzungsbeträge gem. § 9 GewStG die Hinzurechnungen nach § 8 GewStG übersteigen. Diese Auswirkungen lassen sich jedoch im vorliegenden Beispiel nicht sehen, da der verbleibende Sanierungsertrag nach § 7b Abs. 2 S. 1 GewStG bereits durch die Minderung des negativen maßgeblichen Gewerbeertrags aufgebraucht wird, wie sich auch der folgenden Tabelle 27 entnehmen lässt:

Tabelle 27: Verbleibender gewerbesteuerfreier Sanierungsertrag bei der Sanierungs-KapG ohne Verlustvorträge bei Anwendung der Sanierungsvorschriften

	Nach § 3a Abs. 3 S. 2 Nr. 1 EStG verbleibender Sanierungsertrag gem. § 7b Abs. 2 S. 1 GewStG	6.850.000 €
-	Minderung des negativen Gewerbeertrags des Sanierungsjahres des zu sanierenden Unternehmens (§ 7b Abs. 2 S. 1 Nr. 1 GewStG)	-6.850.000 €
=	Verbleibender gewerbesteuerfreier Sanierungsertrag	0 €

Die Anwendung der Sanierungsvorschriften auf Ebene der Sanierungs-Kapitalgesellschaft hat auch steuerliche Auswirkungen auf ihre Anteilseigner. In Bezug auf die natürliche Person A, als Anteilseigner der Sanierungs-Kapitalgesellschaft i.H.v 50 %, ergeben sich die in Tabelle 28 dargestellten ertragsteuerlichen Konsequenzen:

Tabelle 28: Berechnung der Einkommensteuer und SolZ Anteilseigner A aufgrund der Vollausschüttung durch die Sanierungs-KapG ohne Verlustvorträge bei Anwendung der Sanierungsvorschriften

ESt auf Einkünfte aus Kapital-vermögen + SolZ		**Jahr 01**	**Jahr 02 Sanierungsjahr**	**Jahr 03**	**Jahr 04**
	Brutto-Einnahmen aus Kapitalvermögen	48.984,44 €	- €	250.000,00 €	922.121,27 €
-	Sparer-Pauschbetrag	801,00 €	- €	801,00 €	801,00 €
=	Einkünfte aus Kapitalvermögen	48.183,44 €	- €	249.199,00 €	921.320,27 €
x	Gesonderter Steuertarif für Einkünfte aus Kapitalvermögen	25 %	25 %	25 %	25 %
=	**ESt auf Einkünfte aus Kapitalvermögen**	**12.045,86 €**	**- €**	**62.299,75 €**	**230.330,07 €**
=	**SolZ auf ESt**	**662,52 €**	**- €**	**3.426,49 €**	**12.668,15 €**
-	Anrechnung der von der KapG einbehaltenen KapESt (aufgerundet)	12.247,00 €	- €	62.500,00 €	230.531,00 €
-	Anrechnung des von der KapG einbehaltenen SolZ auf KapESt	673,53 €	- €	3.437,50 €	12.679,15 €
=	Einkommensteuerzahllast v. Anteilseigner A	-201,14 €	- €	-200,25 €	-200,93 €
=	Zahllast bzgl. Solidaritätszuschlag v. Anteilseigner A	-11,01 €	- €	-11,01 €	-11,00 €

Im Jahr 01 erhält Anteilseigner A Bruttoeinnahmen i.H.v. 48.984,44 €. Nach Abzug des Sparer-Pauschbetrags i.H.v. 801 € und nach Anwendung des gesonderten Steuertarifs i.S.v. § 32d EStG unterliegt A der Einkommensteuer i.H.v. 12.045,86 € und hat zusätzlich den Solidaritätszuschlag von 662,52 € zu zahlen. Im Sanierungsjahr 02 unterliegt Anteilseigner A mangels Ausschüttung keiner Besteuerung. Nach gleichem Berechnungsmuster unterliegt Anteilseigner A im Jahr 03 einer Einkommensteuer von 62.299,75 € und dem Solidaritätszuschlag von 3.426,49 €. Im Jahr 04 sind dem A Bruttoeinnahmen von 922.033,77 € zuzurechnen, die eine Einkommensteuerbelastung von 230.330,07 € und Solidaritätszuschlag von 12.668,15 € zur Folge haben. Die Anrechnung der von der Sanierungs-Kapitalgesellschaft ohne Berücksichtigung des Sparer-Pauschbetrags nach § 20 Abs. 9 EStG einbehaltenen

Kapitalertragsteuer führt letztendlich zu Steuererstattungen bei Anteilseigner A in den Jahren 01, 03 und 04.

Bei der Berechnung der Ertragsteuerlast der B-GmbH aufgrund der Ausschüttungen der Sanierungs-Kapitalgesellschaft ist auch in diesem Beispiel zu berücksichtigen, dass die erhaltene Dividende bei der B-GmbH der Regelung des § 8b KStG unterliegt, so dass gem. § 8b Abs. 1 KStG diese Bezüge bei der Einkommensermittlung außer Ansatz bleiben, jedoch 5 % nach § 8b Abs. 3 KStG als nichtabziehbare Betriebsausgaben das Einkommen der B-GmbH erhöhen. Daraus folgt für Zwecke der Körperschaftsteuer und des Solidaritätszuschlags die in Tabelle 29 dargestellte Berechnung für die Jahre 01 bis 04:

Tabelle 29: Berechnung von KSt und SolZ bei der B-GmbH aufgrund der Vollausschüttung durch die Sanierungs-KapG ohne Verlustvorträge bei Anwendung der Sanierungsvorschriften

KSt + SolZ		**Jahr 01**	**Jahr 02 Sanierungsjahr**	**Jahr 03**	**Jahr 04**
	Gewinn/Verlust lt. Steuerbilanz	48.984,44 €	- €	250.000,00 €	922.121,27 €
-/+	Kürzungen/ Hinzurechnungen nach § 8b KStG	-46.535,22 €	- €	-237.500,00 €	-876.015,20 €
=	Steuerlicher Gewinn	2.449,22 €	- €	12.500,00 €	46.106,06 €
=	Zu versteuerndes Einkommen	2.449,22 €	- €	12.500,00 €	46.106,06 €
=	**KSt**	**367,00 €**	**- €**	**1.875,00 €**	**6.975,00 €**
=	**SolZ auf KSt**	**20,19 €**	**- €**	**103,13 €**	**383,63 €**
-	Anrechnung der von der KapG einbehaltenen KapESt (aufgerundet)	12.247,00 €	- €	62.500,00 €	230.531,00 €
-	Anrechnung des von der KapG einbehaltenen SolZ auf KapESt	673,53 €	- €	3.437,50 €	12.679,15 €
=	Körperschaftsteuerzahllast v. B-GmbH	-11.880,00 €	- €	-60.625,00 €	-223.616,00 €
=	Zahllast bzgl. Solidaritätszuschlag der B-GmbH	-653,35 €	- €	-3.334,38 €	-12.298,83 €

Durch Anwendung von § 8b KStG unterliegt die B-GmbH im Jahr 01 lediglich einer Körperschaftsteuerbelastung von 367 € zzgl. Solidaritätszuschlag von 20,19 €, im Jahr 03 der Körperschaftsteuer von 1.875 € zzgl. Solidaritätszuschlag i.H.v. 103,13 € und im Jahr 04 einer Steuerbelastung von insgesamt 7.358,63 €. Nach Anrechnung der auf Ebene der Sanierungs-Kapitalgesellschaft einbehaltenen Kapitalertragsteuer erhält die B-GmbH in den jeweiligen Jahren Steuererstattungen.

Unter Berücksichtigung der steuermindernden Wirkung des § 8b KStG auch für gewerbesteuerliche Zwecke ergeben sich die in Tabelle 30 dargestellten Gewerbesteuerbelastungen bei der B-GmbH:

Tabelle 30: Berechnung der GewSt bei der B-GmbH aufgrund der Vollausschüttung durch die Sanierungs-KapG ohne Verlustvorträge bei Anwendung der Sanierungsvorschriften

GewSt		**Jahr 01**	**Jahr 02 Sanierungsjahr**	**Jahr 03**	**Jahr 04**
	Gewinn aus Gewerbebetrieb	2.449,22 €	- €	12.500,00 €	46.106,06 €
+	Summe der Hinzurechnungen	- €	- €	- €	- €
-	Summe der Kürzungen	- €	- €	- €	- €
=	Maßgebender Gewerbeertrag	2.449,22 €	- €	12.500,00 €	46.106,06 €
	Abgerundet auf volle 100 €	2.400,00 €	- €	12.500,00 €	46.100,00 €
x	Steuermesszahl	3,5 %	3,5 %	3,5 %	3,5 %
=	Gewerbesteuermessbetrag	84,00 €	- €	437,50 €	1.613,50 €
x	Gewerbesteuerhebesatz	403 %	403 %	403 %	403 %
=	**Gewerbesteuer**	**338,52 €**	**- €**	**1.763,13 €**	**6.558,83 €**

Mit Ausnahme des Jahres 02, in dem keine Ausschüttung erfolgt, hat die B-GmbH in allen anderen Betrachtungszeiträumen Gewerbesteuer zu entrichten. Die Gewerbesteuerzahlungen beziehen sich hierbei lediglich auf den Gewinn aus Gewerbebetrieb nach Anwendung von § 8b KStG i.V.m. § 7 GewStG. Es entstehen Gewerbesteuerzahlungen von 338,52 € in Jahr 01, 1.763,13 € in Jahr 03 und 6.558,83 € in Jahr 04.

Für Anteilseigner C als alleiniger Anteilseigner der B-GmbH hat die Höhe der Steuerzahlungen der B-GmbH Einfluss auf die ihm zuzurechnenden Ausschüttungsbeträge. Unter Beachtung der bisherigen berechneten Steuerzahlungen der B-GmbH werden Anteilseigner C die aus Tabelle 31 ersichtlichen Einkünfte zugerechnet:

Tabelle 31: Berechnung der Einkommensteuer und SolZ Anteilseigner C aufgrund der Vollausschüttung durch die B-GmbH im Fallbeispiel einer Sanierungs-KapG ohne Verlustvorträge bei Anwendung der Sanierungsvorschriften

ESt auf Einkünfte aus Kapital-vermögen + SolZ		**Jahr 01**	**Jahr 02**	**Jahr 03**	**Jahr 04**
	Brutto-Einnahmen aus Kapitalvermögen	48.258,74 €	- €	246.258,75 €	908.323,54 €
-	Sparer-Pauschbetrag	801,00 €	- €	801,00 €	801,00 €
=	Einkünfte aus Kapitalvermögen	47.457,74 €	- €	245.457,75 €	907.522,54 €
x	Gesonderter Steuertarif für Einkünfte aus Kapitalvermögen	25 %	25 %	25 %	25 %
=	**ESt auf Einkünfte aus Kapitalvermögen**	**11.864,43 €**	**- €**	**61.364,44 €**	**226.880,63 €**
=	**SolZ auf ESt**	**652,54 €**	**- €**	**3.375,04 €**	**12.478,43 €**
-	Anrechnung der von der KapG einbehaltenen KapESt (aufgerundet)	12.065,00 €	- €	61.565,00 €	227.081,00 €
-	Anrechnung des von der KapG einbehaltenen SolZ auf KapESt	663,52 €	- €	3.386,02 €	12.489,40 €
=	Einkommensteuerzahllast v. Anteilseigner C	-200,57 €	- €	-200,56 €	-200,37 €
=	Zahllast bzgl. Solidaritätszuschlag v. Anteilseigner C	-10,98 €	- €	-10,98 €	-10,97 €

Anteilseigner C ist im Jahr 01 mit Einkommensteuer von 11.864,43 € und Solidaritätszuschlag i.H.v. 652,54 € belastet. Die Beträge steigern sich in den der Sanierung folgenden Jahren auf Beträge von 61.364,44 € Einkommensteuer im Jahr 03 zzgl. Solidaritätszuschlag von 3.375,04 € und auf eine Einkommensteuerbelastung von 226.880,63 € zzgl. Solidaritätszuschlag von 12.478,43 € im Jahr 04.

d. Vergleich

Wird zunächst einmal die Steuerlast der Sanierungs-Kapitalgesellschaft selbst über alle vier Zeiträume betrachtet und unter der Annahme, dass die

Gesellschaft in Jahr 01 ohne einen vorhandenen körperschaft- oder gewerbesteuerlichen Verlustvortrag startet und bei Anwendung der Regelbesteuerung, so zeigen sich die in der nachfolgenden Tabelle 32 dargestellten Ergebnisse:

Tabelle 32: Ertragsteuerliche Gesamtbelastung der Sanierungs-KapG ohne Verlustvorträge bei Regelbesteuerung

	Ertragsteuerliche Gesamtbelastung der Sanierungs-KapG	Jahr 01	Jahr 02	Jahr 03	Jahr 04
	KSt	- €	- €	- €	180.000,00 €
+	SolZ auf KSt	- €	- €	- €	9.900,00 €
+	GewSt	2.031,12 €	- €	- €	175.367,47 €
=	**Gesamtsteuerbelastung KapG**	**2.031,12 €**	**- €**	**- €**	**365.267,47 €**

In Vergleich hierzu unterliegt die Sanierungs-Kapitalgesellschaft bei Anwendung der Sanierungsvorschriften den in Tabelle 33 zusammengefassten Steuerbelastungen:

Tabelle 33: Ertragsteuerliche Gesamtbelastung der Sanierungs-KapG ohne Verlustvorträge bei Anwendung der Sanierungsvorschriften

	Ertragsteuerliche Gesamtbelastung der Sanierungs-KapG	Jahr 01	Jahr 02	Jahr 03	Jahr 04
	KSt	- €	- €	- €	75.000,00 €
+	SolZ auf KSt	- €	- €	- €	4.125,00 €
+	GewSt	2.031,12 €	- €	- €	76.632,47 €
=	**Gesamtsteuerbelastung KapG**	**2.031,12 €**	**- €**	**- €**	**155.757,47 €**

Der Vergleich zeigt zunächst einmal, dass die Sanierungs-Kapitalgesellschaft in beiden Konstellationen im Sanierungsjahr 02 keiner Besteuerung unterliegt. Die Steuerbelastungen im Jahr 01 und Jahr 03 sind identisch. Im Jahr 04 zeigt sich hingegen, dass die Sanierungs-Kapitalgesellschaft bei Anwendung der Regelbesteuerung einer deutlich höheren Steuerbelastung unterliegt als bei Anwendung der Sanierungsvorschriften. Zwar hat sich durch Anwendung der Sanierungsvorschriften bei der Gesellschaft der steuerliche Gewinn um jeweils 100.000 € in den Jahren 03 und 04 aufgrund des Wegfalls des verteilt abziehbaren Aufwands nach § 4f EStG erhöht, allerdings kommt bei Anwendung der Sanierungsvorschriften im Jahr 04 steuermindernd zum Tragen, dass die Gesellschaft im Jahr 04 höhere körperschaftsteuerliche Verlustvorträge zu Verrechnungszwecken zur Verfügung hat (1.500.000 €) als bei Anwendung der Regelbesteuerung (700.000 €). Dies gilt ebenso für die Gewerbesteuer, bei der bei Anwendung der Sanierungsvorschriften gewerbesteuerliche Verlustvorträge im Jahr 04 von 1.471.100 € vorhanden sind und bei Anwendung der Regelbesteuerung lediglich i.H.v. 671.100 €. Der Nachteil des Wegfalls des verteilt abziehbaren Aufwands nach § 3a Abs. 3 S. 2 Nr. 1 EStG wird also kompensiert durch die außerbilanzielle Korrektur des geminderten Sanierungsertrags i.H.v. 7.750.000 €, obwohl dieser (teilweise) mit dem laufenden Verlust nach § 3a Abs. 3 S. 2 Nr. 8 EStG zu verrechnen war. Bei steuerlicher Betrachtung der Ergebnisse der Sanierungs-Kapitalgesellschaft lässt sich zunächst feststellen, dass über den gesamten betrachteten Zeitraum von vier Jahren eine Anwendung der Sanierungsvorschriften steuerlich vorteilhafter ist als die Regelbesteuerung. Hier ist jedoch einschränkend darauf hinzuweisen, dass außerhalb des hier betrachteten vierjährigen Zeitraums der Wegfall des verteilt abziehbaren Aufwands nach § 4f EStG einen für den verbleibenden Aufwandsverteilungszeitraum kontinuierlichen steuererhöhenden Effekt hat.

Werden nun zusätzlich die Anteilseignerebenen der Sanierungs-Kapitalgesellschaft berücksichtigt, so ergibt sich bei Anwendung der Regelbesteuerung über alle betrachteten Zeiträume hinweg die in Tabelle 34 zusammengefassten Ertragsteuerbelastungen:

Tabelle 34: Gesamtsteuerbelastung bei der Sanierungs-KapG ohne Verlustvorträge bei Regelbesteuerung über den gesamten Untersuchungszeitraum und auf allen Besteuerungsebenen

		Jahr 01	Jahr 02	Jahr 03	Jahr 04
Sanierungs-KapG					
	KSt	- €	- €	- €	180.000,00 €
	SolZ auf KSt	- €	- €	- €	9.900,00 €
	GewSt	2.031,12 €	- €	- €	175.367,47 €
	Summe	**2.031,12 €**	**- €**	**- €**	**365.267,47 €**
Anteilseigner A					
	ESt	12.045,86 €	- €	62.299,75 €	204.141,32 €
	SolZ auf ESt	662,52 €	- €	3.426,49 €	11.227,77 €
	Summe	**12.708,38 €**	**- €**	**65.726,24 €**	**215.369,09 €**
Anteilseigner B-GmbH					
	KSt	367,00 €	- €	1.875,00 €	6.130,00 €
	SolZ auf KSt	20,19 €	- €	103,13 €	337,15 €
	GewSt	338,52 €	- €	1.763,13 €	5.754,84 €
	Summe	**725,71 €**	**- €**	**3.741,25 €**	**12.221,99 €**
Anteilseigner C der B-GmbH					
	ESt	11.864,43 €	- €	61.364,44 €	201.085,82 €
	SolZ auf ESt	652,54 €	- €	3.375,04 €	11.059,72 €
	Summe	**12.516,98 €**	**- €**	**64.739,48 €**	**212.145,54 €**
Gesamtsteuerbelastung über alle Ebenen		**27.982,19 €**	**- €**	**134.206,97 €**	**805.004,09 €**

Im Vergleich hierzu ergeben sich die in Tabelle 35 dargestellten Steuerbelastungen sämtlicher Beteiligter, wenn unter den gleichen Voraussetzungen die Sanierungsvorschriften angewendet werden:

Tabelle 35: Gesamtsteuerbelastung bei der Sanierungs-KapG ohne Verlustvorträge über den gesamten Untersuchungszeitraum und auf allen Besteuerungsebenen bei Anwendung der Sanierungsvorschriften

		Jahr 01	Jahr 02	Jahr 03	Jahr 04
Sanierungs-KapG					
	KSt	- €	- €	- €	75.000,00 €
	SolZ auf KSt	- €	- €	- €	4.125,00 €
	GewSt	2.031,12 €	- €	- €	76.632,47 €
	Summe	**2.031,12 €**	**- €**	**- €**	**155.757,47 €**
Anteilseigner A					
	ESt	12.045,86 €	- €	62.299,75 €	230.330,07 €
	SolZ auf ESt	662,52 €	- €	3.426,49 €	12.668,15 €
	Summe	**12.708,38 €**	**- €**	**65.726,24 €**	**242.998,22 €**
Anteilseigner B-GmbH					
	KSt	367,00 €	- €	1.875,00 €	6.915,00 €
	SolZ auf KSt	20,19 €	- €	103,13 €	380,33 €
	GewSt	338,52 €	- €	1.763,13 €	6.505,41 €
	Summe	**725,71 €**	**- €**	**3.741,25 €**	**13.797,73 €**
Anteilseigner C der B-GmbH					
	ESt	11.864,43 €	- €	61.364,44 €	226.880,63 €
	SolZ auf ESt	652,54 €	- €	3.375,04 €	12.478,43 €
	Summe	**12.516,98 €**	**- €**	**64.739,48 €**	**239.359,06 €**
Gesamtsteuerbelastung über alle Ebenen		**27.982,18 €**	**- €**	**134.206,97 €**	**651.912,48 €**

Aus den Tabellen ist bei Betrachtung der unmittelbaren Anteilseignerebene zu sehen, dass diese im Falle der Anwendung der Sanierungsvorschriften einer höheren Steuerlast ausgesetzt sind als bei Anwendung der Regelbesteuerung. Der steuerliche Vorteil auf Ebene der Sanierungs-Kapitalgesellschaft bei Anwendung der Sanierungsvorschriften relativiert sich also. Im Rahmen der Regelbesteuerung hat Anteilseigner A in den vier betrachteten Zeiträumen eine Einkommensteuerzahllast inkl. Solidaritätszuschlag i.H.v. 293.803,71 €, die B-GmbH eine Steuerlast von 16.688,95 € und dessen Anteilseigner C Steuern i.H.v. 289.402 € zu entrichten. Dem gegenüber stehen die Besteuerungsbeträge bei Anwendung der Sanierungsvorschriften bei Anteilseigner A i.H.v. 321.432,84 € (+ 27.629,13 €), bei der B-GmbH i.H.v. 18.264,84 € (+1.575,74 €) und bei Anteilseigner C i.H.v. 316.615,53 € (+27.213,53 €). Grund dafür ist die getroffene Annahme zum ausschüttbaren Gewinn, wonach davon ausgegangen wurde, je weniger Steuern auf Ebene der Körperschaften gezahlt werden, umso höher ist der ausschüttbare Gewinn und daraus folgend die zu versteuernden Einkünfte bei den Anteilseignern. Wird nun wiederum die Gesamtsteuerbelastung der Sanierungs-Kapitalgesellschaft und ihrer Anteilseigner über alle vier untersuchten Zeiträume vergleichen, so werden bei der Regelbesteuerung Steuern i.H.v. insgesamt 967.193,24 € und mit Inanspruchnahme der Sanierungsvorschriften ein Betrag i.H.v. 814.101,64 € fällig. Während der steuerliche Vorteil bei ausschließlicher Betrachtung der Sanierungs-Kapitalgesellschaft noch bei 209.510 € zugunsten der Anwendung der Sanierungsvorschriften lag, liegt der steuerliche Vorteil über alle Anteilseignerebenen hinweg nur noch bei 153.091,60 €. Dennoch ist festzuhalten, dass bei einer Sanierungs-Kapitalgesellschaft, die im Sanierungsjahr über keine Verlustvorträge verfügt, die Anwendung der Vorschriften zur Steuerfreiheit von Sanierungserträgen günstiger ist als die Anwendung der Regelbesteuerung.

3. Kapitalgesellschaft mit Verlustvorträgen

a. Fallspezifische Annahmen

Für das Fallbeispiel einer Kapitalgesellschaft mit Verlustvorträgen wurde angenommen, dass die Kapitalgesellschaft zu Beginn des Betrachtungszeitraums – im Jahr 01 – körperschaft- und gewerbesteuerliche Verlustvorträge i.H.v. je 5.000.000 € hat. Darüber hinaus hat die Sanierungs-Kapitalgesellschaft in Jahr 01 noch einen nach § 4f EStG verteilt abziehbaren Aufwand i.H.v. annahmegemäß 1.100.000 €, der den steuerlichen Gewinn jährlich i.H.v. 100.000 € schmälert. Zusätzlich hat sie Verluste aus Termingeschäften nach § 15 Abs. 4 S. 3 EStG i.H.v. 55.000 € im Jahr 01, die sich aufgrund weiterer Verluste in dem Jahr auf einen Betrag von 70.000 € steigern. Im Jahr 02 steigern sich die Verluste um weitere 10.000 €, im Jahr 03 um 8.000 € und im Jahr 04 um 5.000 €.

b. Regelbesteuerung

Ohne Anwendung der Sanierungsvorschriften ergibt sich aus ertragsteuerlicher Sicht die in Tabelle 36 dargelegte Steuerberechnung für die Sanierungs-Kapitalgesellschaft unter Berücksichtigung der Verlustvorträge gem. § 10d EStG[1204]:

1204 Vgl. die ausführlichen Berechnungen zu dieser Fallstudie in Anhang 3.

Tabelle 36: Berechnung von KSt und SolZ bei der Sanierungs-KapG mit Verlustvorträgen bei Regelbesteuerung

KSt + SolZ		Jahr 01	Jahr 02	Jahr 03	Jahr 04
	Gewinn/Verlust lt. Steuerbilanz	100.000 €	-1.000.000 €	500.000 €	2.000.000 €
	Verteilt abziehbarer Aufwand i.S.v. § 4f EStG:				
	Vorhandener verteilt abziehbarer Aufwand gem. § 4f EStG	1.100.000 €	1.000.000 €	900.000 €	800.000 €
-	Abzug v. 1/15 des verteilt abziehbaren Aufwands	100.000 €	100.000 €	100.000 €	100.000 €
	Verbleibender verteilt abziehbarer Aufwand nach § 4f EStG	1.000.000 €	900.000 €	800.000 €	700.000 €
	Verluste nach § 15 Abs. 4 S. 3 ff. EStG des zu sanierenden Unternehmens (Termingeschäfte):				
	Vorhandenes Verlustpotenzial nach § 15 Abs. 4 S. 3 EStG	160.000 €	175.000 €	185.000 €	193.000 €
+	Hinzurechnung ausgleichsfähiger oder nicht abziehbarer Verluste nach § 15 Abs. 4 S. 3 EStG	15.000 €	10.000 €	8.000 €	5.000 €
	Verbleibendes Verlustpotenzial nach § 15 Abs. 4 S. 3 EStG	175.000 €	185.000 €	193.000 €	198.000 €
=	Steuerlicher Gewinn	15.000 €	-1.090.000 €	408.000 €	1.905.000 €
=	Gesamtbetrag der Einkünfte i. S. d. § 10d EStG	15.000 €	-1.090.000 €	408.000 €	1.905.000 €
	Verlustabzug nach § 10d EStG:				
	Vorhandener Verlustvortrag	5.000.000 €	4.985.000 €	6.075.000 €	5.667.000 €
-	Sockelbetrag, max. 1 Mio. €	15.000 €	- €	408.000 €	1.000.000 €
	Verbleibender Verlustvortrag	4.985.000 €	4.985.000 €	5.667.000 €	4.667.000 €
-	Verlustabzug i.H.v. 60 % des verbleibenden GdE	- €	- €	- €	543.000 €
	Summe des genutzten Verlustvortrags	15.000 €	- €	408.000 €	1.543.000 €
	Vortragsfähiger Verlust	4.985.000 €	4.985.000 €	5.667.000 €	4.124.000 €
=	Einkommen	- €	-1.090.000 €	- €	362.000 €

Tabelle 36: Fortsetzung

KSt + SolZ		Jahr 01	Jahr 02	Jahr 03	Jahr 04
=	Zu versteuerndes Einkommen	- €	-1.090.000 €	- €	362.000 €
	KSt	**- €**	**- €**	**- €**	**54.300,00 €**
	SolZ auf KSt	**- €**	**- €**	**- €**	**2.986,50 €**

Ausgehend von dem steuerbilanziellen Ergebnis mindert sich der steuerliche Gewinn zunächst in allen Jahren um einen Betrag i.H.v. 100.000 €, der aus dem verteilt abziehbaren Aufwand nach § 4f EStG resultiert. Hinzuzurechnen sind die ausgleichsfähigen oder nicht abziehbaren Verluste der Sanierungs-Kapitalgesellschaft, die hier annahmegemäß aus Termingeschäften nach § 15 Abs. 4 S. 3 EStG resultieren. Der vorhandene Verlustvortrag in Jahr 01 i.H.v. 5.000.000 € kann zum Ausgleich des positiven Gesamtbetrags der Einkünfte von 15.000 € genutzt werden, so dass in Jahr 01 keine Körperschaftsteuer und kein Solidaritätszuschlag zu zahlen ist. Im Sanierungsjahr 02 sind etwaige Schuldenerlasse in dem Steuerbilanzverlust inkludiert, eine außerbilanzielle Korrektur unterbleibt in diesem Beispiel, da an dieser Stelle die Regelbesteuerung Anwendung findet. Nach Abzug des verteilt abziehbaren Aufwands i.S.v. § 4f EStG und Hinzurechnung des ausgleichsfähigen oder nicht abziehbaren Verlusts nach § 15 Abs. 4 S. 3 EStG um einen Betrag von 10.000 € beträgt der Gesamtbetrag der Einkünfte -1.090.000 € und erhöht die vorhandenen Verlustvorträge, so dass im Folgejahr 03 ein bestehender Verlustvortrag i.H.v. 6.075.000 € zwecks Verrechnung zur Verfügung steht. Dieser Verlust mindert im Jahr 03 den Gesamtbetrag der Einkünfte von 408.000 €. Da die Sanierungs-Gesellschaft mit diesem Betrag die Grenzen der Mindestbesteuerung nicht erreicht, kann der Gewinn gänzlich ausgeglichen werden und die Gesellschaft hat in diesem Jahr keine Körperschaftsteuer- und Solidaritätszuschlagszahlung zu entrichten. Das gilt nicht im Jahr 04, in dem die Sanierungs-Kapitalgesellschaft mit dem Gesamtbetrag der Einkünfte von 1.905.000 € der Mindestbesteuerung unterliegt. Die Höhe des im Jahr 04 vorhandenen Verlustvortrags von 5.667.000 € kann mithin nicht verhindern, dass die Gesellschaft 54.300 € Körperschaftsteuer und 2.986,50 € Solidaritätszuschlag zu zahlen hat. Es verbleibt im Jahr 04 ein vortragsfähiger Verlust von 4.124.000 €, der in den – hier nicht mehr betrachteten – Folgejahren genutzt werden kann.

Wie aus der nachfolgenden Tabelle 37 ersichtlich ist, ergibt sich auch für Zwecke der Gewerbesteuerbelastung ein vergleichbares Bild bei der Sanierungs-Kapitalgesellschaft:

Tabelle 37: Berechnung der GewSt bei der Sanierungs-KapG mit Verlustvorträgen bei Regelbesteuerung

GewSt		**Jahr 01**	**Jahr 02**	**Jahr 03**	**Jahr 04**
	Gewinn aus Gewerbebetrieb	15.000 €	-1.090.000 €	408.000 €	1.905.000 €
	Korrektur nach R 7.1 Abs. 3 i.V.m. Abs. 4 GewStR	-15.000 €	-10.000 €	-8.000 €	-5.000 €
	Zwischensumme	- €	-1.100.000 €	400.000 €	1.900.000 €
+	Summe der Hinzurechnungen	31.250 €	31.250 €	31.250 €	31.250 €
-	Summe der Kürzungen	16.800 €	16.800 €	16.800 €	16.800 €
=	Maßgebender Gewerbeertrag	14.450 €	-1.085.550 €	414.450 €	1.914.450 €
	Gewerbeverlust:				
	Vorhandener Verlust	5.000.000 €	4.985.550 €	6.071.100 €	5.656.650 €
-	Sockelbetrag, max. 1 Mio. €	14.450 €	- €	414.450 €	1.000.000 €
	Verbleibende Verlustabzug	4.985.550 €	4.985.550 €	5.656.650 €	4.656.650 €
-	Verlustabzug i.H.v. 60 % des verbleibenden maßgebenden Gewerbeertrags	- €	- €	- €	548.670 €
	Summe des genutzten Verlustvortrags	14.450 €	- €	414.450 €	1.548.670 €
=	Vortragsfähiger Verlust	4.985.550 €	6.071.100 €	5.656.650 €	4.107.980 €
=	Zwischensumme	- €	- €	- €	365.780 €
	Abgerundet auf volle 100 €	- €	- €	- €	365.700 €
x	Steuermesszahl	3,50 %	3,50 %	3,50 %	3,50 %
=	Gewerbesteuermessbetrag	- €	- €	- €	12.799,50 €
x	Gewerbesteuerhebesatz	403 %	403 %	403 %	403 %
=	**GewSt**	**- €**	**- €**	**- €**	**51.581,99 €**

Im Hinblick auf die Gewerbesteuer muss zur Berechnung des maßgeblichen Gewerbeertrags R 7.1 Abs. 3 i.V.m. Abs. 4 S. 3 GewStR berücksichtigt werden, wonach die körperschaftsteuerliche Verlustbeschränkung des § 15 Abs. 4 EStG (und weiteren dort aufgeführten Positionen) für gewerbesteuerliche Zwecke unbeachtlich und mithin rückgängig zu machen ist. Die Sanierungs-Kapitalgesellschaft hat ihren jeweiligen Gewinn aus Gewerbebetrieb also um die Hinzurechnung der ausgleichsfähigen oder nicht abziehbaren Verluste nach § 15 Abs. 4 S. 3 EStG zu korrigieren und mithin abzuziehen. Der danach verbleibende Betrag wird erhöht um die Summe der Hinzurechnungen und gemindert um die Summe der Kürzungen.

Die Sanierungs-Kapitalgesellschaft unterliegt in den Jahren 01 bis 03 keiner Gewerbesteuerzahlung, entweder, weil sie den maßgebenden Gewerbeertrag gänzlich ausgleichen kann (Jahre 01 und 03) oder weil sie einen negativen maßgebenden Gewerbeertrag hat, der die gewerbesteuerlichen Verluste erhöht (Jahr 02). Im letzten Betrachtungsjahr 04 haben sich zwar ausreichend gewerbesteuerliche Verluste angesammelt, die grundsätzlich den maßgebenden Gewerbeertrag i.H.v. 1.914.500 € ausgleichen könnten, jedoch die Mindestbesteuerung nach Maßgabe von § 10a GewStG zu beachten ist, so dass im Ergebnis Gewerbesteuer i.H.v. 51.581,99 € zu zahlen ist und Verluste von 4.107.980 € vorgetragen werden können.

Bei der natürlichen Person A, als Anteilseigner der Sanierungs-Kapitalgesellschaft i.H.v. 50 %, stellt sich die ertragsteuerliche Situation aufgrund der Vollausschüttungen in den Jahren 01, 03 und 04 durch die Sanierungs-Kapitalgesellschaft im gesamten Betrachtungszeitraum wie in Tabelle 38 gezeigt, dar:

Tabelle 38: Berechnung der Einkommensteuer und SolZ bei Anteilseigner A aufgrund der Vollausschüttung durch die Sanierungs-KapG mit Verlustvorträgen bei Regelbesteuerung

ESt auf Einkünfte aus Kapitalvermögen + SolZ		**Jahr 01**	**Jahr 02**	**Jahr 03**	**Jahr 04**
	Brutto-Einnahmen aus Kapitalvermögen	50.000,00 €	- €	250.000,00 €	945.565,76 €
-	Sparer-Pauschbetrag	801,00 €	- €	801,00 €	801,00 €
=	Einkünfte aus Kapitalvermögen	49.199,00 €	- €	249.199,00 €	944.764,76 €
x	Gesonderter Steuertarif für Einkünfte aus Kapitalvermögen	25 %	25 %	25 %	25 %
=	**ESt auf Einkünfte aus Kapitalvermögen**	**12.299,75 €**	**- €**	**62.299,75 €**	**236.191,19 €**
=	**SolZ auf ESt**	**676,49 €**	**- €**	**3.426,49 €**	**12.990,52 €**
-	Anrechnung der von der KapG einbehaltenen KapESt (aufgerundet)	12.500,00 €	- €	62.500,00 €	236.392,00 €
-	Anrechnung des von der KapG einbehaltenen SolZ auf KapESt	687,50 €	- €	3.437,50 €	13.001,51 €
=	Einkommensteuerzahllast v. Anteilseigner A	-200,25 €	- €	-200,25 €	-200,81 €
=	Zahllast bzgl. Solidaritätszuschlag v. Anteilseigner A	-11,01 €	- €	-11,01 €	-10,99 €

Ausgehend von dem handelsrechtlichen Jahresgewinn der Sanierungs-Kapitalgesellschaft in Jahr 01 von 100.000 €, der in diesem Fall um keine zu zahlenden Steuerbeträge der Gesellschaft selbst zu mindern ist, da sie keine zu leisten hatte, wird der Betrag dem Anteilseigner A gemäß seiner Beteiligungsquote hälftig i.H.v. 50.000 € ausgeschüttet. Nach Abzug des Sparerpauschbetrags gem. § 20 Abs. 9 EStG von 801 € hat A eine Einkommensteuer im Jahr 01 von 12.299,75 € und Solidaritätszuschlag von 676,49 € zu leisten. Unter Anrechnung der von der Kapitalgesellschaft einbehaltenen Kapitalertragsteuer entsteht bei A eine Steuererstattung i.H.v. insgesamt 211,26 €. In Jahr 02, in dem die Gesellschaft einen handelsrechtlichen Verlust ausweist, erfolgt keine Ausschüttung an den Anteilseigner A, so dass sich hieraus auch keine Steuerzahllast ergibt. In den Jahren 03 und 04 erfolgen hingegen wieder Ausschüttungen an A, die zu versteuern sind. Die Einkommensteuer inkl. Solidaritätszuschlag beträgt im Jahr 03 65.726,24 € und in Jahr 04 249.181,70 €.

Bei der B-GmbH als Anteilseignerin der Sanierungs-Kapitalgesellschaft i.H.v. 50 % löst die Dividendenausschüttung der Sanierungs-Kapitalgesellschaft die Besteuerung mit Körperschaftsteuer und Solidaritätszuschlag sowie Gewerbesteuer aus. Die erhaltene Dividende unterliegt bei der B-GmbH der Regelung des § 8b KStG, so dass gem. § 8b Abs. 1 KStG diese Bezüge bei der Ermittlung des Einkommens außer Ansatz bleiben, jedoch 5 % nach § 8b Abs. 3 KStG als nichtabziehbare Betriebsausgaben das Einkommen der B-GmbH erhöhen. Demnach ergeben sich bei der Anteilseignerin B-GmbH die in Tabelle 39 dargestellten Belastungen mit Körperschaftsteuer und Solidaritätszuschlag:

Tabelle 39: Berechnung von KSt und SolZ bei der B-GmbH aufgrund der Vollausschüttung durch die Sanierungs-KapG mit Verlustvorträgen bei Regelbesteuerung

KSt + SolZ		**Jahr 01**	**Jahr 02**	**Jahr 03**	**Jahr 04**
	Gewinn/Verlust lt. Steuerbilanz	50.000 €	- €	250.000 €	945.565,76 €
-/+	Kürzungen/ Hinzurechnungen nach § 8b KStG	-47.500 €	- €	-237.500 €	- 898.287,47 €
=	Steuerlicher Gewinn	2.500 €	- €	12.500 €	47.278,29 €
=	Zu versteuerndes Einkommen	2.500 €	- €	12.500 €	47.278,29 €
=	**KSt**	**375,00 €**	**- €**	**1.875,00 €**	**7.091,00 €**
=	**SolZ auf KSt**	**20,63 €**	**- €**	**103,13 €**	**390,01 €**
-	Anrechnung der von der KapG einbehaltenen KapESt (aufgerundet)	12.500,00 €	- €	62.500,00 €	236.392,00 €
-	Anrechnung des von der KapG einbehaltenen SolZ auf KapESt	687,50 €	- €	3.437,50 €	13.001,52 €
=	Körperschaftsteuerzahllast, B-GmbH	-12.125,00 €	- €	-60.625,00 €	- 229.301,00 €
=	Solidaritätszuschlag, B-GmbH	-666,88 €	- €	-3.334,38 €	-12.611,50 €

Aufgrund der Annahme, dass die B-GmbH keine weiteren Einkünfte als die Dividende aus ihrer Beteiligung an der Sanierungs-Kapitalgesellschaft hat und sie diese gem. § 8b KStG effektiv nur zu 5 % zu versteuern hat, ergeben sich geringe Steuerbelastungen mit Körperschaftsteuer und Solidaritätszuschlag i.H.v. 395,63 € im ersten Betrachtungszeitraum, 1.978,13 € im Jahr

03 und 7.433,53 € im Jahr 04. Durch Anrechnung der von der Sanierungs-Kapitalgesellschaft einbehaltenen Kapitalertragsteuer entstehen Steuererstattungen bei der B-GmbH. Lediglich im Sanierungsjahr 02 erfolgte keine Dividendenausschüttung durch die Sanierungs-Kapitalgesellschaft, so dass in dem Jahr auch keine Steuer bei der B-GmbH entsteht.

Neben der Körperschaftsteuer und der Gewerbesteuer unterliegt die B-GmbH auch der Gewerbesteuer. Die Regelung des § 8b KStG entfaltet ihren steuermindernden Effekt über § 7 GewStG auch bei der Gewerbesteuer. Die Gewerbesteuerzahllast der B-GmbH ergibt sich aus der nachfolgenden Tabelle 40:

Tabelle 40: Berechnung der GewSt bei der B-GmbH aufgrund der Vollausschüttung durch die Sanierungs-KapG mit Verlustvorträgen bei Regelbesteuerung

GewSt		**Jahr 01**	**Jahr 02**	**Jahr 03**	**Jahr 04**
	Gewinn aus Gewerbebetrieb	2.500,00 €	- €	12.500,00 €	47.278,29 €
+	Summe der Hinzurechnungen	- €	- €	- €	- €
-	Summe der Kürzungen	- €	- €	- €	- €
=	Maßgebender Gewerbeertrag	2.500,00 €	- €	12.500,00 €	47.278,29 €
	Abgerundet auf volle 100 €	2.500,00 €	- €	12.500,00 €	47.200,00 €
x	Steuermesszahl	3,50 %	3,50 %	3,50 %	3,50 %
=	Gewerbesteuermessbetrag	87,50 €	- €	437,50 €	1.652,00 €
x	Gewerbesteuerhebesatz	403 %	403 %	403 %	403 %
=	**Gewerbesteuer**	**352,63 €**	**- €**	**1.763,13 €**	**6.657,56 €**

Mit Ausnahme des Jahres 02, in dem keine Ausschüttung erfolgt ist, hat die B-GmbH in allen anderen Betrachtungszeiträumen Gewerbesteuer zu entrichten. Die Gewerbesteuerzahlungen beziehen sich lediglich auf den Gewinn aus Gewerbebetrieb nach Anwendung von § 8b KStG i.V.m. § 7 GewStG und betragen bei Anwendung eines Gewerbesteuerhebesatzes von 403 % im Jahr 01 352,63 €, im Jahr 03 1.763,13 € und im Jahr 04 6.657,56 €.

Als Anteilseigner der B-GmbH unterliegt C mit seinen Dividendeneinkünften aus der Ausschüttung durch die B-GmbH dem gesonderten Steuertarif für Einkünfte aus Kapitalvermögen gem. § 32d EStG. Die Einkommensteuerbelastung des C ist Tabelle 41 zu entnehmen und errechnet sich wie folgt:

Tabelle 41: Berechnung der Einkommensteuer und SolZ bei Anteilseigner C aufgrund der Vollausschüttung durch die B-GmbH im Fallbeispiel einer Sanierungs-KapG mit Verlustvorträgen bei Regelbesteuerung

ESt auf Einkünfte aus Kapitalvermögen + SolZ		**Jahr 01**	**Jahr 02**	**Jahr 03**	**Jahr 04**
	Brutto-Einnahmen aus Kapitalvermögen	49.251,75 €	- €	246.258,75 €	931.427,19 €
-	Sparer-Pauschbetrag	801,00 €	- €	801,00 €	801,00 €
=	Einkünfte aus Kapitalvermögen	48.450,75 €	- €	245.457,75 €	930.626,19 €
x	Gesonderter Steuertarif für Einkünfte aus Kapitalvermögen	25 %	25 %	25 %	25 %
=	**ESt auf Einkünfte aus Kapitalvermögen**	**12.112,69 €**	**- €**	**61.364,44 €**	**232.656,55 €**
=	**SolZ auf ESt**	**666,20 €**	**- €**	**3.375,04 €**	**12.796,11 €**
-	Anrechnung der von der KapG einbehaltenen KapESt (aufgerundet)	12.313,00 €	- €	61.565,00 €	232.857,00 €
-	Anrechnung des von der KapG einbehaltenen SolZ auf KapESt	677,16 €	- €	3.386,02 €	12.807,08 €
=	Einkommensteuerzahllast v. Anteilseigner A	-200,31 €	- €	- 200,56 €	-200,45 €
=	Zahllast bzgl. Solidaritätszuschlag v. Anteilseigner A	-10,96 €	- €	- 10,98 €	-10,97 €

Da die B-GmbH lediglich geringe Beträge zu versteuern hatte, kann sie den danach verbleibenden Gewinn an ihren Anteilseigner C ausschütten. Somit unterscheiden sich die Bruttoeinnahmen von C aus der Beteiligung an der B-GmbH und die Bruttoeinnahmen des A aus dessen Beteiligung an der Sanierungs-Kapitalgesellschaft nur unwesentlich. Anteilseigner C hat Einkommensteuer zzgl. Solidaritätszuschlag im Jahr 01 i.H.v. 12.778,89 €, im Jahr 03 i.H.v. 64.739,48 € und im Jahr 04 i.H.v. 245.452,66 € zu zahlen. Anteilseigner C kann sich den Kapitalertragsteuereinbehalt inkl. Solidaritätszuschlag durch die B-GmbH vor Ausschüttung der Dividende anrechnen lassen, so dass er in den Jahren, in denen er eine Dividende erhält (Jahre 01, 03, 04), eine Steuererstattung erwarten kann, die aus der Berücksichtigung des Sparer-Pauschbetrags gem. § 20 Abs. 9 EStG erst auf Ebene des C resultiert.

Auch an dieser Stelle wird auf eine Darstellung sämtlicher Steuerbelastungen im Fall einer Sanierungs-Kapitalgesellschaft, die der Regelbesteuerung unterliegt und Verlustvorträge in Jahr 01 und im Sanierungsjahr aufweist über alle Beteiligungsebenen und alle vier Betrachtungszeiträume hinweg, verzichtet. Dies wird vielmehr nach dem folgenden Abschnitt und der Darstellung des Vergleichsfalls bei Anwendung der Sanierungsvorschriften nachgeholt und eingehend erläutert.

c. Anwendung der Regelungen zur Steuerfreiheit von Sanierungserträgen

Die Besteuerung auf Ebene der Sanierungs-Kapitalgesellschaft und auch bei ihren Anteilseignern ändert sich, wenn die gleichen Annahmen getroffen werden wie in der zuvor dargestellten Fallkonstellation, also identische Steuerbilanzergebnisse, das Vorhandensein von Verlustvorträgen im Sanierungsjahr in gleicher Höhe und einen vorhandenen verteilt abziehbaren Aufwand nach § 4f EStG, die Sanierungs-Kapitalgesellschaft jedoch einen Sanierungsertrag im Jahr 02 ausweist, der unter die Regelungen zur Steuerfreiheit von Sanierungserträgen fällt und entsprechend außerbilanziell korrigiert wird.[1205]

Zunächst ist zu Berechnungszwecken der geminderte Sanierungsertrag i.S.v. § 3a Abs. 3 S. 1 EStG für das Sanierungsjahr 02 zu errechnen, um festzustellen, in welcher Höhe sich Steuerminderungspotenziale der Sanierungs-Kapitalgesellschaft maximal mindern können. Annahmegemäß wird weiterhin von einem Sanierungsertrag i.H.v. 8.000.000 € ausgegangen, dem Sanierungsaufwendungen i.H.v. 250.000 € gegenüberstehen. Der geminderte Sanierungsertrag errechnet sich also wie in der folgenden Tabelle 42 dargestellt:

Tabelle 42: Berechnung des geminderten Sanierungsertrags i.S.v. § 3a Abs. 3 S. 1 EStG auf Ebene der Sanierungs-KapG mit Verlustvorträgen bei Anwendung der Sanierungsvorschriften

	Sanierungsertrag i.S.v. § 3a Abs. 3 S. 1 EStG	8.000.000 €
-	Sanierungsaufwendungen i.S.v. § 3a Abs. 3 S. 1 i.V.m. § 3c Abs. 4 S. 1 EStG	-250.000 €
=	Geminderter Sanierungsertrag i.S.v. § 3a Abs. 3 S. 1 EStG	7.750.000 €

Bei der Sanierungs-Kapitalgesellschaft können Steuerminderungspositionen im Sanierungsjahr 02 maximal in Höhe des Betrages von 7.750.000 €

1205 Vgl. die ausführlichen Berechnungen zu dieser Fallstudie in Anhang 4.

untergehen. Unter Beachtung dieses geminderten Sanierungsertrags i.S.v. § 3a Abs. 3 S. 1 EStG für das Sanierungsjahr 02 ergibt sich für körperschaftsteuerliche Zwecke folgende Berechnung gem. Tabelle 43, in der die grau hinterlegten Positionen die Auswirkungen der Sanierungsvorschriften indizieren:

Tabelle 43: Berechnung von KSt und SolZ bei der Sanierungs-KapG mit Verlustvorträgen bei Anwendung der Sanierungsvorschriften

KSt + SolZ		Jahr 01	Jahr 02 Sanierungsjahr	Jahr 03	Jahr 04
	Gewinn/Verlust lt. Steuerbilanz	100.000 €	-1.000.000 €	500.000 €	2.000.000 €
	Verteilt abziehbarer Aufwand i.S.v. § 4f EStG:				
	Vorhandener verteilt abziehbarer Aufwand gem. § 4f EStG	1.100.000 €	1.000.000 €	- €	- €
-	Abzug v. 1/15 des verteilt abziehbaren Aufwands	100.000 €	100.000 €	- €	- €
	Minderung des verteilt abziehbaren Aufwands des zu sanierenden Unternehmens (§ 3a Abs. 3 S. 2 Nr. 1 EStG)	- €	900.000 €	- €	- €
	Verbleibender verteilt abziehbarer Aufwand nach § 4f EStG	1.000.000 €	- €	- €	- €
	Verluste nach § 15 Abs. 4 S. 3 ff. EStG des zu sanierenden Unternehmens (Termingeschäfte):				
	Vorhandenes Verlustpotenzial nach § 15 Abs. 4 S. 3 EStG	160.000 €	175.000 €	- €	8.000 €
+	Hinzurechnung ausgleichsfähiger oder nicht abziehbarer Verlust nach § 15 Abs. 4 S. 3 EStG	15.000 €	10.000 €	8.000 €	5.000 €
	Minderung des Verlusts nach § 15 Abs. 4 S. 3 EStG des zu sanierenden Unternehmens im Sanierungsjahr (§ 3a Abs. 3 S. 2 Nr. 6 EStG)	- €	10.000 €	- €	- €

(wird auf nächster Seite fortgeführt)

Tabelle 43: Fortsetzung

KSt + SolZ		Jahr 01	Jahr 02 Sanierungsjahr	Jahr 03	Jahr 04
	Minderung des Verlusts nach § 15 Abs. 4 S. 3 EStG des zu sanierenden Unternehmens des dem Sanierungsjahr vorausgehenden Jahres (§ 3a Abs. 3 S. 2 Nr. 7 EStG)	- €	175.000 €	- €	- €
	Verbleibendes Verlustpotenzial nach § 15 Abs. 4 S. 3 EStG	175.000 €	- €	8.000 €	13.000 €
-	Sanierungsertrag i.S.v. § 3a Abs. 1 S. 1 EStG	- €	8.000.000 €	- €	- €
+	Sanierungskosten i.S.v. § 3a Abs. 3 S. 1 i.V.m. § 3c Abs. 4 S. 1 EStG	- €	250.000 €	- €	- €
=	Steuerlicher Gewinn	15.000 €	-8.840.000 €	508.000 €	2.005.000 €
-	Minderung des Verlusts des Sanierungsjahres des zu sanierenden Unternehmens (§ 3a Abs. 3 S. 2 Nr. 8 EStG)	- €	6.665.000 €	- €	- €
=	Gesamtbetrag der Einkünfte i. S. d. § 10d EStG	15.000 €	-2.175.000 €	508.000 €	2.005.000 €
	Verlustabzug nach § 10d EStG:				
	Vorhandener Verlustvortrag	5.000.000 €	4.985.000 €	7.160.000 €	6.652.000 €
-	Sockelbetrag, max. 1 Mio. €	15.000 €	- €	508.000 €	1.000.000 €
=	Verbleibender Verlustvortrag	4.985.000 €	4.985.000 €	6.652.000 €	5.652.000 €
-	Verlustabzug i.H.v. 60 % des verbleibenden GdE	- €	- €	- €	603.000 €
	Summe des genutzten Verlustvortrags	15.000 €	- €	508.000 €	1.603.000 €
	Vortragsfähiger Verlust	4.985.000 €	4.985.000 €	6.652.000 €	5.049.000 €
=	Einkommen	- €	-2.175.000 €	- €	402.000 €
=	Zu versteuerndes Einkommen	- €	-2.175.000 €	- €	402.000 €
	KSt	**- €**	**- €**	**- €**	**60.300,00 €**
	SolZ auf KSt	**- €**	**- €**	**- €**	**3.316,50 €**

Der Tabelle 43 ist zu entnehmen, dass die Sanierungs-Kapitalgesellschaft im Jahr 01 aufgrund eines zu versteuernden Einkommens von 0 € keine Körperschaftsteuer und keinen Solidaritätszuschlag zu entrichten hat, da der Steuerbilanzgewinn von 100.000 € durch den verteilt abziehbaren Aufwand nach § 4f

EStG und der hinzuzurechnende Verlust i.H.v. 15.000 € nach § 15 Abs. 4 S. 3 EStG im Rahmen von § 10d EStG ausgeglichen werden kann. Im Sanierungsjahr erhöht sich der steuerbilanzielle Verlust der Gesellschaft um den Betrag von 100.000 € gem. § 4f EStG. Die Inanspruchnahme des § 3a EStG hat jedoch zur Folge, dass die Sanierungs-Kapitalgesellschaft zwar den verteilt abziehbaren Aufwand nach § 4f EStG i.H.v. 100.000 € im Sanierungsjahr geltend machen kann, der für die Folgejahre verbleibende abziehbare Aufwand von 900.000 € jedoch gem. § 3a Abs. 3 S. 2 Nr. 1 EStG zu mindern ist und somit in den Folgejahren nicht mehr zur Verfügung steht. Die Anwendung der Sanierungsvorschriften in diesem Beispiel, in dem die Sanierungs-Kapitalgesellschaft zusätzlich Verluste nach § 15 Abs. 4 S. 3 EStG aufweist, bewirkt zusätzlich, dass die Gesellschaft gem. § 3a Abs. 3 S. 2 Nr. 6 EStG den Verlust aus dem Sanierungsjahr i.H.v. 10.000 € zu mindern hat und im Anschluss daran den zum Ende des Vorjahres nach § 15 Abs. 4 EStG festgestellten Verlust gem. § 3a Abs. 3 S. 2 Nr. 7 EStG i.H.v. 175.000 € mindern muss. Daraus folgt, dass im Jahr 03 kein Verlust i.S.v. § 15 Abs. 4 EStG vorhanden ist. In dem hier dargestellten Fall hat der Verlustuntergang in Bezug auf § 15 Abs. 4 EStG keine Auswirkungen auf die Besteuerung der Folgejahre, da annahmegemäß in den Jahren 03 und 04 weitere Verluste i.S.v. § 15 Abs. 4 S. 3 EStG von der Sanierungs-Kapitalgesellschaft generiert werden. Nur dann, wenn in den Folgejahren ein Gewinn aus Termingeschäften erzielt wird, hätte der Verlustuntergang nach § 3a Abs. 3 S. 2 Nr. 6–7 EStG steuerliche Auswirkungen, da in dem Fall keine Verluste mehr zur Verrechnung der Gewinne vorhanden wären.

Aufgrund der Anwendung der Sanierungsvorschriften nach § 3a EStG und § 3c Abs. 4 EStG wird der Sanierungsertrag im Sanierungsjahr 02 außerbilanziell abgezogen und die mit dem Sanierungsertrag in wirtschaftlichen Zusammenhang stehenden Aufwendungen i.H.v. annahmegemäß 250.000 € hinzugerechnet. Es entsteht somit ein steuerlicher Verlust im Sanierungsjahr von 8.840.000 €. Die Anwendung von § 3a EStG hat in diesem Beispiel zusätzlich zur Folge, dass der steuerliche Gewinn von -8.840.000 € zu mindern ist (§ 3a Abs. 3 S. 2 Nr. 8 EStG). Wie zuvor berechnet können Verlustvorträge des Sanierungsjahres nur i.H.v. maximal 7.750.000 € untergehen. Nachdem bereits der verteilt abziehbare Aufwand nach § 4f EStG i.H.v. 900.000 € und Verluste gem. § 15 Abs. 4 EStG von insgesamt 185.000 € untergegangen sind, kann sich der Verlust der Sanierungs-Kapitalgesellschaft im Sanierungsjahr nur noch i.H.v. 6.665.000 € mindern. Es verbleibt also trotz Minderung im Sanierungsjahr ein negativer Gesamtbetrag der Einkünfte i.H.v. -2.175.000 €, der als Verlustvortrag in den Folgejahren genutzt werden kann. Während der steuerliche Gewinn im Jahr 03 i.H.v. 508.000 € damit in Gänze verrechnet werden kann, mindert der danach verbleibende Verlustvortrag von 6.652.000 € im Jahr 04 nur noch einen Teil des steuerlichen Gewinns der Sanierungs-Kapitalgesellschaft i.H.v. 2.005.000 €. Unter Beachtung der Mindestbesteuerung ergibt sich ein zu versteuerndes Einkommen von 402.000 €, das zu einer Körperschaftsteuerbelastung von 60.300 € zzgl. Solidaritätszuschlag i.H.v. 3.316,50 € führt.

In der hier dargestellten Fallkonstellation verbleibt bei der Sanierungs-Kapitalgesellschaft kein wirtschaftlich körperschaftsteuerfreier Sanierungsertrag, der sich – wie aus Tabelle 44 ersichtlich – berechnen lässt:

Tabelle 44: Verbleibender körperschaftsteuerfreier Sanierungsertrag bei der Sanierungs-KapG mit Verlustvorträgen bei Anwendung der Sanierungsvorschriften

	Geminderter Sanierungsertrag i.S.v. § 3a Abs. 3 S. 1 EStG	7.750.000 €
-	Minderung des verteilt abziehbaren Aufwands des zu sanierenden Unternehmens nach § 3a Abs. 3 S. 2 Nr. 1 EStG	-900.000 €
=	Zwischensumme	6.850.000 €
-	Minderung des nach § 15 Abs. 4 S. 3 EStG ausgleichsfähigen oder nicht abziehbaren Verlusts des zu sanierenden Unternehmens des Sanierungsjahres nach § 3a Abs. 3 S. 2 Nr. 6 EStG	-10.000 €
=	Zwischensumme	6.840.000 €
-	Minderung vom zum Ende des dem Sanierungsjahr vorangegangenen Jahres nach § 15 Abs. 4 EStG festgestellten i.V.m. § 10d Abs. 4 EStG verbleibenden Verlustvortrag, soweit er auf das zu sanierende Unternehmen entfällt nach § 3a Abs. 3 S. 2 Nr. 7 EStG	-175.000 €
=	Zwischensumme	6.665.000 €
-	Minderung des Verlusts des Sanierungsjahres des zu sanierenden Unternehmens (§ 3a Abs. 3 S. 2 Nr. 8 EStG)	-6.665.000 €
=	Verbleibender körperschaftsteuerfreier Sanierungsertrag	0 €

Zu der Belastung mit Körperschaftsteuer und Solidaritätszuschlag kommt die Gewerbesteuer bei der Sanierungs-Kapitalgesellschaft hinzu. Unter Berücksichtigung der Sonderregelung bei der Ermittlung des Gewerbeertrags bei unternehmensbezogener Sanierung gem. § 7b GewStG berechnet sich der geminderte Sanierungsertrag nach § 7b Abs. 2 S. 1 GewStG für das Sanierungsjahr 02 wie in nachfolgender Tabelle 45 dargestellt:

Tabelle 45: Berechnung des geminderten Sanierungsertrags für gewerbesteuerliche Zwecke gem. § 7b Abs. 2 S. 1 GewStG bei der Sanierungs-KapG mit Verlustvorträgen bei Anwendung der Sanierungsvorschriften

	Sanierungsertrag i.S.v. § 3a Abs. 3 S. 1 EStG	8.000.000 €
-	Sanierungsaufwendungen i.S.v. § 3a Abs. 3 S. 1 i.V.m. § 3c Abs. 4 S. 1 EStG	-250.000 €
-	Minderung des verteilt abziehbaren Aufwands nach § 3a Abs. 3 S. 2 Nr. 1 EStG (§ 7b Abs. 2 S. 1 GewStG)	-900.000 €
=	Nach § 3a Abs. 3 S. 2 Nr. 1 EStG geminderter Sanierungsertrag gem. § 7b Abs. 2 S. 1 GewStG	6.850.000 €

Für gewerbesteuerliche Zwecke kann bei der Sanierungs-Kapitalgesellschaft im Sanierungsjahr vorhandenes Steuerminderungspotenzial i.H.v. maximal 6.850.000 € untergehen. Für die Jahre 01 bis 04 – unter Beachtung der Sanierungsvorschriften im Jahr 02 – ergibt sich folgende in Tabelle 46 dargelegte Berechnung der Gewerbesteuer:

Tabelle 46: Berechnung der GewSt bei der Sanierungs-KapG mit Verlustvorträgen bei Anwendung der Sanierungsvorschriften

GewSt		**Jahr 01**	**Jahr 02 Sanierungsjahr**	**Jahr 03**	**Jahr 04**
	Gewinn aus Gewerbebetrieb	15.000 €	-8.840.000 €	508.000 €	2.005.000 €
-	Korrektur nach R 7.1 Abs. 3 i.V.m. Abs. 4 GewStR	-15.000 €	-10.000 €	-8.000 €	-5.000 €
	Zwischensumme	0 €	-8.850.000 €	500.000 €	2.000.000 €
+	Summe der Hinzurechnungen	31.250 €	31.250 €	31.250 €	31.250 €
-	Summe der Kürzungen	16.800 €	16.800 €	16.800 €	16.800 €
=	Maßgebender Gewerbeertrag	14.450 €	-8.835.550 €	514.450 €	2.014.450 €
-	Minderung des negativen Gewerbeertrags des Sanierungsjahres des zu sanierenden Unternehmens (§ 7b Abs. 2 S. 1 Nr. 1 GewStG)	- €	6.850.000 €	- €	- €
=	Gewerbeertrag nach Minderung	14.450 €	-1.985.550 €	514.450 €	2.014.450 €
	Gewerbeverlust:				
	Vorhandener Verlust	5.000.000 €	4.985.550 €	6.971.100 €	6.456.650 €
-	Sockelbetrag, max. 1 Mio. €	14.450 €	- €	514.450 €	1.000.000 €
	Verbleibender Verlustabzug	4.985.550 €	4.985.550 €	6.456.650 €	5.456.650 €
-	Verlustabzug i.H.v. 60 % des verbleibenden maßgebenden Gewerbeertrags	- €	- €	- €	608.670 €
	Summe des genutzten Verlustvortrags	14.450 €	- €	514.450 €	1.608.670 €
	Vortragsfähiger Verlust	4.985.550 €	6.971.100 €	6.456.650 €	4.847.980 €
=	Zwischensumme	- €	- €	- €	405.780 €
	Abgerundet auf volle 100 €	- €	- €	- €	405.700 €
x	Steuermesszahl	3,50 %	3,50 %	3,50 %	3,50 %
=	Gewerbesteuermessbetrag	- €	- €	- €	14.199,50 €
x	Gewerbesteuerhebesatz	403 %	403 %	403 %	403 %
=	**GewSt**	**- €**	**- €**	**- €**	**57.223,99 €**

Die Sanierungs-Kapitalgesellschaft hat im Jahr 01 zwar einen positiven maßgebenden Gewerbeertrag von 14.450 €, dieser kann jedoch mit den vorhandenen Verlustvorträgen ausgeglichen werden. Auch im Sanierungsjahr 02 ist keine Gewerbesteuer zu zahlen. Der maßgebende Gewerbeertrag beträgt im Sanierungsjahr -8.835.550 €. Dieser ist jedoch aufgrund der Anwendung der Sanierungs-Regelungen zu mindern. Der negative Gewerbeertrag von 8.835.550 € ist jedoch höher als der geminderte Sanierungsertrag i.H.v. 6.850.000 €, so dass nicht nur ein negativer Gewerbeverlust i.H.v. -1.985.550 € verbleibt, sondern auch die vorhandenen gewerbesteuerlichen Verluste i.H.v. 4.985.550 €, die nach § 7b Abs. 2 S. 1 Nr. 3 GewStG als nächstes zu mindern wären, von einer Minderung verschont bleiben. Die gewerbesteuerlichen Verluste ermöglichen im Jahr 03 eine Verrechnung mit dem Gewerbeertrag i.H.v. 514.450 € und können auch im Jahr 04 unter Beachtung der Mindestbesteuerung nach § 10a GewStG zumindest die Steuerlast reduzieren. Die Sanierungs-Kapitalgesellschaft hat also im Jahr 03 keine Gewerbesteuer zu zahlen und im Jahr 04 einen Betrag von 57.223,99 €. In Bezug auf dieses Untersuchungsbeispiel ergibt sich folgender, in Tabelle 47 dargestellter, wirtschaftlich gewerbesteuerfreier Sanierungsertrag:

Tabelle 47: Verbleibender gewerbesteuerfreier Sanierungsertrag bei der Sanierungs-KapG mit Verlustvorträgen bei Anwendung der Sanierungsvorschriften

	Nach § 3a Abs. 3 S. 2 Nr. 1 EStG verbleibender Sanierungsertrag gem. § 7b Abs. 2 S. 1 GewStG	6.850.000 €
-	Minderung des negativen Gewerbeertrags des Sanierungsjahres des zu sanierenden Unternehmens (§ 7b Abs. 2 S. 1 Nr. 1 GewStG)	-6.850.000 €
=	Verbleibender gewerbesteuerfreier Sanierungsertrag	0 €

Aus der Tabelle 47 ersichtlich ist, dass die Sanierungs-Kapitalgesellschaft für die Steuerfreiheit ihrer Sanierungserträge im Jahr 02 auf Steuerminderungspotenziale in gleicher Höhe verzichten musste, die ihre Steuerlast in den folgenden Jahren hätte reduzieren können. Mithin hat die Gesellschaft auch in Bezug auf die Gewerbesteuer keinen wirtschaftlich gewerbesteuerfreien Sanierungsertrag.

Die Anwendung der Sanierungsvorschriften auf Ebene der Sanierungs-Kapitalgesellschaft hat auch Auswirkungen auf ihre Anteilseigner. In Bezug auf die natürliche Person A ergeben sich die in Tabelle 48 dargestellten, unter Anwendung des gesonderten Steuertarifs für Einkünfte aus Kapitalvermögen i.S.v. § 32d EStG, ertragsteuerlichen Konsequenzen:

Tabelle 48: Berechnung der Einkommensteuer und SolZ bei Anteilseigner A aufgrund der Vollausschüttung durch die Sanierungs-KapG mit Verlustvorträgen bei Anwendung der Sanierungsvorschriften

	ESt auf Einkünfte aus Kapitalvermögen + SolZ	**Jahr 01**	**Jahr 02 Sanierungsjahr**	**Jahr 03**	**Jahr 04**
	Brutto-Einnahmen aus Kapitalvermögen	50.000,00 €	- €	250.000,00 €	939.579,76 €
-	Sparer-Pauschbetrag	801,00 €	- €	801,00 €	801,00 €
=	Einkünfte aus Kapitalvermögen	49.199,00 €	- €	249.199,00 €	938.778,76 €
x	Gesonderter Steuertarif für Einkünfte aus Kapitalvermögen	25 %	25 %	25 %	25 %
=	**ESt auf Einkünfte aus Kapitalvermögen**	**12.299,75 €**	**- €**	**62.299,75 €**	**234.694,69 €**
=	**SolZ auf ESt**	**676,49 €**	**- €**	**3.426,49 €**	**12.908,21 €**
-	Anrechnung der von der KapG einbehaltenen KapESt (aufgerundet)	12.500,00 €	- €	62.500,00 €	234.895,00 €
-	Anrechnung des von der KapG einbehaltenen SolZ auf KapESt	687,50 €	- €	3.437,50 €	12.919,20 €
=	Einkommensteuerzahllast v. Anteilseigner A	-200,25 €	- €	-200,25 €	-200,31 €
=	Zahllast bzgl. Solidaritätszuschlag v. Anteilseigner A	-11,01 €	- €	-11,01 €	-10,99 €

Im Jahr 01 erhält Anteilseigner A Bruttoeinnahmen i.H.v. 50.000 €. Nach Abzug des Sparer-Pauschbetrags i.H.v. 801 € und nach Anwendung des gesonderten Steuertarifs i.S.v. § 32d EStG unterliegt A der Einkommensteuer i.H.v. 12.299,75 € und hat zusätzlich den Solidaritätszuschlag von 676,49 € zu zahlen. Im Sanierungsjahr 02 unterliegt Anteilseigner A mangels Ausschüttung keiner Besteuerung. Nach gleichem Berechnungsmuster wie in Jahr 01 unterliegt Anteilseigner A im Jahr 03 einer Einkommensteuer von 62.299,75 € und Solidaritätszuschlag von 3.426,49 €. Im Jahr 04 sind dem A Bruttoeinnahmen von 939.579,76 € zuzurechnen, die eine Einkommensteuerbelastung von 234.694,69 € und Solidaritätszuschlag von 12.908,21 € zur Folge haben. Die Anrechnung der von der Sanierungs-Kapitalgesellschaft ohne Berücksichtigung des Sparer-Pauschbetrag nach § 20 Abs. 9 EStG einbehaltenen

Kapitalertragsteuer führt letztendlich zu Steuererstattungen bei Anteilseigner A in den Jahren 01, 03 und 04.

Bei der Berechnung der Ertragsteuerlast der B-GmbH als Anteilseigner der Sanierungs-Kapitalgesellschaft i.H.v. 50 % ist aufgrund der Ausschüttungen der Sanierungs-Kapitalgesellschaft erneut zu berücksichtigen, dass die erhaltene Dividende bei der B-GmbH der Regelung des § 8b KStG unterliegt, so dass gem. § 8b Abs. 1 KStG diese Bezüge bei der Einkommensermittlung außer Ansatz bleiben, jedoch 5 % nach § 8b Abs. 3 KStG als nichtabziehbare Betriebsausgaben das Einkommen der B-GmbH erhöhen. Daraus folgt für Zwecke der Körperschaftsteuer und des Solidaritätszuschlags die in Tabelle 49 dargestellte Berechnung für die Jahre 01 bis 04:

Tabelle 49: Berechnung von KSt und SolZ bei der B-GmbH aufgrund der Vollausschüttung durch die Sanierungs-KapG mit Verlustvorträgen bei Anwendung der Sanierungsvorschriften

KSt + SolZ		**Jahr 01**	**Jahr 02 Sanierungsjahr**	**Jahr 03**	**Jahr 04**
	Gewinn/Verlust lt. Steuerbilanz	50.000,00 €	- €	250.000,00 €	945.565,76 €
-/+	Kürzungen/ Hinzurechnungen nach § 8b KStG	-47.500,00 €	- €	-237.500,00 €	-898.287,47 €
=	Steuerlicher Gewinn	2.500,00 €	- €	12.500,00 €	47.278,29 €
=	Zu versteuerndes Einkommen	2.500,00 €	- €	12.500,00 €	47.278,29 €
=	**KSt**	**375,00 €**	**- €**	**1.875,00 €**	**7.046,00 €**
=	**SolZ auf KSt**	**20,63 €**	**- €**	**103,13 €**	**387,53 €**
-	Anrechnung der von der KapG einbehaltenen KapESt (aufgerundet)	12.500,00 €	- €	62.500,00 €	234.895,00 €
-	Anrechnung des von der KapG einbehaltenen SolZ auf KapESt	687,50 €	- €	3.437,50 €	12.919,20 €
=	Körperschaftsteuerzahllast, B-GmbH	-12.125,00 €	- €	-60.625,00 €	-227.849,00 €
=	Solidaritätszuschlag, B-GmbH	-666,88 €	- €	-3.334,38 €	-12.531.67 €

Die B-GmbH unterliegt im Jahr 01 einer Körperschaftsteuer von 375 € zzgl. Solidaritätszuschlag von 20,63 €. Keine Steuern fallen mangels Ausschüttung im Sanierungsjahr 02 an. Im Betrachtungsjahr 03 ist hingegen Körperschaftsteuer i.H.v. 1.875 € fällig zzgl. Solidaritätszuschlag von 103,13 €. Im Jahr 04 hat die B-GmbH Körperschaftsteuer i.H.v. 7.046 € zu entrichten und Solidaritätszuschlag von 387,53 €.

Da die steuermindernde Wirkung des § 8b KStG über § 7 GewStG auch Auswirkungen auf die Gewerbesteuerzahllast der B-GmbH hat, ergibt sich die in Tabelle 50 dargestellten Gewerbesteuerbelastungen bei der B-GmbH:

Tabelle 50: Berechnung der GewSt bei der B-GmbH aufgrund der Vollausschüttung durch die Sanierungs-KapG mit Verlustvorträgen bei Anwendung der Sanierungsvorschriften

GewSt		Jahr 01	Jahr 02 Sanierungsjahr	Jahr 03	Jahr 04
	Gewinn aus Gewerbebetrieb	2.500,00 €	- €	12.500,00 €	46.978,99 €
+	Summe der Hinzurechnungen	- €	- €	- €	- €
-	Summe der Kürzungen	- €	- €	- €	- €
=	Maßgebender Gewerbeertrag	2.500,00 €	- €	12.500,00 €	46.978,99 €
	Abgerundet auf volle 100	2.500,00 €	- €	12.500,00 €	46.900,00 €
x	Steuermesszahl	3,50 %	3,50 %	3,50 %	3,50 %
=	Gewerbesteuermessbetrag	87,50 €	- €	437,50 €	1.641,50 €
x	Gewerbesteuerhebesatz	403 %	403 %	403 %	403 %
=	**Gewerbesteuer**	**352,63 €**	**- €**	**1.763,13 €**	**6.615,25 €**

Mit Ausnahme des Jahres 02, in dem keine Ausschüttung erfolgt ist, hat die B-GmbH in allen anderen Betrachtungszeiträumen Gewerbesteuer zu entrichten. Auf etwaige Hinzurechnungs- und Kürzungsbeträge wurde verzichtet, so dass sich die Gewerbesteuerzahlungen lediglich auf den Gewinn aus Gewerbebetrieb nach Anwendung von § 8b KStG i.V.m. § 7 GewStG beziehen. Es entstehen Gewerbesteuerzahlungen von 352,63 € in Jahr 01, 1.763,13 € in Jahr 03 und 6.615,25 € in Jahr 04.

Für Anteilseigner C als alleiniger Anteilseigner der B-GmbH hat die Höhe der Steuerzahlungen der B-GmbH Einfluss auf die ihm zuzurechnenden Ausschüttungsbeträge. Unter Beachtung der bisherigen berechneten Steuerzahlungen der B-GmbH werden Anteilseigner C die aus Tabelle 51 ersichtlichen Einkünfte zugerechnet:

Tabelle 51: Berechnung der Einkommensteuer und SolZ bei Anteilseigner C aufgrund der Vollausschüttung durch die B-GmbH im Fallbeispiel einer Sanierungs-KapG mit Verlustvorträgen bei Anwendung der Sanierungsvorschriften

ESt auf Einkünfte aus Kapitalvermögen + SolZ		**Jahr 01**	**Jahr 02**	**Jahr 03**	**Jahr 04**
	Brutto-Einnahmen aus Kapitalvermögen	49.251,75 €	- €	246.258,75 €	925.530,98 €
-	Sparer-Pauschbetrag	801,00 €	- €	801,00 €	801,00 €
=	Einkünfte aus Kapitalvermögen	48.450,75 €	- €	245.457,75 €	924.729,98 €
x	Gesonderter Steuertarif für Einkünfte aus Kapitalvermögen	25 %	25 %	25 %	25 %
=	**ESt auf Einkünfte aus Kapitalvermögen**	**12.112,69 €**	**- €**	**61.364,44 €**	**231.182,50 €**
=	**SolZ auf ESt**	**666,20 €**	**- €**	**3.375,04 €**	**12.715,04 €**
-	Anrechnung der von der KapG einbehaltenen KapESt (aufgerundet)	12.313,00 €	- €	61.56,005 €	231.383,00 €
-	Anrechnung des von der KapG einbehaltenen SolZ auf KapESt	677,16 €	- €	3.386,02 €	12.726,01 €
=	Einkommensteuerzahllast v. Anteilseigner A	-200,31 €	- €	-200,56 €	-200,50 €
=	Zahllast bzgl. Solidaritätszuschlag v. Anteilseigner A	-10,96 €	- €	-10,98 €	-10,97 €

Anteilseigner C ist im Jahr 01 mit Einkommensteuer von 12.122,69 € und Solidaritätszuschlag i.H.v. 666,20 € belastet. Die Beträge steigern sich in denen der Sanierung folgenden Jahren auf Beträge von 61.364,44 € Einkommensteuer im Jahr 03 zzgl. Solidaritätszuschlag von 3.375,04 € und auf eine Einkommensteuerbelastung von 231.182,50 € zzgl. Solidaritätszuschlag von 12.715,04 € im Jahr 04.

d. Vergleich

Wird zunächst einmal die Steuerlast der Sanierungs-Kapitalgesellschaft über alle vier Zeiträume betrachtet und unter der Annahme, dass die Gesellschaft in Jahr 01 einen körperschaft- und gewerbesteuerlichen Verlustvortrag i.H.v. jeweils 5.000.000 € hat, so zeigt sich bei Anwendung der Regelbesteuerung die in der nachfolgenden Tabelle 52 dargestellte ertragsteuerliche Gesamtbelastung der Kapitalgesellschaft:

Tabelle 52: Ertragsteuerliche Gesamtbelastung der Sanierungs-KapG mit Verlustvorträgen bei Regelbesteuerung

	Ertragsteuerliche Gesamtbelastung	Jahr 01	Jahr 02 Sanierungsjahr	Jahr 03	Jahr 04
	KSt	- €	- €	- €	54.300,00 €
+	SolZ auf Körperschaftsteuer	- €	- €	- €	2.986,50 €
+	GewSt	- €	- €	- €	51.581,99 €
=	**Gesamtsteuerbelastung KapG**	**- €**	**- €**	**- €**	**108.868,49 €**

Die ertragsteuerliche Gesamtbelastung der Kapitalgesellschaft mit Verlustvorträgen unter Anwendung der Sanierungsvorschriften sieht hingegen wie in Tabelle 53 dargestellt aus:

Tabelle 53: Ertragsteuerliche Gesamtbelastung der Sanierungs-KapG mit Verlustvorträgen bei Anwendung der Sanierungsvorschriften

	Ertragsteuerliche Gesamtbelastung	Jahr 01	Jahr 02 Sanierungsjahr	Jahr 03	Jahr 04
	KSt	- €	- €	- €	60.300,00 €
+	SolZ auf Körperschaftsteuer	- €	- €	- €	3.316,50 €
+	GewSt	- €	- €	- €	57.223,99 €
=	**Gesamtsteuerbelastung KapG**	**- €**	**- €**	**- €**	**120.840,49 €**

Der Vergleich zeigt zunächst einmal, dass die Sanierungs-Kapitalgesellschaft in den Jahren 01 bis 03 und damit insbesondere im Sanierungsjahr 02 keiner Besteuerung unterliegt. Die Nichtbesteuerung im Jahr 01 hängt mit der Annahme zusammen, dass die Gesellschaft bereits im Jahr 01 mit körperschaft- und gewerbesteuerlichen Verlustvorträgen von jeweils 5.000.000 € gestartet ist und durch Verrechnung im Jahr 01 keine Steuerlast entsteht. Im Jahr 04 zeigt sich hingegen, dass die Sanierungs-Kapitalgesellschaft bei Anwendung der Sanierungsvorschriften mit einem Betrag von 120.840,49 € einer höheren Steuerbelastung von 11.792 € unterliegt als bei Anwendung der Regelbesteuerung (108.868,49 €). Die geringere Besteuerung ist darin begründet, dass die Sanierungs-Kapitalgesellschaft bei Anwendung der Regelbesteuerung in den Folgejahren weiterhin den verteilt abziehbaren Aufwand i.H.v. 100.000 € pro

Jahr geltend machen kann, so dass der Gesamtbetrag der Einkünfte bei der Sanierungs-Kapitalgesellschaft ohne Anwendung der Sanierungs-Regelungen 100.000 € geringer ist (Jahr 03: 408.000 €; Jahr 04: 1.905.000 €) als bei der Sanierungs-Kapitalgesellschaft, die §§ 3a, 3c Abs. 4 EStG in Anspruch genommen hat (Jahr 03: 508.000 €; Jahr 04: 2.005.000 €). Im Jahr 04 unterliegt die Sanierungs-Kapitalgesellschaft in beiden Konstellationen der Mindestbesteuerung. Der begrenzende Faktor hierbei ist jedoch nicht die vorhandene Höhe der Verlustvorträge, die genutzt werden können, sondern die Tatsache, dass sie den Betrag von 1.000.000 € übersteigenden Gesamtbetrag der Einkünfte effektiv zu 40 % zu versteuern hat. Der Gesamtbetrag der Einkünfte ist jedoch bei der Sanierungs-Kapitalgesellschaft bei der Regelbesteuerung um einen Betrag von 100.000 € geringer als bei der Sanierungs-Kapitalgesellschaft, die die Sanierungsvorschriften in Anspruch genommen hat. Dieser Effekt zeigt sich analog bei der Berechnung der Gewerbesteuer. Der erhöhte Steuerbetrag um 11.972 € entspricht also der Besteuerung von 40 % des nicht abziehbaren Aufwands nach § 4f EStG i.H.v. 100.000 € bei Inanspruchnahme der Sanierungs-Regelungen mit Körperschaftsteuer (6.000 €), Solidaritätszuschlag (330 €) und Gewerbesteuer (5.642 €). Hier wirkt sich also die Nichtabziehbarkeit des verteilt abziehbaren Aufwands in den Folgejahren steuererhöhend auf die Sanierungs-Kapitalgesellschaft aus, die die Sanierungsvorschriften anwendet. Keinen steuerlichen Effekt hat hingegen in diesem Beispiel der Untergang der Verluste aus Termingeschäften, da sich der Untergang der Verluste in den Folgejahren nur dann bemerkbar machen würde, wenn die Gesellschaft einen Gewinn aus eben solchen zu verzeichnen hätte. Aus dem bisher dargelegten folgt zunächst einmal, dass auf Ebene der Sanierungs-Kapitalgesellschaft bei den hier getroffenen Annahmen, insbesondere bei Vorhandensein von Verlusten, keine Besteuerung im Sanierungsjahr 02 entsteht, unabhängig davon, ob die Sanierungsvorschriften angewendet wurden oder die Regelbesteuerung zugrunde gelegt wurde. Gleichwohl ist über den betrachteten vierjährigen Zeitraum die Regelbesteuerung steuerlich vorteilhafter.

Werden nun zusätzlich die Anteilseignerebenen der Sanierungs-Kapitalgesellschaft berücksichtigt, so ergibt sich bei Anwendung der Regelbesteuerung über alle betrachteten Zeiträume hinweg die in Tabelle 54 zusammengefassten Ertragsteuerbelastungen:

Tabelle 54: Gesamtsteuerbelastung bei einer Sanierungs-KapG mit Verlustvorträgen bei Regelbesteuerung über den gesamten Untersuchungszeitraum und auf allen Besteuerungsebenen

		Jahr 01	Jahr 02 Sanierungsjahr	Jahr 03	Jahr 04
Sanierungs-KapG					
	KSt	- €	- €	- €	54.300,00 €
	SolZ auf KSt	- €	- €	- €	2.986,50 €
	GewSt	- €	- €	- €	51.581,99 €
	Summe	**- €**	**- €**	**- €**	**108.868,49 €**
Anteilseigner A					
	ESt	12.299,75 €	- €	62.299,75 €	236.191,19 €
	SolZ auf ESt	676,49 €	- €	3.426,49 €	12.990,52 €
	Summe	**12.976,24 €**	**- €**	**65.726,24 €**	**249.181,70 €**
Anteilseigner B-GmbH					
	KSt	375,00 €	- €	1.875,00 €	7.091,00 €
	SolZ auf KSt	20,63 €	- €	103,13 €	390,01 €
	GewSt	352,63 €	- €	1.763,13 €	6.657,56 €
	Summe	**748,25 €**	**- €**	**3.741,25 €**	**14.138,57 €**
Anteilseigner C der B-GmbH					
	ESt	12.112,69 €	- €	61.364,44 €	232.656,55 €
	SolZ auf ESt	666,20 €	- €	3.375,04 €	12.796,11 €
	Summe	**12.778,89 €**	**- €**	**64.739,48 €**	**245.452,66 €**
Gesamtsteuerbelastung über alle Ebenen		**26.503,37 €**	**- €**	**134.206,97 €**	**617.641,41 €**

Im Vergleich hierzu entstehen die nachfolgend in Tabelle 55 zusammenfassend dargestellten Gesamtsteuerbelastungen auf allen Beteiligungsebenen über alle vier Betrachtungszeiträume hinweg, wenn die Sanierungs-Kapitalgesellschaft die Sanierungsvorschriften anwendet:

Tabelle 55: Gesamtsteuerbelastung bei einer Sanierungs-KapG mit Verlustvorträgen über den gesamten Untersuchungszeitraum und auf allen Besteuerungsebenen bei Anwendung der Sanierungsvorschriften

		Jahr 01	**Jahr 02 Sanierungsjahr**	**Jahr 03**	**Jahr 04**
Sanierungs-KapG					
	KSt	- €	- €	- €	60.300,00 €
	SolZ auf KSt	- €	- €	- €	3.316,50 €
	GewSt	- €	- €	- €	57.223.99 €
	Summe	**- €**	**- €**	**- €**	**120.840,49 €**
Anteilseigner A					
	ESt	12.299,75 €	- €	62.299,75 €	234.694,69 €
	SolZ auf ESt	676,49 €	- €	3.426,49 €	12.908,21 €
	Summe	**12.976,24 €**	**- €**	**65.726,24 €**	**247.602,90 €**
Anteilseigner B-GmbH					
	KSt	375,00 €	- €	1.875,00 €	7.046,00 €
	SolZ auf KSt	20,63 €	- €	103,13 €	387,53 €
	GewSt	352,63 €	- €	1.763,13 €	6.615,25 €
	Summe	**748,25 €**	**- €**	**3.741,25 €**	**14.048.78 €**
Anteilseigner C der B-GmbH					
	ESt	12.112,69 €	- €	61.364,44 €	231.182,50 €
	SolZ auf ESt	666,20 €	- €	3.375,04 €	12.715,04 €
	Summe	**12.778,89 €**	**- €**	**64.739,48 €**	**243.897,53 €**
Gesamtsteuerbelastung über alle Ebenen		**26.503,37 €**	**- €**	**134.206,97 €**	**626.389,69 €**

Aus den Tabellen 54 und 55 ist bei Betrachtung der unmittelbaren Anteilseignerebene zu sehen, dass diese im Falle der Anwendung der Sanierungsvorschriften bei der Sanierungs-Kapitalgesellschaft einer niedrigeren Steuerlast ausgesetzt sind als bei Anwendung der Regelbesteuerung. Die steuerliche Nachteilhaftigkeit der Anwendung der Sanierungsvorschriften bei der Sanierungs-Kapitalgesellschaft im Verhältnis zur Regelbesteuerung relativiert sich also bei Einbezug der Anteilseignerebene. Bei Nichtanwendung der Vorschriften zur Steuerfreiheit von Sanierungserträgen hat Anteilseigner A in den vier betrachteten Zeiträumen eine Einkommensteuerzahllast inkl. Solidaritätszuschlag i.H.v. 327.884,18 €, die B-GmbH eine Steuerlast von 18.628,07 € und dessen Anteilseigner C Steuern i.H.v. 322.971,03 € zu entrichten. Demgegenüber stehen die Besteuerungsbeträge bei Anwendung der Sanierungsvorschriften bei Anteilseigner A i.H.v. 326.305,37 € (-1.578,81 €), bei der B-GmbH i.H.v. 18.538,28 € (-89,79 €) und bei Anteilseigner C i.H.v. 321.415,90 € (-1.555,13 €). Grund dafür ist die getroffene Annahme zum ausschüttbaren Gewinn, wonach grundsätzlich eine steuerlich vorteilhaftere Behandlung der Sanierungs-Kapitalgesellschaften zu einem erhöhten Ausschüttungsbetrag führt, der auf Ebene der Anteilseigner – zumindest in Bezug auf die natürliche Person A – mit einem höheren Steuersatz (26,375 %) zu versteuern ist.

Wird nun wiederum die Gesamtsteuerbelastung der Sanierungs-Kapitalgesellschaft und ihrer Anteilseigner über alle vier untersuchten Zeiträume verglichen, so werden bei Anwendung der Regelbesteuerung Steuern i.H.v. insgesamt 778.351,75 € und mit Inanspruchnahme der Sanierungsvorschriften ein Betrag i.H.v. 787.100,03 € fällig. Während der steuerliche Vorteil bei ausschließlicher Betrachtung der Sanierungs-Kapitalgesellschaft noch bei 11.972 € zugunsten der Nichtanwendung der Sanierungsvorschriften lag, liegt der steuerliche Vorteil über alle Anteilseignerebenen hinweg nur noch bei 8.748,28 €.

4. Fallstudienübergreifender Vergleich bei einer Sanierungs-Kapitalgesellschaft

Wird nur die Ebene der Sanierungs-Kapitalgesellschaft betrachtet, so ist zunächst einmal auf Grundlage der vorherigen Ausführungen festzuhalten, dass es der Sanierungsvorschriften in den hier untersuchten Fallkonstellationen nicht bedarf, um eine Steuerfreiheit im Sanierungsjahr 02 zu erreichen. Unabhängig davon, ob die Sanierungs-Kapitalgesellschaft Verlustvorträge im Sanierungsjahr hatte oder nicht, musste sie aufgrund des negativen zu versteuernden Einkommens bzw. des negativen maßgebenden Gewerbeertrags keine Steuerzahlungen leisten. Aus der nachfolgenden Tabelle 56 ist ersichtlich, dass die Steuerlast der Sanierungs-Kapitalgesellschaft geringer ist, wenn sie Verlustvorträge hat, als in den Fällen, in denen sie keine Verlustvorträge hatte.

Tabelle 56: Übersicht der Gesamtsteuerbelastung der Sanierungs-KapG in allen untersuchten Fallkonstellationen

Sanierungs-KapG...	**Gesamtsteuerbelastung über alle vier betrachteten Zeiträume**
...ohne Verlustvorträge bei Regelbesteuerung	367.298,59 €
...ohne Verlustvorträge bei Anwendung der Sanierungsvorschriften	157.788,59 €
...mit Verlustvorträgen bei Regelbesteuerung	108.868,49 €
...mit Verlustvorträgen bei Anwendung der Sanierungsvorschriften	120.840,49 €

Die Konstellation, in der die Sanierungs-Kapitalgesellschaft Verlustvorträge nutzen konnte und die Regelbesteuerung angewendet wurde, ist hierbei die steuerlich günstigste Variante, gefolgt von der Konstellation, in der die Sanierungs-Kapitalgesellschaft ihre Verlustvorträge nutzte und die Sanierungsvorschriften angewandt wurden. In der Fallkonstellation einer Sanierungs-Kapitalgesellschaft mit Verlustvorträgen und der Nichtanwendung der Regelungen über die Steuerfreiheit von Sanierungserträgen ergibt sich die Vorteilhaftigkeit zum einen aus der Möglichkeit, in den Folgejahren nach dem Sanierungsjahr die verteilt abziehbaren Aufwendungen nach § 4f EStG weiterhin geltend machen zu können. Zum anderen kommt der Vorteil der Erhöhung des körperschaftsteuerlichen Verlustvortrags in dem Fall, in dem die Sanierungsvorschriften angewendet wurden, nicht zum Tragen, da die Sanierungs-Kapitalgesellschaft in dem betrachteten Jahr 04 der Mindestbesteuerung unterliegt.

Der Tabelle 56 ist auch zu entnehmen, dass der steuerliche Vorteil zwischen Anwendung und Nichtanwendung der Sanierungsregelungen bei Sanierungs-Kapitalgesellschaften mit Verlustvorträgen nur 11.972 € beträgt. Die Differenz bei der Sanierungs-Kapitalgesellschaft, die keine Verlustvorträge hat, fällt hingegen mit einem Betrag von 209.510 € deutlich höher aus. Der hohe Differenzbetrag resultiert insbesondere aus dem höheren zur Verfügung stehenden Verlustvortrag im Jahr 04 (1.500.000 €) in der Fallkonstellation, in der die Sanierungsvorschriften angewandt wurden, der im Rahmen der Mindestbesteuerung gänzlich ausgeschöpft werden kann. In der Fallkonstellation, in der die Sanierungsregelungen keine Anwendung fanden, steht nur ein Verlustvortrag i.H.v. 700.000 € zur Verfügung, weshalb ein höheres zu versteuerndes Einkommen verbleibt. Diese Beobachtung gilt auch analog zu der gewerbesteuerlichen Behandlung der Sanierungs-Kapitalgesellschaft ohne Verlustvorträge.

Der Effekt verringert sich hingegen, wenn die Sanierungs-Kapitalgesellschaft bereits zu Beginn des Untersuchungszeitraums, also im Jahr 01, einen körperschaft- und gewerbesteuerlichen Verlustvortrag ausweist. Da im Jahr 04 somit in beiden Fällen genügend verrechenbarer Verlustvortrag vorhanden ist, ist – wie bereits erläutert – der einschränkende Faktor im Vergleich nicht mehr das vorhandene Verlustpotential, sondern die Mindestbesteuerung, die an den Gesamtbetrag der Einkünfte anknüpft. Dieser ist wiederum bei der Sanierungs-Kapitalgesellschaft, die ihr Verlustverrechnungspotenzial nicht mindern musste, um einen Betrag i.H.v. 100.000 € geringer als bei der Sanierungs-Kapitalgesellschaft, die im Gegenzug zur Steuerfreiheit ihres Sanierungsertrags den verbleibenden verteilt abziehbaren Aufwand nach § 4f EStG von 900.000 € gem. § 3a Abs. 3 S. 2 Nr. 1 EStG hat mindern müssen.

Wird die Anteilseignerebene zusätzlich mit einbezogen, so ergibt sich ein anderes Bild; denn je niedriger die Steuerbelastung auf Ebene der Sanierungs-Kapitalgesellschaft ist, umso höher ist gem. der hier getroffenen Annahme der Ausschüttungsbetrag und damit die zu versteuernden Einkünfte auf Anteilseignerebene. Aus der nachfolgenden Tabelle 57 ist ersichtlich, dass auf Anteilseignerebene die meisten Steuern in dem Fall zu zahlen sind, in der die Sanierungs-Kapitalgesellschaft Verlustvorträge hat und die Sanierungsvorschriften keine Anwendung finden und die wenigsten Steuern in der Fallkonstellation anfallen, in der die Sanierungs-Kapitalgesellschaft keine Verlustvorträge hat und die Vorschriften über die Steuerfreiheit von Sanierungserträgen nicht befolgt werden:

Tabelle 57: Kumulierte Gesamtsteuerbelastung der Anteilseignerebenen in allen untersuchten Fallkonstellationen bei einer Sanierungs-KapG

	Gesamtsteuerbelastung über alle vier betrachteten Zeiträume			
Sanierungs-KapG…	**A**	**B-GmbH**	**C**	**Insgesamt**
…ohne VV bei Regelbesteuerung	293.803,71 €	16.688,95 €	289.402,00 €	599.894,66 €
…ohne VV bei Anwendung der Sanierungsvorschriften	321.432,84 €	18.264,69 €	316.615,53 €	656.313,06 €
…mit VV bei Regelbesteuerung	327.884,18 €	18.628,07 €	322.971,03 €	669.483,28 €
…mit VV bei Anwendung der Sanierungsvorschriften	326.305,37 €	18.538,28 €	321.415,90 €	666.259,55 €

Die dargestellten Extreme zwischen der vorteilhaften Besteuerung der Sanierungs-Kapitalgesellschaft und der damit einhergehenden höheren Besteuerung bei den Anteilseignern und umgekehrt reduzieren sich entsprechend in der kumulierten Betrachtungsweise der Gesamtsteuerbelastung aller Besteuerungsebenen in den vier betrachteten Zeiträumen in den vier untersuchten Fallkonstellationen aus. Es ergeben sich folgende in Tabelle 58 zusammengefasste Steuerbeträge:

Tabelle 58: Kumulierte Gesamtsteuerbelastungen aller Besteuerungsebenen in allen untersuchten Fallkonstellationen bei einer Sanierungs-KapG

Sanierungs-KapG…	**Gesamtsteuerbelastung aller Besteuerungsebenen über alle vier betrachteten Zeiträume**
…ohne Verlustvorträge bei Regelbesteuerung	967.193,24 €
…ohne Verlustvorträge bei Anwendung der Sanierungsvorschriften	814.101,64 €
…mit Verlustvorträgen bei Regelbesteuerung	778.351,75 €
…mit Verlustvorträgen bei Anwendung der Sanierungsvorschriften	787.100,03 €

Aus der Tabelle 58 lässt sich folgendes Ergebnis ableiten: Hat eine Sanierungs-Kapitalgesellschaft keine verfügbaren Verlustvorträge, so ist die Anwendung der Regelungen zur Steuerfreiheit von Sanierungserträgen steuerlich vorteilhafter als in dem Fall, in dem sie die Regelungen nicht nutzen kann. Hat die Sanierungs-Kapitalgesellschaft hingegen Verlustvorträge, so ist es für sie unter den hier getroffenen Annahmen steuerlich günstiger, die Sanierungsvorschriften nicht in Anspruch zu nehmen.

Dieses Ergebnis ist dahingehend einschränkend zu betrachten, als dass diese nur für die hier betrachteten Fallkonstellationen gelten. Die steuerliche Vorteilhaftigkeit eines Sachverhalts ändert sich, wenn andere Parameter einschlägig sind, beispielsweise andere steuerbilanziellen Ausgangswerte zugrunde gelegt werden, betragsmäßig andere Vorlustvorträge zur Verfügung stehen oder ein anderer verbleibender Sanierungsertrag i.S.v. § 3a Abs. 3 S. 1 EStG und damit folglich auch ein anderer nach § 7b Abs. 2 S. 1 GewStG verbleibender Sanierungsertrag vorhanden ist.

III. Mitunternehmerschaften

1. Rechtsformspezifische Annahmen

Zum Zwecke der Berechnung der Auswirkungen der Sanierungsvorschriften bei Mitunternehmerschaften im Vergleich zur Regelbesteuerung sowie unter Zugrundelegung der Annahme, dass die Mitunternehmerschaft selbst bzw. ihre Mitunternehmer in der einen Konstellation Verlustvorträge aufweisen und in der Vergleichsrechnung nicht, wird eine zu sanierende Mitunternehmerschaft betrachtet, an der – ebenso wie bei der Sanierungs-Kapitalgesellschaft im Abschnitt zuvor – eine natürliche Person (A) und eine Körperschaft (B-GmbH) jeweils zu 50 % als Mitunternehmer beteiligt sind. An der B-GmbH ist eine weitere natürliche Person (C) alleiniger Anteilseigner. Bei der Sanierungs-Mitunternehmerschaft handelt es sich um eine inländische Gesellschaft in der Rechtsform einer OHG. Die B-GmbH ist eine unbeschränkt steuerpflichtige Kapitalgesellschaft i.S.v. § 1 Abs. 1 Nr. 1 KStG. Sowohl die natürliche Person A als auch C sind unbeschränkt steuerpflichtige Personen i.S.v. § 1 Abs. 1 S. 1 EStG. Es bestehen keine ertragsteuerlichen Organschaften. Die Unternehmensstruktur sieht wie in der folgenden Abbildung 8 dargestellt aus:

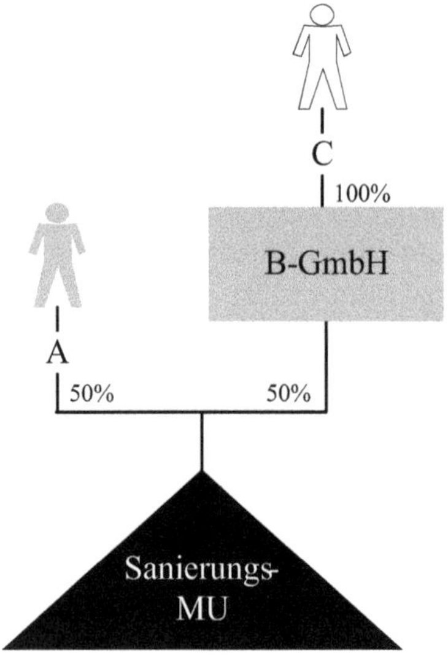

Abbildung 8: Organigramm der Sanierungs-Mitunternehmerschaft

Für die Fallbeispiele sind in Bezug auf die steuerbilanziellen Ausgangswerte – wie bei der Sanierungs-Kapitalgesellschaft – die Annahmen getroffen worden, dass die Sanierungs-Mitunternehmerschaft im Jahr 01 noch einen geringen Steuerbilanzgewinn i.H.v. 100.000 €, im Sanierungsjahr 02 einen Verlust von 1.000.000 €, in Jahr 03 einen steuerbilanziellen Gewinn von 500.000 € und 2.000.000 € im Jahr 04 ausweist. Auch bei diesen Berechnungen sind die steuerbilanziellen Ausgangswerte so gewählt, dass sowohl ein Vergleich zwischen Anwendung und Nichtanwendung der Regelungen zur Steuerfreiheit von Sanierungserträgen möglich ist, als auch ein differenzierter Vergleich zwischen einer Sanierungs-Mitunternehmerschaft, die selbst und ihre Mitunternehmer Verlustvorträge im Sanierungsjahr zur Verfügung haben, und einer Sanierungs-Mitunternehmerschaft, bei der und ihren Mitunternehmern keine Verlustvorträge vorhanden sind.

Auf Ebene der Sanierungs-Mitunternehmerschaft erfolgt die Gewinnermittlung. Hierbei bleiben Werte aus etwaigen Ergänzungs- und Sonderbilanzen der Gesellschafter aus Vereinfachungszwecken unberücksichtigt. Auf Grundlage der Gewinnermittlung erfolgt die Berechnung der Gewerbesteuer. Bei der Gewerbesteuer wird ein einheitlicher Gewerbesteuerhebesatz i.H.v. 403 % angenommen, der dem im Jahr 2019 in Deutschland durchschnittlich angewandten Hebesatz entspricht.[1206] Bei der Sanierungs-Mitunternehmerschaft selbst werden gewerbesteuerliche Kürzungen und Hinzurechnungen nach §§ 8, 9 GewStG berücksichtigt, während darauf bei der B-GmbH zum Zwecke der Vereinfachung der Berechnung verzichtet wird.

Die steuerliche Zurechnung des Jahresergebnisses der Sanierungs-Mitunternehmerschaft wird ihren Mitunternehmer im Gleichklang zur Beteiligungshöhe, also jeweils hälftig, zugerechnet. Bei Mitunternehmer A stellen die zugerechneten Beträge Einkünfte aus Gewerbebetrieb gem. § 15 Abs. 1 S. 1 Nr. 2 EStG dar, die dem individuellen Steuertarif des Steuerpflichtigen gem. § 32a EStG unterliegen. Hinzu kommt der Solidaritätszuschlag nach Maßgabe des Gesetzes zur Rückführung des Solidaritätszuschlags 1995 aus dem Jahr 2019, nach dem der Solidaritätszuschlag nicht mehr erhoben wird, wenn der einzeln veranlagte Steuerpflichtige die Freigrenze in Bezug auf die Einkommensteuer als Steuerbemessungsgrundlage von 16.956 € unterschreitet. Dem

---

1206 Vgl. Statistisches Bundesamt, Durchschnittlicher Gewerbesteuerhebesatz 2019, https://www.destatis.de/DE/Themen/Staat/Steuern/_Grafik/_Interaktiv/steuereinnahmen-hebesaetze-gewerbesteuer-laender.html, zuletzt abgerufen am 19.09.2021.

Mitunternehmer A wird unterstellt, dass er ausschließlich Einkünfte aus seiner Beteiligung an der Sanierungs-Mitunternehmerschaft erzielt. Die persönlichen Verhältnisse des Mitunternehmers A bleiben unberücksichtigt, so dass davon ausgegangen wird, dass er unverheiratet und kinderlos ist. Etwaige Sonderausgaben oder außergewöhnliche Belastungen werden nicht in die Berechnung einbezogen.

Die Einkünfte der B-GmbH unterliegen der Körperschaftsteuer i.H.v. 15 % und dem Solidaritätszuschlag von 5,5 %. Die B-GmbH unterliegt ebenfalls der Gewerbesteuer, die aufgrund des gewählten Gewerbesteuerhebesatzes von 403 % insgesamt 14,105 % ausmacht. Die B-GmbH ist verpflichtet, vor Ausschüttung ihrer Dividende für ihren Anteilseigner C Kapitalertragsteuer zzgl. Solidaritätszuschlag einzubehalten. Grundsätzlich erhält Anteilseigner C annahmegemäß nur Ausschüttungen, wenn das steuerbilanzielle Ergebnis abzüglich der auf Ebene der B-GmbH zu zahlenden Steuern positiv ist. In diesem Fall wird der Vergleichbarkeit halber von einer Vollausschüttung ausgegangen, die die B-GmbH an ihren Anteilseigner leistet. Bei Anteilseigner C wird unterstellt, dass dieser ausschließlich Einkünfte aus seiner Beteiligung an der B-GmbH hat und damit aus Kapitalvermögen, auf die der gesonderte Steuertarif für Einkünfte aus Kapitalvermögen i.S.v. § 32d EStG i.H.v. 25 % zzgl. Solidaritätszuschlag (5,5 %) angewendet wird. Dies gilt auch dann, wenn eine andere Form der Besteuerung, z.B. nach dem individuellen Steuertarif und ggf. in Form des Teileinkünfteverfahrens, steuerlich vorteilhafter wäre. Eine Günstigerprüfung findet also auch in den nachfolgenden Berechnungen bei Anteilseigner C nicht statt. Die Einkommensteuer des C wird durch Abzug vom Kapitalertrag erhoben, so dass die ausschüttende B-GmbH nach § 44 Abs. 1 S. 1 EStG als Schuldner der Kapitalertragsteuer verpflichtet ist, gem. § 43a Abs. 1 S. 1 Nr. 1 EStG 25 % Kapitalertragsteuer zzgl. Solidaritätszuschlag für Rechnung des Gläubigers der Kapitalerträge (C) einzubehalten. Für Kapitalerträge, die der Kapitalertragsteuer unterlegen haben, ist die Einkommensteuer abgegolten (§ 43 Abs. 5 S. 1 EStG). In dem hier betrachteten Sachverhalt wird annahmegemäß davon ausgegangen, dass C der B-GmbH keinen Freistellungsauftrag gem. § 44a Abs. 2 S. 1 Nr. 1 EStG vorgelegt hat. Daraus folgt, dass der ihm zustehende Sparer-Pauschbetrag gem. § 20 Abs. 9 EStG i.H.v. 801 € erst bei ihm berücksichtigt wird. Die auf Ebene der Kapitalgesellschaften einbehaltene Kapitalertragsteuer wird hierbei auf die Einkommensteuer von C angerechnet (§ 36 Abs. 2 Nr. 2 EStG).

In Tabelle 59 wird zusammengefasst dargestellt, welche Steuern bzw. Ergänzungsabgaben bei den jeweiligen Steuerpflichtigen in den Fallbeispielen einer Sanierungs-Mitunternehmerschaft einbezogen werden:

Tabelle 59: Übersicht der in die Berechnung einbezogenen Steuern bzw. Ergänzungsabgaben bei einer Sanierungs-Mitunternehmerschaft und den weiteren Beteiligungsebenen

Steuerpflichtige Person	In die Berechnung einbezogene Steuer
Sanierungs-Mitunternehmerschaft	▪ Gewerbesteuer, 14,105 %
Mitunternehmer A	▪ Einkommensteuer, individueller Einkommensteuertarif ▪ SolZ auf Einkommensteuer, 5,5 %
Mitunternehmer B-GmbH	▪ Körperschaftsteuer, 15 % ▪ SolZ auf Körperschaftsteuer, 5,5 % ▪ Gewerbesteuer, 14,105 %
Anteilseigner C der B-GmbH	▪ Einkommensteuer auf Einkünfte aus Kapitalvermögen, 25 % ▪ SolZ auf Einkommensteuer, 5,5 %

2. Mitunternehmerschaft ohne Verlustvorträge

a. Fallspezifische Annahmen

Für die Berechnung der Steuerlast bei einer Sanierungs-Mitunternehmerschaft wird zunächst nur davon ausgegangen, dass sie einen nach § 4f EStG verteilt abziehbaren Aufwand i.H.v. annahmegemäß 1.100.000 € in Jahr 01 hat, der den steuerlichen Gewinn jährlich i.H.v. 100.000 € schmälert. Etwaige Verluste, auch aus diversen Verlustverrechnungskreisen (z.B. §§ 2a, 15 Abs. 4, 15a EStG), sind sonst weder bei der Sanierungs-Mitunternehmerschaft noch bei ihren Mitunternehmern – zumindest in Jahr 01 und dem Sanierungsjahr 02 – vorhanden.

b. Regelbesteuerung

Ohne Anwendung der Regelungen zur Steuerfreiheit von Sanierungserträgen ergibt sich die in Tabelle 60 dargestellte Gewinnermittlung auf Ebene der Sanierungs-Mitunternehmerschaft:[1207]

1207 Vgl. die ausführlichen Berechnungen zu dieser Fallstudie in Anhang 5.

Tabelle 60: Gewinnermittlung bei der Sanierungs-Mitunternehmerschaft ohne Verlustvorträge bei Regelbesteuerung

	Gewinnermittlung	**Jahr 01**	**Jahr 02**	**Jahr 03**	**Jahr 04**
	Gewinn/Verlust laut Steuerbilanz	100.000 €	-1.000.000 €	500.000 €	2.000.000 €
	Verteilt abziehbarer Aufwand i.S.v. § 4f EStG:				
	Vorhandener verteilt abziehbarer Aufwand gem. § 4f EStG	1.100.000 €	1.000.000 €	900.000 €	800.000 €
-	Abzug v. 1/15 des verteilt abziehbaren Aufwands	-100.000 €	-100.000 €	-100.000 €	-100.000 €
	Verbleibender verteilt abziehbarer Aufwand nach § 4f EStG	1.000.000 €	900.000 €	800.000 €	700.000 €
=	**Gewinn der Mitunternehmerschaft**	**- €**	**-1.100.000 €**	**400.000 €**	**1.900.000 €**

Die Sanierungs-Mitunternehmerschaft kann in allen vier Betrachtungszeiträumen jeweils 100.000 € nach Maßgabe des § 4f EStG geltend machen, was ihren steuerlichen Gewinn in allen Jahren entsprechend mindert. Daher hat die Mitunternehmerschaft im Jahr 01 einen Gewinn von 0 €, da sie den positiven Gewinn aus der Gesamthandsbilanz von 100.000 € mit dem verteilt abziehbaren Aufwand nach § 4f EStG i.H.v. 100.000 € verrechnen kann. Im Sanierungsjahr 02 startet die Gesellschaft mit einem steuerbilanziellen Verlust von 1.000.000 €, der etwaige Schuldenerlasse einschließt – die jedoch bei der hier angewandten Regelbesteuerung und damit in Abgrenzung zur Anwendung der Sanierungsvorschriften im nächsten Fallbeispiel nicht außerbilanziell korrigiert werden. Im Jahr 02 ergibt sich insgesamt ein Verlust der Mitunternehmerschaft von 1.100.000 €. In den Jahren 03 und 04 entstehen nach Abzug des verteilt abziehbaren Aufwands nach § 4f EStG Gewinne i.H.v. 400.000 € und 1.900.000 €. Die Sanierungs-Mitunternehmerschaft ist zwar nicht Subjekt der Einkommensteuer, allerdings unterliegt sie der Gewerbesteuer, die in der nachfolgenden Tabelle 61 für die jeweiligen Betrachtungszeiträume berechnet wird:

Tabelle 61: Berechnung der GewSt bei der Sanierungs-Mitunternehmerschaft ohne Verlustvorträge bei Regelbesteuerung

	GewSt	**Jahr 01**	**Jahr 02**	**Jahr 03**	**Jahr 04**
	Gewinn aus Gewerbebetrieb	- €	-1.100.000 €	400.000 €	1.900.000 €
+	Summe der Hinzurechnungen	31.250 €	31.250 €	31.250 €	31.250 €
-	Summe der Kürzungen	16.800 €	16.800 €	16.800 €	16.800 €
=	Maßgebender Gewerbeertrag	14.450 €	-1.085.550 €	414.450 €	1.914.450 €
	Gewerbeverlust:				
	Vorhandener Verlust	- €	- €	1.085.550 €	671.100 €
-	Sockelbetrag, max. 1 Mio. €	- €	- €	414.450 €	671.100 €
	Verbleibender Verlustabzug	- €	- €	671.100 €	- €
-	Verlustabzug i.H.v. 60 % des verbleibenden maßgebenden Gewerbeertrags	- €	- €	- €	- €
	Summe des genutzten Verlustvortrags	- €	- €	414.450 €	671.100 €
	Vortragsfähiger Verlust	- €	-1.085.550 €	671.100 €	- €
=	Zwischensumme	14.450 €	- €	- €	1.243.350 €
	Abgerundet auf volle 100 €	14.400 €	- €	- €	1.243.300 €
-	Freibetrag	14.400 €	- €	- €	24.500 €
=	Gewerbeertrag nach Freibetrag	- €	- €	- €	1.218.800 €
x	Steuermesszahl	3,5 %	3,5 %	3,5 %	3,5 %
=	Gewerbesteuermessbetrag	- €	- €	- €	42.658 €
x	Gewerbesteuerhebesatz	403 %	403 %	403 %	403 %
=	**GewSt**	**- €**	**- €**	**- €**	**171.911,74 €**

Die Sanierungs-Mitunternehmerschaft hat im Jahr 01 trotz eines positiven maßgebenden Gewerbeertrags von 14.450 € keine Gewerbesteuer zu zahlen, da sie gemäß § 11 Abs. 1 S. 3 Nr. 1 GewStG den Gewerbeertrag um einen Freibetrag von bis zu 24.5000 €, maximal in Höhe des abgerundeten Gewerbeertrags, kürzen darf. Im Sanierungsjahr 02 entsteht ein Gewerbeverlust i.H.v. 1.085.550 €, der im folgenden Jahr 03 genutzt werden kann, um den Gewerbeertrag vollständig zu kompensieren. Erstmals im Betrachtungszeitraum 04 hat die Sanierungs-Gesellschaft, mit ihrem maßgebenden Gewerbeertrag von

1.914.450 €, vermindert um den vorhandenen Verlustvortrag i.H.v. 671.100 €, Gewerbesteuer i.H.v. 171.911,74 € zu leisten.

Dem Mitunternehmer A werden hälftig die bei der Gewinnermittlung auf Ebene der Mitunternehmerschaft festgestellten Beträge zugerechnet. Die Einkommensteuer berechnet sich demnach wie nachfolgend in Tabelle 62 dargestellt:

Tabelle 62: Berechnung der Einkommensteuer und SolZ bei Mitunternehmer A ohne Verlustvorträge bei Regelbesteuerung

Einkommensteuer + SolZ		**Jahr 01**	**Jahr 02**	**Jahr 03**	**Jahr 04**
	Einkünfte aus Gewerbebetrieb aus der Sanierungs-MU	- €	-550.000 €	200.000 €	950.000 €
=	Summe der Einkünfte aus Gewerbebetrieb aus der Sanierungs-MU	- €	-550.000 €	200.000 €	950.000 €
+	Einkünfte aus anderen Einkunftsarten	- €	- €	- €	- €
=	Summe der Einkünfte	- €	-550.000 €	200.000 €	950.000 €
	Verlustabzug nach § 10d EStG:				
	Vorhandener Verlust	- €	- €	550.000 €	350.000 €
-	Sockelbetrag, max. 1 Mio. €	- €	- €	200.000 €	350.000 €
	Verbleibender Verlustabzug	- €	- €	350.000 €	- €
-	Verlustabzug i.H.v. 60 % des verbleibenden GdE	- €	- €	- €	- €
	Summe des genutzten Verlustvortrags	- €	- €	200.000 €	350.000 €
	Vortragsfähiger Verlust	- €	- €	350.000 €	- €
=	Einkommen	- €	-550.000 €	- €	600.000 €
=	Zu versteuerndes Einkommen	- €	-550.000 €	- €	600.000 €
=	Tarifliche Einkommensteuer gem. § 32a EStG	- €	- €	- €	252.625,00 €
-	Steuerermäßigung nach § 35 EStG:	- €	- €	- €	85.316,00 €
	Anrechnungsvolumina bzgl. Sanierungs-MU:				
	Anteiliger Gewerbesteuermessbetrag x 4,0	- €	- €	- €	85.316,00 €
	Höchstens tatsächlich zu zahlende GewSt	- €	- €	- €	85.955,87 €
	Ermäßigungshöchstbetrag:	- €	- €	- €	252.625,00 €

Tabelle 62: Fortsetzung

Einkommensteuer + SolZ		**Jahr 01**	**Jahr 02**	**Jahr 03**	**Jahr 04**
	Summe der positiven gewerbl. Einkünfte	- €	- €	- €	950.000,00 €
/	Summe aller positiven Einkünfte	- €	- €	- €	950.000,00 €
x	Geminderte tarifliche Einkommensteuer	- €	- €	- €	252.625,00 €
=	Höchstbetrag	- €	- €	- €	252.625,00 €
=	**Festzusetzende Einkommensteuer**	**- €**	**- €**	**- €**	**167.309,00 €**
	Freigrenze § 3 Abs. 3 S. 1 Nr. 2 SolZG	16.956 €	16.956 €	16.956 €	16.956,00 €
x	Solidaritätszuschlag, § 4 S. 1 SolZG	5,5 %	5,5 %	5,5 %	5,5 %
=	**Solidaritätszuschlag auf Einkommensteuer**	**- €**	**- €**	**- €**	**9.202,00 €**

In Jahr 01 erzielt der Mitunternehmer A keine Einkünfte aus der Sanierungs-Mitunternehmerschaft. Da unterstellt wird, dass er keine weiteren Einkünfte erzielt, hat er auch keine Einkommensteuer in dem Jahr zu entrichten. Im Sanierungsjahr 02 werden ihm die Verluste der Sanierungs-Mitunternehmerschaft anteilig i.H.v. 550.000 € zugerechnet, die zum einen zu keiner Einkommensteuer führen und zum anderen in das Folgejahr vorgetragen werden können. Im Jahr 03 kann er mit den Verlusten des Vorjahres seine positiven Einkünfte aus der Sanierungs-Mitunternehmerschaft i.H.v. 200.000 € gänzlich ausgleichen, so dass er auch in Jahr 03 keiner Besteuerung unterliegt. Den zugerechneten Gewinnanteil von 950.000 € in Jahr 04 kann Mitunternehmer A mit dem noch verbleibenden Verlustvortrag von 350.000 € verrechnen. Es verbleibt ein zu versteuerndes Einkommen von 600.000 €. Unter Anwendung des individuellen Steuertarifs nach § 32a Abs. 1 EStG unterliegt A mit seinen Einkünften in diesem Jahr dem Spitzensteuersatz von 45 %, so dass zunächst eine Einkommensteuerzahllast von 252.625 € entsteht. Als Mitunternehmer an der Sanierungs-Mitunternehmerschaft kann er jedoch die Steuerermäßigung bei Einkünften aus Gewerbebetrieb nach § 35 Abs. 1 Nr. 2 EStG steuermindernd anwenden.[1208] Hierbei verringert sich die tarifliche Einkommensteuer bei

1208 Ausführlicher zu der Anwendung des § 35 EStG, vgl. BMF v. 3.11.2016, BStBl I 2016, 1187.

Einkünften aus Gewerbebetrieb als Mitunternehmer in Höhe des Vierfachen des jeweils für den dem Veranlagungszeitraum entsprechenden Erhebungszeitraum festgesetzten anteiligen Gewerbesteuer-Messbetrags. Die Steuerermäßigung ist jedoch zum einen begrenzt auf die tarifliche Einkommensteuer gem. § 35 Abs. 1 EStG, sofern sie anteilig auf gewerbliche Einkünfte entfällt (Ermäßigungshöchstbetrag) und zusätzlich auf die tatsächlich zu zahlende Gewerbesteuer nach § 35 Abs. 1 S. 5 EStG. Es kann durch § 35 EStG also zu keiner Steuererstattung kommen. Der Gewerbesteuermessbetrag der Sanierungs-Mitunternehmerschaft im Jahr 04 beträgt 42.658 €. Der hälftige Anteil des A (= 21.329 €) um den Faktor 4 vervielfacht ergibt einen Anrechnungshöchstbetrag von 85.316 €. Die höchstens tatsächlich zu zahlende Gewerbesteuer liegt bei 85.955,87 € (hälftiger Anteil der von der Sanierungs-Mitunternehmerschaft tatsächlich geleisteten Gewerbesteuer). Die Differenz liegt darin begründet, dass eine Anrechnung bloß in Höhe des Vierfachen des Gewerbesteuermessbetrags möglich ist, der Gewerbesteuermessbetrag jedoch mit dem durchschnittlichen Gewerbesteuerhebesatz von 403 % berechnet wurde. Mitunternehmer A kann somit also nicht den gesamten Betrag des auf ihn hälftig entfallenden auf Ebene der Sanierungs-Mitunternehmerschaft gezahlten Gewerbesteuer ermäßigend geltend machen, sondern lediglich den Betrag von 85.316 €. Eine Berechnung des Ermäßigungshöchstbetrags nach § 35 Abs. 1 S. 2 EStG ist an dieser Stelle obsolet, da Mitunternehmer A nur gewerbliche Einkünfte aus der Sanierungs-Mitunternehmerschaft hat und keine anderweitigen positiven Einkünfte erzielt. Nach Anwendung der Steuerermäßigung gem. § 35 EStG verbleibt eine festzusetzende Einkommen-steuer im Jahr 04 von 167.309 €. Zu der Einkommensteuer kommt der Solidaritätszuschlag i.H.v. 5,5 % hinzu, der hier ungemildert 9.202 € beträgt.

Die ertragsteuerlichen Folgen des anderen Mitunternehmers, der B-GmbH, sieht wie nachfolgend in Tabelle 63 dargestellt aus:

Tabelle 63: Berechnung der KSt und SolZ bei der B-GmbH ohne Verlustvorträge bei Regelbesteuerung

KSt + SolZ		Jahr 01	Jahr 02	Jahr 03	Jahr 04
	Gewinn/Verlust lt. Steuerbilanz	- €	-550.000 €	200.000 €	950.000 €
=	Steuerlicher Gewinn	- €	-550.000 €	200.000 €	950.000 €
=	Gesamtbetrag der Einkünfte i. S. d. § 10d EStG	- €	-550.000 €	200.000 €	950.000 €
	Verlustabzug nach § 10d EStG:				
	Vorhandener Verlustvortrag	- €	- €	550.000 €	350.000 €
-	Sockelbetrag, max. 1 Mio. €	- €	- €	200.000 €	350.000 €
	Verbleibender Verlustvortrag nach Abzug des Sockelbetrags	- €	- €	350.000 €	- €
-	Verlustabzug i.H.v. 60 % des verbleibenden GdE	- €	- €	- €	- €
	Summe des genutzten Verlustvortrags	- €	- €	200.000 €	350.000 €
=	Vortragsfähiger Verlust	- €	- €	350.000 €	- €
=	Einkommen	- €	-550.000 €	- €	600.000 €
=	Zu versteuerndes Einkommen	- €	-550.000 €	- €	600.000 €
	KSt	**- €**	**- €**	**- €**	**90.000 €**
	SolZ auf KSt	**- €**	**- €**	**- €**	**4.950 €**

Die B-GmbH unterliegt ebenfalls in den Jahren 01 bis 03 keiner Besteuerung durch Körperschaftsteuer und Solidaritätszuschlag. Im Sanierungsjahr 02 wird ihr der Verlust der Sanierungs-Mitunternehmerschaft anteilig zugerechnet, den sie im Jahr 03 nutzen kann, um den anteiligen Gewinn von 200.000 € zu neutralisieren. In Jahr 04 weist sie nach Abzug des verbleibenden Verlustvortrags von 350.000 € ein zu versteuerndes Einkommen von 600.000 € aus, welches zu einer Körperschaftsteuerbelastung von 90.000 € zzgl. 4.950 € Solidaritätszuschlag führt.

Grundsätzlich unterliegt eine Körperschaft auch der Gewerbesteuer. Die B-GmbH als Mitunternehmer der Sanierungs-Mitunternehmerschaft hat jedoch ausgehend von ihrem Gewinn aus Gewerbebetrieb entweder den Verlustanteil an der Sanierungs-Mitunternehmerschaft gem. § 8 Nr. 8 GewStG hinzuzurechnen oder den Gewinnanteil aus dieser zu kürzen (§ 9 Nr. Nr. 2 GewStG). Das ist insoweit gerechtfertigt, als dass die Beträge bereits auf Ebene der Sanierungs-Mitunternehmerschaft der Gewerbesteuer unterlegen haben. Somit ergibt sich für die B-GmbH im vierjährigen Betrachtungszeitraum mit ihren Einkünften aus der Sanierungs-Mitunternehmerschaft keine Gewerbesteuerbelastung, wie nachfolgend in Tabelle 64 dargestellt:

Tabelle 64: Berechnung der GewSt bei der B-GmbH ohne Verlustvorträge bei Regelbesteuerung

GewSt		**Jahr 01**	**Jahr 02**	**Jahr 03**	**Jahr 04**
	Gewinn aus Gewerbebetrieb	- €	-550.000 €	200.000 €	950.000 €
+	Hinzurechnung gem. § 8 Nr. 8 GewSt	- €	550.000 €	- €	- €
-	Kürzung gem. § 9 Nr. 2 GewStG	- €	- €	-200.000 €	-950.000 €
=	Maßgebender Gewerbeertrag	- €	- €	- €	- €
x	Steuermesszahl	3,5 %	3,5 %	3,5 %	3,5 %
=	Gewerbesteuermessbetrag	- €	- €	- €	- €
x	Gewerbesteuerhebesatz	403 %	403 %	403 %	403 %
=	**GewSt**	**- €**	**- €**	**- €**	**- €**

Der Anteilseigner der B-GmbH, C, unterliegt mit seinen Dividendeneinkünften aus der (Voll-)Ausschüttung durch die B-GmbH dem gesonderten Steuertarif für Einkünfte aus Kapitalvermögen gem. § 32d EStG. Die Einkommensteuerbelastung des C ist Tabelle 65 zu entnehmen und errechnet sich wie folgt:

Tabelle 65: Berechnung der Einkommensteuer und SolZ bei Anteilseigner C aufgrund der Vollausschüttung durch die B-GmbH im Fallbeispiel einer Sanierungs-Mitunternehmerschaft ohne Verlustvorträge bei Regelbesteuerung

ESt auf Einkünfte aus Kapitalvermögen + SolZ		**Jahr 01**	**Jahr 02**	**Jahr 03**	**Jahr 04**
	Brutto-Einnahmen aus Kapitalvermögen	- €	- €	200.000,00 €	855.050,00 €
-	Sparer-Pauschbetrag	- €	- €	801,00 €	801,00 €
=	Einkünfte aus Kapitalvermögen	- €	- €	199.199,00 €	854.249,00 €
x	Gesonderter Steuertarif für Einkünfte aus Kapitalvermögen	25 %	25 %	25 %	25 %
=	**ESt auf Einkünfte aus Kapitalvermögen**	**- €**	**- €**	**49.799,75 €**	**213.562,25 €**
=	**SolZ auf ESt**	**- €**	**- €**	**2.738,99 €**	**11.745,92 €**
-	Anrechnung der von der KapG einbehaltenen KapESt (aufgerundet)	- €	- €	50.000,00 €	213.762,50 €
-	Anrechnung des von der KapG einbehaltenen SolZ auf KapESt	- €	- €	2.750,00 €	11.756,91 €
=	Einkommensteuerzahllast v. Anteilseigner C	- €	- €	-200,25 €	-201,18 €
=	Zahllast bzgl. Solidaritätszuschlag v. Anteilseigner C	- €	- €	-11,01 €	-11,01 €

Anteilseigner C hat keine Einkommensteuer in den Jahren 01 und 02 zu zahlen, da annahmegemäß nur dann eine Ausschüttung durch die B-GmbH erfolgt, wenn es einen positiven ausschüttungsfähigen Betrag gibt. Daher hat Anteilseigner C erst im Jahr 03 seine positiven Einkünfte zu versteuern, wobei sich die Einkommen-steuer von 49.799,75 € aus dem gesonderten Tarif für Einkünfte aus Kapitalvermögen nach Abzug des Sparer-Pauschbetrags gem. § 20 Abs. 9 EStG ergibt. Da bei dem gesonderten Steuertarif nach § 32d EStG der Solidaritätszuschlag von 5,5 % ungeschmälert hinzukommt, hat C zusätzlich in Jahr 03 noch den Solidaritätszuschlag von 2.738,99 € zu entrichten. In Jahr 04 hat Anteilseigner C Einkommensteuer i.H.v. 213.562,25 € und Solidaritätszuschlag von 11.745,92 € zu zahlen. Nach Anrechnung der auf Ebene der B-GmbH einbehaltenen und an das Finanzamt abgeführten Kapitalertragsteuer verbleibt danach in den Jahren 03 und 04 eine Steuererstattung bei Anteilseigner C.

Auf eine zusammenfassende Darstellung aller zuvor berechneten Steuerbelastungen im Falle der Regelbesteuerung einer Sanierungs-Mitunternehmerschaft ohne vorhandene Verluste wird an dieser Stelle zunächst verzichtet. Dies wird nach dem folgenden Abschnitt und der Darstellung des Vergleichsfalls bei Anwendung der Sanierungsvorschriften nachgeholt und eingehend erläutert.

c. Anwendung der Regelungen zur Steuerfreiheit von Sanierungserträgen

Sollen nun in Bezug auf den im vorherigen Abschnitt dargestellten Sachverhalt die steuerlichen Auswirkungen bei den Beteiligten berechnet werden, die sich durch die Anwendung der Vorschriften zur Steuerfreiheit von Sanierungserträgen ergeben, so ist zunächst zu Berechnungszwecken der verbleibende Sanierungsertrag i.S.v. § 3a Abs. 3 S. 1 EStG für das Sanierungsjahr 02 zu errechnen, um festzustellen, in welcher Höhe sich Verrechnungspotenziale der Sanierungs-Mitunternehmerschaft bzw. ihrer Mitunternehmer maximal mindern können.[1209] Annahmegemäß wird analog zu den Berechnungen bzgl. einer Sanierungs-Kapitalgesellschaft von einem Sanierungsertrag i.H.v. 8.000.000 € ausgegangen, dem Sanierungsaufwendungen i.H.v. 250.000 € gegenüberstehen. Der verbleibende Sanierungsertrag errechnet sich also wie in der folgenden Tabelle 66 dargestellt:

Tabelle 66: Berechnung des verbleibenden Sanierungsertrags i.S.v. § 3a Abs. 3 S. 1 EStG auf Ebene der Sanierungs-Mitunternehmerschaft ohne Verlustvorträge bei Anwendung der Sanierungsvorschriften

	Sanierungsertrag i.S.v. § 3a Abs. 3 S. 1 EStG	8.000.000 €
-	Sanierungsaufwendungen i.S.v. § 3a Abs. 3 S. 1 i.V.m. § 3c Abs. 4 S. 1 EStG	-250.000 €
=	Verbleibender Sanierungsertrag i.S.v. § 3a Abs. 3 S. 1 EStG	7.750.000 €

Für Zwecke der Einkommen- bzw. Körperschaftsteuer können somit bei der Sanierungs-Mitunternehmerschaft und ihren Mitunternehmern vorhandene bzw. entstehende Verluste im Sanierungsjahr maximal i.H.v. 7.750.000 € untergehen. Unter Beachtung des verbleibenden Sanierungsertrags i.S.v. § 3a Abs. 3 S. 1 EStG für das Sanierungsjahr 02 ergibt sich zunächst die in Tabelle 67 dargestellte Gewinnermittlung bei der Sanierungs-Mitunternehmerschaft, wobei

1209 Vgl. die ausführlichen Berechnungen zu dieser Fallstudie in Anhang 6.

hier und in den nachfolgenden Tabellen die grau hinterlegten Positionen die Auswirkungen der Sanierungsvorschriften indizieren:

Tabelle 67: Gewinnermittlung bei der Sanierungs-Mitunternehmerschaft ohne Verlustvorträge bei Anwendung der Sanierungsvorschriften

	Gewinnermittlung	Jahr 01	Jahr 02	Jahr 03	Jahr 04
	Gewinn/Verlust laut Steuerbilanz	100.000 €	-1.000.000 €	500.000 €	2.000.000 €
	Verteilt abziehbarer Aufwand i.S.v. § 4f EStG:				
	Vorhandener verteilt abziehbarer Aufwand gem. § 4f EStG	1.100.000 €	1.000.000 €	- €	- €
-	Abzug v. 1/15 des verteilt abziehbaren Aufwands	100.000 €	100.000 €	- €	- €
	Minderung des verteilt abziehbaren Aufwands des zu sanierenden Unternehmens nach § 3a Abs. 3 S. 2 Nr. 1 EStG	- €	900.000 €	- €	- €
	Verbleibender verteilt abziehbarer Aufwand nach § 4f EStG	1.000.000 €	- €	- €	- €
-	Sanierungsertrag i.S.v. § 3a Abs. 1 S. 1 EStG	- €	-8.000.000 €	- €	- €
+	Sanierungskosten i.S.v. § 3a Abs. 3 S. 1 i.V.m. § 3c Abs. 4 S. 1 EStG	- €	250.000 €	- €	- €
=	**Gewinn der Mitunternehmerschaft**	**- €**	**-8.850.000 €**	**500.000 €**	**2.000.000 €**

Aus Tabelle 67 ist ersichtlich, dass die Sanierungs-Mitunternehmerschaft in Jahr 01 durch Verrechnung des verteilt abziehbaren Aufwands nach § 4f EStG mit dem Gewinn laut Steuerbilanz in gleicher Höhe keinen Gewinn ausweist. Im Sanierungsjahr 02 hingegen hat die Gesellschaft einen Verlust von 1.000.000 €, der durch den verteilt abziehbaren Aufwand nach § 4f EStG um 100.000 € erhöht wird. Nach Korrektur des Sanierungsertrags von 8.000.000 € und des Sanierungsaufwands von 250.000 € ergibt sich ein Verlust der Mitunternehmerschaft von 8.850.000 €. Aufgrund der Anwendung der Sanierungsvorschriften im Jahr 02 mindert sich der noch vorhandene verteilt abziehbare Aufwand von 900.000 € gem. § 3a Abs. 3 S. 2 Nr. 1 EStG, so dass in den Folgejahren kein Abzug nach § 4f EStG möglich ist. Daher ist der Gewinn in Jahr

03 von 500.000 € und in Jahr 04 von 2.000.000 € höher als bei Anwendung der Regelbesteuerung.

Neben der Gewinnermittlung für einkommensteuerliche Zwecke ist die Sanierungs-Mitunternehmerschaft selbst Subjekt der Gewerbesteuer. Bei Anwendung der Sanierungsvorschriften in Jahr 02 ist zuvor der verbleibende gewerbesteuerliche Sanierungsertrag i.S.v. § 7b Abs. 2 S. 1 GewStG zu berechnen, wie in nachfolgender Tabelle 68 dargestellt:

Tabelle 68: Berechnung des verbleibenden Sanierungsertrags für gewerbesteuerliche Zwecke gem. § 7b Abs. 2 S. 1 GewStG bei der Sanierungs-Mitunternehmerschaft ohne Verlustvorträge bei Anwendung der Sanierungsvorschriften

	Sanierungsertrag i.S.v. § 3a Abs. 3 S. 1 EStG	8.000.000 €
-	Sanierungsaufwendungen i.S.v. § 3a Abs. 3 S. 1 i.V.m. § 3c Abs. 4 S. 1 EStG	-250.000 €
-	Minderung des verteilt abziehbaren Aufwands nach § 3a Abs. 3 S. 2 Nr. 1 EStG (§ 7b Abs. 2 S. 1 GewStG)	-900.000 €
=	Nach § 3a Abs. 3 S. 2 Nr. 1 EStG verbleibender Sanierungsertrag gem. § 7b Abs. 2 S. 1 GewStG	6.850.000 €

Ausgehend vom Sanierungsertrag i.S.v. § 3a Abs. 3 S. 1 EStG i.H.v. 8.000.000 €, verringert um die Sanierungsaufwendungen nach § 3c Abs. 4 EStG und dem verteilt abziehbaren Aufwand von 900.000 € gem. § 3a Abs. 3 S. 2 Nr. 1 EStG i.V.m. § 7b Abs. 2 S. 1 GewStG, ergibt sich ein verbleibender Sanierungsaufwand nach § 7b Abs. 2 S. 1 GewStG von 6.850.000 €, der den Maximalbetrag der bei der Sanierungs-Mitunternehmerschaft im Sanierungsjahr 02 untergehenden gewerbesteuerlichen Verluste darstellt. Unter Berücksichtigung dieses Betrags im Jahr 02 ergeben sich die in Tabelle 69 dargestellten gewerbesteuerlichen Konsequenzen bei der Sanierungs-Mitunternehmerschaft:

Tabelle 69: Berechnung der GewSt bei der Sanierungs-Mitunternehmerschaft ohne Verlustvorträge bei Anwendung der Sanierungsvorschriften

GewSt		Jahr 01	Jahr 02	Jahr 03	Jahr 04
	Gewinn aus Gewerbebetrieb	- €	-8.850.000 €	500.000 €	2.000.000 €
+	Summe der Hinzurechnungen	31.250 €	31.250 €	31.250 €	31.250 €
-	Summe der Kürzungen	16.800 €	16.800 €	16.800 €	16.800 €
=	Maßgebender Gewerbeertrag	14.450 €	-8.835.550 €	514.450 €	2.014.450 €
-	Minderung des neg. Gewerbeertrags des Sanierungsjahres des zu sanierenden Unternehmens (§ 7b Abs. 2 S. 1 Nr. 1 GewStG)	- €	-6.850.000 €	- €	- €
=	Gewerbeertrag nach Minderung	14.450 €	-1.985.550 €	514.450 €	2.014.450 €
	Gewerbeverlust:				
	Vorhandener Verlust	- €	- €	1.985.550 €	1.471.100 €
-	Sockelbetrag, max. 1 Mio. €	- €	- €	514.450 €	1.000.000 €
	Verbleibender Verlustabzug	- €	- €	1.471.100 €	471.000 €
-	Verlustabzug i.H.v. 60 % des verbleibenden maßgebenden Gewerbeertrags	- €	- €	- €	471.000 €
	Summe des genutzten Verlustvortrags	- €	- €	514.450 €	1.471.100 €
	Vortragsfähiger Verlust	- €	-1.985.550 €	1.471.100 €	- €
=	Zwischensumme	14.450 €	- €	- €	543.350 €
	Abgerundet auf volle 100 €	14.400 €	- €	- €	543.300 €
-	Freibetrag	14.400 €	- €	- €	24.500 €
=	Gewerbeertrag nach Freibetrag	- €	- €	- €	518.800 €
x	Steuermesszahl	3,5 %	3,5 %	3,5 %	3,5 %
=	Gewerbesteuermessbetrag	- €	- €	- €	18.158 €
x	Gewerbesteuerhebesatz	403 %	403 %	403 %	403 %
=	**GewSt**	**- €**	**- €**	**- €**	**73.176,74 €**

Die Sanierungs-Mitunternehmerschaft hat keine Gewerbesteuer im Jahr 01 zu zahlen, da sich der maßgebende Gewerbeertrag, der dem Differenzbetrag zwischen der Summe der Hinzurechnungen von 31.250 € und der Summe der Kürzungen von 16.800 € entspricht, nach dessen Abrundung auf volle 100 € gänzlich durch den Freibetrag nach § 11 Abs. 1 S. 3 Nr. 1 GewStG von maximal 24.500 €, hier lediglich i.H.v. 14.400 €, kompensiert wird. Im Sanierungsjahr hat die Sanierungs-Mitunternehmerschaft aufgrund der Anwendung der Sanierungsvorschriften einen maßgebenden Gewerbeertrag von -8.835.550 €, den sie gem. § 7b Abs. 2 S. 1 Nr. 1 GewStG zu mindern hat. Die Minderung erfolgt hier in Höhe des zuvor berechneten verbleibenden Sanierungsertrags gem. § 7b Abs. 2 S. 1 GewStG, also in Höhe von 6.850.000 €. Es verbleibt ein negativer Gewerbeertrag von 1.985.550 €, der der Gesellschaft in den Folgejahren zur Verrechnung zur Verfügung steht. Daher kann die Sanierungs-Mitunternehmerschaft in Jahr 03 ihren geringen Gewerbeertrag von 514.450 € ohne Beachtung der Mindestbesteuerung gänzlich mit dem im Vorjahr entstandenen Verlust verrechnen mit dem Ergebnis, dass die Gesellschaft keine Gewerbesteuer im Jahr 03 entrichten muss. Der Gewerbeertrag in Jahr 04 von 2.014.450 € kann ebenfalls – zumindest teilweise – mit den noch vorhandenen Verlusten ausgeglichen werden. Hierbei ist jedoch die Mindestbesteuerung nach § 10a GewStG zu beachten, wobei in diesem Beispiel der begrenzende Faktor zur Verrechnung nicht die 60 % des den Sockelbetrags übersteigenden Betrags darstellt (das wären 608.670 €), sondern die vorhandenen Verlustvorträge von nur noch 471.000 €. Nach Abzug des Verlusts i.H.v. insgesamt 1.471.100 € verbleibt ein abgerundeter Gewerbeertrag von 543.300 €, wobei nach Berücksichtigung des Freibetrags von 24.500 € ein Gewerbeertrag von 518.800 € verbleibt. Die Sanierungs-Mitunternehmerschaft hat in dem Betrachtungszeitraum von vier Jahren erst in Jahr 04 eine Gewerbesteuerzahllast, in diesem Fall i.H.v. 73.176,74 €. Wie Tabelle 70 zeigt, verbleibt bei der Sanierungs-Mitunternehmerschaft im Sanierungsjahr kein wirtschaftlich gewerbesteuerfreier Sanierungsertrag:

Tabelle 70: Verbleibender gewerbesteuerfreier Sanierungsertrag bei der Sanierungs-Mitunternehmerschaft ohne Verlustvorträge bei Anwendung der Sanierungsvorschriften

	Nach § 3a Abs. 3 S. 2 Nr. 1 EStG verbleibender Sanierungsertrag gem. § 7b Abs. 2 S. 1 GewStG	6.850.000 €
-	Minderung des negativen Gewerbeertrags des Sanierungsjahres des zu sanierenden Unternehmens (§ 7b Abs. 2 S. 1 Nr. 1 GewStG)	-6.850.000 €
=	Verbleibender gewerbesteuerfreier Sanierungsertrag	0 €

Auf Grundlage der Gewinnermittlung der Sanierungs-Mitunternehmerschaft werden für einkommensteuerliche Zwecke dem Anteilseigner A entsprechend seiner Beteiligungshöhe die Gewinne bzw. Verluste hälftig zugerechnet. Bei Anwendung der Sanierungsvorschriften ist für Anteilseigner A zunächst dessen anteiliger geminderter Sanierungsertrag zu berechnen, der gem. nachfolgender Tabelle 71 3.425.000 € beträgt. Bei der Berechnung ist der bereits geminderte verteilt abziehbare Aufwand i.S.v. § 4f EStG anteilig berücksichtigt.

Tabelle 71: Berechnung des anteiligen geminderten Sanierungsertrags bei Mitunternehmer A für einkommensteuerliche Zwecke in Bezug auf eine Sanierungs-Mitunternehmerschaft ohne Verlustvorträge bei Anwendung der Sanierungsvorschriften

	Anteiliger Sanierungsertrag i.S.v. § 3a Abs. 3 S. 1 EStG	4.000.000 €
-	Anteilige Sanierungsaufwendungen i.S.v. § 3a Abs. 3 S. 1 i.V.m. § 3c Abs. 4 S. 1 EStG	-125.000 €
=	Anteiliger verbleibender Sanierungsertrag i.S.v. § 3a Abs. 3 S. 1 EStG	3.875.000 €
-	Anteiliger bereits abgezogener verteilt abziehbarer Aufwand nach § 3a Abs. 3 S. 2 Nr. 1 EStG	-450.000 €
=	Geminderter Sanierungsertrag	3.425.000 €

Bei Anteilseigner A können im Sanierungsjahr 02 also Steuerminderungspotenziale i.S.v. § 3a Abs. 3 S. 2 Nr. 2–13 EStG i.H.v. maximal 3.425.000 € untergehen. Unter Berücksichtigung dieses Betrags im Jahr 02 ergeben sich folgende, in Tabelle 72 berechneten, ertragsteuerliche Konsequenzen des A:

Tabelle 72: Berechnung von Einkommensteuer und SolZ bei Mitunternehmer A ohne Verlustvorträge bei Anwendung der Sanierungsvorschriften

Einkommensteuer + SolZ		**Jahr 01**	**Jahr 02**	**Jahr 03**	**Jahr 04**
	Einkünfte aus Gewerbebetrieb aus der Sanierungs-MU	- €	-4.425.000 €	250.000 €	1.000.000 €
-	Minderung des Verlusts des Sanierungsjahres des zu sanierenden Unternehmens (§ 3a Abs. 3 S. 2 Nr. 8 EStG)	- €	-3.425.000 €	- €	- €
=	Summe der Einkünfte aus Gewerbebetrieb aus der Sanierungs-MU	- €	-1.000.000 €	250.000 €	1.000.000 €
+	Einkünfte aus anderen Einkunftsarten	- €	- €	- €	- €
=	Summe der Einkünfte	- €	-1.000.000 €	250.000 €	1.000.000 €
=	Gesamtbetrag der Einkünfte	- €	-1.000.000 €	250.000 €	1.000.000 €
	Verlustabzug nach § 10d EStG:				
	Vorhandener Verlust	- €	- €	1.000.000 €	750.000 €
-	Sockelbetrag, max. 1 Mio. €	- €	- €	250.000 €	750.000 €
	Verbleibender Verlustabzug	- €	- €	750.000 €	- €
-	Verlustabzug i.H.v. 60 % des verbleibenden GdE	- €	- €	- €	- €
	Summe des genutzten Verlustvortrags	- €	- €	250.000 €	750.000 €
	Vortragsfähiger Verlust	- €	- €	750.000 €	- €
=	Einkommen	- €	-1.000.000 €	- €	250.000 €
=	Zu versteuerndes Einkommen	- €	-1.000.000 €	- €	250.000 €
=	Tarifliche Einkommensteuer gem. § 32a EStG	- €	- €	- €	95.863 €
-	Steuerermäßigung nach § 35 EStG:	- €	- €	- €	36.316 €
	Anrechnungsvolumina bzgl. Sanierungs-MU:				
	Anteiliger Gewerbesteuermessbetrag x 4,0	- €	- €	- €	36.316 €
	Höchstens tatsächlich zu zahlende GewSt	- €	- €	- €	36.588,37 €
	Ermäßigungshöchstbetrag:	- €	- €	- €	95.863 €
	Summe der positiven gewerbl. Einkünfte	- €	- €	- €	1.000.000 €
/	Summe aller positiven Einkünfte	- €	- €	- €	1.000.000 €
x	Geminderte tarifliche Einkommensteuer	- €	- €	- €	95.863 €

Tabelle 72: Fortsetzung

Einkommensteuer + SolZ		Jahr 01	Jahr 02	Jahr 03	Jahr 04
=	Höchstbetrag	- €	- €	- €	95.863 €
=	**Festzusetzende Einkommensteuer**	**- €**	**- €**	**- €**	**59.547 €**
	Freigrenze § 3 Abs. 3 S. 1 Nr. 2 SolZG	16.956 €	16.956 €	16.956 €	16.956 €
x	Solidaritätszuschlag, § 4 S. 1 SolZG	5,5 %	5,5 %	5,5 %	5,5 %
=	**Solidaritätszuschlag auf Einkommensteuer**	**- €**	**- €**	**- €**	**3.275,09 €**

Die Sanierungs-Mitunternehmerschaft hatte im Jahr 01 ein Ergebnis i.H.v. 0 €, so dass dem Anteilseigner A kein Anteil zuzurechnen ist und er somit keiner Einkommensbesteuerung in diesem Jahr unterliegt. Im Sanierungsjahr 02 wird ihm der hälftige Verlust von 4.425.000 € zugerechnet, die er mangels anderer vorhandener Verluste i.S.v. § 3a Abs. 3 S. 2 Nr. 2–7 EStG als erstes mit der Verlustverrechnungsposition des § 3a Abs. 3 S. 2 Nr. 8 EStG zu verrechnen hat. Für einkommensteuerliche Zwecke ist also der (anteilige) Verlust des Sanierungsjahres des zu sanierenden Unternehmens gem. § 3a Abs. 3 S. 2 Nr. 8 EStG auf Ebene des Mitunternehmers A zu mindern. Da der maximal zu mindernde Betrag – wie zuvor berechnet – 3.425.000 € beträgt, verbleibt ein zu versteuerndes Einkommen von -1.000.000 €, welches dem Mitunternehmer A als Verlustvortrag in den Folgejahren zur Verrechnung zur Verfügung steht. Damit kann der Gesamtbetrag der Einkünfte i.H.v. 250.000 € im Jahr 03 insgesamt verrechnet werden und es verbleibt ein Verlustvortrag von 750.000 €. Im Jahr 04 wird A ein Gewinnanteil aus der Sanierungs-Mitunternehmerschaft von 1.000.000 € zugerechnet. Nach Verrechnung mit dem vorhandenen Verlustvortrag verbleibt ein zu versteuerndes Einkommen i.H.v. 250.000 €, welches in einer tariflichen Einkommensteuer nach § 32a EStG von 95.863 € resultiert. A kann von diesem Einkommensteuerbetrag noch die Steuerermäßigung nach § 35 EStG in Anspruch nehmen, welcher auf seinen anteiligen Gewerbesteuermessbetrag, multipliziert mit dem Faktor 4, 36.316 € beträgt. Die festzusetzende Einkommensteuer beträgt 59.547 €. Hinzu kommt der ungemilderte Solidaritätszuschlag i.H.v. 3.275,09 €. Im Ergebnis hat Mitunternehmer A aufgrund der Minderung des laufenden Verlusts des Sanierungsjahres der zu sanierenden Gesellschaft keinen wirtschaftlich steuerfreien Sanierungsertrag, wie die Darstellung in Tabelle 73 darlegt:

Tabelle 73: Wirtschaftlich steuerfreier Sanierungsertrag bei Mitunternehmer A ohne Verlustvorträge bei Anwendung der Sanierungsvorschriften

	Anteiliger geminderter Sanierungsertrag	3.425.000 €
-	Minderung des Verlusts des Sanierungsjahres des zu sanierenden Unternehmens	3.425.500 €
=	Wirtschaftlich steuerfreier Sanierungsertrag bei Mitunternehmer A	0 €

Auch bei dem anderen Anteilseigner der Sanierungs-Mitunternehmerschaft, der B-GmbH, ist für ertragsteuerliche Zwecke bei Anwendung der Sanierungsvorschriften der geminderte Sanierungsbetrag zu berechnen, der – wie Tabelle 74 zeigt – aufgrund der gleichen Beteiligungshöhe wie Anteilseigner A ebenfalls 3.425.000 € beträgt.

Tabelle 74: Berechnung des anteiligen geminderten Sanierungsertrags bei der B-GmbH für körperschaftsteuerliche Zwecke in Bezug auf eine Sanierungs-Mitunternehmerschaft ohne Verlustvorträge bei Anwendung der Sanierungsvorschriften

	Anteiliger Sanierungsertrag i.S.v. § 3a Abs. 3 S. 1 EStG	4.000.000 €
-	Anteilige Sanierungsaufwendungen i.S.v. § 3a Abs. 3 S. 1 i.V.m. § 3c Abs. 4 S. 1 EStG	-125.000 €
=	Anteiliger verbleibender Sanierungsertrag i.S.v. § 3a Abs. 3 S. 1 EStG	3.875.000 €
-	Anteiliger bereits abgezogener verteilt abziehbarer Aufwand nach § 3a Abs. 3 S. 2 Nr. 1 EStG	-450.000 €
=	Geminderter Sanierungsertrag	3.425.000 €

Unter Berücksichtigung dieses Betrags im Sanierungsjahr 02 errechnen sich die körperschaftsteuerlichen Konsequenzen bei der B-GmbH wie in Tabelle 75 dargestellt:

Tabelle 75: Berechnung von KSt und SolZ bei der B-GmbH ohne Verlustvorträge bei Anwendung der Sanierungsvorschriften

KSt + SolZ		**Jahr 01**	**Jahr 02**	**Jahr 03**	**Jahr 04**
	Gewinn/Verlust lt. Steuerbilanz	- €	-4.425.000 €	250.000 €	1.000.000 €
-	Minderung des Verlusts des Sanierungsjahres des zu sanierenden Unternehmens (§ 3a Abs. 3 S. 2 Nr. 8 EStG)	- €	-3.425.000 €	- €	- €
=	Steuerlicher Gewinn	- €	-1.000.000 €	250.000 €	1.000.000 €
=	Gesamtbetrag der Einkünfte i. S. d. § 10d EStG	- €	-1.000.000 €	250.000 €	1.000.000 €
	Verlustabzug nach § 10d EStG:				
	Vorhandener Verlustvortrag	- €	- €	1.000.000 €	750.000 €
-	Sockelbetrag, max. 1 Mio. €	- €	- €	250.000 €	750.000 €
	Verbleibender Verlustvortrag nach Abzug des Sockelbetrags	- €	- €	750.000 €	- €
-	Verlustabzug i.H.v. 60 % des verbleibenden GdE	- €	- €	- €	- €
	Summe des genutzten Verlustvortrags	- €	- €	250.000 €	750.000 €
=	Vortragsfähiger Verlust	- €	- €	750.000 €	- €
=	Einkommen	- €	-1.000.000 €	- €	250.000 €
=	Zu versteuerndes Einkommen	- €	-1.000.000 €	- €	250.000 €
	KSt	**- €**	**- €**	**- €**	**37.500,00 €**
	SolZ auf KSt	**- €**	**- €**	**- €**	**2.062,50 €**

Bei der B-GmbH ergeben sich die exakt gleichen Beträge des zu versteuernden Einkommens wie bei Anteilseigner A. Während also in Jahr 01 kein zu versteuerndes Einkommen vorhanden ist, beträgt es in Jahr 02, nach Minderung des Verlusts aus der Sanierungs-Mitunternehmerschaft i.H.v. 3.425.000 €, -1.000.000 €, das als Verlustvortrag im Folgejahr den anteiligen Gewinn von 250.000 € steuerlich kompensiert und im Jahr 04 zu einem reduzierten zu versteuernden Einkommen von 250.000 € führt. Die B-GmbH hat in Jahr 04 – und mithin erstmals in dem hier betrachteten Zeitraum – Körperschaftsteuer in Höhe von 37.500 € zzgl. Solidaritätszuschlag von 2.062,50 € zu zahlen. Im Ergebnis hat auch die B-GmbH aufgrund der Minderung des laufenden Verlusts des Sanierungsjahres der zu sanierenden Gesellschaft keinen wirtschaftlich steuerfreien Sanierungsertrag, wie die Darstellung in Tabelle 76 darlegt:

Tabelle 76: Wirtschaftlich steuerfreier Sanierungsertrag bei Mitunternehmer A ohne Verlustvorträge bei Anwendung der Sanierungsvorschriften

	Anteiliger geminderter Sanierungsertrag	3.425.000 €
-	Minderung des Verlusts des Sanierungsjahres des zu sanierenden Unternehmens	3.425.500 €
=	Wirtschaftlich steuerfreier Sanierungsertrag bei Mitunternehmer A	0 €

Bei der B-GmbH ergeben sich – wie aus der nachfolgenden Tabelle 77 ersichtlich – hingegen keine gewerbesteuerlichen Folgen aus ihrer Beteiligung an der Sanierungs-Mitunternehmerschaft, da sie als Mitunternehmer Verluste aus einer inländischen Gesellschaft i.S.v. § 8 Nr. 8 GewStG hinzurechnen muss und Gewinne nach Maßgabe des § 9 Nr. 2 GewStG kürzen kann. Im Ergebnis beträgt der maßgebende Gewerbeertrag in allen vier Betrachtungszeiträumen 0 €.

Tabelle 77: Berechnung der GewSt bei der B-GmbH ohne Verlustvorträge bei Anwendung der Sanierungsvorschriften

GewSt		**Jahr 01**	**Jahr 02**	**Jahr 03**	**Jahr 04**
	Gewinn aus Gewerbebetrieb	- €	-4.425.000 €	250.000 €	1.000.000 €
+	Hinzurechnung gem. § 8 Nr. 8 GewSt	- €	4.425.000 €	- €	- €
-	Kürzung gem. § 9 Nr. 2 GewStG	- €	- €	-250.000 €	-1.000.000 €
=	Maßgebender Gewerbeertrag	- €	- €	- €	- €
x	Steuermesszahl	3,5 %	3,5 %	3,5 %	3,5 %
=	Gewerbesteuermessbetrag	- €	- €	- €	- €
x	Gewerbesteuerhebesatz	403 %	403 %	403 %	403 %
=	**GewSt**	**- €**	**- €**	**- €**	**- €**

Für Anteilseigner C, als alleiniger Gesellschafter der B-GmbH, ergeben sich unter Anwendung des gesonderten Steuertarifs für Einkünfte aus Kapitalvermögen nach § 32d EStG die nachfolgend in Tabelle 78 dargestellten einkommensteuerlichen Konsequenzen:

Tabelle 78: Berechnung der Einkommensteuer und SolZ bei Anteilseigner C aufgrund der Vollausschüttung durch die B-GmbH im Fallbeispiel einer Sanierungs-Mitunternehmerschaft ohne Verlustvorträge bei Anwendung der Sanierungsvorschriften

ESt auf Einkünfte aus Kapitalvermögen + SolZ		**Jahr 01**	**Jahr 02**	**Jahr 03**	**Jahr 04**
	Brutto-Einnahmen aus Kapitalvermögen	- €	- €	250.000,00 €	960.437,50 €
-	Sparer-Pauschbetrag	- €	- €	801,00 €	801,00 €
=	Einkünfte aus Kapitalvermögen	- €	- €	249.199,00 €	959.636,50 €
x	Gesonderter Steuertarif für Einkünfte aus Kapitalvermögen	25 %	25 %	25 %	25 %
=	**ESt auf Einkünfte aus Kapitalvermögen**	- €	- €	62.299,75 €	239.909,13 €
=	**SolZ auf ESt**	- €	- €	3.426,49 €	13.195,00 €
-	Anrechnung der von der KapG einbehaltenen KapESt (aufgerundet)	- €	- €	62.500,00 €	240.109,38 €
-	Anrechnung des von der KapG einbehaltenen SolZ auf KapESt	- €	- €	3.437,50 €	13.206,00 €
=	Einkommensteuerzahllast v. Anteilseigner C	- €	- €	-200,25 €	-200,25 €
=	Zahllast bzgl. Solidaritätszuschlag v. Anteilseigner C	- €	- €	-11,01 €	-10,99 €

Während im Jahr 01 und im Sanierungsjahr 02 keine Ausschüttung aufgrund der hier getroffenen Annahmen erfolgt, erhält Anteilseigner C im Jahr 03 Bruttoeinnahmen i.H.v. 250.000 €, die nach Abzug des Sparer-Pauschbetrags i.H.v. 801 € und unter Zugrundelegung des gesonderten Steuertarifs i.H.v. 25 % eine Einkommensteuerbelastung von 62.299,75 € ergibt, zzgl. einer Solidaritätszuschlagsbelastung von 3.426,49 €. Nach Anrechnung der auf Ebene der B-GmbH einbehaltenen Kapitalertragsteuer ergibt sich für C im Jahr 03 eine Steuererstattung von 200,25 € in Bezug auf die Einkommensteuer und 11,01 € bzgl. des Solidaritätszuschlags. Im Jahr 04 entsteht bei Anteilseigner C analog zur Berechnung des Vorjahres eine Einkommensteuer von 239.909,13 € und Solidaritätszuschlag i.H.v. 13.195 €, die ebenfalls zu einer Steuererstattung nach Anrechnung der bereits einbehaltenen Beträge bei der B-GmbH i.H.v. insgesamt 211,24 € führt.

d. Vergleich

Während es bei der Sanierungs-Kapitalgesellschaft als eigenständiges Besteuerungssubjekt sinnvoll war, eine Einzelbetrachtung vorzunehmen, so ist dies aufgrund der Tatsache, dass die Sanierungs-Mitunternehmerschaft selbst nicht Steuersubjekt in Bezug auf Einkommen- bzw. Körperschaftsteuer ist, wenig sachgerecht. Von daher zeigt Tabelle 79 die Steuerbelastungen sämtlicher Beteiligter in der hier untersuchten Fallkonstellation einer Sanierungs-Mitunternehmerschaft, die selbst und ihre Mitunternehmer keine Verlustvorträge im Sanierungsjahr aufweisen. Bei Anwendung der Regelbesteuerung ergibt sich über alle betrachteten Zeiträume und Beteiligungsebenen hinweg zusammengefasst folgende Ertragsteuerbelastungen:

Tabelle 79: Gesamtsteuerbelastung bei einer Sanierungs-Mitunternehmerschaft ohne Verlustvorträge bei Regelbesteuerung über den gesamten Untersuchungszeitraum und auf allen Besteuerungsebenen

		Jahr 01	Jahr 02	Jahr 03	Jahr 04
Sanierungs-Mitunternehmerschaft					
	GewSt	- €	- €	- €	171.911,74 €
	Summe	**- €**	**- €**	**- €**	**171.911,74 €**
Anteilseigner A					
	ESt	- €	- €	- €	167.309,00 €
	SolZ auf ESt	- €	- €	- €	9.202,00 €
	Summe	**- €**	**- €**	**- €**	**176.511,00 €**
Anteilseigner B-GmbH					
	KSt	- €	- €	- €	90.000,00 €
	SolZ auf KSt	- €	- €	- €	4.950,00 €
	GewSt	- €	- €	- €	- €
	Summe	**- €**	**- €**	**- €**	**94.950,00 €**
Anteilseigner C der B-GmbH					
	ESt	- €	- €	49.799,75 €	213.562,25 €
	SolZ auf ESt	- €	- €	2.738,99 €	11.745,92 €
	Summe	**- €**	**- €**	**52.538,74 €**	**225.308,17 €**
Gesamtsteuerbelastung über alle Ebenen		**- €**	**- €**	**52.538,74 €**	**668.680,91 €**

Aus Tabelle 79 ist ersichtlich, dass sowohl in Jahr 01 als auch im Sanierungsjahr 02 bei den Beteiligten keine Steuerbelastungen entstehen. Im Jahr 01 liegt der Grund darin, dass der Gewinn der Mitunternehmerschaft bei 0 € liegt und damit keine Besteuerung bei den Mitunternehmern auslöst. Im Sanierungsjahr 02 verbleibt auch bei Anwendung der Regelbesteuerung ein Verlust bei der Sanierungs-Mitunternehmerschaft von 1.100.000 €, die den beiden Mitunternehmern zu jeweils 50 % zugerechnet werden. Während die Mitunternehmer den ihnen zugerechneten Verlust in den Folgejahren steuermindernd verrechnen können, schüttet die B-GmbH den ihr zugerechneten Gewinn aus der Sanierungs-Mitunternehmerschaft und mangels Steuerlast bei der B-GmbH ungeschmälert an ihren Gesellschafter C aus. Bei diesem kommt es mithin zu einer Besteuerung mit dem gesonderten Tarif für Einkünfte aus Kapitalvermögen i.H.v. 52.538,74 €. Im Jahr 04 unterliegt die Mitunternehmerschaft selbst der Gewerbesteuer i.H.v. 171.911,74 €. Anteilseigner A zahlt insgesamt 176.511 € an Einkommensteuer inkl. Solidaritätszuschlag und die B-GmbH wird mit Körperschaftsteuer inkl. Solidaritätszuschlag von 94.950 € belastet. Hier zeigen sich sehr deutlich die Auswirkungen der Anwendung des progressiven Steuertarifs bei der Einkommensteuer im Vergleich zum konstanten Steuersatz von 15 % bei der Körperschaftsteuer, der hier unverkennbar vorteilhafter ist. Da die B-GmbH in diesem Fallbeispiel keine zusätzliche Gewerbesteuer von annahmegemäß 14,105 % zu zahlen hat, schmälert sich auch die Vorteilhaftigkeit der Besteuerung mit Körperschaftsteuer nicht. Anteilseigner C wird in diesem Fallbeispiel mit der größten Steuerbelastung konfrontiert, da er sowohl im Jahr 03 als Einziger der Einkommensteuer mit einem Betrag von insgesamt 52.538,74 € unterliegt und im Jahr 04 weitere 225.308,17 € zu zahlen hat, da bei ihm keine Verluste zwecks Steuerreduzierung vorhanden sind.

Um einen Vergleich der Steuerbelastungen mit dem Fall einer Sanierungs-Mitunternehmerschaft, auf die die Sanierungsvorschriften angewendet werden, ziehen zu können, folgt in Tabelle 80 zunächst die Zusammenfassung der Gesamtsteuerbelastung auf allen Besteuerungsebenen und über alle betrachteten Zeiträume hinweg:

Tabelle 80: Gesamtsteuerbelastung bei einer Sanierungs-Mitunternehmerschaft ohne Verlustvorträge über den gesamten Untersuchungszeitraum und auf allen Besteuerungsebenen bei Anwendung der Sanierungsvorschriften

		Jahr 01	Jahr 02	Jahr 03	Jahr 04
Sanierungs-Mitunternehmerschaft					
	GewSt	- €	- €	- €	73.176,74 €
	Summe	**- €**	**- €**	**- €**	**73.176,74 €**
Mitunternehmer A					
	ESt	- €	- €	- €	59.547,00 €
	SolZ auf ESt	- €	- €	- €	3.275,09 €
	Summe	**- €**	**- €**	**- €**	**62.822,09 €**
Mitunternehmer B-GmbH					
	KSt	- €	- €	- €	37.500,00 €
	SolZ auf KSt	- €	- €	- €	2.062,50 €
	GewSt	- €	- €	- €	- €
	Summe	**- €**	**- €**	**- €**	**39.562,50 €**
Anteilseigner C der B-GmbH					
	ESt	- €	- €	62.299,75 €	239.909,13 €
	SolZ auf ESt	- €	- €	3.426,49 €	13.195,00 €
	Summe	- €	- €	**65.726,24 €**	**253.104,13 €**
Gesamtsteuerbelastung über alle Ebenen		**- €**	**- €**	**65.726,24 €**	**428.665,45 €**

Auch in diesem Fall zeigt sich, dass bei Anwendung der Sanierungsvorschriften in den Jahren 01 und 02 keine Steuerzahlungen zu leisten sind. In Jahr 03 können die Mitunternehmer selbst eine Besteuerung durch Verlustverrechnung verhindern, allerdings steigt die Einkommensteuerbelastung bei dem Anteilseigner C der B-GmbH. Er hat Steuern i.H.v. 65.726,24 € zu leisten. Die höhere Steuerlast als im Vergleich zur Regelbesteuerung liegt darin begründet, dass bei Anwendung der Sanierungsvorschriften auf Ebene der Sanierungs-Mitunternehmerschaft ein um 100.000 € erhöhter Gewinn entsteht, der aus dem Wegfall des verteilt abziehbaren Aufwands nach § 4f EStG im Sanierungsjahr entsteht. Dem entsprechend wird den Mitunternehmern ein höherer Gewinn zugerechnet und dem folgend hat auch Anteilseigner C höhere Einnahmen aus Kapitalvermögen, die auch nicht durch eine Steuerbelastung der B-GmbH verringert werden, da diese ihre Verluste nutzen kann und im Jahr 03 keiner Besteuerung unterliegt.

Ebenso wie im Jahr 03 macht sich auch im Jahr 04 der Wegfall des verteilt abziehbaren Aufwands nach § 4f EStG aufgrund der Anwendung der Sanierungsvorschriften dergestalt bemerkbar, dass den Mitunternehmern jeweils 50.000 € mehr Gewinn zugerechnet wird als im Falle der Regelbesteuerung. Gleichwohl sind durch Anwendung der Sanierungsvorschriften die vorhandenen Verlustvorträge gestiegen, die bei Mitunternehmer A und der B-GmbH im Jahr 04 unter Anwendung der Regelbesteuerung 350.000 € und bei Anwendung der Sanierungsvorschriften 750.000 € betragen. Die Möglichkeit der Mitunternehmer, einen leicht erhöhten zugerechneten Gewinn im Jahr 04 mit einem deutlich höheren Verlustvortrag verrechnen zu können, führt insgesamt zu einer gesunkenen Belastung mit Einkommen-, Körperschaftsteuer und Solidaritätszuschlag auf Ebene der Mitunternehmer. Mitunternehmer A unterliegt der Einkommensteuer von 62.822,09 € bei Anwendung der Sanierungsvorschriften und damit 113.688,91 € weniger als bei Anwendung der Regelbesteuerung (176.511 €). Auch bei der B-GmbH sinkt die Steuerbelastung um 55.387,50 €, da sie im Rahmen der Regelbesteuerung einer Steuerbelastung von 94.950 € unterlegen hat und bei Anwendung der Sanierungsvorschriften lediglich mit einem Betrag von 39.562,50 €. Anteilseigner C hingegen unterliegt bei Anwendung der Sanierungsvorschriften einer erhöhten Steuerbelastung, die zum einen aus der erhöhten Gewinnzurechnung als auch der geringeren Steuerbelastung bei der B-GmbH entsteht, so dass die Gesellschaft nach den hier getroffenen Annahmen einen höheren Betrag an ihren Anteilseigner C ausschütten kann als in dem Fallbeispiel, bei der die Regelbesteuerung angewendet wurde.

Während die Gesamtsteuerbelastung über alle Beteiligungsebenen unter der Annahme, dass weder die Sanierungs-Mitunternehmerschaft noch ihre Mitunternehmer Verlustvorträge im Sanierungsjahr ausweisen und bei Anwendung der Regelbesteuerung sich auf einen Betrag von 721.219,65 € kumuliert, beträgt die kumulierte Steuerzahllast bei Anwendung der Sanierungsvorschriften insgesamt nur 494.391,69 €. Damit ist die Anwendung der Sanierungsvorschriften bei einer Sanierungs-Mitunternehmerschaft und ihren Mitunternehmern zumindest in dem Fall, in der sie keine Verlustvorträge ausweisen, steuerlich vorteilhafter als die Regelbesteuerung.

3. Mitunternehmerschaft mit Verlustvorträgen

a. Fallspezifische Annahmen

Für das Fallbeispiel einer Mitunternehmerschaft, die selbst bzw. ihre Mitunternehmer Verlustvorträge im Sanierungsjahr haben, sind folgende Annahmen getroffen worden: Die Mitunternehmerschaft selbst hat im Jahr 01 einen gewerbesteuerlichen Verlustvortrag von 5.000.000 €. Außerdem ist bei der Mitunternehmerschaft zu berücksichtigen, dass sie in Jahr 01 noch einen nach § 4f EStG verteilt abziehbaren Aufwand i.H.v. annahmegemäß 1.100.000 € hat, der den steuerlichen Gewinn jährlich i.H.v. 100.000 € schmälert. In der Gewinnermittlung der Sanierungs-Mitunternehmerschaft mit umfasst sind Verluste aus Termingeschäften i.S.v. § 15 Abs. 4 S. 3 EStG i.H.v. 15.000 € im Jahr 01, 10.000 € in Jahr 02, in Jahr 03 8.000 € und im letzten Betrachtungszeitraum 5.000 €. Über die Verrechnung bzw. Hinzurechnung dieser Beträge wird auf Ebene des jeweiligen Mitunternehmers entschieden. Bei der B-GmbH und dem Mitunternehmer A wird davon ausgegangen, dass sie zu Beginn des Betrachtungszeitraums, also im Jahr 01, bereits Verluste i.S.v. § 15 Abs. 4 S. 3 EStG i.H.v. jeweils 80.000 € über die Vorjahre angesammelt haben. Sowohl die B-GmbH als auch Mitunternehmer A verfügen im Jahr 01 bereits über einen Verlustvortrag i.S.v. § 10d EStG in Höhe eines Betrages von jeweils 2.500.000 €.

b. Regelbesteuerung

Ohne Anwendung der Regelungen zur Steuerfreiheit von Sanierungserträgen ergibt sich zunächst die in Tabelle 81 dargestellte Gewinnermittlung auf Ebene der Sanierungs-Mitunternehmerschaft:[1210]

1210 Vgl. die ausführlichen Berechnungen zu dieser Fallstudie in Anhang 7.

Tabelle 81: Gewinnermittlung bei der Sanierungs-Mitunternehmerschaft mit Verlustvorträgen bei Regelbesteuerung

	Gewinnermittlung	**Jahr 01**	**Jahr 02**	**Jahr 03**	**Jahr 04**
	Gewinn/Verlust laut Steuerbilanz	100.000 €	-1.000.000 €	500.000 €	2.000.000 €
	Darin enthalten Verluste aus Termingeschäften (§ 15 Abs. 4 S. 3 ff. EStG)	15.000 €	10.000 €	8.000 €	5.000 €
	Verteilt abziehbarer Aufwand i.S.v. § 4f EStG:				
	Vorhandener verteilt abziehbarer Aufwand gem. § 4f EStG	1.100.000€	1.000.000 €	900.000 €	800.000 €
-	Abzug v. 1/15 des verteilt abziehbaren Aufwands	-100.000 €	-100.000 €	-100.000 €	-100.000 €
	Verbleibender verteilt abziehbarer Aufwand nach § 4f EStG	1.000.000€	900.000 €	800.000 €	700.000 €
=	**Gewinn der Mitunternehmerschaft**	**- €**	**-1.100.000 €**	**400.000 €**	**1.900.000 €**

Die Gewinnermittlung der Sanierungs-Mitunternehmerschaft ist identisch mit dem Vergleichsfall der Mitunternehmerschaft ohne Verlustvorträge. Hier sind zwar im Gewinn der Gesellschaft Verluste aus Termingeschäften i.S.v. § 15 Abs. 4 S. 3 EStG inkludiert, deren steuerliche Auswirkungen ergeben sich jedoch auf Ebene der Mitunternehmer und haben somit keinen Einfluss auf den Gewinn der Mitunternehmerschaft, der im Jahr 01 0 € beträgt, im Sanierungsjahr 02 -1.100.000 €, in Jahr 03 400.000 € und im letzten Betrachtungszeitraum 04 1.900.000 €. Für gewerbesteuerliche Zwecke ergeben sich daraus die aus der nachfolgenden Tabelle 82 ersichtlichen Steuerbelastungen:

Tabelle 82: Berechnung der GewSt bei der Sanierungs-Mitunternehmerschaft mit Verlustvorträgen bei Regelbesteuerung

GewSt		**Jahr 01**	**Jahr 02**	**Jahr 03**	**Jahr 04**
	Gewinn aus Gewerbebetrieb	- €	-1.100.000 €	400.000 €	1.900.000 €
+	Summe der Hinzurechnungen	31.250 €	31.250 €	31.250 €	31.250 €
-	Summe der Kürzungen	16.800 €	16.800 €	16.800 €	16.800 €
=	Maßgebender Gewerbeertrag	14.450 €	-1.085.550 €	414.450 €	1.914.450 €
	Gewerbeverlust:				
	Vorhandener Verlust	5.000.000 €	4.985.550 €	6.071.100 €	5.656.650 €
-	Sockelbetrag, max. 1 Mio. €	14.450 €	- €	414.450 €	1.000.000 €
	Verbleibender Verlustabzug	4.985.550 €	4.985.550 €	5.656.650 €	4.656.650 €
-	Verlustabzug i.H.v. 60 % des verbleibenden maßgebenden Gewerbeertrags	- €	- €	- €	548.670 €
	Summe des genutzten Verlustvortrags	14.450 €	- €	414.450 €	1.548.670 €
	Vortragsfähiger Verlust	4.985.550 €	6.071.100 €	5.656.650 €	4.107.980 €
=	Zwischensumme	- €	- €	- €	365.780 €
	Abgerundet auf volle 100 €	- €	- €	- €	365.700 €
-	Freibetrag	- €	- €	- €	24.500 €
=	Gewerbeertrag nach Freibetrag	- €	- €	- €	341.200 €
x	Steuermesszahl	3,5 %	3,5 %	3,5 %	3,5 %
=	Gewerbesteuermessbetrag	- €	- €	- €	11.942 €
x	Gewerbesteuerhebesatz	403 %	403 %	403 %	403 %
=	**GewSt**	**- €**	**- €**	**- €**	**48.126,26 €**

Die Sanierungs-Mitunternehmerschaft hat im Jahr 01 keine Gewerbesteuer zu leisten. Dies beruht in diesem Fallbeispiel nicht auf der Geltendmachung des Freibetrags i.S.v. § 11 Abs. 1 S. 3 Nr. 1 GewStG, sondern auf dem Vorhandensein von gewerbesteuerlichen Verlustvorträgen, die zu Verrechnungszwecken genutzt werden. Die Verlustvorträge erhöhen sich im Jahr 02 um den negativen Gewerbeertrag von 1.085.550 € und sind damit in ausreichender Höhe im Jahr 03 vorhanden, um den Gewerbeertrag von 414.450 € auszugleichen. Im Jahr 04 beträgt der Gewerbeertrag 1.914.450 €. Die Sanierungs-Mitunternehmerschaft unterliegt damit der Mindestbesteuerung nach § 10a GewStG. Danach hat sie einen abgerundeten und um den Freibetrag von 24.500 € reduzierten Gewerbeertrag von 321.200 € zu versteuern. Es ergibt sich eine Gewerbesteuerzahllast im Jahr 04 von 48.126,26 €. Die Verlustvorträge wurden im Jahr 04 nicht insgesamt aufgebraucht, so dass ein vortragsfähiger gewerbesteuerlicher Verlust von 4.107.980 € verbleibt.

Dem Mitunternehmer A werden hälftig die bei der Gewinnermittlung auf Ebene der Mitunternehmerschaft festgestellten Beträge zugerechnet. Die Einkommensteuer des Mitunternehmers A berechnet sich demnach wie nachfolgend in Tabelle 83 dargestellt:

Tabelle 83: Berechnung der Einkommensteuer und SolZ bei Mitunternehmer A mit Verlustvorträgen bei Regelbesteuerung

	Einkommensteuer + SolZ	**Jahr 01**	**Jahr 02**	**Jahr 03**	**Jahr 04**
	Einkünfte aus Gewerbebetrieb aus der Sanierungs-MU	- €	-550.000 €	200.000 €	950.000 €
	Verluste nach § 15 Abs. 4 EStG:				
	Vorhandenes Verlustpotenzial nach § 15 Abs. 4 EStG	80.000 €	87.500 €	92.500 €	96.500 €
+	Hinzurechnung des nicht abziehbaren Verlusts nach § 15 Abs. 4 EStG	7.500 €	5.000 €	4.000 €	2.500 €
	Verbleibendes Verlustpotenzial nach § 15 Abs. 4 EStG	87.500 €	92.500 €	96.500 €	99.000 €
=	Summe der Einkünfte aus Gewerbebetrieb aus der Sanierungs-MU	7.500 €	-545.000 €	204.000 €	952.500 €
+	Einkünfte aus anderen Einkunftsarten	- €	- €	- €	- €
=	Summe der Einkünfte	7.500 €	-545.000 €	204.000 €	952.500 €
=	Gesamtbetrag der Einkünfte	7.500 €	-545.000 €	204.000 €	952.500 €
	Verlustabzug nach § 10d EStG:				
	Vorhandener Verlust	2.500.000 €	2.492.500 €	3.037.500 €	2.833.500 €
-	Sockelbetrag, max. 1 Mio. €	7.500 €	- €	204.000 €	952.500 €
	Verbleibender Verlustabzug	2.492.500 €	2.492.500 €	2.833.500 €	1.881.000 €
-	Verlustabzug i.H.v. 60 % des verbleibenden GdE	- €	- €	- €	- €
	Summe des genutzten Verlustvortrags	7.500 €	- €	204.000 €	952.500 €
	Vortragsfähiger Verlust	2.492.500 €	2.492.500 €	2.833.500 €	1.881.000 €
=	Einkommen	- €	-545.000 €	- €	- €
=	Zu versteuerndes Einkommen	- €	-545.000 €	- €	- €
=	Tarifliche Einkommensteuer gem. § 32a EStG	- €	- €	- €	- €
-	Steuerermäßigung nach § 35 EStG:	- €	- €	- €	- €
=	**Festzusetzende Einkommensteuer**	**- €**	**- €**	**- €**	**- €**
=	**Solidaritätszuschlag auf Einkommensteuer**	**- €**	**- €**	**- €**	**- €**

Den Einkünften aus Gewerbebetrieb aus der Sanierungs-Mitunternehmerschaft sind die anteiligen, nicht abziehbaren Verluste nach § 15 Abs. 4 S. 3 EStG hinzuzurechnen. Daher hat Mitunternehmer A im Jahr 01 Einkünfte i.H.v. 7.500 €, die mit dem vorhandenen Verlustvortrag von 2.500.000 € verrechnet werden. Im Sanierungsjahr 02 hat Mitunternehmer A Einkünfte von -545.000 €, die den vorhandenen Verlust erhöhen, welche wiederum die Einkünfte im Jahr 02 i.H.v. 204.000 € ausgleichen. Im Jahr 04 hat Mitunternehmer A Einkünfte von 952.500 €. Er unterliegt mit dem Betrag nicht der Mindestbesteuerung. Hier wirkt sich also positiv aus, dass die Mindestbesteuerung bei Personengesellschaften nicht gesellschaftsbezogen greift, sondern die Mindestbesteuerung auf Ebene der jeweiligen Mitunternehmer Anwendung findet. Die Einkünfte von 952.500 € kann Mitunternehmer A somit mit seinem vorhandenen Verlust von 2.833.500 € verrechnen. Er unterliegt in diesem Fallbeispiel also in keinem der vier Betrachtungszeiträumen einer Einkommensteuerbelastung.

Die körperschaftsteuerlichen Folgen der B-GmbH als Mitunternehmer der Sanierungs-Mitunternehmerschaft i.H.v. 50 % sieht wie nachfolgend in Tabelle 84 dargestellt aus:

Tabelle 84: Berechnung von KSt und SolZ bei der B-GmbH mit Verlustvorträgen bei Regelbesteuerung

	KSt + SolZ	**Jahr 01**	**Jahr 02**	**Jahr 03**	**Jahr 04**
	Gewinn/Verlust lt. Steuerbilanz	- €	-550.000 €	200.000 €	950.000 €
	Verluste nach § 15 Abs. 4 EStG:				
	Vorhandenes Verlustpotenzial nach § 15 Abs. 4 EStG	80.000 €	87.500 €	92.500 €	96.500 €
+	Hinzurechnung des nicht abziehbaren Verlusts nach § 15 Abs. 4 EStG	7.500 €	5.000 €	4.000 €	2.500 €
	Verbleibendes Verlustpotenzial nach § 15 Abs. 4 EStG	87.500 €	92.500 €	96.500 €	99.000 €
=	Steuerlicher Gewinn	7.500 €	-545.000 €	204.000 €	952.500 €
=	Gesamtbetrag der Einkünfte i.S.d. § 10d EStG	7.500 €	-545.000 €	204.000 €	952.500 €
	Verlustabzug nach § 10d EStG:				
	Vorhandener Verlustvortrag	2.500.000 €	2.492.500 €	3.037.500 €	2.833.500 €
-	Sockelbetrag, max. 1 Mio. €	7.500 €	- €	204.000 €	952.500 €
	Verbleibender Verlustvortrag nach Abzug des Sockelbetrags	2.492.500 €	2.492.500 €	2.833.500 €	1.881.000 €
-	Verlustabzug i.H.v. 60 % des verbleibenden GdE	- €	- €	- €	- €
	Summe des genutzten Verlustvortrags	7.500 €	- €	204.000 €	952.500 €
=	Vortragsfähiger Verlust	2.492.500 €	- €	2.833.500 €	1.881.000 €
=	Einkommen	- €	-545.000 €	- €	- €
=	Zu versteuerndes Einkommen	- €	-545.000 €	- €	- €
	KSt	**- €**	**- €**	**- €**	**- €**
	SolZ auf KSt	**- €**	**- €**	**- €**	**- €**

Die steuerlichen Auswirkungen auf Ebene der B-GmbH sind die gleichen wie bei Mitunternehmer A. Zunächst sind die nicht abziehbaren Verluste aus Termingeschäften i.S.v. § 15 Abs. 4 S. 3 EStG dem anteiligen Ergebnis der Sanierungs-Mitunternehmerschaft hinzuzurechnen, die das in Folgejahren nutzbare Verlustpotenzial i.S.v. § 15 Abs. 4 EStG erhöhen. Die von der B-GmbH in den jeweiligen Jahren erzielten Gesamtbeträge der Einkünfte können in den Jahren 01, 03 und 04 mit dem vorhandenen Verlustvortrag ausgeglichen werden. Im Jahr 02 erhöht der negative Gesamtbetrag der Einkünfte die vorhandenen Verluste. Im Ergebnis hat die B-GmbH in keinem der Betrachtungszeiträume Körperschaftsteuer bzw. Solidaritätszuschlag zu leisten.

Wie aus nachfolgender Tabelle 85 ersichtlich, hat die B-GmbH ebenso wenig Gewerbesteuer zu leisten. Das beruht auf der Hinzurechnung des Verlustanteils als Mitunternehmer einer Gesellschaft nach § 8 Nr. 8 GewStG und der Kürzung von Gewinnanteilen als Mitunternehmer gem. § 9 Nr. 2 GewStG. Die B-GmbH, die annahmegemäß keiner eigenen wirtschaftlichen Tätigkeit nachgeht, sondern nur Mitunternehmer der Sanierungs-Mitunternehmerschaft ist, hat somit in allen vier Betrachtungszeiträumen einen Gewerbeertrag von 0 €.

Tabelle 85: Berechnung der GewSt bei der B-GmbH mit Verlustvorträgen bei Regelbesteuerung

GewSt		**Jahr 01**	**Jahr 02**	**Jahr 03**	**Jahr 04**
	Gewinn aus Gewerbebetrieb	- €	-550.000 €	200.000 €	950.000 €
+	Hinzurechnung gem. § 8 Nr. 8 GewSt	- €	550.000 €	- €	- €
-	Kürzung gem. § 9 Nr. 2 GewStG	- €	- €	-200.000 €	-950.000 €
=	Maßgebender Gewerbeertrag	- €	- €	- €	- €
x	Steuermesszahl	3,5 %	3,5 %	3,5 %	3,5 %
=	Gewerbesteuermessbetrag	- €	- €	- €	- €
x	Gewerbesteuerhebesatz	403 %	403 %	403 %	403 %
=	**GewSt**	**- €**	**- €**	**- €**	**- €**

Der Anteilseigner der B-GmbH, C, unterliegt mit seinen Dividendeneinkünften aus der (Voll-)Ausschüttung durch die B-GmbH dem gesonderten Steuertarif für Einkünfte aus Kapitalvermögen gem. § 32d EStG. Die Einkommensteuerbelastung des C zeigt sich in Tabelle 86 und errechnet sich wie folgt:

Tabelle 86: Berechnung der Einkommensteuer und SolZ bei Anteilseigner C aufgrund der Vollausschüttung durch die B-GmbH im Fallbeispiel einer Sanierungs-Mitunternehmerschaft mit Verlustvorträgen bei Regelbesteuerung

ESt auf Einkünfte aus Kapitalvermögen + SolZ		**Jahr 01**	**Jahr 02**	**Jahr 03**	**Jahr 04**
	Brutto-Einnahmen aus Kapitalvermögen	- €	- €	200.000 €	950.000 €
-	Sparer-Pauschbetrag	- €	- €	801 €	801 €
=	Einkünfte aus Kapitalvermögen	- €	- €	199.199 €	949.199 €
x	Gesonderter Steuertarif für Einkünfte aus Kapitalvermögen	25 %	25 %	25 %	25 %
=	**ESt auf Einkünfte aus Kapitalvermögen**	**- €**	**- €**	**49.799,75 €**	**237.299,75 €**
=	**SolZ auf ESt**	**- €**	**- €**	**2.738,99 €**	**13.051,49 €**
-	Anrechnung der von der KapG einbehaltenen KapESt (aufgerundet)	- €	- €	50.000,00 €	237.500,00 €
-	Anrechnung des von der KapG einbehaltenen SolZ auf KapESt	- €	- €	2.750,00 €	13.062,50 €
=	Einkommensteuerzahllast v. Anteilseigner C	- €	- €	-200,25 €	-200,25 €
=	Zahllast bzgl. Solidaritätszuschlag v. Anteilseigner C	- €	- €	-11,01 €	-10,99 €

Anteilseigner C hat keine Einkommensteuerbelastungen in den Jahren 01 und 02, da annahmegemäß nur dann eine Ausschüttung durch die B-GmbH erfolgt, wenn es einen positiven ausschüttungsfähigen Betrag gibt. Daher hat Anteilseigner C erst im Jahr 03 seine positiven Einkünfte zu versteuern, wobei sich die Einkommen-steuer von 49.799,75 € aus dem gesonderten Tarif für Einkünfte aus Kapitalvermögen nach Abzug des Sparer-Pauschbetrags nach § 20 Abs. 9 EStG ergibt. Da bei dem gesonderten Steuertarif nach § 32d EStG der Solidaritätszuschlag von 5,5 % ungeschmälert hinzukommt, hat C zusätzlich in Jahr 03 noch den Solidaritätszuschlag von 2.738,99 € zu entrichten. In Jahr 04 hat Anteilseigner C Einkommensteuer i.H.v. 237.299,75 € und Solidaritätszuschlag von 13.051,49 € zu zahlen. Nach Anrechnung der auf Ebene der B-GmbH einbehaltenen und an das Finanzamt abgeführten Kapitalertragsteuer verbleibt danach in den Jahren 03 und 04 eine Steuererstattung bei Anteilseigner C.

Auch an dieser Stelle wird zunächst auf eine zusammenfassende Darstellung aller zuvor berechneten Steuerbelastungen im Falle der Regelbesteuerung einer Sanierungs-Mitunternehmerschaft mit vorhandenen Verlusten auf Ebene der Sanierungsgesellschaft selbst und ihrer Mitunternehmer verzichtet. Dies wird nach dem folgenden Abschnitt und der Darstellung des Vergleichsfalls bei Anwendung der Sanierungsvorschriften nachgeholt und eingehend erläutert.

c. Anwendung der Regelungen zur Steuerfreiheit von Sanierungserträgen

Sollen nun in Bezug auf den im vorherigen Abschnitt dargestellten Sachverhalt die steuerlichen Auswirkungen bei den Beteiligten berechnet werden, die sich durch die Anwendung der Vorschriften zur Steuerfreiheit von Sanierungserträgen ergeben, so ist zunächst zu Berechnungszwecken der verbleibende Sanierungsertrag i.S.v. § 3a Abs. 3 S. 1 EStG für das Jahr 02 zu errechnen, um festzustellen, in welcher Höhe sich Verrechnungspotenziale der Sanierungs-Mitunternehmerschaft bzw. ihrer Mitunternehmer maximal mindern können.[1211] Annahmegemäß wird erneut von einem Sanierungsertrag i.H.v. 8.000.000 € ausgegangen, dem Sanierungsaufwendungen i.H.v. 250.000 € gegenüberstehen. Der verbleibende Sanierungsertrag errechnet sich wie in der folgenden Tabelle 87 dargestellt:

Tabelle 87: Berechnung des verbleibenden Sanierungsertrags i.S.v. § 3a Abs. 3 S. 1 EStG auf Ebene der Sanierungs-Mitunternehmerschaft mit Verlustvorträgen bei Anwendung der Sanierungsvorschriften

	Sanierungsertrag i.S.v. § 3a Abs. 3 S. 1 EStG	8.000.000 €
-	Sanierungsaufwendungen i.S.v. § 3a Abs. 3 S. 1 i.V.m. § 3c Abs. 4 S. 1 EStG	-250.000 €
=	Verbleibender Sanierungsertrag i.S.v. § 3a Abs. 3 S. 1 EStG	7.750.000 €

Für Zwecke der Einkommen- bzw. Körperschaftsteuer können bei der Sanierungs-Mitunternehmerschaft und ihren Mitunternehmern vorhandene bzw. entstehende Verluste im Sanierungsjahr maximal i.H.v. 7.750.000 € untergehen. Unter Beachtung des verbleibenden Sanierungsertrags i.S.v. § 3a Abs. 3 S. 1 EStG für das Sanierungsjahr 02 ergibt sich zunächst die in Tabelle 88 dargestellte Gewinnermittlung bei der Sanierungs-Mitunternehmerschaft, wobei hier und in den nachfolgenden Tabellen die grau hinterlegten Positionen die Auswirkungen der Sanierungsvorschriften indizieren:

1211 Vgl. die ausführlichen Berechnungen zu dieser Fallstudie in Anhang 8.

Tabelle 88: Gewinnermittlung bei der Sanierungs-Mitunternehmerschaft mit Verlustvorträgen bei Anwendung der Sanierungsvorschriften

	Gewinnermittlung	Jahr 01	Jahr 02	Jahr 03	Jahr 04
	Gewinn/Verlust laut Steuerbilanz	100.000 €	-1.000.000 €	500.000 €	2.000.000 €
	Darin enthalten Verluste aus Termingeschäften (§ 15 Abs. 4 S. 3 ff. EStG)	15.000 €	10.000 €	8.000 €	5.000 €
	Verteilt abziehbarer Aufwand i.S.v. § 4f EStG:				
	Vorhandener verteilt abziehbarer Aufwand gem. § 4f EStG	1.100.000 €	1.000.000 €	- €	- €
-	Abzug v. 1/15 des verteilt abziehbaren Aufwands	100.000 €	100.000 €	- €	- €
	Minderung des verteilt abziehbaren Aufwands des zu sanierenden Unternehmens nach § 3a Abs. 3 S. 2 Nr. 1 EStG	- €	900.000 €	- €	- €
	Verbleibender verteilt abziehbarer Aufwand nach § 4f EStG	1.000.000 €	- €	- €	- €
-	Sanierungsertrag i.S.v. § 3a Abs. 1 S. 1 EStG	- €	-8.000.000 €	- €	- €
+	Sanierungskosten i.S.v. § 3a Abs. 3 S. 1 i.V.m. § 3c Abs. 4 S. 1 EStG	- €	250.000 €	- €	- €
=	**Gewinn der Mitunternehmerschaft**	**- €**	**-8.850.000 €**	**500.000 €**	**2.000.000 €**

Aus Tabelle 88 ist ersichtlich, dass die Sanierungs-Mitunternehmerschaft in Jahr 01 durch Verrechnung des verteilt abziehbaren Aufwands nach § 4f EStG mit dem Gewinn laut Steuerbilanz in gleicher Höhe keinen Gewinn ausweist. Darin enthalten sind Verluste aus Termingeschäften i.S.v. § 15 Abs. 4 S. 3 EStG. Im Sanierungsjahr 02 hingegen hat die Gesellschaft einen steuerbilanziellen Verlust von 1.000.000 €, der durch den verteilt abziehbaren Aufwand nach § 4f EStG zunächst um 100.000 € erhöht wird. Nach außerbilanzieller Korrektur des Sanierungsertrags von 8.000.000 € und des Sanierungsaufwands von 250.000 € ergibt sich ein Verlust der Mitunternehmerschaft von 8.850.000 €. Aufgrund der Anwendung der Sanierungsvorschriften im Jahr 02 mindert sich der noch vorhandene verteilt abziehbare Aufwand von 900.000 € gem. § 3a Abs. 3 S. 2 Nr. 1 EStG, so dass in den Folgejahren kein Abzug nach § 4f EStG möglich ist. Daher ist der Gewinn in Jahr 03 von 500.000 € und in Jahr 04 von 2.000.000 € höher als bei Anwendung der Regelbesteuerung.

Neben der Gewinnermittlung für ertragsteuerliche Zwecke ist die Sanierungs-Mitunternehmerschaft selbst Subjekt der Gewerbesteuer. Bei Anwendung der Sanierungsvorschriften in Jahr 02 ist zuvor der verbleibende gewerbesteuerliche Sanierungsertrag i.S.v. § 7b Abs. 2 S. 1 GewStG zu berechnen, wie in nachfolgender Tabelle 89 dargestellt:

Tabelle 89: Berechnung des verbleibenden Sanierungsertrags für gewerbesteuerliche Zwecke gem. § 7b Abs. 2 S. 1 GewStG bei der Sanierungs-Mitunternehmerschaft mit Verlustvorträgen bei Anwendung der Sanierungsvorschriften

	Sanierungsertrag i.S.v. § 3a Abs. 3 S. 1 EStG	8.000.000 €
-	Sanierungsaufwendungen i.S.v. § 3a Abs. 3 S. 1 i.V.m. § 3c Abs. 4 S. 1 EStG	-250.000 €
-	Minderung des verteilt abziehbaren Aufwands nach § 3a Abs. 3 S. 2 Nr. 1 EStG (§ 7b Abs. 2 S. 1 GewStG)	-900.000 €
=	Nach § 3a Abs. 3 S. 2 Nr. 1 EStG verbleibender Sanierungsertrag gem. § 7b Abs. 2 S. 1 GewStG	6.850.000 €

Ausgehend vom Sanierungsertrag i.S.v. § 3a Abs. 3 S. 1 EStG i.H.v. 8.000.000 €, verringert um die Sanierungsaufwendungen nach § 3c Abs. 4 EStG und dem verteilt abziehbaren Aufwand von 900.000 € gem. § 3a Abs. 3 S. 2 Nr. 1 EStG i.V.m. § 7b Abs. 2 S. 1 GewStG, ergibt sich ein verbleibender Sanierungsertrag nach § 7b Abs. 2 S. 1 GewStG von 6.850.000 €, der den Maximalbetrag der bei der Sanierungs-Mitunternehmerschaft im Sanierungsjahr 02 untergehenden gewerbesteuerlichen Verluste darstellt. Unter Berücksichtigung dieses Betrags in Jahr 02, ergeben sich die in Tabelle 90 dargestellten gewerbesteuerlichen Konsequenzen bei der Sanierungs-Mitunternehmerschaft:

Tabelle 90: Berechnung der GewSt bei der Sanierungs-Mitunternehmerschaft mit Verlustvorträgen bei Anwendung der Sanierungsvorschriften

	GewSt	Jahr 01	Jahr 02	Jahr 03	Jahr 04
	Gewinn aus Gewerbebetrieb	- €	-8.850.000 €	500.000 €	2.000.000 €
+	Summe der Hinzurechnungen	31.250 €	31.250 €	31.250 €	31.250 €
-	Summe der Kürzungen	16.800 €	16.800 €	16.800 €	16.800 €
=	Maßgebender Gewerbeertrag	14.450 €	-8.835.550 €	514.450 €	2.014.450 €
-	Minderung des neg. Gewerbeertrags des Sanierungsjahres des zu sanierenden Unternehmens (§ 7b Abs. 2 S. 1 Nr. 1 GewStG)	- €	-6.850.000 €	- €	- €
=	Gewerbeertrag nach Minderung	14.450 €	-1.985.550 €	514.450 €	2.014.450 €
	Gewerbeverlust:				
	Vorhandener Verlust	5.000.000 €	4.985.550 €	6.971.100 €	6.456.650 €
-	Sockelbetrag, max. 1 Mio. €	14.450 €	- €	514.450 €	1.000.000 €
	Verbleibender Verlustabzug	- €	4.985.550 €	6.456.650 €	5.456.650 €
-	Verlustabzug i.H.v. 60 % des verbleibenden maßgebenden Gewerbeertrags	- €	- €	- €	608.670 €
	Summe des genutzten Verlustvortrags	14.450 €	- €	6.456.650 €	1.608.670 €
	Vortragsfähiger Verlust	4.985.550 €	4.985.550 €	6.456.650 €	4.847.980 €
=	Zwischensumme	- €	- €	- €	405.870 €
	Abgerundet auf volle 100 €	- €	- €	- €	405.700 €
-	Freibetrag	- €	- €	- €	24.500 €
=	Gewerbeertrag nach Freibetrag	- €	- €	- €	381.200 €
x	Steuermesszahl	3,5 %	3,5 %	3,5 %	3,5 %
=	Gewerbesteuermessbetrag	- €	- €	- €	13.342 €
x	Gewerbesteuerhebesatz	403 %	403 %	403 %	403 %
=	**GewSt**	**- €**	**- €**	**- €**	**53.768,26 €**

Die Sanierungs-Mitunternehmerschaft hat keine Gewerbesteuer im Jahr 01 zu zahlen, da der maßgebende Gewerbeertrag – der dem Differenzbetrag zwischen der Summe der Hinzurechnungen von 31.250 € und der Summe der Kürzungen von 16.800 € entspricht – durch die Verrechnung mit den vorhandenen gewerbesteuerlichen Verlustvorträgen kompensiert wird. Im Sanierungsjahr hat die Mitunternehmerschaft aufgrund der Anwendung der Sanierungsvorschriften einen maßgebenden Gewerbeertrag von -8.835.550 €, den sie gem. § 7b Abs. 2 S. 1 Nr. 1 GewStG zu mindern hat. Die Minderung erfolgt hier in

Höhe des zuvor berechneten verbleibenden Sanierungsertrags gem. § 7b Abs. 2 S. 1 GewStG, also in Höhe von 6.850.000 €. Es verbleibt ein negativer Gewerbeertrag von 1.985.550 €, der den vorhandenen Verlustvortrag erhöht und der Gesellschaft in den Folgejahren zur Verrechnung zur Verfügung steht. Daher kann die Sanierungs-Mitunternehmerschaft in Jahr 03 ihren geringen Gewerbeertrag von 514.450 € ohne Beachtung der Mindestbesteuerung gänzlich mit dem vorhandenen Verlust verrechnen mit dem Ergebnis, dass die Gesellschaft keine Gewerbesteuer im Jahr 03 entrichten muss. Der Gewerbeertrag in Jahr 04 von 2.014.450 € kann ebenfalls – zumindest teilweise – mit den vorhandenen Verlusten ausgeglichen werden. Hierbei ist jedoch die Mindestbesteuerung nach § 10a GewStG zu beachten. Nach Abzug des Verlusts i.H.v. insgesamt 1.608.670 € verbleibt ein abgerundeter Gewerbeertrag von 405.700 €, wobei nach Abzug des Freibetrags von 24.500 € ein Gewerbeertrag von 381.200 € verbleibt. Die Sanierungs-Mitunternehmerschaft hat in dem Betrachtungszeitraum von vier Jahren erst in Jahr 04 eine Gewerbesteuerzahllast, in diesem Fall i.H.v. 53.768,26 €. Wie Tabelle 91 zeigt, verbleibt bei der Sanierungs-Mitunternehmerschaft im Sanierungsjahr kein wirtschaftlich gewerbesteuerfreier Sanierungsertrag:

Tabelle 91: Verbleibender gewerbesteuerfreier Sanierungsertrag bei der Sanierungs-Mitunternehmerschaft mit Verlustvorträgen bei Anwendung der Sanierungsvorschriften

	Nach § 3a Abs. 3 S. 2 Nr. 1 EStG verbleibender Sanierungsertrag gem. § 7b Abs. 2 S. 1 GewStG	6.850.000 €
-	Minderung des negativen Gewerbeertrags des Sanierungsjahres des zu sanierenden Unternehmens (§ 7b Abs. 2 S. 1 Nr. 1 GewStG)	-6.850.000 €
=	Verbleibender gewerbesteuerfreier Sanierungsertrag	0 €

Auf Grundlage der Gewinnermittlung der Sanierungs-Mitunternehmerschaft werden für einkommensteuerliche Zwecke dem Anteilseigner A entsprechend seiner Beteiligungshöhe die Gewinne bzw. Verluste hälftig zugerechnet. Bei Anwendung der Sanierungsvorschriften ist für Anteilseigner A zunächst dessen anteiliger geminderter Sanierungsertrag zu berechnen, der gem. nachfolgender Tabelle 92 3.425.000 € beträgt. Bei der Berechnung ist der bereits geminderte verteilt abziehbare Aufwand i.S.v. § 4f EStG anteilig berücksichtigt.

Tabelle 92: Berechnung des anteiligen geminderten Sanierungsertrags bei Mitunternehmer A für einkommensteuerliche Zwecke in Bezug auf eine Sanierungs-Mitunternehmerschaft mit Verlustvorträgen bei Anwendung der Sanierungsvorschriften

	Anteiliger Sanierungsertrag i.S.v. § 3a Abs. 3 S. 1 EStG	4.000.000 €
-	Anteilige Sanierungsaufwendungen i.S.v. § 3a Abs. 3 S. 1 i.V.m. § 3c Abs. 4 S. 1 EStG	-125.000 €
=	Anteiliger verbleibender Sanierungsertrag i.S.v. § 3a Abs. 3 S. 1 EStG	3.875.000 €
-	Anteiliger bereits abgezogener verteilt abziehbarer Aufwand nach § 3a Abs. 3 S. 2 Nr. 1 EStG	-450.000 €
=	Geminderter Sanierungsertrag	3.425.000 €

Bei Anteilseigner A können sich im Sanierungsjahr 02 also Steuerminderungspotenziale i.S.v. § 3a Abs. 3 S. 2 Nr. 2–13 EStG i.H.v. maximal 3.425.000 € mindern. Unter Berücksichtigung dieses Betrags im Jahr 02 ergeben sich die in Tabelle 93 berechneten ertragsteuerliche Konsequenzen des Mitunternehmers A:

Tabelle 93: Berechnung von Einkommensteuer und SolZ bei Mitunternehmer A mit Verlustvorträgen bei Anwendung der Sanierungsvorschriften

Einkommensteuer + SolZ		Jahr 01	Jahr 02	Jahr 03	Jahr 04
	Einkünfte aus Gewerbebetrieb aus der Sanierungs-MU	- €	-4.425.000 €	250.000 €	1.000.000 €
	Verluste nach § 15 Abs. 4 EStG				
	Vorhandenes Verlustpotenzial nach § 15 Abs. 4 EStG	80.000 €	87.500 €	- €	4.000 €
+	Hinzurechnung des nicht abziehbaren Verlusts nach § 15 Abs. 4 EStG	7.500 €	5.000 €	4.000 €	2.500 €
	Minderung des nach § 15 Abs. 4 EStG ausgleichsfähigen oder nicht abziehbaren Verlust des zu sanierenden Unternehmens des Sanierungsjahres (§ 3a Abs. 3 S. 2 Nr. 6 EStG)	- €	-5.000 €	- €	- €
	Minderung des zum Ende des dem Sanierungsjahr vorangegangenen Jahres nach § 15 Abs. 4 EStG festgestellten i.V.m. § 10d Abs. 4 EStG verbleibenden Verlustvortrag, soweit er auf das zu sanierende Unternehmen entfällt (§ 3a Abs. 3 S. 2 Nr. 7 EStG)	- €	-87.500 €	- €	- €
	Verbleibendes Verlustpotenzial nach § 15 Abs. 4 EStG	87.500 €	- €	4.000 €	6.500 €
	Einkünfte aus Gewerbebetrieb aus der Sanierungs-MU	7.500 €	-4.420.000 €	254.000 €	1.002.500 €
-	Minderung des Verlusts des Sanierungsjahres des zu sanierenden Unternehmens (§ 3a Abs. 3 S. 2 Nr. 8 EStG)	- €	-3.332.500 €	- €	- €
=	Summe der Einkünfte aus Gewerbebetrieb aus der Sanierungs-MU	7.500 €	-1.087.500 €	254.000 €	1.002.500 €
+	Einkünfte aus anderen Einkunftsarten	- €	- €	- €	- €
=	Summe der Einkünfte	7.500 €	1.087.500 €	254.000 €	1.002.500 €
=	Gesamtbetrag der Einkünfte	7.500 €	-1.087.500 €	254.000 €	1.002.500 €
	Verlustabzug nach § 10d EStG:				
	Vorhandener Verlust	2.500.000 €	2.492.500 €	3.580.500 €	3.326.000 €
-	Sockelbetrag, max. 1 Mio. €	7.500 €	- €	254.000 €	1.000.000 €

Tabelle 93: Fortsetzung

Einkommensteuer + SolZ		**Jahr 01**	**Jahr 02**	**Jahr 03**	**Jahr 04**
	Verbleibender Verlustabzug	2.492.500 €	2.492.500 €	3.326.000 €	2.326.000 €
-	Verlustabzug i.H.v. 60 % des verbleibenden GdE	- €	- €	- €	1.500 €
	Summe des genutzten Verlustvortrags	7.500 €	- €	254.000 €	1.001.500 €
	Vortragsfähiger Verlust	2.492.500 €	2.492.500 €	3.326.000 €	2.324.500 €
=	Einkommen	- €	-1.087.500 €	- €	1.000 €
=	Zu versteuerndes Einkommen	- €	-1.087.500 €	- €	1.000 €
=	Tarifliche Einkommensteuer gem. § 32a EStG	- €	- €	- €	- €
-	Steuerermäßigung nach § 35 EStG:	- €	- €	- €	- €
=	**Festzusetzende Einkommensteuer**	**- €**	**- €**	**- €**	**- €**
=	**Solidaritätszuschlag auf Einkommensteuer**	**- €**	**- €**	**- €**	**- €**

Die Sanierungs-Mitunternehmerschaft hat im Jahr 01 ein Ergebnis i.H.v. 0 €, so dass dem Mitunternehmer A kein Anteil zuzurechnen ist. Bei ihm ist jedoch der nicht abziehbare Verlust gem. § 15 Abs. 4 EStG hinzuzurechnen, so dass Mitunternehmer A einen Gesamtbetrag der Einkünfte i.H.v. 7.500 € ausweist. Dieser kann jedoch durch die vorhandenen Verlustvorträge i.H.v. 2.500.000 € ausgeglichen werden. Im Sanierungsjahr 02 wird ihm der hälftige Verlust von 4.425.000 € zugerechnet. Der Verlust verringert sich durch Hinzurechnung der anteiligen nicht abziehbaren Verluste i.S.v. § 15 Abs. 4 S. 3 EStG i.H.v. 5.000 €. Sowohl der im Sanierungsjahr in der Sanierungsgesellschaft entstandene Verlust aus Termingeschäften i.S.v. § 15 Abs. 4 EStG i.H.v. 5.000 € als auch die zum Ende des Vorjahres festgestellten Verluste nach § 15 Abs. 4 EStG i.H.v. insgesamt 87.500 € sind gem. § 3a Abs. 3 S. 2 Nr. 6–7 EStG zu mindern. Ebenso zu mindern ist gem. § 3a Abs. 3 S. 2 Nr. 8 EStG der Verlust des Sanierungsjahres des zu sanierenden Unternehmens. Da der maximal zu mindernde Betrag – wie zuvor berechnet – 3.425.000 € beträgt und bereits i.Z.m. § 15 Abs. 4 EStG um einen Betrag von 92.500 € gemindert wurde, verbleibt ein zu mindernder Maximalbetrag von 3.332.500 €. Dieser Betrag wird durch Anwendung von § 3a Abs. 3 S. 2 Nr. 8 EStG gemindert; es verbleibt ein negativer Gesamtbetrag der Einkünfte im Sanierungsjahr 02 von 1.087.500 €. Durch Ausgleich des geminderten Sanierungsertrags bereits nach der Verrechnungsposition des § 3a

Abs. 3 S. 2 Nr. 8 EStG hat der Steuerpflichtige keine weiteren Verlustverrechnungspositionen zu mindern. Der negative Gesamtbetrag der Einkünfte führt dazu, dass dem Mitunternehmer A ein erhöhter Verlustvortrag im Jahr 03 von 3.580.500 € zur Verfügung steht. Dieser wird auch in dem Jahr genutzt, um den Gesamtbetrag der Einkünfte von 254.000 € zu kompensieren. Im Jahr 04 weist Mitunternehmer A einen Gesamtbetrag der Einkünfte von 1.002.500 € aus. Den Betrag von 1.000.000 € kann er uneingeschränkt mit seinen ausreichend vorhandenen Verlusten verrechnen. Die verbleibenden 2.500 € kann er zu 60 % mit seinen Verlusten verrechnen. Daraus folgt, dass Mitunternehmer A in Jahr 04 zwar einen Betrag von 1.000 € zu versteuern hat, da dieser Betrag jedoch unter dem Grundfreibetrag gem. § 32a Abs. 1 Nr. 1 EStG von 9.744 € liegt, entsteht für ihn keine Einkommensteuerzahllast. Es entsteht damit auch kein zu zahlender Solidaritätszuschlag. Im Ergebnis hat Mitunternehmer A aufgrund des Untergangs seiner vorhandenen Steuerminderungspositionen in Höhe seines anteiligen geminderten Sanierungsertrags keinen wirtschaftlich steuerfreien Sanierungsertrag, wie die Darstellung in Tabelle 94 darlegt:

Tabelle 94: Wirtschaftlich steuerfreier Sanierungsertrag bei Mitunternehmer A mit Verlustvorträgen und Anwendung der Sanierungsvorschriften

	Anteiliger geminderter Sanierungsertrag	3.425.000 €
-	Minderung des nach § 15 Abs. 4 EStG ausgleichsfähigen oder nicht abziehbaren Verlusts des zu sanierenden Unternehmens des Sanierungsjahres	-5.000 €
-	Minderung vom zum Ende des dem Sanierungsjahr vorangegangenen Jahres nach § 15 Abs. 4 EStG festgestellten i.V.m. § 10d Abs. 4 EStG verbleibenden Verlustvortrag, soweit er auf das zu sanierende Unternehmen entfällt	-87.500 €
-	Minderung des Verlusts des Sanierungsjahres des zu sanierenden Unternehmens	-3.332.500 €
=	Wirtschaftlich steuerfreier Sanierungsertrag bei Mitunternehmer A	0 €

Auch bei dem anderen Anteilseigner der Sanierungs-Mitunternehmerschaft, der B-GmbH, ist für körperschaftsteuerliche Zwecke bei Anwendung der Sanierungsvorschriften der geminderte Sanierungsertrag für das Jahr 02 zu berechnen, der – wie Tabelle 95 zeigt – aufgrund der gleichen Beteiligungshöhe wie Anteilseigner A ebenfalls 3.425.000 € beträgt.

Tabelle 95: Berechnung des anteiligen geminderten Sanierungsertrags bei der B-GmbH für körperschaftsteuerliche Zwecke in Bezug auf eine Sanierungs-Mitunternehmerschaft mit Verlustvorträgen bei Anwendung der Sanierungsvorschriften

	Anteiliger Sanierungsertrag i.S.v. § 3a Abs. 3 S. 1 EStG	4.000.000 €
-	Anteilige Sanierungsaufwendungen i.S.v. § 3a Abs. 3 S. 1 i.V.m. § 3c Abs. 4 S. 1 EStG	-125.000 €
=	Anteiliger verbleibender Sanierungsertrag i.S.v. § 3a Abs. 3 S. 1 EStG	3.875.000 €
-	Anteiliger bereits abgezogener verteilt abziehbarer Aufwand nach § 3a Abs. 3 S. 2 Nr. 1 EStG	-450.000 €
=	Geminderter Sanierungsertrag	3.425.000 €

Unter Berücksichtigung dieses Betrags im Sanierungsjahr 02 errechnen sich die körperschaftsteuerlichen Konsequenzen bei der B-GmbH wie in Tabelle 96 dargestellt:

Tabelle 96: Berechnung von KSt und SolZ bei der B-GmbH mit Verlustvorträgen bei Anwendung der Sanierungsvorschriften

KSt + SolZ		**Jahr 01**	**Jahr 02**	**Jahr 03**	**Jahr 04**
	Gewinn/Verlust lt. Steuerbilanz	- €	-4.425.000 €	250.000 €	1.000.000 €
	Verluste nach § 15 Abs. 4 EStG:				
	Vorhandenes Verlustpotenzial nach § 15 Abs. 4 EStG	80.000 €	87.500 €	0 €	4.000 €
+	Hinzurechnung des nicht abziehbaren Verlusts nach § 15 Abs. 4 EStG	7.500 €	5.000 €	4.000 €	2.500 €
	Minderung des nach § 15a EStG ausgleichsfähigen oder verrechenbaren Verlusts des (Mit-)Unternehmers des zu sanierenden Unternehmens des Sanierungsjahres (§ 3a Abs. 3 S. 2 Nr. 2 EStG)	- €	-5.000 €	- €	- €
	Minderung des zum Ende des dem Sanierungsjahr vorangegangenen Wirtschaftsjahres nach § 15a EStG festgestellten verrechenbaren Verlusts des (Mit-) Unternehmers des zu sanierenden Unternehmens (§ 3a Abs. 3 S. 2 Nr. 3 EStG)	- €	-87.500 €	- €	- €
	Verbleibendes Verlustpotenzial nach § 15 Abs. 4 EStG	87.500 €	- €	4.000 €	6.500 €
=	Zwischensumme	7.500 €	-4.420.000 €	254.000 €	1.002.500 €
-	Minderung des Verlusts des Sanierungsjahres des zu sanierenden Unternehmens (§ 3a Abs. 3 S. 2 Nr. 8 EStG)	- €	-3.332.500 €	- €	- €
=	Steuerlicher Gewinn	7.500 €	-1.087.500 €	254.000 €	1.002.500 €
=	Gesamtbetrag der Einkünfte i. S. d. § 10d EStG	7.500 €	-1.087.500 €	254.000 €	1.002.500 €
	Verlustabzug nach § 10d EStG:				
	Vorhandener Verlustvortrag	2.500.000 €	2.492.500 €	3.580.000 €	3.326.000 €
-	Sockelbetrag, max. 1 Mio. €	7.500 €	- €	254.000 €	1.000.000 €
	Verbleibender Verlustvortrag nach Abzug des Sockelbetrags	2.492.500 €	2.492.500 €	3.326.000 €	2.326.000 €

Tabelle 96: Fortsetzung

KSt + SolZ		Jahr 01	Jahr 02	Jahr 03	Jahr 04
-	Verlustabzug i.H.v. 60 % des verbleibenden GdE	- €	- €	- €	1.500 €
	Summe des genutzten Verlustvortrags	7.500 €	- €	254.000 €	1.001.500 €
=	Vortragsfähiger Verlust	2.492.500 €	2.492.500 €	3.326.000 €	2.324.500 €
=	Einkommen	- €	-1.087.500 €	- €	1.000 €
=	Zu versteuerndes Einkommen	- €	-1.087.500 €	- €	1.000 €
	KSt	**- €**	**- €**	**- €**	**150,00 €**
	SolZ auf KSt	**- €**	**- €**	**- €**	**8,25 €**

Die Berechnung des zu versteuernden Einkommens der B-GmbH entspricht exakt den Berechnungen auf Ebene des Mitunternehmers A. Gleichwohl hat die B-GmbH im Jahr 04 eine geringe Körperschaftsteuerbelastung von 150 € zzgl. 8,25 € Solidaritätszuschlag, da für körperschaftsteuerliche Zwecke kein Grundfreibetrag gewährt wird, sondern die Körperschaftsteuer sofort greift, wenn das zu versteuernde Einkommen einen positiven Betrag ergibt. Ebenso wie Mitunternehmer A hat die B-GmbH aufgrund der Minderung ihrer Verlustverrechnungspotenziale keinen wirtschaftlich steuerfreien Sanierungsertrag zu verzeichnen, wie Tabelle 97 zeigt:

Tabelle 97: Wirtschaftlich steuerfreier Sanierungsertrag bei Mitunternehmer B-GmbH mit Verlustvorträgen bei Anwendung der Sanierungsvorschriften

	Anteiliger geminderter Sanierungsertrag	3.425.000 €
-	Minderung des nach § 15 Abs. 4 EStG ausgleichsfähigen oder nicht abziehbaren Verlusts des zu sanierenden Unternehmens des Sanierungsjahres	-5.000 €
-	Minderung vom zum Ende des dem Sanierungsjahr vorangegangenen Jahres nach § 15 Abs. 4 EStG festgestellten i.V.m. § 10d Abs. 4 EStG verbleibenden Verlustvortrag, soweit er auf das zu sanierende Unternehmen entfällt	-87.500 €
-	Minderung des Verlusts des Sanierungsjahres des zu sanierenden Unternehmens	-3.332.500 €
=	Wirtschaftlich steuerfreier Sanierungsertrag bei Mitunternehmer B-GmbH	0 €

Bei der B-GmbH ergeben sich – wie aus der nachfolgenden Tabelle 98 ersichtlich – hingegen keine gewerbesteuerlichen Folgen aus ihrer Beteiligung an der Sanierungs-Mitunternehmerschaft, da sie als Mitunternehmer Verluste aus einer inländischen Gesellschaft i.S.v. § 8 Nr. 8 GewStG hinzurechnen muss und Gewinne nach Maßgabe des § 9 Nr. 2 GewStG kürzen kann. Im Ergebnis beträgt der maßgebende Gewerbeertrag in allen vier Betrachtungszeiträumen 0 €.

Tabelle 98: Berechnung der GewSt bei der B-GmbH mit Verlustvorträgen bei Anwendung der Sanierungsvorschriften

GewSt		**Jahr 01**	**Jahr 02**	**Jahr 03**	**Jahr 04**
	Gewinn aus Gewerbebetrieb	- €	-4.425.000 €	250.000 €	1.000.000 €
+	Hinzurechnung gem. § 8 Nr. 8 GewSt	- €	4.425.000 €	- €	- €
-	Kürzung gem. § 9 Nr. 2 GewStG	- €	- €	-250.000 €	-1.000.000 €
=	Maßgebender Gewerbeertrag	- €	- €	- €	- €
x	Steuermesszahl	3,5 %	3,5 %	3,5 %	3,5 %
=	Gewerbesteuermessbetrag	- €	- €	- €	- €
x	Gewerbesteuerhebesatz	403 %	403 %	403 %	403 %
=	**GewSt**	**- €**	**- €**	**- €**	**- €**

Für Anteilseigner C, als alleiniger Gesellschafter der B-GmbH, ergeben sich unter Anwendung des gesonderten Steuertarifs für Einkünfte aus Kapitalvermögen nach § 32d EStG die nachfolgend in Tabelle 99 dargestellten einkommensteuerlichen Konsequenzen:

Tabelle 99: Berechnung der Einkommensteuer und SolZ bei Anteilseigner C aufgrund der Vollausschüttung durch die B-GmbH im Fallbeispiel einer Sanierungs-Mitunternehmerschaft mit Verlustvorträgen bei Anwendung der Sanierungsvorschriften

ESt auf Einkünfte aus Kapitalvermögen + SolZ		**Jahr 01**	**Jahr 02**	**Jahr 03**	**Jahr 04**
	Brutto-Einnahmen aus Kapitalvermögen	- €	- €	250.000 €	999.841,75 €
-	Sparer-Pauschbetrag	- €	- €	801,00 €	801,00 €
=	Einkünfte aus Kapitalvermögen	- €	- €	249.199 €	999.040.75 €
x	Gesonderter Steuertarif für Einkünfte aus Kapitalvermögen	25 %	25 %	25 %	25 %
=	**ESt auf Einkünfte aus Kapitalvermögen**	**- €**	**- €**	**62.299,75 €**	**249.760,19 €**
=	**SolZ auf ESt**	**- €**	**- €**	**3.426,49 €**	**13.736,81 €**
-	Anrechnung der von der KapG einbehaltenen KapESt (aufgerundet)	- €	- €	62.500,00 €	249.960,44 €
-	Anrechnung des von der KapG einbehaltenen SolZ auf KapESt	- €	- €	3.437,50 €	13.747,80 €
=	Einkommensteuerzahllast v. Anteilseigner C	- €	- €	-200,25 €	-200,25 €
=	Zahllast bzgl. Solidaritätszuschlag v. Anteilseigner C	- €	- €	-11,01 €	-10,99 €

Während im Jahr 01 und im Sanierungsjahr 02 keine Ausschüttung aufgrund der hier getroffenen Annahmen erfolgt, erhält Anteilseigner C im Jahr 03 Bruttoeinnahmen i.H.v. 250.000 €, die nach Abzug des Sparer-Pauschbetrags i.H.v. 801 € und unter Zugrundelegung des gesonderten Steuertarifs i.H.v. 25 % eine Einkommensteuer von 62.299,75 € zzgl. Solidaritätszuschlag von 3.426,49 € ergibt. Nach Anrechnung der auf Ebene der B-GmbH einbehaltenen Kapitalertragsteuer ergibt sich für C im Jahr 03 eine Steuererstattung von 200,25 € in Bezug auf die Einkommensteuer und 11,01 € bzgl. des Solidaritätszuschlags. Im Jahr 04 entsteht bei Anteilseigner C analog zur Berechnung des Vorjahres eine Einkommensteuer von 249.760,19 € und Solidaritätszuschlag i.H.v. 13.736,81 €, die ebenfalls zu einer Steuererstattung nach Anrechnung der bereits einbehaltenen Beträge bei der B-GmbH i.H.v. insgesamt 211,24 € führt.

d. Vergleich

Bei der Sanierungs-Mitunternehmerschaft und ihren Mitunternehmern mit vorhandenen Verlustvorträgen und bei Anwendung der Regelbesteuerung ergeben sich über alle betrachteten Zeiträume und Beteiligungsebenen hinweg in Tabelle 100 zusammengefasst folgende Ertragsteuerbelastungen:

Tabelle 100: Gesamtsteuerbelastung bei der Sanierungs-Mitunternehmerschaft mit Verlustvorträgen bei Regelbesteuerung über den gesamten Untersuchungszeitraum und auf allen Besteuerungsebenen

		Jahr 01	Jahr 02	Jahr 03	Jahr 04
Sanierungs-Mitunternehmerschaft					
	GewSt	- €	- €	- €	48.126,26 €
	Summe	**- €**	**- €**	**- €**	**48.126,26 €**
Mitunternehmer A					
	ESt	- €	- €	- €	- €
	SolZ auf ESt	- €	- €	- €	- €
	Summe	**- €**	**- €**	**- €**	**- €**
Mitunternehmer B-GmbH					
	KSt	- €	- €	- €	- €
	SolZ auf KSt	- €	- €	- €	- €
	GewSt	- €	- €	- €	- €
	Summe	**- €**	**- €**	**- €**	**- €**
Anteilseigner C der B-GmbH					
	ESt	- €	- €	49.799,75 €	237.299,75 €
	SolZ auf ESt	- €	- €	2.738,99 €	13.051,49 €
	Summe	**- €**	**- €**	**52.538,74 €**	**250.351,24 €**
Gesamtsteuerbelastung über alle Ebenen		**- €**	**- €**	**52.538,74 €**	**298.477,50 €**

Aus Tabelle 100 ist ersichtlich, dass sowohl in Jahr 01 als auch im Sanierungsjahr 02 bei den Beteiligten keine Steuerbelastungen entstehen. Der Grund in Jahr 01 liegt darin, dass die vorhandenen Verluste bei den Beteiligten den Gewerbeertrag bei der Sanierungs-Mitunternehmerschaft und den Gesamtbetrag der Einkünfte bei den Mitunternehmern ausgleichen und damit eine Besteuerung verhindern. In Jahr 02 liegt der Hauptgrund für eine Nichtbesteuerung hauptsächlich darin, dass sowohl der Gewerbeertrag bei der Sanierungs-Mitunternehmerschaft als auch der Gesamtbetrag der Einkünfte bei den jeweiligen Mitunternehmern negativ sind. In Jahr 03 hat ausschließlich Anteilseigner C eine Steuerlast von insgesamt 52.538,74 € zu tragen, die sich aus dem Umstand ergibt, dass die B-GmbH aus dem ihr zugerechneten Gewinn aus der Sanierungs-Mitunternehmerschaft aufgrund der Möglichkeit der

Verlustverrechnung keine Steuern zahlt und damit den Gewinn ungeschmälert an ihren Anteilseigner ausschüttet. Im Jahr 04 unterliegt die Sanierungs-Mitunternehmerschaft der gewerbesteuerlichen Mindestbesteuerung und hat daher Gewerbesteuer i.H.v. 48.126,26 € zu zahlen. Die Mitunternehmerebene unterliegt jeweils für sich betrachtet mit ihren Einkünften nicht der Mindestbesteuerung und es sind genügend Verlustvorträge vorhanden, so dass im Jahr 04 auf Mitunternehmerebene keine Ertragsteuern anfallen. Anteilseigner C hingegen unterliegt einer Einkommensteuerbelastung von 250.351,24 €. Insgesamt fallen in diesem Beispiel Steuern von 351.016,23 € auf allen Beteiligungsebenen und über den gesamten Betrachtungszeitraum an.

Um einen Vergleich der Steuerbelastungen mit dem Fall einer Sanierungs-Mitunternehmerschaft, auf die die Sanierungsvorschriften angewendet werden, ziehen zu können, folgt in Tabelle 101 zunächst die Zusammenfassung der Gesamtsteuerbelastung auf allen Besteuerungsebenen und über alle betrachteten Zeiträume hinweg:

Tabelle 101: Gesamtsteuerbelastung bei der Sanierungs-Mitunternehmerschaft mit Verlustvorträgen bei Anwendung der Sanierungsvorschriften über den gesamten Untersuchungszeitraum und auf allen Besteuerungsebenen

		Jahr 01	Jahr 02	Jahr 03	Jahr 04
Sanierungs-Mitunternehmerschaft					
	GewSt	- €	- €	- €	53.768,26 €
	Summe	**- €**	**- €**	**- €**	**53.768,26 €**
Mitunternehmer A					
	ESt	- €	- €	- €	- €
	SolZ auf ESt	- €	- €	- €	- €
	Summe	**- €**	**- €**	**- €**	**- €**
Mitunternehmer B-GmbH					
	KSt	- €	- €	- €	150,00 €
	SolZ auf KSt	- €	- €	- €	8,25 €
	GewSt	- €	- €	- €	- €
	Summe	**- €**	**- €**	**- €**	**158,25 €**
Anteilseigner C der B-GmbH					
	ESt	- €	- €	62.299,75 €	249.760,19 €
	SolZ auf ESt	- €	- €	3.426,49 €	13.736,81 €
	Summe	**- €**	**- €**	**65.726,24 €**	**263.497 €**
Gesamtsteuerbelastung über alle Ebenen		**- €**	**- €**	**65.726,24 €**	**317.423,51 €**

Tabelle 101 zeigt ein ähnliches Bild wie Tabelle 100. Im Betrachtungszeitraum 01 und im Sanierungsjahr 02 sind keine Steuern zu leisten. In Jahr 03 hat lediglich Anteilseigner C Einkommensteuer und Solidaritätszuschlag i.H.v. insgesamt 65.726,24 € zu zahlen. Im Jahr 04 unterliegt die Sanierungs-Mitunternehmerschaft erneut der gewerbesteuerlichen Mindestbesteuerung mit einer Gewerbesteuerlast von 53.768,26 €. Mitunternehmer A und B-GmbH unterliegen beide im Jahr 04 der Mindestbesteuerung nach § 10d EStG, wobei es sich bei dem die 1.000.000 € übersteigenden Betrag nur um einen geringen Betrag handelt. Gleichwohl kommt es bei Mitunternehmer A zu keiner Steuerbelastung, da das zu versteuernde Einkommen unterhalb des Grundfreibetrags liegt. B hat hingegen das zu versteuernde Einkommen von 1.000 € direkt und ohne Berücksichtigung eines Freibetrags zu versteuern mit der Konsequenz, dass die B-GmbH 150 € Körperschaftsteuer und 8,25 € Solidaritätszuschlag leisten muss. Die größte Steuerlast trägt in Jahr 04 erneut Anteilseigner C i.H.v. 263.497 €, die sich aus der Ausschüttung eines höheren Betrags bei Anwendung der Sanierungsvorschriften (999.841,75 €) im Vergleich zur Regelbesteuerung (950.000 €) ergibt.

Es zeigt sich, dass in der Fallkonstellation, in der Verlustvorträge vorhanden sind, die Anwendung der Sanierungsvorschriften mit einer Gesamtsteuerbelastung von 383.149,74 € steuerlich ungünstiger ist als die Regelbesteuerung mit einer Gesamtsteuerbelastung von 351.016,23 €. Ebenso wie bei der Sanierungs-Kapitalgesellschaft liegt das darin begründet, dass der zuzurechnende Gewinnanteil an die Mitunternehmer jeweils 50.000 € höher ist, da durch Anwendung der Sanierungs-Vorschriften der verteilt abziehbare Aufwand nach § 4f EStG gem. § 3a Abs. 3 S. 2 Nr. 1 EStG untergegangen ist und die Anteilseigner damit in Jahr 04 die Mindestbesteuerung zu berücksichtigen haben.

4. Fallstudienübergreifender Vergleich bei einer Sanierungs-Mitunternehmerschaft

Im Gegensatz zu einer Sanierungs-Kapitalgesellschaft sind aufgrund der Eigenheit der Besteuerung von Mitunternehmerschaften im Rahmen des Transparenzprinzips nicht nur die Sanierungs-Mitunternehmerschaft, sondern auch deren Mitunternehmer einzubeziehen, wenn die ertragsteuerlichen Konsequenzen zwischen der Anwendung der Regelbesteuerung und der Anwendung der Sanierungsvorschriften bei Vorhandensein bzw. Nichtvorhandensein von Verlustvorträgen dargestellt werden sollen. Für die hier untersuchten Fallstudien zeigen sich die in der nachfolgenden Tabelle 102 dargestellten Steuerbelastungen:

Tabelle 102: Kumulierte Gesamtsteuerbelastung der Anteilseignerebenen in allen untersuchten Fallkonstellationen bei einer Sanierungs-MU

Gesamtsteuerbelastung über alle vier betrachteten Zeiträume der Sanierungs-Mitunternehmerschaft und ihren Mitunternehmern				
	Sanierungs-MU	A	B-GmbH	Insgesamt
...ohne VV bei Regelbesteuerung	171.911,74 €	176.511,00 €	94.950,00 €	443.372,74 €
...ohne VV bei Anwendung der Sanierungsvorschriften	73.176,74 €	62.822,09 €	39.562,50 €	175.561,33 €
...mit VV bei Regelbesteuerung	48.126,26 €	- €	- €	48.126,26 €
...mit VV bei Anwendung der Sanierungsvorschriften	53.768,26 €	- €	158,25 €	53.926,51 €

Ebenso wie bei der Sanierungs-Kapitalgesellschaft sind die steuerlich günstigsten Varianten solche, in denen die Mitunternehmer steuerliche Verlustvorträge nutzen konnten. Dabei ist die Variante der Verlustnutzung bei der Anwendung der Regelbesteuerung noch einmal günstiger als bei Anwendung der Sanierungsvorschriften. Das liegt – wie zuvor bereits erläutert – darin begründet, dass den Mitunternehmern durch Untergang des verteilt abziehbaren Aufwands nach § 4f EStG im Sanierungsjahr, in den folgenden Jahren ein höherer Gewinnanteil zuzurechnen ist als in dem Fallbeispiel, in der die Regelbesteuerung angewendet wurde. Die steuerliche Nachteilhaftigkeit der Fallkonstellationen, als den Mitunternehmern im Sanierungsjahr noch keine Verluste zur Verfügung standen, ergibt sich insbesondere aus der damit einhergehenden Entwicklung, nach der die Mitunternehmer im Jahr 04 nicht ausreichende Verlustvorträge hatten, um ggf. unter Beachtung der Mindestbesteuerung ihre Gewinne auszugleichen. Hinzu kommt bei Mitunternehmer A ein deutlicher Anstieg der Einkommensteuerbelastung aufgrund der progressiven Ausgestaltung des Einkommensteuertarifs nach § 32a EStG.

Wird in die Gesamtsteuerbelastung auch Anteilseigner C mit einbezogen, kann aus Tabelle 103 abgelesen werden, dass sich die Beträge zwar insgesamt annähern, die Konstellation mit Verlustvorträgen und bei Regelbesteuerung weiterhin die steuerlich günstigste Variante ist, gefolgt von der bei Anwendung der Sanierungsvorschriften. Die Anwendung der Sanierungsvorschriften ist hingegen günstiger als die Regelbesteuerung, wenn die

Sanierungs-Mitunternehmerschaft bzw. ihre Mitunternehmer keine Verlustvorträge im Sanierungsjahr ausweisen.

Tabelle 103: Kumulierte Gesamtsteuerbelastungen aller Besteuerungsebenen in allen untersuchten Fallkonstellationen bei einer Sanierungs-MU

Sanierungs-Mitunternehmerschaft…	Gesamtsteuerbelastung aller Besteuerungsebenen über alle vier betrachteten Zeiträume
…ohne Verlustvorträge bei Regelbesteuerung	721.219,65 €
…ohne Verlustvorträge bei Anwendung der Sanierungsvorschriften	494.391,69 €
…mit Verlustvorträgen bei Regelbesteuerung	351.016,23 €
…mit Verlustvorträgen bei Anwendung der Sanierungsvorschriften	383.149,74 €

Auch in Bezug auf zu sanierende Mitunternehmerschaften ist das Ergebnis dahingehend einschränkend zu betrachten, als dass diese nur für die hier betrachteten Fallkonstellationen gelten; denn die steuerliche Vorteilhaftigkeit eines Sachverhalts ändert sich, wenn andere Parameter einschlägig sind, wie beispielsweise andere steuerbilanzielle Ausgangswerte zugrunde gelegt werden, betragsmäßig andere Vorlustvorträge zur Verfügung stehen oder ein anderer verbleibender Sanierungsertrag i.S.v. § 3a Abs. 3 S. 1 EStG und damit folglich auch ein anderer nach § 7b Abs. 2 S. 1 GewStG verbleibender Sanierungsertrag vorhanden ist.

IV. Erkenntnisse aus den Fallstudien und Handlungsempfehlungen für zu sanierende Gesellschaften

Die Anwendung der Sanierungsvorschriften ist grundsätzlich komplex. Das liegt insbesondere an der Vielzahl der Verweise des § 3a Abs. 2 EStG, in dem geregelt ist, dass die Steuerfreiheit von Sanierungserträgen mit dem Untergang von Verlustverrechnungspositionen einherzugehen hat. Die Anwendung auf eine zu sanierende Kapitalgesellschaft ist dabei jedoch gefälliger für den Rechtsanwender als die Anwendung auf eine zu sanierende Mitunternehmerschaft. Das liegt in großem Maße daran, dass eine Kapitalgesellschaft aufgrund des Trennungsprinzips selbst Anwendungssubjekt der Sanierungsvorschriften ist. Darüber hinaus hat sich gezeigt, dass bei Kapitalgesellschaften grundsätzlich bereits weniger Verlustverrechnungspositionen nach § 3a Abs. 3 S. 2 EStG betroffen sein können als bei Mitunternehmerschaften. Hier liegt die Herausforderung in der Praxis eher darin, die konkreten Verlustverrechnungspositionen zu identifizieren und ihrer Höhe nach zu quantifizieren. Trotz dieser Herausforderung sind die Identifikation und Quantifizierung in der Praxis essentiell, um überhaupt die Vorteilhaftigkeit der Anwendung der Sanierungsvorschriften beurteilen zu können. Denn im Rahmen der Fallstudien hat sich gezeigt, dass die Vorteilhaftigkeit der Anwendung der Sanierungsregelungen im Zusammenhang mit dem Vorhandensein und der Höhe der Steuerminderungspositionen steht. Zu der relevantesten Verlustverrechnungsposition bei zu sanierenden Kapitalgesellschaften gehört insbesondere § 3a Abs. 3 S. 2 Nr. 8 EStG, die den laufenden Verlust der Sanierungsgesellschaft im Sanierungsjahr mindert. Dahingegen wird es vermutlich in der Praxis eine geringere Zahl von Fällen geben, in der bei einer zu sanierenden Kapitalgesellschaft Verluste gem. § 3a Abs. 3 S. 2 Nr. 13 EStG, also Zins- und EBITDA-Vorträge, untergehen. Dies ist dadurch bedingt, dass es sich um die letzte Steuerminderungsposition in der Reihenfolge des § 3a Abs. 3 S. 2 Nr. 1–13 EStG handelt und Sanierungsgesellschaften regelmäßig hohe Verlustvorträge aufweisen sollten.

Das für die Besteuerung von Mitunternehmerschaften herrschende Transparenzprinzip führt zu einer deutlich komplexeren Anwendung der Sanierungsvorschriften. Hier ist nicht nur die Gesellschaftsebene selbst, sondern auch die Gesellschafterebene in die umfangreiche Steuerberechnung einzubeziehen. Darüber hinaus ist nahezu der gesamte Verlustverrechnungskatalog des § 3a Abs. 3 S. 2 EStG anwendbar, der sich bekanntlich nicht nur auf die zu sanierende Mitunternehmerschaft beschränkt, sondern auch andere Einkünfte des Mitunternehmers und zusätzlich zusammen veranlagte Ehegatten einbezieht. Es ist nahezu unmöglich, für eine zu sanierende Mitunternehmerschaft eine allgemeingültige Berechnung über die Anwendung der Sanierungsvorschriften über alle Beteiligungsebenen hinweg anzubieten, da hierfür unzählige einzelfallabhängige Gegebenheiten zu berücksichtigen sind, die jeweils für sich betrachtet zu steuerlichen Auswirkungen führen.

Die Begrifflichkeit der „Steuerfreiheit von Sanierungserträgen“ suggeriert, dass Sanierungserträge einer unbedingten Nichtbesteuerung unterfallen. Das mag zwar rechtlich zutreffend sein, wenn der Gesetzgeber in § 3a Abs. 1 S. 1 EStG anordnet, dass Betriebsvermögensmehrungen und Betriebseinnahmen aus einem Schuldenerlass zum Zwecke einer unternehmensbezogenen Sanierung steuerfrei sind. Gleichwohl haben die Fallstudien in den Fallkonstellationen, in denen bei der Sanierungsgesellschaft (und u.U. ihren Mitunternehmern) Verlustvorträge im Zeitpunkt der Anwendung der Sanierungsvorschriften vorhanden waren, gezeigt, dass eine wirtschaftlich tatsächliche Steuerfreiheit (in der Totalperiode) nicht existiert. Vielmehr führen die Sanierungsvorschriften zu einer temporären Steuerfreiheit im Sanierungsjahr, die die Sanierungsgesellschaft unter Einsatz ihrer Steuerminderungspositionen erhält. Der Untergang der Steuerminderungspositionen führt aber dazu, dass diese in den Folgejahren nicht mehr von der Sanierungsgesellschaft steuermindernd geltend gemacht werden können, was für die Sanierungsgesellschaft eine höhere künftige Steuerzahllast bedeutet. Die Sanierungsvorschriften als temporäre Steuerstundungsregelungen im Sanierungsjahr zu nennen, ist – zumindest in den Fällen, in denen Verlustvorträge vorhanden sind – im Hinblick auf das wirtschaftliche Ergebnis sachgerechter als von einer Steuerfreiheit von Sanierungserträgen zu sprechen.

Bei der Konstellation, in der die Sanierungsgesellschaft und ggf. ihre Mitunternehmer über Verlustvorträge im Zeitpunkt der Sanierung verfügen, dürfte es sich um den Regelfall handeln, denn es erscheint unwahrscheinlich, dass eine Gesellschaft die Tatbestandsvoraussetzungen der Sanierungsvorschriften, insbesondere die Sanierungsbedürftigkeit, nachweisen kann, wenn sie in den Jahren vor der Sanierung keine Verluste – und entsprechend steuerliche Verlustvorträge – aufgebaut hat. Im Umkehrschluss bedeutet das auch, dass lediglich im Ausnahmefall, in dem keine Verlustvorträge vorhanden sind, die Begrifflichkeit der Steuerfreiheit von Sanierungserträgen sowohl aus rechtlicher als auch aus wirtschaftlicher Sicht zutreffend ist.

Die Fallstudien haben sowohl in Bezug auf eine zu sanierende Kapitalgesellschaft als auch eine zu sanierende Mitunternehmerschaft aus der rein steuerlichen Perspektive gezeigt, dass unter den hier getroffenen Annahmen die Sanierungsvorschriften nicht notwendig sind, um einer Besteuerung im Sanierungsjahr zu entgehen. Zusätzlich wurde festgestellt, dass bei einem mehrjährigen Betrachtungszeitraum die Anwendung der Sanierungsvorschriften unter den hier getroffenen Annahmen nicht zwangsläufig zu einer steuerlichen Vorteilhaftigkeit gegenüber der Regelbesteuerung führen. Es bedarf somit in der Praxis unbedingt einer Einzelfallprüfung, um herauszufinden, welche Vorgehensweise die steuerlich günstigste ist.

Hinzu kommt, dass für Entscheidungsträger eine rein steuerliche Betrachtungsweise als alleinige oder priorisierte Entscheidungsgrundlage ungeeignet ist. Das gilt erst recht, wenn sich die steuerliche Vorteil- bzw. Nachteilhaftigkeit bezüglich der Anwendung bzw. Nichtanwendung der Sanierungsvorschriften erst unter Zugrundelegung eines mehrjährigen Betrachtungszeitraums ergibt. Der Grund hierfür ist, dass eine mehrjährige Steuerplanung im Hinblick auf eine möglichst geringe Steuerbelastung bei akut kriselnden Gesellschaften lediglich eingeschränkt sinnvoll ist, insbesondere vor der realen Gefahr, dass die Gesellschaft die Krise wirtschaftlich nicht übersteht. Die Priorität muss vielmehr in der kurzfristigen Existenzsicherung des Unternehmens z.B. durch eine gesteigerte Liquidität des Unternehmens in den akuten Krisenjahren liegen. Die rein steuerliche Betrachtungsweise berücksichtigt hierbei eben nicht einen möglichen Liquiditätsvorteil der Gesellschaft im Sanierungsjahr, die durch die Nichtbesteuerung eines Schuldenerlasses entstehen kann. Die Gesellschaft bzw. deren Entscheidungsträger haben also zu prüfen und abzuwägen, ob die Vorteilhaftigkeit durch eine erhöhte Liquidität bei Anwendung der Sanierungsvorschriften im Sanierungsjahr größer ist als eine möglicherweise erhöhte Steuerzahllast in den Folgejahren, in denen das Unternehmen im Optimalfall wieder wirtschaftlich erfolgreich ist.

F. Zusammenfassung der wichtigsten Ergebnisse und Ausblick

I. Zusammenfassung der Ergebnisse

Das Ziel dieser Arbeit ist es, einen Beitrag zur wissenschaftlichen Aufarbeitung der Neuregelungen zur Steuerfreiheit von Sanierungserträgen nach §§ 3a, 3c Abs. 4 EStG und § 7b GewStG zu leisten, wobei das Hauptaugenmerk dieser Arbeit darin liegt, die rechtsformspezifische Anwendung in Abhängigkeit von der Gesellschaftsform der zu sanierenden Gesellschaft zu beleuchten. Daher wurden in Kapitel B zunächst die betriebswirtschaftlichen und rechtlichen Grundlagen einer Unternehmenssanierung erläutert. Es hat sich gezeigt, dass die genaue Analyse von Krisenursachen Ausgangspunkt für die zielgenaue Ergreifung von Maßnahmen darstellt, um diese Krisenursachen zu beseitigen, das Unternehmen wirtschaftlich zu stabilisieren und seine Existenz langfristig zu erhalten. Ein Sanierungskonzept, das ein Bündel von Maßnahmen zur wirtschaftlichen Gesundung eines Unternehmens beinhaltet, erweist sich aus steuerlicher Sicht in aller Regel dann als geeignet, wenn die Sanierungsmaßnahmen steuerneutral, zumindest steuerschonend, durchführbar sind.[1212]

Dass den Bemühungen, Sanierungserträge steuerfrei zu stellen, eine lange und wechselvolle Geschichte zugrunde liegt, hat sich in Kapitel C herausgestellt, welches die historischen Entwicklungen und unterschiedlichen Ansatzpunkte für eine Steuerfreiheit von Sanierungserträgen seit den 1920er Jahren, über die gesetzliche Regelung bis zum Jahr 1997 durch § 3 Nr. 66 EStG und zu Zeiten des sog. Sanierungserlasses dargestellt hat. Die Einführung der Sanierungsvorschriften durch den Gesetzgeber in Form von §§ 3a, 3c Abs. 4 EStG und § 7b GewStG im Jahr 2017 scheint dabei der vorläufige Schlusspunkt einer langjährigen Geschichte zu sein, in der der Gesetzgeber, die Finanzverwaltung und die Gerichte regelmäßig Änderungen und Korrekturen an den bestehenden Regelungen vorgenommen hatten. Mit denen seit 2017 geltenden Neuregelungen soll nunmehr die Rechtssicherheit für zu sanierende Unternehmen in steuerlicher Hinsicht erhöht werden[1213] und gleichzeitig eine in der Vergangenheit zwischenzeitlich bestehende Doppelbegünstigung der Sanierungsunternehmen in Form der Freistellung von Sanierungsgewinnen bei gleichzeitigem

1212 Vgl. *Blaas/Schwahn*, DB 2013, 2350.
1213 Vgl. BT-Drs. 18/12128 v. 26.4.2017, 30.

(unbeschränkten) Verlustvortrag verhindert werden.[1214] Gleichwohl bleiben die Sanierungsvorschriften dahingehend risikobehaftet, als dass es bisher keine Entscheidung der Europäischen Kommission gibt, ob es sich bei den Vorschriften um europarechtswidrige staatliche Beihilfen handelt.[1215] Diese Frage kann grundsätzlich jederzeit dem EuGH durch nationale Gerichte vorgelegt werden, ohne derzeit absehbarem Ergebnis oder daraus resultierenden Folgen.

Bei genauerer Analyse der Sanierungsvorschriften im Hinblick auf ihren Normzweck, den sachlichen, persönlichen und zeitlichen Anwendungsbereich, den Tatbestandsvoraussetzungen sowie den Rechtsfolgen in Kapitel D dieser Arbeit, hat sich im Bereich der Tatbestandsvoraussetzungen gezeigt, dass die Vorschriften des §§ 3a, 3c Abs. 4 EStG und § 7b GewStG in weiten Teilen auf sämtliche Unternehmen, unabhängig von ihrer Rechtsform angewendet werden können. Bei den Rechtsfolgen hingegen – und hier ist zuvorderst an den Steuerminderungskatalog in § 3a Abs. 3 S. 2 Nr. 1–13 EStG zu denken – zeigt sich, dass gewisse Regelungen nur auf Kapitalgesellschaften oder nur auf Personengesellschaften, zum Teil aber auch gänzlich unabhängig von der Rechtsform als Kapitalgesellschaften, Personengesellschaften oder Einzelunternehmen anwendbar sind. Bei der Analyse der neuen Sanierungsvorschriften konnte im Rahmen dieser Arbeit auch festgestellt werden, dass es immer noch Unklarheiten gibt. So ist im Bereich der Tatbestandsvoraussetzungen weiterhin nicht rechtssicher zu beurteilen, ob sich Sanierungserträge, die durch Konfusion, also der Vereinigung von Forderung und Schuld in einer Person, entstehen, als Schulderlass qualifizieren. Dabei handelt es sich um die elementare Frage eines Sanierungsunternehmens im Hinblick darauf, ob diese Konfusionsgewinne – die beispielsweise bei einem in der Praxis nicht unüblichen Debt-Equity-Swap entstehen können, vom Anwendungsbereich der Sanierungsvorschriften umfasst sind oder nicht. Dem Argument der Literatur, dass bei der Definition des Begriffs des Schuldenerlasses das zivilrechtliche Konstrukt hinter dem

---

1214 Vgl. BT-Drs. 18/12128 v. 26.4.2017, 31; *Levedag*, in: Schmidt, EStG-Kommentar, 2021, § 3a, Rn. 35; *Hallerbach*, in: H/H/R, EStG-Kommentar, 2021, § 3a, Rn. 34; *Seer*, in: Kirchhof/Seer, EStG-Kommentar, 2021, § 3a, Rn. 31; *Böing*, in: L/B/P, EStG-Kommentar, 2021, § 3a, Rn. 37.

1215 Vgl. *Kanzler*, in: K/K/B, EStG-Kommentar, 2021, § 3a, Rn. 9; *Krumm*, in: Blümich, EStG-Kommentar, 2021, § 3a, Rn. 10; *Seer*, in: Kirchhof/Seer, EStG-Kommentar, 2021, § 3a, Rn. 8; *Förster/Hechtner*, DB 2019, 10 [12]; *Kanzler*, NWB 2019, 626 [628]; *Rüberg*, NJW-Spezial, 207; *Möhlenkamp*, ZIP 2018, 1907 [1913].

wirtschaftlichen Ergebnis zurücktreten sollte[1216], kann sich angeschlossen werden. Gleichwohl bleibt der Steuerpflichtige diesbezüglich Rechtsunsicherheiten ausgesetzt, die der Gesetzgeber mit einem klaren Bekenntnis für oder gegen diese Ansicht beheben könnte. Im Bereich der Rechtsfolgen verbleiben ebenso Unwägbarkeiten. Als Beispiel hierfür kann die Anordnung des § 3a Abs. 1 S. 2 EStG angeführt werden, wonach Steuerpflichtige bei Steuerfreiheit ihrer Sanierungserträge steuerliche Wahlrechte gewinnmindernd auszuüben haben. Dabei ist nicht eindeutig ersichtlich, ob der Gesetzgeber neben den gesetzlichen Wahlrechten auch solche umfasst wissen will, die sich aus Verwaltungsanweisungen und der Rechtsprechung ergeben können.[1217] In Bezug auf § 3c Abs. 4 EStG hat sich insbesondere die Problematik herauskristallisiert, dass der Abzug der Sanierungsaufwendungen nicht auf den Sanierungsertrag begrenzt wurde.[1218] Dass die Sanierungsaufwendungen den Sanierungsertrag übersteigen, mag kein Regelfall in der Praxis sein. Gleichwohl ist an den Gesetzgeber zu appellieren, eine Begrenzung des Abzugs der Sanierungsaufwendungen auf den Sanierungsertrag gesetzlich einzuführen, um dieser Regelung den überschießenden Charakter – wenn auch nur in Ausnahmefällen – zu nehmen. Dies gilt auch für die in der Gesetzesbegründung dargelegte Ansicht, dass Sanierungsaufwendungen selbst dann nicht abziehbar sein sollen, wenn es zu keinen nach § 3a EStG steuerfreien Sanierungserträgen kommt.[1219]

Neben der Neueinführung der §§ 3a, 3c Abs. 4 EStG, § 7b GewStG war der Gesetzgeber auch gezwungen, bestehende Regelungen zu ergänzen. So wurde

---

1216 Vgl. *Levedag*, in: Schmidt, EStG-Kommentar, 2021, § 3a, Rn. 16; *Kahlert/Schmidt*, DStR 2017, 1897 [1899], *Förster/Hechtner*, DB 2017, 1536 [1538], *Desens*, FR 2017, 981 [983]; *Sistermann/Beutel*, DStR 2017, 1065 [1066]; *Hölzle*, ZIP 2020, 303 [308].

1217 Für eine Begrenzung auf gesetzliche Wahlrechte, vgl. *Hallerbach*, in: H/H/R, EStG-Kommentar, 2021, § 3a, Rn. 17; *Levedag*, in: Schmidt, EStG-Kommentar, 2021, § 3a, Rn. 34; *Desens*, FR 2017, 981 [989]; a.A. *Förster/Hechtner*, DB 2017, 1536 [1542], *Kanzler*, NWB 2017, 2260 [2265], die auch Wahlrechte basierend auf Rechtsprechung und Verwaltungsvorschriften umfasst sehen.

1218 Vgl. *Desens*, in: H/H/R, EStG-Kommentar, 2021, § 3c, Rn. 15a; *Isler*, in: Frotscher/Geurts, EStG-Kommentar, 2021, § 3c, Rn. 97i; *Kanzler*, NWB 2019, 626 [643]; *Skauradszun/Kwauka*, DStR 2020, 953 [956 f.] eingehend zu der Thematik, warum § 3c Abs. 4 EStG gegen das objektive Nettoprinzip verstößt.

1219 Vgl. BT-Drs. 18/12128 v. 26.4.2017, 33; *Kanzler*, NWB 2019, 626 [643], kritisch hierzu: *Desens*, in: H/H/R, EStG-Kommentar, 2021, § 3c, Rn. 19a, 110; *Förster/Hechtner*, DB 2017, 1536 [1543]; *Levedag*, in: Schmidt, EStG-Kommentar, 2021, § 3c, Rn. 28; *Isler*, in: Frotscher/Geurts, EStG-Kommentar, 2021, § 3c, Rn. 97 f.; *Hölzle*, ZIP 2020, 303 [308].

beispielsweise in § 8c Abs. 2 KStG bestimmt, dass der zeitpunktbezogene Verlustuntergang bei schädlichen Ereignissen i.S.v. § 8c KStG vorrangig und die zeitraumbezogene Regelung des § 3a Abs. 3 EStG lediglich auf ggf. danach verbleibende Verluste anzuwenden ist. Darüber hinaus hat der Gesetzgeber geregelt, wie vorzugehen ist, wenn es sich bei der zu sanierenden Gesellschaft um eine Organgesellschaft handelt. Hierfür hat der Gesetzgeber § 15 KStG ergänzt, der die Ermittlung des Einkommens bei Organschaften regelt. An dieser Anpassung durch den Gesetzgeber gibt es allerdings punktuelle Kritik; denn neben einer unsäglichen Verweisungskette in § 15 S. 1 Nr. 1 S. 3 KStG sind Fallkonstellationen mit einer Kettenorganschaft und der Frage, ob ein verbleibender Sanierungsertrag durch die gesamte organschaftlich verbundene Beteiligungskette geschleust wird bis der gesamte Sanierungsertrag mit den Steuerminderungspotenzialen auf den verschiedenen Stufen ausgeglichen wurde, unberücksichtigt geblieben.[1220] Darüber hinaus verbleiben Unklarheiten bei der Anwendung der Sanierungsvorschriften auf Ebene einer Organschaft und der Reihenfolge des Verlustuntergangs zwischen einer nahestehenden Person und dem Organträger.[1221]

Die Übertragung der theoretischen Ausführungen in Kapitel D auf die Fallbeispiele in Kapitel E hat die steuerlichen Folgen der Sanierungsvorschriften bei Kapitalgesellschaften und Mitunternehmerschaften verdeutlicht. Es konnte insbesondere gezeigt werden, dass die Inanspruchnahme der Regelungen zur Steuerfreiheit von Sanierungsgewinnen durch den Steuerpflichtigen, unabhängig von seiner Rechtsform, nicht in jedem Fall vorteilhaft ist. Im Allgemeinen hat sich gezeigt, dass die Vorteilhaftigkeit der Sanierungsvorschriften steigt, je weniger Steuerminderungspositionen die Kapitalgesellschaft bzw. die Mitunternehmerschaft und ihre Mitunternehmer hat. Im Umkehrschluss sinkt die Vorteilhaftigkeit der Sanierungsregelungen dann, wenn eine zu sanierende Kapitalgesellschaft oder Mitunternehmerschaft mit ihren Mitunternehmern

1220 Vgl. *Pohl*, GmbH-StB 2019, 135 [137]; ebenso *Hasbach/Oesterwinter/Fahje*, DB 2020, 1249 [1253], die für eine Anwendung der §§ 3a, 3c Abs. 4 EStG i.V.m. § 15 S. 1 Nr. 1a KStG nur im unmittelbaren Organschaftsverhältnis plädieren, so dass der Untergang von Steuerminderungspotenzialen bei dem mittelbaren Organträger nicht erfolgt; a.A. *Frotscher, G.*, in: Frotscher/Drüen, KStG-Kommentar, 2021, § 15, Rn. 24b.

1221 Für einen vorrangigen Verrechnung der Steuerminderungspositionen bei der nahestehenden Person plädieren *Krumm*, in: Blümich, KStG-Kommentar, 2021, § 15, Rn. 15; *Neumann*, in: Gosch, KStG-Kommentar, 2020, § 15, Rn. 14c, 15; a.A. wohl *Frotscher, G.*, in: Frotscher/Drüen, KStG-Kommentar, 2021, § 15, Rn. 24c.

über größere Steuerminderungspositionen verfügt. Dabei stellt derjenige Betrag den Kipppunkt zwischen der Vorteil- zur Nachteilhaftigkeit der Regelung dar, in dem der Sanierungsertrag den vorhandenen Steuerminderungspotenzialen entspricht. Hat die Gesellschaft – im unwahrscheinlichen Fall – keine oder nur geringe Verlustvorträge, so erhalten die Sanierungsvorschriften einen tatsächlich steuerbefreienden Charakter. Übersteigen die Steuerminderungspositionen der Beteiligten hingegen die Sanierungserträge, so schlägt der Steuerstundungscharakter der Regelungen durch, wonach durch Verrechnung der Steuerminderungspotenziale zwar keine Steuer im Sanierungsjahr entsteht, aber dem Steuerpflichtigen diese in den Folgejahren fehlt und so in der Regel einer höheren Steuerlast unterliegt. In diesem Zusammenhang ist abermals auf die Diskussion zu verweisen, ob sich durch die in § 3a Abs. 2 EStG geforderte Nachweispflicht über die Erfüllung der Tatbestandsvoraussetzungen durch den Steuerpflichtigen ein faktisches Wahlrecht dahingehend begründet.[1222] Wie in den Fallstudien gezeigt, sind die Sanierungsvorschriften, insbesondere im Hinblick auf die kumulierte Betrachtung der Steuerlast mehrerer Jahre nicht per se vorteilhaft, wobei es bei dieser Bewertung zu beachten gilt, dass die Vorteilhaftigkeit der Steuerstundung im Jahr der drohenden Insolvenz die Nachteilhaftigkeit einer potenziellen Steuermehrbelastung in den Jahren nach Überwindung der Unternehmenskrise überwiegen kann. Nichtsdestoweniger sind zusätzlich auch noch solche Fallkonstellationen zu berücksichtigen, in denen sich der steuerliche Nachteil daraus ergibt, dass die nicht abzugsfähigen Sanierungsaufwendungen den Sanierungsertrag übersteigen und es somit, bei Anwendung der Sanierungsvorschriften, zu einem nicht abzugsfähigen Sanierungsverlust kommen kann. Auch der Zwang zur gewinnmindernden Ausübung steuerlicher Wahlrechte kann zu einem echten steuerlichen Nachteil führen. Das ist beispielhaft dann der Fall, wenn das zu sanierende Unternehmen gezwungen ist, eine Teilwertabschreibung auf die Beteiligung an einer Kapitalgesellschaft vorzunehmen. Diese Abschreibung ist jedoch nach § 8b Abs. 3 S. 3 KStG steuerlich nicht abzugsfähig. Bei einer späteren Zuschreibung würde hingegen gem. § 8b Abs. 2 S. 1 KStG 5 % Schachtelstrafe anfallen. Dass die Regelungen der Steuerfreiheit von Sanierungserträgen – wie gezeigt – auch zu steuerlichen

1222 Verneinend: *Levedag*, in: Schmidt, EStG-Kommentar, 2021, § 3a, Rn. 29; bejahend: *Böing*, in: L/B/P, EStG-Kommentar, 2021, § 3a, Rn. 16; *Desens*, FR 2017, 981 [984]; *Hallerbach*, in: H/H/R, EStG-Kommentar, 2021, § 3a, Rn. 31; *Kanzler*, in: K/K/B, EStG-Kommentar, 2021, § 3a, Rn. 117; *Schnitter*, in: Frotscher/Drüen, GewStG-Kommentar, 2021, § 7b GewStG, Rn. 24; *Desens*, FR 2017, 981 [984].

Nachteilen führen können, lässt sich mit der Grundidee der Regelungen nicht in Einklang bringen. Insofern sollte dem Steuerpflichtigen unter Beachtung der einzelfallabhängigen Gegebenheiten die letztendliche Entscheidung zugestanden werden, ob er die Sanierungsregelungen anwenden oder auf sie verzichten möchte.

In Bezug auf die rechtsformspezifische Anwendung der Regelungen zur Steuerfreiheit von Sanierungserträgen ist ersichtlich geworden, dass die Anwendung der Sanierungsvorschriften bei Kapitalgesellschaften aufgrund des Trennungsprinzips deutlich einfacher ist als die Anwendung der Vorschriften bei Mitunternehmerschaft. Das dort vorherrschende Transparenzprinzip macht es notwendig, dass die Sanierungsgesellschaft selbst zu berücksichtigen ist, ebenso wie ihre sämtlichen Mitunternehmer. Auf Ebene der Mitunternehmer gehen nach § 3a Abs. 3 S. 2 EStG nicht nur diverse Steuerminderungspositionen unter, die ihnen aus der Sanierungsgesellschaft zugewiesen wurden, sondern auch solche aus anderen Einkunftsquellen. Darüber hinaus ist bei Mitunternehmern als natürlichen Personen neuerdings auch § 3a Abs. 3a EStG zu berücksichtigen, der die Einbeziehung von laufenden Beträgen und Verlustvorträgen des anderen Ehegattens bei Zusammenveranlagung normiert.

II. Ausblick

Eine erneute tiefgreifende Veränderung an den derzeitigen Sanierungsvorschriften nach §§ 3a, 3c Abs. 4 EStG, § 7b GewStG ist nach aktuellem Stand nicht zu erwarten. Auch wenn im dieser Arbeit die Schwachpunkte der Regelungen dargelegt wurden, so führt die Analyse der Sanierungsvorschriften überwiegend zu dem Ergebnis, dass es sich dabei um sehr durchdachte und zumeist gut abgestimmte Regelungen handelt, die keiner grundlegenden Überarbeitung bedürfen. Gleichwohl sind punktuelle Präzisierungen und Ergänzungen durch den Gesetzgeber wünschenswert, um eine noch höhere Rechtssicherheit für die an einer Sanierung Beteiligten zu gewährleisten.

Darüber hinaus könnten auch bald die ersten finanzgerichtlichen Entscheidungen zu den neuen Sanierungsvorschriften zu erwarten sein. Soweit ersichtlich hat es bis zu diesem Zeitpunkt noch keine finanzgerichtlichen Urteile zu den §§ 3a, 3c Abs. 4 EStG, § 7b GewStG gegeben, was insoweit auch nicht ungewöhnlich ist, als dass die Regelungen erst im Dezember 2018 in Kraft gesetzt worden sind. Gleichwohl gibt es – wie auch in dieser Arbeit aufgezeigt – kritische Punkte der Regelungen, die aufgrund unterschiedlicher Auffassungen des Steuerpflichtigen und der Finanzverwaltung, schlussendlich erst im Klageweg geklärt werden können.

Anhang 1: Ausführliche Berechnungen zu der Fallstudie mit einer Sanierungs-Kapitalgesellschaft ohne Verlustvorträge bei Anwendung der Regelbesteuerung

	Körperschaftsteuer der Sanierungs-Kapitalgesellschaft	Jahr 01	Jahr 02 Sanierungsjahr	Jahr 03	Jahr 04
	Gewinn/Verlust lt. Steuerbilanz bzw. nach § 60 Abs. 2 EStDV korrigierter Jahresüberschuss/ Jahresfehlbetrag lt. Handelsbilanz	100.000 €	-1.000.000 €	500.000 €	2.000.000 €
	Verteilt abziehbarer Aufwand i.S.v. § 4f EStG				
	Vorhandener verteilt abziehbarer Aufwand gem. § 4f EStG	1.100.000 €	1.000.000 €	900.000 €	800.000 €
-	Abzug v. 1/15 des verteilt abziehbaren Aufwands (hier: urspr. 150.000 €)	-100.000 €	-100.000 €	-100.000 €	-100.000 €
	Verbleibender verteilt abziehbarer Aufwand nach § 4f EStG	1.000.000 €	900.000 €	800.000 €	700.000 €
=	Steuerlicher Gewinn	- €	-1.100.000 €	400.000 €	1.900.000 €
=	Gesamtbetrag der Einkünfte i. S. d. § 10d EStG	- €	-1.100.000 €	400.000 €	1.900.000 €
	Verlustabzug nach § 10d EStG				
	Vorhandener kstl. Verlustvortrag	- €	- €	1.100.000 €	700.000 €
-	Sockelbetrag, max. vorhandener Verlustvortrag	- €	- €	400.000 €	700.000 €
-	Verlustabzug i.H.v. 60 % des verbleibenden Gesamtbetrags der Einkünfte	- €	- €	- €	- €
=	Insgesamt genutzter Verlustvortrag	- €	- €	400.000 €	700.000 €
=	Vortragsfähiger kstl. Verlust	- €	- €	700.000 €	- €

	Körperschaftsteuer der Sanierungs-Kapitalgesellschaft	Jahr 01	Jahr 02 Sanierungsjahr	Jahr 03	Jahr 04
=	Einkommen	- €	-1.100.000 €	- €	1.200.000 €
=	Zu versteuerndes Einkommen	- €	-1.100.000 €	- €	1.200.000 €
Festzusetzende Körperschaftsteuer					
	Steuerbetrag nach Regelsteuersatz 15 %, § 23 Abs. 1 KStG	- €	- €	- €	180.000 €
=	Tarifbelastung	- €	- €	- €	180.000 €
=	Festzusetzende Körperschaftsteuer	- €	- €	- €	180.000 €
=	Verbleibende Körperschaftsteuer	- €	- €	- €	180.000 €
Solidaritätszuschlag auf Körperschaftsteuer					
	Körperschaftsteuer	- €	- €	- €	180.000 €
x	Solidaritätszuschlag, §§ 1 Abs. 1, 4 S. 1 SolZG	5,5 %	5,5 %	5,5 %	5,5 %
=	Solidaritätszuschlag auf Körperschaftsteuer	- €	- €	- €	9.900 €

	Gewerbesteuer der Sanierungs-Kapitalgesellschaft	Jahr 01	Jahr 02 Sanierungsjahr	Jahr 03	Jahr 04
Gewinn aus Gewerbebetrieb, § 7 GewStG		- €	-1.100.000 €	400.000 €	1.900.000 €
Korrektur nach R 7.1 Abs. 3 i.V.m. R 7.1 Abs. 4 GewStR					
	Nach § 15 Abs. 4 EStG	- €	- €	- €	- €
Zwischensumme		- €	-1.100.000 €	400.000 €	1.900.000 €
Hinzurechnungen:					
+	100 % d. Entgelte für Schulden, § 8 Nr. 1a GewStG	150.000 €	150.000 €	150.000 €	150.000 €
+	20 % d. Miet- u. Pachtzins (bewegliche WG), § 8 Nr. 1d GewStG	20.000 €	20.000 €	20.000 €	20.000 €
+	50 % d. Miet- u. Pachtzins (unbewegliche WG), § 8 Nr. 1e GewStG	50.000 €	50.000 €	50.000 €	50.000 €
+	25 % d. Konzessionen, Lizenzen, § 8 Nr. 1f GewStG	5.000 €	5.000 €	5.000 €	5.000 €
=	Zwischensumme	225.000 €	225.000 €	225.000 €	225.000 €
-	Freibetrag (max. 100.000 EUR)	100.000 €	100.000 €	100.000 €	100.000 €
=	25 % d. positiven Betrags (= Hinzurechnungsbetrag)	31.250 €	31.250 €	31.250 €	31.250 €
=	Summe der Hinzurechnungen	31.250 €	31.250 €	31.250 €	31.250 €
Kürzungen:					
	Faktor (140 %, 100 %, …), § 121a BewG	140 %	140 %	140 %	140 %
x	Einheitswert Betriebsgrundstück, betriebliche Nutzung	1.000.000 €	1.000.000 €	1.000.000 €	1.000.000 €
x	1,2 %, § 9 Nr. 1 GewStG	1,2 %	1,2 %	1,2 %	1,2 %
	Kürzungsbetrag nach § 9 Nr. 1 GewStG	16.800 €	16.800 €	16.800 €	16.800 €
=	Summe der Kürzungen	16.800 €	16.800 €	16.800 €	16.800 €
=	Gewerbeertrag, § 10 GewStG	14.450 €	-1.085.550 €	414.450 €	1.914.450 €
	Gewerbeverlust, § 10a GewStG:				

	Gewerbesteuer der Sanierungs-Kapitalgesellschaft	**Jahr 01**	**Jahr 02 Sanierungsjahr**	**Jahr 03**	**Jahr 04**
	Vorhandener gewstl. Verlust	- €	- €	1.085.550 €	671.100 €
-	Sockelbetrag, max. vorhandener Verlustvortrag	- €	- €	414.450 €	671.100 €
-	Verlustabzug i.H.v. 60 % des verbleibenden Gesamtbetrags der Einkünfte	- €	- €	- €	- €
=	Insgesamt genutzter Verlustvortrag	- €	- €	414.450 €	671.100 €
=	Vortragsfähiger gewstl. Verlust	- €	1.085.550 €	671.100 €	- €
=	Zwischensumme	14.450 €	- €	- €	1.243.350 €
	Abgerundet auf volle 100 €, § 11 Abs. 1 S. 3 GewStG	14.400 €	- €	- €	1.243.300 €
=	Gewerbeertrag nach Freibetrag	14.400 €	- €	- €	1.243.300 €
x	Steuermesszahl, § 11 Abs. 2 GewStG	3,5 %	3,5 %	3,5 %	3,5 %
=	Gewerbesteuermessbetrag	504 €	- €	- €	43.516 €
x	Hebesatz, § 16 GewStG (Durchschnitt in Deutschland 2019)	403 %	403 %	403 %	403 %
=	Gewerbesteuer	2.031 €	- €	- €	175.367 €

	Kapitalertragsteuereinbehalt der Sanierungs-Kapitalgesellschaft für ihre Anteilseigner	**Jahr 01**	**Jahr 02 Sanierungsjahr**	**Jahr 03**	**Jahr 04**
	Gewinn vor Steuern	100.000 €	- €	500.000 €	2.000.000 €
-	Körperschaftsteuer	- €	- €	- €	180.000 €
-	Solidaritätszuschlag auf Körperschaftsteuer	- €	- €	- €	9.900 €
-	Gewerbesteuer	2.031 €	- €	- €	175.367 €
=	Ausschüttungsfähiger Betrag	97.969 €	- €	500.000 €	1.634.733 €
x	Kapitalertragsteuersatz, § 43a Abs. 1 S. 1 Nr. 1 EStG	25 %	25 %	25 %	25 %
=	Kapitalertragsteuereinbehalt gem. § 44 Abs. 1 S. 3 EStG	24.492 €	- €	125.000 €	408.683 €
Solidaritätszuschlag auf Kapitalertragsteuer					- €
	Kapitalertragsteuereinbehalt, abgerundet gem. § 44 Abs. 1 S. 6 EStG	24.492 €	- €	125.000 €	408.683 €
x	Solidaritätszuschlag, §§ 1 Abs. 3, 4 S. 1 SolZG	5,5 %	5,5 %	5,5 %	5,5 %
=	Solidaritätszuschlag auf Kapitalertragsteuer	1.347 €	- €	6.875 €	22.478 €

	Anteilseigner A (50 %), natürliche Person: Einkommensteuer auf Einkünfte aus Kapitalvermögen	**Jahr 01**	**Jahr 02 Sanierungsjahr**	**Jahr 03**	**Jahr 04**
	Brutto-Einnahmen aus Kapitalvermögen, § 43 EStG	48.984 €	- €	250.000 €	817.366 €
-	Sparer-Pauschbetrag, § 20 Abs. 9 EStG	801 €	- €	801 €	801 €
=	Einkünfte aus Kapitalvermögen	48.183 €	- €	249.199 €	816.565 €
x	Gesonderter Steuertarif für Einkünfte aus Kapitalvermögen, § 32d Abs. 1 S. 1 EStG	25 %	25 %	25 %	25 %
=	Einkommensteuer auf Einkünfte aus Kapitalvermögen i.S.v. § 32d EStG	12.046 €	- €	62.300 €	204.141 €
	Solidaritätszuschlag auf Einkommensteuer für Einkünfte aus Kapitalvermögen				
	Einkommensteuer auf Einkünfte aus Kapitalvermögen i.S.v. § 32d EStG	12.046 €	- €	62.300 €	204.141 €
x	Solidaritätszuschlag, §§ 1 Abs. 1, 4 S. 1 SolZG	5,5 %	5,5 %	5,5 %	5,5 %
=	Solidaritätszuschlag auf Einkommensteuer für Einkünfte aus Kapitalvermögen	663 €	- €	3.426 €	11.228 €

	Anteilseigner B-GmbH (50 %): Körperschaftsteuer	**Jahr 01**	**Jahr 02 Sanierungsjahr**	**Jahr 03**	**Jahr 04**
Körperschaftsteuerbemessungsgrundlage					
	Gewinn/Verlust lt. Steuerbilanz bzw. nach § 60 Abs. 2 EStDV korrigierter Jahresüberschuss/Jahresfehlbetrag lt. Handelsbilanz	48.984 €	- €	250.000 €	817.366 €
-/+	Kürzungen/Hinzurechnungen nach § 8b KStG	-46.535 €	- €	-237.500 €	-776.498 €
=	Steuerlicher Gewinn	2.449 €	- €	12.500 €	40.868 €
=	Gesamtbetrag der Einkünfte i. S. d. § 10d EStG	2.449 €	- €	12.500 €	40.868 €
-	Verlustabzug nach § 10d EStG	- €	- €	- €	- €
=	Einkommen	2.449 €	- €	12.500 €	40.868 €
=	Zu versteuerndes Einkommen	2.449 €	- €	12.500 €	40.868 €
Festzusetzende Körperschaftsteuer					
	Steuerbetrag nach Regelsteuersatz 15 %, § 23 Abs. 1 KStG	367 €	- €	1.875 €	6.130 €
=	Tarifbelastung	367 €	- €	1.875 €	6.130 €
=	Festzusetzende Körperschaftsteuer	367 €	- €	1.875 €	6.130 €
-	Anzurechnende Kapitalertragsteuer, § 36 Abs. 2 Nr. 2 EStG, aufgerundet	12.247 €	- €	62.500 €	204.342 €
=	Verbleibende Körperschaftsteuer	-11.880 €	- €	-60.625 €	-198.212 €
Solidaritätszuschlag auf Körperschaftsteuer					
	Körperschaftsteuer	367 €	- €	1.875 €	6.130 €
x	Solidaritätszuschlag, § 4 S. 1 SolZG	5,5 %	5,5 %	5,5 %	5,5 %
=	Solidaritätszuschlag auf Körperschaftsteuer	20 €	- €	103 €	337 €

	Gewerbesteuer der B-GmbH	Jahr 01	Jahr 02 Sanierungsjahr	Jahr 03	Jahr 04
	Gewinn aus Gewerbebetrieb, § 7 GewStG	2.449 €	- €	12.500 €	40.868 €
+	Summe der Hinzurechnungen	- €	- €	- €	- €
-	Summe der Kürzungen	- €	- €	- €	- €
=	Gewerbeertrag, § 10 GewStG	2.449 €	- €	12.500 €	40.868 €
-	Gewerbeverlust, § 10a GewStG	- €	- €	- €	- €
=	Zwischensumme	2.449 €	- €	12.500 €	40.868 €
	Abgerundet auf volle 100 €, § 11 Abs. 1 S. 3 GewStG	2.400 €	- €	12.500 €	40.800 €
=	Gewerbeertrag nach Freibetrag	2.400 €	- €	12.500 €	40.800 €
x	Steuermesszahl, § 11 Abs. 2 GewStG	3,5 %	3,5 %	3,5 %	3,5 %
=	Gewerbesteuermessbetrag	84 €	- €	438 €	1.428 €
x	Hebesatz, § 16 GewStG (Durchschnitt in Deutschland 2019)	403 %	403 %	403 %	403 %
=	Gewerbesteuer	339 €	- €	1.763 €	5.755 €

	Kapitalertragsteuereinbehalt der B-GmbH für ihren Anteilseigner	Jahr 01	Jahr 02 Sanierungsjahr	Jahr 03	Jahr 04
	Gewinn vor Steuern	48.984 €	- €	250.000 €	817.366 €
-	Körperschaftsteuer	367 €	- €	1.875 €	6.130 €
-	Solidaritätszuschlag auf Körperschaftsteuer	20 €	- €	103 €	337 €
-	Gewerbesteuer	339 €	- €	1.763 €	5.755 €
=	Ausschüttungsfähiger Betrag	48.259 €	- €	246.259 €	805.144 €
x	Kapitalertragsteuersatz, § 43a Abs. 1 S. 1 Nr. 1 EStG	25 %	25 %	25 %	25 %
=	Kapitalertragsteuereinbehalt gem. § 44 Abs. 1 S. 3 EStG	12.065 €	- €	61.565 €	201.286 €
Solidaritätszuschlag auf Kapitalertragsteuer					
	Kapitalertragsteuereinbehalt, abgerundet gem. § 44 Abs. 1 S. 6 EStG	12.064 €	- €	61.564 €	201.286 €
x	Solidaritätszuschlag, §§ 1 Abs. 3, 4 S. 1 SolZG	5,5 %	5,5 %	5,5 %	5,5 %
=	Solidaritätszuschlag auf Kapitalertragsteuer	664 €	- €	3.386 €	11.071 €

	Anteilseigner C der B-GmbH (100 %), natürliche Person: Einkommensteuer auf Einkünfte aus Kapitalvermögen	**Jahr 01**	**Jahr 02 Sanierungsjahr**	**Jahr 03**	**Jahr 04**
	Brutto-Einnahmen aus Kapitalvermögen, § 43 EStG	48.259 €	- €	246.259 €	805.144 €
-	Sparer-Pauschbetrag, § 20 Abs. 9 EStG	801 €	- €	801 €	801 €
=	Einkünfte aus Kapitalvermögen	47.458 €	- €	245.458 €	804.343 €
x	Gesonderter Steuertarif für Einkünfte aus Kapitalvermögen, § 32d Abs. 1 S. 1 EStG	25 %	25 %	25 %	25 %
=	Einkommensteuer auf Einkünfte aus Kapitalvermögen i.S.v. § 32d EStG	11.864 €	- €	61.364 €	201.086 €
	Solidaritätszuschlag auf Einkommensteuer für Einkünfte aus Kapitalvermögen				
	Einkommensteuer auf Einkünfte aus Kapitalvermögen i.S.v. § 32d EStG	11.864 €	- €	61.364 €	201.086 €
x	Solidaritätszuschlag, §§ 1 Abs. 1, 4 S. 1 SolZG	5,5 %	5,5 %	5,5 %	5,5 %
=	Solidaritätszuschlag auf Einkommensteuer für Einkünfte aus Kapitalvermögen	653 €	- €	3.375 €	11.060 €

Anhang 2: Ausführliche Berechnungen zu der Fallstudie mit einer Sanierungs-Kapitalgesellschaft ohne Verlustvorträge bei Anwendung der Sanierungsvorschriften

Körperschaftsteuer der Sanierungs-Kapitalgesellschaft							
		Sanierungsertrag i.S.v. § 3a Abs. 3 S. 1 EStG			8.000.000 €		
		Sanierungsaufwendungen i.S.v. §§ 3a Abs. 3 S. 1 i.V.m. § 3c Abs. 4 S. 1 EStG			-250.000 €		
		Verbleibender Sanierungsertrag i.S.v. § 3a Abs. 3 S. 1 EStG			7.750.000 €		
Körperschaftsteuerbemessungsgrundlage		**Jahr 01**	**Jahr 02 Sanierungsjahr**	**Nebenberechnung Sanierungsertrag**		**Jahr 03**	**Jahr 04**
	Gewinn/Verlust lt. Steuerbilanz bzw. nach § 60 Abs. 2 EStDV korrigierter Jahresüberschuss/ Jahresfehlbetrag lt. Handelsbilanz	100.000 €	-1.000.000 €			500.000 €	2.000.000 €
	Verteilt abziehbarer Aufwand i.S.v. § 4f EStG						
	Vorhandener verteilt abziehbarer Aufwand gem. § 4f EStG	1.100.000 €	1.000.000 €			- €	- €
-	Abzug v. 1/15 des verteilt abziehbaren Aufwands (hier: urspr. 150.000 €)	-100.000 €	-100.000 €			- €	- €

	Körperschaftsteuerbemessungsgrundlage	Jahr 01	Jahr 02 Sanierungsjahr	Nebenberechnung Sanierungsertrag		Jahr 03	Jahr 04
	Minderung des verteilt abziehbaren Aufwands des zu sanierenden Unternehmens nach § 3a Abs. 3 S. 2 Nr. 1 EStG	- €	-900.000 €	Minderungsbetrag nach § 3a Abs. 3 S. 2 Nr. 1 EStG	-900.000 €	- €	- €
	Verbleibender verteilt abziehbarer Aufwand nach § 4f EStG	1.000.000 €	- €	Zwischensumme	6.850.000 €	- €	- €
	Verluste nach § 15 Abs. 4 S. 1 f. EStG des zu sanierenden Unternehmens (gewerbliche Tierzucht/-haltung):						
	Vorhandenes Verlustpotenzial nach § 15 Abs. 4 S. 1 EStG	- €	- €			- €	- €
+	Hinzurechnung ausgleichsfähigen oder nicht abziehbaren Verlust nach § 15 Abs. 4 S. 1 EStG	- €	- €	Minderungsbetrag nach § 3a Abs. 3 S. 2 Nr. 6 EStG	- €	- €	- €
	Minderung des Verlusts nach § 15 Abs. 4 S. 1 EStG des zu sanierenden Unternehmens im Sanierungsjahr (§ 3a Abs. 3 S. 2 Nr. 6 EStG)	- €	- €	Zwischensumme	6.850.000 €	- €	- €
	Minderung des Verlusts nach § 15 Abs. 4 S. 1 EStG des zu sanierenden Unternehmens des dem Sanierungsjahr vorausgehenden Jahres (§ 3a Abs. 3 S. 2 Nr. 7 EStG)	- €	- €	Minderungsbetrag nach § 3a Abs. 3 S. 2 Nr. 7 EStG	- €	- €	- €

	Verbleibendes Verlustpotenzial nach § 15 Abs. 4 S. 1 EStG	- €	- €	Zwischensumme	6.850.000 €	- €	- €
	Verluste nach § 15 Abs. 4 S. 3 ff. EStG des zu sanierenden Unternehmens (Termingeschäften):						
	Vorhandenes Verlustpotenzial nach § 15 Abs. 4 S. 3 EStG	- €	- €			- €	- €
+	Hinzurechnung ausgleichsfähigen oder nicht abziehbaren Verlust nach § 15 Abs. 4 S. 3 EStG	- €	- €	Minderungsbetrag nach § 3a Abs. 3 S. 2 Nr. 6 EStG	- €	- €	- €
	Minderung des Verlusts nach § 15 Abs. 4 S. 3 EStG des zu sanierenden Unternehmens im Sanierungsjahr (§ 3a Abs. 3 S. 2 Nr. 6 EStG)	- €	- €	Zwischensumme	6.850.000 €	- €	- €
	Minderung des Verlusts nach § 15 Abs. 4 S. 3 EStG des zu sanierenden Unternehmens des dem Sanierungsjahr vorausgehenden Jahres (§ 3a Abs. 3 S. 2 Nr. 7 EStG)	- €	- €	Minderungsbetrag nach § 3a Abs. 3 S. 2 Nr. 7 EStG	- €	- €	- €
	Verbleibendes Verlustpotenzial nach § 15 Abs. 4 S. 3 EStG	- €	- €	Zwischensumme	6.850.000 €	- €	- €

(wird auf nächster Seite fortgeführt)

	Körperschaftsteuerbemessungsgrundlage	Jahr 01	Jahr 02 Sanierungsjahr	Nebenberechnung Sanierungsertrag		Jahr 03	Jahr 04
	Verluste nach § 15 Abs. 4 S. 6 ff. EStG des zu sanierenden Unternehmens (Stille Gesellschaft, Unterbeteiligung, sonstige Innengesellschaft)						
	Vorhandenes Verlustpotenzial nach § 15 Abs. 4 S. 6 EStG	- €	- €			- €	- €
+	Hinzurechnung ausgleichsfähigen oder nicht abziehbaren Verlust nach § 15 Abs. 4 S. 6 EStG	- €	- €	Minderungsbetrag nach § 3a Abs. 3 S. 2 Nr. 6 EStG	- €	- €	- €
	Minderung des Verlusts nach § 15 Abs. 4 S. 6 EStG des zu sanierenden Unternehmens im Sanierungsjahr (§ 3a Abs. 3 S. 2 Nr. 6 EStG)	- €	- €	Zwischensumme	6.850.000 €	- €	- €
	Minderung des Verlusts nach § 15 Abs. 4 S. 6 EStG des zu sanierenden Unternehmens des dem Sanierungsjahr vorausgehenden Jahres (§ 3a Abs. 3 S. 2 Nr. 7 EStG)	- €	- €	Minderungsbetrag nach § 3a Abs. 3 S. 2 Nr. 7 EStG	- €	- €	- €
	Verbleibendes Verlustpotenzial nach § 15 Abs. 4 S. 6 EStG	- €	- €	Zwischensumme	6.850.000 €	- €	- €
	Verluste bei beschränkter Haftung nach § 15a EStG						
	Vorhandenes Verlustpotenzial nach § 15a EStG	- €	- €			- €	- €

+	Hinzurechnung des ausgleichsfähigen oder nicht abziehbaren Verlusts nach § 15a EStG	- €	- €	Minderungsbetrag nach § 3a Abs. 3 S. 2 Nr. 11 a) EStG	- €	- €	- €
	Minderung des zum Ende des Vorjahres festgestellten Verlusts nach § 15a EStG (§ 3a Abs. 3 S. 2 Nr. 11 a) EStG)	- €	- €	Zwischensumme	- €	- €	- €
	Minderung des Verlusts nach § 15a EStG des Sanierungsjahres (§ 3a Abs. 3 S. 2 Nr. 11 a) EStG)	- €	- €	Minderungsbetrag nach § 3a Abs. 3 S. 2 Nr. 11 a) EStG	- €	- €	- €
	Verbleibendes Verlustpotenzial nach § 15a EStG	- €	- €	Zwischensumme	- €	- €	- €
	Verluste im Zusammenhang mit Steuerstundungsmodellen nach § 15b EStG aus anderen Einkunftsquellen						
	Vorhandenes Verlustpotenzial nach § 15b EStG	- €	- €			- €	- €
+	Hinzurechnung des ausgleichsfähigen oder nicht abziehbaren Verlusts nach § 15b EStG	- €	- €	Minderungsbetrag nach § 3a Abs. 3 S. 2 Nr. 11 b) EStG	- €	- €	- €

(*wird auf nächster Seite fortgeführt*)

	Körperschaftsteuerbemessungsgrundlage	Jahr 01	Jahr 02 Sanierungsjahr	Nebenberechnung Sanierungsertrag		Jahr 03	Jahr 04
	Minderung des zum Ende des Vorjahres festgestellten Verlusts nach § 15b EStG (§ 3a Abs. 3 S. 2 Nr. 11 b) EStG)	- €	- €	Zwischensumme	- €	- €	- €
	Minderung des Verlusts nach § 15b EStG des Sanierungsjahres (§ 3a Abs. 3 S. 2 Nr. 11 b) EStG)	- €	- €	Minderungsbetrag nach § 3a Abs. 3 S. 2 Nr. 11 b) EStG	- €	- €	- €
	Verbleibendes Verlustpotenzial nach § 15b EStG	- €	- €	Zwischensumme	- €	- €	- €
	Verluste nach § 15 Abs. 4 S. 1 f. EStG anderer Betriebe und Mitunternehmeranteile (gewerbliche Tierzucht/-haltung):						
	Vorhandenes Verlustpotenzial nach § 15 Abs. 4 S. 1 EStG	- €	- €			- €	- €
+	Hinzurechnung des ausgleichsfähigen oder nicht abziehbaren Verlusts nach § 15 Abs. 4 S. 1 EStG	- €	- €	Minderungsbetrag nach § 3a Abs. 3 S. 2 Nr. 11 c) EStG	- €	- €	- €
	Minderung des Verlusts nach § 15 Abs. 4 S. 1 EStG anderer Betriebe/ MU-Anteile des dem Sanierungsjahr vorausgehenden Jahres (§ 3a Abs. 3 S. 2 Nr. 11 c) EStG)	- €	- €	Zwischensumme	- €	- €	- €

	Minderung des Verlusts nach § 15 Abs. 4 S. 1 EStG anderer Betriebe/ MU-Anteile im Sanierungsjahr (§ 3a Abs. 3 S. 2 Nr. 11 c) EStG)	- €	- €	Minderungsbetrag nach § 3a Abs. 3 S. 2 Nr. 11 c) EStG	- €	- €	- €
	Verbleibendes Verlustpotenzial nach § 15 Abs. 4 S. 1 EStG	- €	- €	Zwischensumme	- €	- €	- €
	Verluste nach § 15 Abs. 4 S. 3 ff. EStG anderer Betriebe und Mitunternehmeranteile (Termingeschäften):						
	Vorhandenes Verlustpotenzial nach § 15 Abs. 4 S. 3 EStG	- €	- €			- €	- €
+	Hinzurechnung ausgleichsfähigen oder nicht abziehbaren Verlust nach § 15 Abs. 4 S. 3 EStG	- €	- €	Minderungsbetrag nach § 3a Abs. 3 S. 2 Nr. 11 c) EStG	- €	- €	- €
	Minderung des Verlusts nach § 15 Abs. 4 S. 3 EStG anderer Betriebe/ MU-Anteile des dem Sanierungsjahr vorausgehenden Jahres (§ 3a Abs. 3 S. 2 Nr. 11 c) EStG)	- €	- €	Zwischensumme	- €	- €	- €
	Minderung des Verlusts nach § 15 Abs. 4 S. 3 EStG anderer Betriebe/ MU-Anteile im Sanierungsjahr (§ 3a Abs. 3 S. 2 Nr. 11 c) EStG)	- €	- €	Minderungsbetrag nach § 3a Abs. 3 S. 2 Nr. 11 c) EStG	- €	- €	- €

(*wird auf nächster Seite fortgeführt*)

	Körperschaftsteuerbemessungsgrundlage	Jahr 01	Jahr 02 Sanierungsjahr	Nebenberechnung Sanierungsertrag		Jahr 03	Jahr 04
	Verbleibendes Verlustpotenzial nach § 15 Abs. 4 S. 3 EStG	- €	- €	Zwischensumme	- €	- €	- €
	Verluste nach § 15 Abs. 4 S. 6 ff. EStG anderer Betriebe und Mitunternehmeranteile (Stille Gesellschaft, Unterbeteiligung, sonstige Innengesellschaft)						
	Vorhandenes Verlustpotenzial nach § 15 Abs. 4 S. 6 EStG	- €	- €		- €	- €	- €
+	Hinzurechnung ausgleichsfähigen oder nicht abziehbaren Verlust nach § 15 Abs. 4 S. 6 EStG	- €	- €	Minderungsbetrag nach § 3a Abs. 3 S. 2 Nr. 11 c) EStG	- €	- €	- €
	Minderung des Verlusts nach § 15 Abs. 4 S. 6 EStG anderer Betriebe/ MU-Anteile des dem Sanierungsjahr vorausgehenden Jahres (§ 3a Abs. 3 S. 2 Nr. 11 c) EStG)	- €	- €	Zwischensumme	- €	- €	- €
	Minderung des Verlusts nach § 15 Abs. 4 S. 6 EStG anderer Betriebe/ MU-Anteile im Sanierungsjahr (§ 3a Abs. 3 S. 2 Nr. 11 c) EStG)	- €	- €	Minderungsbetrag nach § 3a Abs. 3 S. 2 Nr. 11 c) EStG	- €	- €	- €
	Verbleibendes Verlustpotenzial nach § 15 Abs. 4 S. 6 EStG	- €	- €	Zwischensumme	- €	- €	- €

	Negative Einkünfte aus der Beteiligung an Verlustzuweisungsgesellschaften und ähnlichen Modellen nach § 2b EStG a.F.						
	Vorhandene negative Einkünfte nach § 2b EStG a.F.	- €	- €			- €	- €
+	Hinzurechnung negativer Einkünfte nach § 2b EStG a.F. (nicht mehr anwendbar)	- €	- €	Minderungsbetrag nach § 3a Abs. 3 S. 2 Nr. 11 e) EStG	- €	- €	- €
	Minderung der zum Ende des Vorjahres festgestellten negativen Einkünfte nach § 2b EStG a.F. (§ 3a Abs. 3 S. 2 Nr. 11 e) EStG)	- €	- €	Zwischensumme	- €	- €	- €
	Minderung der negativen Einkünfte nach § 2b EStG a.F. im Sanierungsjahr (§ 3a Abs. 3 S. 2 Nr. 11 e) EStG) (nicht mehr anwendbar)	- €	- €	Minderungsbetrag nach § 3a Abs. 3 S. 2 Nr. 11 e) EStG	- €	- €	- €
	Verbleibendes Verlustpotenzial nach 2b EStG a.F.	- €	- €	Zwischensumme	- €	- €	- €
	Negative Einkünfte mit Bezug zu Drittstaaten nach § 2a EStG						

(wird auf nächster Seite fortgeführt)

	Körperschaftsteuerbemessungsgrundlage	Jahr 01	Jahr 02 Sanierungsjahr	Nebenberechnung Sanierungsertrag		Jahr 03	Jahr 04
	Vorhandene negative Einkünfte nach § 2a EStG	- €	- €			- €	- €
	Hinzurechnung negativer Einkünfte nach § 2a EStG	- €	- €	Minderungsbetrag nach § 3a Abs. 3 S. 2 Nr. 11 d) EStG	- €	- €	- €
	Minderung der zum Ende des Vorjahres festgestellten negativen Einkünfte nach § 2a EStG (§ 3a Abs. 3 S. 2 Nr. 11 d) EStG)	- €	- €	Zwischensumme	- €	- €	- €
	Minderung der negativen Einkünfte nach § 2a EStG des Sanierungsjahres (§ 3a Abs. 3 S. 2 Nr. 11 d) EStG)	- €	- €	Minderungsbetrag nach § 3a Abs. 3 S. 2 Nr. 11 d) EStG	- €	- €	- €
	Verbleibendes Verlustpotenzial nach § 2a EStG	- €	- €	Zwischensumme	- €	- €	- €
-	Sanierungsertrag i.S.v. § 3a Abs. 1 S. 1 EStG	- €	8.000.000 €			- €	- €
+	Sanierungskosten i.S.v. §§ 3a Abs. 3 S. 1 i.V.m. § 3c Abs. 4 S. 1 EStG	- €	250.000 €			- €	- €
=	Steuerlicher Gewinn	- €	-8.850.000 €			500.000 €	2.000.000 €
-	Minderung des Verlusts des Sanierungsjahres des zu sanierenden Unternehmens (§ 3a Abs. 3 S. 2 Nr. 8 EStG)	- €	-6.850.000 €	Minderungsbetrag nach § 3a Abs. 3 S. 2 Nr. 8 EStG	-6.850.000 €	- €	- €
				Zwischensumme	- €		

=	Gesamtbetrag der Einkünfte i. S. d. § 10d EStG	- €	-2.000.000 €			500.000 €	2.000.000 €
-	Minderung der negativen Einkünfte ungeachtet des § 10d Abs. 1 S. 1 des Folgejahres, sofern der verbleibende Sanierungsertrag i.S.v. § 3a Abs. 3 S. 4 EStG nicht überschritten wird (§ 3a Abs. 3 S. 2 Nr. 12 EStG)	- €	- €	Minderungsbetrag nach § 3a Abs. 3 S. 2 Nr. 12 EStG	- €	- €	- €
=	Zwischensumme	- €	-2.000.000 €	Zwischensumme	- €	500.000 €	2.000.000 €
	Verlustabzug nach § 10d EStG						
	Vorhandener kstl. Verlustvortrag	- €	- €			2.000.000 €	1.500.000 €
-	Minderung des Verlusts im Sanierungsjahr ungeachtet des § 10d Abs. 2 EStG den nach § 10d Abs. 4 EStG zum Ende des Vorjahres gesondert festgestellten Verlustvortrag (§ 3a Abs. 3 S. 2 Nr. 10 EStG)	- €	- €	Minderungsbetrag nach § 3a Abs. 3 S. 2 Nr. 10 EStG	- €	- €	- €
=	Verbleibender kstl. Verlustvortrag nach Minderung	- €	- €	Zwischensumme	- €	2.000.000 €	1.500.000 €
-	Sockelbetrag, max. vorhandener Verlustvortrag	- €	- €			500.000 €	1.000.000 €
-	Verlustabzug i.H.v. 60 % des verbleibenden Gesamtbetrags der Einkünfte	- €	- €			- €	500.000 €

(*wird auf nächster Seite fortgeführt*)

	Körperschaftsteuerbemessungsgrundlage	Jahr 01	Jahr 02 Sanierungsjahr	Nebenberechnung Sanierungsertrag		Jahr 03	Jahr 04
=	Vortragsfähiger kstl. Verlust	- €	- €			1.500.000 €	- €
=	Einkommen	- €	-2.000.000 €			- €	500.000 €
=	Zu versteuerndes Einkommen	- €	-2.000.000 €			- €	500.000 €
	Zum Ende des Vorjahres festgestellter Zinsvortrag	- €	- €			- €	- €
	Minderung des zum Ende des Vorjahres festgestellten Zinsvortrags nach § 4h Abs. 1 S. 5 EStG (§ 3a Abs. 3 S. 2 Nr. 13 a) EStG)	- €	- €	Minderungsbetrag nach § 3a Abs. 3 S. 2 Nr. 13 a) EStG	- €	- €	- €
	Verbleibender Zinsvortrag	- €	- €	Zwischensumme	- €	- €	- €
	Zinsvortrag des laufenden Jahres	- €	- €			- €	- €
	Minderung des im Sanierungsjahr entstehenden Zinsvortrags nach § 4h Abs. 1 S. 5 EStG (§ 3a Abs. 3 S. Nr. 13 a) EStG)	- €	- €	Minderungsbetrag nach § 3a Abs. 3 S. 2 Nr. 13 a) EStG	- €	- €	- €
	Verbleibender verrechenbarer Zinsvortrag	- €	- €	Zwischensumme	- €	- €	- €
	Zum Ende des Vorjahres festgestellter EBITDA-Vortrag	- €	- €			- €	- €
	Minderung des zum Ende des Vorjahres festgestellten EBITDA-Vortrags nach § 4h Abs. 1 S. 3 EStG (§ 3a Abs. 3 S. 2 Nr. 13 b) EStG)	- €	- €	Minderungsbetrag nach § 3a Abs. 3 S. 2 Nr. 13 b) EStG	- €	- €	- €

	Verbleibender EBITDA-Vortrag	- €	- €	Zwischensumme	- €	- €	- €
	EBITDA-Vortrag des laufenden Jahres	- €	- €			- €	- €
	Minderung des im Sanierungsjahr entstehenden EBITDA-Vortrags (§ 3a Abs. 3 S. Nr. 13 b) EStG)	- €	- €	Minderungsbetrag nach § 3a Abs. 3 S. 2 Nr. 13 b) EStG	- €	- €	- €
	Verbleibender verrechenbarer EBITDA-Vortrag	- €	- €	Zwischensumme	- €	- €	- €
Minderung bei einer dem Stpfl. nahestehenden Person unter Erfüllung der Voraussetzungen nach § 3a Abs. 3 S. 3 EStG		- €	- €		- €	- €	- €
Wirtschaftlich körperschaftsteuerfreier Sanierungsertrag gem. § 3a Abs. 3 S. 4 EStG				Endsumme	- €		
Festzusetzende Körperschaftsteuer							
	Steuerbetrag nach dem Regelsteuersatz 15 %, § 23 Abs. 1 KStG	- €	- €			- €	75.000 €
=	Tarifbelastung	- €	- €			- €	75.000 €
=	Festzusetzende Körperschaftsteuer	- €	- €			- €	75.000 €
=	Verbleibende Körperschaftsteuer	- €	- €			- €	75.000 €

(wird auf nächster Seite fortgeführt)

	Körperschaftsteuerbemessungsgrundlage	**Jahr 01**	**Jahr 02 Sanierungsjahr**	**Nebenberechnung Sanierungsertrag**		**Jahr 03**	**Jahr 04**
Solidaritätszuschlag auf Körperschaftsteuer							
	Körperschaftsteuer	- €	- €			- €	75.000 €
x	Solidaritätszuschlag, §§ 1 Abs. 1, 4 S. 1 SolZG	5,5 %	5,5 %			5,5 %	5,5 %
=	Solidaritätszuschlag auf Körperschaftsteuer	- €	- €			- €	4.125 €

Gewerbesteuer der Sanierungs-Kapitalgesellschaft							
	Sanierungsertrag i.S.v. § 3a Abs. 3 S. 1 EStG				8.000.000 €		
	Sanierungsaufwendungen i.S.v. §§ 3a Abs. 3 S. 1 i.V.m. § 3c Abs. 4 S. 1 EStG				-250.000 €		
	Untergang des verteilt abziehbaren Aufwands nach § 3a Abs. 3 S. 2 Nr. 1 EStG (§ 7b Abs. 2 S. 1 GewStG)				-900.000 €		
	Nach § 3a Abs. 3 S. 2 Nr. 1 EStG verbleibender Sanierungsertrag gem. § 7b Abs. 2 S. 1 GewStG				6.850.000 €		
		Jahr 01	**Jahr 02 Sanierungsjahr**	**Nebenberechnung Sanierungsertrag**		**Jahr 03**	**Jahr 04**
Gewinn aus Gewerbebetrieb, § 7 GewStG		- €	-8.850.000 €			500.000 €	2.000.000 €
Korrektur nach R 7.1 Abs. 3 i.V.m. R 7.1 Abs. 4 GewStR							
	Nach § 15 Abs. 4 EStG	- €	- €			- €	- €
Zwischensumme		- €	-8.850.000 €			500.000 €	2.000.000 €
Hinzurechnungen:							
+	100 % d. Entgelte für Schulden, § 8 Nr. 1a GewStG	150.000 €	150.000 €			150.000 €	150.000 €
+	20 % d. Miet- u. Pachtzins (bewegliche WG), § 8 Nr. 1d GewStG	20.000 €	20.000 €			20.000 €	20.000 €

(wird auf nächster Seite fortgeführt)

		Jahr 01	Jahr 02 Sanierungsjahr	Nebenberechnung Sanierungsertrag		Jahr 03	Jahr 04
+	50 % d. Miet- u. Pachtzins (unbewegliche WG), § 8 Nr. 1e GewStG	50.000 €	50.000 €			50.000 €	50.000 €
+	25 % d. Konzessionen, Lizenzen, § 8 Nr. 1f GewStG	5.000 €	5.000 €			5.000 €	5.000 €
=	Zwischensumme	225.000 €	225.000 €			225.000 €	225.000 €
-	Freibetrag (max. 100.000 EUR)	100.000 €	100.000 €			100.000 €	100.000 €
=	25 % d. positiven Betrags (= Hinzurechnungsbetrag)	31.250 €	31.250 €			31.250 €	31.250 €
=	Summe der Hinzurechnungen	31.250 €	31.250 €			31.250 €	31.250 €
Kürzungen:							
	Faktor (140 %, 100 %, …), § 121a BewG	140 %	140 %			140 %	140 %
x	Einheitswert Betriebsgrundstück, betriebliche Nutzung	1.000.000 €	1.000.000 €			1.000.000 €	1.000.000 €
x	1,2 %, § 9 Nr. 1 GewStG	1,2 %	1,2 %			1,2 %	1,2 %
	Kürzungsbetrag nach § 9 Nr. 1 GewStG	16.800 €	16.800 €			16.800 €	16.800 €
=	Summe der Kürzungen	16.800 €	16.800 €			16.800 €	16.800 €
=	Gewerbeertrag, § 10 GewStG	14.450 €	-8.835.550 €			514.450 €	2.014.450 €

-	Minderung des negativen Gewerbeertrags des Sanierungsjahres des zu sanierenden Unternehmens (§ 7b Abs. 2 S. 1 Nr. 1 GewStG)	- €	-6.850.000 €	Minderungsbetrag nach § 7b Abs. 2 S. 1 Nr. 1 GewStG	-6.850.000 €	- €	- €
=	Gewerbeertrag nach Minderung	14.450 €	-1.985.550 €	Zwischensumme	- €	514.450 €	2.014.450 €
-	Gewerbeverlust, § 10a GewStG						
	Vorhandener gewstl. Verlust	- €	- €			1.985.550 €	1.471.100 €
-	Minderung im Sanierungsjahr ungeachtet des § 10a S. 2 GewStG die nach § 10a S. 6 GewStG zum Ende des vorangegangenen EZ gesondert festgestellten Fehlbeträge (§ 7b Abs. 2 S. 1 Nr. 3 GewStG)	- €	- €	Minderungsbetrag nach § 7b Abs. 2 S. 1 Nr. 3 GewStG	- €	- €	- €
=	Verbleibender gewstl. Verlustvortrag nach Minderung	- €	- €	Zwischensumme	- €	1.985.550 €	1.471.100 €
-	Sockelbetrag, max. vorhandener Verlustvortrag	- €	- €			514.450 €	1.000.000 €

(wird auf nächster Seite fortgeführt)

		Jahr 01	Jahr 02 Sanierungsjahr	Nebenberechnung Sanierungsertrag		Jahr 03	Jahr 04
-	Verlustabzug i.H.v. 60 % des verbleibenden Gesamtbetrags der Einkünfte	- €	- €			- €	471.100 €
=	Insgesamt genutzter Verlustvortrag	- €	- €			514.450 €	1.471.100 €
=	Vortragsfähiger gewstl. Verlust	- €	1.985.550 €			1.471.100 €	- €
=	Zwischensumme	14.450 €	- €			- €	543.350 €
	Abgerundet auf volle 100 €, § 11 Abs. 1 S. 3 GewStG	14.400 €	- €			- €	543.300 €
=	Gewerbeertrag nach Freibetrag	14.400 €	- €			- €	543.300 €
x	Steuermesszahl, § 11 Abs. 2 GewStG	3,5 %	3,5 %			3,5 %	3,5 %
=	Gewerbesteuermessbetrag	504 €	- €			- €	19.016 €
x	Hebesatz, § 16 GewStG (Durchschnitt in Deutschland 2019)	403 %	403 %			403 %	403 %
=	Gewerbesteuer	2.031 €	- €			- €	76.632 €
Kürzung um Zins- und EBITDA-Vorträge i.S.v. § 3a Abs. 3 S. 2 Nr. 13 EStG des zu sanierenden Unternehmens (§ 7b Abs. 2 S. 3 GewStG):							

	Zum Ende des Vorjahres festgestellter Zinsvortrag	- €	- €			- €	- €
	Minderung des zum Ende des Vorjahres festgestellten Zinsvortrags (§ 3a Abs. 3 S. 2 Nr. 13a)	- €	- €	Minderungsbetrag nach § 7b Abs. 2 S. 3 GewStG	- €	- €	- €
	Verbleibender Zinsvortrag	- €	- €	Zwischensumme	- €	- €	- €
	Zinsvortrag des laufenden Jahres	- €	- €			- €	- €
	Minderung des Zinsvortrags des laufenden Sanierungsjahres (§ 3a Abs. 3 S. Nr. 13a)	- €	- €	Minderungsbetrag nach § 7b Abs. 2 S. 3 GewStG	- €	- €	- €
	Verbleibender verrechenbarer Zinsvortrag	- €	- €	Zwischensumme	- €	- €	- €
	Zum Ende des Vorjahres festgestellter EBITDA-Vortrag	- €	- €			- €	- €
	Minderung des zum Ende des Vorjahres festgestellten EBITDA-Vortrags (§ 3a Abs. 3 S. 2 Nr. 13a)	- €	- €	Minderungsbetrag nach § 7b Abs. 2 S. 3 GewStG	- €	- €	- €
	Verbleibender EBITDA-Vortrag	- €	- €	Zwischensumme	- €	- €	- €
	EBITDA-Vortrag des laufenden Jahres	- €	- €			- €	- €

(wird auf nächster Seite fortgeführt)

		Jahr 01	Jahr 02 Sanierungsjahr	Nebenberechnung Sanierungsertrag		Jahr 03	Jahr 04
	Minderung des EBITDA-Vortrags des laufenden Sanierungsjahres (§ 3a Abs. 3 S. Nr. 13a)	- €	- €	Minderungsbetrag nach § 7b Abs. 2 S. 3 GewStG	- €	- €	- €
	Verbleibender verrechenbarer EBITDA-Vortrag	- €	- €	Zwischensumme	- €	- €	- €
Minderung bei einem anderen Unternehmen unter Erfüllung der Voraussetzungen nach § 7b Abs. 2 S. 2 GewStG				Minderungsbetrag nach § 7b Abs. 2 S. 2 GewStG	- €		
Wirtschaftlich gewerbesteuerfreier Sanierungsertrag				**Endsumme**	**- €**		

	Kapitalertragsteuereinbehalt der Sanierungs-Kapitalgesellschaft für ihre Anteilseigner	**Jahr 01**	**Jahr 02 Sanierungsjahr**	**Jahr 03**	**Jahr 04**
	Gewinn vor Steuern	100.000 €	- €	500.000 €	2.000.000 €
-	Körperschaftsteuer	- €	- €	- €	75.000 €
-	Solidaritätszuschlag auf Körperschaftsteuer	- €	- €	- €	4.125 €
-	Gewerbesteuer	2.031 €	- €	- €	76.632 €
=	Ausschüttungsfähiger Betrag	97.969 €	- €	500.000 €	1.844.243 €
x	Kapitalertragsteuersatz, § 43a Abs. 1 S. 1 Nr. 1 EStG	25 %	25 %	25 %	25 %
=	Kapitalertragsteuereinbehalt gem. § 44 Abs. 1 S. 3 EStG	24.492 €	- €	125.000 €	461.061 €
	Solidaritätszuschlag auf Kapitalertragsteuer				
	Kapitalertragsteuereinbehalt, abgerundet gem. § 44 Abs. 1 S. 6 EStG	24.492 €	- €	125.000 €	461.060 €
x	Solidaritätszuschlag, §§ 1 Abs. 3, 4 S. 1 SolZG	5,5 %	5,5 %	5,5 %	5,5 %
=	Solidaritätszuschlag auf Kapitalertragsteuer	1.347 €	- €	6.875 €	25.358 €

	Anteilseigner A (50 %), Natürliche Person: Einkommensteuer auf Einkünfte aus Kapitalvermögen	**Jahr 01**	**Jahr 02 Sanierungsjahr**	**Jahr 03**	**Jahr 04**
	Brutto-Einnahmen aus Kapitalvermögen, § 43 EStG	48.984 €	- €	250.000 €	922.121 €
-	Sparer-Pauschbetrag, § 20 Abs. 9 EStG	801 €	- €	801 €	801 €
=	Einkünfte aus Kapitalvermögen	48.183 €	- €	249.199 €	921.320 €
x	Gesonderter Steuertarif für Einkünfte aus Kapitalvermögen, § 32d Abs. 1 S. 1 EStG	25 %	25 %	25 %	25 %
=	Einkommensteuer auf Einkünfte aus Kapitalvermögen i.S.v. § 32d EStG	12.046 €	- €	62.300 €	230.330 €
	Solidaritätszuschlag auf Einkommensteuer für Einkünfte aus Kapitalvermögen				
	Einkommensteuer auf Einkünfte aus Kapitalvermögen i.S.v. § 32d EStG	12.046 €	- €	62.300 €	230.330 €
x	Solidaritätszuschlag, §§ 1 Abs. 1, 4 S. 1 SolZG	5,5 %	5,5 %	5,5 %	5,5 %
=	Solidaritätszuschlag auf Einkommensteuer für Einkünfte aus Kapitalvermögen	663 €	- €	3.426 €	12.668 €

	Anteilseigner B-GmbH, 50 %: Körperschaftsteuer	**Jahr 01**	**Jahr 02 Sanierungsjahr**	**Jahr 03**	**Jahr 04**
Körperschaftsteuerbemessungsgrundlage					
	Gewinn/Verlust lt. Steuerbilanz bzw. nach § 60 Abs. 2 EStDV korrigierter Jahresüberschuss/Jahresfehlbetrag lt. Handelsbilanz	48.984 €	- €	250.000 €	922.121 €
-/+	Kürzungen/Hinzurechnungen nach § 8b KStG	-46.535 €	- €	-237.500 €	-876.015 €
=	Steuerlicher Gewinn	2.449 €	- €	12.500 €	46.106 €
=	Gesamtbetrag der Einkünfte i. S. d. § 10d EStG	2.449 €	- €	12.500 €	46.106 €
-	Verlustabzug nach § 10d EStG	- €	- €	- €	- €
=	Einkommen	2.449 €	- €	12.500 €	46.106 €
=	Zu versteuerndes Einkommen	2.449 €	- €	12.500 €	46.106 €
Festzusetzende Körperschaftsteuer					
	Steuerbetrag nach Regelsteuersatz 15 %, § 23 Abs. 1 KStG	367 €	- €	1.875 €	6.915 €
=	Tarifbelastung	367 €	- €	1.875 €	6.915 €
=	Festzusetzende Körperschaftsteuer	367 €	- €	1.875 €	6.915 €
-	Anzurechnende Kapitalertragsteuer, § 36 Abs. 2 Nr. 2 EStG, aufgerundet	12.247 €	- €	62.500 €	230.531 €
=	Verbleibende Körperschaftsteuer	-11.880 €	- €	-60.625 €	-223.616 €
Solidaritätszuschlag auf Körperschaftsteuer					
	Körperschaftsteuer	367 €	- €	1.875 €	6.915 €
x	Solidaritätszuschlag, § 4 S. 1 SolZG	5,5 %	5,5 %	5,5 %	5,5 %
=	Solidaritätszuschlag auf Körperschaftsteuer	20 €	- €	103 €	380 €

	Gewerbesteuer der B-GmbH	Jahr 01	Jahr 02 Sanierungsjahr	Jahr 03	Jahr 04
	Gewinn aus Gewerbebetrieb, § 7 GewStG	2.449 €	- €	12.500 €	46.106 €
+	Summe der Hinzurechnungen	- €	- €	- €	- €
-	Summe der Kürzungen	- €	- €	- €	- €
=	Gewerbeertrag, § 10 GewStG	2.449 €	- €	12.500 €	46.106 €
-	Gewerbeverlust, § 10a GewStG	- €	- €	- €	- €
=	Zwischensumme	2.449 €	- €	12.500 €	46.106 €
	Abgerundet auf volle 100 €, § 11 Abs. 1 S. 3 GewStG	2.400 €	- €	12.500 €	46.100 €
=	Gewerbeertrag nach Freibetrag	2.400 €	- €	12.500 €	46.100 €
x	Steuermesszahl, § 11 Abs. 2 GewStG	3,5 %	3,5 %	3,5 %	3,5 %
=	Gewerbesteuermessbetrag	84 €	- €	438 €	1.614 €
x	Hebesatz, § 16 GewStG (Durchschnitt in Deutschland 2019)	403 %	403 %	403 %	403 %
=	Gewerbesteuer	339 €	- €	1.763 €	6.502 €

Kapitalertragsteuereinbehalt der B-GmbH für ihren Anteilseigner		**Jahr 01**	**Jahr 02 Sanierungsjahr**	**Jahr 03**	**Jahr 04**
	Gewinn vor Steuern	48.984 €	- €	250.000 €	922.121 €
-	Körperschaftsteuer	367 €	- €	1.875 €	6.915 €
-	Solidaritätszuschlag auf Körperschaftsteuer	20 €	- €	103 €	380 €
-	Gewerbesteuer	339 €	- €	1.763 €	6.502 €
=	Ausschüttungsfähiger Betrag	48.259 €	- €	246.259 €	908.324 €
x	Kapitalertragsteuersatz, § 43a Abs. 1 S. 1 Nr. 1 EStG	25 %	25 %	25 %	25 %
=	Kapitalertragsteuereinbehalt gem. § 44 Abs. 1 S. 3 EStG	12.065 €	- €	61.565 €	227.081 €
Solidaritätszuschlag auf Kapitalertragsteuer					
	Kapitalertragsteuereinbehalt, abgerundet gem. § 44 Abs. 1 S. 6 EStG	12.064 €	- €	61.564 €	227.080 €
x	Solidaritätszuschlag, §§ 1 Abs. 3, 4 S. 1 SolZG	5,5 %	5,5 %	5,5 %	5,5 %
=	Solidaritätszuschlag auf Kapitalertragsteuer	664 €	- €	3.386 €	12.489 €

	Anteilseigner C der B-GmbH (100 %), natürliche Person: Einkommensteuer auf Einkünfte aus Kapitalvermögen	**Jahr 01**	**Jahr 02 Sanierungsjahr**	**Jahr 03**	**Jahr 04**
	Brutto-Einnahmen aus Kapitalvermögen, § 43 EStG	48.259 €	- €	246.259 €	908.324 €
-	Sparer-Pauschbetrag, § 20 Abs. 9 EStG	801 €	- €	801 €	801 €
=	Einkünfte aus Kapitalvermögen	47.458 €	- €	245.458 €	907.523 €
x	Gesonderter Steuertarif für Einkünfte aus Kapitalvermögen, § 32d Abs. 1 S. 1 EStG	25 %	25 %	25 %	25 %
=	Einkommensteuer auf Einkünfte aus Kapitalvermögen i.S.v. § 32d EStG	11.864 €	- €	61.364 €	226.881 €
	Solidaritätszuschlag auf Einkommensteuer für Einkünfte aus Kapitalvermögen				
	Einkommensteuer auf Einkünfte aus Kapitalvermögen i.S.v. § 32d EStG	11.864 €	- €	61.364 €	226.881 €
x	Solidaritätszuschlag, §§ 1 Abs. 1, 4 S. 1 SolZG	5,5 %	5,5 %	5,5 %	5,5 %
=	Solidaritätszuschlag auf Einkommensteuer für Einkünfte aus Kapitalvermögen	653 €	- €	3.375 €	12.478 €

Anhang 3: Ausführliche Berechnungen zu der Fallstudie mit einer Sanierungs-Kapitalgesellschaft mit Verlustvorträgen bei Anwendung der Regelbesteuerung

Körperschaftsteuer der Sanierungs-Kapitalgesellschaft					
Körperschaftsteuerbemessungsgrundlage		**Jahr 01**	**Jahr 02 Sanierungsjahr**	**Jahr 03**	**Jahr 04**
	Gewinn/Verlust lt. Steuerbilanz bzw. nach § 60 Abs. 2 EStDV korrigierter Jahresüberschuss/ Jahresfehlbetrag lt. Handelsbilanz	100.000 €	-1.000.000 €	500.000 €	2.000.000 €
	Verteilt abziehbarer Aufwand i.S.v. § 4f EStG				
	Vorhandener verteilt abziehbarer Aufwand gem. § 4f EStG	1.100.000 €	1.000.000 €	900.000 €	800.000 €
-	Abzug v. 1/15 des verteilt abziehbaren Aufwands (hier: urspr. 150.000 €)	-100.000 €	-100.000 €	-100.000 €	-100.000 €
	Verbleibender verteilt abziehbarer Aufwand nach § 4f EStG	1.000.000 €	900.000 €	800.000 €	700.000 €
	Verluste nach § 15 Abs. 4 S. 3 ff. EStG des zu sanierenden Unternehmens (Termingeschäften):				
	Vorhandenes Verlustpotenzial nach § 15 Abs. 4 S. 3 EStG	160.000 €	175.000 €	185.000 €	193.000 €

(wird auf nächster Seite fortgeführt)

	Körperschaftsteuerbemessungsgrundlage	**Jahr 01**	**Jahr 02 Sanierungsjahr**	**Jahr 03**	**Jahr 04**
+	Hinzurechnung ausgleichsfähigen oder nicht abziehbaren Verlust nach § 15 Abs. 4 S. 3 EStG	15.000 €	10.000 €	8.000 €	5.000 €
	Verbleibendes Verlustpotenzial nach § 15 Abs. 4 S. 3 EStG	175.000 €	185.000 €	193.000 €	198.000 €
=	Steuerlicher Gewinn	15.000 €	-1.090.000 €	408.000 €	1.905.000 €
=	Gesamtbetrag der Einkünfte i. S. d. § 10d EStG	15.000 €	-1.090.000 €	408.000 €	1.905.000 €
	Verlustabzug nach § 10d EStG				
	Vorhandener kstl. Verlustvortrag	5.000.000 €	4.985.000 €	6.075.000 €	5.667.000 €
-	Sockelbetrag, max. vorhandener Verlustvortrag	15.000 €	- €	408.000 €	1.000.000 €
-	Verlustabzug i.H.v. 60 % des verbleibenden Gesamtbetrags der Einkünfte	- €	- €	- €	543.000 €
=	Insgesamt genutzter Verlustvortrag	15.000 €	- €	408.000 €	1.543.000 €
=	Vortragsfähiger kstl. Verlust	4.985.000 €	4.985.000 €	5.667.000 €	4.124.000 €
=	Einkommen	- €	-1.090.000 €	- €	362.000 €
=	Zu versteuerndes Einkommen	- €	-1.090.000 €	- €	362.000 €
Festzusetzende Körperschaftsteuer					
	Steuerbetrag nach dem Regelsteuersatz 15 %, § 23 Abs. 1 KStG	- €	- €	- €	54.300 €
=	Tarifbelastung	- €	- €	- €	54.300 €
=	Festzusetzende Körperschaftsteuer	- €	- €	- €	54.300 €
=	Verbleibende Körperschaftsteuer	- €	- €	- €	54.300 €

	Solidaritätszuschlag auf Körperschaftsteuer				
	Körperschaftsteuer	- €	- €	- €	54.300 €
x	Solidaritätszuschlag, §§ 1 Abs. 1, 4 S. 1 SolZG	5,5 %	5,5 %	5,5 %	5,5 %
=	Solidaritätszuschlag auf Körperschaftsteuer	- €	- €	- €	2.987 €

	Gewerbesteuer der Sanierungs-Kapitalgesellschaft	**Jahr 01**	**Jahr 02 Sanierungsjahr**	**Jahr 03**	**Jahr 04**
	Gewinn aus Gewerbebetrieb, § 7 GewStG	15.000 €	-1.090.000 €	408.000 €	1.905.000 €
	Korrektur nach R 7.1 Abs. 3 i.V.m. R 7.1 Abs. 4 GewStR				
	Nach § 15 Abs. 4 EStG	-15.000 €	-10.000 €	-8.000 €	-5.000 €
	Zwischensumme	- €	-1.100.000 €	400.000 €	1.900.000 €
	Hinzurechnungen:				
+	100 % d. Entgelte für Schulden, § 8 Nr. 1a GewStG	150.000 €	150.000 €	150.000 €	150.000 €
+	20 % d. Miet- u. Pachtzins (bewegliche WG), § 8 Nr. 1d GewStG	20.000 €	20.000 €	20.000 €	20.000 €
+	50 % d. Miet- u. Pachtzins (unbewegliche WG), § 8 Nr. 1e GewStG	50.000 €	50.000 €	50.000 €	50.000 €
+	25 % d. Konzessionen, Lizenzen, § 8 Nr. 1f GewStG	5.000 €	5.000 €	5.000 €	5.000 €

(wird auf nächster Seite fortgeführt)

	Gewerbesteuer der Sanierungs-Kapitalgesellschaft	Jahr 01	Jahr 02 Sanierungsjahr	Jahr 03	Jahr 04
=	Zwischensumme	225.000 €	225.000 €	225.000 €	225.000 €
-	Freibetrag (max. 100.000 EUR)	100.000 €	100.000 €	100.000 €	100.000 €
=	25 % d. positiven Betrags (= Hinzurechnungsbetrag)	31.250 €	31.250 €	31.250 €	31.250 €
=	Summe der Hinzurechnungen	31.250 €	31.250 €	31.250 €	31.250 €
Kürzungen:					
	Faktor (140 %, 100 %, …), § 121a BewG	140 %	140 %	140 %	140 %
x	Einheitswert Betriebsgrundstück, betriebliche Nutzung	1.000.000 €	1.000.000 €	1.000.000 €	1.000.000 €
x	1,2 %, § 9 Nr. 1 GewStG	1,2 %	1,2 %	1,2 %	1,2 %
	Kürzungsbetrag nach § 9 Nr. 1 GewStG	16.800 €	16.800 €	16.800 €	16.800 €
=	Summe der Kürzungen	16.800 €	16.800 €	16.800 €	16.800 €
=	Gewerbeertrag, § 10 GewStG	14.450 €	-1.085.550 €	414.450 €	1.914.450 €
	Gewerbeverlust, § 10a GewStG:				
	Vorhandener gewstl. Verlust	5.000.000 €	4.985.550 €	6.071.100 €	5.656.650 €
-	Sockelbetrag, max. vorhandener Verlustvortrag	14.450 €	- €	414.450 €	1.000.000 €
-	Verlustabzug i.H.v. 60 % des verbleibenden Gesamtbetrags der Einkünfte	- €	- €	- €	548.670 €
=	Insgesamt genutzter Verlustvortrag	14.450 €	- €	414.450 €	1.548.670 €
=	Vortragsfähiger gewstl. Verlust	4.985.550 €	6.071.100 €	5.656.650 €	4.107.980 €
=	Zwischensumme	- €	- €	- €	365.780 €

	Abgerundet auf volle 100 €, § 11 Abs. 1 S. 3 GewStG	- €	- €	- €	365.700 €
=	Gewerbeertrag nach Freibetrag	- €	- €	- €	365.700 €
x	Steuermesszahl, § 11 Abs. 2 GewStG	3,5 %	3,5 %	3,5 %	3,5 %
=	Gewerbesteuermessbetrag	- €	- €	- €	12.800 €
x	Hebesatz, § 16 GewStG (Durchschnitt in Deutschland 2019)	403 %	403 %	403 %	403 %
=	Gewerbesteuer	- €	- €	- €	51.582 €

	Kapitalertragsteuereinbehalt der Sanierungs-Kapitalgesellschaft für ihre Anteilseigner	**Jahr 01**	**Jahr 02 Sanierungsjahr**	**Jahr 03**	**Jahr 04**
	Gewinn vor Steuern	100.000 €	- €	500.000 €	2.000.000 €
-	Körperschaftsteuer	- €	- €	- €	54.300 €
-	Solidaritätszuschlag auf Körperschaftsteuer	- €	- €	- €	2.987 €
-	Gewerbesteuer	- €	- €	- €	51.582 €
=	Ausschüttungsfähiger Betrag	100.000 €	- €	500.000 €	1.891.132 €
x	Kapitalertragsteuersatz, § 43a Abs. 1 S. 1 Nr. 1 EStG	25 %	25 %	25 %	25 %
=	Kapitalertragsteuereinbehalt gem. § 44 Abs. 1 S. 3 EStG	25.000 €	- €	125.000 €	472.783 €
	Solidaritätszuschlag auf Kapitalertragsteuer				- €
	Kapitalertragsteuereinbehalt, abgerundet gem. § 44 Abs. 1 S. 6 EStG	25.000 €	- €	125.000 €	472.782 €
x	Solidaritätszuschlag, §§ 1 Abs. 3, 4 S. 1 SolZG	5,5 %	5,5 %	5,5 %	5,5 %
=	Solidaritätszuschlag auf Kapitalertragsteuer	1.375 €	- €	6.875 €	26.003 €

	Anteilseigner A (50 %), natürliche Person: Einkommensteuer auf Einkünfte aus Kapitalvermögen	**Jahr 01**	**Jahr 02 Sanierungsjahr**	**Jahr 03**	**Jahr 04**
	Brutto-Einnahmen aus Kapitalvermögen, § 43 EStG	50.000 €	- €	250.000 €	945.566 €
-	Sparer-Pauschbetrag, § 20 Abs. 9 EStG	801 €	- €	801 €	801 €
=	Einkünfte aus Kapitalvermögen	49.199 €	- €	249.199 €	944.765 €
x	Gesonderter Steuertarif für Einkünfte aus Kapitalvermögen, § 32d Abs. 1 S. 1 EStG	25 %	25 %	25 %	25 %
=	Einkommensteuer auf Einkünfte aus Kapitalvermögen i.S.v. § 32d EStG	12.300 €	- €	62.300 €	236.191 €
Solidaritätszuschlag auf Einkommensteuer für Einkünfte aus Kapitalvermögen					
	Einkommensteuer auf Einkünfte aus Kapitalvermögen i.S.v. § 32d EStG	12.300 €	- €	62.300 €	236.191 €
x	Solidaritätszuschlag, §§ 1 Abs. 1, 4 S. 1 SolZG	5,5 %	5,5 %	5,5 %	5,5 %
=	Solidaritätszuschlag auf Einkommensteuer für Einkünfte aus Kapitalvermögen	676 €	- €	3.426 €	12.991 €

	Anteilseigner B-GmbH, 50 %: Körperschaftsteuer	**Jahr 01**	**Jahr 02 Sanierungsjahr**	**Jahr 03**	**Jahr 04**
Körperschaftsteuerbemessungsgrundlage					
	Gewinn/Verlust lt. Steuerbilanz bzw. nach § 60 Abs. 2 EStDV korrigierter Jahresüberschuss/Jahresfehlbetrag lt. Handelsbilanz	50.000 €	- €	250.000 €	945.566 €
-/+	Kürzungen/Hinzurechnungen nach § 8b KStG	-47.500 €	- €	-237.500 €	-898.287 €
=	Steuerlicher Gewinn	2.500 €	- €	12.500 €	47.278 €
=	Gesamtbetrag der Einkünfte i. S. d. § 10d EStG	2.500 €	- €	12.500 €	47.278 €
-	Verlustabzug nach § 10d EStG	- €	- €	- €	- €
=	Einkommen	2.500 €	- €	12.500 €	47.278 €
=	Zu versteuerndes Einkommen	2.500 €	- €	12.500 €	47.278 €
Festzusetzende Körperschaftsteuer					
	Steuerbetrag nach Regelsteuersatz 15 %, § 23 Abs. 1 KStG	375 €	- €	1.875 €	7.091 €
=	Tarifbelastung	375 €	- €	1.875 €	7.091 €
=	Festzusetzende Körperschaftsteuer	375 €	- €	1.875 €	7.091 €
-	Anzurechnende Kapitalertragsteuer, § 36 Abs. 2 Nr. 2 EStG, aufgerundet	12.500 €	- €	62.500 €	236.392 €
=	Verbleibende Körperschaftsteuer	-12.125 €	- €	-60.625 €	-229.301 €
Solidaritätszuschlag auf Körperschaftsteuer					
	Körperschaftsteuer	375 €	- €	1.875 €	7.091 €
x	Solidaritätszuschlag, § 4 S. 1 SolZG	5,5 %	5,5 %	5,5 %	5,5 %
=	Solidaritätszuschlag auf Körperschaftsteuer	21 €	- €	103 €	390 €

	Gewerbesteuer der B-GmbH	Jahr 01	Jahr 02 Sanierungsjahr	Jahr 03	Jahr 04
	Gewinn aus Gewerbebetrieb, § 7 GewStG	2.500 €	- €	12.500 €	47.278 €
+	Summe der Hinzurechnungen	- €	- €	- €	- €
-	Summe der Kürzungen	- €	- €	- €	- €
=	Gewerbeertrag, § 10 GewStG	2.500 €	- €	12.500 €	47.278 €
-	Gewerbeverlust, § 10a GewStG	- €	- €	- €	- €
=	Zwischensumme	2.500 €	- €	12.500 €	47.278 €
	Abgerundet auf volle 100 €, § 11 Abs. 1 S. 3 GewStG	2.500 €	- €	12.500 €	47.200 €
=	Gewerbeertrag nach Freibetrag	2.500 €	- €	12.500 €	47.200 €
x	Steuermesszahl, § 11 Abs. 2 GewStG	3,5 %	3,5 %	3,5 %	3,5 %
=	Gewerbesteuermessbetrag	88 €	- €	438 €	1.652 €
x	Hebesatz, § 16 GewStG (Durchschnitt in Deutschland 2019)	403 %	403 %	403 %	403 %
=	Gewerbesteuer	353 €	- €	1.763 €	6.658 €

	Kapitalertragsteuereinbehalt der B-GmbH für ihren Anteilseigner	**Jahr 01**	**Jahr 02 Sanierungsjahr**	**Jahr 03**	**Jahr 04**
	Gewinn vor Steuern	50.000 €	- €	250.000 €	945.566 €
-	Körperschaftsteuer	375 €	- €	1.875 €	7.091 €
-	Solidaritätszuschlag auf Körperschaftsteuer	21 €	- €	103 €	390 €
-	Gewerbesteuer	353 €	- €	1.763 €	6.658 €
=	Ausschüttungsfähiger Betrag	49.252 €	- €	246.259 €	931.427 €
x	Kapitalertragsteuersatz, § 43a Abs. 1 S. 1 Nr. 1 EStG	25 %	25 %	25 %	25 %
=	Kapitalertragsteuereinbehalt gem. § 44 Abs. 1 S. 3 EStG	12.313 €	- €	61.565 €	232.857 €
	Solidaritätszuschlag auf Kapitalertragsteuer				
	Kapitalertragsteuereinbehalt, abgerundet gem. § 44 Abs. 1 S. 6 EStG	12.312 €	- €	61.564 €	232.856 €
x	Solidaritätszuschlag, §§ 1 Abs. 3, 4 S. 1 SolZG	5,5 %	5,5 %	5,5 %	5,5 %
=	Solidaritätszuschlag auf Kapitalertragsteuer	677 €	- €	3.386 €	12.807 €

	Anteilseigner C der B-GmbH (100 %) Natürliche Person: Einkommensteuer auf Einkünfte aus Kapitalvermögen	**Jahr 01**	**Jahr 02 Sanierungsjahr**	**Jahr 03**	**Jahr 04**
	Brutto-Einnahmen aus Kapitalvermögen, § 43 EStG	49.252 €	- €	246.259 €	931.427 €
-	Sparer-Pauschbetrag, § 20 Abs. 9 EStG	801 €	- €	801 €	801 €
=	Einkünfte aus Kapitalvermögen	48.451 €	- €	245.458 €	930.626 €
x	Gesonderter Steuertarif für Einkünfte aus Kapitalvermögen, § 32d Abs. 1 S. 1 EStG	25 %	25 %	25 %	25 %
=	Einkommensteuer auf Einkünfte aus Kapitalvermögen i.S.v. § 32d EStG	12.113 €	- €	61.364 €	232.657 €
	Solidaritätszuschlag auf Einkommensteuer für Einkünfte aus Kapitalvermögen				
	Einkommensteuer auf Einkünfte aus Kapitalvermögen i.S.v. § 32d EStG	12.113 €	- €	61.364 €	232.657 €
x	Solidaritätszuschlag, §§ 1 Abs. 1, 4 S. 1 SolZG	5,5 %	5,5 %	5,5 %	5,5 %
=	Solidaritätszuschlag auf Einkommensteuer für Einkünfte aus Kapitalvermögen	666 €	- €	3.375 €	12.796 €

Anhang 4: Ausführliche Berechnungen zu der Fallstudie mit einer Sanierungs-Kapitalgesellschaft mit Verlustvorträgen bei Anwendung der Sanierungsvorschriften

Körperschaftsteuer der Sanierungs-Kapitalgesellschaft							
		Sanierungsertrag i.S.v. § 3a Abs. 3 S. 1 EStG			8.000.000 €		
		Sanierungsaufwendungen i.S.v. §§ 3a Abs. 3 S. 1 i.V.m. § 3c Abs. 4 S. 1 EStG			-250.000 €		
		Verbleibender Sanierungsertrag i.S.v. § 3a Abs. 3 S. 1 EStG			7.750.000 €		
Körperschaftsteuerbemessungs-grundlage		**Jahr 01**	**Jahr 02 Sanierungsjahr**	**Nebenberechnung Sanierungsertrag**		**Jahr 03**	**Jahr 04**
	Gewinn/Verlust lt. Steuerbilanz bzw. nach § 60 Abs. 2 EStDV korrigierter Jahresüberschuss/ Jahresfehlbetrag lt. Handelsbilanz	100.000 €	-1.000.000 €			500.000 €	2.000.000 €
	Verteilt abziehbarer Aufwand i.S.v. § 4f EStG						
	Vorhandener verteilt abziehbarer Aufwand gem. § 4f EStG	1.100.000 €	1.000.000 €			- €	- €
-	Abzug v. 1/15 des verteilt abziehbaren Aufwands (hier: urspr. 150.000 €)	-100.000 €	-100.000 €			- €	- €

	Körperschaftsteuerbemessungs-grundlage	Jahr 01	Jahr 02 Sanierungsjahr	Nebenberechnung Sanierungsertrag		Jahr 03	Jahr 04
	Minderung des verteilt abziehbaren Aufwands des zu sanierenden Unternehmens nach § 3a Abs. 3 S. 2 Nr. 1 EStG	- €	-900.000 €	Minderungsbetrag nach § 3a Abs. 3 S. 2 Nr. 1 EStG	-900.000 €	- €	- €
	Verbleibender verteilt abziehbarer Aufwand nach § 4f EStG	1.000.000 €	- €	Zwischensumme	6.850.000 €	- €	- €
	Verluste nach § 15 Abs. 4 S. 1 f. EStG des zu sanierenden Unternehmens (gewerbliche Tierzucht/-haltung):						
	Vorhandenes Verlustpotenzial nach § 15 Abs. 4 S. 1 EStG	- €	- €			- €	- €
+	Hinzurechnung ausgleichsfähigen oder nicht abziehbaren Verlust nach § 15 Abs. 4 S. 1 EStG	- €	- €	Minderungsbetrag nach § 3a Abs. 3 S. 2 Nr. 6 EStG	- €	- €	- €
	Minderung des Verlusts nach § 15 Abs. 4 S. 1 EStG des zu sanierenden Unternehmens im Sanierungsjahr (§ 3a Abs. 3 S. 2 Nr. 6 EStG)	- €	- €	Zwischensumme	6.850.000 €	- €	- €
	Minderung des Verlusts nach § 15 Abs. 4 S. 1 EStG des zu sanierenden Unternehmens des dem Sanierungsjahr vorausgehenden Jahres (§ 3a Abs. 3 S. 2 Nr. 7 EStG)	- €	- €	Minderungsbetrag nach § 3a Abs. 3 S. 2 Nr. 7 EStG	- €	- €	- €

	Verbleibendes Verlustpotenzial nach § 15 Abs. 4 S. 1 EStG	- €	- €	Zwischensumme	6.840.000 €	- €	- €
	Verluste nach § 15 Abs. 4 S. 3 ff. EStG des zu sanierenden Unternehmens (Termingeschäften):						
	Vorhandenes Verlustpotenzial nach § 15 Abs. 4 S. 3 EStG	160.000 €	175.000 €			- €	8.000 €
+	Hinzurechnung ausgleichsfähigen oder nicht abziehbaren Verlust nach § 15 Abs. 4 S. 3 EStG	15.000 €	10.000 €	Minderungsbetrag nach § 3a Abs. 3 S. 2 Nr. 6 EStG	-10.000 €	8.000 €	5.000 €
	Minderung des Verlusts nach § 15 Abs. 4 S. 3 EStG des zu sanierenden Unternehmens im Sanierungsjahr (§ 3a Abs. 3 S. 2 Nr. 6 EStG)	- €	-10.000 €	Zwischensumme	6.840.000 €	- €	- €
	Minderung des Verlusts nach § 15 Abs. 4 S. 3 EStG des zu sanierenden Unternehmens des dem Sanierungsjahr vorausgehenden Jahres (§ 3a Abs. 3 S. 2 Nr. 7 EStG)	- €	-175.000 €	Minderungsbetrag nach § 3a Abs. 3 S. 2 Nr. 7 EStG	-175.000 €	- €	- €
	Verbleibendes Verlustpotenzial nach § 15 Abs. 4 S. 3 EStG	175.000 €	- €	Zwischensumme	6.665.000 €	8.000 €	13.000 €

(*wird auf nächster Seite fortgeführt*)

	Körperschaftsteuerbemessungs-grundlage	Jahr 01	Jahr 02 Sanierungsjahr	Nebenberechnung Sanierungsertrag		Jahr 03	Jahr 04
	Verluste nach § 15 Abs. 4 S. 6 ff. EStG des zu sanierenden Unternehmens (Stille Gesellschaft, Unterbeteiligung, sonstige Innengesellschaft)						
	Vorhandenes Verlustpotenzial nach § 15 Abs. 4 S. 6 EStG	- €	- €			- €	- €
+	Hinzurechnung ausgleichsfähigen oder nicht abziehbaren Verlust nach § 15 Abs. 4 S. 6 EStG	- €	- €	Minderungsbetrag nach § 3a Abs. 3 S. 2 Nr. 6 EStG	- €	- €	- €
	Minderung des Verlusts nach § 15 Abs. 4 S. 6 EStG des zu sanierenden Unternehmens im Sanierungsjahr (§ 3a Abs. 3 S. 2 Nr. 6 EStG)	- €	- €	Zwischensumme	6.840.000 €	- €	- €
	Minderung des Verlusts nach § 15 Abs. 4 S. 6 EStG des zu sanierenden Unternehmens des dem Sanierungsjahr vorausgehenden Jahres (§ 3a Abs. 3 S. 2 Nr. 7 EStG)	- €	- €	Minderungsbetrag nach § 3a Abs. 3 S. 2 Nr. 7 EStG	- €	- €	- €
	Verbleibendes Verlustpotenzial nach § 15 Abs. 4 S. 6 EStG	- €	- €	Zwischensumme	6.665.000 €	- €	- €
	Verluste bei beschränkter Haftung nach § 15a EStG						

	Vorhandenes Verlustpotenzial nach § 15a EStG	- €	- €			- €	- €
+	Hinzurechnung des ausgleichsfähigen oder nicht abziehbaren Verlusts nach § 15a EStG	- €	- €	Minderungsbetrag nach § 3a Abs. 3 S. 2 Nr. 11 a) EStG	- €		
	Minderung des zum Ende des Vorjahres festgestellten Verlusts nach § 15a EStG (§ 3a Abs. 3 S. 2 Nr. 11 a) EStG)	- €	- €	Zwischensumme	- €	- €	- €
	Minderung des Verlusts nach § 15a EStG des Sanierungsjahres (§ 3a Abs. 3 S. 2 Nr. 11 a) EStG)	- €	- €	Minderungsbetrag nach § 3a Abs. 3 S. 2 Nr. 11 a) EStG	- €	- €	- €
	Verbleibendes Verlustpotenzial nach § 15a EStG	- €	- €	Zwischensumme	- €	- €	- €
	Verluste im Zusammenhang mit Steuerstundungsmodellen nach § 15b EStG aus anderen Einkunftsquellen						
	Vorhandenes Verlustpotenzial nach § 15b EStG	- €	- €			- €	- €
+	Hinzurechnung des ausgleichsfähigen oder nicht abziehbaren Verlusts nach § 15b EStG	- €	- €	Minderungsbetrag nach § 3a Abs. 3 S. 2 Nr. 11 b) EStG	- €	- €	- €

(*wird auf nächster Seite fortgeführt*)

Körperschaftsteuerbemessungs-grundlage		Jahr 01	Jahr 02 Sanierungsjahr	Nebenberechnung Sanierungsertrag		Jahr 03	Jahr 04
	Minderung des zum Ende des Vorjahres festgestellten Verlusts nach § 15b EStG (§ 3a Abs. 3 S. 2 Nr. 11 b) EStG)	- €	- €	Zwischensumme	- €	- €	- €
	Minderung des Verlusts nach § 15b EStG des Sanierungsjahres (§ 3a Abs. 3 S. 2 Nr. 11 b) EStG)	- €	- €	Minderungsbetrag nach § 3a Abs. 3 S. 2 Nr. 11 b) EStG	- €	- €	- €
	Verbleibendes Verlustpotenzial nach § 15b EStG	- €	- €	Zwischensumme	- €	- €	- €
	Verluste nach § 15 Abs. 4 S. 1 f. EStG anderer Betriebe und Mitunternehmeranteile (gewerbliche Tierzucht/-haltung):						
	Vorhandenes Verlustpotenzial nach § 15 Abs. 4 S. 1 EStG	- €	- €			- €	- €
+	Hinzurechnung des ausgleichsfähigen oder nicht abziehbaren Verlusts nach § 15 Abs. 4 S. 1 EStG	- €	- €	Minderungsbetrag nach § 3a Abs. 3 S. 2 Nr. 11 c) EStG	- €	- €	- €
	Minderung des Verlusts nach § 15 Abs. 4 S. 1 EStG anderer Betriebe/MU-Anteile des dem Sanierungsjahr vorausgehenden Jahres (§ 3a Abs. 3 S. 2 Nr. 11 c) EStG)	- €	- €	Zwischensumme	- €	- €	- €

	Minderung des Verlusts nach § 15 Abs. 4 S. 1 EStG anderer Betriebe/ MU-Anteile im Sanierungsjahr (§ 3a Abs. 3 S. 2 Nr. 11 c) EStG)	- €	- €	Minderungsbetrag nach § 3a Abs. 3 S. 2 Nr. 11 c) EStG	- €	- €	- €
	Verbleibendes Verlustpotenzial nach § 15 Abs. 4 S. 1 EStG	- €	- €	Zwischensumme	- €	- €	- €
	Verluste nach § 15 Abs. 4 S. 3 ff. EStG anderer Betriebe und Mitunternehmeranteile (Termingeschäften):						
	Vorhandenes Verlustpotenzial nach § 15 Abs. 4 S. 3 EStG	- €	- €			- €	- €
+	Hinzurechnung ausgleichsfähigen oder nicht abziehbaren Verlust nach § 15 Abs. 4 S. 3 EStG	- €	- €	Minderungsbetrag nach § 3a Abs. 3 S. 2 Nr. 11 c) EStG	- €	- €	- €
	Minderung des Verlusts nach § 15 Abs. 4 S. 3 EStG anderer Betriebe/MU-Anteile des dem Sanierungsjahr vorausgehenden Jahres (§ 3a Abs. 3 S. 2 Nr. 11 c) EStG)	- €	- €	Zwischensumme	- €	- €	- €

(*wird auf nächster Seite fortgeführt*)

	Körperschaftsteuerbemessungs-grundlage	Jahr 01	Jahr 02 Sanierungsjahr	Nebenberechnung Sanierungsertrag		Jahr 03	Jahr 04
	Minderung des Verlusts nach § 15 Abs. 4 S. 3 EStG anderer Betriebe/ MU-Anteile im Sanierungsjahr (§ 3a Abs. 3 S. 2 Nr. 11 c) EStG)	- €	- €	Minderungsbetrag nach § 3a Abs. 3 S. 2 Nr. 11 c) EStG	- €	- €	- €
	Verbleibendes Verlustpotenzial nach § 15 Abs. 4 S. 3 EStG	- €	- €	Zwischensumme	- €	- €	- €
	Verluste nach § 15 Abs. 4 S. 6 ff. EStG anderer Betriebe und Mitunternehmeranteile (Stille Gesellschaft, Unterbeteiligung, sonstige Innengesellschaft)						
	Vorhandenes Verlustpotenzial nach § 15 Abs. 4 S. 6 EStG	- €	- €			- €	- €
+	Hinzurechnung ausgleichsfähigen oder nicht abziehbaren Verlust nach § 15 Abs. 4 S. 6 EStG	- €	- €	Minderungsbetrag nach § 3a Abs. 3 S. 2 Nr. 11 c) EStG	- €	- €	- €
	Minderung des Verlusts nach § 15 Abs. 4 S. 6 EStG anderer Betriebe/MU-Anteile des dem Sanierungsjahr vorausgehenden Jahres (§ 3a Abs. 3 S. 2 Nr. 11 c) EStG)	- €	- €	Zwischensumme	- €	- €	- €

	Minderung des Verlusts nach § 15 Abs. 4 S. 6 EStG anderer Betriebe/ MU-Anteile im Sanierungsjahr (§ 3a Abs. 3 S. 2 Nr. 11 c) EStG)	- €	- €	Minderungsbetrag nach § 3a Abs. 3 S. 2 Nr. 11 c) EStG	- €	- €	- €
	Verbleibendes Verlustpotenzial nach § 15 Abs. 4 S. 6 EStG	- €	- €	Zwischensumme	- €	- €	- €
	Negative Einkünfte aus der Beteiligung an Verlustzuweisungsgesellschaften und ähnlichen Modellen nach § 2b EStG a.F.						
	Vorhandene negative Einkünfte nach § 2b EStG a.F.	- €	- €			- €	- €
+	Hinzurechnung negativer Einkünfte nach § 2b EStG a.F. (nicht mehr anwendbar)	- €	- €	Minderungsbetrag nach § 3a Abs. 3 S. 2 Nr. 11 e) EStG	- €	- €	- €
	Minderung der zum Ende des Vorjahres festgestellten negativen Einkünfte nach § 2b EStG a.F. (§ 3a Abs. 3 S. 2 Nr. 11 e) EStG)	- €	- €	Zwischensumme	- €	- €	- €

(*wird auf nächster Seite fortgeführt*)

Körperschaftsteuerbemessungs-grundlage	Jahr 01	Jahr 02 Sanierungsjahr	Nebenberechnung Sanierungsertrag		Jahr 03	Jahr 04
Minderung der negativen Einkünfte nach § 2b EStG a.F. im Sanierungsjahr (§ 3a Abs. 3 S. 2 Nr. 11 e) EStG) (nicht mehr anwendbar)	- €	- €	Minderungsbetrag nach § 3a Abs. 3 S. 2 Nr. 11 e) EStG	- €	- €	- €
Verbleibendes Verlustpotenzial nach 2b EStG a.F.	- €	- €	Zwischensumme	- €	- €	- €
Negative Einkünfte mit Bezug zu Drittstaaten nach § 2a EStG						
Vorhandene negative Einkünfte nach § 2a EStG	- €	- €			- €	- €
Hinzurechnung negativer Einkünfte nach § 2a EStG	- €	- €	Minderungsbetrag nach § 3a Abs. 3 S. 2 Nr. 11 d) EStG	- €	- €	- €
Minderung der zum Ende des Vorjahres festgestellten negativen Einkünfte nach § 2a EStG (§ 3a Abs. 3 S. 2 Nr. 11 d) EStG)	- €	- €	Zwischensumme	- €	- €	- €
Minderung der negativen Einkünfte nach § 2a EStG des Sanierungsjahres (§ 3a Abs. 3 S. 2 Nr. 11 d) EStG)	- €	- €	Minderungsbetrag nach § 3a Abs. 3 S. 2 Nr. 11 d) EStG	- €	- €	- €

	Verbleibendes Verlustpotenzial nach § 2a EStG	- €	- €	Zwischensumme	- €	- €	- €
-	Sanierungsertrag i.S.v. § 3a Abs. 1 S. 1 EStG	- €	8.000.000 €			- €	- €
+	Sanierungskosten i.S.v. §§ 3a Abs. 3 S. 1 i.V.m. § 3c Abs. 4 S. 1 EStG	- €	-250.000 €			- €	- €
=	Steuerlicher Gewinn	15.000 €	-8.840.000 €			508.000 €	2.005.000 €
-	Minderung des Verlusts des Sanierungsjahres des zu sanierenden Unternehmens (§ 3a Abs. 3 S. 2 Nr. 8 EStG)	- €	-6.665.000 €	Minderungsbetrag nach § 3a Abs. 3 S. 2 Nr. 8 EStG	-6.665.000 €	- €	- €
				Zwischensumme	- €		
=	Gesamtbetrag der Einkünfte i. S. d. § 10d EStG	15.000 €	-2.175.000 €			508.000 €	2.005.000 €
-	Minderung der negativen Einkünfte ungeachtet des § 10d Abs. 1 S. 1 des Folgejahres, sofern der verbleibende Sanierungsertrag i.S.v. § 3a Abs. 3 S. 4 EStG nicht überschritten wird (§ 3a Abs. 3 S. 2 Nr. 12 EStG)	- €	- €	Minderungsbetrag nach § 3a Abs. 3 S. 2 Nr. 12 EStG	- €	- €	- €
=	Zwischensumme	15.000 €	-2.175.000 €	Zwischensumme	- €	508.000 €	2.005.000 €
	Verlustabzug nach § 10d EStG						
	Vorhandener kstl. Verlustvortrag	5.000.000 €	4.985.000 €			7.160.000 €	6.652.000 €

(wird auf nächster Seite fortgeführt)

	Körperschaftsteuerbemessungs-grundlage	Jahr 01	Jahr 02 Sanierungsjahr	Nebenberechnung Sanierungsertrag		Jahr 03	Jahr 04
-	Minderung des Verlusts im Sanierungsjahr ungeachtet des § 10d Abs. 2 EStG den nach § 10d Abs. 4 EStG zum Ende des Vorjahres gesondert festgestellten Verlustvortrag (§ 3a Abs. 3 S. 2 Nr. 10 EStG)	- €	- €	Minderungsbetrag nach § 3a Abs. 3 S. 2 Nr. 10 EStG	- €	- €	- €
=	Verbleibender kstl. Verlustvortrag nach Minderung	5.000.000 €	4.985.000 €	Zwischensumme	- €	7.160.000 €	6.652.000 €
-	Sockelbetrag, max. vorhandener Verlustvortrag	15.000 €	- €			508.000 €	1.000.000 €
-	Verlustabzug i.H.v. 60 % des verbleibenden Gesamtbetrags der Einkünfte	- €	- €			- €	603.000 €
=	Vortragsfähiger kstl. Verlust	4.985.000 €	4.985.000 €			6.652.000 €	5.049.000 €
=	Einkommen	- €	-2.175.000 €			- €	402.000 €
=	Zu versteuerndes Einkommen	- €	-2.175.000 €			- €	402.000 €
	Zum Ende des Vorjahres festgestellter Zinsvortrag	- €	- €			- €	- €

	Minderung des zum Ende des Vorjahres festgestellten Zinsvortrags nach § 4h Abs. 1 S. 5 EStG (§ 3a Abs. 3 S. 2 Nr. 13 a) EStG)	- €	- €	Minderungsbetrag nach § 3a Abs. 3 S. 2 Nr. 13 a) EStG	- €	- €	- €
	Verbleibender Zinsvortrag	- €	- €	Zwischensumme	- €	- €	- €
	Zinsvortrag des laufenden Jahres	- €	- €			- €	- €
	Minderung des im Sanierungsjahr entstehenden Zinsvortrags nach § 4h Abs. 1 S. 5 EStG (§ 3a Abs. 3 S. Nr. 13 a) EStG)	- €	- €	Minderungsbetrag nach § 3a Abs. 3 S. 2 Nr. 13 a) EStG	- €		
	Verbleibender verrechenbarer Zinsvortrag	- €	- €	Zwischensumme	- €	- €	- €
	Zum Ende des Vorjahres festgestellter EBITDA-Vortrag	- €	- €			- €	- €
	Minderung des zum Ende des Vorjahres festgestellten EBITDA-Vortrags nach § 4h Abs. 1 S. 3 EStG (§ 3a Abs. 3 S. 2 Nr. 13 b) EStG)	- €	- €	Minderungsbetrag nach § 3a Abs. 3 S. 2 Nr. 13 b) EStG	- €	- €	- €
	Verbleibender EBITDA-Vortrag	- €	- €	Zwischensumme	- €	- €	- €

(wird auf nächster Seite fortgeführt)

	Körperschaftsteuerbemessungs-grundlage	Jahr 01	Jahr 02 Sanierungsjahr	Nebenberechnung Sanierungsertrag		Jahr 03	Jahr 04
	EBITDA-Vortrag des laufenden Jahres	- €	- €			- €	- €
	Minderung des im Sanierungsjahr entstehenden EBITDA-Vortrags (§ 3a Abs. 3 S. Nr. 13 b) EStG)	- €	- €	Minderungsbetrag nach § 3a Abs. 3 S. 2 Nr. 13 b) EStG	- €	- €	- €
	Verbleibender verrechenbarer EBITDA-Vortrag	- €	- €	Zwischensumme	- €	- €	- €
Minderung bei einer dem Stpfl. nahestehenden Person unter Erfüllung der Voraussetzungen nach § 3a Abs. 3 S. 3 EStG		- €	- €	Minderungsbetrag nach § 3a Abs. 3 S. 3 EStG	- €	- €	- €
Wirtschaftlich körperschaftsteuerfreier Sanierungsertrag gem. § 3a Abs. 3 S. 4 EStG				Endsumme	- €		
Festzusetzende Körperschaftsteuer							
	Steuerbetrag nach Regelsteuersatz 15 %, § 23 Abs. 1 KStG	- €	- €			- €	60.300 €
=	Tarifbelastung	- €	- €			- €	60.300 €
=	Festzusetzende Körperschaftsteuer	- €	- €			- €	60.300 €
=	Verbleibende Körperschaftsteuer	- €	- €			- €	60.300 €

Solidaritätszuschlag auf Körperschaftsteuer							
	Körperschaftsteuer	- €	- €			- €	60.300 €
x	Solidaritätszuschlag, §§ 1 Abs. 1, 4 S. 1 SolZG	5,5 %	5,5 %			5,5 %	5,5 %
=	Solidaritätszuschlag auf Körperschaftsteuer	- €	- €			- €	3.317 €

Gewerbesteuer der Sanierungs-Kapitalgesellschaft							
	Sanierungsertrag i.S.v. § 3a Abs. 3 S. 1 EStG				8.000.000 €		
	Sanierungsaufwendungen i.S.v. §§ 3a Abs. 3 S. 1 i.V.m. § 3c Abs. 4 S. 1 EStG				-250.000 €		
	Untergang des verteilt abziehbaren Aufwands nach § 3a Abs. 3 S. 2 Nr. 1 EStG (§ 7b Abs. 2 S. 1 GewStG)				-900.000 €		
	Nach § 3a Abs. 3 S. 2 Nr. 1 EStG verbleibender Sanierungsertrag gem. § 7b Abs. 2 S. 1 GewStG				6.850.000 €		
		Jahr 01	**Jahr 02 Sanierungsjahr**	**Nebenberechnung Sanierungsertrag**		**Jahr 03**	**Jahr 04**
Gewinn aus Gewerbebetrieb, § 7 GewStG		15.000 €	-8.840.000 €			508.000 €	2.005.000 €
Korrektur nach R 7.1 Abs. 3 i.V.m. R 7.1 Abs. 4 GewStR							
	Nach § 15 Abs. 4 EStG	-15.000 €	-10.000 €			-8.000 €	-5.000 €
Zwischensumme		- €	-8.850.000 €			500.000 €	2.000.000 €
Hinzurechnungen:							
+	100 % d. Entgelte für Schulden, § 8 Nr. 1a GewStG	150.000 €	150.000 €			150.000 €	150.000 €
+	20 % d. Miet- u. Pachtzins (bewegliche WG), § 8 Nr. 1d GewStG	20.000 €	20.000 €			20.000 €	20.000 €

+	50 % d. Miet- u. Pachtzins (unbewegliche WG), § 8 Nr. 1e GewStG	50.000 €	50.000 €			50.000 €	50.000 €
+	25 % d. Konzessionen, Lizenzen, § 8 Nr. 1f GewStG	5.000 €	5.000 €			5.000 €	5.000 €
=	Zwischensumme	225.000 €	225.000 €			225.000 €	225.000 €
-	Freibetrag (max. 100.000 EUR)	100.000 €	100.000 €			100.000 €	100.000 €
=	25 % d. positiven Betrags (= Hinzurechnungsbetrag)	31.250 €	31.250 €			31.250 €	31.250 €
=	Summe der Hinzurechnungen	31.250 €	31.250 €			31.250 €	31.250 €
Kürzungen:							
	Faktor (140 %, 100 %, …), § 121a BewG	140 %	140 %			140 %	140 %
x	Einheitswert Betriebsgrundstück, betriebliche Nutzung	1.000.000 €	1.000.000 €			1.000.000 €	1.000.000 €
x	1,2 %, § 9 Nr. 1 GewStG	1,2 %	1,2 %			1,2 %	1,2 %
	Kürzungsbetrag nach § 9 Nr. 1 GewStG	16.800 €	16.800 €			16.800 €	16.800 €
=	Summe der Kürzungen	16.800 €	16.800 €			16.800 €	16.800 €
=	Gewerbeertrag, § 10 GewStG	14.450 €	-8.835.550 €			514.450 €	2.014.450 €

(wird auf nächster Seite fortgeführt)

		Jahr 01	Jahr 02 Sanierungsjahr	Nebenberechnung Sanierungsertrag		Jahr 03	Jahr 04
-	Minderung des negativen Gewerbeertrags des Sanierungsjahres des zu sanierenden Unternehmens (§ 7b Abs. 2 S. 1 Nr. 1 GewStG)	- €	-6.850.000 €	Minderungsbetrag nach § 7b Abs. 2 S. 1 Nr. 1 GewStG	-6.850.000 €	- €	- €
=	Gewerbeertrag nach Minderung	14.450 €	-1.985.550 €	Zwischensumme	- €	514.450 €	2.014.450 €
-	Gewerbeverlust, § 10a GewStG						
	Vorhandener gewstl. Verlust	5.000.000 €	4.985.550 €			6.971.100 €	6.456.650 €
-	Minderung im Sanierungsjahr ungeachtet des § 10a S. 2 die nach § 10a S. 6 zum Ende des vorangegangenen EZ gesondert festgestellte Fehlbeträge (§ 7b Abs. 2 S. 1 Nr. 3 GewStG)	- €	- €	Minderungsbetrag nach § 7b Abs. 2 S. 1 Nr. 3 GewStG	- €	- €	- €
=	Verbleibender gewstl. Verlustvortrag nach Minderung	5.000.000 €	4.985.550 €	Zwischensumme	- €	6.971.100 €	6.456.650 €
-	Sockelbetrag, max. vorhandener Verlustvortrag	14.450 €	- €			514.450 €	1.000.000 €
-	Verlustabzug i.H.v. 60 % des verbleibenden Gesamtbetrags der Einkünfte	- €	- €			- €	608.670 €

=	Insgesamt genutzter Verlustvortrag	14.450 €	- €			514.450 €	1.608.670 €
=	Vortragsfähiger gewstl. Verlust	4.985.550 €	6.971.100 €			6.456.650 €	4.847.980 €
=	Zwischensumme	- €	- €			- €	405.780 €
	Abgerundet auf volle 100 €, § 11 Abs. 1 S. 3 GewStG	- €	- €			- €	405.700 €
=	Gewerbeertrag nach Freibetrag	- €	- €			- €	405.700 €
x	Steuermesszahl, § 11 Abs. 2 GewStG	3,5 %	3,5 %			3,5 %	3,5 %
=	Gewerbesteuermessbetrag	- €	- €			- €	14.200 €
x	Hebesatz, § 16 GewStG (Durchschnitt in Deutschland 2019)	403 %	403 %			403 %	403 %
=	Gewerbesteuer	- €	- €			- €	57.224 €
Kürzung um Zins- und EBITDA-Vorträge i.S.v. § 3a Abs. 3 S. 2 Nr. 13 EStG des zu sanierenden Unternehmens (§ 7b Abs. 2 S. 3 GewStG):							
	Zum Ende des Vorjahres festgestellter Zinsvortrag	- €	- €				

(wird auf nächster Seite fortgeführt)

		Jahr 01	Jahr 02 Sanierungsjahr	Nebenberechnung Sanierungsertrag		Jahr 03	Jahr 04
	Minderung des zum Ende des Vorjahres festgestellten Zinsvortrags (§ 3a Abs. 3 S. 2 Nr. 13a)	- €	- €	Minderungsbetrag nach § 7b Abs. 2 S. 3 GewStG	- €	- €	- €
	Verbleibender Zinsvortrag	- €	- €	Zwischensumme	- €	- €	- €
	Zinsvortrag des laufenden Jahres	- €	- €			- €	- €
	Minderung des Zinsvortrags des laufenden Sanierungsjahres (§ 3a Abs. 3 S. Nr. 13a)	- €	- €	Minderungsbetrag nach § 7b Abs. 2 S. 3 GewStG	- €	- €	- €
	Verbleibender verrechenbarer Zinsvortrag	- €	- €	Zwischensumme	- €	- €	- €
	Zum Ende des Vorjahres festgestellter EBITDA-Vortrag	- €	- €			- €	- €
	Minderung des zum Ende des Vorjahres festgestellten EBITDA-Vortrags (§ 3a Abs. 3 S. 2 Nr. 13a)	- €	- €	Minderungsbetrag nach § 7b Abs. 2 S. 3 GewStG	- €	- €	- €
	Verbleibender EBITDA-Vortrag	- €	- €	Zwischensumme	- €	- €	- €
	EBITDA-Vortrag des laufenden Jahres	- €	- €			- €	- €
	Minderung des EBITDA-Vortrags des laufenden Sanierungsjahres (§ 3a Abs. 3 S. Nr. 13a)	- €	- €	Minderungsbetrag nach § 7b Abs. 2 S. 3 GewStG	- €	- €	- €

	Verbleibender verrechenbarer EBITDA-Vortrag	- €	- €	Zwischensumme	- €	- €	- €
Minderung bei einem anderen Unternehmen unter Erfüllung der Voraussetzungen nach § 7b Abs. 2 S. 2 GewStG				Minderungsbetrag nach § 7b Abs. 2 S. 2 GewStG	- €		
Wirtschaftlich gewerbesteuerfreier Sanierungsertrag				Endsumme	- €		

	Kapitalertragsteuereinbehalt der Sanierungs-Kapitalgesellschaft für ihre Anteilseigner	Jahr 01	Jahr 02 Sanierungsjahr	Jahr 03	Jahr 04
	Gewinn vor Steuern	100.000 €	- €	500.000 €	2.000.000 €
-	Körperschaftsteuer	- €	- €	- €	60.300 €
-	Solidaritätszuschlag auf Körperschaftsteuer	- €	- €	- €	3.317 €
-	Gewerbesteuer	- €	- €	- €	57.224 €
=	Ausschüttungsfähiger Betrag	100.000 €	- €	500.000 €	1.879.160 €
x	Kapitalertragsteuersatz, § 43a Abs. 1 S. 1 Nr. 1 EStG	25 %	25 %	25 %	25 %
=	Kapitalertragsteuereinbehalt gem. § 44 Abs. 1 S. 3 EStG	25.000 €	- €	125.000 €	469.790 €
Solidaritätszuschlag auf Kapitalertragsteuer					- €
	Kapitalertragsteuereinbehalt, abgerundet gem. § 44 Abs. 1 S. 6 EStG	25.000 €	- €	125.000 €	469.789 €
x	Solidaritätszuschlag, §§ 1 Abs. 3, 4 S. 1 SolZG	5,5 %	5,5 %	5,5 %	5,5 %
=	Solidaritätszuschlag auf Kapitalertragsteuer	1.375 €	- €	6.875 €	25.838 €

	Anteilseigner A (50 %), natürliche Person: Einkommensteuer auf Einkünfte aus Kapitalvermögen	**Jahr 01**	**Jahr 02 Sanierungsjahr**	**Jahr 03**	**Jahr 04**
	Brutto-Einnahmen aus Kapitalvermögen, § 43 EStG	50.000 €	- €	250.000 €	939.580 €
-	Sparer-Pauschbetrag, § 20 Abs. 9 EStG	801 €	- €	801 €	801 €
=	Einkünfte aus Kapitalvermögen	49.199 €	- €	249.199 €	938.779 €
x	Gesonderter Steuertarif für Einkünfte aus Kapitalvermögen, § 32d Abs. 1 S. 1 EStG	25 %	25 %	25 %	25 %
=	Einkommensteuer auf Einkünfte aus Kapitalvermögen i.S.v. § 32d EStG	12.300 €	- €	62.300 €	234.695 €
	Solidaritätszuschlag auf Einkommensteuer für Einkünfte aus Kapitalvermögen				
	Einkommensteuer auf Einkünfte aus Kapitalvermögen i.S.v. § 32d EStG	12.300 €	- €	62.300 €	234.695 €
x	Solidaritätszuschlag, §§ 1 Abs. 1, 4 S. 1 SolZG	5,5 %	5,5 %	5,5 %	5,5 %
=	Solidaritätszuschlag auf Einkommensteuer für Einkünfte aus Kapitalvermögen	676 €	- €	3.426 €	12.908 €

	Anteilseigner B-GmbH, (50 %): Körperschaftsteuer	**Jahr 01**	**Jahr 02 Sanierungsjahr**	**Jahr 03**	**Jahr 04**
Körperschaftsteuerbemessungsgrundlage					
	Gewinn/Verlust lt. Steuerbilanz bzw. nach § 60 Abs. 2 EStDV korrigierter Jahresüberschuss/Jahresfehlbetrag lt. Handelsbilanz	50.000 €	- €	250.000 €	939.580 €
-/+	Kürzungen/Hinzurechnungen nach § 8b KStG	-47.500 €	- €	-237.500 €	-892.601 €
=	Steuerlicher Gewinn	2.500 €	- €	12.500 €	46.979 €
=	Gesamtbetrag der Einkünfte i. S. d. § 10d EStG	2.500 €	- €	12.500 €	46.979 €
=	Einkommen	2.500 €	- €	12.500 €	46.979 €
=	Zu versteuerndes Einkommen	2.500 €	- €	12.500 €	46.979 €
Festzusetzende Körperschaftsteuer					
	Steuerbetrag nach Regelsteuersatz 15 %, § 23 Abs. 1 KStG	375 €	- €	1.875 €	7.046 €
=	Tarifbelastung	375 €	- €	1.875 €	7.046 €
=	Festzusetzende Körperschaftsteuer	375 €	- €	1.875 €	7.046 €
-	Anzurechnende Kapitalertragsteuer, § 36 Abs. 2 Nr. 2 EStG, aufgerundet	12.500 €	- €	62.500 €	234.895 €
=	Verbleibende Körperschaftsteuer	-12.125 €	- €	-60.625 €	-227.849 €
Solidaritätszuschlag auf Körperschaftsteuer					
	Körperschaftsteuer	375 €	- €	1.875 €	7.046 €
x	Solidaritätszuschlag, § 4 S. 1 SolZG	5,5 %	5,5 %	5,5 %	5,5 %
=	Solidaritätszuschlag auf Körperschaftsteuer	21 €	- €	103 €	388 €

	Gewerbesteuer der B-GmbH	**Jahr 01**	**Jahr 02 Sanierungsjahr**	**Jahr 03**	**Jahr 04**
	Gewinn aus Gewerbebetrieb, § 7 GewStG	2.500 €	- €	12.500 €	46.979 €
+	Summe der Hinzurechnungen	- €	- €	- €	- €
-	Summe der Kürzungen	- €	- €	- €	- €
=	Gewerbeertrag, § 10 GewStG	2.500 €	- €	12.500 €	46.979 €
-	Gewerbeverlust, § 10a GewStG	- €	- €	- €	- €
=	Zwischensumme	2.500 €	- €	12.500 €	46.979 €
	Abgerundet auf volle 100 €, § 11 Abs. 1 S. 3 GewStG	2.500 €	- €	12.500 €	46.900 €
=	Gewerbeertrag nach Freibetrag	2.500 €	- €	12.500 €	46.900 €
x	Steuermesszahl, § 11 Abs. 2 GewStG	3,5 %	3,5 %	3,5 %	3,5 %
=	Gewerbesteuermessbetrag	88 €	- €	438 €	1.642 €
x	Hebesatz, § 16 GewStG (Durchschnitt in Deutschland 2019)	403 %	403 %	403 %	403 %
=	Gewerbesteuer	353 €	- €	1.763 €	6.615 €

	Kapitalertragsteuereinbehalt der B-GmbH für ihren Anteilseigner	Jahr 01	Jahr 02 Sanierungsjahr	Jahr 03	Jahr 04
	Gewinn vor Steuern	50.000 €	- €	250.000 €	939.580 €
-	Körperschaftsteuer	375 €	- €	1.875 €	7.046 €
-	Solidaritätszuschlag auf Körperschaftsteuer	21 €	- €	103 €	388 €
-	Gewerbesteuer	353 €	- €	1.763 €	6.615 €
=	Ausschüttungsfähiger Betrag	49.252 €	- €	246.259 €	925.531 €
x	Kapitalertragsteuersatz, § 43a Abs. 1 S. 1 Nr. 1 EStG	25 %	25 %	25 %	25 %
=	Kapitalertragsteuereinbehalt gem. § 44 Abs. 1 S. 3 EStG	12.313 €	- €	61.565 €	231.383 €

	Solidaritätszuschlag auf Kapitalertragsteuer				
	Kapitalertragsteuereinbehalt, abgerundet gem. § 44 Abs. 1 S. 6 EStG	12.312 €	- €	61.564 €	231.382 €
x	Solidaritätszuschlag, §§ 1 Abs. 3, 4 S. 1 SolZG	5,5 %	5,5 %	5,5 %	5,5 %
=	Solidaritätszuschlag auf Kapitalertragsteuer	677 €	- €	3.386 €	12.726 €

	Anteilseigner C der B-GmbH (100 %), natürliche Person: Einkommensteuer auf Einkünfte aus Kapitalvermögen	**Jahr 01**	**Jahr 02 Sanierungsjahr**	**Jahr 03**	**Jahr 04**
	Brutto-Einnahmen aus Kapitalvermögen, § 43 EStG	49.252 €	- €	246.259 €	925.531 €
-	Sparer-Pauschbetrag, § 20 Abs. 9 EStG	801 €	- €	801 €	801 €
=	Einkünfte aus Kapitalvermögen	48.451 €	- €	245.458 €	924.730 €
x	Gesonderter Steuertarif für Einkünfte aus Kapitalvermögen, § 32d Abs. 1 S. 1 EStG	25 %	25 %	25 %	25 %
=	Einkommensteuer auf Einkünfte aus Kapitalvermögen i.S.v. § 32d EStG	12.113 €	- €	61.364 €	231.182 €
	Solidaritätszuschlag auf Einkommensteuer für Einkünfte aus Kapitalvermögen				
	Einkommensteuer auf Einkünfte aus Kapitalvermögen i.S.v. § 32d EStG	12.113 €	- €	61.364 €	231.182 €
x	Solidaritätszuschlag, §§ 1 Abs. 1, 4 S. 1 SolZG	5,5 %	5,5 %	5,5 %	5,5 %
=	Solidaritätszuschlag auf Einkommensteuer für Einkünfte aus Kapitalvermögen	666 €	- €	3.375 €	12.715 €

Anhang 5: Ausführliche Berechnungen zu der Fallstudie mit einer Sanierungs-Mitunternehmerschaft ohne Verlustvorträge bei Anwendung der Regelbesteuerung

	Gewinnermittlung der Sanierungs-Mitunternehmerschaft	Jahr 01	Jahr 02 Sanierungsjahr	Jahr 03	Jahr 04
Gewinn/Verlust laut Gesamthandsbilanz		100.000 €	-1.000.000 €	500.000 €	2.000.000 €
	Darin enthalten Verluste aus gewerbl. Tierzucht/ -haltung (§ 15 Abs. 4 S. 1 f. EStG)	- €	- €	- €	- €
	Darin enthalten Verluste aus Termingeschäften (§ 15 Abs. 4 S. 3 ff. EStG)	- €	- €	- €	- €
	Davon entfallen auf Modelle i.S.v. § 15b EStG	- €	- €	- €	- €
	Verteilt abziehbarer Aufwand i.S.v. § 4f EStG:				
	Vorhandener verteilt abziehbarer Aufwand gem. § 4f EStG	1.100.000 €	1.000.000 €	900.000 €	800.000 €
-	Abzug v. 1/15 des verteilt abziehbaren Aufwand	-100.000 €	-100.000 €	-100.000 €	-100.000 €
	Minderung des verteilt abziehbaren Aufwand des zu sanierenden Unternehmens nach § 3a Abs. 3 S. 2 Nr. 1 EStG	- €	- €	- €	- €

(wird auf nächster Seite fortgeführt)

	Gewinnermittlung der Sanierungs-Mitunternehmerschaft	Jahr 01	Jahr 02 Sanierungsjahr	Jahr 03	Jahr 04
	Verbleibender verteilt abziehbarer Aufwand nach § 4f EStG	1.000.000 €	900.000 €	800.000 €	700.000 €
+	Hinzurechnung der nicht abziehbaren Zinsen und Kürzung um den abziehbaren Zinsvortrag nach § 4h EStG	- €	- €	- €	- €
-	Sanierungsertrag i.S.v. § 3a Abs. 1 S. 1 EStG	- €	- €	- €	- €
+	Sanierungskosten i.S.v. §§ 3a Abs. 3 S. 1 i.V.m. § 3c Abs. 4 S. 1 EStG	- €	- €	- €	- €
=	Zwischenergebnis	- €	-1.100.000 €	400.000 €	1.900.000 €
+/-	Ergebnis der Ergänzungsbilanz	- €	- €	- €	- €
=	Kapitalkonto i.S.v. § 15a EStG	- €	-1.100.000 €	400.000 €	1.900.000 €
+/-	Außerbilanzielle Korrekturen	- €	- €	- €	- €
=	Gewinn nach § 15 Abs. 1 S. 1 Nr. 2 S. 1 Hs. 1 EStG	- €	-1.100.000 €	400.000 €	1.900.000 €
	Ergebnis laut Sonderbilanz	- €	- €	- €	- €
+/-	Außerbilanzielle Korrekturen	- €	- €	- €	- €
=	Gewinn nach § 15 Abs. 1 S. 1 Nr. 2 S. 1 Hs. 2 EStG	- €	- €	- €	- €
=	Gewinn der Mitunternehmerschaft	- €	-1.100.000 €	400.000 €	1.900.000 €

	Gewerbesteuer der Sanierungs-Mitunternehmerschaft	**Jahr 01**	**Jahr 02 Sanierungsjahr**	**Jahr 03**	**Jahr 04**
	Gewinn aus Gewerbebetrieb, § 7 GewStG	- €	-1.100.000 €	400.000 €	1.900.000 €
	Hinzurechnungen:				
+	100 % d. Entgelte für Schulden, § 8 Nr. 1a GewStG	150.000 €	150.000 €	150.000 €	150.000 €
+	20 % d. Miet- u. Pachtzins (bewegliche WG), § 8 Nr. 1d GewStG	20.000 €	20.000 €	20.000 €	20.000 €
+	50 % d. Miet- u. Pachtzins (unbewegliche WG), § 8 Nr. 1e GewStG	50.000 €	50.000 €	50.000 €	50.000 €
+	25 % d. Konzessionen, Lizenzen, § 8 Nr. 1f GewStG	5.000 €	5.000 €	5.000 €	5.000 €
=	Zwischensumme	225.000 €	225.000 €	225.000 €	225.000 €
-	Freibetrag (max. 100.000 EUR)	100.000 €	100.000 €	100.000 €	100.000 €
=	25 % d. positiven Betrags (= Hinzurechnungsbetrag)	31.250 €	31.250 €	31.250 €	31.250 €
=	Summe der Hinzurechnungen	31.250 €	31.250 €	31.250 €	31.250 €
	Kürzungen:				
	Faktor (140 %, 100 %, …), § 121a BewG	140 %	140 %	140 %	140 %
x	Einheitswert Betriebsgrundstück, betriebliche Nutzung	1.000.000 €	1.000.000 €	1.000.000 €	1.000.000 €
x	1,2 %, § 9 Nr. 1 GewStG	1,2 %	1,2 %	1,2 %	1,2 %
	Kürzungsbetrag nach § 9 Nr. 1 GewStG	16.800 €	16.800 €	16.800 €	16.800 €
=	Summe der Kürzungen	16.800 €	16.800 €	16.800 €	16.800 €

(wird auf nächster Seite fortgeführt)

Gewerbesteuer der Sanierungs-Mitunternehmerschaft		Jahr 01	Jahr 02 Sanierungsjahr	Jahr 03	Jahr 04
=	Gewerbeertrag, § 10 GewStG	14.450 €	- 1.085.550 €	414.450 €	1.914.450 €
-	Gewerbeverlust, § 10a GewStG				
	Vorhandener gewstl. Verlust	- €	- €	1.085.550 €	671.100 €
-	Sockelbetrag, max. vorhandener Verlustvortrag	- €	- €	414.450 €	671.100 €
-	Verlustabzug i.H.v. 60 % des verbleibenden Gesamtbetrags der Einkünfte	- €	- €	- €	- €
=	Insgesamt genutzter Verlustvortrag	- €	- €	414.450 €	671.100 €
=	Vortragsfähiger gewstl. Verlust	- €	1.085.550 €	671.100 €	- €
=	Zwischensumme	14.450 €	- €	- €	1.243.350 €
	Abgerundet auf volle 100 €, § 11 Abs. 1 S. 3 GewStG	14.400 €	- €	- €	1.243.300 €
	Freibetrag				
-	PersG., § 11 Abs. 1 S. 3 Nr. 1 GewStG, max. 24.500 EUR	14.400 €	- €	- €	24.500 €
=	Gewerbeertrag nach Freibetrag	- €	- €	- €	1.218.800 €
x	Steuermesszahl, § 11 Abs. 2 GewStG	3,5 %	3,5 %	3,5 %	3,5 %
=	Gewerbesteuermessbetrag	- €	- €	- €	42.658 €
x	Hebesatz, § 16 GewStG (Durchschnitt in Deutschland 2019)	403 %	403 %	403 %	403 %
=	**Gewerbesteuer**	**- €**	**- €**	**- €**	**171.912 €**

	Mitunternehmer A (50 %), natürliche Person: Einkommensteuer	**Jahr 01**	**Jahr 02 Sanierungsjahr**	**Jahr 03**	**Jahr 04**
	Summe der Einkünfte aus den Einkunftsarten:				
	Einkünfte aus Gewerbebetrieb aus der Sanierungs-MU (§§ 15 – 17 EStG)	- €	-550.000 €	200.000 €	950.000 €
+	Einkünfte aus Gewerbebetrieb aus anderen Beteiligungen (§§ 15 – 17 EStG)	- €	- €	- €	- €
+	Sonstige Einkünfte (§§ 22 – 23 EStG)	- €	- €	- €	- €
+	Einkünfte aus Kapitalvermögen, soweit keine Abgeltung (§ 20 EStG)	- €	- €	- €	- €
=	Summe der Einkünfte aus Kapitalvermögen	- €	- €	- €	- €
=	Summe der Einkünfte	- €	-550.000 €	200.000 €	950.000 €
=	Gesamtbetrag der Einkünfte (§ 2 Abs. 3 EStG)	- €	-550.000 €	200.000 €	950.000 €
=	Zwischensumme	- €	-550.000 €	200.000 €	950.000 €
	Verlustabzug nach § 10d EStG				
	Vorhandener Verlustvortrag	- €	- €	550.000 €	350.000 €
-	Sockelbetrag, max. 1 Mio. €	- €	- €	200.000 €	350.000 €
-	Verlustabzug i.H.v. 60 % des verbleibenden GdE	- €	- €	- €	- €
	Summe des genutzten Verlustvortrags	- €	- €	200.000 €	350.000 €
	Vortragsfähiger Verlust	- €	- €	350.000 €	- €
=	Einkommen (§ 2 Abs. 4 EStG)	- €	-550.000 €	- €	600.000 €
=	zu versteuerndes Einkommen (§ 2 Abs. 5 EStG)	- €	-550.000 €	- €	600.000 €
	abgerundet auf vollen Eurobetrag	- €	-550.000 €	- €	600.000 €

(*wird auf nächster Seite fortgeführt*)

	Mitunternehmer A (50 %), natürliche Person: Einkommensteuer	Jahr 01	Jahr 02 Sanierungsjahr	Jahr 03	Jahr 04
Festzusetzende Einkommensteuer					
	Steuerbetrag	- €	- €	- €	252.625 €
	zvE ab 274.613 €	- €	- €	- €	252.625 €
=	Tarifliche Einkommensteuer	- €	- €	- €	252.625 €
-	Steuerermäßigung nach § 35 EStG:	- €	- €	- €	85.316 €
	Ermäßigungsbetrag bzgl. Sanierungs-MU				
	Anteiliger Gewerbesteuermessbetrag x 4,0	- €	- €	- €	85.316 €
	Höchstens tatsächlich zu zahlende GewSt	- €	- €	- €	85.956 €
	Ermäßigungshöchstbetrag:	- €	- €	- €	252.625 €
	Summe der positiven gewerbl. Einkünfte	- €	- €	200.000 €	950.000 €
/	Summe aller positiven Einkünfte	- €	- €	200.000 €	950.000 €
x	Geminderte tarifliche Einkommensteuer	- €	- €	- €	252.625 €
=	Höchstbetrag	- €	- €	- €	252.625 €
=	Festzusetzende Einkommensteuer (§ 2 Abs. 6 EStG)	- €	- €	- €	167.309 €
Solidaritätszuschlag auf Einkommensteuer					
	Einkommensteuer	- €	- €	- €	167.309 €
	Freigrenze § 3 Abs. 3 S. 1 Nr. 2 SolZG	16.956 €	16.956 €	16.956 €	16.956 €
x	Solidaritätszuschlag, § 4 S. 1 SolZG	5,5 %	5,5 %	5,5 %	5,5 %
=	Solidaritätszuschlag auf Einkommensteuer	- €	- €	- €	9.202 €

	Anteilseigner B-GmbH, (50 %): Körperschaftsteuer	**Jahr 01**	**Jahr 02 Sanierungsjahr**	**Jahr 03**	**Jahr 04**
Körperschaftsteuerbemessungsgrundlage:					
	Gewinn/Verlust lt. Steuerbilanz bzw. nach § 60 Abs. 2 EStDV korrigierter Jahresüberschuss/Jahresfehlbetrag lt. Handelsbilanz	- €	-550.000 €	200.000 €	950.000 €
	Davon Gewinn/Verlust aus Sanierungs-MU	- €	-550.000 €	200.000 €	950.000 €
=	Steuerlicher Gewinn	- €	-550.000 €	200.000 €	950.000 €
=	Gesamtbetrag der Einkünfte i. S. d. § 10d EStG	- €	-550.000 €	200.000 €	950.000 €
	Verlustabzug nach § 10d EStG				
	Vorhandener kstl. Verlustvortrag	- €	- €	550.000 €	350.000 €
=	Verbleibender kstl. Verlustvortrag nach Minderung	- €	- €	550.000 €	350.000 €
-	Sockelbetrag, max. vorhandener Verlustvortrag	- €	- €	200.000 €	350.000 €
=	Verbleibender Verlustvortrag nach Abzug des Sockelbetrags	- €	- €	350.000 €	- €
-	Verlustabzug i.H.v. 60 % des verbleibenden Gesamtbetrags der Einkünfte	- €	- €	- €	- €
=	Insgesamt genutzter Verrechnungsbetrag von Verlustvortrag	- €	- €	200.000 €	350.000 €
=	Vortragsfähiger kstl. Verlust	- €	- €	350.000 €	- €
=	Einkommen	- €	-550.000 €	- €	600.000 €
=	Zu versteuerndes Einkommen	- €	-550.000 €	- €	600.000 €

(wird auf nächster Seite fortgeführt)

	Anteilseigner B-GmbH, (50 %): Körperschaftsteuer	**Jahr 01**	**Jahr 02 Sanierungsjahr**	**Jahr 03**	**Jahr 04**
Festzusetzende Körperschaftsteuer					
	Steuerbetrag nach Regelsteuersatz 15 %, § 23 Abs. 1 KStG	- €	- €	- €	90.000 €
=	Tarifbelastung	- €	- €	- €	90.000 €
=	Festzusetzende Körperschaftsteuer	- €	- €	- €	90.000 €
=	Verbleibende Körperschaftsteuer	- €	- €	- €	90.000 €
Solidaritätszuschlag auf Körperschaftsteuer					
	Körperschaftsteuer	- €	- €	- €	90.000 €
x	Solidaritätszuschlag, §§ 1 Abs. 1, 4 S. 1 SolZG	5,5 %	5,5 %	5,5 %	5,5 %
=	Solidaritätszuschlag auf Körperschaftsteuer	- €	- €	- €	4.950 €

	Gewerbesteuer der B-GmbH	Jahr 01	Jahr 02 Sanierungsjahr	Jahr 03	Jahr 04
	Gewinn aus Gewerbebetrieb, § 7 GewStG	- €	-550.000 €	200.000 €	950.000 €
+	Verlustanteile an inländischen/ausländischen PersG, § 8 Nr. 8 GewStG	- €	550.000 €	- €	- €
-	Gewinnanteile an inländischen/ausländischen PersG, § 9 Nr. 2 GewStG	- €	- €	-200.000 €	-950.000 €
=	Gewerbeertrag, § 10 GewStG	- €	- €	- €	- €
-	Gewerbeverlust, § 10a GewStG	- €	- €	- €	- €
=	Zwischensumme	- €	- €	- €	- €
	Abgerundet auf volle 100 €, § 11 Abs. 1 S. 3 GewStG	- €	- €	- €	- €
=	Gewerbeertrag nach Freibetrag	- €	- €	- €	- €
x	Steuermesszahl, § 11 Abs. 2 GewStG	3,5 %	3,5 %	3,5 %	3,5 %
=	Gewerbesteuermessbetrag	- €	- €	- €	- €
x	Hebesatz, § 16 GewStG (Durchschnitt in Deutschland 2019)	403 %	403 %	403 %	403 %
=	Gewerbesteuer	- €	- €	- €	- €

	Kapitalertragsteuereinbehalt der B-GmbH für ihren Anteilseigner	**Jahr 01**	**Jahr 02 Sanierungsjahr**	**Jahr 03**	**Jahr 04**
	Gewinn vor Steuern	- €	- €	200.000 €	950.000 €
-	Körperschaftsteuer	- €	- €	- €	90.000 €
-	Solidaritätszuschlag auf Körperschaftsteuer	- €	- €	- €	4.950 €
-	Gewerbesteuer	- €	- €	- €	- €
=	Ausschüttungsfähiger Betrag	- €	- €	200.000 €	855.050 €
x	Kapitalertragsteuersatz, § 43a Abs. 1 S. 1 Nr. 1 EStG	25 %	25 %	25 %	25 %
=	Kapitalertragsteuereinbehalt gem. § 44 Abs. 1 S. 3 EStG	- €	- €	50.000 €	213.763 €
Solidaritätszuschlag auf Kapitalertragsteuer					
	Kapitalertragsteuereinbehalt, abgerundet gem. § 44 Abs. 1 S. 6 EStG	- €	- €	50.000 €	213.762 €
x	Solidaritätszuschlag, §§ 1 Abs. 3, 4 S. 1 SolZG	5,5 %	5,5 %	5,5 %	5,5 %
=	Solidaritätszuschlag auf Kapitalertragsteuer	- €	- €	2.750 €	11.757 €

	Anteilseigner C der B-GmbH (100 %), natürliche Person: Einkommensteuer auf Einkünfte aus Kapitalvermögen	**Jahr 01**	**Jahr 02 Sanierungsjahr**	**Jahr 03**	**Jahr 04**
	Brutto-Einnahmen aus Kapitalvermögen, § 43 EStG	- €	- €	200.000 €	855.050 €
-	Sparer-Pauschbetrag, § 20 Abs. 9 EStG	- €	- €	801 €	801 €
=	Einkünfte aus Kapitalvermögen	- €	- €	199.199 €	854.249 €
x	Gesonderter Steuertarif für Einkünfte aus Kapitalvermögen, § 32d Abs. 1 S. 1 EStG	0 €	0 €	0 €	0 €
=	Einkommensteuer auf Einkünfte aus Kapitalvermögen i.S.v. § 32d EStG	- €	- €	49.800 €	213.562 €
	Solidaritätszuschlag auf Einkommensteuer für Einkünfte aus Kapitalvermögen				
	Einkommensteuer	- €	- €	49.800 €	213.562 €
x	Solidaritätszuschlag, § 4 S. 1 SolZG	5,5 %	5,5 %	5,5 %	5,5 %
=	Solidaritätszuschlag auf Einkommensteuer für Einkünfte aus Kapitalvermögen	- €	- €	2.739 €	11.746 €

Anhang 6: Ausführliche Berechnungen zu der Fallstudie mit einer Sanierungs-Mitunternehmerschaft ohne Verlustvorträge bei Anwendung der Sanierungsvorschriften

Gewinnermittlung der Sanierungs-Mitunternehmerschaft						
	Sanierungsertrag i.S.v. § 3a Abs. 3 S. 1 EStG			8.000.000 €		
	Sanierungsaufwendungen i.S.v. §§ 3a Abs. 3 S. 1 i.V.m. § 3c Abs. 4 S. 1 EStG			-250.000 €		
	Verbleibender Sanierungsertrag i.S.v. § 3a Abs. 3 S. 1 EStG			7.750.000 €		
	Jahr 01	**Jahr 02 Sanierungsjahr**	**Nebenberechnung Sanierungsertrag**		**Jahr 03**	**Jahr 04**
Gewinn/Verlust laut Gesamthandsbilanz	100.000 €	-1.000.000 €			500.000 €	2.000.000 €
Darin enthalten Verluste aus gewerbl. Tierzucht/-haltung (§ 15 Abs. 4 S. 1 f. EStG)	- €	- €			- €	- €
Darin enthalten Verluste aus Termingeschäften (§ 15 Abs. 4 S. 3 ff. EStG)	- €	- €			- €	- €
Davon entfallen auf Modelle i.S.v. § 15b EStG	- €	- €			- €	- €

(wird auf nächster Seite fortgeführt)

		Jahr 01	Jahr 02 Sanierungsjahr	Nebenberechnung Sanierungsertrag		Jahr 03	Jahr 04
	Verteilt abziehbarer Aufwand i.S.v. § 4f EStG:						
	Vorhandener verteilt abziehbarer Aufwand gem. § 4f EStG	1.100.000 €	1.000.000 €			- €	- €
-	Abzug v. 1/15 des verteilt abziehbaren Aufwand	-100.000 €	-100.000 €			- €	- €
	Minderung des verteilt abziehbaren Aufwand des zu sanierenden Unternehmens nach § 3a Abs. 3 S. 2 Nr. 1 EStG	- €	-900.000 €	Minderungsbetrag nach § 3a Abs. 3 S. 2 Nr. 1 EStG	-900.000 €	- €	- €
	Verbleibender verteilt abziehbarer Aufwand nach § 4f EStG	1.000.000 €	- €	Zwischensumme	6.850.000 €	- €	- €
+	Hinzurechnung der nicht abziehbaren Zinsen und Kürzung um den abziehbaren Zinsvortrag nach § 4h EStG	- €	- €			- €	- €
-	Sanierungsertrag i.S.v. § 3a Abs. 1 S. 1 EStG	- €	8.000.000 €			- €	- €
+	Sanierungskosten i.S.v. §§ 3a Abs. 3 S. 1 i.V.m. § 3c Abs. 4 S. 1 EStG	- €	-250.000 €			- €	- €
=	Zwischenergebnis	- €	-8.850.000 €			500.000 €	2.000.000 €

+/-	Ergebnis der Ergänzungsbilanz	- €	- €			- €	- €
=	Kapitalkonto i.S.v. § 15a EStG	- €	-8.850.000 €			500.000 €	2.000.000 €
+/-	Außerbilanzielle Korrekturen	- €	- €			- €	- €
=	Gewinn nach § 15 Abs. 1 S. 1 Nr. 2 S. 1 Hs. 1 EStG	- €	-8.850.000 €			500.000 €	2.000.000 €
	Ergebnis laut Sonderbilanz	- €	- €			- €	- €
+/-	Außerbilanzielle Korrekturen	- €	- €			- €	- €
=	Gewinn nach § 15 Abs. 1 S. 1 Nr. 2 S. 1 Hs. 2 EStG	- €	- €			- €	- €
=	Gewinn der Mitunternehmerschaft	- €	-8.850.000 €			500.000 €	2.000.000 €
	Zum Ende des Vorjahres festgestellter Zinsvortrag	- €	- €			- €	- €
	Minderung des zum Ende des Vorjahres festgestellten Zinsvortrags nach § 4h Abs. 1 S. 5 EStG (§ 3a Abs. 3 S. 2 Nr. 13 a) EStG)	- €	- €			- €	- €
	Verbleibender Zinsvortrag	- €	- €			- €	- €
	Zinsvortrag des laufenden Jahres	- €	- €			- €	- €

(*wird auf nächster Seite fortgeführt*)

		Jahr 01	Jahr 02 Sanierungsjahr	Nebenberechnung Sanierungsertrag		Jahr 03	Jahr 04
	Minderung des im Sanierungsjahr entstehenden Zinsvortrags nach § 4h Abs. 1 S. 5 EStG (§ 3a Abs. 3 S. Nr. 13 a) EStG)	- €	- €			- €	- €
	Verbleibender verrechenbarer Zinsvortrag	- €	- €			- €	- €
	Zum Ende des Vorjahres festgestellter EBITDA-Vortrag	- €	- €			- €	- €
	Minderung des zum Ende des Vorjahres festgestellten EBITDA-Vortrags nach § 4h Abs. 1 S. 3 EStG (§ 3a Abs. 3 S. 2 Nr. 13 b) EStG)	- €	- €			- €	- €
	Verbleibender EBITDA-Vortrag	- €	- €			- €	- €
	EBITDA-Vortrag des laufenden Jahres	- €	- €			- €	- €
	Minderung des im Sanierungsjahr entstehenden EBITDA-Vortrags (§ 3a Abs. 3 S. Nr. 13 b) EStG)	- €	- €			- €	- €
	Verbleibender verrechenbarer EBITDA-Vortrag	- €	- €			- €	- €

Gewerbesteuer der Sanierungs-Mitunternehmerschaft							
	Sanierungsertrag i.S.v. § 3a Abs. 3 S. 1 EStG					8.000.000 €	
	Sanierungsaufwendungen i.S.v. §§ 3a Abs. 3 S. 1 i.V.m. § 3c Abs. 4 S. 1 EStG					-250.000 €	
	Untergang des verteilt abziehbaren Aufwand nach § 3a Abs. 3 S. 2 Nr. 1 EStG (§ 7b Abs. 2 S. 1 GewStG)					-900.000 €	
	Nach § 3a Abs. 3 S. 2 Nr. 1 EStG verbleibender Sanierungsertrag gem. § 7b Abs. 2 S. 1 GewStG					6.850.000 €	
		Jahr 01	**Jahr 02 Sanierungsjahr**	**Nebenberechnung Sanierungsertrag**		**Jahr 03**	**Jahr 04**
Gewinn aus Gewerbebetrieb, § 7 GewStG		- €	-8.850.000 €			500.000 €	2.000.000 €
Hinzurechnungen:							
+	100 % d. Entgelte für Schulden, § 8 Nr. 1a GewStG	150.000 €	150.000 €			150.000 €	150.000 €
+	20 % d. Miet- u. Pachtzins (bewegliche WG), § 8 Nr. 1d GewStG	20.000 €	20.000 €			20.000 €	20.000 €
+	50 % d. Miet- u. Pachtzins (unbewegliche WG), § 8 Nr. 1e GewStG	50.000 €	50.000 €			50.000 €	50.000 €
+	25 % d. Konzessionen, Lizenzen, § 8 Nr. 1f GewStG	5.000 €	5.000 €			5.000 €	5.000 €
=	Zwischensumme	225.000 €	225.000 €			225.000 €	225.000 €
-	Freibetrag (max. 100.000 EUR)	100.000 €	100.000 €			100.000 €	100.000 €
=	25 % d. positiven Betrags (= Hinzurechnungsbetrag)	31.250 €	31.250 €			31.250 €	31.250 €
=	Summe der Hinzurechnungen	31.250 €	31.250 €			31.250 €	31.250 €

		Jahr 01	Jahr 02 Sanierungsjahr	Nebenberechnung Sanierungsertrag		Jahr 03	Jahr 04
Kürzungen:							
	Faktor (140 %, 100 %, …), § 121a BewG	140 %	140 %			140 %	140 %
x	Einheitswert Betriebsgrundstück, betriebliche Nutzung	1.000.000 €	1.000.000 €			1.000.000 €	1.000.000 €
x	1,2 %, § 9 Nr. 1 GewStG	1,2 %	1,2 %			1,2 %	1,2 %
	Kürzungsbetrag nach § 9 Nr. 1 GewStG	16.800 €	16.800 €			16.800 €	16.800 €
=	Summe der Kürzungen	16.800 €	16.800 €			16.800 €	16.800 €
=	Gewerbeertrag, § 10 GewStG	14.450 €	-8.835.550 €			514.450 €	2.014.450 €
	Minderung des negativen Gewerbeertrags des Sanierungsjahres des zu sanierenden Unternehmens (§ 7b Abs. 2 S. 1 Nr. 1 GewStG)	- €	-6.850.000 €	Minderungsbetrag nach § 7b Abs. 2 S. 1 Nr. 1 GewStG	-6.850.000 €	- €	- €
=	Gewerbeertrag nach Minderung	14.450 €	-1.985.550 €	Zwischensumme	- €	514.450 €	2.014.450 €
-	Gewerbeverlust, § 10a GewStG						
	Vorhandener gewstl. Verlust	- €	- €			1.985.550 €	1.471.100 €

-	Minderung im Sanierungsjahr ungeachtet des § 10a S. 2 GewStG die nach § 10a S. 6 GewStG zum Ende des vorangegangenen EZ gesondert festgestellten Fehlbeträge (§ 7b Abs. 2 S. 1 Nr. 3 GewStG)	- €	- €	Minderungsbetrag nach § 7b Abs. 2 S. 1 Nr. 3 GewStG	- €	- €	- €
=	Verbleibender gewstl. Verlustvortrag nach Minderung	- €	- €	Zwischensumme	- €	1.985.550 €	1.471.100 €
-	Sockelbetrag, max. vorhandener Verlustvortrag	- €	- €			514.450 €	1.000.000 €
-	Verlustabzug i.H.v. 60 % des verbleibenden Gesamtbetrags der Einkünfte	- €	- €			- €	471.100 €
=	Insgesamt genutzter Verlustvortrag	- €	- €			514.450 €	1.471.100 €
=	Vortragsfähiger gewstl. Verlust	- €	1.985.550 €			1.471.100 €	- €
=	Zwischensumme	14.450 €	- €			- €	543.350 €
	Abgerundet auf volle 100 €, § 11 Abs. 1 S. 3 GewStG	14.400 €	- €			- €	543.300 €
	Freibetrag						
-	PersG, § 11 Abs. 1 S. 3 Nr. 1 GewStG, max. 24.500 EUR	14.400 €	- €			- €	24.500 €

(*wird auf nächster Seite fortgeführt*)

		Jahr 01	Jahr 02 Sanierungsjahr	Nebenberechnung Sanierungsertrag		Jahr 03	Jahr 04
=	Gewerbeertrag nach Freibetrag	- €	- €			- €	518.800 €
x	Steuermesszahl, § 11 Abs. 2 GewStG	3,5 %	3,5 %			3,5 %	3,5 %
=	Gewerbesteuermessbetrag	- €	- €			- €	18.158 €
x	Hebesatz, § 16 GewStG (Durchschnitt in Deutschland 2019)	403 %	403 %			403 %	403 %
=	Gewerbesteuer	- €	- €			- €	73.177 €
Kürzung um Zins- und EBITDA-Vorträge i.S.v. § 3a Abs. 3 S. 2 Nr. 13 EStG des zu sanierenden Unternehmens (§ 7b Abs. 2 S. 3 GewStG):							
	Zum Ende des Vorjahres festgestellter Zinsvortrag	- €	- €			- €	- €
	Minderung des zum Ende des Vorjahres festgestellten Zinsvortrags (§ 7b Abs. 2 S. 3 GewStG i.V.m. § 3a Abs. 3 S. 2 Nr. 13a) EStG)	- €	- €	Minderungsbetrag nach § 7b Abs. 2 S. 3 GewStG	- €	- €	- €
	Verbleibender Zinsvortrag	- €	- €	Zwischensumme	- €	- €	- €

	Zinsvortrag des laufenden Jahres	- €	- €			- €	- €
	Minderung des Zinsvortrags des laufenden Sanierungsjahres (§ 7b Abs. 2 S. 3 GewStG i.V.m § 3a Abs. 3 S. 2 Nr. 13a) EStG)	- €	- €	Minderungsbetrag nach § 7b Abs. 2 S. 3 GewStG	- €	- €	- €
	Verbleibender verrechenbarer Zinsvortrag	- €	- €	Zwischensumme	- €	- €	- €
	Zum Ende des Vorjahres festgestellter EBITDA-Vortrag	- €	- €			- €	- €
	Minderung des zum Ende des Vorjahres festgestellten EBITDA-Vortrags (§ 7b Abs. 2 S. 3 GewStG i.V.m § 3a Abs. 3 S. 2 Nr. 13b) EStG)	- €	- €	Minderungsbetrag nach § 7b Abs. 2 S. 3 GewStG	- €	- €	- €
	Verbleibender EBITDA-Vortrag	- €	- €	Zwischensumme	- €	- €	- €
	EBITDA-Vortrag des laufenden Jahres	- €	- €			- €	- €
	Minderung des EBITDA-Vortrags des laufenden Sanierungsjahres (§ 7b Abs. 2 S. 3 GewStG i.V.m § 3a Abs. 3 S. 2 Nr. 13b) EStG)	- €	- €	Minderungsbetrag nach § 7b Abs. 2 S. 3 GewStG	- €	- €	- €

(wird auf nächster Seite fortgeführt)

	Jahr 01	Jahr 02 Sanierungsjahr	Nebenberechnung Sanierungsertrag		Jahr 03	Jahr 04
Verbleibender verrechenbarer EBITDA-Vortrag	- €	- €	Zwischensumme	- €	- €	- €
Minderung bei einem anderen Unternehmen unter Erfüllung der Voraussetzungen nach § 7b Abs. 2 S. 2 GewStG			Minderungsbetrag nach § 7b Abs. 2 S. 2 GewStG	- €		
Wirtschaftlich gewerbesteuerfreier Sanierungsertrag			Endsumme	- €		

Mitunternehmer A (50 %), Natürliche Person: Einkommensteuer auf Einkünfte aus Kapitalvermögen							
	Anteiliger Sanierungsertrag i.S.v. § 3a Abs. 3 S. 1 EStG					4.000.000 €	
	Anteilige Sanierungsaufwendungen i.S.v. §§ 3a Abs. 3 S. 1 i.V.m. § 3c Abs. 4 S. 1 EStG					-125.000 €	
	Anteiliger verbleibender Sanierungsertrag i.S.v. § 3a Abs. 3 S. 1 EStG					3.875.000 €	
	Anteiliger bereits abgezogener verteilt abziehbarer Aufwand nach § 3a Abs. 3 S. 2 Nr. 1 EStG					-450.000 €	
	Geminderter Sanierungsertrag					3.425.000 €	
		Jahr 01	**Jahr 02 Sanierungsjahr**	**Nebenberechnung Sanierungsertrag**		**Jahr 03**	**Jahr 04**
	Summe der Einkünfte aus den Einkunftsarten:						
	Einkünfte aus Gewerbebetrieb aus der Sanierungs-MU (§§ 15 – 17 EStG)	- €	-4.425.000 €			250.000 €	1.000.000 €
Verluste nach § 15a EStG							
	Vorhandenes Verlustpotenzial nach § 15a EStG	- €	- €			- €	- €
+	Hinzurechnung des nicht abziehbaren Verlusts nach § 15a EStG	- €	- €	Minderungsbetrag nach § 3a Abs. 3 S. 2 Nr. 2 EStG	- €	- €	- €
	Minderung des nach § 15a EStG ausgleichsfähigen oder verrechenbaren Verlusts des (Mit-)Unternehmers des zu sanierenden Unternehmens des Sanierungsjahres (§ 3a Abs. 3 S. 2 Nr. 2 EStG)	- €	- €	Zwischensumme	3.425.000 €	- €	- €

(*wird auf nächster Seite fortgeführt*)

		Jahr 01	Jahr 02 Sanierungsjahr	Nebenberechnung Sanierungsertrag		Jahr 03	Jahr 04
	Minderung des zum Ende des dem Sanierungsjahr vorangegangenen Wirtschaftsjahres nach § 15a EStG festgestellten verrechenbaren Verlusts des (Mit-) Unternehmers des zu sanierenden Unternehmens (§ 3a Abs. 3 S. 2 Nr. 3 EStG)	- €	- €	Minderungsbetrag nach § 3a Abs. 3 S. 2 Nr. 3 EStG	- €	- €	- €
	Verbleibendes Verlustpotenzial nach § 15a EStG	- €	- €	Zwischensumme	3.425.000 €	- €	- €
Verluste nach § 15b EStG							
	Vorhandenes Verlustpotenzial nach § 15b EStG	- €	- €			- €	- €
+	Hinzurechnung des nicht abziehbaren Verlusts nach § 15b EStG	- €	- €	Minderungsbetrag nach § 3a Abs. 3 S. 2 Nr. 4 EStG	- €	- €	- €
	Minderung des nach § 15b EStG ausgleichsfähigen oder verrechenbaren Verlusts derselben Einkunftsquelle des (Mit-)Unternehmers des Sanierungsjahres; bei der Verlustermittlung bleibt der Sanierungsertrag unberücksichtigt (§ 3a Abs. 3 S. 2 Nr. 4 EStG)	- €	- €	Zwischensumme	3.425.000 €	- €	- €

	Minderung des zum Ende des dem Sanierungsjahr vorangegangenen Jahres nach § 15b EStG festgestellten verrechenbaren Verlusts derselben Einkunftsquelle des (Mit-) Unternehmers (§ 3a Abs. 3 S. 2 Nr. 5 EStG)	- €	- €	Minderungsbetrag nach § 3a Abs. 3 S. 2 Nr. 5 EStG	- €	- €	- €
	Verbleibendes Verlustpotenzial nach § 15b EStG	- €	- €	Zwischensumme	3.425.000 €	- €	- €
Verluste nach § 15 Abs. 4 EStG							
	Vorhandenes Verlustpotenzial nach § 15 Abs. 4 EStG	- €	- €			- €	- €
+	Hinzurechnung des nicht abziehbaren Verlusts nach § 15 Abs. 4 EStG	- €	- €	Minderungsbetrag nach § 3a Abs. 3 S. 2 Nr. 6 EStG	- €	- €	- €
	Minderung des nach § 15 Abs. 4 EStG ausgleichsfähigen oder nicht abziehbaren Verlusts des zu sanierenden Unternehmens des Sanierungsjahres (§ 3a Abs. 3 S. 2 Nr. 6 EStG)	- €	- €	Zwischensumme	3.425.000 €	- €	- €

(*wird auf nächster Seite fortgeführt*)

		Jahr 01	Jahr 02 Sanierungsjahr	Nebenberechnung Sanierungsertrag		Jahr 03	Jahr 04
	Minderung des zum Ende des dem Sanierungsjahr vorangegangenen Jahres nach § 15 Abs. 4 EStG festgestellten in Verbindung mit § 10d Abs. 4 EStG verbleibenden Verlustvortrags, soweit er auf das zu sanierende Unternehmen entfällt (§ 3a Abs. 3 S. 2 Nr. 7 EStG)	- €	- €	Minderungsbetrag nach § 3a Abs. 3 S. 2 Nr. 7 EStG	- €	- €	- €
	Verbleibendes Verlustpotenzial nach § 15 Abs. 4 EStG	- €	- €	Zwischensumme	3.425.000 €	- €	- €
Einkünfte aus Gewerbebetrieb aus der Sanierungs-MU		- €	-4.425.000 €			250.000 €	1.000.000 €
-	Minderung des Verlusts des Sanierungsjahres des zu sanierenden Unternehmens (§ 3a Abs. 3 S. 2 Nr. 8 EStG)	- €	-3.425.000 €	Minderungsbetrag nach § 3a Abs. 3 S. 2 Nr. 8 EStG	-3.425.000 €	- €	- €
=	Summe der Einkünfte aus Gewerbebetrieb aus der Sanierungs-MU (§§ 15 – 17 EStG)	- €	-1.000.000 €	Zwischensumme	- €	250.000 €	1.000.000 €
Ausgleichsfähige Verluste aus allen Einkunftsarten des Veranlagungszeitraums, in dem das Sanierungsjahr endet i.S.v. § 3a Abs. 3 S. 2 Nr. 9 EStG							

	Einkünfte aus Land- und Forstwirtschaft (§§ 13 – 14a EStG)	- €	- €			- €	- €
	Einkünfte aus Gewerbebetrieb aus anderen Beteiligungen (§§ 15 – 17 EStG)	- €	- €			- €	- €
	Einkünfte aus selbstständiger Arbeit (§ 18 EStG)	- €	- €			- €	- €
	Einkünfte aus nichtselbstständiger Arbeit (§ 19 EStG)	- €	- €			- €	- €
	Einkünfte aus Vermietung und Verpachtung (§ 21 EStG)	- €	- €			- €	- €
	Einkünfte aus Kapitalvermögen, soweit keine Abgeltung (§ 20 EStG)	- €	- €			- €	- €
	Einkünfte aus sonstigen Einkünften (§§ 22 – 23 EStG)	- €	- €			- €	- €
	Summe der nicht abziehbaren Verluste aus Drittstaaten gem. § 2a EStG	- €	- €			- €	- €
=	Summe, da vertikaler Verlustausgleich nach h.M. möglich	- €	- €			- €	- €

(wird auf nächster Seite fortgeführt)

		Jahr 01	Jahr 02 Sanierungsjahr	Nebenberechnung Sanierungsertrag		Jahr 03	Jahr 04
	Minderung des ausgleichsfähigen Verlusts aus allen Einkunftsarten des Veranlagungszeitraums, in dem das Sanierungsjahr endet (§ 3a Abs. 3 S. 2 Nr. 9 EStG)	- €	- €	Minderungsbetrag nach § 3a Abs. 3 S. 2 Nr. 9 EStG	- €	- €	- €
	Verbleibendes Verlustpotenzial aller Einkunftsarten nach Minderung	- €	- €	Zwischensumme	- €	- €	- €
=	Summe der Einkünfte aus allen Einkunftsarten des Sanierungsjahres	- €	- €			- €	- €
+	Einkünfte aus Gewerbebetrieb aus anderen Beteiligungen (§§ 15 – 17 EStG)	- €	- €			- €	- €
Verluste nach § 15a EStG							
	Vorhandenes Verlustpotenzial nach § 15a EStG	- €	- €			- €	- €
	Hinzurechnung des nicht abziehbaren Verlusts nach § 15a EStG	- €	- €	Minderungsbetrag nach § 3a Abs. 3 S. 2 Nr. 11 a) EStG	- €	- €	- €

	Minderung des zum Ende des dem Sanierungsjahr vorangegangenen Wirtschaftsjahres nach § 15a EStG festgestellten verrechenbaren Verlusts des (Mit-) Unternehmers (§ 3a Abs. 3 S. 2 Nr. 11 a) EStG)	- €	- €	Zwischensumme	- €	- €	- €
	Minderung des nach § 15a EStG ausgleichsfähigen oder verrechenbaren Verlusts des (Mit-)Unternehmers des Sanierungsjahres (§ 3a Abs. 3 S. 2 Nr. 11 a) EStG)	- €	- €	Minderungsbetrag nach § 3a Abs. 3 S. 2 Nr. 11 a) EStG	- €	- €	- €
	Verbleibendes Verlustpotenzial nach § 15a EStG	- €	- €	Zwischensumme	- €	- €	- €
Verluste nach § 15b EStG anderer Einkunftsquellen							
	Vorhandenes Verlustpotenzial nach § 15b EStG	- €	- €			- €	- €
	Hinzurechnung des nicht abziehbaren Verlusts nach § 15b EStG	- €	- €	Minderungsbetrag nach § 3a Abs. 3 S. 2 Nr. 11 b) EStG	- €	- €	- €

(*wird auf nächster Seite fortgeführt*)

	Jahr 01	Jahr 02 Sanierungsjahr	Nebenberechnung Sanierungsertrag		Jahr 03	Jahr 04
Minderung des zum Ende des dem Sanierungsjahr vorangegangenen Jahres nach § 15b EStG festgestellten verrechenbaren Verlusts anderer Einkunftsquellen des (Mit-) Unternehmers (§ 3a Abs. 3 S. 2 Nr. 11 b) EStG)	- €	- €	Zwischensumme	- €	- €	- €
Minderung des nach § 15b EStG ausgleichsfähigen oder verrechenbaren Verlusts anderer Einkunftsquellen des (Mit-) Unternehmers (§ 3a Abs. 3 S. 2 Nr. 11 b) EStG)	- €	- €	Minderungsbetrag nach § 3a Abs. 3 S. 2 Nr. 11 b) EStG	- €	- €	- €
Verbleibendes Verlustpotenzial nach § 15b EStG anderer Einkunftsquellen	- €	- €	Zwischensumme	- €	- €	- €
Verluste nach § 15 Abs. 4 EStG anderer Betriebe und Mitunternehmeranteile						
Vorhandenes Verlustpotenzial nach § 15 Abs. 4 EStG anderer Betriebe und Mitunternehmeranteile	- €	- €			- €	- €

	Hinzurechnung des nicht abziehbaren Verlusts nach § 15 Abs. 4 EStG anderer Betriebe und Mitunternehmeranteile	- €	- €	Minderungsbetrag nach § 3a Abs. 3 S. 2 Nr. 11 c) EStG	- €	- €	- €
	Minderung des zum Ende des dem Sanierungsjahr vorangegangenen Jahres nach § 15 Abs. 4 EStG anderer Betriebe und Mitunternehmeranteile festgestellten Verlustvortrag (§ 3a Abs. 3 S. 2 Nr. 11 c) EStG)	- €	- €	Zwischensumme	- €	- €	- €
	Minderung des nach § 15 Abs. 4 EStG ausgleichsfähigen oder nicht abziehbaren Verlusts anderer Betriebe und Mitunternehmeranteile des Sanierungsjahres (§ 3a Abs. 3 S. 2 Nr. 11 c) EStG)	- €	- €	Minderungsbetrag nach § 3a Abs. 3 S. 2 Nr. 11 c) EStG	- €	- €	- €
	Verbleibendes Verlustpotenzial nach § 15 Abs. 4 EStG anderer Betriebe und Mitunternehmeranteile	- €	- €	Zwischensumme	- €	- €	- €
=	Summe der Einkünfte aus Gewerbebetrieb aus anderen Beteiligungen (§§ 15 – 17 EStG)	- €	- €			- €	- €

(wird auf nächster Seite fortgeführt)

		Jahr 01	Jahr 02 Sanierungsjahr	Nebenberechnung Sanierungsertrag		Jahr 03	Jahr 04
Weitere vorhandene Verluste des Mitunternehmers, die keiner bestimmten Einkunftsart (mehr) zugeordnet werden können							
Negative Einkünfte aus Drittstaaten nach § 2a EStG							
	Vorhandenes Verlustpotenzial nach § 2a EStG	- €	- €			- €	- €
+	Hinzurechnung der nicht abziehbaren negativen Einkünfte nach § 2a EStG	- €	- €	Minderungsbetrag nach § 3a Abs. 3 S. 2 Nr. 11 d) EStG	- €	- €	- €
	Minderung der zum Ende des dem Sanierungsjahr vorangegangenen Jahres festgestellten nach § 2a EStG negativen Einkünfte (§ 3a Abs. 3 S. 2 Nr. 11 d) EStG)	- €	- €	Zwischensumme	- €	- €	- €
	Minderung der nach § 2a EStG negativen Einkünfte des Sanierungsjahres (§ 3a Abs. 3 S. 2 Nr. 11 d) EStG)	- €	- €	Minderungsbetrag nach § 3a Abs. 3 S. 2 Nr. 11 d) EStG	- €	- €	- €
	Verbleibendes Verlustpotenzial nach § 2a EStG	- €	- €	Zwischensumme	- €	- €	- €

=	Summe der nicht abzugsfähigen negativen Einkünfte nach § 2a EStG	- €	- €			- €	- €
Verluste nach § 2b EStG 2002							
	Vorhandenes Verlustpotenzial nach § 2b EStG 2002	- €	- €			- €	- €
	Minderung der zum Ende des dem Sanierungsjahr vorangegangenen Jahres nach § 2b EStG 2002 festgestellten negativen Einkünfte (§ 3a Abs. 3 S. 2 Nr. 11 e) EStG)	- €	- €	Minderungsbetrag nach § 3a Abs. 3 S. 2 Nr. 11 e) EStG	- €	- €	- €
	Verbleibendes Verlustpotenzial nach § 2b EStG 2002	- €	- €	Zwischensumme	- €	- €	- €
+	Sonstige Einkünfte (§§ 22 – 23 EStG)	- €	- €			- €	- €
	Vorhandenes Verlustpotenzial nach § 23 Abs. 3 S. 7 f. EStG	- €	- €			- €	- €
+	Hinzurechnung des nicht abziehbaren Verlusts nach § 23 Abs. 3 S. 7 f. EStG	- €	- €	Minderungsbetrag nach § 3a Abs. 3 S. 2 Nr. 11 f) EStG	- €	- €	- €
	Minderung des zum Ende des Vorjahres festgestellten Verlusts nach § 23 Abs. 3 S. 7 f. EStG (§ 3a Abs. 3 S. 2 Nr. 11 f) EStG)	- €	- €	Zwischensumme	- €	- €	- €

(wird auf nächster Seite fortgeführt)

		Jahr 01	Jahr 02 Sanierungsjahr	Nebenberechnung Sanierungsertrag		Jahr 03	Jahr 04
	Minderung des im Sanierungsjahr entstehenden Verlusts nach § 23 Abs. 3 S. 7 f. EStG (§ 3a Abs. 3 S. 2 Nr. 11 f) EStG)	- €	- €	Minderungsbetrag nach § 3a Abs. 3 S. 2 Nr. 11 f) EStG	- €	- €	- €
	Verbleibendes Verlustpotenzial nach § 23 Abs. 3 S. 7 f. EStG	- €	- €	Zwischensumme	- €	- €	- €
	Vorhandenes Verlustpotenzial nach § 22 Nr. 3 S. 4 EStG	- €	- €			- €	- €
+	Hinzurechnung des nicht abziehbaren Verlusts nach § 22 Nr. 3 S. 4 EStG	- €	- €	Minderungsbetrag nach § 3a Abs. 3 S. 2 Nr. 11 g) EStG	- €	- €	- €
	Minderung des zum Ende des Vorjahres festgestellten Verlusts nach § § 22 Nr. 3 S. 4 EStG (§ 3a Abs. 3 S. 2 Nr. 11 g) EStG)	- €	- €	Zwischensumme	- €	- €	- €
	Minderung des im Sanierungsjahr entstehenden Verlusts nach § 22 Nr. 3 S. 4 EStG (§ 3a Abs. 3 S. 2 Nr. 11 g) EStG)	- €	- €	Minderungsbetrag nach § 3a Abs. 3 S. 2 Nr. 11 g) EStG	- €	- €	- €
	Verbleibendes Verlustpotenzial nach § 22 Nr. 3 S. 4 EStG	- €	- €	Zwischensumme	- €	- €	- €
=	Summe der sonstigen Einkünfte	- €	- €			- €	- €
+	Einkünfte aus Kapitalvermögen, soweit keine Abgeltung (§ 20 EStG)	- €	- €			- €	- €

	Vorhandenes Verlustpotenzial nach § 20 Abs. 6 EStG	- €	- €			- €	- €
+	Hinzurechnung des nicht abziehbaren Verlusts nach § § 20 Abs. 6 EStG	- €	- €	Minderungsbetrag nach § 3a Abs. 3 S. 2 Nr. 11 g) EStG	- €	- €	- €
	Minderung des zum Ende des Vorjahres festgestellten Verlusts nach § § 20 Abs. 6 EStG (§ 3a Abs. 3 S. 2 Nr. 11 g) EStG)	- €	- €	Zwischensumme	- €	- €	- €
	Minderung des im Sanierungsjahr entstehenden Verlusts nach § 20 Abs. 6 EStG (§ 3a Abs. 3 S. 2 Nr. 11 g) EStG)	- €	- €	Minderungsbetrag nach § 3a Abs. 3 S. 2 Nr. 11 g) EStG	- €	- €	- €
	Verbleibendes Verlustpotenzial nach § 20 Abs. 6 EStG	- €	- €	Zwischensumme	- €	- €	- €
=	Summe der Einkünfte aus Kapitalvermögen	- €	- €			- €	- €
=	Summe der Einkünfte	- €	-1.000.000 €			250.000 €	1.000.000 €
=	Gesamtbetrag der Einkünfte (§ 2 Abs. 3 EStG)	- €	-1.000.000 €			250.000 €	1.000.000 €
-	Minderung der negativen Einkünfte ungeachtet des § 10d Abs. 1 S. 1 des Folgejahres, sofern der verbleibende Sanierungsertrag i.S.v. § 3a Abs. 3 S. 4 EStG nicht überschritten wird (§ 3a Abs. 3 S. 2 Nr. 12 EStG)	- €	- €	Minderungsbetrag nach § 3a Abs. 3 S. 2 Nr. 12 EStG	- €	- €	- €

		Jahr 01	Jahr 02 Sanierungsjahr	Nebenberechnung Sanierungsertrag		Jahr 03	Jahr 04
=	Zwischensumme	- €	-1.000.000 €	Zwischensumme	- €	250.000 €	1.000.000 €
-	Verlustabzug nach § 10d EStG						
	Vorhandener Verlustvortrag	- €	- €			1.000.000 €	750.000 €
	Minderung des zum Ende des Vorjahres gesondert festgestellten Verlustvortrags (§ 3a Abs. 3 S. 2 Nr. 10 EStG)	- €	- €	Minderungsbetrag nach § 3a Abs. 3 S. 2 Nr. 10 EStG	- €	- €	- €
	Verbleibender Verlustvortrag nach Minderung	- €	- €	Zwischensumme	- €	1.000.000 €	750.000 €
-	Sockelbetrag, max. 1 Mio. €	- €	- €			250.000 €	750.000 €
	Verbleibender Verlustvortrag	- €	- €			750.000 €	- €
-	Verlustabzug i.H.v. 60 % des verbleibenden GdE	- €	- €			- €	- €
	Summe des genutzten Verlustvortrags	- €	- €			250.000 €	750.000 €
	Vortragsfähiger Verlust	- €	- €			750.000 €	- €
=	Einkommen (§ 2 Abs. 4 EStG)	- €	-1.000.000 €			- €	250.000 €
=	zu versteuerndes Einkommen (§ 2 Abs. 5 EStG)	- €	-1.000.000 €			- €	250.000 €
	abgerundet auf vollen Eurobetrag	- €	-1.000.000 €			- €	250.000 €
Festzusetzende Einkommensteuer							
	Steuerbetrag	- €	- €			- €	95.863 €
	zvE v. 57.919 – 274.612 €	- €	- €			- €	95.863 €
=	Tarifliche Einkommensteuer	- €	- €			- €	95.863 €

-	Steuerermäßigung nach § 35 EStG:	- €	- €			- €	36.316 €
	Ermäßigungsbetrag bzgl. Sanierungs-MU						
	Anteiliger Gewerbesteuermessbetrag x 4,0	- €	- €			- €	36.316 €
	Höchstens tatsächlich zu zahlende GewSt	- €	- €			- €	36.588 €
	Ermäßigungshöchstbetrag:	- €	- €			- €	95.863 €
	Summe der positiven gewerbl. Einkünfte	- €	- €			250.000 €	1.000.000 €
/	Summe aller positiven Einkünfte	- €	- €			250.000 €	1.000.000 €
x	Geminderte tarifliche Einkommensteuer	- €	- €			- €	95.863 €
=	Höchstbetrag	- €	- €			- €	95.863 €
=	Festzusetzende Einkommensteuer (§ 2 Abs. 6 EStG)	- €	- €			- €	59.547 €
Solidaritätszuschlag auf Einkommensteuer							
	Einkommensteuer	- €	- €			- €	59.547 €
	Freigrenze § 3 Abs. 3 S. 1 Nr. 2 SolZG	16.956 €	16.956 €			16.956 €	16.956 €
x	Solidaritätszuschlag, § 4 S. 1 SolZG	5,5 %	5,5 %			5,5 %	5,5 %
=	Solidaritätszuschlag auf Einkommensteuer	**- €**	**- €**			**- €**	**3.275 €**

Anteilseigner B-GmbH (50 %): Körperschaftsteuer

	Anteiliger Sanierungsertrag i.S.v. § 3a Abs. 3 S. 1 EStG				4.000.000 €		
	Anteilige Sanierungsaufwendungen i.S.v. §§ 3a Abs. 3 S. 1 i.V.m. § 3c Abs. 4 S. 1 EStG				-125.000 €		
	Anteiliger verbleibender Sanierungsertrag i.S.v. § 3a Abs. 3 S. 1 EStG				3.875.000 €		
	Anteiliger bereits abgezogener verteilt abziehbarer Aufwand nach § 3a Abs. 3 S. 2 Nr. 1 EStG				-450.000 €		
	Geminderter Sanierungsertrag				3.425.000 €		
		Jahr 01	**Jahr 02 Sanierungsjahr**	**Nebenberechnung Sanierungsertrag**		**Jahr 03**	**Jahr 04**
Körperschaftsteuerbemessungsgrundlage:							
	Gewinn/Verlust lt. Steuerbilanz bzw. nach § 60 Abs. 2 EStDV korrigierter Jahresüberschuss/ Jahresfehlbetrag lt. Handelsbilanz	- €	-4.425.000 €			250.000 €	1.000.000 €
	Davon Gewinn/Verlust aus Sanierungs-MU	- €	-4.425.000 €			250.000 €	1.000.000 €
Verluste nach § 15a EStG							
	Vorhandenes Verlustpotenzial nach § 15a EStG	- €	- €			- €	- €
+	Hinzurechnung des nicht abziehbaren Verlusts nach § 15a EStG	- €	- €	Minderungsbetrag nach § 3a Abs. 3 S. 2 Nr. 2 EStG	- €	- €	- €

	Minderung des nach § 15a EStG ausgleichsfähigen oder verrechenbaren Verlusts des (Mit-)Unternehmers des zu sanierenden Unternehmens des Sanierungsjahres (§ 3a Abs. 3 S. 2 Nr. 2 EStG)	- €	- €	Zwischensumme	3.425.000 €	- €	- €
	Minderung des zum Ende des dem Sanierungsjahr vorangegangenen Wirtschaftsjahres nach § 15a EStG festgestellten verrechenbaren Verlusts des (Mit-)Unternehmers des zu sanierenden Unternehmens (§ 3a Abs. 3 S. 2 Nr. 3 EStG)	- €	- €	Minderungsbetrag nach § 3a Abs. 3 S. 2 Nr. 3 EStG	- €	- €	- €
	Verbleibendes Verlustpotenzial nach § 15a EStG	- €	- €	Zwischensumme	3.425.000 €	- €	- €
Verluste nach § 15b EStG							
	Vorhandenes Verlustpotenzial nach § 15b EStG	- €	- €			- €	- €
+	Hinzurechnung des nicht abziehbaren Verlusts nach § 15b EStG	- €	- €	Minderungsbetrag nach § 3a Abs. 3 S. 2 Nr. 4 EStG	- €	- €	- €

(*wird auf nächster Seite fortgeführt*)

		Jahr 01	Jahr 02 Sanierungsjahr	Nebenberechnung Sanierungsertrag		Jahr 03	Jahr 04
	Minderung des nach § 15b EStG ausgleichsfähigen oder verrechenbaren Verlusts derselben Einkunftsquelle des (Mit-)Unternehmers des Sanierungsjahres; bei der Verlustermittlung bleibt der Sanierungsertrag unberücksichtigt (§ 3a Abs. 3 S. 2 Nr. 4 EStG)	- €	- €	Zwischensumme	3.425.000 €	- €	- €
	Minderung des zum Ende des dem Sanierungsjahr vorangegangenen Jahres nach § 15b EStG festgestellten verrechenbaren Verlusts derselben Einkunftsquelle des (Mit-) Unternehmers (§ 3a Abs. 3 S. 2 Nr. 5 EStG)	- €	- €	Minderungsbetrag nach § 3a Abs. 3 S. 2 Nr. 5 EStG	- €	- €	- €
	Verbleibendes Verlustpotenzial nach § 15b EStG	- €	- €	Zwischensumme	3.425.000 €	- €	- €
Verluste nach § 15 Abs. 4 EStG							
	Vorhandenes Verlustpotenzial nach § 15 Abs. 4 EStG	- €	- €			- €	- €
+	Hinzurechnung des nicht abziehbaren Verlusts nach § 15 Abs. 4 EStG	- €	- €	Minderungsbetrag nach § 3a Abs. 3 S. 2 Nr. 6 EStG	- €	- €	- €

	Minderung des nach § 15 Abs. 4 EStG ausgleichsfähigen oder nicht abziehbaren Verlusts des zu sanierenden Unternehmens des Sanierungsjahres (§ 3a Abs. 3 S. 2 Nr. 6 EStG)	- €	- €	Zwischensumme	3.425.000 €	- €	- €
	Minderung des zum Ende des dem Sanierungsjahr vorangegangenen Jahres nach § 15 Abs. 4 EStG festgestellten in Verbindung mit § 10d Abs. 4 EStG verbleibenden Verlustvortrags, soweit er auf das zu sanierende Unternehmen entfällt (§ 3a Abs. 3 S. 2 Nr. 7 EStG)	- €	- €	Minderungsbetrag nach § 3a Abs. 3 S. 2 Nr. 7 EStG	- €	- €	- €
	Verbleibendes Verlustpotenzial nach § 15 Abs. 4 EStG	- €	- €	Zwischensumme	3.425.000 €	- €	- €
-	Minderung des Verlusts des Sanierungsjahres des zu sanierenden Unternehmens (§ 3a Abs. 3 S. 2 Nr. 8 EStG)	- €	-3.425.000 €	Minderungsbetrag nach § 3a Abs. 3 S. 2 Nr. 8 EStG	-3.425.000 €	- €	- €
				Zwischensumme	- €		
=	Zwischensumme	- €	-1.000.000 €			250.000 €	1.000.000 €
	Verluste bei beschränkter Haftung nach § 15a EStG						

(wird auf nächster Seite fortgeführt)

		Jahr 01	Jahr 02 Sanierungsjahr	Nebenberechnung Sanierungsertrag		Jahr 03	Jahr 04
	Vorhandenes Verlustpotenzial nach § 15a EStG	- €	- €			- €	- €
+	Hinzurechnung des ausgleichsfähigen oder nicht abziehbaren Verlust nach § 15a EStG	- €	- €	Minderungsbetrag nach § 3a Abs. 3 S. 2 Nr. 11 a) EStG	- €	- €	- €
	Minderung des zum Ende des Vorjahres festgestellten Verlusts nach § 15a EStG (§ 3a Abs. 3 S. 2 Nr. 11 a) EStG)	- €	- €	Zwischensumme	- €	- €	- €
	Minderung des Verlusts nach § 15a EStG des Sanierungsjahres (§ 3a Abs. 3 S. 2 Nr. 11 a) EStG)	- €	- €	Minderungsbetrag nach § 3a Abs. 3 S. 2 Nr. 11 a) EStG	- €	- €	- €
	Verbleibendes Verlustpotenzial nach § 15a EStG	- €	- €	Zwischensumme	- €	- €	- €
	Verluste im Zusammenhang mit Steuerstundungsmodellen nach § 15b EStG aus anderen Einkunftsquellen						
	Vorhandenes Verlustpotenzial nach § 15b EStG	- €	- €			- €	- €
+	Hinzurechnung des ausgleichsfähigen oder nicht abziehbaren Verlusts nach § 15b EStG	- €	- €	Minderungsbetrag nach § 3a Abs. 3 S. 2 Nr. 11 b) EStG	- €	- €	- €

	Minderung des zum Ende des Vorjahres festgestellten Verlusts nach § 15b EStG (§ 3a Abs. 3 S. 2 Nr. 11 b) EStG)	- €	- €	Zwischensumme	- €	- €	- €
	Minderung des Verlusts nach § 15b EStG des Sanierungsjahres (§ 3a Abs. 3 S. 2 Nr. 11 b) EStG)	- €	- €	Minderungsbetrag nach § 3a Abs. 3 S. 2 Nr. 11 b) EStG	- €	- €	- €
	Verbleibendes Verlustpotenzial nach § 15b EStG	- €	- €	Zwischensumme	- €	- €	- €
	Verluste nach § 15 Abs. 4 EStG anderer Betriebe und Mitunternehmeranteile:						
	Vorhandenes Verlustpotenzial nach § 15 Abs. 4 EStG	- €	- €			- €	- €
+	Hinzurechnung des ausgleichsfähigen oder nicht abziehbaren Verlusts nach § 15 Abs. 4 EStG	- €	- €	Minderungsbetrag nach § 3a Abs. 3 S. 2 Nr. 11 c) EStG	- €	- €	- €
	Minderung des Verlusts nach § 15 Abs. 4 EStG anderer Betriebe/MU-Anteile des dem Sanierungsjahr vorausgehenden Jahres (§ 3a Abs. 3 S. 2 Nr. 11 c) EStG)	- €	- €	Zwischensumme	- €	- €	- €

(wird auf nächster Seite fortgeführt)

		Jahr 01	Jahr 02 Sanierungsjahr	Nebenberechnung Sanierungsertrag		Jahr 03	Jahr 04
	Minderung des Verlusts nach § 15 Abs. 4 EStG anderer Betriebe/MU-Anteile im Sanierungsjahr (§ 3a Abs. 3 S. 2 Nr. 11 c) EStG)	- €	- €	Minderungsbetrag nach § 3a Abs. 3 S. 2 Nr. 11 c) EStG	- €	- €	- €
	Verbleibendes Verlustpotenzial nach § 15 Abs. 4 EStG	- €	- €	Zwischensumme	- €	- €	- €
=	Zwischensumme	- €	-1.000.000 €			250.000 €	1.000.000 €
	Negative Einkünfte aus der Beteiligung an Verlustzuweisungsgesellschaften und ähnlichen Modellen nach § 2b EStG 2002						
	Vorhandenes Verlustpotenzial nach § 2b EStG 2002	- €	- €			- €	- €
	Minderung der zum Ende des dem Sanierungsjahr vorangegangenen Jahres nach § 2b EStG 2002 festgestellten negativen Einkünfte (§ 3a Abs. 3 S. 2 Nr. 11 e) EStG)	- €	- €	Minderungsbetrag nach § 3a Abs. 3 S. 2 Nr. 11 e) EStG	- €	- €	- €
	Verbleibendes Verlustpotenzial nach § 2b EStG 2002	- €	- €	Zwischensumme	- €	- €	- €
	Negative Einkünfte mit Bezug zu Drittstaaten nach § 2a EStG						
	Vorhandene negative Einkünfte nach § 2a EStG	- €	- €			- €	- €

	Hinzurechnung negativer Einkünfte nach § 2a EStG	- €	- €	Minderungsbetrag nach § 3a Abs. 3 S. 2 Nr. 11 d) EStG	- €	- €	- €
	Minderung der zum Ende des Vorjahres festgestellten negativen Einkünfte nach § 2a EStG (§ 3a Abs. 3 S. 2 Nr. 11 d) EStG)	- €	- €	Zwischensumme	- €	- €	- €
	Minderung der negativen Einkünfte nach § 2a EStG des Sanierungsjahres (§ 3a Abs. 3 S. 2 Nr. 11 d) EStG)	- €	- €	Minderungsbetrag nach § 3a Abs. 3 S. 2 Nr. 11 d) EStG	- €	- €	- €
	Verbleibendes Verlustpotenzial nach § 2a EStG	- €	- €	Zwischensumme	- €	- €	- €
=	Steuerlicher Gewinn	- €	-1.000.000 €			250.000 €	1.000.000 €
	Zwischensumme	- €	-1.000.000 €			250.000 €	1.000.000 €
=	Gesamtbetrag der Einkünfte i. S. d. § 10d EStG	- €	-1.000.000 €			250.000 €	1.000.000 €
-	Minderung der negativen Einkünfte ungeachtet des § 10d Abs. 1 S. 1 des Folgejahres, sofern der verbleibende Sanierungsertrag i.S.v. § 3a Abs. 3 S. 4 EStG nicht überschritten wird (§ 3a Abs. 3 S. 2 Nr. 12 EStG)	- €	- €	Minderungsbetrag nach § 3a Abs. 3 S. 2 Nr. 12 EStG	- €	- €	- €
=	Zwischensumme	- €	-1.000.000 €	Zwischensumme	- €	250.000 €	1.000.000 €

(*wird auf nächster Seite fortgeführt*)

		Jahr 01	Jahr 02 Sanierungsjahr	Nebenberechnung Sanierungsertrag		Jahr 03	Jahr 04
	Verlustabzug nach § 10d EStG						
	Vorhandener kstl. Verlustvortrag	- €	- €			1.000.000 €	750.000 €
-	Minderung des Verlusts im Sanierungsjahr ungeachtet § 10d Abs. 2 den nach § 10d Abs. 4 EStG zum Ende des Vorjahres gesondert festgestellten Verlustvortrag (§ 3a Abs. 3 S. 2 Nr. 10 EStG)	- €	- €	Minderungsbetrag nach § 3a Abs. 3 S. 2 Nr. 10 EStG	- €	- €	- €
=	Verbleibender kstl. Verlustvortrag nach Minderung	- €	- €	Zwischensumme	- €	1.000.000 €	750.000 €
-	Sockelbetrag, max. vorhandener Verlustvortrag	- €	- €			250.000 €	750.000 €
-	Verlustabzug i.H.v. 60 % des verbleibenden Gesamtbetrags der Einkünfte	- €	- €			- €	- €
=	Insgesamt genutzter Verlustvortrag	- €	- €			250.000 €	750.000 €
=	Vortragsfähiger kstl. Verlust	- €	- €			750.000 €	- €
=	Einkommen	- €	-1.000.000 €			- €	250.000 €
-	Freibetrag für bestimmte Körperschaften (§ 24 KStG)	- €	- €			- €	- €

-	Freibetrag für Erwerbs- und Wirtschaftsgenossenschaften sowie Vereine, die Land- und Forstwirtschaft betreiben (§ 25 KStG)	- €	- €			- €	- €
=	Zu versteuerndes Einkommen	- €	- 1.000.000 €			- €	250.000 €
=	Verbleibender Sanierungsertrag i.S.v. § 3a Abs. 3 S. 3 EStG		- €				
	Minderung bei einem dem Stpfl. nahestehenden Person unter Erfüllung der Voraussetzungen nach § 3a Abs. 3 S. 3 EStG	- €	- €	Minderungsbetrag nach § 3a Abs. 3 S. 3 EStG	- €	- €	- €
	Wirtschaftlich körperschaftsteuerfreier Sanierungsertrag gem. § 3a Abs. 3 S. 4 EStG				- €		
	Festzusetzende Körperschaftsteuer						
	Steuerbetrag nach Regelsteuersatz 15 %, § 23 Abs. 1 KStG	- €	- €			- €	37.500 €
=	Tarifbelastung	- €	- €			- €	37.500 €
=	Festzusetzende Körperschaftsteuer	- €	- €			- €	37.500 €
=	Verbleibende Körperschaftsteuer	- €	- €			- €	37.500 €

(wird auf nächster Seite fortgeführt)

		Jahr 01	Jahr 02 Sanierungsjahr	Nebenberechnung Sanierungsertrag		Jahr 03	Jahr 04
Solidaritätszuschlag auf Körperschaftsteuer							
	Körperschaftsteuer	- €	- €			- €	37.500 €
x	Solidaritätszuschlag, §§ 1 Abs. 1, 4 S. 1 SolZG	5,5 %	5,5 %			5,5 %	5,5 %
=	Solidaritätszuschlag auf Körperschaftsteuer	- €	- €			- €	2.063 €

	Gewerbesteuer der B-GmbH	**Jahr 01**	**Jahr 02 Sanierungsjahr**	**Jahr 03**	**Jahr 04**
	Gewinn aus Gewerbebetrieb, § 7 GewStG	- €	-4.425.000 €	250.000 €	1.000.000 €
+	Verlustanteile an inländischen/ausländischen PersG, § 8 Nr. 8 GewStG	- €	4.425.000 €	- €	- €
-	Gewinnanteile an inländischen/ausländischen PersG, § 9 Nr. 2 GewStG	- €	- €	-250.000 €	-1.000.000 €
=	Gewerbeertrag, § 10 GewStG	- €	- €	- €	- €
-	Gewerbeverlust, § 10a GewStG	- €	- €	- €	- €
=	Zwischensumme	- €	- €	- €	- €
	Abgerundet auf volle 100 €, § 11 Abs. 1 S. 3 GewStG	- €	- €	- €	- €
=	Gewerbeertrag nach Freibetrag	- €	- €	- €	- €
x	Steuermesszahl, § 11 Abs. 2 GewStG	3,5 %	3,5 %	3,5 %	3,5 %
=	Gewerbesteuermessbetrag	- €	- €	- €	- €
x	Hebesatz, § 16 GewStG (Durchschnitt in Deutschland 2019)	403 %	403 %	403 %	403 %
=	Gewerbesteuer	- €	- €	- €	- €

	Kapitalertragsteuereinbehalt der B-GmbH für ihren Anteilseigner	**Jahr 01**	**Jahr 02 Sanierungsjahr**	**Jahr 03**	**Jahr 04**
	Gewinn vor Steuern	- €	- €	250.000 €	1.000.000 €
-	Körperschaftsteuer	- €	- €	- €	37.500 €
-	Solidaritätszuschlag auf Körperschaftsteuer	- €	- €	- €	2.063 €
-	Gewerbesteuer	- €	- €	- €	- €
=	Ausschüttungsfähiger Betrag	- €	- €	250.000 €	960.438 €
x	Kapitalertragsteuersatz, § 43a Abs. 1 S. 1 Nr. 1 EStG	25 %	25 %	25 %	25 %
=	Kapitalertragsteuereinbehalt gem. § 44 Abs. 1 S. 3 EStG	- €	- €	62.500 €	240.109 €

	Solidaritätszuschlag auf Kapitalertragsteuer				
	Kapitalertragsteuereinbehalt, abgerundet gem. § 44 Abs. 1 S. 6 EStG	- €	- €	62.500 €	240.109 €
x	Solidaritätszuschlag, §§ 1 Abs. 3, 4 S. 1 SolZG	5,5 %	5,5 %	5,5 %	5,5 %
=	Solidaritätszuschlag auf Kapitalertragsteuer	- €	- €	3.438 €	13.206 €

	Anteilseigner C der B-GmbH (100 %), natürliche Person: Einkommensteuer auf Einkünfte aus Kapitalvermögen	**Jahr 01**	**Jahr 02 Sanierungsjahr**	**Jahr 03**	**Jahr 04**
	Brutto-Einnahmen aus Kapitalvermögen, § 43 EStG	- €	- €	250.000 €	960.438 €
-	Sparer-Pauschbetrag, § 20 Abs. 9 EStG	- €	- €	801 €	801 €
=	Einkünfte aus Kapitalvermögen	- €	- €	249.199 €	959.637 €
x	Gesonderter Steuertarif für Einkünfte aus Kapitalvermögen, § 32d Abs. 1 S. 1 EStG	- €	- €	- €	- €
=	Einkommensteuer auf Einkünfte aus Kapitalvermögen i.S.v. § 32d EStG	- €	- €	62.300 €	239.909 €
	Solidaritätszuschlag auf Einkommensteuer für Einkünfte aus Kapitalvermögen				
	Einkommensteuer	- €	- €	62.300 €	239.909 €
x	Solidaritätszuschlag, § 4 S. 1 SolZG	5,5 %	5,5 %	5,5 %	5,5 %
=	Solidaritätszuschlag auf Einkommensteuer für Einkünfte aus Kapitalvermögen	- €	- €	3.426 €	13.195 €

Anhang 7: Ausführliche Berechnungen zu der Fallstudie mit einer Sanierungs-Mitunternehmerschaft mit Verlustvorträgen bei Anwendung der Regelbesteuerung

	Gewinnermittlung der Sanierungs-Mitunternehmerschaft	**Jahr 01**	**Jahr 02 Sanierungsjahr**	**Jahr 03**	**Jahr 04**
	Gewinn/Verlust laut Gesamthandsbilanz	100.000 €	-1.000.000 €	500.000 €	2.000.000 €
	Darin enthalten Verluste aus gewerbl. Tierzucht/-haltung (§ 15 Abs. 4 S. 1 f. EStG)				
	Darin enthalten Verluste aus Termingeschäften (§ 15 Abs. 4 S. 3 ff. EStG)	15.000 €	10.000 €	8.000 €	5.000 €
	Davon entfallen auf Modelle i.S.v. § 15b EStG	- €	- €	- €	- €
	Verteilt abziehbarer Aufwand i.S.v. § 4f EStG:				
	Vorhandener verteilt abziehbarer Aufwand gem. § 4f EStG	1.100.000 €	1.000.000 €	900.000 €	800.000 €
-	Abzug v. 1/15 des verteilt abziehbaren Aufwand	-100.000 €	-100.000 €	-100.000 €	-100.000 €
	Minderung des verteilt abziehbaren Aufwand des zu sanierenden Unternehmens nach § 3a Abs. 3 S. 2 Nr. 1 EStG	- €	- €	- €	- €

(*wird auf nächster Seite fortgeführt*)

	Gewinnermittlung der Sanierungs-Mitunternehmerschaft	**Jahr 01**	**Jahr 02 Sanierungsjahr**	**Jahr 03**	**Jahr 04**
	Verbleibender verteilt abziehbarer Aufwand nach § 4f EStG	1.000.000 €	900.000 €	800.000 €	700.000 €
+	Hinzurechnung der nicht abziehbaren Zinsen und Kürzung um den abziehbaren Zinsvortrag nach § 4h EStG	- €	- €	- €	- €
=	Zwischenergebnis	- €	-1.100.000 €	400.000 €	1.900.000 €
+/-	Ergebnis der Ergänzungsbilanz	- €	- €	- €	- €
=	Kapitalkonto i.S.v. § 15a EStG	- €	-1.100.000 €	400.000 €	1.900.000 €
+/-	Außerbilanzielle Korrekturen	- €	- €	- €	- €
=	Gewinn nach § 15 Abs. 1 S. 1 Nr. 2 S. 1 Hs. 1 EStG	- €	-1.100.000 €	400.000 €	1.900.000 €
	Ergebnis laut Sonderbilanz	- €	- €	- €	- €
+/-	Außerbilanzielle Korrekturen	- €	- €	- €	- €
=	Gewinn nach § 15 Abs. 1 S. 1 Nr. 2 S. 1 Hs. 2 EStG	- €	- €	- €	- €
=	Gewinn der Mitunternehmerschaft	- €	-1.100.000 €	400.000 €	1.900.000 €

	Gewerbesteuer der Sanierungs-Mitunternehmerschaft	Jahr 01	Jahr 02 Sanierungsjahr	Jahr 03	Jahr 04
	Gewinn aus Gewerbebetrieb, § 7 GewStG	- €	-1.100.000 €	400.000 €	1.900.000 €
	Hinzurechnungen:				
+	100 % d. Entgelte für Schulden, § 8 Nr. 1a GewStG	150.000 €	150.000 €	150.000 €	150.000 €
+	20 % d. Miet- u. Pachtzins (bewegliche WG), § 8 Nr. 1d GewStG	20.000 €	20.000 €	20.000 €	20.000 €
+	50 % d. Miet- u. Pachtzins (unbewegliche WG), § 8 Nr. 1e GewStG	50.000 €	50.000 €	50.000 €	50.000 €
+	25 % d. Konzessionen, Lizenzen, § 8 Nr. 1f GewStG	5.000 €	5.000 €	5.000 €	5.000 €
=	Zwischensumme	225.000 €	225.000 €	225.000 €	225.000 €
-	Freibetrag (max. 100.000 EUR)	100.000 €	100.000 €	100.000 €	100.000 €
=	25 % d. positiven Betrags (= Hinzurechnungsbetrag)	31.250 €	31.250 €	31.250 €	31.250 €
=	Summe der Hinzurechnungen	31.250 €	31.250 €	31.250 €	31.250 €
	Kürzungen:				
	Faktor (140 %, 100 %, …), § 121a BewG	140 %	140 %	140 %	140 %
x	Einheitswert Betriebsgrundstück, betriebliche Nutzung	1.000.000 €	1.000.000 €	1.000.000 €	1.000.000 €
x	1,2 %, § 9 Nr. 1 GewStG	1,2 %	1,2 %	1,2 %	1,2 %
	Kürzungsbetrag nach § 9 Nr. 1 GewStG	16.800 €	16.800 €	16.800 €	16.800 €
=	Summe der Kürzungen	16.800 €	16.800 €	16.800 €	16.800 €

(wird auf nächster Seite fortgeführt)

	Gewerbesteuer der Sanierungs-Mitunternehmerschaft	Jahr 01	Jahr 02 Sanierungsjahr	Jahr 03	Jahr 04
=	Gewerbeertrag, § 10 GewStG	14.450 €	-1.085.550 €	414.450 €	1.914.450 €
-	Gewerbeverlust, § 10a GewStG				
	Vorhandener gewstl. Verlust	5.000.000 €	4.985.550 €	6.071.100 €	5.656.650 €
-	Sockelbetrag, max. vorhandener Verlustvortrag	14.450 €	- €	414.450 €	1.000.000 €
-	Verlustabzug i.H.v. 60 % des verbleibenden Gesamtbetrags der Einkünfte	- €	- €	- €	548.670 €
=	Insgesamt genutzter Verlustvortrag	14.450 €	- €	414.450 €	1.548.670 €
=	Vortragsfähiger gewstl. Verlust	4.985.550 €	6.071.100 €	5.656.650 €	4.107.980 €
=	Zwischensumme	- €	- €	- €	365.780 €
	Abgerundet auf volle 100 €, § 11 Abs. 1 S. 3 GewStG	- €	- €	- €	365.700 €
	Freibetrag				
-	PersG, § 11 Abs. 1 S. 3 Nr. 1 GewStG, max. 24.500 EUR	- €	- €	- €	24.500 €
=	Gewerbeertrag nach Freibetrag	- €	- €	- €	341.200 €
x	Steuermesszahl, § 11 Abs. 2 GewStG	3,5 %	3,5 %	3,5 %	3,5 %
=	Gewerbesteuermessbetrag	- €	- €	- €	11.942 €
x	Hebesatz, § 16 GewStG (Durchschnitt in Deutschland 2019)	403 %	403 %	403 %	403 %
=	Gewerbesteuer	- €	- €	- €	48.126 €

	Mitunternehmer A (50 %), natürliche Person: Einkommensteuer	**Jahr 01**	**Jahr 02 Sanierungsjahr**	**Jahr 03**	**Jahr 04**
	Einkünfte aus Gewerbebetrieb aus der Sanierungs-MU (§§ 15 – 17 EStG)	- €	-550.000 €	200.000 €	950.000 €
Verluste nach § 15 Abs. 4 EStG					
	Vorhandenes Verlustpotenzial nach § 15 Abs. 4 EStG	80.000 €	87.500 €	92.500 €	96.500 €
+	Hinzurechnung des nicht abziehbaren Verlusts nach § 15 Abs. 4 EStG	7.500 €	5.000 €	4.000 €	2.500 €
	Verbleibendes Verlustpotenzial nach § 15 Abs. 4 EStG	87.500 €	92.500 €	96.500 €	99.000 €
=	Summe der Einkünfte aus Gewerbebetrieb aus der Sanierungs-MU (§§ 15 – 17 EStG)	7.500 €	-545.000 €	204.000 €	952.500 €
+	Einkünfte aus Gewerbebetrieb aus anderen Beteiligungen (§§ 15 – 17 EStG)	- €	- €	- €	- €
+	Sonstige Einkünfte (§§ 22 – 23 EStG)	- €	- €	- €	- €
+	Einkünfte aus Kapitalvermögen, soweit keine Abgeltung (§ 20 EStG)	- €	- €	- €	- €
=	Summe der Einkünfte aus Kapitalvermögen	- €	- €	- €	- €
=	Summe der Einkünfte	7.500 €	-545.000 €	204.000 €	952.500 €
=	Gesamtbetrag der Einkünfte (§ 2 Abs. 3 EStG)	7.500 €	-545.000 €	204.000 €	952.500 €

(wird auf nächster Seite fortgeführt)

	Mitunternehmer A (50 %), natürliche Person: Einkommensteuer	**Jahr 01**	**Jahr 02 Sanierungsjahr**	**Jahr 03**	**Jahr 04**
-	Verlustabzug nach § 10d EStG				
	Vorhandener Verlustvortrag	2.500.000 €	2.492.500 €	3.037.500 €	2.833.500 €
-	Sockelbetrag, max. 1 Mio. €	7.500 €	- €	204.000 €	952.500 €
	Verbleibender Verlustvortrag	2.492.500 €	2.492.500 €	2.833.500 €	1.881.000 €
-	Verlustabzug i.H.v. 60 % des verbleibenden GdE	- €	- €	- €	- €
	Summe des genutzten Verlustvortrags	7.500 €	- €	204.000 €	952.500 €
	Vortragsfähiger Verlust	2.492.500 €	2.492.500 €	2.833.500 €	1.881.000 €
=	Einkommen (§ 2 Abs. 4 EStG)	- €	-545.000 €	- €	- €
=	zu versteuerndes Einkommen (§ 2 Abs. 5 EStG)	- €	-545.000 €	- €	- €
	abgerundet auf vollen Eurobetrag	- €	-545.000 €	- €	- €
Festzusetzende Einkommensteuer					
=	Tarifliche Einkommensteuer	- €	- €	- €	- €
-	Steuerermäßigung nach § 35 EStG:	- €	- €	- €	- €
	Ermäßigungsbetrag bzgl. Sanierungs-MU				
	Anteiliger Gewerbesteuermessbetrag x 4,0	- €	- €	- €	23.884 €
	Höchstens tatsächlich zu zahlende GewSt	- €	- €	- €	24.063 €
	Ermäßigungshöchstbetrag:	- €	- €	- €	- €
	Summe der positiven gewerbl. Einkünfte	7.500 €	- €	204.000 €	952.500 €
/	Summe aller positiven Einkünfte	7.500 €	- €	204.000 €	952.500 €

x	Geminderte tarifliche Einkommensteuer	- €	- €	- €	- €
=	Höchstbetrag	- €	- €	- €	- €
=	Festzusetzende Einkommensteuer (§ 2 Abs. 6 EStG)	- €	- €	- €	- €
Solidaritätszuschlag auf Einkommensteuer					
	Einkommensteuer	- €	- €	- €	- €
	Freigrenze § 3 Abs. 3 S. 1 Nr. 2 SolZG	16.956 €	16.956 €	16.956 €	16.956 €
x	Solidaritätszuschlag, § 4 S. 1 SolZG	5,5 %	5,5 %	5,5 %	5,5 %
=	Solidaritätszuschlag auf Einkommensteuer	- €	- €	- €	- €

	Anteilseigner B-GmbH, (50 %): Körperschaftsteuer				
	Körperschaftsteuerbemessungsgrundlage:	**Jahr 01**	**Jahr 02 Sanierungsjahr**	**Jahr 03**	**Jahr 04**
	Gewinn/Verlust lt. Steuerbilanz bzw. nach § 60 Abs. 2 EStDV korrigierter Jahresüberschuss/ Jahresfehlbetrag lt. Handelsbilanz	- €	-550.000 €	200.000 €	950.000 €
	Davon Gewinn/Verlust aus Sanierungs-MU	- €	-550.000 €	200.000 €	950.000 €
	Verluste nach § 15 Abs. 4 EStG				
	Vorhandenes Verlustpotenzial nach § 15 Abs. 4 EStG	80.000 €	87.500 €	92.500 €	96.500 €
+	Hinzurechnung des nicht abziehbaren Verlusts nach § 15 Abs. 4 EStG	7.500 €	5.000 €	4.000 €	2.500 €
	Verbleibendes Verlustpotenzial nach § 15 Abs. 4 EStG	87.500 €	92.500 €	96.500 €	99.000 €
=	Steuerlicher Gewinn	7.500 €	-545.000 €	204.000 €	952.500 €
=	Gesamtbetrag der Einkünfte i. S. d. § 10d EStG	7.500 €	-545.000 €	204.000 €	952.500 €
=	Zwischensumme	7.500 €	-545.000 €	204.000 €	952.500 €
	Verlustabzug nach § 10d EStG				
	Vorhandener kstl. Verlustvortrag	2.500.000 €	2.492.500 €	3.037.500 €	2.833.500 €
-	Sockelbetrag, max. vorhandener Verlustvortrag	7.500 €	- €	204.000 €	952.500 €
-	Verlustabzug i.H.v. 60 % des verbleibenden Gesamtbetrags der Einkünfte	- €	- €	- €	- €
=	Insgesamt genutzter Verlustvortrag	7.500 €	- €	204.000 €	952.500 €

=	Vortragsfähiger kstl. Verlust	2.492.500 €	2.492.500 €	2.833.500 €	1.881.000 €
=	Einkommen	- €	-545.000 €	- €	- €
=	Zu versteuerndes Einkommen	- €	-545.000 €	- €	- €
Festzusetzende Körperschaftsteuer					
	Steuerbetrag nach Regelsteuersatz 15 %, § 23 Abs. 1 KStG	- €	- €	- €	- €
=	Tarifbelastung	- €	- €	- €	- €
=	Festzusetzende Körperschaftsteuer	- €	- €	- €	- €
=	Verbleibende Körperschaftsteuer	- €	- €	- €	- €
Solidaritätszuschlag auf Körperschaftsteuer					
	Körperschaftsteuer	- €	- €	- €	- €
x	Solidaritätszuschlag, §§ 1 Abs. 1, 4 S. 1 SolZG	5,5 %	5,5 %	5,5 %	5,5 %
=	Solidaritätszuschlag auf Körperschaftsteuer	- €	- €	- €	- €

	Gewerbesteuer der B-GmbH	**Jahr 01**	**Jahr 02 Sanierungsjahr**	**Jahr 03**	**Jahr 04**
	Gewinn aus Gewerbebetrieb, § 7 GewStG	- €	-550.000 €	200.000 €	950.000 €
+	Verlustanteile an inländischen/ausländischen PersG, § 8 Nr. 8 GewStG	- €	550.000 €	- €	- €
-	Gewinnanteile an inländischen/ausländischen PersG, § 9 Nr. 2 GewStG	- €	- €	-200.000 €	-950.000 €
=	Gewerbeertrag, § 10 GewStG	- €	- €	- €	- €
-	Gewerbeverlust, § 10a GewStG	- €	- €	- €	- €
=	Gewerbeertrag nach Freibetrag	- €	- €	- €	- €
x	Steuermesszahl, § 11 Abs. 2 GewStG	3,5 %	3,5 %	3,5 %	3,5 %
=	Gewerbesteuermessbetrag	- €	- €	- €	- €
x	Hebesatz, § 16 GewStG (Durchschnitt in Deutschland 2019)	403 %	403 %	403 %	403 %
=	Gewerbesteuer	- €	- €	- €	- €

	Kapitalertragsteuereinbehalt der B-GmbH für ihren Anteilseigner	**Jahr 01**	**Jahr 02 Sanierungsjahr**	**Jahr 03**	**Jahr 04**
	Gewinn vor Steuern	- €	- €	200.000 €	950.000 €
-	Körperschaftsteuer	- €	- €	- €	- €
-	Solidaritätszuschlag auf Körperschaftsteuer	- €	- €	- €	- €
-	Gewerbesteuer	- €	- €	- €	- €
=	Ausschüttungsfähiger Betrag	- €	- €	200.000 €	950.000 €
x	Kapitalertragsteuersatz, § 43a Abs. 1 S. 1 Nr. 1 EStG	25 %	25 %	25 %	25 %
=	Kapitalertragsteuereinbehalt gem. § 44 Abs. 1 S. 3 EStG	- €	- €	50.000 €	237.500 €
	Solidaritätszuschlag auf Kapitalertragsteuer				
	Kapitalertragsteuereinbehalt, abgerundet gem. § 44 Abs. 1 S. 6 EStG	- €	- €	50.000 €	237.500 €
x	Solidaritätszuschlag, §§ 1 Abs. 3, 4 S. 1 SolZG	5,5 %	5,5 %	5,5 %	5,5 %
=	Solidaritätszuschlag auf Kapitalertragsteuer	- €	- €	2.750 €	13.063 €

	Anteilseigner C der B-GmbH (100 %), natürliche Person: Einkommensteuer auf Einkünfte aus Kapitalvermögen	**Jahr 01**	**Jahr 02 Sanierungsjahr**	**Jahr 03**	**Jahr 04**
	Brutto-Einnahmen aus Kapitalvermögen, § 43 EStG	- €	- €	200.000 €	950.000 €
-	Sparer-Pauschbetrag, § 20 Abs. 9 EStG	- €	- €	801 €	801 €
=	Einkünfte aus Kapitalvermögen	- €	- €	199.199 €	949.199 €
x	Gesonderter Steuertarif für Einkünfte aus Kapitalvermögen, § 32d Abs. 1 S. 1 EStG	0 €	0 €	0 €	0 €
=	Einkommensteuer auf Einkünfte aus Kapitalvermögen i.S.v. § 32d EStG	- €	- €	49.800 €	237.300 €
	Solidaritätszuschlag auf Einkommensteuer für Einkünfte aus Kapitalvermögen				
	Einkommensteuer	- €	- €	49.800 €	237.300 €
x	Solidaritätszuschlag, § 4 S. 1 SolZG	5,5 %	5,5 %	5,5 %	5,5 %
=	Solidaritätszuschlag auf Einkommensteuer für Einkünfte aus Kapitalvermögen	- €	- €	2.739 €	13.051 €

Anhang 8: Ausführliche Berechnungen zu der Fallstudie mit einer Sanierungs-Mitunternehmerschaft mit Verlustvorträgen bei Anwendung der Sanierungsvorschriften

Gewinnermittlung der Sanierungs-Mitunternehmerschaft						
Sanierungsertrag i.S.v. § 3a Abs. 3 S. 1 EStG				8.000.000 €		
Sanierungsaufwendungen i.S.v. §§ 3a Abs. 3 S. 1 i.V.m. § 3c Abs. 4 S. 1 EStG				- 250.000 €		
Verbleibender Sanierungsertrag i.S.v. § 3a Abs. 3 S. 1 EStG				7.750.000 €		
	Jahr 01	**Jahr 02 Sanierungsjahr**	**Nebenberechnung Sanierungsertrag**		**Jahr 03**	**Jahr 04**
Gewinn/Verlust laut Gesamthandsbilanz	100.000 €	-1.000.000 €			500.000 €	2.000.000 €
Darin enthalten Verluste aus gewerbl. Tierzucht/-haltung (§ 15 Abs. 4 S. 1 f. EStG)						
Darin enthalten Verluste aus Termingeschäften (§ 15 Abs. 4 S. 3 ff. EStG)	15.000 €	10.000 €			8.000 €	5.000 €
Davon entfallen auf Modelle i.S.v. § 15b EStG	- €	- €			- €	- €

(*wird auf nächster Seite fortgeführt*)

		Jahr 01	Jahr 02 Sanierungsjahr	Nebenberechnung Sanierungsertrag		Jahr 03	Jahr 04
	Verteilt abziehbarer Aufwand i.S.v. § 4f EStG:						
	Vorhandener verteilt abziehbarer Aufwand gem. § 4f EStG	1.100.000 €	1.000.000 €			- €	- €
-	Abzug v. 1/15 des verteilt abziehbaren Aufwand	-100.000 €	-100.000 €			- €	- €
	Minderung des verteilt abziehbaren Aufwand des zu sanierenden Unternehmens nach § 3a Abs. 3 S. 2 Nr. 1 EStG	- €	-900.000 €	Minderungsbetrag nach § 3a Abs. 3 S. 2 Nr. 1 EStG	-900.000 €	- €	- €
	Verbleibender verteilt abziehbarer Aufwand nach § 4f EStG	1.000.000 €	- €	Zwischensumme	6.850.000 €	- €	- €
+	Hinzurechnung der nicht abziehbaren Zinsen und Kürzung um den abziehbaren Zinsvortrag nach § 4h EStG	- €	- €			- €	- €
-	Sanierungsertrag i.S.v. § 3a Abs. 1 S. 1 EStG	- €	8.000.000 €			- €	- €
+	Sanierungskosten i.S.v. §§ 3a Abs. 3 S. 1 i.V.m. § 3c Abs. 4 S. 1 EStG	- €	- 250.000 €			- €	- €
=	Zwischenergebnis	- €	-8.850.000 €			500.000 €	2.000.000 €
+/-	Ergebnis der Ergänzungsbilanz	- €	- €			- €	- €

=	Kapitalkonto i.S.v. § 15a EStG	- €	-8.850.000 €			500.000 €	2.000.000 €
+/-	Außerbilanzielle Korrekturen	- €	- €			- €	- €
=	Gewinn nach § 15 Abs. 1 S. 1 Nr. 2 S. 1 Hs. 1 EStG	- €	-8.850.000 €			500.000 €	2.000.000 €
	Ergebnis laut Sonderbilanz	- €	- €			- €	- €
+/-	Außerbilanzielle Korrekturen	- €	- €			- €	- €
=	Gewinn nach § 15 Abs. 1 S. 1 Nr. 2 S. 1 Hs. 2 EStG	- €	- €			- €	- €
=	Gewinn der Mitunternehmerschaft	- €	-8.850.000 €			500.000 €	2.000.000 €
Zinsschranke (§ 4h EStG), falls anwendbar							
	Zum Ende des Vorjahres festgestellter Zinsvortrag	- €	- €			- €	- €
	Minderung des zum Ende des Vorjahres festgestellten Zinsvortrags nach § 4h Abs. 1 S. 5 EStG (§ 3a Abs. 3 S. 2 Nr. 13 a) EStG)	- €	- €			- €	- €
	Verbleibender Zinsvortrag	- €	- €			- €	- €
	Zinsvortrag des laufenden Jahres	- €	- €			- €	- €

(wird auf nächster Seite fortgeführt)

		Jahr 01	Jahr 02 Sanierungsjahr	Nebenberechnung Sanierungsertrag		Jahr 03	Jahr 04
	Minderung des im Sanierungsjahr entstehenden Zinsvortrags nach § 4h Abs. 1 S. 5 EStG (§ 3a Abs. 3 S. Nr. 13 a) EStG)	- €	- €			- €	- €
	Verbleibender verrechenbarer Zinsvortrag	- €	- €			- €	- €
	Zum Ende des Vorjahres festgestellter EBITDA-Vortrag	- €	- €			- €	- €
	Minderung des zum Ende des Vorjahres festgestellten EBITDA-Vortrags nach § 4h Abs. 1 S. 3 EStG (§ 3a Abs. 3 S. 2 Nr. 13 b) EStG)	- €	- €			- €	- €
	Verbleibender EBITDA-Vortrag	- €	- €			- €	- €
	EBITDA-Vortrag des laufenden Jahres	- €	- €			- €	- €
	Minderung des im Sanierungsjahr entstehenden EBITDA-Vortrags (§ 3a Abs. 3 S. Nr. 13 b) EStG)	- €	- €			- €	- €
	Verbleibender verrechenbarer EBITDA-Vortrag	- €	- €			- €	- €

Gewerbesteuer der Sanierungs-Mitunternehmerschaft							
	Sanierungsertrag i.S.v. § 3a Abs. 3 S. 1 EStG				8.000.000 €		
	Sanierungsaufwendungen i.S.v. §§ 3a Abs. 3 S. 1 i.V.m. § 3c Abs. 4 S. 1 EStG				- 250.000 €		
	Minderung des verteilt abziehbaren Aufwand nach § 3a Abs. 3 S. 2 Nr. 1 EStG (§ 7b Abs. 2 S. 1 GewStG)				- 900.000 €		
	Nach § 3a Abs. 3 S. 2 Nr. 1 EStG verbleibender Sanierungsertrag gem. § 7b Abs. 2 S. 1 GewStG				6.850.000 €		
		Jahr 01	**Jahr 02 Sanierungsjahr**	**Nebenberechnung Sanierungsertrag**		**Jahr 03**	**Jahr 04**
Gewinn aus Gewerbebetrieb, § 7 GewStG		- €	-8.850.000 €			500.000 €	2.000.000 €
Hinzurechnungen:							
+	100 % d. Entgelte für Schulden, § 8 Nr. 1a GewStG	150.000 €	150.000 €			150.000 €	150.000 €
+	20 % d. Miet- u. Pachtzins (bewegliche WG), § 8 Nr. 1d GewStG	20.000 €	20.000 €			20.000 €	20.000 €
+	50 % d. Miet- u. Pachtzins (unbewegliche WG), § 8 Nr. 1e GewStG	50.000 €	50.000 €			50.000 €	50.000 €
+	25 % d. Konzessionen, Lizenzen, § 8 Nr. 1f GewStG	5.000 €	5.000 €			5.000 €	5.000 €
=	Zwischensumme	225.000 €	225.000 €			225.000 €	225.000 €

(wird auf nächster Seite fortgeführt)

		Jahr 01	Jahr 02 Sanierungsjahr	Nebenberechnung Sanierungsertrag		Jahr 03	Jahr 04
-	Freibetrag (max. 100.000 EUR)	100.000 €	100.000 €			100.000 €	100.000 €
=	Summe der Hinzurechnungen	31.250 €	31.250 €			31.250 €	31.250 €
Kürzungen:							
	Faktor (140 %, 100 %, …), § 121a BewG	140 %	140 %			140 %	140 %
x	Einheitswert Betriebsgrundstück, betriebliche Nutzung	1.000.000 €	1.000.000 €			1.000.000 €	1.000.000 €
x	1,2 %, § 9 Nr. 1 GewStG	1,2 %	1,2 %			1,2 %	1,2 %
	Kürzungsbetrag nach § 9 Nr. 1 GewStG	16.800 €	16.800 €			16.800 €	16.800 €
=	Summe der Kürzungen	16.800 €	16.800 €			16.800 €	16.800 €
=	Gewerbeertrag, § 10 GewStG	14.450 €	-8.835.550 €			514.450 €	2.014.450 €
	Minderung des negativen Gewerbeertrags des Sanierungsjahres des zu sanierenden Unternehmens (§ 7b Abs. 2 S. 1 Nr. 1 GewStG)	- €	-6.850.000 €	Minderungsbetrag nach § 7b Abs. 2 S. 1 Nr. 1 GewStG	-6.850.000 €	- €	- €
=	Gewerbeertrag nach Minderung	14.450 €	-1.985.550 €	Zwischensumme	- €	514.450 €	2.014.450 €
-	Gewerbeverlust, § 10a GewStG						

	Vorhandener gewstl. Verlust	5.000.000 €	4.985.550 €			6.971.100 €	6.456.650 €
-	Minderung im Sanierungsjahr ungeachtet des § 10a S. 2 GewStG die nach § 10a S. 6 GewStG zum Ende des vorangegangenen EZ gesondert festgestellten Fehlbeträge (§ 7b Abs. 2 S. 1 Nr. 3 GewStG)	- €	- €	Minderungsbetrag nach § 7b Abs. 2 S. 1 Nr. 3 GewStG	- €	- €	- €
=	Verbleibender gewstl. Verlustvortrag nach Minderung	5.000.000 €	4.985.550 €	Zwischensumme	- €	6.971.100 €	6.456.650 €
-	Sockelbetrag, max. vorhandener Verlustvortrag	14.450 €	- €			514.450 €	1.000.000 €
=	Verbleibender Verlustabzug nach Abzug des Sockelbetrags	4.985.550 €	4.985.550 €			6.456.650 €	5.456.650 €
-	Verlustabzug i.H.v. 60 % des verbleibenden Gesamtbetrags der Einkünfte	- €	- €			- €	608.670 €
=	Insgesamt genutzter Verlustvortrag	14.450 €	- €			514.450 €	1.608.670 €
=	Vortragsfähiger gewstl. Verlust	4.985.550 €	6.971.100 €			6.456.650 €	4.847.980 €

(*wird auf nächster Seite fortgeführt*)

		Jahr 01	Jahr 02 Sanierungsjahr	Nebenberechnung Sanierungsertrag		Jahr 03	Jahr 04
=	Zwischensumme	- €	- €			- €	405.780 €
	Abgerundet auf volle 100 €, § 11 Abs. 1 S. 3 GewStG	- €	- €			- €	405.700 €
	Freibetrag						
-	PersG, § 11 Abs. 1 S. 3 Nr. 1 GewStG, max. 24.500 EUR	- €	- €			- €	24.500 €
=	Gewerbeertrag nach Freibetrag	- €	- €			- €	381.200 €
x	Steuermesszahl, § 11 Abs. 2 GewStG	3,5 %	3,5 %			3,5 %	3,5 %
=	Gewerbesteuermessbetrag	- €	- €			- €	13.342 €
x	Hebesatz, § 16 GewStG (Durchschnitt in Deutschland 2019)	403 %	403 %			403 %	403 %
=	Gewerbesteuer	- €	- €			- €	53.768 €
Kürzung um Zins- und EBITDA-Vorträge i.S.v. § 3a Abs. 3 S. 2 Nr. 13 EStG des zu sanierenden Unternehmens (§ 7b Abs. 2 S. 3 GewStG):							
	Zum Ende des Vorjahres festgestellter Zinsvortrag	- €	- €			- €	- €

	Minderung des zum Ende des Vorjahres festgestellten Zinsvortrags (§ 7b Abs. 2 S. 3 GewStG i.V.m. § 3a Abs. 3 S. 2 Nr. 13a) EStG)	- €	- €	Minderungsbetrag nach § 7b Abs. 2 S. 3 GewStG	- €	- €	- €
	Verbleibender Zinsvortrag	- €	- €	Zwischensumme	- €	- €	- €
	Zinsvortrag des laufenden Jahres	- €	- €			- €	- €
	Minderung des Zinsvortrags des laufenden Sanierungsjahres (§ 7b Abs. 2 S. 3 GewStG i.V.m § 3a Abs. 3 S. 2 Nr. 13a) EStG)	- €	- €	Minderungsbetrag nach § 7b Abs. 2 S. 3 GewStG	- €	- €	- €
	Verbleibender verrechenbarer Zinsvortrag	- €	- €	Zwischensumme	- €	- €	- €
	Zum Ende des Vorjahres festgestellter EBITDA-Vortrag	- €	- €			- €	- €
	Minderung des zum Ende des Vorjahres festgestellten EBITDA-Vortrags (§ 7b Abs. 2 S. 3 GewStG i.V.m § 3a Abs. 3 S. 2 Nr. 13b) EStG)	- €	- €	Minderungsbetrag nach § 7b Abs. 2 S. 3 GewStG	- €	- €	- €
	Verbleibender EBITDA-Vortrag	- €	- €	Zwischensumme	- €	- €	- €

(wird auf nächster Seite fortgeführt)

		Jahr 01	Jahr 02 Sanierungsjahr	Nebenberechnung Sanierungsertrag		Jahr 03	Jahr 04
	EBITDA-Vortrag des laufenden Jahres	- €	- €			- €	- €
	Minderung des EBITDA-Vortrags des laufenden Sanierungsjahres (§ 7b Abs. 2 S. 3 GewStG i.V.m § 3a Abs. 3 S. 2 Nr. 13b) EStG)	- €	- €	Minderungsbetrag nach § 7b Abs. 2 S. 3 GewStG	- €	- €	- €
	Verbleibender verrechenbarer EBITDA-Vortrag	- €	- €	Zwischensumme	- €	- €	- €
Minderung bei einem anderen Unternehmen unter Erfüllung der Voraussetzungen nach § 7b Abs. 2 S. 2 GewStG				Minderungsbetrag nach § 7b Abs. 2 S. 2 GewStG	- €		
Wirtschaftlich gewerbesteuerfreier Sanierungsertrag				Endsumme	- €		

Mitunternehmer A (50 %), Natürliche Person: Einkommensteuer auf Einkünfte aus Kapitalvermögen							
	Anteiliger Sanierungsertrag i.S.v. § 3a Abs. 3 S. 1 EStG				4.000.000 €		
	Anteilige Sanierungsaufwendungen i.S.v. §§ 3a Abs. 3 S. 1 i.V.m. § 3c Abs. 4 S. 1 EStG				-125.000 €		
	Anteiliger verbleibender Sanierungsertrag i.S.v. § 3a Abs. 3 S. 1 EStG				3.875.000 €		
	Anteiliger bereits abgezogener verteilt abziehbarer Aufwand nach § 3a Abs. 3 S. 2 Nr. 1 EStG				-450.000 €		
	Geminderter Sanierungsertrag				3.425.000 €		
		Jahr 01	**Jahr 02 Sanierungsjahr**	**Nebenberechnung Sanierungsertrag**		**Jahr 03**	**Jahr 04**
	Summe der Einkünfte aus den Einkunftsarten:						
	Einkünfte aus Gewerbebetrieb aus der Sanierungs-MU (§§ 15 – 17 EStG)	- €	-4.425.000 €			250.000 €	1.000.000 €
Verluste nach § 15a EStG							
	Vorhandenes Verlustpotenzial nach § 15a EStG	- €	- €			- €	- €
+	Hinzurechnung des nicht abziehbaren Verlusts nach § 15a EStG	- €	- €	Minderungsbetrag nach § 3a Abs. 3 S. 2 Nr. 2 EStG	- €	- €	- €
	Minderung des nach § 15a EStG ausgleichsfähigen oder verrechenbaren Verlusts des (Mit-) Unternehmers des zu sanierenden Unternehmens des Sanierungsjahres (§ 3a Abs. 3 S. 2 Nr. 2 EStG)	- €	- €	Zwischensumme	3.425.000 €	- €	- €

(wird auf nächster Seite fortgeführt)

		Jahr 01	Jahr 02 Sanierungsjahr	Nebenberechnung Sanierungsertrag		Jahr 03	Jahr 04
	Minderung des zum Ende des dem Sanierungsjahr vorangegangenen Wirtschaftsjahres nach § 15a EStG festgestellten verrechenbaren Verlusts des (Mit-) Unternehmers des zu sanierenden Unternehmens (§ 3a Abs. 3 S. 2 Nr. 3 EStG)	- €	- €	Minderungsbetrag nach § 3a Abs. 3 S. 2 Nr. 3 EStG	- €	- €	- €
	Verbleibendes Verlustpotenzial nach § 15a EStG	- €	- €	Zwischensumme	3.425.000 €	- €	- €
Verluste nach § 15b EStG							
	Vorhandenes Verlustpotenzial nach § 15b EStG	- €	- €			- €	- €
+	Hinzurechnung des nicht abziehbaren Verlusts nach § 15b EStG	- €	- €	Minderungsbetrag nach § 3a Abs. 3 S. 2 Nr. 4 EStG	- €	- €	- €
	Minderung des nach § 15b EStG ausgleichsfähigen oder verrechenbaren Verlusts derselben Einkunftsquelle des (Mit-) Unternehmers des Sanierungsjahres; bei der Verlustermittlung bleibt der Sanierungsertrag unberücksichtigt (§ 3a Abs. 3 S. 2 Nr. 4 EStG)	- €	- €	Zwischensumme	3.425.000 €	- €	- €

	Minderung des zum Ende des dem Sanierungsjahr vorangegangenen Jahres nach § 15b EStG festgestellten verrechenbaren Verlusts derselben Einkunftsquelle des (Mit-) Unternehmers (§ 3a Abs. 3 S. 2 Nr. 5 EStG)	- €	- €	Minderungsbetrag nach § 3a Abs. 3 S. 2 Nr. 5 EStG	- €	- €	- €
	Verbleibendes Verlustpotenzial nach § 15b EStG	- €	- €	Zwischensumme	3.425.000 €	- €	- €
Verluste nach § 15 Abs. 4 EStG							
	Vorhandenes Verlustpotenzial nach § 15 Abs. 4 EStG	80.000 €	87.500 €			- €	4.000 €
+	Hinzurechnung des nicht abziehbaren Verlusts nach § 15 Abs. 4 EStG	7.500 €	5.000 €	Minderungsbetrag nach § 3a Abs. 3 S. 2 Nr. 6 EStG	-5.000 €	4.000 €	2.500 €
	Minderung des nach § 15 Abs. 4 EStG ausgleichsfähigen oder nicht abziehbaren Verlusts des zu sanierenden Unternehmens des Sanierungsjahres (§ 3a Abs. 3 S. 2 Nr. 6 EStG)	- €	-5.000 €	Zwischensumme	3.420.000 €	- €	- €

(*wird auf nächster Seite fortgeführt*)

		Jahr 01	Jahr 02 Sanierungsjahr	Nebenberechnung Sanierungsertrag		Jahr 03	Jahr 04
	Minderung des zum Ende des dem Sanierungsjahr vorangegangenen Jahres nach § 15 Abs. 4 EStG festgestellten in Verbindung mit § 10d Abs. 4 EStG verbleibenden Verlustvortrags, soweit er auf das zu sanierende Unternehmen entfällt (§ 3a Abs. 3 S. 2 Nr. 7 EStG)	- €	-87.500 €	Minderungsbetrag nach § 3a Abs. 3 S. 2 Nr. 7 EStG	-87.500 €	- €	- €
	Verbleibendes Verlustpotenzial nach § 15 Abs. 4 EStG	87.500 €	- €	Zwischensumme	3.332.500 €	4.000 €	6.500 €
Einkünfte aus Gewerbebetrieb aus der Sanierungs-MU		7.500 €	-4.420.000 €			254.000 €	1.002.500 €
-	Minderung des Verlusts des Sanierungsjahres des zu sanierenden Unternehmens (§ 3a Abs. 3 S. 2 Nr. 8 EStG)	- €	-3.332.500 €	Minderungsbetrag nach § 3a Abs. 3 S. 2 Nr. 8 EStG	-3.332.500 €	- €	- €
=	Summe der Einkünfte aus Gewerbebetrieb aus der Sanierungs-MU (§§ 15 – 17 EStG)	7.500 €	-1.087.500 €	Zwischensumme	- €	254.000 €	1.002.500 €
Ausgleichsfähige Verluste aus allen Einkunftsarten des Veranlagungszeitraums, in dem das Sanierungsjahr endet i.S.v. § 3a Abs. 3 S. 2 Nr. 9 EStG							
	Einkünfte aus Land- und Forstwirtschaft (§§ 13 – 14a EStG)	- €	- €			- €	- €

	Einkünfte aus Gewerbebetrieb aus anderen Beteiligungen (§§ 15 – 17 EStG)	- €	- €			- €	- €
	Einkünfte aus selbstständiger Arbeit (§ 18 EStG)	- €	- €			- €	- €
	Einkünfte aus nichtselbstständiger Arbeit (§ 19 EStG)	- €	- €			- €	- €
	Einkünfte aus Vermietung und Verpachtung (§ 21 EStG)	- €	- €			- €	- €
	Einkünfte aus Kapitalvermögen, soweit keine Abgeltung (§ 20 EStG)	- €	- €			- €	- €
	Einkünfte aus sonstigen Einkünften (§§ 22 – 23 EStG)	- €	- €			- €	- €
	Summe der nicht abziehbaren Verluste aus Drittstaaten gem. § 2a EStG	- €	- €			- €	- €
=	Summe, da vertikaler Verlustausgleich nach h.M. möglich	- €	- €			- €	- €
	Minderung des ausgleichsfähigen Verlusts aus allen Einkunftsarten des Veranlagungszeitraums, in dem das Sanierungsjahr endet (§ 3a Abs. 3 S. 2 Nr. 9 EStG)	- €	- €	Minderungsbetrag nach § 3a Abs. 3 S. 2 Nr. 9 EStG	- €	- €	- €
	Verbleibendes Verlustpotenzial aller Einkunftsarten nach Minderung	- €	- €	Zwischensumme	- €	- €	- €
=	Summe der Einkünfte aus allen Einkunftsarten des Sanierungsjahres	- €	- €			- €	- €

(wird auf nächster Seite fortgeführt)

		Jahr 01	Jahr 02 Sanierungsjahr	Nebenberechnung Sanierungsertrag		Jahr 03	Jahr 04
+	Einkünfte aus Gewerbebetrieb aus anderen Beteiligungen (§§ 15 – 17 EStG)	- €	- €			- €	- €
Verluste nach § 15a EStG							
	Vorhandenes Verlustpotenzial nach § 15a EStG	- €	- €			- €	- €
	Hinzurechnung des nicht abziehbaren Verlusts nach § 15a EStG	- €	- €	Minderungsbetrag nach § 3a Abs. 3 S. 2 Nr. 11 a) EStG	- €	- €	- €
	Minderung des zum Ende des dem Sanierungsjahr vorangegangenen Wirtschaftsjahres nach § 15a EStG festgestellten verrechenbaren Verlusts des (Mit-) Unternehmers (§ 3a Abs. 3 S. 2 Nr. 11 a) EStG)	- €	- €	Zwischensumme	- €	- €	- €
	Minderung des nach § 15a EStG ausgleichsfähigen oder verrechenbaren Verlusts des (Mit-) Unternehmers des Sanierungsjahres (§ 3a Abs. 3 S. 2 Nr. 11 a) EStG)	- €	- €	Minderungsbetrag nach § 3a Abs. 3 S. 2 Nr. 11 a) EStG	- €	- €	- €
	Verbleibendes Verlustpotenzial nach § 15a EStG	- €	- €	Zwischensumme	- €	- €	- €
Verluste nach § 15b EStG anderer Einkunftsquellen							
	Vorhandenes Verlustpotenzial nach § 15b EStG	- €	- €			- €	- €

	Hinzurechnung des nicht abziehbaren Verlusts nach § 15b EStG	- €	- €	Minderungsbetrag nach § 3a Abs. 3 S. 2 Nr. 11 b) EStG	- €	- €	- €
	Minderung des zum Ende des dem Sanierungsjahr vorangegangenen Jahres nach § 15b EStG festgestellten verrechenbaren Verlusts anderer Einkunftsquellen des (Mit-) Unternehmers (§ 3a Abs. 3 S. 2 Nr. 11 b) EStG)	- €	- €	Zwischensumme	- €	- €	- €
	Minderung des nach § 15b EStG ausgleichsfähigen oder verrechenbaren Verlusts anderer Einkunftsquellen des (Mit-) Unternehmers (§ 3a Abs. 3 S. 2 Nr. 11 b) EStG)	- €	- €	Minderungsbetrag nach § 3a Abs. 3 S. 2 Nr. 11 b) EStG	- €	- €	- €
	Verbleibendes Verlustpotenzial nach § 15b EStG anderer Einkunftsquellen	- €	- €	Zwischensumme	- €	- €	- €
Verluste nach § 15 Abs. 4 EStG anderer Betriebe und Mitunternehmeranteile							
	Vorhandenes Verlustpotenzial nach § 15 Abs. 4 EStG anderer Betriebe und Mitunternehmeranteile	- €	- €			- €	- €
	Hinzurechnung des nicht abziehbaren Verlusts nach § 15 Abs. 4 EStG anderer Betriebe und Mitunternehmeranteile	- €	- €	Minderungsbetrag nach § 3a Abs. 3 S. 2 Nr. 11 c) EStG	- €	- €	- €

(wird auf nächster Seite fortgeführt)

		Jahr 01	Jahr 02 Sanierungsjahr	Nebenberechnung Sanierungsertrag		Jahr 03	Jahr 04
	Minderung des zum Ende des dem Sanierungsjahr vorangegangenen Jahres nach § 15 Abs. 4 EStG anderer Betriebe und Mitunternehmeranteile festgestellten Verlustvortrag (§ 3a Abs. 3 S. 2 Nr. 11 c) EStG)	- €	- €	Zwischensumme	- €	- €	- €
	Minderung des nach § 15 Abs. 4 EStG ausgleichsfähigen oder nicht abziehbaren Verlusts anderer Betriebe und Mitunternehmeranteile des Sanierungsjahres (§ 3a Abs. 3 S. 2 Nr. 11 c) EStG)	- €	- €	Minderungsbetrag nach § 3a Abs. 3 S. 2 Nr. 11 c) EStG	- €	- €	- €
	Verbleibendes Verlustpotenzial nach § 15 Abs. 4 EStG anderer Betriebe und Mitunternehmeranteile	- €	- €	Zwischensumme	- €	- €	- €
=	Summe der Einkünfte aus Gewerbebetrieb aus anderen Beteiligungen (§§ 15 – 17 EStG)	- €	- €			- €	- €
Weitere vorhandene Verluste des Mitunternehmers, die keiner bestimmten Einkunftsart (mehr) zugeordnet werden können							
Negative Einkünfte aus Drittstaaten nach § 2a EStG							
	Vorhandenes Verlustpotenzial nach § 2a EStG	- €	- €			- €	- €

+	Hinzurechnung der nicht abziehbaren negativen Einkünfte nach § 2a EStG	- €	- €	Minderungsbetrag nach § 3a Abs. 3 S. 2 Nr. 11 d) EStG	- €	- €	- €
	Minderung der zum Ende des dem Sanierungsjahr vorangegangenen Jahres festgestellten nach § 2a EStG negativen Einkünfte (§ 3a Abs. 3 S. 2 Nr. 11 d) EStG)	- €	- €	Zwischensumme	- €	- €	- €
	Minderung der nach § 2a EStG negativen Einkünfte des Sanierungsjahres (§ 3a Abs. 3 S. 2 Nr. 11 d) EStG)	- €	- €	Minderungsbetrag nach § 3a Abs. 3 S. 2 Nr. 11 d) EStG	- €	- €	- €
	Verbleibendes Verlustpotenzial nach § 2a EStG	- €	- €	Zwischensumme	- €	- €	- €
=	Summe der nicht abzugsfähigen negativen Einkünfte nach § 2a EStG	- €	- €			- €	- €
Verluste nach § 2b EStG 2002							
	Vorhandenes Verlustpotenzial nach § 2b EStG 2002	- €	- €			- €	- €
	Minderung der zum Ende des dem Sanierungsjahr vorangegangenen Jahres nach § 2b EStG 2002 festgestellten negativen Einkünfte (§ 3a Abs. 3 S. 2 Nr. 11 e) EStG)	- €	- €	Minderungsbetrag nach § 3a Abs. 3 S. 2 Nr. 11 e) EStG	- €	- €	- €

(wird auf nächster Seite fortgeführt)

		Jahr 01	Jahr 02 Sanierungsjahr	Nebenberechnung Sanierungsertrag		Jahr 03	Jahr 04
	Verbleibendes Verlustpotenzial nach § 2b EStG 2002	- €	- €	Zwischensumme	- €	- €	- €
+	Sonstige Einkünfte (§§ 22 – 23 EStG)	- €	- €			- €	- €
	Vorhandenes Verlustpotenzial nach § 23 Abs. 3 S. 7 f. EStG	- €	- €			- €	- €
+	Hinzurechnung des nicht abziehbaren Verlusts nach § 23 Abs. 3 S. 7 f. EStG	- €	- €	Minderungsbetrag nach § 3a Abs. 3 S. 2 Nr. 11 f) EStG	- €	- €	- €
	Minderung des zum Ende des Vorjahres festgestellten Verlusts nach § 23 Abs. 3 S. 7 f. EStG (§ 3a Abs. 3 S. 2 Nr. 11 f) EStG)	- €	- €	Zwischensumme	- €	- €	- €
	Minderung des im Sanierungsjahr entstehenden Verlusts nach § 23 Abs. 3 S. 7 f. EStG (§ 3a Abs. 3 S. 2 Nr. 11 f) EStG)	- €	- €	Minderungsbetrag nach § 3a Abs. 3 S. 2 Nr. 11 f) EStG	- €	- €	- €
	Verbleibendes Verlustpotenzial nach § 23 Abs. 3 S. 7 f. EStG	- €	- €	Zwischensumme	- €	- €	- €
	Vorhandenes Verlustpotenzial nach § 22 Nr. 3 S. 4 EStG	- €	- €			- €	- €
+	Hinzurechnung des nicht abziehbaren Verlusts nach § 22 Nr. 3 S. 4 EStG	- €	- €	Minderungsbetrag nach § 3a Abs. 3 S. 2 Nr. 11 g) EStG	- €	- €	- €
	Minderung des zum Ende des Vorjahres festgestellten Verlusts nach § § 22 Nr. 3 S. 4 EStG (§ 3a Abs. 3 S. 2 Nr. 11 g) EStG)	- €	- €	Zwischensumme	- €	- €	- €

	Minderung des im Sanierungsjahr entstehenden Verlusts nach § 22 Nr. 3 S. 4 EStG (§ 3a Abs. 3 S. 2 Nr. 11 g) EStG)	- €	- €	Minderungsbetrag nach § 3a Abs. 3 S. 2 Nr. 11 g) EStG	- €	- €	- €
	Verbleibendes Verlustpotenzial nach § 22 Nr. 3 S. 4 EStG	- €	- €	Zwischensumme	- €	- €	- €
=	Summe der sonstigen Einkünfte	- €	- €			- €	- €
+	Einkünfte aus Kapitalvermögen, soweit keine Abgeltung (§ 20 EStG)	- €	- €			- €	- €
	Vorhandenes Verlustpotenzial nach § 20 Abs. 6 EStG	- €	- €			- €	- €
+	Hinzurechnung des nicht abziehbaren Verlusts nach § § 20 Abs. 6 EStG	- €	- €	Minderungsbetrag nach § 3a Abs. 3 S. 2 Nr. 11 g) EStG	- €	- €	- €
	Minderung des zum Ende des Vorjahres festgestellten Verlusts nach § § 20 Abs. 6 EStG (§ 3a Abs. 3 S. 2 Nr. 11 g) EStG)	- €	- €	Zwischensumme	- €	- €	- €
	Minderung des im Sanierungsjahr entstehenden Verlusts nach § 20 Abs. 6 EStG (§ 3a Abs. 3 S. 2 Nr. 11 g) EStG)	- €	- €	Minderungsbetrag nach § 3a Abs. 3 S. 2 Nr. 11 g) EStG	- €	- €	- €

(wird auf nächster Seite fortgeführt)

		Jahr 01	Jahr 02 Sanierungsjahr	Nebenberechnung Sanierungsertrag		Jahr 03	Jahr 04
	Verbleibendes Verlustpotenzial nach § 20 Abs. 6 EStG	- €	- €	Zwischensumme	- €	- €	- €
=	Summe der Einkünfte aus Kapitalvermögen	- €	- €			- €	- €
=	Summe der Einkünfte	7.500 €	-1.087.500 €			254.000 €	1.002.500 €
=	Gesamtbetrag der Einkünfte (§ 2 Abs. 3 EStG)	7.500 €	-1.087.500 €			254.000 €	1.002.500 €
-	Minderung der negativen Einkünfte ungeachtet des § 10d Abs. 1 S. 1 des Folgejahres, sofern der verbleibende Sanierungsertrag i.S.v. § 3a Abs. 3 S. 4 EStG nicht überschritten wird (§ 3a Abs. 3 S. 2 Nr. 12 EStG)	- €	- €	Minderungsbetrag nach § 3a Abs. 3 S. 2 Nr. 12 EStG	- €	- €	- €
=	Zwischensumme	7.500 €	-1.087.500 €	Zwischensumme	- €	254.000 €	1.002.500 €
-	Verlustabzug nach § 10d EStG						
	Vorhandener Verlustvortrag	2.500.000 €	2.492.500 €			3.580.000 €	3.326.000 €
	Minderung des zum Ende des Vorjahres gesondert festgestellten Verlustvortrags (§ 3a Abs. 3 S. 2 Nr. 10 EStG)	- €	- €	Minderungsbetrag nach § 3a Abs. 3 S. 2 Nr. 10 EStG	- €	- €	- €
	Verbleibender Verlustvortrag nach Minderung	2.500.000 €	2.492.500 €	Zwischensumme	- €	3.580.000 €	3.326.000 €
-	Sockelbetrag, max. 1 Mio. €	7.500 €	- €			254.000 €	1.000.000 €
	Verbleibender Verlustvortrag	2.492.500 €	2.492.500 €			3.326.000 €	2.326.000 €
-	Verlustabzug i.H.v. 60 % des verbleibenden GdE	- €	- €			- €	1.500 €
	Summe des genutzten Verlustvortrags	7.500 €	- €			254.000 €	1.001.500 €
	Vortragsfähiger Verlust	2.492.500 €	2.492.500 €			3.326.000 €	2.324.500 €

=	Einkommen (§ 2 Abs. 4 EStG)	- €	-1.087.500 €			- €	1.000 €
=	zu versteuerndes Einkommen (§ 2 Abs. 5 EStG)	- €	-1.087.500 €			- €	1.000 €
	abgerundet auf vollen Eurobetrag	- €	-1.087.500 €			- €	1.000 €
Festzusetzende Einkommensteuer							
	Steuerbetrag	- €	- €			- €	- €
=	Tarifliche Einkommensteuer	- €	- €			- €	- €
-	Steuerermäßigung nach § 35 EStG:	- €	- €			- €	- €
	Ermäßigungsbetrag bzgl. Sanierungs-MU						
	Anteiliger Gewerbesteuermessbetrag x 4,0	- €	- €			- €	26.684 €
	Höchstens tatsächlich zu zahlende GewSt	- €	- €			- €	26.884 €
	Ermäßigungshöchstbetrag:	- €	- €			- €	- €
	Summe der positiven gewerbl. Einkünfte	7.500 €	- €			254.000 €	1.002.500 €
/	Summe aller positiven Einkünfte	7.500 €	- €			254.000 €	1.002.500 €
x	Geminderte tarifliche Einkommensteuer	- €	- €			- €	- €
=	Höchstbetrag	- €	- €			- €	- €
=	Festzusetzende Einkommensteuer (§ 2 Abs. 6 EStG)	- €	- €			- €	- €
Solidaritätszuschlag auf Einkommensteuer							
	Einkommensteuer	- €	- €			- €	- €
	Freigrenze § 3 Abs. 3 S. 1 Nr. 2 SolZG	16.956 €	16.956 €			16.956 €	16.956 €
x	Solidaritätszuschlag, § 4 S. 1 SolZG	5,5 %	5,5 %			5,5 %	5,5 %
=	Solidaritätszuschlag auf Einkommensteuer	**- €**	**- €**			**- €**	**- €**

Anteilseigner B-GmbH (50 %): Körperschaftsteuer							
	Anteiliger Sanierungsertrag i.S.v. § 3a Abs. 3 S. 1 EStG				4.000.000 €		
	Anteilige Sanierungsaufwendungen i.S.v. §§ 3a Abs. 3 S. 1 i.V.m. § 3c Abs. 4 S. 1 EStG				-125.000 €		
	Anteiliger verbleibender Sanierungsertrag i.S.v. § 3a Abs. 3 S. 1 EStG				3.875.000 €		
	Anteiliger bereits abgezogener verteilt abziehbarer Aufwand nach § 3a Abs. 3 S. 2 Nr. 1 EStG				-450.000 €		
	Geminderter Sanierungsertrag				3.425.000 €		
		Jahr 01	**Jahr 02 Sanierungsjahr**	**Nebenberechnung Sanierungsertrag**		**Jahr 03**	**Jahr 04**
Körperschaftsteuerbemessungsgrundlage:							
	Gewinn/Verlust lt. Steuerbilanz bzw. nach § 60 Abs. 2 EStDV korrigierter Jahresüberschuss/Jahresfehlbetrag lt. Handelsbilanz	- €	-4.425.000 €			250.000 €	1.000.000 €
	Davon Gewinn/Verlust aus Sanierungs-MU	- €	-4.425.000 €			250.000 €	1.000.000 €
	Hinzurechnung nicht ausgleichsfähiger Verluste u. a. nach § 15 Abs. 4 Satz 1, 3 und 6, § 15a Abs. 1 und 1a, § 15b Abs. 1 Satz 1 EStG, § 2 Abs. 4 Satz 1, § 20 Abs. 6 Satz 4 UmwStG:						
Verluste nach § 15a EStG							
	Vorhandenes Verlustpotenzial nach § 15a EStG	- €	- €			- €	- €
+	Hinzurechnung des nicht abziehbaren Verlusts nach § 15a EStG	- €	- €	Minderungsbetrag nach § 3a Abs. 3 S. 2 Nr. 2 EStG	- €	- €	- €

	Minderung des nach § 15a EStG ausgleichsfähigen oder verrechenbaren Verlusts des (Mit-) Unternehmers des zu sanierenden Unternehmens des Sanierungsjahres (§ 3a Abs. 3 S. 2 Nr. 2 EStG)	- €	- €	Zwischensumme	3.425.000 €	- €	- €
	Minderung des zum Ende des dem Sanierungsjahr vorangegangenen Wirtschaftsjahres nach § 15a EStG festgestellten verrechenbaren Verlusts des (Mit-)Unternehmers des zu sanierenden Unternehmens (§ 3a Abs. 3 S. 2 Nr. 3 EStG)	- €	- €	Minderungsbetrag nach § 3a Abs. 3 S. 2 Nr. 3 EStG	- €	- €	- €
	Verbleibendes Verlustpotenzial nach § 15a EStG	- €	- €	Zwischensumme	3.425.000 €	- €	- €
Verluste nach § 15b EStG							
	Vorhandenes Verlustpotenzial nach § 15b EStG	- €	- €			- €	- €
+	Hinzurechnung des nicht abziehbaren Verlusts nach § 15b EStG	- €	- €	Minderungsbetrag nach § 3a Abs. 3 S. 2 Nr. 4 EStG	- €	- €	- €
	Minderung des nach § 15b EStG ausgleichsfähigen oder verrechenbaren Verlusts derselben Einkunftsquelle des (Mit-) Unternehmers des Sanierungsjahres; bei der Verlustermittlung bleibt der Sanierungsertrag unberücksichtigt (§ 3a Abs. 3 S. 2 Nr. 4 EStG)	- €	- €	Zwischensumme	3.425.000 €	- €	- €

(*wird auf nächster Seite fortgeführt*)

		Jahr 01	Jahr 02 Sanierungsjahr	Nebenberechnung Sanierungsertrag		Jahr 03	Jahr 04
	Minderung des zum Ende des dem Sanierungsjahr vorangegangenen Jahres nach § 15b EStG festgestellten verrechenbaren Verlusts derselben Einkunftsquelle des (Mit-) Unternehmers (§ 3a Abs. 3 S. 2 Nr. 5 EStG)	- €	- €	Minderungsbetrag nach § 3a Abs. 3 S. 2 Nr. 5 EStG	- €	- €	- €
	Verbleibendes Verlustpotenzial nach § 15b EStG	- €	- €	Zwischensumme	3.425.000 €	- €	- €
Verluste nach § 15 Abs. 4 EStG							
	Vorhandenes Verlustpotenzial nach § 15 Abs. 4 EStG	80.000 €	87.500 €			- €	4.000 €
+	Hinzurechnung des nicht abziehbaren Verlusts nach § 15 Abs. 4 EStG	7.500 €	5.000 €	Minderungsbetrag nach § 3a Abs. 3 S. 2 Nr. 6 EStG	-5.000 €	4.000 €	2.500 €
	Minderung des nach § 15 Abs. 4 EStG ausgleichsfähigen oder nicht abziehbaren Verlusts des zu sanierenden Unternehmens des Sanierungsjahres (§ 3a Abs. 3 S. 2 Nr. 6 EStG)	- €	-5.000 €	Zwischensumme	3.420.000 €	- €	- €
	Minderung des zum Ende des dem Sanierungsjahr vorangegangenen Jahres nach § 15 Abs. 4 EStG festgestellten in Verbindung mit § 10d Abs. 4 EStG verbleibenden Verlustvortrags, soweit er auf das zu sanierende Unternehmen entfällt (§ 3a Abs. 3 S. 2 Nr. 7 EStG)	- €	-87.500 €	Minderungsbetrag nach § 3a Abs. 3 S. 2 Nr. 7 EStG	-87.500 €	- €	- €

	Verbleibendes Verlustpotenzial nach § 15 Abs. 4 EStG	87.500 €	- €	Zwischensumme	3.332.500 €	4.000 €	6.500 €
-	Minderung des Verlusts des Sanierungsjahres des zu sanierenden Unternehmens (§ 3a Abs. 3 S. 2 Nr. 8 EStG)	- €	-3.332.500 €	Minderungsbetrag nach § 3a Abs. 3 S. 2 Nr. 8 EStG	-3.332.500 €	- €	- €
				Zwischensumme	- €		
=	Zwischensumme	7.500 €	-1.087.500 €			254.000 €	1.002.500 €
	Verluste bei beschränkter Haftung nach § 15a EStG						
	Vorhandenes Verlustpotenzial nach § 15a EStG	- €	- €			- €	- €
+	Hinzurechnung des ausgleichsfähigen oder nicht abziehbaren Verlust nach § 15a EStG	- €	- €	Minderungsbetrag nach § 3a Abs. 3 S. 2 Nr. 11 a) EStG	- €	- €	- €
	Minderung des zum Ende des Vorjahres festgestellten Verlusts nach § 15a EStG (§ 3a Abs. 3 S. 2 Nr. 11 a) EStG)	- €	- €	Zwischensumme	- €	- €	- €
	Minderung des Verlusts nach § 15a EStG des Sanierungsjahres (§ 3a Abs. 3 S. 2 Nr. 11 a) EStG)	- €	- €	Minderungsbetrag nach § 3a Abs. 3 S. 2 Nr. 11 a) EStG	- €	- €	- €
	Verbleibendes Verlustpotenzial nach § 15a EStG	- €	- €	Zwischensumme	- €	- €	- €
	Verluste im Zusammenhang mit Steuerstundungsmodellen nach § 15b EStG aus anderen Einkunftsquellen						
	Vorhandenes Verlustpotenzial nach § 15b EStG	- €	- €			- €	- €

(*wird auf nächster Seite fortgeführt*)

		Jahr 01	Jahr 02 Sanierungsjahr	Nebenberechnung Sanierungsertrag		Jahr 03	Jahr 04
+	Hinzurechnung des ausgleichsfähigen oder nicht abziehbaren Verlusts nach § 15b EStG	- €	- €	Minderungsbetrag nach § 3a Abs. 3 S. 2 Nr. 11 b) EStG	- €	- €	- €
	Minderung des zum Ende des Vorjahres festgestellten Verlusts nach § 15b EStG (§ 3a Abs. 3 S. 2 Nr. 11 b) EStG)	- €	- €	Zwischensumme	- €	- €	- €
	Minderung des Verlusts nach § 15b EStG des Sanierungsjahres (§ 3a Abs. 3 S. 2 Nr. 11 b) EStG)	- €	- €	Minderungsbetrag nach § 3a Abs. 3 S. 2 Nr. 11 b) EStG	- €	- €	- €
	Verbleibendes Verlustpotenzial nach § 15b EStG	- €	- €	Zwischensumme	- €	- €	- €
	Verluste nach § 15 Abs. 4 EStG anderer Betriebe und Mitunternehmeranteile:						
	Vorhandenes Verlustpotenzial nach § 15 Abs. 4 EStG	- €	- €			- €	- €
+	Hinzurechnung des ausgleichsfähigen oder nicht abziehbaren Verlusts nach § 15 Abs. 4 EStG	- €	- €	Minderungsbetrag nach § 3a Abs. 3 S. 2 Nr. 11 c) EStG	- €	- €	- €
	Minderung des Verlusts nach § 15 Abs. 4 EStG anderer Betriebe/MU-Anteile des dem Sanierungsjahr vorausgehenden Jahres (§ 3a Abs. 3 S. 2 Nr. 11 c) EStG)	- €	- €	Zwischensumme	- €	- €	- €

	Minderung des Verlusts nach § 15 Abs. 4 EStG anderer Betriebe/MU-Anteile im Sanierungsjahr (§ 3a Abs. 3 S. 2 Nr. 11 c) EStG)	- €	- €	Minderungsbetrag nach § 3a Abs. 3 S. 2 Nr. 11 c) EStG	- €	- €	- €
	Verbleibendes Verlustpotenzial nach § 15 Abs. 4 EStG	- €	- €	Zwischensumme	- €	- €	- €
=	Zwischensumme	7.500 €	-1.087.500 €			254.000 €	1.002.500 €
	Negative Einkünfte aus der Beteiligung an Verlustzuweisungsgesellschaften und ähnlichen Modellen nach § 2b EStG 2002						
	Vorhandenes Verlustpotenzial nach § 2b EStG 2002	- €	- €			- €	- €
	Minderung der zum Ende des dem Sanierungsjahr vorangegangenen Jahres nach § 2b EStG 2002 festgestellten negativen Einkünfte (§ 3a Abs. 3 S. 2 Nr. 11 e) EStG)	- €	- €	Minderungsbetrag nach § 3a Abs. 3 S. 2 Nr. 11 e) EStG	- €	- €	- €
	Verbleibendes Verlustpotenzial nach § 2b EStG 2002	- €	- €	Zwischensumme	- €	- €	- €
	Negative Einkünfte mit Bezug zu Drittstaaten nach § 2a EStG						
	Vorhandene negative Einkünfte nach § 2a EStG	- €	- €			- €	- €
	Hinzurechnung negativer Einkünfte nach § 2a EStG	- €	- €	Minderungsbetragsbetrag nach § 3a Abs. 3 S. 2 Nr. 11 d) EStG	- €	- €	- €

(*wird auf nächster Seite fortgeführt*)

		Jahr 01	Jahr 02 Sanierungsjahr	Nebenberechnung Sanierungsertrag		Jahr 03	Jahr 04
	Minderung der zum Ende des Vorjahres festgestellten negativen Einkünfte nach § 2a EStG (§ 3a Abs. 3 S. 2 Nr. 11 d) EStG)	- €	- €	Zwischensumme	- €	- €	- €
	Minderung der negativen Einkünfte nach § 2a EStG des Sanierungsjahres (§ 3a Abs. 3 S. 2 Nr. 11 d) EStG)	- €	- €	Minderungsbetragsbetrag nach § 3a Abs. 3 S. 2 Nr. 11 d) EStG	- €	- €	- €
	Verbleibendes Verlustpotenzial nach § 2a EStG	- €	- €	Zwischensumme	- €	- €	- €
=	Steuerlicher Gewinn	7.500 €	-1.087.500 €			254.000 €	1.002.500 €
	Zwischensumme	7.500 €	-1.087.500 €			254.000 €	1.002.500 €
=	Gesamtbetrag der Einkünfte i. S. d. § 10d EStG	7.500 €	-1.087.500 €			254.000 €	1.002.500 €
-	Minderung der negativen Einkünfte ungeachtet des § 10d Abs. 1 S. 1 des Folgejahres, sofern der verbleibende Sanierungsertrag i.S.v. § 3a Abs. 3 S. 4 EStG nicht überschritten wird (§ 3a Abs. 3 S. 2 Nr. 12 EStG)	- €	- €	Minderungsbetrag nach § 3a Abs. 3 S. 2 Nr. 12 EStG	- €	- €	- €
=	Zwischensumme	7.500 €	-1.087.500 €	Zwischensumme	- €	254.000 €	1.002.500 €
	Verlustabzug nach § 10d EStG						
	Vorhandener kstl. Verlustvortrag	2.500.000 €	2.492.500 €			3.580.000 €	3.326.000 €

-	Minderung des Verlusts im Sanierungsjahr ungeachtet des § 10d Abs. 2 EStG den nach § 10d Abs. 4 EStG zum Ende des Vorjahres gesondert festgestellten Verlustvortrag (§ 3a Abs. 3 S. 2 Nr. 10 EStG)	- €	- €	Minderungsbetragsbetrag nach § 3a Abs. 3 S. 2 Nr. 10 EStG	- €	- €	- €
=	Verbleibender kstl. Verlustvortrag nach Minderung	2.500.000 €	2.492.500 €	Zwischensumme	- €	3.580.000 €	3.326.000 €
-	Sockelbetrag, max. vorhandener Verlustvortrag	7.500 €	- €			254.000 €	1.000.000 €
-	Verlustabzug i.H.v. 60 % des verbleibenden Gesamtbetrags der Einkünfte	- €	- €			- €	1.500 €
=	Insgesamt genutzter Verlustvortrag	7.500 €	- €			254.000 €	1.001.500 €
=	Vortragsfähiger kstl. Verlust	2.492.500 €	2.492.500 €			3.326.000 €	2.324.500 €
=	Einkommen	- €	-1.087.500 €			- €	1.000 €
=	Zu versteuerndes Einkommen	- €	-1.087.500 €			- €	1.000 €
	Minderung bei einem dem Stpfl. nahestehenden Person unter Erfüllung der Voraussetzungen nach § 3a Abs. 3 S. 3 EStG	- €	- €	Minderungsbetrag nach § 3a Abs. 3 S. 3 EStG	- €	- €	- €
	Wirtschaftlich körperschaftsteuerfreier Sanierungsertrag gem. § 3a Abs. 3 S. 4 EStG				- €		
	Festzusetzende Körperschaftsteuer						

(wird auf nächster Seite fortgeführt)

		Jahr 01	Jahr 02 Sanierungsjahr	Nebenberechnung Sanierungsertrag		Jahr 03	Jahr 04
	Steuerbetrag nach Regelsteuersatz 15 %, § 23 Abs. 1 KStG	- €	- €			- €	150 €
=	Tarifbelastung	- €	- €			- €	150 €
=	Festzusetzende Körperschaftsteuer	- €	- €			- €	150 €
=	Verbleibende Körperschaftsteuer	- €	- €			- €	150 €
Solidaritätszuschlag auf Körperschaftsteuer							
	Körperschaftsteuer	- €	- €			- €	150 €
x	Solidaritätszuschlag, §§ 1 Abs. 1, 4 S. 1 SolZG	5,5 %	5,5 %			5,5 %	5,5 %
=	Solidaritätszuschlag auf Körperschaftsteuer	- €	- €			- €	8 €

	Gewerbesteuer der B-GmbH	Jahr 01	Jahr 02 Sanierungsjahr	Jahr 03	Jahr 04
	Gewinn aus Gewerbebetrieb, § 7 GewStG	- €	-4.425.000 €	250.000 €	1.000.000 €
+	Verlustanteile an inländischen/ausländischen PersG, § 8 Nr. 8 GewStG	- €	4.425.000 €	- €	- €
-	Gewinnanteile an inländischen/ausländischen PersG, § 9 Nr. 2 GewStG	- €	- €	-250.000 €	-1.000.000 €
=	Gewerbeertrag, § 10 GewStG	- €	- €	- €	- €
-	Gewerbeverlust, § 10a GewStG				
=	Zwischensumme	- €	- €	- €	- €
	Abgerundet auf volle 100 €, § 11 Abs. 1 S. 3 GewStG	- €	- €	- €	- €
=	Gewerbeertrag nach Freibetrag	- €	- €	- €	- €
x	Steuermesszahl, § 11 Abs. 2 GewStG	3,5 %	3,5 %	3,5 %	3,5 %
=	Gewerbesteuermessbetrag	- €	- €	- €	- €
x	Hebesatz, § 16 GewStG (Durchschnitt in Deutschland 2019)	403 %	403 %	403 %	403 %
=	Gewerbesteuer	- €	- €	- €	- €

	Kapitalertragsteuereinbehalt der B-GmbH für ihren Anteilseigner	Jahr 01	Jahr 02 Sanierungsjahr	Jahr 03	Jahr 04
	Gewinn vor Steuern	- €	- €	250.000 €	1.000.000 €
-	Körperschaftsteuer	- €	- €	- €	150 €
-	Solidaritätszuschlag auf Körperschaftsteuer	- €	- €	- €	8 €
-	Gewerbesteuer	- €	- €	- €	- €
=	Ausschüttungsfähiger Betrag	- €	- €	250.000 €	999.842 €
x	Kapitalertragsteuersatz, § 43a Abs. 1 S. 1 Nr. 1 EStG	25 %	25 %	25 %	25 %
=	Kapitalertragsteuereinbehalt gem. § 44 Abs. 1 S. 3 EStG	- €	- €	62.500 €	249.960 €
Solidaritätszuschlag auf Kapitalertragsteuer					
	Kapitalertragsteuereinbehalt, abgerundet gem. § 44 Abs. 1 S. 6 EStG	- €	- €	62.500 €	249.960 €
x	Solidaritätszuschlag, §§ 1 Abs. 3, 4 S. 1 SolZG	5,5 %	5,5 %	5,5 %	5,5 %
=	Solidaritätszuschlag auf Kapitalertragsteuer	- €	- €	3.438 €	13.748 €

	Anteilseigner C der B-GmbH (100 %), natürliche Person: Einkommensteuer auf Einkünfte aus Kapitalvermögen	**Jahr 01**	**Jahr 02 Sanierungsjahr**	**Jahr 03**	**Jahr 04**
	Brutto-Einnahmen aus Kapitalvermögen, § 43 EStG	- €	- €	250.000 €	999.842 €
-	Sparer-Pauschbetrag, § 20 Abs. 9 EStG	- €	- €	801 €	801 €
=	Einkünfte aus Kapitalvermögen	- €	- €	249.199 €	999.041 €
x	Gesonderter Steuertarif für Einkünfte aus Kapitalvermögen, § 32d Abs. 1 S. 1 EStG	0 €	0 €	0 €	0 €
=	Einkommensteuer auf Einkünfte aus Kapitalvermögen i.S.v. § 32d EStG	- €	- €	62.300 €	249.760 €
	Solidaritätszuschlag auf Einkommensteuer für Einkünfte aus Kapitalvermögen				
	Einkommensteuer	- €	- €	62.300 €	249.760 €
x	Solidaritätszuschlag, § 4 S. 1 SolZG	5,5 %	5,5 %	5,5 %	5,5 %
=	Solidaritätszuschlag auf Einkommensteuer für Einkünfte aus Kapitalvermögen	- €	- €	3.426 €	13.737 €

Literaturverzeichnis

Andres, D. [zit.: Andres/Leithaus/Dahl, 2018] in: Andres, D./Leithaus, R./Dahl, M., Insolvenzordnung (InsO) Kommentar, 4. Aufl., München 2018, § 225a InsO

Andres, D./Leithaus, R./Dahl, M. [zit.: Andres/Leithaus/Dahl, 2018]: Insolvenzordnung (InsO) Kommentar, 4. Aufl., München 2018

Beck, D., in: Kanzler, H.-J./Kraft, G./Bäuml, S./Hechtner, F./Marx, J. (Hrsg.) [zit. K/K/B, EStG-Kommentar, 2021]: Einkommensteuergesetz Kommentar, 6. Aufl., Herne 2021, § 15b EStG

Beck, H.-J./Daumke, M./Perbey, U./Radeisen, R.-R. (Hrsg.) [zit.: Beck u.a., Grundriss dt. Steuerrechts, 2015]: Grundriss des deutschen Steuerrechts, 7. Aufl., Berlin 2015

Beck'sches Steuerberater-Handbuch 2019/2020 [zit.: Beck'sches StB-Hdb., 2019], 17. Aufl. München, 2019

Beisel, D. in: Beisel, W./Klumpp, H.-H. (Begr.) [zit.: Beisel/Klumpp, Unternehmenskauf, 2016]: Der Unternehmenskauf, 7. Aufl., München 2016, § 5

Beisel, W./Klumpp, H.-H. (Begr.) [zit.: Beisel/Klumpp, Unternehmenskauf, 2016]: Der Unternehmenskauf, 7. Aufl., München 2016

Beutel D./Sistermann C. in: Lüdicke, J./Sistermann, C. (Hrsg.) [zit. Lüdicke/Sistermann, UnternehmenStR, 2018]: Unternehmensteuerrecht, Gründung – Finanzierung – Umstrukturierung – Übertragung – Liquidation, 2. Aufl., München 2018, § 18

Blaas, U./Schwahn, A. [zit.: DB 2013, 2350]: Steueroptimierte Restrukturierung – Teil 1: Stundung und Kapitalisierung von Kreditforderungen, Rangrücktritt und Forderungsverzicht -, in: DB 2013, S. 2350–2357

Blaas, U./Schwahn, A. [zit.: DB 2013, 2412]: Steueroptimierte Restrukturierung – Teil 2: Debt/Equity Swap, Debt Buy Back, Debt/Hybrid Swap, Debt Push Up und stille Liquidation durch Amtslöschung -, in: DB 2013, S. 2412–2417

Blersch, J./Goetsch, H.-W./Haas, U. (Hrsg.) [zit.: Blersch/Goetsch/Haas, InsO-Kommentar, 2021]: Berliner Kommentar Insolvenzrecht, Loseblattsammlung, 75. Ergänzungslieferung, München, 04.2021

Blöse, J./Kihm, A. (Hrsg.) [zit.: Blöse/Kihm, Unternehmenskrisen, 2006]: Unternehmenskrisen, Ursachen – Sanierungskonzepte – Krisenvorsorge – Steuern, Berlin 2006

Blumenberg, J./Neumann, S. [zit.: Ubg 2016]: Sanierungssteuerrecht – aktuelle Herausforderungen für die Beratungspraxis (Teil 1), in: Ubg 2016, S. 181–192

Blumenberg, J./Neumann, S. [zit.: Ubg 2016]: Sanierungssteuerrecht – aktuelle Herausforderungen für die Beratungspraxis (Teil 2), in: Ubg 2016, S. 256–262

Blümich [zit.: Blümich, [EStG/KStG/GewStG]-Kommentar, 2021]: Kommentar zum Einkommensteuergesetz, Körperschaftsteuergesetz, Gewerbesteuergesetz, 157. Ergänzungslieferung, München 05.2021

Bodden, G. in: Korn, K. (Hrsg.) [zit.: Korn, EStG-Kommentar, 2021]: Kommentar zum Einkommensteuergesetz, Loseblattsammlung, 131. Ergänzungslieferung, Bonn, 06.2021, § 3a EStG – Stand: 03.2020, § 15 EStG – Stand: 07.2020

Bode, W. in: Blümich [zit.: Blümich, EStG-Kommentar, 2021]: Kommentar zum Einkommensteuergesetz, Körperschaftsteuergesetz, Gewerbesteuergesetz, 157. Ergänzungslieferung, München 05.2021, § 15 EStG – Stand: 07.2020

Böing, C. in: Littmann, E./Bitz, H./Pust, H. (Hrsg.) [zit.: L/B/P, EStG-Kommentar, 2021]: Kommentar zum Einkommensteuerrecht, Loseblattsammlung, 152. Ergänzungslieferung, Stuttgart 08.2021, § 3a EStG – Stand: 02.2019

Bork, R. [zit.: ZIP 2019]: Zum Stand der Diskussion über den Überschuldungstatbestand und zum Vorschlag einer Rückkehr zum Überschuldungstatbestand von 1999, in: ZIP 2019, S. S1–S20

Bott, H.//Walter, W. (Hrsg.) [zit.: Bott/Walter, 2021] Kommentar zum Körperschaftsteuergesetz, 155. Ergänzungslieferung, Bonn 07.2021

Brandau, J./Neckenich, L./Reich, D./Reimer, E. [zit.: BB 2017]: Brennpunkt Beihilfenrecht: Das deutsche Steuerrecht auf dem Prüfstand, in: BB 2017, S. 1175–1188

Brandis, P. in: Blümich [zit.: Blümich, KStG-Kommentar, 2021], Kommentar zum Einkommensteuergesetz, Körperschaftsteuergesetz, Gewerbesteuergesetz, 157. Ergänzungslieferung, München 05.2021, § 8c KStG – Stand: 05.2020, § 8d KStG – Stand: 07.2020

Braun, E. (Hrsg.) [zit.: Braun, InsO-Kommentar, 2020]: Insolvenzordnung (InsO) Kommentar, 8. Aufl., München 2020

Braun, E./Frank, A. in: Braun, E. (Hrsg.) [zit.: Braun, InsO-Kommentar, 2020]: Insolvenzordnung (InsO) Kommentar, 8. Aufl., München 2020, vor § 217, § 225a InsO

Briese, A. [zit.: DStR 2017]: Forderungsverzicht gegen Besserungsschein sowie qualifizierter Rangrücktritt in Handels- und Steuerbilanz, in: DStR 2017, S. 799–804

Bußhardt, H. in: Braun, E. (Hrsg.) [zit.: Braun, InsO-Kommentar, 2020]: Insolvenzordnung (InsO) Kommentar, 8. Aufl., München 2020, §§ 16 – 19 InsO

Buth, A. K./Hermanns, M. (Hrsg.) [zit.: Buth/Hermanns, Restrukturierung, Sanierung, Insolvenz, 2014]: Restrukturierung, Sanierung, Insolvenz, 4. Aufl., München 2014

Buth, A. K./Hermanns, M. in: Buth, A. K./Hermanns, M. (Hrsg.) [zit.: Buth/Hermanns, Restrukturierung, Sanierung, Insolvenz, 2014]: Restrukturierung, Sanierung, Insolvenz – Handbuch, 4. Aufl., München 2014, § 35 Sanierungssteuerrecht

Crezelius, G. [zit.: NZI 2018]: Aktuelle Steuerrechtsfragen in Krise und Insolvenz, in: NZI 2018, S. 740–742

Desens, M. [zit.: FR 2017]: Die neue Besteuerung von Sanierungserträgen, in: FR 2017, S. 981–993

Desens, M. in: Herrmann, C./Heuer, G./Raupach, A. (Begr.) [zit. H/H/R, EStG-Kommentar, 2021]: Einkommensteuer- und Körperschaftsteuergesetz, 305. Ergänzungslieferung, Köln 08.2021, § 3c EStG – Stand: 06.2019

Desens, M. in: Wendt, M./Suchanek, M./Möllmann, P./Heinemann, P. (Hrsg.) [zit.: Wendt u.a., 2019] Kommentar zum Gewerbesteuergesetz, Köln 2019, § 7b GewStG

Deubert, M./Förschle, G./Störk, U. (Hrsg.) [zit. Deubert/Förschle/Störk, Sonderbilanzen, 2021]: Sonderbilanzen – Von der Gründungsbilanz bis zur Liquidationsbilanz, 6. Aufl., München 2021

Dötsch, E./Krämer, H./Pung, A., in: Dötsch, E./Pung, A./Möhlenbrock, R. (Hrsg.) [zit.: D/P/M, KStG-Kommentar, 2021] Kommentar zum Körperschaftsteuergesetz, Umwandlungssteuergesetz und zur internationalen Gewinnabgrenzung, Loseblattwerk, 102. Ergänzungslieferung, Stuttgart 06.2021, § 15 KStG – Stand: 06.2020

Dötsch, E./Leibner, L. in: Dötsch, E./Pung, A./Möhlenbrock, R. (Hrsg.) [zit.: D/P/M, KStG-Kommentar, 2021] Kommentar zum Körperschaftsteuergesetz, Umwandlungssteuergesetz und zur internationalen Gewinnabgrenzung, Loseblattwerk, 102. Ergänzungslieferung, Stuttgart 06.2021, § 8c KStG – Stand: 06.2021; § 8d KStG – Stand: 06.2021

Dötsch, E./Pung, A./Möhlenbrock, R. (Hrsg.) [zit.: D/P/M, KStG-Kommentar, 2021] Kommentar zum Körperschaftsteuergesetz, Umwandlungssteuergesetz und zur internationalen Gewinnabgrenzung, Loseblattwerk, 102. Ergänzungslieferung, Stuttgart 06.2021

Drüen K.-D., in: Frotscher, G./Drüen, K.-D. (Hrsg.) [zit.: Frotscher/Drüen, KStG-Kommentar, 2021] Kommentar zum Körperschaft-, Gewerbe- und

Umwandlungssteuergesetz, Loseblattwerk, 159. Ergänzungslieferung, Freiburg 07.2021, Vor § 1 KStG – Stand: 08.2020

Drüen, K.-D. [zit.: GmbHR 2008]: Rechtsformneutralität der Unternehmensbesteuerung als verfassungsrechtlicher Imperativ? in: GmbHR 2008, S. 393–403

Drüen, K.-D. in: Blümich [zit.: Blümich, GewStG-Kommentar, 2021], Kommentar zum Einkommensteuergesetz, Körperschaftsteuergesetz, Gewerbesteuergesetz, 157. Ergänzungslieferung, München 05.2021, § 2 GewStG – Stand: 05.2021, § 7b GewStG – Stand: 02.2019

Ebbinghaus, M./Osenroth, M./Hinz, B. [zit.: BB 2013]: Schuldübernahme durch Gesellschafter als Sanierungsinstrument unter Berücksichtigung der Schenkungsteuer, BB 2013, S. 1374–1382

Eckardt, A. in: Kanzler, H.-J./Kraft, G./Bäuml, S./Hechtner, F./Marx, J. (Hrsg.) [zit. K/K/B, EStG-Kommentar, 2021]: Einkommensteuergesetz Kommentar, 6. Aufl., Herne 2021, § 10d EStG

Eidenmüller H. in: Münchener Kommentar zur Insolvenzordnung [zit.: MüKo InsO, 2020]: Münchener Kommentar zur Insolvenzordnung, Band 3, 4. Aufl., München 2020, § 225a InsO

Eilers, S./Schwahn, A. [zit.: Sanierungs-Steuerrecht, 2020]: Sanierungs-Steuerrecht, 2. Aufl., Köln 2020

Eilers, S./Tiemann, A. [zit.: Ubg 2020]: Alles geklärt bei der Steuerfreiheit von Sanierungserträgen? Warum der Gesetzgeber nachbessern muss, in: Ubg 2020, S. 190–196

Eilers, S./Walter-Yadegardjam, T. [zit.: FR 2020]: Die wirtschaftlichen Folgen der COVID-19 Pandemie: Eine Bewährungsprobe für das deutsche Sanierungssteuerecht, in: FR 2020, S. 481–485

Epler, B./Petersen, F. [zit.: Stbg 2019]: Endlich Rechtssicherheit bei der Sanierung – Inkrafttreten der gesetzlichen Neuregelungen zum Sanierungsertrag –, in: Stbg 2019, S. 114–124

Erhardt, A./Zeller, J. [zit.: DStR 2012]: Steuerneutraler Forderungsverzicht durch Gesellschafter einer (Familien-) Personengesellschaft zur Abwendung einer bilanziellen Überschuldung, in: DStR 2012, S. 1636–1640

Evertz, D./Krystek, U. (Hrsg.) [zit.: Evertz/Krystek, Unternehmen erfolgreich restrukturieren und sanieren, 2014]: Unternehmen erfolgreich restrukturieren und sanieren – Herausforderungen und Lösungsansätze für den Turnaround, Stuttgart 2014

Evertz, D./Krystek, U. in: Evertz/Krystek (Hrsg.) [zit.: Evertz/Krystek, Unternehmen erfolgreich restrukturieren und sanieren, 2014]: Unternehmen erfolgreich restrukturieren und sanieren – Herausforderungen und Lösungsansätze für den Turnaround, Stuttgart 2014, Kapitel 1

Fechner, D./Kober, B. [zit.: Praxis der Unternehmenssanierung, 2004]: Praxis der Unternehmenssanierung – Analyse, Konzept und Durchführung, 2. Aufl. München 2004

Fehst, D./Engels, A. in: Sonnleitner, W. (Hrsg.) [zit.: Sonnleitner, Insolvenzsteuerrecht, 2017]: Insolvenzsteuerrecht – Unter besonderer Berücksichtigung des Insolvenzplanverfahrens, München 2017, Kapitel 2

Fey, A./Neyer, W. [zit.: DB 2009]: Entschärfung der Mantelkaufregelung für Sanierungsfälle, in: DB 2009, S. 1368–1376

Förschle G./ Heinz, S. in: Deubert, M./Förschle, G./Störk, U. (Hrsg.) [zit. Deubert/Förschle/Störk, Sonderbilanzen, 2021]: Sonderbilanzen – Von der Gründungsbilanz bis zur Liquidationsbilanz, 6. Aufl., München 2021, Kapitel Q

Förster, G. [zit.: FR 2017]: Die Entscheidung des Großen Senats des BFH zum Sanierungserlass und seine Folgen, in: FR 2017, S. 1002–1005

Förster, G./Hechtner, F. [zit.: DB 2017]: Steuerbefreiung von Sanierungsgewinnen gem. §§ 3a, 3c Abs. 4 EStG, in: DB 2017, S. 1536–1544

Förster, G./Hechtner, F. [zit.: DB 2019]: Neue gesetzliche Rahmenbedingungen im Sanierungssteuerrecht, in: DB 2019, S. 10–18

Förster, G./von Cölln, T. [zit.: DStR 2017]: Die Neuregelung des § 8d KStG beim schädlichen Beteiligungserwerb, in: DStR 2017, S. 8–18

Friedberg, M. in: Frotscher, G./Geurts, M. (Hrsg.) [zit.: Frotscher/Geurts, EStG-Kommentar, 2021] Kommentar zum Einkommensteuergesetz, Loseblattsammlung, 223. Ergänzungslieferung, Freiburg 06.2021, § 15a EStG – Stand: 04.2019

Frotscher, G. in: Frotscher, G./*Drüen, K.-D.* (Hrsg.) [zit.: Frotscher/Drüen, KStG-Kommentar, 2021] Kommentar zum Körperschaft-, Gewerbe- und Umwandlungssteuergesetz, Loseblattwerk, 159. Ergänzungslieferung, Freiburg 07.2021, § 8 KStG – Stand: 08.2018, § 15 KStG – Stand: 06.2020

Frotscher, G./Drüen, K.-D. (Hrsg.) [zit.: Frotscher/Drüen, KStG-Kommentar, 2021] Kommentar zum Körperschaft-, Gewerbe- und Umwandlungssteuergesetz, Loseblattwerk, 159. Ergänzungslieferung, Freiburg 07.2021

Frotscher, G./Geurts, M. (Hrsg.) [zit.: Frotscher/Geurts, EStG-Kommentar, 2021] Kommentar zum Einkommensteuergesetz, Loseblattsammlung, 223. Ergänzungslieferung, Freiburg 06.2021

Frotscher, M. in: Frotscher, G./Drüen, K.-D. (Hrsg.) [zit.: Frotscher/Drüen, KStG-Kommentar, 2021] Kommentar zum Körperschaft-, Gewerbe- und

Umwandlungssteuergesetz, Loseblattwerk, 159. Ergänzungslieferung, Freiburg 07.2021, § 8c KStG – Stand: 01.2019, § 8d KStG – Stand: 04.2021

Geerling, T./Hartmann, U. [zit.: DStR 2017]: Der BFH verwirft den Sanierungserlass. Die Restrukturierung von Forderungen in der Unternehmenskrise – Lösungsansätze für die Praxis und Ausblick auf eine gesetzliche Neuregelung, in: DStR 2017, S. 752–757

Gerig, G./Meller, J./Nientkewitz, C. [zit. ZIP 2017]: Wiederherstellung des Eigenkapitals als Anforderung einer nachhaltigen Sanierung, ZIP 2017, S. 2029–2037

Glatz, S. [zit.: IStR 2016]: Zur Vereinbarkeit des Sanierungserlasses mit dem unionsrechtlichen Beihilferecht, in: IStR 2016, S. 447–456

Gosch, D. (Hrsg.) [zit.: Gosch, KStG-Kommentar, 2020] Kommentar zum Körperschaftsteuergesetz, 4. Aufl., München 2020

Gosch, D. in Gosch, D. (Hrsg.) [zit.: Gosch, KStG-Kommentar, 2020] Kommentar zum Körperschaftsteuergesetz, 4. Aufl., München 2020, § 8 KStG (Rz. 145–1389)

Götz, C./Bindl. E. [zit.: GmbHR 2009]: Die Verlustabzugsbeschränkung nach § 15 Abs. 4 S. 6–8 EStG – Anmerkungen zum BMF-Schreiben v. 19.11.2008, in: GmbHR 2009, S. 584–589

Gras, K. in: Nerlich, J./Kreplin, G. (Hrsg.) [zit.: Nerlich/Kreplin, MAH Insolvenz und Sanierung, 2019]: Münchener Anwaltshandbuch – Insolvenz und Sanierung, 3. Aufl., München 2019, § 2

Groß, P. in: Hess H. (Hrsg.) [zit.: Hess, Sanierungshandbuch, 2013]: Sanierungshandbuch, 6. Aufl., Köln 2013, Kapitel 1, 2

Haas, S. [zit.: DStR 2018]: Der Gewinn aus der Restschuldbefreiung – eine Steuerfalle, in: DStR 2018, S. 2129–2132

Haas, U. in: Blersch, J./Goetsch, H.-W./Haas, U. (Hrsg.) [zit.: Blersch/Goetsch/Haas, InsO-Kommentar, 2021]: Berliner Kommentar Insolvenzrecht, Loseblattsammlung, 75. Ergänzungslieferung, München, 04.2021, § 15a InsO – Stand: 03.2016

Hageböke, J./Hasbach, A. [zit.: FR 2016]: Nochmals: Zur gewerbesteuerlichen Zuständigkeit der Finanzbehörden beim Sanierungserlass – Kritische Anmerkungen zu FG Köln v. 16.6.2016 – 13 K 984/11, FR 2016, 1054, in: FR 2016, S. 1018–1031

Hallerbach, D. in: Herrmann, C./Heuer, G./Raupach, A. (Begr.) [zit. H/H/R, EStG-Kommentar, 2018]: Einkommensteuer- und Körperschaftsteuergesetz, 288. Ergänzungslieferung, Köln 10.2018, § 3a EStG – Stand: 06.2018

Hallerbach, D. in: Herrmann, C./Heuer, G./Raupach, A. (Begr.) [zit. H/H/R, EStG-Kommentar, 2021]: Einkommensteuer- und Körperschaftsteuergesetz,

305. Ergänzungslieferung, Köln 08.2021, § 3a EStG – Stand: 08.2019, § 10d EStG – Stand: 04.2021, § 15b EStG – Stand: 04.2021

Hänsch, F. in: Kanzler, H.-J./Kraft, G./Bäuml, S./Hechtner, F./Marx, J. (Hrsg.) [zit. K/K/B, EStG-Kommentar, 2021]: Einkommensteuergesetz Kommentar, 6. Aufl., Herne 2021, § 4h EStG

Hasbach, A. [zit.: DB 2019]: Steuerfreistellung von Sanierungserträgen bei "Alt-Fällen" – Ein Anwendungsfall von § 175 Abs. 1 S. 1 Nr. 2 AO, in: DB 2019, S. 871–875

Hasbach, A./Oesterwinter, P./Fahje, L. [zit.: DB 2020]: Steuerfreistellung von Sanierungserträgen im Rahmen einer ertragsteuerlichen Organschaft, in: DB 2020, S. 1249–1255

Hechtner, F. [zit.: NWB 2018]: Steuerpolitisches Update aus Berlin: Die (un) endliche Geschichte der Besteuerung von Sanierungsgewinnen, in: NWB 2018, S. 2536–2537

Heinicke, W., in: Schmidt, L. (Begr.) [zit.: Schmidt, EStG-Kommentar, 2021]: Kommentar zum Einkommensteuergesetz, 40. Aufl., München 2021, § 10d EStG

Hennrichs, J. [zit.: StuW 2002]: Dualismus der Unternehmensbesteuerung aus gesellschaftsrechtlicher und steuersystematischer Sicht – Oder: Die nach wie vor unvollendete Unternehmenssteuerreform, in: StuW 2002, S. 201–216

Hennrichs, J. in: Tipke, K./ Lang, J. (Hrsg.) [zit.: Tipke/Lang, 2020]: Steuerrecht, 24. Aufl. Köln 2020, Kapitel 10

Herrmann, C./Heuer, G./Raupach, A. (Begr.) [zit. H/H/R, EStG-Kommentar, 2018]: Einkommensteuer- und Körperschaftsteuergesetz, 288. Ergänzungslieferung, Köln 10.2018

Herrmann, C./Heuer, G./Raupach, A. (Begr.) [zit. H/H/R, EStG-Kommentar, 2021]: Einkommensteuer- und Körperschaftsteuergesetz, 305. Ergänzungslieferung, Köln 08.2021

Hess, H. (Hrsg.) [zit.: Hess, Sanierungshandbuch, 2013]: Sanierungshandbuch, 6. Aufl., Köln 2013

Hess, H. in: Hess H. (Hrsg.) [zit.: Hess, Sanierungshandbuch, 2013]: Sanierungshandbuch, 6. Aufl., Köln 2013, Kapitel 19

Heuermann, B. in: Blümich [zit.: Blümich, EStG-Kommentar, 2021], Kommentar zum Einkommensteuergesetz, Körperschaftsteuergesetz, Gewerbesteuergesetz, 157. Ergänzungslieferung, München 05.2021, § 15a EStG – Stand: 12.2018, § 15b EStG – Stand: 07.2020

Hey, J. [zit.: FR 2017]: Steuerbefreiung für Sanierungsgewinne und EU-Beihilferecht – Zum Notifizierungsverfahren, in: FR 2017, S. 453–457

Hey, J. in: Tipke, K./ Lang, J. (Hrsg.) [zit.: Tipke/Lang, 2020]: Steuerrecht, 24. Aufl. Köln 2020, Kapitel 8, 11

Hidien J.-W. in: Lippross/Seibel (Hrsg.) [zit.: Lippross/Seibel, GewStG-Kommentar, 2021], Basiskommentar Steuerrecht, Loseblattwerk, 126. Ergänzungslieferung, Köln 07.2021, § 7b GewStG – Stand: 08.2020

Hierstetter, F. [zit.: DStR 2010]: Steuerliche Risiken der Entschuldung einer Kapitalgesellschaft in der Krise, in: DStR 2010, S. 882–887

Hiller, M./Baschnagel, M. [zit.: DStZ 2017]: Besteuerung von Sanierungsgewinnen nach dem höchstrichterlichen Stopp des Sanierungserlasses durch den Beschluss des Bundesfinanzhofs vom 28.11.2016 – GrS 1/15 (Bundesfinanzhofs vom 28.11.2016 – GrS 1/15), in: DStZ 2017, S. 353–363

Hiller, M./Biebinger, C. [zit.: DStZ 2019]: Besteuerung von Sanierungsgewinnen: Ein Schlussakkord (!?) – "Comfort Letter" und Aufnahme im JStG 2018 -, in: DStZ 2019, S. 65–69

Hirte, H. in: Uhlenbruck, [zit.: Uhlenbruck, InsO-Kommentar, 2019]: Insolvenzordnung-Kommentar, Band 1, 15. Aufl. München 2019, § 15a InsO

Hölzle, G. [zit.: ZIP 2020]: Die Sanierung des Insolvenzsteuerrechts – oder: Die Besteuerung von Sanierungsgewinnen, in: ZIP 2020, S. 301–309

Höppner, D./Schewe, M. [zit.: FR 2019]: Die Folgen des Gesetzesvorhabens zur Rückführung des Solidaritätszuschlags – eine betriebswirtschaftliche Steuerwirkungsanalyse, in: FR 2019, S. 881–892

Hörner, S. in: Frotscher, G./Geurts, M. (Hrsg.) [zit.: Frotscher/Geurts, EStG-Kommentar, 2021] Kommentar zum Einkommensteuergesetz, Loseblattsammlung, 223. Ergänzungslieferung, Freiburg 06.2021, § 4f EStG – Stand: 10.2018

Humberg, A. in: Blersch, J./Goetsch, H.-W./Haas, U. (Hrsg.) [zit.: Blersch/Goetsch/Haas, InsO-Kommentar, 2021]: Berliner Kommentar Insolvenzrecht, Loseblattsammlung, 75. Ergänzungslieferung, München, 04.2021, § 17 InsO – Stand: 11.2015; § 19 InsO – Stand: 04.2021

IDW (Hrsg.) [zit.: IDW, Sanierung u. Insolvenz, 2017]: Sanierung und Insolvenz – Rechnungslegung und Prüfung in der Unternehmenskrise, Düsseldorf 2017

Isler, T. in: Frotscher, G./Geurts, M. (Hrsg.) [zit.: Frotscher/Geurts, 2021] Kommentar zum Einkommensteuergesetz, Loseblattsammlung, 223. Ergänzungslieferung, Freiburg 06.2021, § 3c EStG – Stand: 05.2019

Kahlert, G. [zit.: ZIP 2016]: Der Sanierungserlass ist keine Beihilfe, in: ZIP 2016, S. 2107–2114

Kahlert, G. in: Kahlert, G./Rühland, B. (Hrsg.) [zit.: Kahlert/Rühland, Sanierungs- und Insolvenzsteuerrecht, 2011]: Sanierungs- und Insolvenzsteuerrecht, 2. Aufl., Köln 2011, Kapitel 2

Kahlert, G./Rühland, B. (Hrsg.) [zit.: Kahlert/Rühland, Sanierungs- und Insolvenzsteuerrecht, 2011]: Sanierungs- und Insolvenzsteuerrecht, 2. Aufl., Köln 2011

Kahlert, G./Schmidt, A. [zit.: DStR 2017]: Die neue Steuerfreiheit des Sanierungsertrags – Fragen und Antworten, in: DStR 2017, S. 1897–1903

Kanzler, H.-J. [zit.: FR 2018]: Die Reanimation des steuerfreien Sanierungsgewinns, in: FR 2018, S. 794–797

Kanzler, H.-J. [zit.: NWB 2017]: Steuerbefreiung von Sanierungsgewinnen – Überblick zu den gesetzlichen Neuregelungen in § 3a und § 3c Abs. 4 EStG, in: NWB 2017, S. 2260–2275

Kanzler, H.-J. [zit.: NWB 2019]: Der steuerfreie Sanierungsgewinn nach dem UStA-VermG – Weg frei für rückwirkende Anwendung, in: NWB 2019, S. 626–651

Kanzler, H.-J. [zit.: NWB 2021]: Der steuerfreie Sanierungsgewinn in Zeiten der Corona-Pandemie und im Lichte des SanInsFG (Teil 1), in: NWB 2021, S. 1235–1252

Kanzler, H.-J. [zit.: NWB 2021]: Der steuerfreie Sanierungsgewinn in Zeiten der Corona-Pandemie und im Lichte des SanInsFG (Teil 2), in: NWB 2021, S. 1311–1325

Kanzler, H.-J. in: Kanzler, H.-J./Kraft, G./Bäuml, S. /Hechtner, F./Marx, J. (Hrsg.) [zit. K/K/B, EStG-Kommentar, 2019]: Einkommensteuergesetz Kommentar, 4. Aufl., Herne 2019, § 3a EStG

Kanzler, H.-J. in: Kanzler, H.-J./Kraft, G./Bäuml, S./Hechtner, F./Marx, J. (Hrsg.) [zit. K/K/B, EStG-Kommentar, 2021]: Einkommensteuergesetz Kommentar, 6. Aufl., Herne 2021, § 3a EStG

Kanzler, H.-J./Kraft, G./Bäuml, S. /Hechtner, F./Marx, J. (Hrsg.) [zit. K/K/B, EStG-Kommentar, 2019]: Einkommensteuergesetz Kommentar, 4. Aufl., Herne 2019

Kanzler, H.-J./Kraft, G./Bäuml, S./Hechtner, F./Marx, J. (Hrsg.) [zit. K/K/B, EStG-Kommentar, 2021]: Einkommensteuergesetz Kommentar, 6. Aufl., Herne 2021

Kirchhof, P. (Hrsg.) [zit.: Kirchhof, EStG-Kommentar, 2018]: Kommentar zum Einkommensteuergesetz, 17. Aufl., Köln 2018

Kirchhof, P. in: Kirchhof, P. (Hrsg.) [zit.: Kirchhof, EStG-Kommentar, 2018]: Kommentar zum Einkommensteuergesetz, 17. Aufl., Köln 2018, § 3a EStG

Kirchhof, P./Seer, R. (Hrsg.) [zit.: Kirchhof/Seer, EStG-Kommentar, 2021]: Kommentar zum Einkommensteuergesetz, 20. Aufl., Köln 2021

Kirchhof, P./Söhn, H./Mellinghoff, R. (Begr.) [zit.: Kirchhof u.a., EStG-Kommentar, 2021] Kommentar zum Einkommensteuergesetz, Loseblattsammlung, 315. Ergänzungslieferung, Heidelberg 06.2021

Kobor, H. in: Kirchhof, P./Söhn, H./Mellinghoff, R. (Begr.) [zit.: Kirchhof u.a., EStG-Kommentar, 2021] Kommentar zum Einkommensteuergesetz, Loseblattsammlung, 315. Ergänzungslieferung, Heidelberg 06.2021, § 3a EStG – Stand: 05.2020

Kölbl, S./Neumann, S. [zit.: Ubg 2018]: Gewinne und Verluste bei der Sanierung von Unternehmen (Teil I), in: Ubg 2018, S. 273–286

Korn, K. (Hrsg.) [zit.: Korn, EStG-Kommentar, 2021]: Kommentar zum Einkommensteuergesetz, Loseblattsammlung, 131. Ergänzungslieferung, Bonn, 06.2021

Krämer, H. in: Dötsch, E./Pung, A./Möhlenbrock, R. (Hrsg.) [zit.: D/P/M, KStG-Kommentar, 2021] Kommentar zum Körperschaftsteuergesetz, Umwandlungssteuergesetz und zur internationalen Gewinnabgrenzung, Loseblattwerk, 102. Ergänzungslieferung, Stuttgart 06.2021, § 8 Abs. 8 f. KStG – Stand: 11.2017

Krüger, C. [zit.: FR 2016]: Umfang der Steuerrechtssubjektivität von Personengesellschaften im Spannungsfeld zwischen Gesamthandslehre und steuerrechtlichem Transparenzprinzip – Auseinandersetzung mit der Stellung der Personengesellschaft als Rechtsträgerin von Wirtschaftsgütern, in: FR 2016, S. 1031–1039

Krumm, M. in: Blümich [zit.: Blümich, EStG-Kommentar, 2021]: Kommentar zum Einkommensteuergesetz, Körperschaftsteuergesetz, Gewerbesteuergesetz, 157. Ergänzungslieferung, München 05.2021, § 3a EStG – Stand: 03.2020, § 4f EStG – Stand: 03.2021, § 5 EStG – Stand: 03.2020, § 15 KStG – Stand: 05.2020

Kübler, B. M. (Hrsg.) [zit.: Kübler, HRI, 2019]: Handbuch Restrukturierung in der Insolvenz – Eigenverwaltung und Insolvenzplan, 3. Aufl., Köln 2019

Lang, B./Bott, H. in: Bott, H.//Walter, W. (Hrsg.) [zit.: Bott/Walter, 2021] Kommentar zum Körperschaftsteuergesetz, 155. Ergänzungslieferung, Bonn 07.2021, § 8 KStG – Stand: 10.2019

Lange, D. [zit.: Zinsaufwands-/Verlustberücksichtigung bei Umstrukturierungen, 2012]: Zinsaufwands- und Verlustberücksichtigung bei Umstrukturierungen in Kapitalgesellschaftskonzernen – Steuersystematische Analyse und betriebswirtschaftliche Kritik, Dissertation, Düsseldorf 2012

Lenski E./Steinberg W. (Hrsg.) [zit.: Lenski/Steinberg, GewStG-Kommentar, 2021], Kommentar zum Gewerbesteuergesetz, Loseblattwerk, 137. Ergänzungslieferung, Köln 08.2021

Levedag, C. in: Schmidt, L. (Begr.) [zit.: Schmidt, EStG-Kommentar, 2018]: Kommentar zum Einkommensteuergesetz, 37. Aufl., München 2018, § 3a EStG

Levedag, C. in: Schmidt, L. (Begr.) [zit.: Schmidt, EStG-Kommentar, 2021]: Kommentar zum Einkommensteuergesetz, 40. Aufl., München 2021, §§ 3a, 3c EStG

Lindberg, P. in: Frotscher, G./Geurts, M. (Hrsg.) [zit.: Frotscher/Geurts, EStG-Kommentar, 2021] Kommentar zum Einkommensteuergesetz, Loseblattsammlung, 223. Ergänzungslieferung, Freiburg 06.2021, § 15b EStG – Stand: 12.2019

Lippross, O.-G./Seibel, W. (Hrsg.) [zit.: Lippross/Seibel, Basiskommentar GewStG, 2021], Basiskommentar Steuerrecht, Loseblattwerk, 126. Ergänzungslieferung, Köln 07.2021

Littmann, E./Bitz, H./Pust, H. (Hrsg.) [zit.: L/B/P, EStG-Kommentar, 2021]: Kommentar zum Einkommensteuerrecht, Loseblattsammlung, 152. Ergänzungslieferung, Stuttgart 08.2021

Loewens, L. in: Blümich [zit.: Blümich, EStG-Kommentar, 2021], Kommentar zum Einkommensteuergesetz, Körperschaftsteuergesetz, Gewerbesteuergesetz, 157. Ergänzungslieferung, München 05.2021, § 4h EStG – Stand: 07.2019

Lüdemann, P. in: Herrmann, C./Heuer, G./Raupach, A. (Begr.) [zit. H/H/R, EStG-Kommentar, 2021]: Einkommensteuer- und Körperschaftsteuergesetz, 305. Ergänzungslieferung, Köln 08.2021, § 15a EStG – Stand: 09.2017

Lüdicke, J. in: Lüdicke, J./Sistermann, C. (Hrsg.) [zit. Lüdicke/Sistermann, UnternehmenStR, 2018]: Unternehmensteuerrecht, Gründung – Finanzierung – Umstrukturierung – Übertragung – Liquidation, 2. Aufl., München 2018, § 1

Lüdicke, J./Sistermann, C. (Hrsg.) [zit. Lüdicke/Sistermann, UnternehmenStR, 2018]: Unternehmensteuerrecht, Gründung – Finanzierung – Umstrukturierung – Übertragung – Liquidation, 2. Aufl., München 2018

Märtens, M. [zit.: DStR 2018]: Problematik von Nichtanwendungserlassen zulasten des Fiskus am Beispiel der rechts(prechungs)brechenden Anwendung des Sanierungserlasses, in: DStR 2018, S. 2301–2303

Meyer, H./Bäuml, S. O. in: Kanzler, H.-J./Kraft, G./Bäuml, S./Hechtner, F./ Marx, J. (Hrsg.) [zit. K/K/B, EStG-Kommentar, 2021]: Einkommensteuergesetz Kommentar, 6. Aufl., Herne 2021, § 15 EStG

Möhlenbrock, R./Gragert, K. [zit.: FR 2017, 994]: Reform der Besteuerung von Sanierungsgewinnen/-erträgen, in: FR 2017, S. 994–997

Möhlenkamp, A. [zit.: ZIP 2018]: Steuerfreie Sanierungsgewinne, EU-Beihilfeverbot und Wettbewerb, in: ZIP 2018, S. 1907–1915

Mückl, N. [zit.: FR 2009]: Der Debt-Equity-Swap als Sanierungsinstrument im Steuerrecht, in: FR 2009, S. 497–506

Münchener Kommentar zur Insolvenzordnung [zit.: MüKo InsO, 2020], Band 3, 4. Aufl., München 2020

Nacke, A.-Th. in: Kanzler, H.-J./Kraft, G./Bäuml, S./Hechtner, F./Marx, J. (Hrsg.) [zit. K/K/B, EStG-Kommentar, 2021]: Einkommensteuergesetz Kommentar, 6. Aufl., Herne 2021, § 3c EStG

Nerlich, J./Kreplin, G. (Hrsg.) [zit.: Nerlich/Kreplin, MAH Insolvenz und Sanierung, 2019]: Münchener Anwaltshandbuch – Insolvenz und Sanierung, 3. Aufl., München 2019

Neumann, S. in Gosch, D. (Hrsg.) [zit.: Gosch, KStG-Kommentar, 2020] Kommentar zum Körperschaftsteuergesetz, 4. Aufl., München 2020, § 15 KStG

Niering, C./Hillebrand, C. [zit.: Wege durch die Unternehmenskrise, 2020]: Wege durch die Unternehmenskrise: Ein Praxisleitfaden für Steuerberater, Rechtsanwälte und Unternehmer, 4. Aufl., Köln 2020

Perbey, U. in: Beck, H.-J./Daumke, M./Perbey, U./Radeisen, R.-R. (Hrsg.) [zit.: Beck u.a., Grundriss dt. Steuerrechts, 2015]: Grundriss des deutschen Steuerrechts, 7. Aufl., Berlin 2015, Kapitel 3, 5

Picot, G./Aleth, F. [zit.: Unternehmenskrise und Insolvenz, 1999]: Unternehmenskrise und Insolvenz – Vorbeugung, Turnaround, Sanierung, München 1999

Pohl, C. [zit.: GmbH-StB 2019]: Gesetzliche Umsetzung des Sanierungserlasses – Besonderheiten im Körperschaftsteuerrecht, in: GmbH-StB 2019, S. 135–141

Pöschke, M. [zit. NZG 2017]: Bilanzierung und Besteuerung von Forderungserlass und Rangrücktritt zur Sanierung von Kapitalgesellschaften, in: NZG 2017, S. 1408–1419

Rätke, B. [zit.: StuB 2019]: Der Rangrücktritt – zerrieben zwischen Insolvenz- und Steuerrecht, in: StuB 2019, S. 27–34

Rattunde, R. (Hrsg.) [zit.: Rattunde – Fachberater, 2017]: Fachberater für Sanierung und Insolvenzverwaltung (DStV e.V.), 3. Aufl., Berlin 2017

Redaktion in: Blersch, J./Goetsch, H.-W./Haas, U. (Hrsg.) [zit.: Blersch/Goetsch/Haas, InsO-Kommentar, 2021]: Berliner Kommentar Insolvenzrecht, Loseblattsammlung, 75. Ergänzungslieferung, München, 04.2021, § 225a InsO – Stand: 12.2020

Reinhardt, F. in: Rattunde, R. (Hrsg.) [zit.: Rattunde – Fachberater, 2017]: Fachberater für Sanierung und Insolvenzverwaltung (DStV e.V.), 3. Aufl., Berlin 2017

Rohde, G. in: Beck'sches Steuerberater-Handbuch 2019/2020 [zit.: Beck'sches StB-Hdb., 2019], 17. Aufl. München, 2019, Kapitel W

Roser F. in: Lenski/Steinberg (Hrsg.) [zit.: Lenski/Steinberg, GewStG-Kommentar, 2021]: Kommentar zum Gewerbesteuergesetz, Loseblattwerk, 137. Ergänzungslieferung, Köln 08.2021, § 7b GewStG – Stand: 02.2019

Roth, J. [zit.: Insolvenzsteuerrecht, 2021]: Insolvenzsteuerrecht – Insolvenzrechtliche Implikationen im Steuerrecht, 3. Aufl., Köln 2021

Rüberg, J. [zit.: NJW-Spezial 2019]: Endlich: Die Steuerfreiheit von Sanierungsgewinnen ist zurück, in: NJW-Spezial 2019, S. 207–208

Schmidt, L. (Begr.) [zit.: Schmidt, EStG-Kommentar, 2018]: Kommentar zum Einkommensteuergesetz, 37. Aufl., München 2018

Schmidt, L. (Begr.) [zit.: Schmidt, EStG-Kommentar, 2021]: Kommentar zum Einkommensteuergesetz, 40. Aufl., München 2021

Schmidt, L./Hageböke, J. [zit.: DStR 2002]: Schuldübernahmen als Sanierungsinstrument zur Nutzung von steuerlichen Verlustvorträgen im Konzern – Gestaltungsmöglichkeiten nach dem BFH-Beschluss vom 20.12.2001, I B 74/01, in: DStR 2002, S. 2150–2155

Schmidt, V. in: Rattunde, R. (Hrsg.) [zit.: Rattunde – Fachberater, 2017]: Fachberater für Sanierung und Insolvenzverwaltung (DStV e.V.), 3. Aufl., Berlin 2017

Schnitter, G. in: Frotscher, G./Drüen, K.-D. (Hrsg.) [zit.: Frotscher/Drüen, GewStG-Kommentar, 2021] Kommentar zum Körperschaft-, Gewerbe- und Umwandlungssteuergesetz, Loseblattwerk, 159. Ergänzungslieferung, Freiburg 07.2021, § 7b GewStG – Stand: 06.2021

Schönfelder, M. [zit.: WM 2018)]: Kriterien für den Sanierungserfolg – Vier Ansätze und ein Todesfall, in: WM 2018, S. 1630–1639

Schwahn, A. [zit.: FR 2015, 453]: Behandlung von Sanierungskosten unter dem Sanierungserlass, in: FR 2015, S. 453–456

Seeger, S. in: Schmidt, L. (Begr.) [zit.: Schmidt, EStG-Kommentar, 2021]: Kommentar zum Einkommensteuergesetz, 40. Aufl., München 2021, § 15b EStG

Seer, R. [zit.: FR 2010]: Der sog. Sanierungserlass vom 27.3.2003 als Rechtsgrundlage für Maßnahmen aus sachlichen Billigkeitsgründen, in: FR 2010, S. 306–311

Seer, R. [zit.: FR 2014]: Insolvenz, Sanierung und Ertragsteuern – verfassungs- und europarechtliche Überlegungen, in: FR 2014, S. 721–731

Seer, R. in: Kirchhof, P./Seer, R. (Hrsg.) [zit.: Kirchhof/Seer, EStG-Kommentar, 2021]: Kommentar zum Einkommensteuergesetz, 20. Aufl., Köln 2021, § 3a EStG

Sistermann, C. [zit.: JbFSt 2019/2020]: Steuerfragen bei der Sanierung von Kapitalgesellschaften, in: JbFSt 2019/2020, S. 167–179

Sistermann, C./Beutel, D. [zit.: DStR 2017]: Unternehmenssanierungen nach der Grundsatzentscheidung des Großen Senats des BFH – Erste Gedanken zur gesetzlichen Neuregelung und zur Übergangsregelung des BMF v. 27.4.2017, in: DStR 2017, S. 1065–1072

Skauradszun, D. [zit.: ZIP 2018]: Die praktische Konkordanz bei der Steuerfreiheit von Sanierungserträgen anhand §§ 3a, 3c EStG, § 7b GewStG n.F., in: ZIP 2018, S. 1901–1907

Skauradszun, D./Kwauka, P. A. [zit.: DStR 2020]: Anpassungsbedarf beim Abzugsverbot des § 3c Abs. 4 EStG aufgrund der EU-Restrukturierungsrichtlinie, in: DStR 2020, S. 953–958

Sobanski, S. in: Kanzler, H.-J./Kraft, G./Bäuml, S./Hechtner, F./Marx, J. (Hrsg.) [zit. K/K/B, EStG-Kommentar, 2021]: Einkommensteuergesetz Kommentar, 6. Aufl., Herne 2021, § 15a EStG

Sommer, U. in: Frotscher, G./Geurts, M. (Hrsg.) [zit.: Frotscher/Geurts, EStG-Kommentar, 2021] Kommentar zum Einkommensteuergesetz, Loseblattsammlung, 223. Ergänzungslieferung, Freiburg 06.2021, § 3a EStG – Stand: 07.2020

Sonnleitner, W. (Hrsg.) [zit.: Sonnleitner, Insolvenzsteuerrecht, 2017]: Insolvenzsteuerrecht – Unter besonderer Berücksichtigung des Insolvenzplanverfahrens, München 2017

Sonnleitner, W./Strotkemper, N. [zit.: BB 2017]: Steuerfreiheit von Sanierungsgewinnen: quid novi?, in: BB 2017, S. 668–673

Stadler, M. [zit.: NZI 2018]: Übergangsregelungen und Gestaltungsmöglichkeiten für Insolvenzplanverfahren nach den Entscheidungen des BFH zum Sanierungserlass, in: NZI 2018, S. 49–55

Statistisches Bundesamt, Durchschnittlicher Gewerbesteuerhebesatz in Deutschland 2019, https://www.destatis.de/DE/Themen/Staat/Steuern/_Grafik/_Interaktiv/steuereinnahmen-hebesaetze-gewerbesteuer-laender.html, zuletzt abgerufen am 19.09.2021

Suchanek M./Herbst, C. [zit.: Ubg 2019]: Die Sanierungsklausel des § 8c Abs. 1a KStG (§ 8c Abs. 1a KStG) Ein gesetzgeberisches „Relikt" kommt wieder zur Anwendung, in: Ubg 2019, S. 146–153

Suchanek, M./Schaaf, A./Hannweber, P. [zit.: Wpg 2017]: Interpersoneller Verlustuntergang gemäß der Neuregelung der Sanierungsgewinnbesteuerung, in: Wpg 2017, S. 909–916

Tipke, K./Lang, J. (Hrsg.) [zit.: Tipke/Lang, 2020]: Steuerrecht, 24. Aufl. Köln 2020

Uhländer, C. [zit.: DB 2017]: Die Besteuerung von Sanierungsgewinnen im Fokus der Gewaltenteilung, in: DB 2017, S. 2761–2768

Uhländer, C. [zit.: DB 2017]: Die Krise des Insolvenzsteuerrechts – Aktuelle Baustellen im Verfahrens- und Ertragsteuerrecht, in: DB 2017, S. 923–934

Uhländer, C. [zit.: DB 2018]: Sanierungsgewinne: "Steuerbefreiung" für Neufälle und auf Antrag für Altfälle, in: DB 2018, S. 2788–2790

Uhlenbruck, [zit.: Uhlenbruck, InsO-Kommentar, 2019]: Insolvenzordnung-Kommentar, Band 1, 15. Aufl. München 2019

Valta, M. in: Blümich [zit.: Blümich, EStG-Kommentar, 2021]: Kommentar zum Einkommensteuergesetz, Körperschaftsteuergesetz, Gewerbesteuergesetz, 157. Ergänzungslieferung, München 05.2021, § 3c EStG – Stand: 08.2019

Vogel, M. in: Blümich [zit.: Blümich, EStG-Kommentar, 2021], Kommentar zum Einkommensteuergesetz, Körperschaftsteuergesetz, Gewerbesteuergesetz, 157. Ergänzungslieferung, München 05.2021, § 10d EStG – Stand: 05.2021

Völkel, T. [zit.: DB 2018]: EU-Kommission billigt Steuerbefreiung für Sanierungsgewinne – Dennoch Gesetzesänderung erforderlich, in: DB 2018, S. 2080–2081

Wacker, R. in: Schmidt, L. (Begr.) [zit.: Schmidt, EStG-Kommentar, 2021]: Kommentar zum Einkommensteuergesetz, 40. Aufl., München 2021, §§ 15, 15a EStG

Walter, W. in: Bott, H./Walter, W. (Hrsg.) [zit.: Bott/Walter, 2021] Kommentar zum Körperschaftsteuergesetz, 155. Ergänzungslieferung, Bonn 07.2021, § 15 KStG – Stand: 09.2020

Wassermeyer, F. in: Wassermeyer, F./Richter S./Schnittker H. (Hrsg.) [zit.: Wassermeyer/Richter/Schnittker, PersG im Int. Steuerrecht, 2015]: Personengesellschaften im Internationalen Steuerrecht, 2. Aufl., Köln 2015, 1. Teil, Kapitel 2

Wassermeyer, F./Richter S./Schnittker H. (Hrsg.) [zit.: Wassermeyer/Richter/Schnittker, PersG im Int. Steuerrecht, 2015]: Personengesellschaften im Internationalen Steuerrecht, 2. Aufl., Köln 2015

Weber-Grellet, H. in: Schmidt, L. (Begr.) [zit.: Schmidt, EStG-Kommentar, 2021]: Kommentar zum Einkommensteuergesetz, 40. Aufl., München 2021, § 4f EStG

Weiss, M. [zit.: StuB 2017]: Die gesetzliche Neuregelung des Sanierungssteuerrechts, in: StuB 2017, S. 581–587

Weiss, M. [zit.: StuB 2019]: Zur Anwendung der Sanierungsklausel des § 8c Abs. 1a KStG – Anmerkung zur Verfügung der OFD Nordrhein-Westfalen vom 20.12.2018, in: StuB 2019, 309–314

Wendt, M./Suchanek, M./Möllmann, P./Heinemann, P. (Hrsg.) [zit.: Wendt u.a., 2019] Kommentar zum Gewerbesteuergesetz, Köln 2019

Wichmann, G. [zit.: DStR 2019]: Fortwirkung der Bilanzbündeltheorie? in: DStR 2019, S. 2214–2220

Wieland-Blöse, H./Oberle, T. [zit.: IDW, Sanierung u. Insolvenz, 2017]: Sanierung und Insolvenz – Rechnungslegung und Prüfung in der Unternehmenskrise, Düsseldorf 2017, Kapitel A

Wilden, P. in: Buth, A. K./Hermanns, M. (Hrsg.) [zit.: Buth/Hermanns, Restrukturierung, Sanierung, Insolvenz, 2014]: Restrukturierung, Sanierung, Insolvenz – Handbuch, 4. Aufl., München 2014, § 2

Zabel, K. in: Kübler, B. M. (Hrsg.) [zit.: Kübler, HRI, 2019]: Handbuch Restrukturierung in der Insolvenz – Eigenverwaltung und Insolvenzplan, 3. Aufl., Köln 2019, § 3

Rechtsprechungsverzeichnis

Bundesverfassungsgericht

Urteil	v. 08.07.1976	1 BvL 19/75, 1 BvL, 20/75, 1 BvR 148/75	BVerfGE 42, 263
Beschluss	v. 29.03.2017	2 BvL 6/11	BVerfGE Band 145, 106
Urteil	v. 10.04.2018	1 BvR 1236/11	BVerfGE Band 148, 217
Beschluss	v. 17.07.2019	2 BvR 2637/17	LSK 2019, 31812

Bundesgerichtshof

Urteil	v. 24.05.2005	IX ZR 123/04	BGHZ 163, 134
Urteil	v. 21.06.2007	IX ZR 231/04	BGHReport 2007, 996
Urteil	v. 05.12.2013	IX ZR 93/11	DStR 2014, 433

Reichsfinanzhof

Urteil	v. 30.06.1927	VI A 297/27	RFHE 1927 (21), 263
Urteil	v. 12.12.1928	VI A 1499/28	RStBl. 1929, 86
Urteil	v. 05.02.1929	I A 394/27	RStBl. 1929, 228
Urteil	v. 21.10.1931	VI A 968/31	RStBl. 1932, 160
Urteil	v. 01.09.1937	VI A 482	StuW 1937, Urt. Nr. 501, Sp. 957
Urteil	v. 21.12.1937	I 326/37	RFHE 43, 47

Bundesfinanzhof

Urteil	v. 28.07.1961	VI 25/61 U	BStBl. III 1961, 436
Urteil	v. 04.08.1961	VI 35/61 U	BStBl. III 1961, 516
Urteil	v. 25.10.1963	I 359/60 S	BStBl. III 1964, 122
Urteil	v. 22.11.1963	VI 117/62 U	BStBl. III 1964, 128
Urteil	v. 19.01.1965	VII 22/62 S	BStBl. III 1965, 206
Beschluss	v. 15.07.1968	GrS 2/67	BStBl. II 1968, 666
Urteil	v. 27.09.1968	VI R 41/66	BStBl. II 1969, 102
Urteil	v. 09.07.1970	IV R 34/69	BStBl. II 1970, 696
Urteil	v. 25.02.1972	VIII R 30/66	BStBl. II 1972, 531
Urteil	v. 22.01.1985	VIII R 37/84	BStBl. II 1985, 501
Urteil	v. 14.10.1987	I R 381/83	BFH/NV 1989, 141
Urteil	v. 14.03.1990	I R 129/85	BStBl. II 1990, 955
Urteil	v. 14.03.1990	I R 64/85	BStBl. II 1990, 810
Urteil	v. 31.01.1991	IV R 84/89	BFH/NV 1991, 821
Urteil	v. 09.02.1993	VIII R 29/91	BStBl. II 1993, 747
Beschluss	v. 03.05.1993	GrS 3/92	BStBl. II 1993, 616
Urteil	v. 01.10.1993	III R 32/92	BStBl. II 1994, 179
Urteil	v. 24.02.1994	IV R 71/92	BFH/NV 1995, 15
Beschluss	v. 03.07.1995	GrS 1/93	BStBl. II 1995, 617
Urteil	v. 09.05.1996	IV R 75/93	BStBl. II 1996, 474
Beschluss	v. 09.06.1997	GrS 1/94	BStBl. II 1998, 307
Urteil	v. 03.07.1997	IV R 31/96	BStBl. II 1997, 690
Urteil	v. 29.07.1997	VIII R 57/94	BStBl. II 1998, 652
Urteil	v. 21.10.1997	VIII R 20/96	BFH/NV 1998, 1073
Urteil	v. 27.01.1998	VIII R 64/96	BStBl. II 1998, 537
Urteil	v. 22.04.1998	XI R 48/95	BFH/NV 1998, 1214
Beschluss	v. 17.02.1999	IV B 153/97	BFH/NV 1999, 929
Urteil	v. 28.03.2000	VIII R 43/99	BFH/NV 2000, 1330
Urteil	v. 06.04.2000	IV R 31/99	BStBl. II 2001, 536
Beschluss	v. 20.12.2001	I B 74/01	BFH/NV 2002, 678

Urteil	v. 23.01.2002	XI R 95/97	BStBl. II 2009, 9
Beschluss	v. 28.02.2002	VIII R 2/08	BFH/NV 2012, 1135
Urteil	v. 16.05.2002	IV R 11/01	BStBl II 2002, 854
Urteil	v. 17.11.2004	I R 11/04	BFH/NV 2005, 1027
Urteil	v. 03.02.2010	IV R 26/07	BStBl. II 2010, 751
Urteil	v. 14.07.2010	X R 34/08	BStBl. II 2010, 916
Urteil	v. 24.08.2011	I R 87/10	BFH/NV 2012, 161
Beschluss	v. 28.02.2012	VIII R 2/08	BFH/NV 2012, 1135
Urteil	v. 12.12.2013	X R 39/10	BStBl. II 2014, 572
Urteil	v. 20.11.2014	IV R 47/11	BStBl. II 2015, 532
Urteil	v. 22.01.2015	IV R 38/10	BStBl. II 2015, 389
Vorlagebeschluss	v. 25.03.2015	X R 23/13	BStBl. II 2015, 696
Urteil	v. 15.04.2015	I R 44/14	BStBl. II 2015, 769
Urteil	v. 03.02.2016	X R 25/12	BStBl. II 2016, 391
Urteil	v. 10.08.2016	I R 25/15	BStBl. II 2017, 670
Urteil	v. 28.09.2016	II R 64/14	BStBl. II 2017, 104
Beschluss	v. 28.11.2016	GrS 1/15	BStBl. II 2017, 393
Urteil	v. 13.12.2016	X R 4/15	BStBl. II 2017, 786
Urteil	v. 16.03.2017	IV R 1/15	BStBl. II 2017, 943
Urteil	v. 23.08.2017	X R 38/15	BStBl. II 2018, 236
Urteil	v. 23.08.2017	I R 52/14	BStBl. II 2018, 232
Urteil	v. 01.03.2018	IV R 16/15	BStBl. II 2018, 527
Urteil	v. 16.01.2019	II R 19/16	BStBl. II 2020, 730
Beschluss	v. 27.11.2020	X B 63/20	NV, BeckRS 2020, 43623

Finanzgerichte

FG München	Urteil	v. 12.12.2007	1 K 4487/06	EFG 2008, 615
FG Köln	Urteil	v. 24.04.2008	6 K 2488/06	EFG 2008, 1555
FG Düsseldorf	Urteil	v. 16.03.2011	7 K 3831/10	EFG 2011, 1685
FG Sachsen	Urteil	v. 14.03.2013	5 K 1113/12	DStR 2014, 190
FG Sachsen	Urteil	v. 24.04.2013	1 K 759/12	EFG 2013, 1898

FG Köln	Urteil	v. 16.06.2016	13 K 984/11	EFG 2016, 1756
FG Münster	Urteil	v. 15.05.2019	13 K 2520/16 AO	EFG 2019, 1401
FG Rheinland-Pfalz	Urteil	v. 30.04.2021	5 K 1689/20	BB 2021, 1381

Quellenverzeichnis

Gesetze der Europäischen Union

AEUV (akt. F.): Vertrag über die Arbeitsweise der Europäischen Union in der Fassung der Bekanntmachung vom 9. Mai 2008 (ABl. C 115 S. 47) (ABl. 2010 C 83 S. 47) (ABl. 2012 C 326 S. 47) (ABl. 2016 C 202 S. 47, ber. ABl. C 400 S. 1) Celex-Nr. 1 1957 E, zuletzt geändert durch Art. 2 ÄndBeschluss 2012/419/EU vom 11.07.2012 (ABl. L 204 S. 131)

Gesetze der Bundesrepublik Deutschland

AktG (akt. F.): Aktiengesetz vom 06.09.1965 (BGBl. I 1965, S. 1089), zuletzt geändert durch Art. 61 PersonengesellschaftsrechtsmodernisierungsG (MoPeG) vom 10.08.2021 (BGBl. I 2021, S. 3436)

AO (akt. F.): Abgabenordnung in der Fassung der Bekanntmachung vom 01.10.2002 (BGBl. I 2002, S. 3866, ber. 2003, S. 61), zuletzt geändert durch Art. 24 Abs. 9 Gesetz zur Modernisierung des notariellen Berufsrechts und zur Änderung weiterer Vorschriften vom 25.06.2021 (BGBl. I 2021, S. 2154)

AStG (akt. F.): Gesetz über die Besteuerung bei Auslandsbeziehungen vom 08.09.1972 (BGBl. I 1972, S. 1713), zuletzt geändert durch Art. 6 Gesetz zur Modernisierung des Körperschaftsteuerrechts vom 25.06.2021 (BGBl. I 2021, S. 2050)

BetrVG (akt. F.): Betriebsverfassungsgesetz in der Fassung der Bekanntmachung vom 25.09.2001 (BGBl. I 2009, S. 2518), zuletzt geändert durch Art. 4 G über die unternehmerischen Sorgfaltspflichten in Lieferketten vom 16.07.2021 (BGBl. I 2021, S. 2959)

BGB (akt. F.): Bürgerliches Gesetzbuch in der Fassung der Bekanntmachung vom 02.01.2002 (BGBl. I 2002, S. 42, ber. S. 2909 und I 2003, S. 738), zuletzt geändert durch Art. 1 MietspiegelreformG vom 10.08.2021 (BGBl. I 2021, S. 3515)

EGInsO: Einführungsgesetz zur Insolvenzordnung in der Fassung der Bekanntmachung vom 5.10.1994 (BGBl. I 1994, S. 2911), zuletzt geändert durch Art. 3, 7 Gesetz zur weiteren Verkürzung des Restschuldbefreiungsverfahrens und zur Anpassung pandemiebedingter Vorschriften im Gesellschafts-, Genossenschafts-, Vereins- und Stiftungsrecht sowie im Miet- und Pachtrecht vom 22.12.2020 (BGBl. I 2020, S. 3328)

ErbStG (akt. F.): Erbschaftsteuer- und Schenkungsteuergesetz in der Fassung der Bekanntmachung vom 27.02.1997 (BGBl. I 1997, S. 378), zuletzt geändert durch Art. 8 Gesetz zur Vereinheitlichung des Stiftungsrechts und zur Änderung des Infektionsschutzgesetzes vom 16.07.2021 (BGBl. I 2021, S. 2947)

EStG (1929): Einkommensteuergesetz geändert durch Gesetz zur Änderung des Einkommen- und Körperschaftsteuergesetzes vom 29.06.1929 (RGBl. I 1929, S. 123)

EStG (1950): Das in den Ländern Bayern, Bremen, Hamburg, Hessen, Niedersachsen, Nordrhein-Westfalen, Schleswig-Holstein und Württemberg-Baden geltende Einkommensteuergesetz in der Fassung vom 10.08.1949 (WiGBl. 1949 S. 266), geändert durch Art. 1 Gesetz zur Änderung des Einkommensteuergesetzes und Körperschaftsteuergesetzes vom 29.04.1950, (BGBl. 1950, 95)

EStG (1975): Einkommensteuergesetz in der Fassung der Bekanntmachung vom 05.09.1974 (BGBl. 1974, S. 2165) geändert durch Art. 1 Gesetz zur Änderung des Einkommensteuergesetzes vom 20.04.1976 (BGBl. I 1976, S. 1054)

EStG (1977): Einkommensteuergesetz in der Fassung der Bekanntmachung vom 05.09.1974 (BGBl. I 1974, S. 2165, I 1975, S. 422) geändert durch Art. 2 Körperschaftsteuerreformgesetz 31.08.1976 (BGBl. I 1976, S. 2597)

EStG (1988): Einkommensteuergesetz in der Fassung der Bekanntmachung vom 27.02.1987 (BGBl. I 1988, S. 657) geändert durch Art. 1 Steuerreformgesetz 1990 vom 25.07.1988 (BGBl. I 1988, S. 1093)

EStG (1997): Einkommensteuergesetz in der Fassung der Bekanntmachung vom 16.04.1997 (BGBl. I 1997, S. 821) geändert durch Gesetz zur Fortsetzung der Unternehmenssteuerreform vom 29.10.1997 (BGBl. I 1997, S. 2590)

EStG (1997): Einkommensteuergesetz in der Fassung der Bekanntmachung vom 29.10.1997 (BGBl. I 1997, S. 2590) geändert durch Art. 2 Gesetz zur Finanzierung eines zusätzlichen Bundeszuschusses zur gesetzlichen Rentenversicherung v. 19.12.1997 (BGBl. I 1997, S. 3121)

EStG (1999): Einkommensteuergesetz in der Fassung der Bekanntmachung vom 16.04.1997 (BGBl. I 1997, S. 821) geändert durch Art. 1 Steuerentlastungsgesetz 1999/2000/2002 vom 24.03.1999 (BGBl. I 1999, S. 402)

EStG (2002): Einkommensteuergesetz in der Fassung der Bekanntmachung vom 16.04.1997 (BGBl. I 1997, S. 821) geändert durch Bekanntmachung der Neufassung des Einkommensteuergesetzes vom 19.10.2002 (BGBl. I 2002, S. 4210; I 2003, S. 179)

EStG (2005): Einkommensteuergesetz in der Fassung der Bekanntmachung vom 19.10.2002 (BGBl. I 2002, S. 4210, I 2003, S. 179) geändert durch Art. 1 Gesetz zur Beschränkung der Verlustverrechnung im Zusammenhang mit Steuerstundungsmodellen vom 22.12.2005 (BGBl. I 2005, S. 3683)

EStG (2017): Einkommensteuergesetz in der Fassung der Bekanntmachung vom 08.10.2009 (BGBl. I 2009, S. 3366, 3862) geändert durch Art. 1 und 2 Gesetz gegen schädliche Steuerpraktiken im Zusammenhang mit Rechteüberlassungen vom 27.06.2017 (BGBl. I 2017, S. 2074)

EStG (2018): Einkommensteuergesetz in der Fassung der Bekanntmachung vom 08.10.2009 (BGBl. I 2009, S. 3366, 3862) geändert durch Art 1, Art. 2 und Art. 3 Gesetz zur Vermeidung von Umsatzsteuerausfällen beim Handel mit Waren im Internet und zur Änderung weiterer steuerlicher Vorschriften vom 11.12.2018 (BGBl. I 2018 S. 2338)

EStG (2019): Einkommensteuergesetz in der Fassung der Bekanntmachung vom 08.10.2009 (BGBl. I 2009, S. 3366, 3862) geändert durch Art. 1–Art. 5 Gesetz zur weiteren steuerlichen Förderung der Elektromobilität und zur Änderung weiterer steuerlicher Vorschriften vom 12.12.2019 (BGBl. I 2019, S. 2451)

EStG (akt. F.): Einkommensteuergesetz in der Fassung der Bekanntmachung vom 08.10.2009 (BGBl. I 2009, S. 3366, ber. I 2009, S. 3862), zuletzt geändert durch Art. 27 Gesetz über die Entschädigung der Soldatinnen und Soldaten und zur Neuordnung des Soldatenversorgungsrechts vom 20.08.2021 (BGBl. I 2021, S. 3932)

GewStG (2017): Gewerbesteuergesetz in der Fassung der Bekanntmachung vom 15.10.2002 (BGBl. I 2002, S. 4167) geändert durch Art. 4 Gesetz gegen schädliche Steuerpraktiken im Zusammenhang mit Rechteüberlassungen vom 27.06.2017 (BGBl. I 2017, S. 2074)

GewStG (2018): Gewerbesteuergesetz in der Fassung der Bekanntmachung vom 15.10.2002 (BGBl. I 2002, S. 4167) geändert durch Art. 8 Gesetz zur Vermeidung von Umsatzsteuerausfällen beim Handel mit Waren im Internet und zur Änderung weiterer steuerlicher Vorschriften vom 11.12.2018 (BGBl. I 2018, S. 2338)

GewStG (2019): Gewerbesteuergesetz in der Fassung der Bekanntmachung vom 15.10.2002 (BGBl. I 2002, S. 4167) geändert durch Art. 8 und Art. 9 Gesetz zur weiteren steuerlichen Förderung der Elektromobilität und zur Änderung weiterer steuerlicher Vorschriften vom 12.12.2019 (BGBl. I 2019, S. 2451)

GewStG (akt. F.): Gewerbesteuergesetz in der Fassung der Bekanntmachung vom 15.10.2002 (BGBl. I 2002, S. 4167), zuletzt geändert durch Art. 2 Gesetz zur Modernisierung des Körperschaftsteuerrechts vom 25.06.2021 (BGBl. I 2021, S. 2050)

GG (akt. F.): Grundgesetz für die Bundesrepublik Deutschland vom 23.05.1949 (BGBl. 1949, S. 1), zuletzt geändert durch Art. 1 und 2 Covid-19-Gesetz zur Änderung des GG (Art. 104a, 143h) vom 29.09.2020 (BGBl. I 2020, S. 2048)

GmbHG (akt. F.): Gesetz betreffend die Gesellschaften mit beschränkter Haftung in der Fassung der Bekanntmachung vom 20.05.1898 (RGBl. 1989, S. 846), zuletzt geändert durch Art. 64 PersonengesellschaftsrechtsmodernisierungsG (MoPeG) vom 10.08.2021 (BGBl. I 2021, S. 3436)

HGB (akt. F.): Handelsgesetzbuch vom 10.05.1897 (RGBl. 1897, S. 219), zuletzt geändert durch Art. 51 PersonengesellschaftsrechtsmodernisierungsG (MoPeG) vom 10.08.2021 (BGBl. I 2021, S. 3436)

InsO (1999): Insolvenzordnung in der Fassung der Bekanntmachung vom 05.10.1994 (BGBl. I 1994, S. 2866)

InsO (2020): Insolvenzordnung vom 05.10.1994 (BGBl. I 1994, S. 2866), geändert durch Art. 5 Gesetz zur Fortentwicklung des Sanierungs- und Insolvenzrechts (Sanierungs- und Insolvenzrechtsfortentwicklungsgesetz) vom 22.12.2020 (BGBl. I 2020, S. 3256)

InsO (akt. F.): Insolvenzordnung vom 05.10.1994 (BGBl. I 1994, S. 2866), zuletzt geändert durch Art. 35 PersonengesellschaftsrechtsmodernisierungsG (MoPeG) vom 10.08.2021 (BGBl. I 2021, S. 3436)

KStG (1925): Körperschaftsteuergesetz in der Fassung vom 10.08.1925 (RGBl. I 1925, S. 208)

KStG (1934): Körperschaftsteuergesetz in der Fassung der Bekanntmachung vom 16.10.1934, (RGBl. I 1934, S. 1031)

KStG (1949): Neufassung des Körperschaftsteuergesetzes in der Fassung der Bekanntmachung vom 05.09.1949 (Gesetzblatt der Verwaltung des Vereinigten Wirtschaftsgebiets 1949, S. 311)

KStG (1950): Das in den Ländern Bayern, Bremen, Hamburg, Hessen, Niedersachsen, Nordrhein-Westfalen, Schleswig-Holstein und Württemberg-Baden geltende Körperschaftsteuergesetz in der Fassung vom 05.09.1949 (WiGBl. 1949 S. 311), geändert durch Art. 3 Gesetz zur Änderung des Einkommensteuergesetzes und Körperschaftsteuergesetzes vom 29.04.1950 (BGBl. 1950, S. 95)

KStG (1969): Körperschaftsteuergesetz in der Fassung der Bekanntmachung vom 24.05.1965 (BGBl. I 1965, S. 449) geändert durch Bekanntmachung der Neufassung des Körperschaftsteuergesetzes vom 13.10.1969 (BGBl. I 1969, S. 1869)

KStG (2017): Körperschaftsteuergesetz in der Fassung der Bekanntmachung vom 15.10.2002 (BGBl. I 2002, S. 4144) geändert durch Art. 3 Gesetz gegen schädliche Steuerpraktiken im Zusammenhang mit Rechteüberlassungen vom 27.06.2017 (BGBl. I 2017, S. 2074)

KStG (akt. F.): Körperschaftsteuergesetz in der Fassung der Bekanntmachung vom 15.10.2002 (BGBl. I 2002, S. 4144), zuletzt geändert durch Art. 3 Gesetz zur Abwehr von Steuervermeidung und unfairem Steuerwettbewerb und zur Änderung weiterer Gesetze vom 25.06.2021 (BGBl. I 2021, S. 2056)

RAO (1919): Reichsabgabenordnung in der Bekanntmachung vom 13.12.1919 (RGBl. 1919, Nr. 242, S. 1993)

SolZG (2019): Solidaritätszuschlaggesetz 1995 in der Fassung der Bekanntmachung vom 15.10.2002 (BGBl. I 1995, S. 4130), geändert durch Gesetz zur Rückführung des Solidaritätszuschlags 1995 vom 10.12.2019 (BGBl. I 2019, S. 2115)

SolZG (akt. F.): Solidaritätszuschlaggesetz 1995 in der Fassung der Bekanntmachung vom 15.10.2002 (BGBl. I 2002, S. 4130) zuletzt geändert durch Art. 4 Zweites Gesetz zur steuerlichen Entlastung von Familien sowie zur Anpassung weiterer steuerlicher Regelungen vom 01.12.2020 (BGBl. I 2020, S. 2616)

UmwStG (akt. F.): Umwandlungssteuergesetz vom 07.12.2006 (BGBl. I 2006, S. 2782, 2791), zuletzt geändert durch Art. 3 Gesetz zur Modernisierung des Körperschaftsteuerrechts vom 25.06.2021 (BGBl. I 2021, S. 2050)

ZPO (akt. F.): Zivilprozessordnung in der Fassung der Bekanntmachung vom 05.12.2005 (BGBl. I 2005, S. 3202, ber. I 2006, S. 431 und I 2007, S. 1781), zuletzt geändert durch Art. 34 PersonengesellschaftsrechtsmodernisierungsG (MoPeG) vom 10.08.2021 (BGBl. I 2021, S. 3436)

Europäische Quellen

Verordnung (EU) 2015/1589 des Rates vom 13.07.2015 über besondere Vorschriften für die Anwendung von Artikel 108 des Vertrags über die Arbeitsweise der Europäischen Union [zit.: EU-Verfahrensordnung in Beihilfesachen v. 13.7.2015, 2015/1589, AB L 248/9] ABl L 2015, Amtsblattnummer 248, S. 9–29

Europäische Kommission, [zit.: Bekanntmachung der EU-Kommission zum Begriff der staatlichen Beihilfe v. 19.7.2016, ABL C 262/1]: Bekanntmachung der Kommission zum Begriff der staatlichen Beihilfe im Sinne des Artikels 107 Absatz 1 des Vertrags über die Arbeitsweise der Europäischen Union (2016/C 262/01), ABl C 2016, Amtsblattnummer 262, S. 1–50

Europäische Kommission, Vorschlag für eine Richtlinie des Europäischen Parlaments und des Rates über präventive Restrukturierungsrahmen, die zweite Chance und Maßnahmen zur Steigerung der Effizienz von Restrukturierung-, Insolvenz- und Entschuldungsverfahren und zur Änderung der Richtlinie 2012/30/EU v. 22.11.2016, COM(2016) 723 final, S. 1–63, abrufbar unter: https://ec.europa.eu/transparency/regdoc/rep/1/2016/DE/COM-2016-723-F1-DE-MAIN-PART-1.PDF, zuletzt abgerufen am 19.09.2021

Richtlinie (EU) 2019/1023 des europäischen Parlaments und des Rates vom 20.06.2019 über präventive Restrukturierungsrahmen, über Entschuldung und über Tätigkeitsverbote sowie über Maßnahmen zur Steigerung der Effizienz von Restrukturierungs-, Insolvenz- und Entschuldungsverfahren und zur Änderung der Richtlinie (EU) 2017/1132 (Richtlinie über Restrukturierung und Insolvenz), ABl L 2019, Amtsblattnummer 172, S. 18–55

EU-Kommission, Einzelfallentscheidung zum Beihilfecharakter des Sanierungserlasses vom 18.7.2012, unveröffentlicht

Verwaltungsanweisungen

Richtlinien

AEAO: Anwendungserlass zur Abgabenordnung vom 31.01.2014 (BStBl. I 2014, S. 290) (BMF IV A 4 – S 0062/14/10002; DOK 2014/0108334), zuletzt geändert durch BMF vom 28.01.2021 (BStBl. I 2021, S. 145) [zit. AEAO]

EStR: Einkommensteuer-Richtlinien 2012, Allgemeine Verwaltungsvorschrift zur Anwendung des Einkommensteuerrechts vom 16.12.2005 (BStBl. I 2005, Sondernummer 1) in der Fassung der EStÄR 2012 vom 25.03.2013 (BStBl. I 2012, S. 276) [zit.: EStR 2012]

GewStR: Gewerbesteuer-Richtlinien 2009, Allgemeine Verwaltungsvorschrift zur Anwendung des Gewerbesteuerrechts vom 28.04.2010 (BStBl. I 2010, Sondernummer 1 S. 2) [zit.: GewStR 2009]

KStR: Körperschaftsteuer-Richtlinien 2015, Allgemeine Verwaltungsvorschrift zur Anwendung des Körperschaftsteuerrechts vom 6. April 2016 (BStBl. I 2016, Sondernummer 1 S. 2) [zit.: KStR 2015]

Erlasse, Schreiben, Verfügungen von Bundesbehörden

RFM, Einkommensteuer und Körperschaftsteuer – Richtlinien für die Frühjahrsveranlagung 1930 zur Einkommensteuer und Körperschaftsteuer, Erlass vom 30.01.1930, S 2209 – 6, RStBl. 1930, S. 77–81 [zit.: RFM v. 30.1.1930, RStBl. 1930, 77]

BMF, Ertragsteuerliche Behandlung von Sanierungsgewinnen; Steuerstundung und Steuererlass aus sachlichen Billigkeitsgründen (§§ 163, 222, 227 AO), Schreiben vom 27.03.2003, Az.: IV A 6 – S 2140 – 8/03, BStBl. I 2003, S. 240–243 [zit.: BMF v. 27.3.2003, BStBl. I 2003, 240]

BMF, Verlustabzug nach § 10d EStG; Anwendung der Verlustabzugsbeschränkung des § 10d EStG bei besonderen Verrechnungsbeschränkungen (§ 2b EStG, § 15 Abs. 4 Satz 1 und 2 sowie den Sätzen 3 bis 5 und 6 bis 8 EStG; §§ 22

Nrn. 2, 3 und 23 EStG), Schreiben vom 29.11.2004, Az.: IV C 8-S 2225-5/04, BStBl. I 2004, 1097–1098 [zit.: BMF v. 29.11.2004, BStBl. I 2004, 1097]

BMF, Anwendungsschreiben § 15b EStG, Schreiben vom 17.07.2007, Az.: IV B 2-S 2241-b/07/0001, BStBl. I 2007, S. 542–546 [zit.: BMF v. 17.7.2007, BStBl. I 2007, 542]

BMF, Schreiben betr. Zinsschranke (§ 4h EStG; § 8a KStG), Schreiben vom 04.07.2008, Az.: IV C 7-S 2742-a/07/10001, BStBl. I 2008, S. 718–729 [zit.: BMF v. 4.7.2008, BStBl. I 2008, 718]

BMF: Anwendungsschreiben zur Verlustabzugsbeschränkung nach § 15 Abs. 4 Sätze 6 bis 8 EStG, Schreiben vom 19.11.2008, Az. IV C 6 – S 2119/07/10001, BStBl I 2008, S. 970–972 [zit.: BMF v. 19.11.2008, BStBl. I 2008, 970]

BMF, Ertragsteuerliche Behandlung von Gewinnen aus einem Planinsolvenzverfahren (§§ 217 ff. InsO), aus einer erteilten Restschuldbefreiung (§§ 286 ff. InsO) oder einer Verbraucherinsolvenz (§§ 304 ff. InsO), Schreiben vom 22.12.2009, Az.: IV C 6-S 2140/07/10001-01, BStBl. I 2010, S. 18 [zit.: BMF v. 22.12.2009, BStBl. I 2010, 18]

BMF, Steuerermäßigung bei den Einkünften aus Gewerbebetrieb gemäß § 35 EStG, Schreiben vom 03.11.2016, Az.: IV C 6 – S 2296-a/08/10002:003, BStBl I 2016, S. 1187–1192 [zit.: BMF v. 3.11.2016, BStBl I 2016, 1187]

BMF, Sanierungserlass; Beschluss des Großen Senats des BFH vom 28. November 2016 -GrS 1/15 – (BStBl. 2017, S. 393), Schreiben vom 27.04.2017, Az.: IV C 6-S 2140/13/10003, 2017/0322100, BStBl. I 2017, S. 741 [zit.: BMF v. 27.4.2017, BStBl. I 2017, 741]

BMF, Steuerliche Gewinnermittlung; Bilanzsteuerrechtliche Berücksichtigung von Verpflichtungsübernahmen, Schuldbeitritten und Erfüllungsübernahmen mit vollständiger oder teilweiser Schuldfreistellung, Anwendung der Regelungen in § 4f und § 5 Absatz 7 Einkommensteuergesetz (EStG), Schreiben vom 30.11.2017, Az.: IV C 6-S 2133/14/10001, BStBl. I 2017, S. 1619–1623 [zit.: BMF v. 30.11.2017, BStBl. I 2017, 1619]

BMF, Ertragsteuerliche Behandlung von Sanierungsgewinnen; Auswirkungen der BFH-Urteile vom 23. August 2017 (I R 52/14, X R 38/15), Schreiben vom 29.03.2018, Az.: IV C 6-S 2140/13/10003, 2018/0193836, BStBl. I 2018, S. 588 [zit.: BMF v. 29.3.2018, BStBl. I 2018, 588]

BMF, Fortführungsgebundener Verlustvortrag nach § 8d KStG, Schreiben vom 18.03.2021, Az.: IV C 2 – S 2745-b/19/10002:002, BStBl. I 2021, S. 363 [zit.: BMF v. 18.3.2021, BStBl. I 2021, 363]

Erlasse, Schreiben, Verfügungen von Landesbehörden

FM Schleswig Holstein, Kurzinformation betr. Forderungsverzicht durch GmbH-Gesellschafter; Anwendung des BMF-Schreibens vom 27. März 2003 (BStBl I S. 240) zu ertragsteuerlichen Behandlung von Sanierungsgewinnen, Kurzinformation vom 25.01.2013, Az.: VI 3011 - S 2741 - 108, BeckVerw 268796 [zit.: FM SH, Kurzinformation v. 25.1.2013, BeckVerw 268796]

OFD Niedersachsen, Ertragsteuerliche Behandlung von Sanierungsgewinnen; Steuerstundung und Steuererlass aus sachlichen Billigkeitsgründen (§§ 163, 222, 227 AO), Verfügung vom 19.06.2013, Az.: S 2140-8-St 248 (VD), BeckVerw 273825 [zit.: OFD Niedersachsen, Verfügung v. 19.6.2013, BeckVerw 273825]

OFD Frankfurt, Ertragsteuerliche Behandlung von Sanierungsgewinnen; Steuerstundung und Steuererlass aus sachlichen Billigkeitsgründen (§§ 163, 222, 227 AO), Rundverfügung vom 23.12.2014, Az.: S 2140 A-4-St 213, BeckVerw 342209 [zit.: OFD Frankfurt, Rundverfügung v. 23.12.2014, BeckVerw 342209]

OFD Niedersachsen, Ertragsteuerliche Behandlung von Sanierungsgewinnen; Steuerstundung und Steuererlass aus sachlichen Billigkeitsgründen (§§ 163, 222, 227 AO), Verfügung vom 25.04.2016, Az.: S 2140-8-St 244, DStR 2016, 2111 [zit.: OFD Niedersachsen, Verfügung v. 25.4.2016, DStR 2016, 2111]

OFD Frankfurt, Verfügung betr. ertragsteuerliche Behandlung von Sanierungsgewinnen; Steuerstundung und Steuererlass aus sachlichen Billigkeitsgründen (§§ 163, 222, 227 AO), Verfügung v. 24.01.2018, Az.: S 2140 A-4-St 213, BeckVerw 353177 [zit.: OFD Frankfurt, Verfügung v. 24.1.2018]

OFD NRW, Anwendung der Sanierungsklausel nach § 8c Abs. 1a KStG, Verfügung vom 20.12.2018, Az.: S 2745 a-2015/0011-St 135, DB 2019, 26 [zit.: OFD NRW, Verfügung v. 20.12.2018, DB 2019, 26]

Bayerisches Landesamt für Steuern, Gewerbesteuerliche Behandlung von Sanierungsgewinnen- Verfügung vom 11.02.2019, Az.: G 1413.1.1-2/8 St32, DB 2019, S. 399–400 [zit.: BayLfSt, Verfügung v. 11.2.2019, DB 2019, 399]

Drucksachen

Bundestagsdrucksachen

Amtliche Begründung zum Körperschaftsteuergesetz vom 16.10.1934, RStBl. 1935, S. 81–86

Amtliche Begründung zum Einkommensteuergesetz vom 16.10.1934, RStBl. 1935, S. 33–60

Bundestagsdrucksache III/260 vom 07.03.1958 [zit.: BT-Drs. III/260 v. 7.3.1958]: Entwurf eines Gesetzes zur Änderung steuerlicher Vorschriften auf dem Gebiet der Steuern vom Einkommen und Ertrag und des Verfahrensrechts, S. 1–76

Bundestagsdrucksache 12/2443 vom 15.04.1992 [zit.: BT-Drs. 12/2443 v. 15.4.1992]: Gesetzentwurf der Bundesregierung – Entwurf einer Insolvenzordnung (InsO), S. 1–269

Bundestagsdrucksache 13/7480 vom 22.04.1997 [zit.: BT-Drs. 13/7480 v. 22.4.1997]: Gesetzentwurf der Fraktionen der CDU/CSU und F.D.P. – Entwurf eines Steuerreformgesetzes 1999, S. 1–227

Bundestagsdrucksache 16/11108 vom 27.11.2008 [zit.: BT-Drs. 16/11108 v. 27.11.2008]: Bericht des Finanzausschusses (7. Ausschuss) zu dem Gesetzentwurf der Bundesregierung – Drucksachen 16/10189, 16/10494, 16/10665 Nr. 3 – Entwurf eines Jahressteuergesetzes 2009 (JStG 2009), S. 1–76

Bundestagsdrucksache 16/13429 vom 17.06.2009 [zit.: BT-Drs. 16/13429 v. 17.6.2009]: Beschlussempfehlung und Bericht des Finanzausschusses (7. Ausschuss) a) zu dem Gesetzentwurf der Bundesregierung – Drucksachen 16/12254, 16/12674 – Entwurf eines Gesetzes zur verbesserten steuerlichen Berücksichtigung von Vorsorgeaufwendungen (Bürgerentlastungsgesetz Krankenversicherung) b) zu dem Gesetzentwurf der Abgeordneten Dr. Hermann Otto Solms, Frank Schäffler, Carl-Ludwig Thiele, weiterer Abgeordneter und der Fraktion der FDP – Drucksache 16/12525 – Entwurf eines Gesetzes zur Korrektur der Unternehmensteuerreform, S. 1–63

Bundestagsdrucksache 18/9986 vom 17.10.2016 [zit.: BT-Drs. 18/9986 v. 17.10.2016]: Gesetzentwurf der Bundesregierung – Entwurf eines Gesetzes zur Weiterentwicklung der steuerlichen Verlustverrechnung bei Körperschaften, S. 1–17

Bundestagsdrucksache 18/10495 vom 30.11.2016 [zit.: BT-Drs. 18/10495 v. 30.11.2016]: Beschlussempfehlung und Bericht des Finanzausschusses (7. Ausschuss) zu dem Gesetzentwurf der Bundesregierung – Drucksachen 18/9986, 18/10348, 18/10444 Nr. 1.7 – Entwurf eines Gesetzes zur Weiterentwicklung der steuerlichen Verlustverrechnung bei Körperschaften, S. 1–15

Bundestagsdrucksache 18/11531 vom 15.03.2017 [zit.: BT-Drs. 18/11531 v. 15.3.2017]: Unterrichtung durch die Bundesregierung – Entwurf eines Gesetzes gegen schädliche Steuerpraktiken im Zusammenhang mit Rechteüberlassungen – Drucksache 18/11233 – Stellungnahme des Bundesrates und Gegenäußerung der Bundesregierung, S. 1–11

Bundestagsdrucksache 18/12128 vom 26.04.2017 [zit.: BT-Drs. 18/12128 v. 26.4.2017]: Beschlussempfehlung und Bericht des Finanzausschusses (7. Ausschuss) zu dem Gesetzentwurf der Bundesregierung – Drucksachen 18/

11233, 18/11531, 18/11683 Nr. 8 – Entwurf eines Gesetzes gegen schädliche Steuerpraktiken im Zusammenhang mit Rechteüberlassungen, S. 1–36

Bundestagsdrucksache 19/5595 vom 07.11.2018 [zit.: BT-Drs. 19/5595 v. 7.11.2018]: Beschlussempfehlung und Bericht des Finanzausschusses (7. Ausschuss) zu dem Gesetzentwurf der Bundesregierung – Drucksachen 19/ 4455, 19/4858, 19/5159 Nr. 4 – Entwurf eines Gesetzes zur Vermeidung von Umsatzsteuerausfällen beim Handel mit Waren im Internet und zur Änderung weiterer steuerlicher Vorschriften, S. 1–86

Bundestagsdrucksache 396/19 vom 30.08.2019 [zit.: BT-Drs. 396/19 v. 30.8.2019]: Gesetzentwurf der Bundesregierung – Entwurf eines Gesetzes zur Rückführung des Solidaritäts-zuschlags 1995, S. 1–8

Bundestagsdrucksache 19/13436 vom 23.09.2019 [zit.: BT-Drs. 19/13436 v. 23.9.2019]: Gesetzentwurf der Bundesregierung – Entwurf eines Gesetzes zur weiteren steuerlichen Förderung der Elektromobilität und zur Änderung weiterer steuerlicher Vorschriften, S. 1–284

Bundesratdrucksachen

Bundesratdrucksache 59/17 vom 10.03.2017 [zit.: BR-Drs. 59/17 v. 10.3.2017]: Stellungnahme des Bundesrates – Entwurf eines Gesetzes gegen schädliche Steuerpraktiken im Zusammenhang mit Rechteüberlassungen, S. 1–18

IDW-Standards und Praxishinweise

IDW Standard 6: Anforderungen an Sanierungskonzepte (IDW S 6) vom 16.05.2018, IDW Life 8/2018, S. 813 ff. [zit.: IDW S 6 v. 16.5.2018]

IDW Standard 11: Beurteilung des Vorliegens von Insolvenzeröffnungsgründen (IDW S 11) vom 22.08.2016, IDW Life 3/2017, S. 332 ff. [zit.: IDW S 11 v. 22.8.2016]

IDW Praxishinweis: Beurteilung einer Unternehmensplanung bei Bewertung, Restrukturierung, Due Diligence und Fairness Opinion vom 02.01.2017, IDW Life 3/2017, S. 343 ff. [zit.: IDW, Praxishinweis 02/2017 v. 2.1.2017]

Internationale Steuerlehre, Steuerrecht und Wirtschaftsprüfung

Herausgegeben von Rainer Heurung, Gerd Morgenthaler und Andreas Dutzi

Band 1	Markus Gsödl: Entstrickungstatbestände des Einkommen- und Körperschaftsteuergesetzes. Eine Analyse unter dem Aspekt der Gerechtigkeit. 2010.
Band 2	Philipp Seidel: Ertragsbesteuerung periodischer Auslandseinkünfte aus Direktinvestitionen. 2011.
Band 3	Hans-Jürgen Lappat: Die in- und ausländische Besteuerung schweizerischer Betriebsstätten deutscher Personenhandelsgesellschaften. 2011.
Band 4	Jens Kalbitzer: Wegzugsbesteuerung nach § 6 AStG. Betriebswirtschaftliche Analyse und Gestaltungsempfehlungen. 2012.
Band 5	Bastian Thiedemann: Die Entwicklung einer modernen, europarechtskonformen und zukunftsweisenden Gruppenbesteuerung für Deutschland. Eine Untersuchung insbesondere unter gemeinschaftsrechtlichen und steuersystematischen Gesichtspunkten. 2013.
Band 6	Michael Fritz: Ermittlung von Umtauschverhältnissen im Rahmen von grenzüberschreitenden Verschmelzungstatbeständen. 2015.
Band 7	Markus Schneider: Steuerliches Verrechnungspreis-Risikomanagement im internationalen Konzern. Analyse und Bewertung von Instrumenten zur Begegnung steuerlicher Verrechnungspreisrisiken. 2016.
Band 8	Ariane Bresgen: Qualifikationskonflikte bei Personengesellschaften im Internationalen Steuerrecht. Eine Analyse der abkommensrechtlichen Behandlung von grenzüberschreitend gezahlten Sondervergütungen bei Mitunternehmerschaften. 2016.
Band 9	Katja Fröhr: Der internationale Erbfall Deutschland-Schweiz. Eine rechtsvergleichende und ökonomische Analyse der erbschaftsteuerlichen Regelungen im Lichte aktueller Entwicklungen. 2016.
Band 10	Bastian Rausch: Rechnungslegung in wirtschaftlichen Krisenzeiten. Eine empirische Analyse der bilanzpolitischen Einflussnahme mittelständischer Unternehmen vor einer Insolvenz. 2017.
Band 11	Corinna Tigges: Ergänzungstatbestände in der Grunderwerbsteuer. Möglichkeiten einer Neukonzeption unter Berücksichtigung steuersystematischer, betriebswirtschaftlicher und administrativer Anforderungen. 2018.
Band 12	Henrik Sundheimer: Entscheidungswirkungen der Besteuerung von (im Ausland ansässigen) Gesellschaftern deutscher Personen-gesellschaften vor dem Hintergrund von § 50i EStG. 2019.
Band 13	Sinja Kollmann: Möglichkeiten und Grenzen des Anwendungsbereichs der umsatzsteuerlichen Organschaft unter besonderer Berücksichtigung europäischer Einflüsse. 2020.
Band 14	Franziska Ferdinand: Die rechtsformspezifische Anwendung der ertragsteuerlichen Vorschriften zur Steuerfreiheit von Sanierungserträgen. 2022.

www.peterlang.com

www.ingramcontent.com/pod-product-compliance
Ingram Content Group UK Ltd.
Pitfield, Milton Keynes, MK11 3LW, UK
UKHW021825290926
8980IPUK00004B/267

9 783631 874158